Dr. Friedrich List

Druck von R. Oldenbourg, München und Berlin

FRIEDRICH LIST

DER MANN UND DAS WERK

VON

FRIEDRICH LENZ

MIT EINEM TITELBILD
UND ZWEI VERKEHRSPLÄNEN

MÜNCHEN UND BERLIN 1936
VERLAG VON R. OLDENBOURG

VORWORT

Die vorliegende Monographie schildert das Werk und die Persönlichkeit Friedrich Lists innerhalb der politischen und gesellschaftlichen Bewegungen des deutschen Vormärz; damit umfaßt sie mehr und anderes, als eine Biographie des großen Volkswirts bieten würde.

Das Ineinandergreifen subjektiver und objektiver Momente in Lists Lebenskampf und Lebenswerk: Die Bildung seines nationalpolitischen und nationalwirtschaftlichen Bewußtseins unter der Konstellation seiner Zeit und Umwelt, die nationalen wie internationalen Machtverhältnisse nach ihrem inneren Zusammenhang mit den vorwaltenden Produktionsverhältnissen, nicht zuletzt das Gegenspiel staatlicher Aktion und Reaktion im Übergang aus feudal-absolutistischen zu bürgerlich-konstitutionellen Formen des öffentlichen Lebens — all dies fordert eine Darstellungsweise, welche den rein chronologischen Rahmen notwendig sprengt. Um so mehr, als eben dies stete Erfülltsein seines subjektiven Daseins mit allgemeinen Momenten den besonderen Reiz wie den beispielhaften Wert des Listschen Schicksals ausmacht[1]).

Eine solche Aufgabe läßt sich nur durch jene Vereinigung des historischen mit dem systematischen Gesichtspunkt lösen, welche schon die älteren Arbeiten des Verfassers über Romantik, Marxismus, die Politische Ökonomie und List kennzeichnet.

Die unterschiedlichen Ansprüche der Agrar-Gewerbe-Handelsinteressen im deutschen Vormärz (1814 bis 1848) mit ihrer durch List aufgestellten Zielformel der Macht- und Markteinheit erregen einen Streit, dessen Erfolg List nicht mehr sehen sollte. Diese Bewegungen leiten einen Anstoß fort, der ihnen vom frühkapitalistischen Territorialstaat eines aufgeklärt-weltbürgerlichen Zeitalters überkommen war. Wie Lists Staats- und Gesellschaftslehre in solchen universalen Anschauungen verwurzelt bleibt, erkennen wir im Hauptteil A des Buches. Der tragische Konflikt, den List als Bahnbrecher neuer gesellschaftlicher Tendenzen durchkämpft, bildet den Inhalt von Hauptteil B bis D; dieser Kampf des „Demagogen“ mit den Staatsgewalten kreist um die darin vorweggenommene Verwirklichung der Nationalwirtschaft im Nationalstaat. Allgemeine Bewegungen des Vormärz, soweit sie unmittelbar auf List

[1]) Vgl. die „Einführung“ vor Hauptteil A sowie die „Zeittafel“ am Schluß des Buches.

einwirkten, die Entfaltung seiner Persönlichkeit wie die systematischen Grundlinien seines Wirkens werden im Hauptteil E und F geschildert.

Für die systematische und geschichtliche Einordnung des großen Volkswirts liegt der Stoff in reicher Fülle vor. Zwar wurde keine biographische oder bibliographische Vollständigkeit erstrebt, auch mögen manche Belege noch in Archiven ruhen. Aber ohne unfruchtbare „List-Philologie“[2]) dürfen wir sagen, daß die zwölf Foliobände der gesamten „Schriften, Reden und Briefe“[3]) nebst den weiteren Veröffentlichungen der 1925 begründeten Friedrich-List-Gesellschaft[4]) eine sachlich umfassende und zuverlässige Grundlage bilden. Eine Anzahl weiterer Quellen sowie in großem Umfang allgemeine Literatur zum Vormärz sind ergänzend mitverwertet; jedoch wurde der gesamte Quellen- und Literaturnachweis vom Text geschieden, so daß der Leser die Anmerkungen ohne Nachteil übergehen kann.

Die Herausgabe der Werke ist beendet, die Friedrich-List-Gesellschaft aufgelöst, das List-Archiv der Stadt Reutlingen sowie eine List-Stiftung sind geschaffen. Wenn das vorliegende Buch gleichsam einen Querschnitt durch die Gesamtheit der bisherigen Gemeinschaftsarbeit legt und zugleich eine 1924 begonnene Beschäftigung des Verfassers mit seinem Gegenstande abschließt, so mag der Wunsch berechtigt scheinen, durch diese Monographie jene List-Renaissance auszudeuten und fortzuführen, die im deutschen Schrifttum seither begonnen hat. Denn die Überzeugung, daß Friedrich List auch für Deutschlands Gegenwart und Zukunft — darüber hinaus vielleicht für alle „nachstrebenden Nationen“ — fruchtbar bleibe, ist Grund wie Folge jeder eindringenden Beschäftigung mit ihm.

Der Verfasser hatte sein Thema aus Zeit und Umwelt heraus darzustellen. Vom Geburtsdatum des weltgeschichtlichen August 1789, über den deutschen Zollverein und Lists „Deutsches Eisenbahnsystem“ von 1833, führt uns Lists Leben bis an die Schwelle der sich 1847 ankündigenden Revolution; innerhalb der 1870 verwirklichten Nationaleinheit erreicht es seine geschichtliche Spannweite. Die allgemeinen Momente des Listschen Denkens — Schutzzoll und National-Transportsystem, Reichseinheit, Großdeutschland und Mitteleuropa, imperiale Schau — wirken darüber hinaus! Reizvoll genug die Linien hier fortzuziehen: Zum modernen Transportsystem mit seinen Fluglinien und dem Plan der Reichsautobahnen 1933; zu den Raumproblemen der Geopolitik; zum modernen Imperialismus, dessen erste Umschreibung im „Metropol-Kolonial-Schutzsystem“ wir Friedrich List verdanken.

---

[2]) Vgl. „Mitteilungen der Friedrich-List-Gesellschaft e. V.“ Heft 1, S. 1; Bèla Földes und Lenz ebenda Heft 6 und 10.

[3]) Im Auftrag der Friedrich-List-Gesellschaft e. V. mit Unterstützung der Deutschen Akademie und der Notgemeinschaft der Deutschen Wissenschaft herausgegeben von Erwin von Beckerath, Karl Goeser (†), Friedrich Lenz, William Notz (†), Edgar Salin, Artur Sommer. Berlin, R. Hobbing, 1927 bis 1936.

[4]) Namentlich „List-Studien“ Heft 1 und 6 sowie „Vorgeschichte“ l. c.

Die Hundertjahrfeier der deutschen Eisenbahnen 1935 hat die Geltung seiner schöpferischen Konzeptionen ebenfalls bewußt gemacht.[5]
Für alle diese Aufgaben soll das vorliegende Buch einen bleibenden Grund legen. In seinem „Aufriß der Politischen Ökonomie" (1927) hat der Verfasser bereits Lists systematische Bedeutung für die Gegenwart zu zeigen unternommen. Lists Gesamtwerk, aus den geschichtlichen Bedingtheiten gelöst, wird bei jeder theoretischen Neubegründung einer Politischen Ökonomie seinen Rang erweisen; gleichwie Lists wahrhaft kämpferische Gestalt, an der Wende vom Weltbürgertum zum Nationalstaat, der Nachwelt unvergessen bleiben sollte.

Die Niederschrift der vorliegenden Monographie wurde im Jahr 1929 angefangen. Die vom Verfasser mitbegründete Friedrich-List-Gesellschaft erleichterte die Durchführung, wofür ihrem letzten Vorstand verbindlicher Dank ausgesprochen sei. Meinem Vater Max Lenz, dem der Entwurf noch vorlag, sowie Geh. Rat B. Harms-Berlin und Professor Edgar Salin-Basel bin ich durch Arbeitsgemeinschaft für List verbunden. Dem Verlag R. Oldenbourg danke ich für die freundliche Übernahme des umfangreichen Werkes; durch mehrere in direkter Linie von Friedrich List abstammende Gesellschafter steht er seinem Andenken besonders nahe. Herr Dr. L. Bleeck sowie Herr Dozent Dr. habil. H. Christern haben die Revision freundlichst mitgelesen.

Daß dies Werk erscheinen konnte, wurde ermöglicht durch Beihilfen, die Herr Dr. Dr. h. c. Heinrich Diederichsen-Kiel und Herr Oberbürgermeister Dr. Strölin-Stuttgart bereitstellten; ihnen beiden sei hier nicht zuletzt mein herzlicher Dank gesagt.

FRIEDRICH LENZ.

[5]) Auch die internationale Organisation einer Autostraße London—Frankfurt—Wien—Konstantinopel (Istanbul) nimmt einen Listschen Gedanken in neuer Form auf. Ebenso die britischen Überlandlinien Kairo—Sudan und Mittelmeer—Indien! Vgl. ferner die List-Aufsätze im „Völkischen Beobachter" vom 7. Dezember 1935.

INHALTSÜBERSICHT

E I N F Ü H R U N G

EIN DEUTSCHER IM VORMÄRZ

Heinrich von Treitschke nennt Friedrich List einmal einen „Demagog im edelsten Sinne". In der Tat zeigen seine Lebensdaten[1]) List auf ruheloser Bahn: bald flüchtend, bald den Fuß freiwillig weitersetzend, aber immer unter der „politischen Verfehmung" leidend und am Rande jener Wirklichkeit bleibend, der sein leidenschaftlich nationales Sehnen wie sein sich verzehrender Reformeifer galten.

So ward er schon im Frühjahr 1818, und abermals im Frühjahr 1819, durch seinen Tübinger Fach- und Fakultätskollegen Fulda der Regierung denunziert. Kaum „Konsulent" seines deutschen „Handels- und Gewerbsvereins" geworden, mußte er vor seiner Regierung sich rechtfertigen und erhielt, am 27. Mai 1819, seine schlichte Entlassung aus der Professur. Nachdem eine erste Wahl zur württembergischen Ständeversammlung im Juli für ungültig erklärt, wurde er im Dezember 1819 wegen seines Flugblattes für die Wahlmänner von Waldsee beim Innenministerium denunziert und erst im Dezember 1820 von seiner Geburtsstadt Reutlingen rechtsgültig zum Abgeordneten gewählt. Sein Reutlinger Petitionsentwurf verwickelte ihn, auf Grund einer Denunziation, in jenen politischen Prozeß, der am 24. Februar 1821 zur Ausschließung aus der Kammer und am 6. April 1822 zur Verurteilung führte. List floh aus Württemberg nach Straßburg — aber nur, um am 17. September 1822 aus Frankreich ausgewiesen zu werden. Nach Kehl in Baden übergesiedelt, mußte er 1823 alsbald nach Basel gehen, wo er vorübergehend in Haft geriet; aus der Schweiz kehrte er, auf Begnadigung hoffend, nach Stuttgart zurück, wurde dort aber sofort verhaftet und am 6. August 1824 als Sträfling auf den Hohen-Asperg überführt. In ein zweites Strafverfahren verwickelt, erhielt er im Januar 1825 einen Reisepaß nach Nordamerika und verzichtete auf sein Staatsbürgerrecht. Am 26. April 1825 konnten er und seine Familie in Le Havre sich an Bord des Paketbootes begeben, das sie nach Amerika bringen sollte.

Drüben schrieb er seine „Outlines" und schuf sich eine Position, die ihm gestattete, Anfang September 1830 — infolge der Julirevolution — den nordamerikanischen Außenminister van Buren um eine handelspolitische Mission nach Frankreich zu bitten; am 2. Oktober 1830 er-

[1]) Vgl. „Werke" Bd. IX, S. 1—39, und die „Zeittafel" am Schluß dieses Buches.

hielt er das Bürgerrecht der Vereinigten Staaten und wurde anschließend durch Präsident Jackson, dessen Wahl er unterstützt hatte, zum Konsul in Hamburg ernannt. Darüber blieb der Entwurf zu seinem „American Economist" unvollendet.

Der hamburgische Senat verweigerte ihm, wegen seiner politischen Vergangenheit, das Exequatur. Ende Oktober 1831 aus Frankreich nach Amerika zurückgekehrt, wurde List im Juli 1832 zum Konsul der Vereinigten Staaten für das liberale Baden ernannt und siedelte endgültig in die deutsche Heimat über. Hier betrieb er — seit dem Juni 1833 — den Bau der Leipzig—Dresdener Eisenbahn; jedoch lehnte der Leipziger Magistrat Lists Aufnahme zum „Schutzverwandten" ab und im März 1834 wurde seine Wahl in den Vorstand der Bahngesellschaft vom gleichen Magistrat verweigert. Auf seinen Antrag im Sommer 1834 zum Konsul für Leipzig ernannt, sah er sich diplomatischen Verfolgungen seitens Österreichs und Preußens ausgesetzt; zweideutige Auskünfte aus Stuttgart bewirkten Anfang 1835 eine Aufforderung der sächsischen Regierung an List, sein Konsularamt niederzulegen. Nach unerfreulichen Erfahrungen verließ er im Januar 1836 Leipzig mit einem „Ehrengeschenk" von 2000 Thalern.

Württemberg lehnte ein Gesuch um ehrenvolle Rehabilitierung ab, und List verließ ein zweites Mal das undankbare Deutschland; 1837 finden wir ihn in Paris, nachdem er sein amerikanisches Vermögen verloren und von der Leipzig-Dresdner Bahngesellschaft sich eine letzte Absage geholt hatte. In Paris schrieb er sein „Système naturel de l'Economie politique". Im Juli 1839 starb sein einziger Sohn Oskar als Leutnant in der französischen Fremdenlegion. Ein Angebot des Ministers Thiers, in die politischen Dienste der Julimonarchie zu treten, wies List zurück und ging 1840 abermals nach Deutschland. Hier förderte er die Eisenbahnpläne in Thüringen, wofür er ein Geschenk von 100 Friedrichsdor erhielt, und wurde auf seinen Antrag von der Universität Jena zum Ehrendoktor ernannt. Im Frühjahr 1841 siedelte er nach Augsburg über und ließ bei Cotta sein „Nationales System" erscheinen; auch dies klassische Werk hatte er in Paris verfassen müssen. Eine bayrische Ordensverleihung wurde im letzten Augenblick zurückgezogen, jedoch erhielt List im Herbst 1841 vom Kriminalamt Stuttgart anläßlich einer Amnestie die „Wiederherstellung seiner bürgerlichen Ehre", fast zwei Jahrzehnte nach seiner Verurteilung. Eine Anstellung in bayerischen oder württembergischen Diensten konnte er nicht erlangen; noch im Mai 1842 gab der König von Württemberg dem Setzer, der List im Januar 1821 denunziert hatte, ein Geldgeschenk. Das amerikanische Konsulat für Württemberg wurde ihm im März 1843 übertragen, jedoch hat List kein Exequatur nachgesucht.

Im letzten Lebensjahr mußte List sich von seinem Verleger Georg von Cotta trennen. Der Versuch des preußischen Gesandten Bunsen in London, List in preußische Dienste übernehmen zu lassen, mißlang. Durch einen anonymen Angriff des Gießener Universitätsprofessors

Schmitthenner in seiner persönlichen Ehre, durch das Scheitern seiner deutsch-britischen Bündnispläne in seinem politischen Ansehen verletzt, gab List am 30. November 1846 sich den Tod. Sogleich erschienen Aufrufe, welche für ein Denkmal und für eine Unterstützung seiner Hinterbliebenen warben.

Indem er die Differenz zwischen Ziel und Ausgangspunkt voll politischer „Leidenschaft" bewußt erlebte[2]), erfüllte er die Tragik seines Lebens, das ihn als „scheiternden Deutschen", wie Moeller van den Bruck sagt, auf der Grenzscheide zwischen Handeln und Erkennen festhielt. Stets neu erschüttert und gefährdet, fand er durch seinen Tod die subjektive Auflösung eines objektiv unlösbaren Geschicks. Alle Leistungen und Umstände, die der Lebende vergebens für sich geltend machte, dienten nun seinen Bewunderern als nutzbare Titel vaterländischen Verdienstes[3]).

[2]) Vgl. „Herdflamme" l. c. S. 685—690.

[3]) Vgl. auch Edgar Salins schöne Würdigung des Menschen List in der „Einführung" zu „Werke" Bd. VIII, S. V—IX und Bd. IX, S. XXI—XXXV. — Walter von Molos Friedrich List-Roman „Ein Deutscher ohne Deutschland" (1. Aufl. 1931) ist hier ebenso zu nennen wie K. A. Meissinger, „Friedrich List. Der tragische Deutsche" (1. Aufl. 1930). Beide Werke haben Lists Gestalt in die allgemeine Nationalliteratur eingeführt. — Für Lists schwäbische Abstammung vgl. das „Deutsche Geschlechterbuch" Bd. 41 und 43 (1923).

HAUPTTEIL

A

LISTS STAATS- UND GESELLSCHAFTSLEHRE

ERSTES KAPITEL

Staatsphilosophische Grundlegung

Wir beginnen unsere Darstellung des Listschen Gesamtwerks mit seiner Staats- und Gesellschaftslehre, also mit demjenigen Abschnitt seines Lebens, den sein Kampf im württembergischen Verfassungsstreit beherrscht. Wie wir gleich sehen werden, kreist Lists gesamtes systematisches Denken um den liberalen „Rechtsstaat", wie liberale Juristen seit 1819 sagten: die Einheit der jungen bürgerlichen Gesellschaft soll erreicht und verfassungsmäßig, auch am Markt, gesichert werden. Die Ordnung, welche List zunächst im Rahmen eines Territorialstaates verwirklicht wünscht, ist gedacht als Abschluß der vorbürgerlichen Hemmnisse und Privilegien, als Beginn einer bürgerlich-monarchisch-konstitutionellen Ära von Freiheit, Gleichheit, Eigentum. Auch die Erweiterung des Territoriums zum „Nationalkörper" mit einer großdeutschen „Nationalwirtschaft" ruht noch völlig auf diesen Grundlagen; den Eintritt des nationalen Bürgertums in das Staatsgefüge fordern Lists partikulare wie seine gesamtdeutschen Kämpfe.

Der allgemeine Gegensatz von Staat und bürgerlicher Gesellschaft, aus dem Staatsdenken des 18. Jahrhunderts überliefert und dem 1789 bis 1815 beginnenden neuen Jahrhundert zur Lösung aufgegeben, überschattet somit auch Lists Anfänge. Wir werden alsbald sehen, wie List den Kampf — im territorialen wie im nationalen Rahmen — aufnimmt. Er selber wird daran scheitern; was lebenskräftig an seinen Konzeptionen war, wird Bismarck seit 1866 der Wirklichkeit aufprägen und damit Deutschlands Schicksal bis zum Weltkrieg formen — vom „konstitutionellen" Kompromiß zwischen Monarchie, Adel, Bürgertum und Arbeiterschaft mit Bundesrat und Reichstag bis hin zu den „imperialistischen" Attributen eines modernen Nationalstaates in Heer, Flotte und Kolonien — einschließlich der „großdeutsch"-imperialen Funktion seines „Dreibunds" für Kontinentaleuropa. An dieser Stelle seien zwei Bemerkungen einleitend gestattet:

Einmal ist Lists eigener Standort dadurch bestimmt, daß er infolge seines politischen Prozesses[1]) ganz auf seiten des aufstrebenden Bürgertums seinen Platz nimmt und somit zum Anwalt der gesellschaftlichen Interessen gegenüber der Staatsmacht wird; als Demokrat und „Dema-

[1]) S. unten Hauptteil D, 1. Kapitel.

goge“ zeitlebens von ihr verfolgt, teilt er das allgemeine Schicksal der gesellschaftlichen Opposition im „Vormärz“: der Burschenschaft, des Jungen Deutschland usw.[2]). Eben in dem Bemühen, durch neue intermediäre Gewalten (Korporationen, Verbände, Parlamente) Staatsapparat und bürgerliche Gesellschaft zu verketten, spielt sich Lists Kampf ab. So drängt auch er aus der mechanisch-statischen Entgegensetzung von „Regierung“ und „Volk“ hinweg und zu einer lebendig-funktionellen Verbindung beider in den Institutionen einer konstitutionellen Monarchie. Nur daß diese Institute das alte Übergewicht und die „Willkür“ bestehender älterer Gebilde (Obrigkeit und Bürokratie, Stände und Privilegien) ebenso brechen und ersetzen sollten wie den „Schlendrian“ älterer feudalistisch-zünftlerischer Ordnungsreste. Nachdem die „Achtundvierziger“ an der gleichen Aufgabe im Gesamtergebnis gescheitert waren, hat Bismarcks Generation hier die verbindende Struktur geschaffen. In der Kraft, welche diese Ordnung noch unter der Konstellation ihrer Epigonen 1914 bis 1917/18 entfaltete, liegt rückschauenden Betrachtern auch eine Rechtfertigung des Listschen Strebens.

Andererseits ist auf keine Weise zu verkennen, wie fern — ja in vielen Punkten geradezu entgegengesetzt — Lists Freiheitspostulate unserem seither erreichten Standort sind. Was Lists Staats- und Gesellschaftslehre fordert, wäre insofern eine Negation unserer eigenen Konstellation, wie ein flüchtiger Blick auf seine Tabelle von „Urrechten“ lehrt. Kein Zweifel, daß er unserer Gegenwart hierin nichts mehr zu sagen hat, ja als parlamentarischer Liberaler ebenso abgelehnt werden müßte wie z. B. in seinem — damit merkwürdig verknüpften — Vertrauen auf das Kaiserhaus Habsburg. Jene Bewegung, deren Wortführer und „Herold ohne Sold“ er wurde, hat das deutsche Erwerbsbürgertum seit Königgrätz in das kleindeutsche Reich geführt, wobei List — als Anwalt einer „von unten her“ einsetzenden Bewegung — im besonderen die Merkmale eines nationalliberalen Kompromisses mit der monarchischen Gewalt vorwegnimmt. Auch nach seiner nationalstaatlichen und (A. Sommer) „quasi — imperialistischen“ Haltung gehört er dem 19. Jahrhundert an; so fordert seine Konzeption im Donauraum z. B. eine völkische Verschmelzung von Deutschtum und Madjarentum, und wenn er die Überseegebiete als natürliche Rohstoffgebiete den vollentfalteten „Agrar-Gewerbe-Handelsstaaten“ zur Ausbeute überlassen will, so bleibt er auch hier frei von rassischen Erwägungen.

Steht doch List als vormärzlicher Liberaler noch jenseits der Revolution von 1848 und der nachmärzlichen Demokratie. Schon seine offene Abneigung gegen das Judentum — als den Träger eines rein handelskapitalistischen „Schacher“-Geistes — deutet darauf hin. Seine Lehre von den „Korporationen“, als intermediären Gewalten zwischen Volk und Krone, hält sich gleichfalls fern von späteren Nivellierungen einer atomistisch-individualistisch gedachten Masse bloßer Einzelbürger.

---

[2]) S. unten Hauptteil E.

Darum steht er im Kampf wider die Einzelwirtschaftslehren der wirtschaftsrechtlich-liberalen „Schule“. Sein Verdienst bleibt die zentrale Erfassung aller Wirtschaftsgebilde als politisch-ökonomischer Lebensordnung, aller Wirtschaftslehren als eines „Nationalen Systems der Politischen Ökonomie“, das ihm grundsätzlich als das im richtigen Sinn „Natürliche System der Politischen Ökonomie“ erscheinen darf[3]).

Weil er das Moment des „Nationalgeistes“ in seiner Theorie der materiellen wie ideellen „Produktivkräfte“ mit einschließt, beginnt er seine Theorie nicht mit dem Markt, wie dies alle Schulen einer „freien“, d. h. von Staat und Geschichte abgelösten Markt- und Verkehrsordnung versuchen; sondern er setzt begrifflich an beim Produktionsprozeß, den er in die staatlich-geschichtlichen Bedingungen jeder Gemeinschaft, jedes Gemeinwesens einbezieht. In dieser Schau einer wirklichkeitsnahen Politischen Ökonomie — auf der damals gegebenen Stufe eines werdenden Nationalstaats — liegt Lists entscheidende systematische Leistung. Sie hebt ihn weit hinaus über alle rein-gesellschaftlichen Profitlehren, stellt ihn in eine Linie mit den Vorkämpfern der wesentlich „deutschen“ Theorie im 19. Jahrhundert: Adam Müller, Thünen, Rodbertus, der historischen Schule, Adolph Wagner — bis zur Neubegründung einer Politischen Ökonomie unserer Zeit[4]). Nur an diesem Punkte lassen alle liberalen Lehren mit ihrem bis heute herrschenden Ausgehen vom Bedarf und Marktmechanismus sich systematisch überwinden; läßt ihr späteres Ausweichen in mathematische und individualpsychologische Methoden sich kritisch aufdecken. Und von dort aus fand List schließlich einen Zugang zum Begreifen der internationalen Wirklichkeit, die seinen liberalen Feinden als bloße kaufmännische Summation, als staatsfreie „Weltwirtschaft“ oder Verkehrsgesellschaft am „Weltmarkte“ erscheint. Wir werden sehen, daß dieser schwäbische Deutsche aus der Enge unseres Vormärz — lange vor Engländern und Amerikanern — den Begriff des modernen Imperialismus geprägt hat, mit seiner Definition des „Metropol-Kolonial-Schutzsystems“, und daß er dadurch, in seiner imperialen Schau, gleichfalls allen deutschen Epigonen der westlichen Weltmarktlehre grundsätzlich überlegen ist, insbesonders wesentliche Momente auch zur modernen Handelspolitik und zur Überwindung der freihändlerischen „Meistbegünstigung“ vorweggenommen hat. Kein Wunder, daß sein Abgehen von der gesellschaftlichen Marktebene ebenso wie seine Vorschau auf den modernen Imperialismus seitens der bisher herrschenden „Schule“ abgelehnt wird und List im entscheidenden Punkt als bloßer Wirtschaftspolitiker oder gar „Agitator“ abgetan bleiben soll. Daß List auch unter den historisch-anschaulich denkenden deutschen Volkswirten voransteht, vertieft diesen Gegensatz; bleibt jene vulgär-liberale Wirtschaftstheorie doch einem List ebenso fern wie

[3]) S. Bd. IV, V und VI der „Werke“.

[4]) Vgl. Salin, „Geschichte der Volkswirtschaftslehre“, 2. A., 1929, und Lenz, „Aufriß der Politischen Ökonomie“, 1927, S. 27—37, 40—41. — Unten Hauptteil F, 2. Kapitel.

einem Ranke oder Hegel und damit — wissenschaftsgeschichtlich — auf der gleichsam prähistorischen Vorstufe des 18. Jahrhunderts. Wenn Ludwig Elster, im letzten von ihm herausgegebenen Band von „Conrads Jahrbüchern“, dies Stigma des „unbekannten List“ als unbegründet abweist, so befindet er sich mit den Tatsachen im Widerspruch und sieht den Kernpunkt, bezeichnenderweise, überhaupt nicht[5]). Die Wiedererweckung des „unbekannten List“ bleibt daher eine Aufgabe von theoretischem Gehalt und verheißt Ergebnisse, die auch unter einer veränderten, ja vielfach entgegengesetzten Konstellation fortzeugend wirken werden.

Bismarck hatte schon 1865 die „reine Theorie ... auf das Maß und die Bedingungen der vorhandenen Zustände“ zurückgeführt: Während jene „abstrakten Lehren ... von allen räumlichen und zeitlichen Bedingungen und Voraussetzungen“ absahen, war ihre angebliche Richtigkeit auf dem Gebiet der „Doktrin“ bereits durchbrochen „durch die mannigfaltigsten Beschränk- und Einwirkungen der realen und praktischen Verhältnisse“. Damit wurde Listschen Gedanken — für die Soziale Frage wie später in der Finanz- und Zollpolitik — ein Weg gebahnt; die „Bestrebungen zum Schutze der deutschen Arbeit und Produktion“ hatten „die Freihandelskrankheit“ überwunden. Unsere Gegenwart hat jenen „Prozeß der volkswirtschaftlichen Theorie“ erneut und endgültig aufgerollt! Die neuere Listforschung gedenkt an dieser Wende dankbar ihrer Wegbereiter: L. Häusser, Th. von Eheberg, Hermann Losch, Karl Goeser, William Notz und sie begrüßt es, daß Lists Werk und Name außerhalb Deutschlands ihren repräsentativen Klang niemals verloren haben.

---

[5]) l. c. 84. Bd., 1933. Vgl. unten Hauptteil F, 2 und 3. Kapitel. Z. B. wertet Jos. Schumpeters „Literatur- und Dogmengeschichte“ (1924) List nur für unerhebliche Nebenpunkte. — Bd. VII der „Werke“, in dem Lists imperiale und handelspolitische Leistungen zum erstenmal herausgestellt sind, hat bezeichnenderweise vom Erscheinen 1931 bis 1934 keinerlei Anzeige in führenden deutschen Fachzeitschriften erhalten; vgl. E. Wiskemann, „Wirtschaftsgeschichte 1800—1933“, S. VII, 59, 144. — Dagegen haben Hermann Christern in der „Deutschen Literaturzeitung“ 1928, Heft 39; 1929, Heft 35; 1930, Heft 52; 1932, Heft 51; 1933, Heft 13, und 1934, Heft 7, sowie Hermann Schumacher in „Die Reichsbahn“ 1928, Heft 47, die Listforschung durch ihre Anzeigen der „Werke“ wesentlich gefördert. Ebenso von Zwiedineck-Südenhorst in „Jahrbücher für Nationalökonomie“, Juliheft 1935, S. 25—34. — Für Lists internationale Auswirkung vgl. unten Hauptteil D, 2. Kapitel Anm. 52; Hauptteil F, 3. Kapitel Anm. 13.

Aufgabe der vorliegenden Monographie ist freilich nicht, Lists Bedeutung für Theorie und Willensbildung unserer eigenen Gegenwart zu schildern. Wie wir im Vorwort sagten, wollen wir den Grund legen, auf dem der Mann und sein Werk stehen werden; wir hoffen nichts ausgelassen zu haben, was hierfür geschichtlich oder systematisch wesentlich sein kann. Indem wir Lists Standort in den politischen und gesellschaftlichen Bewegungen des Vormärz sowie allgemein für das 19. Jahrhundert (1789 bis 1914) darlegen, halten wir uns innerhalb jener Konstellation, der sein Denken wie Handeln zugeordnet war. Von hier aus läßt Lists Fruchtbarkeit für einen Neubau der Politischen Ökonomie im 20. Jahrhundert sich mit Sicherheit erweisen. Das Ziel sowie Lists Beitrag zur Lösung dieser Aufgabe sind in unserer Monographie enthalten; ihre Durchführung aber bedeutet anderes und mehr[6]). Schließlich verzichten wir — wennschon ungerne — darauf, die wirtschaftliche Entwicklung Deutschlands vom Ende des 18. Jahrhunderts bis zum Tode Friedrich Lists hier darzulegen, alle die ökonomische Gestaltung mitformenden, staatlichen wie gesellschaftlichen Kräfte einzuschließen[7]). Im Zusammenhang und auf dem Grunde der Entwicklung wie ihrer treibenden Kräfte wollen wir versuchen, Lists Werden nach seinen wesentlichen Momenten zu vergegenwärtigen. Deshalb umgrenzen wir hier zunächst Lists sozialphilosophischen und staatsrechtlichen Standort; im Hauptteil B und C wollen wir die einzelnen Momente der von ihm ausgehenden Bewegung schildern, anschließend im Hauptteil D seinen entscheidenden Konflikt mit der Staatsgewalt; sodann im Hauptteil E

[6]) Vgl. zur Systematik den gesamten Kommentar in „Werke“ Bd. I bis IX. Ferner den „Aufriß“ l. c.; Artur Sommer, „Friedrich Lists System der Politischen Ökonomie“ in „List-Studien“ Heft 1, 1927; Lenz, „Friedrich List, die ‚Vulgär-Ökonomie‘ und Karl Marx“, 1930. Auch Artur Sommer in „Mitteilungen der Friedrich List-Gesellschaft“ Heft 3, 1926, S. 50—56, 72—82; Lenz ebenda Heft 1, S. 15—16. Hauptteil F, 2. und 3. Kapitel. — Zur Biographie s. Theodor Eheberg in seiner Ausgabe des „Nationalen Systems“, 8. Aufl., 1925; „Aufriß“ l. c. S. 1—5, 27—37; „List und Marx“ l. c. S. 45—55; Edgar Salin 1929. — Über die zeitliche Folge der Listschen Tätigkeit s. das „Itinerar“ in „Werke“ Bd. IX, S. 1—39, oben die „Einführung“ sowie die „Zeittafel“ am Schluß dieses Buches. — Vgl. H. Christern in „Klassiker der Politik“ Bd. XVI sowie L. Häusser l. c. — Zur Bibliographie s. Max Hoeltzel bei Eheberg l. c., 8. Aufl., sowie in „Mitteilungen“ l. c. Heft 4, 1927, S. 104—108. Ebenda Heft 6, 1928, S. 254—272; Heft 10, 1930, S. 315 bis 322. Abschließend „Werke“ Bd. X.

[7]) Vgl. Werner Sombarts „Modernen Kapitalismus“ und Franz Schnabel, „Deutsche Geschichte im 19. Jahrhundert“. III. Bd. („Erfahrungswissenschaften und Technik“), 1934, S. 239—453.

die allgemeinen Bewegungen im deutschen Vormärz, soweit sie ihn berühren, um im Hauptteil F zu einer abschließenden Würdigung zu gelangen.

Am Beginn der großen französischen Revolution — Anfang August 1789 — in der damaligen „demokratisch regierten" freien Reichsstadt Reutlingen geboren, hatte der junge Handwerker- und Ratsherrnsohn seit 1806 die mittlere Beamtenlaufbahn durchlaufen und war 1816 württembergischer Rechnungsrat geworden. Als Oberamtsaktuar in Tübingen hatte List schon 1811 bis 1813 die Bekanntschaft des liberalen Freiherrn K. A. von Wangenheim gemacht und an der Universität, deren Kurator Wangenheim seit 1811 war, rechtswissenschaftliche Studien getrieben. „Aus natürlichem Widerwillen gegen eine fast seelenlos gewordene Rechtsweisheit" wandte er sich jedoch bald der Politik und Staatswirtschaftslehre zu; er war „ganz Nationalökonom, Politiker und Administrator".

Seines Rückhalts an Napoleon, dem Protektor des Rheinbundes, beraubt, befand sich Württemberg im vollen Übergang vom absolutistischen zu einem verfassungsmäßigen Regime. Der Regierungsantritt König Wilhelms I. Ende Oktober 1816 ließ List an den Verwaltungsreformen teilnehmen, welche neben den Verfassungskämpfen einhergingen[8]). Im Oktober 1817 zum Professor der Staatswirtschaft und Staatspraxis in Tübingen ernannt, sah er im nächsten Monat seinen Gönner, den Minister von Wangenheim, stürzen. Damit verlor List einen Beistand, dessen er dem neuen Justizminister Frhrn. von Maucler wie der Fakultät gegenüber höchst notwendig bedurfte; war seine ungewöhnliche Ernennung doch an der Landesuniversität mißliebig empfunden worden. Im Dezember des gleichen Jahrs beantragte er, „Doctoren der Staatswirtschaft" an der Fakultät zu kreieren — auch darin seiner Disziplin ein Wegweiser[9]).

Unbeliebt war er um so eher, als er seit dem Sommer 1816 publizistisch wie mit besonderen Denkschriften in alle Tagesfragen eingegriffen hatte. Dem jungen, seit 1805 absolutistisch regierten Rheinbund-Königreich war im Januar 1815 eine neue Verfassung verheißen worden; jedoch hatten weder König Friedrich I. noch der hierfür berufene Minister von Wangenheim sich mit dem Landtag auf „eine wahrhafte

[8]) Vgl. Einleitung zu „Werke" Bd. I 1, S. 3—26; Bd. VIII, S. 3—11, 91—130. — E. Schneider, „Württembergische Geschichte", 1896, S. 479—510. Über das „Schreiber"-Institut vgl. Reyscher, „Erinnerungen", 1884, S. 41—46. Die politische Geschichte Württembergs von 1789 bis 1805 gibt Erwin Hölzle, „Das alte Recht und die Revolution", 1931.

[9]) S. „Werke" Bd. I 1, S. 478—483; Bd. VIII, S. 118, 870. — Vgl. Karl Goeser, „Der junge List", 1914, und den Brief des Vaters Uhland vom 23. Januar 1818 in „Uhlands Leben", 1874, S. 139—140. Goesers Monographie eröffnet die neuere Listforschung. — Wangenheim suchte im Frühjahr 1817 Görres für Württemberg zu gewinnen; wegen Hegel s. unten Anmerkung 29.

Nationalrepräsentation" zu einigen vermocht. Der Kampf zwischen der Regierung und den „Altrechtlern", welche eine volle Wiederherstellung ihrer altständischen Rechte forderten, erreichte im Jahr 1817 einen Höhepunkt; wie Ludwig Uhland das „gute alte Recht" in seinen Liedern pries, so stritt Justinus Kerner — Lists Kampfgenosse 1818 — auf seiten der Regierungsfreunde. Die junge „öffentliche Meinung" Deutschlands verfolgte die württembergischen Ereignisse seit dem Jahr 1815 mit einer Aufmerksamkeit, die alle Freunde wie Gegner „landständischer" Verfassungen ergriff. So bezeichnet bereits Lists Anteil am schwäbischen Verfassungskampf einen lokalen Standpunkt innerhalb der allgemeinen volkstümlichen Bewegung, die Deutschland seit den Befreiungskriegen erfaßt hatte.

Lists Kritik des ständischen Verfassungsentwurfs, den die „Altrechtler" 1817 dem königlichen Entwurf entgegengesetzt hatten, steht unter dem kennzeichnenden Motto: „Vor dem Sklaven — wenn er die Kette bricht — vor dem freien Bürger erzittert nicht!" Der Tod des absolutistischen Königs Friedrich I. 1816 und Wangenheims Reformabsichten lassen ihn hoffen: „Heil den kommenden Generationen eines Volkes, das unter einem solchen König sich konstituiert!" „Das ganze liberale Europa" habe sich für König Wilhelms I. Thronrede begeistert, meinte er noch 1823. Die Mißbräuche des Hofes und der Bürokratie wie auch den „oligarchischen Egoismus" der altständischen Ordnungen will er nach den liberalen Grundsätzen eines modernen Verfassungsstaates mit seinem „patriotischen Eifer" überwinden. „Freiheit in der Gemeinde — in dem Oberamt nur wird die Idee: Verfassung zum Leben erwecken. Hunderttausend freie Bürger müssen aufrecht dastehen und ihre Geisteskräfte üben — nicht 30 Aristokraten[10])." An der Universität las List 1818 bis 1819 in diesem Sinne über allgemeine Staatskonstitutionslehre, württembergische Verfassungslehre, Verfassung und Verwaltung der Gemeinde- und Amtskorporationen. Im Juli 1819 wurde er zum Abgeordneten für Reutlingen gewählt, seine Wahl jedoch wegen einer Unklarheit über sein Geburtsdatum für ungültig erklärt.

Wir wollen, ehe wir Lists Staats- und Gesellschaftslehre in ihren breiteren philosophischen Zusammenhang stellen, den lokalen Standpunkt der ihm gesinnungsverwandten schwäbischen Regierungsfreunde kennenlernen; wir werden entscheidende Gesichtspunkte bei List wiederfinden, wenngleich eine parteimäßige Geschlossenheit in jener deutschen Frühzeit parlamentarischer Kämpfe keineswegs besteht.

Eine vertragsmäßige Begründung des Staates war — im Hinblick auf die württembergische Verfassungsgeschichte — Leitgedanke sowohl

[10]) S. „Friedrich Lists Kleinere Schriften" in „Die Herdflamme" Bd. X, 1926, S. 125, und vgl. A. Pfister „König Friedrich von Württemberg und seine Zeit", 1888, S. 213—218, 346—366, 368. — S. „Werke" Bd. I 1, S. 466; Bd. IX, S. 44—45.

der „Altrechtler" wie der Regierungsfreunde; sie beriefen sich hierbei wohl auf Montesquieu und auf die früheren Reichsstädte, nicht jedoch auf die Lehre von der Volkssouveränität[11]). Aus diesem Ursprung vereinbarter Verfassungen folgen jene „Urrechte", denen wir alsbald begegnen werden — namentlich Freiheit der Person wie des Eigentums, einschließlich der Presse- und Auswanderungsfreiheit. Die Regierungsanhänger im besonderen wünschten ein Bündnis zwischen Königtum und Volksfreiheit mit einer starken Regierungsgewalt, Zensuswahlrecht und Oberhaus; Gedanken, wie die späteren National-Liberalen im Bismarckschen Staat sie etwa vertreten haben[12]).

Die Altrechtler vertraten nicht zuletzt das besitzbürgerliche Interesse: „ — diejenige Klasse von Staatsbürgern ..., welche wegen ihres Vermögens das größte Interesse an der Repräsentation hat", sollte durch Zensuswahl und Budgetrecht der „Volkskammer" gesichert werden. Hingegen nannten die Regierungsanhänger ihre Gegner Herren- und Beamtenfreunde, sich selber „bürgerlich Gesinnte" oder „Bürgerfreunde". Ihr publizistisches Hauptorgan war der „Volksfreund aus Schwaben", als dessen Mitherausgeber und ständiger Mitarbeiter List 1818 bis 1819 erscheint; auch Lists „Württembergisches Archiv" stand ihnen nahe[13]). Sie verfochten die Selbstverwaltung in den Gemeinden und Oberämtern, an deren Aufbau List durch seine Schriften wie in der Verwaltungspraxis entscheidend mitgearbeitet hatte. Sie fanden es ganz verwerflich, „nur Reiche zur Volksvertretung zuzulassen, — schon darum, weil die Art der Besteuerung dann vollends ganz von denen abhängt, die das meiste Vermögen haben". Ihr Kampf gegen Bürokratie und römisches Recht, für Öffentlichkeit und „Volksrichter", für den „Gemeindestaat" und die „Korporationen" überhaupt zeigt sie in einer Linie mit Lists Verfassungsschriften: „Gedanken über die württembergische Staatsregierung" 1816, „System der Gemeindewirtschaft" 1816 bis 1817, „Kritik des ständischen Verfassungsentwurfs" und „Staatskunde und Staatspraxis Württembergs im Grundriß" 1817. Die Ablehnung „jakobinischer" Grundsätze und das Bekenntnis zur konstitutionellen Monarchie waren ihnen ebenso gemeinsam wie der rein innerstaatliche, innenpolitische Kernpunkt ihrer Staatsauffassung: von den außenpolitischen Aufgaben eines Staates und dem entscheidenden Moment staatlicher Macht konnten die schwäbischen Verfassungskämpfe ihnen keine Vorstellung vermitteln.

Wir werden sehen, wie Lists Schicksal durch jene Staatswirklichkeit bestimmt wird, deren Tendenzen wie deren Grenzen zu erkennen seinem überfliegenden Geiste meist versagt blieb; selbst in seinen ge-

[11]) Vgl. Albrecht List, „Der Kampf um's gute alte Recht (1815—1819) nach seiner ideen- und parteigeschichtlichen Seite", 1913, S. 8—159. — Die sorgsame Arbeit nimmt auf den jungen List kaum Bezug.

[12]) Vgl. Adalbert Wahl, „Beiträge zur deutschen Parteigeschichte im 19. Jahrhundert", in „Historische Zeitschrift" Bd. 104, 1910, S. 589—594.

[13]) Siehe Albrecht List l. c. S. 122, 138, und „Werke" Bd. I, passim.

nialen weltpolitischen Konzeptionen läßt ein Verkennen der internationalen Konstellation und die Neigung zu dogmatisierenden Urteilen sich bemerken[14]). Irren wir nicht, so ist diese verhängnisvolle Schwäche eines so lebensvollen Geistes eben in dem lokalen Standpunkt seiner Frühzeit angelegt; der schwäbische Gesichtskreis versagte ihm den Anblick der außenpolitischen Verhältnisse, in die jeder Staatsbegriff und jeder wahre Staat im vollen Sinne dieses Wortes eingebettet bleiben.

Im übrigen dürfen wir, wie Lists Adressen an seine Wähler uns bestätigen werden, in den „Bürgerfreunden" eine Vertretung vorwiegend kleinbürgerlicher und kleinbäuerlicher Interessen sehen. Es ist der „gemeine Mann", der Bauer und kleine Gewerbetreibende, dessen Nöten List abhelfen will; so wollten auch die „Bürgerfreunde" das Wohl des Staats „von unten herauf" begründen, während bei den „Altrechtlern" das Interesse der früheren „Ehrbarkeit", d. i. der städtischen Bourgeoisie den Vorrang hatte[15]). Hier tritt ein Gegensatz zu Lists Tätigkeit im nationalen Rahmen von 1819 ab hervor: Seit dem „Handels- und Gewerbsverein" ward List zum Anwalt des jungen deutschen Großbürgertums, dessen Zoll- und „Manufaktur"-Interessen dahin drängten, alle lokalen Schranken zugunsten der „Manufaktur-Nation" zu sprengen.

Auch der konservative Einschlag dieser werdenden schwäbischen Demokraten bleibt für List bedeutsam. Sie waren, wie man gesagt hat, in der Tat „revolutionär und konservativ zugleich", gleich List einem Justus Möser oder Freiherrn vom Stein näher verwandt als dem Gedankenkreis der französischen Liberalen. Vergebens wird List dies Moment seines Denkens später dem österreichischen Staatskanzler begreiflich zu machen suchen[16]). Anderseits stand er, der gebürtige Reichsstädter, auch den konservativen territorialen Überlieferungen der „Altrechtler" fern, waren die aufgeklärt-vernunftrechtlichen Bestandteile seines Denkens echter als beispielsweise bei einem Ludwig Uhland, der Staatsideologie seines Gönners Wangenheim näher; auch Lists reichsstädtische Anhänglichkeit an das katholische Kaiserhaus Habsburg wäre bei einem Altwürttemberger schwerlich zu vermuten. Diese „Altrechtler" hatten, nach Hegels Urteil, die lehrreichste Periode der Weltgeschichte „verschlafen". In List dagegen lebte der „reichspatriotische" Nationalgeist eines Fried. Karl von Moser. Die einzige bodenständige nationale Idee, sagt F. Meinecke, die man in Südwestdeutschland hatte, war jene verblaßte Reichserinnerung, die sich nunmehr mit liberalem und konstitutionellem Inhalt füllte.

---

[14]) Vgl. Hauptteil F, 2. Kapitel, über List und Ranke. — Lists „philosophisches Völkerrecht" oder „Weltrecht" (1823) s. in „Werke" Bd. I 1, S. 437—438.

[15]) Albrecht List übersieht diese Zusammenhänge; vgl. l. c. S. 123, Anm. 343. Vgl. unten Lists Adresse an die Wahlmänner von Waldsee sowie die Reutlinger Adresse im Hauptteil D, 1. Kapitel.

[16]) Vgl. unten Hauptteil C, 1. Kapitel.

In den Kämpfen, welche sein Heimatland Württemberg erschütterten, hat der junge List seinen Platz somit auf seiten der Reformer und der „Bürgerfreunde". Er ist „liberal" in dem politischen Sinne, den dies Wort zwischen 1790 und 1812 erhielt[17]). Indem er aus der „natürlichen Freiheit" und den „Urrechten" des Menschen die Grundsätze der „bürgerlichen Freiheit", ja einer „deutschen Kammer der Gemeinen", nach den „unwandelbaren Grundsätzen der Vernunft" ableitet, wird er von vornherein zum Feind der „Herrenpartei" und jeglichen Privilegienwesens. „Persönliche Freiheit, Glaubensfreiheit, Sprech- und Pressefreiheit, das Recht Waffen zu tragen, Freizügigkeit und Erwerbsfreiheit" — sie liegen als „angeborene" Urrechte der Freiheit wie des Eigentums den „politischen Rechten" des Bürgers zugrunde, im besonderen auch seinem Gegenentwurf einer württembergischen Verfassung vom Jahr 1817.

Der Ursprung solcher Denkstrukturen im protestantisch-aristotelischen Vernunftglauben und Vernunftrecht des aufgeklärten 18. Jahrhunderts bedarf kaum eines Beweises. Während er 1816 bis 1817 in seiner „vaterländischen Nationalökonomie" noch von einer „württembergischen Nation" ausgeht und seine historische Anschauung mithin von seinem territorialstaatlichen Umkreis zunächst bestimmt erscheint[18]), kommt er mit seiner allgemeinen Staatsauffassung von den Begriffen der „Göttinger Schule" (Achenwall, Schlözer) und der großen westlichen Denker des 18. Jahrhunderts her. (Rousseau, mehr noch „die hohe Autorität" von Montesquieu.) „Der Staat besteht aus freigeborenen Menschen." Seine Kraft ist die „Gesamtkraft aller Einzelnen, und die gesetzmäßige Verbindung dieser Einzelnen zu einer Gesamtkraft, um die Gesamtwohlfahrt zu erreichen, heißt: Staat." Gemeinde und Staat „sind Gesellschaften freier vernünftiger Wesen, für alle Zeiten geschlossen, auf die ganze Dauer ihrer Existenz"[19]). Schlözers Vorgänger auf dem Göttinger Katheder, Gottfried Achenwall, hatte seine „Staatsklugheitslehre" auf die gleiche Staatsauffassung gegründet[20]).

---

[17]) Vgl. „Werke" Bd. I 1, S. 462—485, sowie Bd. VIII, S. 124—128, 778—782. — „Herdflamme" l. c. S. XII—XXVIII. — A. Wahl l. c. S. 540—541. — Lotheißen l. c. S. 47, Anm. 87. Vgl. unten 2. Kapitel Anm. 13.

[18]) Vgl. Max Lenz im Anhang zu „Hessische Beiträge zur Staats- und Wirtschaftskunde", ed. Friedrich Lenz Bd. 12, S. 65. — Friedrich Meinecke, „Weltbürgertum und Nationalstaat", 6. Aufl. 1922, S. 27—35, 221—222, 298—300, 480—484. Von „Nationalität" sprach man in Deutschland seit 1798; s. ebenda S. 152—153.

[19]) Vgl. Lenz in „Schmollers Jahrbuch" 1924, S. 1—33, und in „Herdflamme" l. c. — Eiermann l. c. S. 26—36. — Über die kultur- und wirtschaftsgeschichtlichen Wirkungen der Aufklärung vgl. Georg von Below, „Die deutsche Geschichtsschreibung" 1924 S. 1—4, 169—179, sowie unten zu Möser.

[20]) Vgl. Ferdinand Felsing, „Die Statistik als Methode der Politischen Ökonomie im 17. und 18. Jahrhundert", in „Hessische Beiträge zur Staats- und Wirtschaftskunde" l. c. Bd. 4, 1930, S. 3, 39, 42—73.

Wenn List diesen Staat auf Familien und „Gemeindestaaten" (Korporationen) gründete, so folgte er auch hierin jenen älteren, aristotelisch-protestantischen Staatslehren, welche im Anschluß an Herman Conring gelehrt hatten: Am Anfang des Staates stehe die Familie; „ex his vici, inde urbes, tandem regna et imperia". So sagte schon Achenwall in seiner „Staatsklugheit" (1763): „Ein Staat bestehet aus Familien." Er sei „eine Gesellschaft von Familien, die ihrer äußerlichen Glückseligkeit wegen unter einer Oberherrschaft vereinigt leben." Ihm ist der Staat die summa potestas eines souveränen Territorialfürsten, „ein von einem vernünftigen Wesen beseelter oder moralischer Körper, weil in dem Staat vereinigte Kräfte von einem Willen zu einerlei Zweck geleitet werden, und wird deswegen auch eine moralische Person genannt und als eine Person angesehen. Zu seiner Vollkommenheit gehört seine Dauer und seine zweckmäßige Wirksamkeit." Wie vor ihm Conring und später List, war der Göttinger Gelehrte ein Anhänger der Empirie und suchte die Staatswirklichkeit zu erkennen: „Der Staat heißt hier also der Inbegriff alles dessen, was in einer bürgerlichen Gesellschaft und in deren Lande Wirkliches angetroffen wird" (1748). In seinen Staatsbegriff nahm er, ähnlich List und Conring, weitere Momente hinein — wie die Religion, Krieg, Geld, auswärtige Verhältnisse. Er sprach vom „Staatskörper", wie später List vom „Nationalkörper". Und gleich diesem gründete er die autonome Staatsgewalt auf allgemeine Gesetze, die späteren „Grundrechte", unter denen er in erster Linie Sicherheit des Eigentums und der Person, individuelle Freiheit, ein gesichertes Vertrags- und Erbrecht einbegreift; geschriebene Gesetze sind besser als Gewohnheitsrecht. Von hier führt die Entwicklung der bürgerlichen Gesellschaft ohne systematischen Bruch zu den Kämpfen um Urrechte und Verfassung, um staatliche Einheit und gesellschaftliche Freiheit im 19. Jahrhundert. Selbst in seinem Urteil über den Krieg berührt Achenwall sich mit List: Kriegsmacht sei ein Übel, das dem Gemeinwesen unsägliche Summen koste, müsse aber doch das notwendigste genannt werden. Wir werden ähnliche Urteile bei List wiederfinden und verweisen in diesem Zusammenhang auch auf Kants aufgeklärte Vorstellungen vom Rechtsstaat und vom Völkerbund, obschon eine direkte Verbindung von List zu dem Königsberger Philosophen sich nicht ziehen läßt.

In solche Überlieferungen bringt List nun seine besonderen Erfahrungen aus reichsstädtischer Vergangenheit und landständischen Verfassungskämpfen ein. Indem er seinem reichsstädtischen Jugenderlebnis „ein auf demokratischem Prinzip beruhendes Gemeinverhältnis" entnimmt — z. B. in seinem Postulat, eine ehrenamtliche Bürgerpolizei an Stelle der staatlichen „Polizeisoldateska" einzuführen —, sucht er — wie W. von Sonntag[21]) mit Recht hervorhebt — den Dualismus der altständischen Verfassung zu überwinden, „die liberalen Grundsätze

[21]) In „Schmollers Jahrbuch" 1932, S. 76, 84—88.

und Forderungen in den vorfeudalen Lebensformen und Rechtsverhältnissen historisch zu verankern". Seine Staats- und Verwaltungslehre ist „Ausdruck einer Ordnung auf rationaler Grundlage", die Staatswirtschaftliche Fakultät soll dem „Vernunftrecht" dienen.

Nicht vom römischen Juristenrecht, das schon Conring bekämpfte, geht List aus; er verwirft vielmehr das „römisch-konstantinopolitanisch-imperatorische" Kaiserrecht als freiheitsfeindlich[22]). Nicht die Trennung einer „privaten" Individualherrschaft vom Gemeinwesen — die „Rechtspest" der Pandekten — setzt er als Ausgangspunkt, sondern den germanischen Körperschaftsbegriff, wie er etwa in den corpora der Reichsstände und in den Gliederungen der reichsstädtischen Bürgerschaften sich erhalten hatte. Die Fruchtbarkeit dieser „intermediären Gewalten" im Sinne eines Montesquieu sollte ja das 19. Jahrhundert voll erweisen — in der öffentlichen „Selbstverwaltung" wie auf wirtschaftlichem Gebiet mit seinen Genossenschaften und seinen Kapital- (Aktien-) Gesellschaften.

„Es ist sehr zu verwundern", sagt der junge List, „wie man in der Staatswissenschaft die Korporationen so aus dem Auge verlieren konnte, daß ihrer in den Systemen fast nie gedacht wird." Nicht das Individuum, sondern „der Familienvater" bildet die Basis der gesellschaftlichen Pyramide. Denn „der Mensch lebt zuerst in der Familie, dann in der Gemeinde, dann im Distrikt, dann in der Provinz und endlich im Staate". List spricht geradezu vom „Gemeindestaat" und betont, es gäbe „im Gesamtstaat keinen Staat, welcher nicht dem Gesamtzweck untergeordnet wäre". In der „Gemeindegesellschaft" findet er ein Abbild der sie umfassenden „Staatsgesellschaft". — „Jeder Kreis" in dieser „Auf- und Abstufung der bürgerlichen Gesellschaft" bildet wieder „ein geschlossenes Ganzes mit selbständiger Gesellschaftspersönlichkeit": eigener Konstitution, Regierung, Repräsentation, Justiz, Polizei und Finanz. Die Korporationen vergleicht er einem „Bündnis von Republiken oder Reichsstädten" und verweist auch auf die Londoner Selbstverwaltung. Ein solcher „Gemeindestaat" verwirklicht das „Korporations- und Innungssystem" innerhalb des gesamten Gemeinwesens. Eben darum bleibt List ein Feind jedes französisch-absolutistischen Zentralismus. Seine Korporationen enthalten immer das volkstümliche neben dem obrigkeitlichen Prinzip: wie „Magistrat" und „bürgerliche Repräsentation" in der Gemeinde, so Regierung und allgemeinen Landtag im Staat; die Repräsentanten werden jeweils von den nächst tieferen Korporationen gewählt, wodurch das Prinzip der Selbstverwaltung in das Funktionieren der gesamten „Staatsmaschine" eingeschaltet wird[23]). Auch Hegel glaubte ja die Anfänge einer „förmlichen Staatsbildung" in den Genossenschaften und Korporationen des Mittelalters suchen zu müssen. „Familie" und „Korporationen", nicht „allgemeine Massen"

[22]) Vgl. „Werke" Bd. I 2, S. 1075—1077; Bd. VI, S. 65 Anm., 103, 127—128.

[23]) Vgl. „Werke" Bd. I 1, S. 87—232, 441—442.

entsprachen seinem Staatsbau: „Ein lebendiger Zusammenhang ist nur in einem gegliederten Ganzen, dessen Teile selbst besondere, untergeordnete Kreise bilden." Dem städtischen Ursprung des Korporationswesens gemäß, setzen Hegel wie List — der hierin seinem Lehrer, dem Tübinger Staatsrechtler von Majer, folgt — Freiheit und Eigentum als wesentliche Momente jeder Korporation; in den Städten, sagt Hegel, „erwuchs das Prinzip des freien Eigentums, d. h. aus der Unfreiheit die Freiheit". Der Staatszweck geht somit „auf die Wohlfahrt der einzelnen", auf Glückseligkeit im Sinne des 18. Jahrhunderts. Freiheit und Eigentum sollen mittels der korporativen Aufgliederung sich verwirklichen: durch den Staatsvertrag, der Freiheit und Eigentum sicherstellt, bildet sich die bürgerliche Gesellschaft, denn „die bürgerliche Gesellschaft beginnt erst mit der Einführung des Privatgrundeigentums"[24]). Ähnlich gründet ja auch Justus Möser, von List als „Mann der geschichtlichen Freiheit" verehrt, „den ursprünglichen Contract des Staats auf Freiheit und Eigentum", im besonderen auf den Landbesitz als die ursprüngliche „Staatsaktie". So geht die naturrechtliche Theorie des „Contrat social" unmittelbar über in die Kämpfe des 19. Jahrhunderts um „vereinbarte" Konstitutionen. Hier setzt auch List als Verfassungskämpfer an; ebenso im Streit gegen die Bürokratie und für das altdeutsche Schöffen- oder Schwurgericht. Der Vertrag, d. i. „der vernünftige Wille aller einzelnen im Volke", begründet die konstitutionelle Monarchie — „das Muster einer Gesetzesherrschaft". So ergibt sich „eine philosophische Anschauung von dem ganzen Gebäude des Staates" — ein „philosophisches Staatsrecht" im konstitutionellen Sinne[25]).

Die Vorstellung bürgerlicher Freiheit hat bei List zugleich einen geschichtlichen Untergrund — eben seine Abstammung vom reichsstädtischen Bürgertum; kein Gebiet war ja territorial zersplitterter, nirgends konnte er die Anschauung staatlicher Macht weniger gewinnen als in Schwaben vor der Rheinbundszeit. Wir werden seiner eingewurzelten Vorliebe für reichsstädtische Verfassung und Überlieferung mehrfach begegnen; hier sei noch hervorgehoben, wie er etwa, auf dem Wege ins Exil 1825, sich in die Chronik der alten Reichsstadt Metz vertiefte und dort wie bei Straßburg den Satz bestätigt fand: das Aufleben des Handels und der Gewerbsindustrie gebe den Schlüssel zur Verfassungsgeschichte der bürgerlichen Gemeinwesen[26]). „Ein durch Industrie erworbener, folglich unter der Masse der Bewohner verbreiteter

---

[24]) S. „Werke" Bd. V, S. 420.

[25]) Während List an der Vertragstheorie festhält, verbindet der bayerische Rechtslehrer Nicolaus Th. Gönner (1804) sie schon der neuen Anschauung: „Keinem Staate liegt ein Vertrag zu Grunde ... sie sind Verein der Kräfte." — Über den „status pactitius" der alten landständischen Verfassungen, sowie über die „Mittelcorpora" bei Fried. K. von Moser (1765) und L. Th. Spittler vgl. Erwin Hölzle l. s. S. 50—197.

[26]) Vgl. „Werke" Bd. VIII, S. 61—71; Bd. IX, S. 168—170.

Reichtum hat immer das Streben des Volks nach politischer Bedeutendheit im Gefolge. Denn nichts ist natürlicher, als, nachdem man Vermögen erworben hat, auch nach Garantien des Besitzes und persönlicher Freiheit zu streben.“ Wenn er, ähnlich seinem großen Landsmann Schiller, der Geschichte über das Pragmatische hinaus eine richtende Funktion beilegt, so enthält sein Wunsch: „die Darstellung einer deutschen Volksgeschichte durch Zusammenstellung der großartigen Geschichte unserer Reichsstädte“ und ihres „Volkslebens“ zugleich einen Ausblick auf die national- und kulturgeschichtlichen Aufgaben seines Jahrhunderts. Diese reichsstädtische „Demokratie“ ward ihm „zum Fundament eines politischen Gebäudes“ und ging damit in seine systematische Leistung ein.

Obwohl systematisch geschult und von staatsphilosophischer Gründlichkeit in seinen Deduktionen, bleibt List hingegen philosophischer Eklektiker. Die Selbstdarstellung des bürgerlichen Bewußtseins, etwa bei Kant und Fichte, hat ihn nicht unmittelbar berührt, obgleich seine protestantisch-aufgeklärte Grundhaltung auf sie hinweist[27]). In einer Synthese zwischen der Herrschaftstheorie eines Hobbes und den naturrechtlichen Vertragslehren findet er — hierin von Hegel abweichend — die innerpolitische Rechtfertigung des Staatsbegriffs; sie beruht mithin, wie die Lehre von der konstitutionellen Monarchie überhaupt, auf einem Kompromiß zwischen Autorität und Freiheit, zwischen der „Regierung“ und dem „Volk“. Die Frage, ob Verfassungen „oktroyiert“ oder „vereinbart“ würden, sollte in den deutschen Verfassungskämpfen, vor wie nach dem Jahr 1848, immer von neuem auftauchen; wir werden sehen, daß Lists Lebensgang ihn stets aufs neue — in Belgien, Frankreich, Ungarn wie in Deutschland — an die Seite der konstitutionellen Liberalen führt.

In seiner Korporationslehre berührt er sich mit anderen altliberalen Reformern im deutschen Vormärz; auch Rotteck und Welcker in Baden, Robert von Mohl in Württemberg haben später eine solche stufenweise Aufgliederung vertreten, indem sie ihre vernunftrechtlichen Gesellschaftslehren mit dem „Organismus“gedanken der Naturwissenschaft verkoppelten. Auch betont List gleich Adam Müller öfters: der Staat berechne „seine Lebensperioden nach Jahrhunderten, nicht nach Jahren“; gelegentlich spricht er auch vom „Organismus des Staats“, seinem Zunehmen „an geistiger wie an materieller Kraft“, ohne doch naturwissenschaftliche Bilder zu verwenden[28]).

Die Übereinstimmung hinsichtlich des Eigentums erscheint uns wichtiger und zukunftsreicher als sonstige Differenzen, wie hinsichtlich

---

[27]) Etwa auf Kants Formaldefinition: Staat = „die Vereinigung einer Menge von Menschen unter Rechtsgesetzen“. Wegen Fichte vgl. Hauptteil E Anm. 2.

[28]) S. „Werke“ Bd. III 1, S. 48; „Staatsorganismus“ in „Werke“ Bd. VII, S. 454. — Über Hegel, von Majer und List vgl. Lotheißen l. c. S. 5—23, 61—79, und schon Lenz in „Schmollers Jahrbuch“ 1924, S. 24—29. — Zur „organischen“ Auffassung vgl. Georg von Below, „Die deutsche Geschichtschreibung“ l. c. S. 80. K. A. Meissinger l. c. S. 268—278.

des „Staatsvertrags“. Hegel greift freilich unvergleichlich tiefer, während List nach seinen staatsrechtlichen und gesellschaftlichen Ansichten teils der neuen Wirklichkeit und teils dem Staatsrecht des versunkenen „Heiligen Reichs“ verhaftet bleibt. Daß er oktroyierte Verfassungen, wie die „Charte“ der französischen „Restauration“ von 1814, ablehnt und Anhänger einer zwischen Fürst und Volk vereinbarten „Konstitution“ ist, unterscheidet ihn ja nicht von seinen liberalen Zeitgenossen. Wenn er „das System des gesunden Menschenverstandes — den Anmaßungen der wissenschaftlichen Geheimniskrämerei und Großsprecherei, des Alleinallesbesserwissens, der Originalitätssucht“ gegenüberstellt, so bleibt er gleichfalls innerhalb überlieferter Denkweise. Erst in seinem Nationalbegriff erhebt sich List zu einer ihm eigentümlichen Schau; die vernunftrechtliche Scheidung von Territorialstaat und bürgerlicher Gesellschaft, die durch den Korporationsbegriff vermittelt werden sollte, weicht jetzt einem neuen Erlebnisgehalt, der nicht mehr rational-vorgegeben ist und den zu bewältigen daher eine schöpferische Leistung fordert[29]).

Ohne den zweckhaft-rationalen Grundzug seiner Staats- und Gesellschaftslehre anzuzweifeln, dürfen wir doch sagen, daß sie viel eher auf die Stoa zurückführt als auf Epikur; hedonistischen Genußvorstellungen, wie sie später unsere subjektivistisch-psychologischen Werttheorien beherrschten, bleibt List ebenso fern wie jenen atomistisch-physikalischen Axiomen, welche die klassische Mechanik mit ihrer Statik und Kinetik auf die Marktebene übertrugen[30]). Indem List seine vernunftrechtliche Systematik mit der Entfaltung „produktiver Kraft“ (dynamis, vis activa, productive power) zusammendenkt, läßt er alle rein gesellschaftlich-quantifizierenden Maßstäbe fallen und gewinnt den Zugang zum Begreifen der ihm aufgegebenen Wirklichkeit nach ihrer geschichtlich-systematischen Totalität. Diesen Totalitätsanspruch erhebt er, gegenüber der vulgär-liberalen „Schule“ einer aus Westeuropa übernommenen angeblichen „National-Ökonomie“, wenn er sein „nationales“ mit dem „naturgemäßen“ oder „natürlichen“ System in eins setzt. Er

---

[29]) Lotheißen, l. c. S. 63—64 erwähnt zutreffend nach Rosenkranz, daß List Hegel veranlaßte, seine Heidelberger Abhandlung vom Jahr 1817, die sich gegen die „Altrechtler“ richtete, in einem besonderen Abdruck zu verbreiten. Hegel verteidigte dort den Minister von Wangenheim gegen einen Angriff des Heidelberger Kirchenrats Paulus. Übrigens hatte Wangenheim schon als Kurator von Tübingen Berufungsverhandlungen mit Hegel angeknüpft. — Über weitere persönliche Beziehungen zwischen List und Hegel ist nichts bekannt geworden; über Lists Abneigung gegen die Hegelianer s. Einführung zu „Herdflamme“ l. c. S. XII, XVI, XX, XXIV—XXV und „Weltwirtschaftliches Archiv“ 1925. — Für Hegels Beziehung zu Wangenheim s. auch Max Lenz, „Geschichte der Universität Berlin“, 1910, Bd. II 1, S. 203. G. Lasson in „Philosophische Bibliothek“ Bd. 144, S. XIX—XXVI.

[30]) Vgl. K. R. Blum, „Die subjektivistisch-psychologischen Wertlehren von ihren Anfängen bis auf Gossen“, Gießener Diss. 1934.

ist bewußtermaßen Politischer Ökonomist, kein ins Gesellschaftliche abgleitender Soziologe oder Sozialökonom. „Begriff und Wesen der Nationalökonomie konnte nicht erkannt werden", sagt List, „weil es keine ökonomisch vereinigte Nation gab und weil man dem besonderen und bestimmten Begriff der ‚Nation' überall den allgemeinen und vagen Begriff ‚Gesellschaft' substituiert hatte[31])." Damit bleibt Lists Systematik ihrer geschichtlichen Zielformel — dem nationalen Manufakturstaat — durchaus treu; die bürgerliche Gesellschaft innerhalb des Nationalstaats enthebt ihn der Notwendigkeit, diesem Gesellschaftsbegriff etwa das Postulat einer sie überhöhenden Gemeinschaft gegenüberzustellen[32]). Insofern unterscheidet sich, wie wir noch sehen werden, Lists Soziallehre nach ihrem systematischen Ansatzpunkt von allen romantisch-volkstümlichen Vorstellungen. Familie und Korporation, „Nation" und „Nationalität" bilden für ihn das zureichende Gefäß eines jeden Gemeinschaftserlebens. Diese Kampffront seiner Systematik gilt dem überlieferten Feudal- und Polizeistaat[33]).

Jedoch hat schon der junge List seit 1816 aus Quellen, die zur „organischen" Staatslehre, zur Naturphilosophie und zum protestantischen Naturrecht zurückführen, einen Zentralbegriff in seine Staats- und Gesellschaftslehre eingebaut, der aus ihr in seine Politische Ökonomie übernommen und dort zum Ansatzpunkt seines gesamten Systems wird: er ist die „Urkraft", die „Volkskraft" (in den Reichsstädten), die „Gesamtkraft" (in den Gemeinden, im Staat), die „allgemeine Kraft" und im besonderen die „Nationalkraft" („Kräfte der Nation", „Nationalkräfte")[34]). Wir finden diesen Begriff der „Kraft" alsbald wieder in der „Entfaltung der nationalen Produktivkräfte" („Nationalproduktivkräfte"), dem Ansatz- und Richtpunkt seines gesamten „Nationalen Systems der Politischen Ökonomie". („Maschinenkraft" im „Manufakturstaat".)

Wie wir an anderem Ort früher ausgeführt haben, verbindet dieser Zentralbegriff List namentlich mit seinem Freunde, dem Grafen Julius von Soden[35]). Bei den „Romantikern" fehlt der Begriff in seiner für List kennzeichnenden Ausrichtung auf die nationale Produktivkraft;

---

[31]) S. „Mitteilungen" l. c. Heft 29, 1935, S. 552.

[32]) Wie dies Ferdinand Toennies in seinem Buche „Gesellschaft und Gemeinschaft" (1887) inaugurierte, der hiermit eine erste Kritik — vom demokratischen Standpunkt aus — am überlieferten Alleinbegriff der bürgerlichen Gesellschaft übte.

[33]) Damit unterscheidet er sich auch von W. H. Riehl, dessen Werke über „Die Bürgerliche Gesellschaft" und „Naturgeschichte des Volkes" die Familie, die deutsche Arbeit und „das Bedürfnis einer korporativen Gliederung" vom Standpunkt „der Tatsachen und der Geschichte aus" behandelten, „die Reform der Gesellschaft als soziale Grundlage der konservativen Politik" auffaßten.

[34]) Vgl. Lenz in „Herdflamme" l. c. S. XIII, XXII, XXIV, und in „Schmollers Jahrbuch" 1924 S. 6—19; desgl. in „Friedrich List, die ‚Vulgärökonomie' und Karl Marx", 1930, S. 59. — Frank Rümelin l. c. S. 18—25. W. von Sonntag l. c. — Adam Müller führte das Produzieren auf die „Lebenskraft" zurück; s. seine „Elemente der Staatskunst", 1809, Bd. I, S. 390—392. Schelling sprach von der „Urkraft". Vgl. Anmerkung 44.

[35]) Vgl. auch Hauptteil B, 1. Kapitel, zu Soden.

bei Adam Smith und seiner Schule finden wir „productive power" nur angedeutet, nicht als Traggrund des Systems. Eher schon bei dem Amerikaner Alexander Hamilton; List lernte dessen „Report" in Amerika kennen und gebraucht, in seinen „Outlines" von 1827, selber den Ausdruck „productive powers" (= produktive Kräfte)[36]), oder „productive and political power"[37]). Weniger noch kennen die deutschen Nachahmer der französisch-britischen Wirtschaftslehren diesen Begriff[38]); wie wir kritisch aufgezeigt haben, gehen sie durchweg — im völligen Gegensatz zu List — von dem Ansatzpunkt des Bedürfens, des Entbehrens, des Nichthabens aus und gelangen von dort her sogleich auf die „Marktebene" als das „natürliche" Feld ihres am Preis orientierten „Spiels von Angebot und Nachfrage". List dagegen wurzelt mit seinem Begriff der „nationalen Produktivkraft" im nationalen Produktionsprozeß, dessen Entfaltung zum idealtypischen „Agrar-Gewerbe-Handelsstaat" die ihm eigene Sonderaufgabe — geschichtlich wie theoretisch — einschließt. Der Gegensatz seiner „Politischen Ökonomie" zur „kosmopolitischen" Schule oder liberalistischen „Vulgärökonomie" ist daher durchaus grundsätzlicher Art und schlechthin unüberbrückbar, keineswegs etwa in persönlichen Mißverständnissen oder in Fragen der Wirtschaftspolitik angelegt.

Die naturphilosophische „Urkraft", von der schon Graf Soden spricht, ist auch in Lists staatsrechtlichen Jugendschriften wenig faßbar formuliert; später nennt er die „außerordentliche Produktivkraft" des belgischen Bodens einmal „Fülle der Urkraft"[39]). Dagegen bedeutet ihm „Gesamtkraft" die Gesamtheit der im Staat gesammelten und konzentrierten „Einzelkräfte" — der „physischen" wie der „geistigen Kraft". Die „Gesamtkraft" wirkt schon in jenen Korporationen, die bei List — ähnlich wie in Hegels „Rechtsphilosophie" — ein wesentliches Moment für den Aufbau einer organisch wachsenden Gemeinschaft bilden. Den Staatswillen und die Staatskräfte hat er somit als erster auch im Bereich der späteren Kommunalwissenschaft und Verwaltungslehre formuliert; ihr bürgerliches Zusammenwirken, das an den „Urvertrag" der Staatsmitglieder gebunden bleibt, gipfelt schließlich in der „Kraft des Staates", in der „Nationalkraft" oder „Gesamtkraft der Nation": sie faßt alle Einzelkräfte in der willensmäßigen Einheit des modernen Staats zusammen. Diese „organische" Staatslehre wurzelt noch im rationalen Denken: „Die Staatswissenschaft, als die Natur des Staates aus den unwandelbaren Grundsätzen der Vernunft abstrahiert, enthält das reinste System der Bestandteile, der Prinzipien und der Organe des Staatskörpers[40])."

[36]) S. „Werke" Bd. II, S. 55—61, 103.

[37]) Ebenda S. 116. Vgl. „Werke" Bd. IV, S. 563—571; Bd. VI, S. 13, 51—52, 97—100, 173—186,563—570.

[38]) s. „Aufriß der Politischen Ökonomie" l. c. S. 19—27.

[39]) S. „Werke" Bd. III 1, S. 283.

[40]) Siehe die in Anmerkung 34 angeführten Schriften 1924—1930, ferner Frank Rümelin l. c. S. 1—16, 20. Franz Eiermann und Hans Lotheißen l. c. — Die Geschichte der Rechtswissenschaft kennt Lists Arbeiten nicht.

Den Begriff der ideellen Produktivkräfte, in ihrer „Wechselwirkung“ mit den „Instrumentalkräften“, den materiellen Produktivkräften, haben wir nach seiner systematischen Erheblichkeit an anderem Ort behandelt; er findet sich, im Anschluß an Soden, auch bei Hufeland (1807) als „geistige Güter“ = „menschliche Talente und geistige Kräfte aller Art“. List vereinigt in ihm „Kapital“ und „Unternehmungsgeist“ mit „geistigen Produktivkräften“ im weiteren Sinne[41]).

Indem List aber an Stelle des verfallenden feudalistischen Reichskörpers, mit dem die „Göttinger Schule“ zu tun hatte, und an Stelle der weltbürgerlichen Fiktionen einer liberalistischen „Universalökonomie“ (Weltmarktlehre) die Wirklichkeit der staatlich gebundenen Volkskräfte — von der Familie über die Korporationen zum Gesamtstaat — in seine Definitionen aufnimmt, knüpft er rückschauend an jene Vorstellung von den „Staatskräften“ an, welche die deutsche Staatswirtschaft im 18. Jahrhundert bereits politisch-ökonomisch vorgeprägt hatte: Die Staatswirksamkeit oder Staatstätigkeit bestand für Achenwall „in der Anwendung der gesamten Kräfte der Mitglieder zu einerlei Zweck nach einerlei Willen“. Die „vereinigten Kräfte“ machen den „Staatskörper“ aus[42]). Im Sinne der vom Fürstenstaat zusammengefaßten gesellschaftlichen Produktivkräfte lehrte Achenwall: „Durch die Vereinigung vieler Willen und Kräfte in Eins kann eine größere Tätigkeit oder Wirksamkeit, eine größere Wirkung überhaupt, folglich auch eine größere Vollkommenheit für ein jedes Mitglied der Vereinigten hervorgebracht werden, als diejenige Tätigkeit und Wirkung ist, die jemand durch sich allein und durch den besonderen Gebrauch seines Willens und seiner Kraft erlangen kann.“ Diesen Begriff der Einzel- und Gesamtkräfte, im Sinne einer vis activa, verknüpfte der Göttinger Gelehrte bereits mit dem Produzieren produktiver Kräfte, wie List sagen würde: da es, in der Sprache des 18. Jahrhunderts, „anjetzt einer der großen Zwecke der Europäischen Staatsklugheit“ ist, „die Untertanen reich zu machen, folglich sie auf eine dahin abzielende Art zu beschäftigen und arbeitsam zu machen“, so folgert Achenwall, daß „der Gebrauch der gesamten Kräfte des Staates das allgemeine Mittel ist, ohne welches der Zweck des Staates nicht erreicht werden kann“. Der Staatszweck aber schließt, wie wir sehen, eben die materielle oder „äußerliche Glückseligkeit“ in sich ein.

„Stadt-“ und „Landwirtschaft“, Ökonomie, Gewerbepolizei und Commercien enthalten von Conring bis Schlözer schon die drei Bestandteile des Listschen „Agrar-Gewerbe-Handelsstaats“, wenngleich noch im staatswirtschaftlichen Rahmen ihrer territorialen Zeit. Beispielsweise sagt Achenwall in seiner „Staatsklugheit“ (1763): „Der Kaufmann, der Handwerksmann, der Landmann wird nunmehr in den Augen eines weisen Fürsten eine beträchtliche und sehr schätzbare

[41]) Vgl. „Werke“ Bd. III 1, S. 518.

[42]) Siehe Ferdinand Felsing in „Hessische Beiträge“ l. c. Bd. 4, 1930, S. 45—47, 52—56.

Person"; im besonderen sei „eine wohl eingerichtete Landwirtschaft ... zugleich ... auch der natürlichste und dauerhafteste Hauptgrund zur Aufnahme der Manufacturen und Commercien". — „Diese drei Stücke sind demnach Glieder einer Kette, und in einem unzertrennlichen Bande miteinander verknüpft. Und daher ist es notwendig, daß zwischen diesen dreien Arten der Geschäftigkeit und des Gewerbes ein gewisses Gleichgewicht festgestellt werde, dergestalt, daß kein Gewerbe das andere zugrunde richte, sondern vielmehr eines das andere unterstütze und befördere." List richtet seine „Konföderation der produktiven Kräfte" im besonderen auf die „Manufaktur-(Fabrik-)kraft" aus. Und vorschauend weist sein Begriff der „Nationalkraft" auf jene Stufe seines Denkens hin, der eine analoge harmonische Gesamtentfaltung aller Produktivkräfte im nationalen Rahmen Ansatz- und Richtpunkt werden sollte[43]). Dies Hinwenden zu den theoretischen Bedingungen einer „normalmäßigen Nationalwirtschaft", im „Nationalkörper" und „Nationalgeist", ist in seinen Jugendschriften mithin schon angelegt.

Auch hiermit steht List, dessen erste Lebensperiode zwischen den Jahren 1789 und 1815 lag, auf der Schwelle, welche die beiden Jahrhunderte verbindet. In diesem weiteren Sinne gehört das „Produzieren produktiver Kräfte" nun doch einem Gedankenkreise an, den wir bei den deutschen Naturphilosophen um 1800, bei Schelling sowie Franz von Baader, Graf Soden und Adam Müller gleichfalls finden. Adam Müller hatte schon 1808 die Produktivitätslehre der naturrechtlichen Schulen kritisch untersucht und auf die „idealistische Produktion" hingewiesen[44]). Aber diese Produktivitätslehre führt hier zu der neuen Zielformel: „That every nation must follow its particular course in developing its productive powers." Von hier aus kann List nunmehr die „Nationalproduktion" dem Produktionsprozeß gleichsetzen und die „bürgerliche Gesellschaft", die Schlözer als „sine imperio" dem Staat entgegenstellte, diesem Staat einfügen, die Wirtschaft damit im nationalen Rahmen konstituieren und den Begriff der „Nationalwirtschaft" — als der bürgerlichen Gesellschaft im Staat — zur Norm eines neuen Systems erheben. Damit scheidet er sich grundlegend von allen deutschen „Schul"gelehrten, denen die Nationalökonomie gleichsam, wie Graf Soden 1805 sagt, „ein staatswirtschaftliches Naturrecht" bleibt, die Regierung „eine künstliche Person" (Chr. Jak. Kraus), die „Nationalökonomie" eine von der „Staatswissenschaft" abgetrennte „Reichtumslehre" (L. H. Jakob 1805). Die „Naturgesetze" seines Systems liegen durchweg auf der politisch-ökonomischen Ebene und sind mit geschichtlicher Anschauung gesättigt.

---

[43]) Bei dieser Harmonievorstellung schwingen offenbar Newtonsche allgemeine Ideen vom gesellschaftlichen Kosmos mit; ebenso bei Adam Smith.

[44]) Vgl. Artur Sommer in „Mitteilungen" l. c. Heft 3, 1926, und in Einleitung zu „Werke" Bd. IV. — J. Baxa, „Geschichte der Produktivitätstheorie", 1926, S. 42—43, 48—62, der Adam Müller hierin auf Soden zurückführt. — Hans Henkel l. c. S. 27—29, und unten Hauptteil C, 1. Kapitel. — „Werke" Bd. II, S. 127.

Außer der naturphilosophischen „Urkraft" und der naturrechtlichen Lehre vom „Staatsvertrag" bildet schließlich das hieraus folgende Postulat von „Menschen- und Bürgerrechten" — der obengenannten „Urrechte" — ein wesentliches Moment der Listschen Staatsphilosophie.

Wir leben in einer Periode der politischen Reformation — so beginnt List 1818 seine Vorlesung über württembergische Verfassungslehre[45]. „Die erstarkte Vernunft will jetzt überall ihre Rechte gegen die Selbstsucht geltend machen. Überall wollen die Völker Konstitutionen. — Konstitution — Verfassung! Diesen Ruf hört man in Hütten und Palästen und von allen europäischen Zungen widerhallen."

Die Lehre von den Menschen- und Bürgerrechten ist somit bei List bereits aus der religiösen Sphäre herausgehoben und auf die Ebene der staatenbildenden „aufgeklärten" Doktrin verlegt; sie erscheint als das politische Glaubensbekenntnis eines gebildeten und liberalen Bürgertums. Die „undoubted rights and liberties" der Bill of rights von 1689, wie sie bei John Locke und Adam Smith fortleben, die bills of rights der nordamerikanischen Kolonien, endlich die auf La Fayettes Antrag beschlossene „Déclaration des droits de l'homme et du citoyen" von 1789 sind ebenso viele Vorläufer der Listschen Formulierung. Galt es doch zunächst die Grundrechte der Württemberger im Vertragswege festzustellen, um die gleichen Rechte alsbald für alle Angehörigen des Deutschen Bundes zu erringen. Gleichwie List — im Gefolge La Fayettes — die Unabhängigkeitsfeiern der Nordamerikaner 1825 freudig miterlebte, hat er die Errungenschaften der Julirevolution für Frankreich und Belgien begrüßt. So konnte er, dem die Julirevolution einen Weg zurück nach Deutschland öffnete, Thiers' Angebot ablehnen — denn im Hintergrund all seiner Pläne lag Deutschland — und doch von einer „Sainte alliance des peuples" schreiben. Eine Vereinigung aller Völker „unter dem Rechtsgesetz", eine „europäische Tagsatzung" schien ihm von jeher ideales Ziel. Erst im letzten Lebensabschnitt hat er ja diese Endvorstellung statischer Grundrechte in einer vertraglichen „Weltunion" abgestreift und einer undogmatisch-realistischen Anschauung der großen Weltbegebenheiten allein das Wort verstattet[46].

Im nationalen Maßstab können wir ein solches Abgehen von einer Zielformel nicht beobachten. Lists „Wille und Kraft" bleiben durchaus

---

[45]) Vgl. „Werke" Bd. I 1, S. 86—485.

[46]) Vgl. Hauptteil D, 2. Kapitel; Hauptteil F, 2. Kapitel Anm. 130.

gleichgerichtet. Eine vom Parlament mit der Krone „vereinbarte" Konstitution, der Adel und Fürsten sich einfügen, sowie Ministerverantwortlichkeit mit einem Premierminister — dies bleibt sein Endziel, mit dem er sich dem Einheits- und Freiheitsstreben des vormärzlichen Bürgertums einfügt[47]).

Das Recht auf öffentliches Gerichtsverfahren, auf Freizügigkeit im Bunde und freie Auswanderung, auf Preß- und Petitionsfreiheit, endlich das parlamentarische Immunitätsbegehren sind geradezu die juristischen Elemente seines entscheidenden Konflikts mit der Staatsgewalt geworden; einen „an der Verfassung des Landes begangenen Justizmord" hat er seinen Prozeß genannt. Die ersten Entwürfe einer Deutschen Bundesakte hatten zwar bestimmte Grundrechte vorgesehen; jedoch an Bayerns und Württembergs Verwahrungen war der Plan gescheitert. Die „Abfassung gleichförmiger Verfügungen über die Preßfreiheit", von der die Bundesakte vom 8. Juni 1815 sprach, wurde freilich ausgeführt — aber im anti-liberalsten Sinne am 20. September 1819! Wir werden sehen, wie Lists Schicksal eben unter den Karlsbader Beschlüssen sich gestaltet, wie er die Artikel XIII und XIX der Bundesakte vergebens zum Leben zu erwecken sucht. Die Einführung allgemeiner „Grundrechte" — der Ausdruck stammt von seinem Freunde Venedey — hat er nicht mehr erlebt; erst unmittelbar nach seinem Tode — Ende 1847 sowie im Frankfurter „Vorparlament" — schien die Zeit zur Verwirklichung gekommen[48]). Wir bemerken, daß der maßgebende Vorentwurf, der den Beratungen in der Paulskirche zugrunde gelegt wurde, den Anträgen zweier politischer Bekannter unseres List — Venedey und Welcker — entstammt[49]).

Lists Gegenentwurf einer württembergischen Verfassung führt die obengenannten „angeborenen Rechte" auf die beiden Grundrechte der natürlichen Freiheit und des Privateigentums zurück[50]). Gemeinsame Quelle sämtlicher „Menschenrechte" bleibt für List „das Naturrecht" und das aus ihm folgende „philosophische Staatsrecht". Vergleichen wir diesen Katalog aus dem Jahre 1817 mit dem Vorentwurf des sogenannten Fünfziger-Ausschusses für die „Paulskirche", so finden wir im einzelnen bei List folgende „Urrechte" formuliert:

---

[47]) Vgl. Franz Schnabel, „Deutsche Geschichte" l. c. Bd. II, S. 90—214, besonders S. 131—132, über den vormärzlichen Liberalismus. — Über „Deutsche Grundrechte", „Bürgerglück" und „Habeas Corpus-Acte" in den Verfassungsdenkschriften des Freiherrn vom Stein 1813 bis 1814 vgl. Max Lehmanns Stein-Biographie, Teil III, 1905, und unten Hauptteil E.

[48]) Vgl. E. Eckhardt, „Die Grundrechte vom Wiener Kongreß bis zur Gegenwart", 1913, S. 1—36. — Unten Hauptteil F, 3. Kapitel Anm. 1.

[49]) Siehe Eckhardt l. c. S. 31.

[50]) S. „Herdflamme" l. c. S. 221—224. Vgl. „Werke" Bd. I 1, S. 357, 435—445. — Auch Freiherr vom Stein wollte Eigentum und persönliche Freiheit mit konstitutionellen Sicherheiten umgeben; über seine Anschauungen vom deutschen „tiers état" vgl. Max Lehmann l. c., S. 306—315, 344—351, 394—395, 398—403, 423.

„Besondere vertragsmäßige Bestätigung der angeborenen Freiheit.

A) In Ansehung der persönlichen Freiheit.

§ 3. Die persönliche Freiheit der Individuen im Staate kann aus keinem privatrechtlichen Titel beschränkt werden. Die Art der Aufhebung der Leibeigenschaft und der übrigen persönlichen privatrechtlichen Dienstbarkeiten wird durch ein Gesetz bestimmt werden.

Außerdem werden folgende Urrechte vertragsmäßig besonders bestätigt:

§ 4. Freiheit des Glaubens und unbeschränkte Ausübung desselben.

§ 5. Sprech- und Preßfreiheit und ungehinderte Einführung ausländischer Schriften. Hierher gehört besonders das Recht, daß Posteffekten nur im konstitutionellen Wege in Beschlag genommen oder eröffnet werden dürfen.

Die Ausnahmen dieses Artikels werden durch ein Gesetz bestimmt werden.

§ 6. Das Recht der Waffenfähigen, Waffen zu tragen.

§ 7. Freie Befugnis in Ausbildung und Ausübung der Individualwohlfahrt, insoweit das Gesamtwohl eine besondere Beschränkung nicht notwendig macht.

Insbesondere

a) das Recht, seinen Stand frei zu wählen,
b) ins Ausland zu reisen,
c) freie Ausübung der verschiedenen Erwerbszweige und also Nichtgestattung von Monopolen.

§ 8. Nur im konstitutionellen Wege kann Verhaftung oder Strafe erkannt werden.

§ 9. Die Haus- und Familienrechte des Familienvaters sollen in der Gesetzgebung heilig geachtet werden.

B) In Ansehung der Unverletzlichkeit des Privateigentums.

§ 10. Das Privateigentum wird nur durch konstitutionellen Rechtsspruch verwirkt.

Sonst aber

§ 11. wenn das Gesamtwohl es fordert, nach dem Prinzip der Gleichheit, durch freie Verwilligung vermittels eines Gesetzes (Dominium eminens in Ansehung der Besteuerung).

§ 12. Wenn das Prinzip der Gleichheit nicht vorhanden ist, nur gegen volle Entschädigung; usw."

Dagegen enthalten die „Grundrechte und Forderungen" von Venedey und Welcker u. a.:

Gleichstellung der politischen Rechte ohne Unterschied des Glaubensbekenntnisses und Unabhängigkeit der Kirche vom Staat.

Volle Preßfreiheit.

Freies Vereinigungsrecht.

Petitionsrecht.
Gleichheit der Wehrpflicht und des Wehrrechts.
Gleiche Berechtigung aller Bürger zu Gemeinde- und Staatsämtern.
Unbedingtes Auswanderungsrecht.
Schutz der persönlichen Freiheit.
Unabhängigkeit der Justiz.
Gerechtes Maß der Steuerpflicht nach der Steuerkraft.

Die Gleichheit der konstitutionell-liberalen Grundhaltung im „praktischen Staatsrecht" tritt hier ebenso zutage, wie die wirtschaftliche Funktion solcher, ausdrücklich auf „Freiheit und Eigentum" zurückbezogener Bürgerrechte. Die Bedeutung des schwäbischen Verfassungskampfes für die allgemeine Verfassungsgeschichte zeigt sich einmal in dem sachlichen Gehalt jenes Kampfes, zum anderen darin, daß sowohl Friedrich List wie Hegel aus ihm stärkste Anregungen für ihre allgemeine Wirksamkeit gewonnen haben. Hegels Darstellung des württembergischen Verfassungskampfes endet vor Lists Eingreifen; der Stuttgarter Beamtensohn stand — dem Reutlinger „Schreiber" hierin ähnlich — gegen die Altrechtler auf seiten der Regierung. Während Hegel aber sich der Rechts- und Geschichtsphilosophie zuwendet, untersucht List die materielle Brauchbarkeit der Verfassungen; ihr gesellschaftlicher Inhalt macht zugleich den nationalökonomischen — bei Hegel nur spärlich behandelten — Gehalt seines Systems aus. „Productive and political power", „independence and power", „Macht und Reichtum" bilden in ihrer „Wechselwirkung" den Grundakkord dieses bürgerlich-vaterländischen Systems. Auf den Zusammenhang von „Macht" und blühender „Handlung" hatte Schlözer 1761 hingewiesen und ebenso hatte Achenwall seine Statistik auf das Staatsinteresse begründet, „weil nach der heutigen Verfassung Europens die Macht eines Staates größtenteils auf seinem Reichtum beruhet —".

In dem schwankenden und schließlich erfolglosen Bemühen, einen tragenden machtpolitischen Grund für seine Ideen zu finden, gleicht List den Männern der Paulskirche, deren Reichsverfassungsplan in den Stürmen des Jahres 1849 scheitern sollte; in seiner Richtung auf die „politisch-ökonomische Nationaleinheit der Deutschen" hat List noch 1846 einen Weitblick bekundet, der jeden Vergleich mit den nationalökonomischen Einsichten seiner deutschen Umwelt bestehen kann.

Seine Konzeption der „politisch-ökonomischen Nationaleinheit"[51]) ruht somit auf dem unerschütterten Leitgedanken angeborener Grundrechte: eben der Freiheit und des Eigentums. Sie stellt sich somit als eine ausgesprochen bürgerliche Auffassung dar, wie sie John Locke in dem Begriffspaar „liberty and property" begründet hatte; hier ist Lists persönlicher Standort gegeben und von hier aus gewinnt jene Bewegung, deren Wortführer er wird, ihr Kennzeichen: sie zielt auf eine Umgestaltung der Staatswirklichkeit im Sinne und gemäß den Interessen der

[51]) Vgl. den gleichlautenden großen Aufsatz Lists in Bd. VII der „Werke".

aufstrebenden bürgerlichen Schichten. List zählt somit unter die am entschiedensten „liberalen" Widersacher des alten territorialstaatlichen Regiments, wie aller feudalen Vorrechte, der „Herren" und ihrer „Schreiber". Indem er die „bürgerliche Gesellschaft" noch von der „Staatsgesellschaft" systematisch scheidet, schließt er sich hierin offenbar Schlözer an, den er als seinen Vorgänger in der „Staatsphilosophie" nennt und dessen publizistischen Kampf für „eine eingeschränkte Monarchie" er gleichsam wieder aufnimmt[52]). „Der deutsche" Justus Möser, Joh. Jakob Moser sowie „der große Montesquieu" haben des jungen List freiheitliche Staatsauffassung gleichfalls vorgebildet, sein Interesse auf die Kultur- und Wirtschaftsgeschichte hingelenkt[53]).

Der Ursprung der Ökonomie aus der „praktischen (Moral-)Philosophie" gilt — wie auf englischem Boden für den „Wealth of Nations" des Adam Smith — für alle diese „Staatsklugheitslehren" des 18. Jahrhunderts. Lists Devise: „Freiheit und Wohlstand" entspricht dem Achenwallschen und Schlözerschen Staatszweck einer „Beförderung der gemeinschaftlichen Glückseligkeit"; hier klingt jener eudämonistisch-liberale Unterton des Listschen Werkes an, den noch der großdeutsche Nationalökonom Schäffle und andere Adepten der individualistischen Reichtumslehre tadelnd herausgehört haben. — „Die äußerliche Glückseligkeit aller und jeder Mitglieder eines Staates, das Wohl des gemeinen Wesens, die Landeswohlfahrt, das gemeine Beste zu befördern": so hatte Achenwall 1763 „den Zweck des Staates" definiert. „Denn darin stimmen heutzutage alle denkenden Menschen übcrein, daß nur die Glückseligkeit der einzelnen Menschen, welche den Staat bilden, Staatszweck sein könne", so beginnt List seine Vorlesung über die „Korporationen"[54]).

Wenn der junge List dem „Nationaleinkommen" und „Nationalvermögen", der „Nationalwirtschaft" sich zuwendet und von der „Staatsgesellschaft" sogar zur Vorstellung eines „Weltstaat" sich erhebt, so bleibt er auch hierin „liberal" im Sinne einer vernunftmäßigen individuellen Freiheit: „Hoffnung zum Gewinn heißt das gewaltige Treibrad der Industrie", während die öffentliche Hand das Wirtschaften den Individuen überlassen müsse. Staatsmonopole und Staatsfabriken beweisen ihm einen Mangel an staatswirtschaftlichen Prinzipien. Hingegen fordert er als „Weltbürger" moderne „Erfindungspatente" und andere Einrichtungen, „wodurch große Nationen bemüht sind, den Zustand des menschlichen Geschlechtes zu verbessern" — [55]). Das Überwuchern des Beamtenapparates und der Steuerdruck führen leicht zu

[52]) Vgl. Anmerkung 20, 42 zu Achenwall, und „Herdflamme" l. c. S. XXII—XXIII, 289. Vgl. Erna Maria Schulz, „Friedrich Lists Geschichtsauffassung", Hamburger Diss. 1933 (ungedruckt). — Auch Fried. Karl von Moser hatte um 1765 für „eingeschränkte Monarchien" im Sinne Montesquieus geschrieben.

[53]) Vgl. „Werke" Bd. IV, S. 142—145.

[54]) S. „Werke" Bd. I 1, S. 308.

[55]) S. „Themis" l. c. Bd. II, S. 27—28. — „Werke" Bd. I 2, S. 999—1000.

einem „National-Bankrott“ der überlasteten Erwerbswirtschaft. Die Privatwirtschaft — als „Privatökonomie“ im Sinne Lists — wird damit zum Fundament des Staats gesetzt und zugleich in die staatsgesellschaftliche Struktur der „Politischen Ökonomie“ einbeschlossen. Dabei wird sie alsbald auf die breitere Ebene der „Nationalität“ verlegt; indem List den Rahmen der natur-, reichs- und territorialstaatlichen Doktrinen sprengt, gewinnt er eine vollere Anschauung der sein Jahrhundert treibenden Kräfte.

ZWEITES KAPITEL

Einheit und Freiheit

In das Erlebnis des „unseligen“ Rheinbundes, der Kontinentalsperre und der Freiheitskriege hineingestellt, formt der junge List seit 1816 den Grundsatz seiner vernunftrechtlichen Staatslehre: „Der Staat besteht aus freigeborenen Menschen“, in nationale Münze um. Lists These ist der nationale Einheitsstaat des 19. Jahrhunderts, dem Wissenschaft, Kultur, Religion und Wirtschaft nur als einzelne Momente zugehören sollen. Hiermit erweist er sich als Erbe jener „klassischen“ Generation, deren Philosophie dem Nationalbewußtsein einen ersten literarisch-künstlerischen Ausdruck verliehen hatte. Indem er das Postulat der Nationalwirtschaft erhebt, führt er die Gedanken der Klassik tiefer in die Wirklichkeit hinein; an Stelle des herrschenden Pluralismus von Staat und Wirtschaft fordert er — wie wir sagen würden — ihre Integration. Wir lassen zunächst eine geschichtliche Begründung seiner Einheits- und Freiheitslehren folgen, welche auf das Schauspiel der Französischen Revolution und ihre Kriegsfolgen zurückführt — auf jene „alle Energie der Nation aufregende Revolution“, wie List noch 1841 sagt[1]).

Seit dem zweiten Jahrzehnt des 18. Jahrhunderts habe eine philosophische Behandlung der Politik begonnen: „Man fing an, die Lehre von dem Staate auf Vernunftsätze zu gründen.“ Jedoch: „verjährtes Vorurteil, der Egoismus der Mächtigen und das verwachsene Geflechte der bestehenden Formen“ standen der Staatslehre entgegen. „Da begab sich die französische Revolution. Längst ist man darüber einig, daß nicht bloß der Ausbruch roher Kraft, sondern das Erwachen des menschlichen Geistes, welcher sich in den alten Formen beengt und bedrückt fühlte, diese große Erscheinung bewirkte. Dies war der Wendepunkt einer Umgestaltung der politischen Formen und des politischen Geistes in Deutschland.“

„Wir wurden aufgeweckt aus träger Ruhe, der blinde Glaube und das schleppende Vorurteil wich von uns allmählich, und ein Geist der Forschung wurde gemein. Aber noch stand die alte deutsche Reichsverfassung mit ihren hundert gotischen Schnörkeln, und vergeblich stritt die Vernunft gegen tausendjährige Formen und gegen vom grauen Altertum angestammte Selbstsucht. Solange diese Verfassung stand,

---

[1]) S. „Werke“ Bd. VI, S. 121.

war an kein Besserwerden zu denken: denn der Geist der Nation widerstrebt durchgreifender Umformung, gleich einem bedächtigen und neuerungsscheuen Hausvater, der sich in der alten unbequemen Hütte kümmerlich behilft, solange sie ihm nur noch das dürftige Obdach gewährt. Da schleuderte die Vorsehung einen Blitzstrahl in das morsche Gebäude, daß es in Trümmer fiel. Dies ist die zweite Wohltat, welche wir der französischen Revolution zu danken haben. — Wenn bisher die Gelehrten vorzugsweise mit Ausbildung und Beleuchtung der bestehenden Formen, die Schüler mit Erlernung derselben sich geplagt hatten, weil weder jenen noch diesen das Vernunftgebäude sonderlich frommen mochte im Leben: so standen jetzt beide vor dem zertrümmerten Gebäude, überlegend, daß es wohl eitle Arbeit wäre, zu lehren und zu lernen, wie das alte unbequeme Haus beschaffen gewesen zur Zeit, da es noch gestanden, und daß es vernünftiger sein möchte, den Plan zu entwerfen, wie ein neues bequemeres Haus auf der Brandstätte erbaut werden könnte, wo anders der Himmel dazu günstig wäre. Oder mit anderen Worten: als die höhere Gewalt die Selbstsucht der minder Mächtigen gebeugt hatte und das, was man jus publicum zu nennen beliebte, in Verwesung übergegangen war, da nahm man zu der göttlichen Vernunft seine Zuflucht. Aber weislich wollte die Vorsehung uns erst in ägyptische Knechtschaft eines fremden Tyrannen fallen lassen, daß wir unter dem gemeinsamen Joch den hohen Wert der bürgerlichen Freiheit erst recht erkennen möchten. In dieser Zeit der Unterdrückung geschah mehr für die Ausbildung der Wissenschaft, als zur Zeit der höchsten Freiheit je hätte geschehen können. Denn wenn der Mensch im Leben nicht frei sein kann, so erhebt er sich im Geiste. Das ist überhaupt der Naturgang der Reformationen, daß erst der Geistesdruck auf den höchsten Grad gesteigert werden muß, damit die Kraft des Geistes sich stähle — zum Durchbruch. Des sind uns die kirchlichen Reformationen Zeuge."

„Wir leben in dem Zeitalter der öffentlichen Rechtsbildung in Deutschland. Regierungen und Völker sehen hin auf das schreckliche Schauspiel der französischen Revolution, beide sich große Lehren schöpfend: jene, daß den Völkern auf ihrem gegenwärtigen Standpunkte der Kultur bürgerliche Freiheit und die Entfernung der dieselben beengenden Formen not sei; — diese, daß gewaltsamer Umsturz der bestehenden Formen die Völker in unabsehbares Verderben stürze.

Darin bestände also die dritte Wohltat der französischen Revolution für Deutschland, daß sie uns lehrte, in friedlicher Eintracht die politischen Formen zeitgemäß zu gestalten[2])." Die Wissenschaft verlange eine konstitutionelle Monarchie, in welcher „natürliche Freiheit" durch einen Vertrag zwischen dem Regenten und dem Volk in einen „bürgerlichen" Rechtszustand verwandelt sei. Ein der Volksvertretung verantwortliches Ministerium solle der Garant der „bürgerlichen Frei-

[2]) S. „Herdflamme" l. c., S. 289—292. — Über den Fortgang der „Kulturnation" zum politischen Denken vgl. F. Meinecke l. c. S. 1—16.

heit" sein. Dann erfüllt der Staat seinen gesellschaftlichen Sinn, „dem Naturbedürfnis des Einzelnen abzuhelfen". Die Zeit und der Ort rufen List zum Handeln auf. „Wille und Kraft", an die er appelliert, machen ja sein eigenes Wesen aus. „Es beginnt eine neue große Periode im Leben des Staates. Alles kommt darauf an, wie wir sie antreten; alles was wir jetzt tun, ist folgenschwer — vielleicht für eine Reihe von Jahrhunderten": so sieht List die allgemeine Lage 1817. „Jetzt ist die Staatsphilosophie praktisch geworden", heißt es in seinem Grundriß der „Staatskunde und Staatspraxis Württembergs" 1818. Es gilt: „die Wissenschaft dem Leben zu verbinden!" Wie sollte das Gegenwirken jener Kräfte, denen sein Gönner, der Kultusminister Freiherr von Wangenheim, schon 1817 hatte weichen müssen, im fortschreitenden Entfalten der Widersprüche innerhalb des Deutschen Bundes nicht auch List ergreifen? Auch hier gilt ein Wort Leopold Rankes: „Aus dem Zusammentreffen entgegengesetzter Kräfte, in den großen Momenten der Gefahr — Unglück, Erhebung, Rettung — gehen die neuen Entwicklungen am entschiedensten hervor."

In seiner „Kritik des Verfassungsentwurfs der württembergischen Stände" hat List 1817 seine Staatsauffassung im Zusammenhang der deutschen Angelegenheiten systematisch dargelegt[3]). Gleichwie List das Prinzip der vernunftrechtlichen Staatslehre zu Anfang des 18. Jahrhunderts aufgedeckt findet, so weist auch die Bildung des Nationalbewußtseins für ihn auf eine ältere Vorstufe unserer „Geistesbildung" zurück: er verlegt sie in die „Wiedergeburt der deutschen Nationalität" nach dem Ende der Religionskämpfe und des Dreißigjährigen Krieges[4]). Der Widerspruch zwischen dem Nationalbewußtsein und der Staatswirklichkeit wird für List damit entscheidend. Wir hatten schon auf seinen Landsmann Friedrich Schiller hingewiesen, der Deutschland einst vergebens suchte: „— wo das gelehrte beginnt, hört das politische auf". Reichspatriotische Erinnerungen gingen in Lists Nationalbegriff ein. Fried. Karl von Moser, der schwäbische Publizist, hatte noch im alten Reich eine Wirklichkeit sehen wollen, Justus Möser „Nationalgeist" und „Nationalcharakter" eher in ihrer partikularen Altertümlichkeit aufgesucht. Inzwischen war das alte Reich mit seinen rd. 2000 Territorialgebilden durch die Revolution zerbrochen, der „Rheinbund" — dem 1812 noch 35 von 38 deutschen Staaten angehörten — gleichfalls aufgelöst[5]). Die äußerliche Freiheit war errungen. Wie aber faßt List

---

[3]) S. oben und „Herdflamme" l. c., S. XVI—XXI, 123—263.

[4]) Für Lists dreifachen Begriff der Nation vgl. die Analyse bei A. Sommer, „F. Lists System" l. c., S. 81—108 und in „Mitteilungen" l. c. 1930, Heft 12.

[5]) Vgl. Max Lenz, „Deutsches Nationalempfinden im Zeitalter unserer Klassiker", in „Kleine historische Schriften", Bd. II, 1920, S. 204—229. Den Zwiespalt zwischen dem „höheren Grad menschlicher und bürgerlicher Freiheit" als „Palladium der Nation" in ihrer alten Reichs-Verfassung einerseits, dem vaterländischen Ideal eines kräftigen „Nationalkörpers" mit „Nationalreformen, -interesse, -hauptstadt" usw. andererseits schildert auch C. M. Wieland (1780) in seinem „Patriotischen Beitrag zu Deutschlands höchstem Flor". (Werke Bd. XV, 1795.)

das Problem der Einheit und der inneren Freiheit? Wir lassen den, für sein Erlebnis der Nation entscheidenden Abschnitt über die Lage der Bundesangelegenheiten 1817 folgen: „Was ist Deutschland, was soll aus Deutschland werden? Man sagt: ein Bundesstaat, und dies ist auch den herrschenden Verhältnissen angemessen. Aber die Staaten, welche in einen Bund zusammentreten sollen, bestehen aus Regierung und Volk! Beide müssen bei der Bundesversammlung repräsentiert sein, wenn etwas Gutes gedeihen soll. Bis jetzt erscheint nur ein Fürstenbund, welcher in dieser Gestalt dem großen Zweck, der Vereinigung Deutschlands in ein politisches Ganzes, unmöglich entsprechen kann; dadurch wird bloß das Interesse der Fürsten gewahrt, und die Völker bleiben sich fremd."

„Es treten sogar noch dem deutschen Volke ganz fremde Interessen gegen dasselbe entscheidend ein: denn da der Regent von Hannover König in England, der Regent von Brandenburg König in Preußen, der Regent von Österreich König in Ungarn, Böhmen usw., der Regent von Holstein König in Dänemark, der Herzog von Luxemburg König von Holland ist, so sprechen durch die Gesandten dieser Regenten jene fremden Länder in die deutsche Sache. Dem deutschen Volke aber fehlt das Organ, wodurch es der Fürstenversammlung seine Bitte vortragen könnte: um allgemeines Recht und um Herstellung des freien Verkehrs in allen deutschen Landen, um ein höchstes Gericht, welches zwischen Regenten und Volk vermittle und schlichte, um kräftige Bewaffnung gegen äußere Feinde und endlich um allgemeine Institute, in welchen alle deutschen Völkerstämme sich in Wissenschaft und Kunst zum höheren Aufschwung vereinigen."

„Eine bloße Militärallianz sichert die Fürsten nicht und genügt nicht den Völkern; solche Allianzen löst der Vorteil des Augenblicks und der Person, wie er sie erschafft."

„Doch — greifen wir den weisen Entschließungen der hohen Bundesversammlung nicht vor. Noch existiert ja in den einzelnen Staaten die Volksrepräsentation nicht, aus welcher das wesentliche Volksorgan, eine deutsche Kammer der Gemeinen hervorgehen kann."

„Schon haben wir vernommen, daß die hohe Bundesversammlung sich mit Herstellung der Volksrepräsentation in allen Staaten beschäftigt, und wir haben keinen Grund, zu zweifeln, daß dann, wenn dieses Werk vollbracht ist, auch noch weiter geschehe, was not tut."

Ähnliche Gedanken hatte Görres, der Herausgeber des 1816 verbotenen „Rheinischen Merkur", entwickelt; noch in seiner Schrift „Teutschland und die Revolution" (1819) gab er seiner Enttäuschung Ausdruck, daß Deutschland keinen Kaiser und keine „Gemeinen — in einer zweiten Kammer des Reichsparlamentes" erhalten habe[6]).

[6]) Vgl. Görres, „Politische Schriften", Vierter Band 1856. — Für den Freiherrn vom Stein und Wilhelm von Humboldt sowie ihre Gegner — die Reaktionäre und früheren Franzosenfreunde — vgl. Max Lehmann l. c. S. 175—184, 344—355; Ancillon wie Metternich werden uns auch als Lists Feinde begegnen!

Freilich hatten die deutschen Mächte, als sie Napoleon schlugen, ihren Völkern von Eintracht und Besserung, von deutscher Einheit und freien Verfassungen gesprochen, ja in öffentlichen Proklamationen sie feierlich zugesagt, und damit die Herzen der Jugend mitten in der Werbung, ja die Nation mitten unter ihren Opfern erfreut, erwärmt, elektrisiert, in Spannung gesetzt[7]). Der Pariser Friede vom 30. Mai 1814 hatte in seinem 6. Artikel nur bestimmt: „Les états de l'Allemagne seront indépendents et unis par un lien fédératif"; Bayern wie Württemberg hatte Österreich ja schon Ende 1813 die volle Souveränität zugesagt. Anfangs trat namentlich Preußen für „ständische Verfassungen" mit Anteil an der Gesetzgebung ein, wobei eine zweckmäßige Regulierung der Zölle von Bundes wegen und „eine kraftvolle Kriegsgewalt" — „zur Befriedigung der gerechten Ansprüche der Nation" dienen sollten. Aber die Hemmnisse einer kräftigen Bundes- oder Reichsgewalt, einer landständischen Vertretung am Bund und in den Gliedstaaten überwogen. Kaum, daß ein trockener Hinweis im Artikel XIII der deutschen Bundesakte vom 8. Juni 1815 daran mahnte. Napoleon war 1815 abermals — und nun von Gesamtdeutschland — zurückgeschlagen worden; wir werden im Verlauf unserer Untersuchungen sehen, wie das Jahr von Belle-Alliance — „Schönbunden" sagten die „Deutschtümler" — die nationalen Wünsche vorwärtstrieb. Die Gefahr eines Konfliktes zwischen Österreich und Preußen schwand mit der „Heiligen Allianz", die Restauration der Bourbonen war befestigt, der „Deutsche Bund" gesichert. Die Rheinbundstaaten gaben sich durch „Konstitutionen" einen stärkeren Rückhalt. In Mitteldeutschland ging das kleine Sachsen-Weimar mit einer Verfassung voran, deren Garantie der Bund im Mai 1816 übernahm. Wohl gab die österreichische Präsidialgesandtschaft zur feierlichen Eröffnung der Bundestagversammlungen am 5. November 1816 eine Erklärung ab, auf deren Inhalt sich vielleicht Lists eben angeführte Äußerungen beziehen: Der Deutschen Wohl und Glanz solle Leitstern aller Handlungen des Kaisers sein. Die Bundesakte von 1815 sei Grundlage für „einen zugleich die Nationalität sichernden Staatenbund". — Ein sämtliche souveräne Staaten Deutschlands umfassendes „Nationalband" folge aus dem wahren Charakter dieses Bundes, der die Deutschen wieder „als ein Ganzes, als eine politische Einheit, wieder als Macht in der Reihe der Völker" erscheinen lasse. Wir werden sehen, wie List 1820 diese Ansprüche in seiner großen Wiener Denkschrift geltend macht[8]). Staatsrechtliche Realität besaßen solche Ansprüche nicht. Des Freiherrn Hans von Gagerns Pathos wandte sich umsonst gegen den Einwand, „es gibt kein Deutschland". Schon im April 1818 mußte Gagern seinen Abschied als Bundestagsgesandter nehmen. Der

---

[7]) Vgl. Hans von Gagern, „Mein Anteil an der Politik", Bd. II, 1826, S. 196 bis 197, 207—219, 222—223; Bd. III, 1830, S. 39, 60—63, 145—147. — Zur Kritik vgl. Treitschke, „Hans von Gagern" in „Historische und politische Aufsätze", 1865.

[8]) Siehe Karl Nauwerk, „Die Tätigkeit der deutschen Bundesversammlung", 1845, 1. Heft. 1816—1817. Vgl. auch Hch. Meissner l. c., S. 166—215.

Bremer Johann Smidt verließ 1821, Wangenheim 1823 den Bundestag [9]).

Bedenken wir jedoch, daß List, 1817 bis 1819 in den engen württembergischen Verhältnissen lebend, keinen Einblick in den Wandel der gesamtdeutschen Konstellation gewinnen konnte. Im Herbst 1818, auf dem Kongreß zu Aachen, hatte der österreichische Staatskanzler alle beharrenden Kräfte wider die Gefahren volkstümlicher Bewegungen zu einigen gewußt; wir finden nicht, daß List hiervon Notiz nahm. So tritt er Ostern 1819 in die Öffentlichkeit mit unitarischen Wünschen, deren Erfüllung inzwischen höchst unwahrscheinlich, ja verhaßt geworden war. Alsbald gerät er in den Konflikt mit der neuen Staatswirklichkeit, der keinem „Patrioten" in jenen Jahren erspart geblieben ist. Am Sitz des Bundestags, in dem „auswärtigen Staat" Frankfurt, beginnt er eine Tätigkeit, die sogleich den nationalen Maßstab annimmt. Ihn bewegt „ein unwiderstehlicher Trieb des Herzens", den Bedrängten beizustehen und den Regierungen kundzutun, „wo der Einzelne oder das Volk unter der Last alter Vorurteile oder übermächtiger Selbstsucht erdrückt zu werden bedroht ist". Aber die Aussichten für konstitutionelle Wirksamkeit haben sich seit 1817 wesentlich verschlechtert. Die Schatten der Vergangenheit haben aus dem Blut der Freiheitskriege neue Lebenskraft getrunken. Die „Restauration" bringt den weißen Terror in Frankreich, Folter und Zopf in Deutschland (Hannover, Kurhessen). Zwar hatte der König von Preußen noch am 22. Mai 1815 eine „Repräsentation des Volkes" zugesagt; vor dem Drängen der Reformer hielt er die Ausführung zurück. Schon 1816 hatte die Reaktion der preußischen „Schmalzgesellen" unter Metternichs Einfluß einen Sieg erfochten; sie sahen im Freiheitskrieg „keine Begeisterung", sondern eine normale Untertanenpflicht, — „wie man aus ganz gewöhnlicher Bürgerpflicht zum Löschen einer Feuerbrunst beim Feuerlärm eilt". Nun gibt Sands Tat der Reaktion das Feld frei. Hardenbergs Ansehen sinkt, seine bedeutendsten Mitarbeiter werden entlassen, die „Patrioten" verfolgt. Im Juli 1819 wird der „Turnvater" Jahn in Berlin verhaftet, Fichtes Geist und die Jugend auf den Hochschulen werden verdächtigt, Görres geht nach Straßburg, um sich der Verhaftung zu entziehen. Im gleichen Moment bietet List sich durch seine Tätigkeit, die alle partikularen Grenzen überschritt, dem Gegenstoß recht eigentlich dar; während sein 1819 erstrebter und Ende 1820 erreichter Eintritt in die Stuttgarter Kammer alle lokalen Widersprüche aufrühren half und alsbald zu Lists endgültigem Sturz führt. „Der Geist der konstitutionellen Monarchie", den er anrief, gab keinen substanziellen Schutz.

Indem List das Prinzip der „Nationalität" ergreift, rückt er das allgemeine Grunderlebnis in den Mittelpunkt seiner besonderen Leistung,

[9]) Vergeblich beantragte Gagern 1817 statt „Bund" etwa „Deutscher Reichsbund" oder „Reich" zu sagen; s. Nauwerk l. c. 1845, S. 45. — Über Wangenheims, namentlich den Österreichern verdächtige, Tätigkeit bei der Darmstädter Zollkonferenz 1820 vgl. unten Hauptteil B, 3. Kapitel.

verflicht er die überlieferten Staats- und Gesellschaftslehren des 18. Jahrhunderts mit seinem nationalen Endziel. Aus dem Doppelbegriff des Staates und der „bürgerlichen Gesellschaft“ erhebt sich die Frage, wie Regierung und „Volk“ ihr gegenseitiges Verhältnis bestimmen sollen. Deutschlands Fürsten und Völker sehen sich nunmehr aufgefordert, durch „konstitutionelle“ Vereinbarungen Krone und Landstände aneinander zu binden. List kann sich die „Nation“ in Wahrheit nur in diesem bürgerlich-konstitutionellen Sinn verfaßt vorstellen; ohne eine „Kammer der Gemeinen“ würde die Politik der Zukunft ihren tragenden gesellschaftlichen Unterbau entbehren. Eine „Konföderation der produktiven Kräfte“ im deutschen „Nationalkörper“ der Zukunft ist sein Ziel; aus ihrer „Wechselwirkung“ und auf ihrem „Fundament“ soll der „Nationalgeist“ in Freiheit und Wohlstand sich entfalten. Noch 1846 leitet er die „Wiedergeburt der deutschen Nationalität“ aus den Ereignissen von 1789 bis 1815 ab[10]).

Die Zielformel, die List prägt, ist daher einmal „liberal“ im Sinne der politischen Einheits- und Freiheitsforderungen des 19. Jahrhunderts. Sodann aber wird sie ökonomisch unterbaut und die weltbürgerliche „Nationalökonomie“ der jungen liberalen „Schule“ damit sogleich zum „Nationalen System“ einer Politischen Ökonomie überhöht. Dank ihrer naturrechtlichen Struktur bleibt diese Theorie für List gleichbedeutend mit einem „natürlichen System“ der gesellschaftlichen Wirtschaft im Staat; so daß er beide Bezeichnungen abwechselnd für sein System in Anspruch nehmen darf[11]).

List bleibt als Verfassungsrechtler somit durchaus innerhalb der sich ankündigenden neuen Tendenzen; aufs engste berührt er sich mit den Führern des rheinländischen liberalen Bürgertums. Freiwillige „Vereinbarungen“ zwischen Krone und Bürgertum, kein gewaltsamer Ansturm gegen die überlieferten Gewalten. Reform, nicht Revolution! Ausbau der rechtsstaatlichen Selbstverwaltung mittels intermediärer „Korporationen“ und maßgebender Einfluß nur der selbständigen und besitzenden Schichten. Keine Beseitigung des hohen oder niederen Adels, sondern Eingliederung. Feindschaft allenfalls gegen autoritäre Mächte wie das russische Zartum, aber keinerlei international-gesellschaftliche Verbrüderung mit „freien“ Völkern! Starke Betonung des eigenen Volkstums, aber ohne feindselige Gefühle oder Absichten gegenüber anderen Völkern oder Rassen. Fortgang zur „normalmäßigen“ Nation mit Macht- und Markteinheit, keinerlei „Willkür“, „Privilegien“ und Zersplitterung mehr — so dürfen wir seine Zielsetzung umgrenzen.

Wie stellt sich nun das Einheits- und Freiheitsverlangen für List nach seinen einzelnen Momenten dar?

---

[10]) S. „Werke“ Bd. VII, S. 440—447. — Zur Kritik vgl. Max Lenz in „Hess. Beiträge“ l. c., Bd. 12, S. 66.

[11]) S. Bd. IV, S. 3—4, und Bd. VI, S. 34, der „Werke“. Oben 1. Kapitel, Anmerkung 3.

Zwar nennt List sich unbefangen einen Demokraten und sagt etwa im „Natürlichen System“: „Démocratie et industrie sont synonymes.“ Ein Anhänger der „reinen“ Demokratie mit ihrem Postulat der Volkssouveränität wurde er jedoch auch nach der Julirevolution nicht. Noch im „Zollvereinsblatt“[12]) wendet er sich gelegentlich gegen die „Ultra-Demokraten“; sein konstitutioneller Liberalismus war stets korporativ unterbaut und berührte sich hierin, so sahen wir, mit Hegels Lehre von der bürgerlichen Gesellschaft und ihrer Gliederung im Staat. „Die konstitutionell-monarchische Regierungsform“ bleibt ihm die — „im ureigensten Sinn der Söhne Teuts“ begründete — Garantie jeder bürgerlichen Sicherheit und Wohlfahrt, namentlich der städtischen „Manufakturisten“. Eine schrankenlos demokratische Freiheit des Einzelnen hätte Lists Wünschen auf dem politischen ebenso wie auf dem wirtschaftlichen Felde widersprochen. Wir dürfen ihn einen großdeutschen Demokraten süddeutscher Prägung aus dem Vormärz nennen — im Unterschied zu den staatlichen und Produktionsverhältnissen, unter denen Liberalismus und Demokratie nach 1848 ihre Doktrinen fortgebildet haben[13]).

Ein konstitutionell gesinnter, güterbesitzender Adel nach britischem Vorbild soll der Anarchie wehren und die Nationalfreiheit wahren, auf dem Fundament einer „freien, tüchtigen, gebildeten und gewerbsamen Demokratie“ und „im Bunde mit den bürgerlichen Interessen“. Rückschauend sagt er in seiner ungarischen Denkschrift an den Fürsten Metternich 1845[14]): „Ich verkannte nie die Nützlichkeit und Notwendigkeit des aristokratischen Elements in großen Reichen, vorausgesetzt, daß es auf einer Basis ruhe, die der Entwicklung der Volkskräfte und der Wirksamkeit der Staatsgewalt förderlich sei.“ Wie die konstitutionelle Monarchie alle Vorzüge der Demokratie, der Aristokratie und der Monarchie in sich vereinige, so müsse man in dieser Regierungsform durch die „Ackerverfassung“ ein richtiges Verhältnis zwischen Groß-, Mittel- und Kleinbesitz anstreben, heißt es 1842[15]). Hierzu gehört für List auch eine „Pairskammer“ als Oberhaus oder Senat. „Die Geldaristokratie der Fabrikanten und Kaufleute ist also keine Feindin, sondern eine Verbündete der Landaristokratie“, so sagt er ausdrücklich noch im „Zollvereinsblatt“. „Aus Nimroden“ werden die Junker in

---

[12]) Jahrgang 1843, Nr. 26.

[13]) Vgl. „Die deutsche Sozialdemokratie“ l. c., S. 48—54, 100—108, und zum Grundsätzlichen auch Carl Schmitt, „Staat, Bewegung, Volk“ 1934, S. 22—32. Ferner die mehrgenannten Gießener Dissertationen: Frank Rümelin, „Schellings Naturphilosophie in ihrer Wirkung auf die liberale Staatslehre“, 1925. — Franz Eiermann, „Lists Verhältnis zum Naturrecht, namentlich in den Begriffen der bürgerlichen Gesellschaft und der Korporation“, 1927. — Hans Lotheißen, „Der ständisch-korporative Gedanke, namentlich in der württembergischen Verfassungsgeschichte und in den publizistischen Schriften Hegels und Lists zur württembergischen Verfassungsreform“, 1928. — Bernhard Bonn, „Christ. Wolfg. Karl von Schüz als politischer Ökonom“, 1928.

[14]) S. „Werke“ Bd. III 1, S. 483.

[15]) Vgl. „Werke“ Bd. V, S. 434, 477 u. ö.

den Städten „gebildete Menschen". Ja, „die Töchter unserer reichsten Industriellen" werden „seine Stammbäume wirksamst arrosieren" helfen[16])! In seiner letzten Lebenszeit hat List, im Benehmen mit dem Grafen Otto zu Solms-Laubach, einen Aufruf „an den Adel deutscher Nation" vorbereitet. Englands Adel und großbürgerliche Institutionen liegen dem Listschen Denken doch näher als die mehr kleinbürgerlich-agrarischen Verhältnisse im zeitgenössischen Frankreich; gerne spricht er von den „Großbegüterten", auch einmal von „unseren Tagen der Geldherrschaft"[17]). Lists scharfe Urteile über Unbildung, Hoffahrt und Luxus der feudalen Schichten gelten mehr der Vergangenheit als seiner Umwelt.

Dem Schwaben war der napoleonische Zentralismus, wie ihn Graf von Montgelas für Bayern, Freiherr von Reitzenstein in Baden durchführten, durchaus fremd; den aufgeklärten Aristokraten — auch Freiherr von Wangenheim, Hardenberg und Metternich lassen sich hier nennen — stand er darin fern. Sein konstitutioneller Vernunftstaat ist ebensowenig der Einheitsstaat einer „reinen" Demokratie, sondern er ruht auf den Korporationen, gleichwie seine Gemeindedemokratie auf den Familien. Hierin berührt er sich mit den Romantikern, aber auch mit der „Restauration" eines Karl Ludwig von Haller und J. de Maistre[18]). Gelegentlich merkt er an, „wie in manchen Dingen eine Föderativ-Verfassung eben doch schneller zum Ziele führe als französische Zentralisation"[19]). Zitieren wir noch die bekannte Äußerung vom Jahr 1818: „Eine große unteilbare Nation ohne engere Verknüpfung ist ein französisches Hirngespinst, entweder eine Freiheitsfaselei oder ein Attentat morgenländischen Despotismus einzuführen, nach dem Satz: divide et impera[20])." Niemals war List ein doktrinärer Unitarier; die nationalen wie die liberalen Momente seines Denkens kreisen stets um einen konstitutionellen Bundesstaat.

Seine entscheidenden Eindrücke liegen eben durchaus vor der französischen Julirevolution; im stufenweisen Aufbau seiner „Staatsgesellschaft" erweist er sich als Liberaler alten Schlages. Daher ist er auch kein Befürworter deutsch-französischer „Verbrüderung", wie dies

---

16) S. „Zollvereinsblatt" 1846, S. 239, und vgl. „Werke" Bd. V, S. 283—287, Bd. VI, S. 36—38, 237.

17) Vgl. die 1843 geplanten „Briefe eines Reichsgrafen an seinen auf der Universität befindlichen Sohn", in „Werke" Bd. VII, Einleitung; List-Archiv F XXVI, Nr. 16. Vgl. ferner die Denkschrift zur österreichischen Zollreform 1820 in „List und Marx" l. c., S. 89—96. Für den deutschen und englischen Adel vgl. „Briefe aus Nordamerika" Nr. II vom 2. September 1827 in „Werke" Bd. III 1, S. 91—94. Für den deutschen und polnischen Adel s. Alfred Meusel, „List und Marx" l. c., S. 32. — „Werke" Bd. VII, S. 566—568; Bd. VIII, S. 695.

18) S. „Herdflamme" l. c. S. XIII—XIV, XXV—XXVII, 24—26, 300, 317—322. — Über Adel und Bürgertum vgl. Franz Schnabel, „Deutsche Geschichte" l. c., S. 4—12, und H. E. Jansens Kieler Diss. 1928, S. 73 wegen F. Harkort.

19) S. „Werke" Bd. III 1, S. 346, wegen des Eisenbahnbaues.

20) S. „Herdflamme" l. c., S. 319; vgl. auch das Vorwort zum „Nationalen System" über Bürokratie, Adel und konstitutionelle Monarchie in Deutschland.

so viele „reine" Demokraten seit der Julirevolution — und etwa Boerne schon unter dem Eindruck der Rheinbundpropaganda seines Gießener Lehrers Crome wurden. List blieb überzeugt, daß die Franzosen stets den Rhein zur Grenze begehren würden. So verträgt sich seine „Kontinentalpolitik" durchaus mit Deutschlands Aufstieg zu einer Frankreich ebenbürtigen Macht, und der „deutsche Liberalismus nach französischem Stempel" liegt ihm gedanklich fern[21]). Wenn Napoleon, „dieser erleuchtete und kräftige Regent", mit bewundernswertem Scharfsinn „die industrielle Erziehung Frankreichs" im Sinne der Revolution vollendete, so bleibt er anderseits doch ein „Länderverwüster", dessen Kontinentalsystem „eine richtige Ansicht" zur französischen „Kontinentalsuprematie" verfälschen wollte[22]). „Ein veredeltes Kontinentalsystem", ein „europäisches Handelssystem", darin wird Napoleon Vorbild sein. Dem „Tyrannen" sei die Liebe eines Volks in das Exil gefolgt, denn „keine Volksliebe ist aufrichtiger und nachhaltiger als jene, die auf die Dankbarkeit der Nahrungsstände gegründet ist"[23])! So bleibt ihm Napoleon Vollender der bürgerlichen Revolution, aber auch Träger ihres Expansionswillens[24]). „Die Franzosen haben einen Hintergedanken, den sie nimmermehr aufgeben — das linke Rheinufer und die Kontinentalsuprematie —." Deutschlands Parole hiergegen müsse lauten: „Konföderation mit Holland! Konföderation mit Belgien! die Restitution des Elsasses und dergleichen. Jetzt ist das Elsaß ein französischer Brückenkopf in Deutschland — nur Berge — die Vogesen sind natürliche Grenzen[25])!" Ebenso urteilt List noch 1846 über Frankreich: sein politischer Organismus sei „nichts weiter als eine Maschine, erbaut und zusammengesetzt zu dem Zweck, um dem europäischen Kontinent den Krieg zu machen". — „Die Franzosen haben nie aufgehört und werden nie aufhören, den Rhein zur Grenze zu begehren." Frankreich könne den Engländern nicht zur See ernsthaft gefährlich werden. Eher fürchtet List eine französisch-russische „Entente cordiale", gegen die er seit 1843 seine deutsch-britischen Allianzpläne entwirft[26]). Auch in seiner Rußlandfeindschaft wie in seinem Vertrauen auf Großbritannien erweist er sich als echter Liberaler.

---

[21]) Vgl. „Die deutsche Sozialdemokratie" l. c., S. 48—54. — „Werke" Bd. V, S. 532—533.

[22]) S. „Werke" Bd. VI, S. 32—33, 122, 415—416.

[23]) S. „Herdflamme" l. c., S. 416, 431, 439, 672. — „Organ" 1820, S. 146, 227—229.

[24]) Vgl. auch „Werke" Bd. IX, S. XXX—XXXIII, 131—136.

[25]) List legt diese Sätze 1844 einem deutschen Militär in den Mund; s. „Werke" Bd. III 1, S. 417. Vgl. unten Hauptteil B, 3. Kapitel zur „Trias"politik. Dazu H. Richelot in „Werke" Bd. IX, S. 257—258. — Vgl. auch Lists Vorschlag: Holland solle sich dem deutschen Zollverein, der besser „Handels-, Gewerbs- und Zollverein" heiße, anschließen und dieser solle die Verzinsung der holländischen Staatsschuld übernehmen als den Kaufpreis für die holländischen Kolonien; s. List-Archiv F. XXXIX, Nr. 16 und 44. — „Werke" Bd. V, S. 212. — Über Lists weltpolitische Pläne s. unten Hauptteil D, 2. Kapitel.

[26]) S. „Werke" Bd. VII, S. 124, 72—278; Bd. IX, S. 158, und wegen Rußland unten Hauptteil C, 1. Kapitel, Anm. 23—25.

„Teutschheit" im völkischen Sinne eines Arndt oder des „Turnvater" Jahn liegt dem Schwaben nicht. Ebenso fern sind ihm spätere Nationalisierungswünsche: Das Germanisieren verwirft er gleich dem Französieren; die Deutschen in Ungarn sollen sich den Madjaren ebenso angleichen, wie die Einwanderer nach Nordamerika sich dem nicht entziehen können[27]). Wohl spricht er den Völkern der gemäßigten Zonen einen staatlichen und nationalwirtschaftlichen Vorrang zu, dem Afrikaner und andere Fremdrassen, Chinesen und auch die Japaner als „von Natur ewige" Rohstofflieferanten sich zu beugen hätten. Wohl wendet er sich mehrfach nachdrücklich gegen den Schachergeist, das Markten und das Börsenspiel der Juden[28]), und berührt sich hierbei mit den christlich-deutschen Merkmalen der allgemeinen, namentlich mancher burschenschaftlichen Bewegungen jener Jahre. „Ich selbst will keine Judenunterdrückung, aber auch keine Judenherrschaft", schreibt er 1846 noch. Aber „Nation" oder „Nationalität", wie er ziemlich unterschiedslos sagt, bleibt ihm — aus dem Grunderlebnis seiner Jugend — stets das geschichtlich geformte, staatlich verfaßte Gefäß menschlicher Schicksale. Seine Abneigung gilt viel eher den „Zwergstaaten" und „Scherbennationalitäten" mit ihrer bloßen „Volkswirtschaft", weil sie unfähig seien, eigene normalmäßige „Nationalkörper" zu bilden. Sein Volkstumsbegriff liegt innerhalb seines rationalen Schemas der „Politisch-Ökonomischen Nationaleinheit": „Nation" wird ihm der systematische Normbegriff, ein „Volk" gilt nur als deren Bruchteil. „Zwergstaaten" haben — als bloße „Fraktion einer Nation oder eines Nationalterritoriums" — eine bloße „Volksökonomie" oder „Volkswirtschaft", „Scherbennationalitäten" gelangen zu keiner voll entfalteten „Nationalwirtschaft"[29]).

Es versteht sich hierbei, daß alle Gefühlswerte der jungen Nationalbewegung nach den Freiheitskriegen in Lists werdendem „Nationalen System" mitklingen: Volkstum und Volksrecht, Sitte und Boden, Einheit in der Mannigfaltigkeit und schließlich der großdeutsche Gedanke. Nicht zuletzt in der geschichtlichen Fundierung seines Systems wird seine Verwandtschaft mit den romantischen und historischen Strömungen im 19. Jahrhundert sich erweisen[30]). Wir werden List in die allgemeine Auseinandersetzung zwischen Weltbürgertum und Nationalstaat, wie sie Friedrich Meinecke geschildert hat, alsbald näher einordnen; wenn der Preuße Clausewitz 1807 das Selbstbewußtsein, die Ehre und Würde der Nation pries, sich „den beiden Erdengöttern

---

[27]) Vgl. unten Hauptteil F, 2. Kapitel. — Lists „Nationalgeist" ist auch nicht identisch mit dem „Volksgeist" eines Savigny, seine „Nationalität" kein „Urvolk" im Sinne Fichtes.

[28]) Vgl. „Werke" Bd. V, S. 28 und 29.; Bd. VIII, S. 28, 33, 75, 492, 518, 520, 787, 789.

[29]) Vgl. „Werke" Bd. VI, S. 226—227.

[30]) Für Lists Standort vgl. noch „Aufriß" l. c., S. 8—12, und Lenz in „Mitteilungen" l. c. 1928, Heft 5, S. 120—125. — Hans Harras in „Die Nationale Wirtschaft" 2. Jahrgg., Nr. 6, vom 5. Juni 1934.

Vaterland und Nationalehre" untertan bekannte, so schwingen solche Saiten auch im Listschen Fühlen mit[31]). Als List 1840 in Paris an seinem „Nationalen System" arbeitete und auch mit Thiers in Beziehungen stand, kam — über die Orientfragen — jene französisch-deutsche Spannung zum Ausbruch, in deren Verlauf die nationale Stimmung wegen des „freien deutschen Rhein" ganz Deutschland erfaßte. Nehmen wir noch Friedrich Wilhelms IV. Regierungsantritt im gleichen Jahr hinzu, so steht auch das Erscheinen von Lists Hauptwerk im Zeichen einer geschichtlichen Konstellation. Unterstreichen wir zunächst, was List von Männern wie Arndt, Jahn oder Görres in seiner eigentümlichen Leistung unterscheidet[32]).

Lists rationales Schema erfüllt die Einheitswünsche zunehmend mit einem materiellen Inhalt. Indem er das deutsche Bürgertum zum Bewußtsein seiner materiellen Aufgaben bringt, begründet er die Nationalwirtschaft. Gewiß bleiben Sprache, Kultur und Volkstum — im Unterschied zu den deutschen Epigonen eines Adam Smith — wesentliche Grenzmerkmale der Wirtschaftsgesellschaft auch im Listschen Sinne. Namentlich „der deutsche" Justus Möser, Schlözer, ferner der Schwabe Chr. F. W. Schubart sind für das volkstümliche und reichspatriotische Element in Lists „Nationalem System" bedeutsam[33]). Er bleibt der romantisch-patriotischen Bewegung durch den Erlebnisgehalt seiner Jugend nachhaltig verbunden. Auch sieht er die Bedeutung der Landwirtschaft — des Haupterwerbszweigs im vormärzlichen Deutschland — ebenso klar wie diejenige des Adels. Die Landwirtschaft gilt als „Basis der Pyramide"[34]), ihr idealtypisches Verhältnis zu Gewerbe und Handel ist wie 1:1; andernfalls würde die soziale Harmonie der „Klassen" oder „Stände" bedroht sein. Aber von den „Romantikern" und Deutschrechtlern trennt ihn die Zielrichtung seiner „Politischen Ökonomie": keine anti-revolutionäre angebliche Rückkehr zu ständisch-feudalen Ordnungen, nicht Kampf für das Agrarkapital im Sinne eines Adam Müller, sondern der „Agrar-Gewerbe-Handelsstaat" des 19. Jahrhunderts wird Lists Losung. „Die Allianz zwischen den Güterbesitzern und den Kapitalisten" bleibt sein durchaus unromantisches Ideal. Seine idealtypische „Nationalwirtschaft" ermangelt weder „eines wohlhabenden tüchtigen Mittelstandes" noch „eines freien, fleißigen, sparsamen und aufgeklärten Bauernstandes"[35]); aber der Ton liegt, wie wir durchweg bestätigt finden, auf der „Manufakturkraft" mit ihrer „Ansammlung von Kapitalien", ihrer „Volksbildung" und ihrer am allgemeinen „Wohlstand" teilnehmenden Arbeiterklasse, innerhalb der nötigen konstitutionell-liberalen Garantien. Das Ziel „einer tatkräftigen,

[31]) Vgl. Hauptteil E.

[32]) Vgl. unten Hauptteil D, 1. Kapitel, Anm. 35 und 56.

[33]) Vgl. oben 1. Kapitel und „Herdflamme" l. c. — W. von Sonntag l. c., S. 81 bis 85. — Erna Maria Schulz l. c. — Erwin Hölzle l. c., S. 44—84.

[34]) Siehe Häußer-Codex 371, 25, Blatt 114.

[35]) S. Ungarn als Gegenbeispiel in „Werke" Bd. III 1, S. 473—474, 489, 515—517.

fleißigen, sparsamen, aufgeklärten, ordnungsliebenden, patriotischen und freiheitsliebenden Demokratie" verträgt sich nicht „mit der Knechtschaft und Apathie der arbeitenden Klassen, mit dem Mangel an reichen, blühenden und freien Städten und großartigen Gewerben und überhaupt mit dem Mangel eines wohlhabenden und tüchtigen Mittelstandes". Stärker noch als Adam Smith betont List die Notwendigkeit großbürgerlicher Produktionsverhältnisse, die für ihn die Krönung der gesellschaftlichen Ordnung im „Manufakturstaat" sind; inzwischen war ja auch die politische Emanzipation des britischen Bürgertums vorangegangen.

Entscheidend bleibt für List die Strukturverbundenheit des Staats und seines Rechts — der „Staatsgesellschaft" im älteren Sinne — mit der Wirtschaft als spezifischer Funktion jeder „bürgerlichen Gesellschaft". Bruchstücke einer „Nationalität" bilden eben bloße „Volkswirtschaften", erst die einheitliche Staats- und Wirtschaftsnation ergibt eine idealtypische „Nationalwirtschaft", denn sie allein enthält „Nationaleinheit und die daraus entspringende Kraft"[36]). Über ihre Nationalgrenze hinaus greifend, wird die kolonisierende voll entfaltete Nation schließlich zur Trägerin einer weltweiten Imperialwirtschaft. Dem Nationalstaat entspricht somit die Nationalwirtschaft, wie dem „Weltstaat" in Lists anfänglicher Vorstellung die „Weltwirtschaft" und — in seiner abschließenden Schau — der Imperialnation die Imperialwirtschaft mit ihrer Kolonialpolitik und ihrem Differentialzoll-System[37]). In solcher Systematik umspannt List nun den gesamten Wachstumsprozeß der kapitalistischen Staats- und Wirtschaftsordnung, entwirft er das Bild einer Gesamtwirtschaft im nationalen wie im internationalen Maßstab. Kein Wunder, daß er schon in seinen Anfängen schwerste Konflikte mit der beschränkten Staatswirklichkeit seiner Zeit beschwor.

Lists juristisch-soziologische Anschauungen vom konstitutionellen Bundesreich entsprechen dem Interesse des aufstrebenden Mittelstandes an einer stabilen, Freiheit und Eigentum wahrenden Regierung. Mit den prinzipiellen Streitfragen des „monarchischen Prinzips" hat er sich nicht weiter befaßt; ihn interessierte mehr der materielle Gehalt des modernen Gemeinwesens, und sein Liberalismus fand an dem Vorbild der französischen Verfassung von 1789 bis 1791 Genüge. Wie er die nordamerikanische Staatsordnung begrüßte, so freute er sich der Julirevolution, brachte er den liberalen Aristokraten Ungarns seine Sympathien dar, und nur die vorkonstitutionelle russische Willkürherrschaft stieß ihn ab. Denn seine Parole „Durch Wohlstand zur Freiheit"[38]) verlangt das Fortschreiten von unrationellen Staatsformen zum großbürgerlichen Gemeinwesen. Er braucht hierfür nicht auf Jean Jaques Rousseau und auf

---

[36]) Statt „Nationalwirtschaft" sagt er auch „Nationalökonomie" im konkreten Sinne; s. etwa „Werke" Bd. III 1, S. 402.

[37]) Vgl. „Aufriß" l. c., S. 6—8. — „Werke" Bd. VII, Einleitung. — „Mitteilungen" l. c. 1931, Heft 15, S. 405—407. — Für die Vorstellungen der Aufklärung vom „Weltstaat", der Romantik vom „Abendland" vgl. F. Meinecke l. c.

[38]) Vgl. im Hauptteil F, 2. Kapitel, Anm. 95, Levin Schücking über List.

die radikale Verfassung von 1793 zurückzugreifen wie Karl Marx, dessen zentralisierte Republik bereits diesem späteren „jakobinischen" Reifegrad der Französischen Revolution entspricht. Lists Liberalismus weiß noch — wie Hegel und dessen Schüler Lorenz Stein — um genossenschaftliche und korporative Bindungen[39]); er läßt die älteren, monarchisch-feudalen Schichten gelten, falls sie nur ihr konstitutionelles Bündnis mit dem bürgerlichen Erwerbsinteresse vollziehen. Sie sollen die ursprüngliche Volkheit nebst den „Grundrechten" durch den Sozialvertrag bestätigen. Der „Agrar-Gewerbe-Handelsstaat" setzt, wie der Name schon sagt, ein staatsbürgerliches Kräftegleichgewicht im Inneren voraus: die Kräfte der „Gewerbsindustrie" und ihres mobilen Kapitals sollen dem Güterbesitz zur Seite treten, das Band der Zölle und der Verkehrseinheit soll alle Teile des Produktionsprozesses zum „Nationalkörper" zusammenschließen, an Stelle des „rohen" Agrikulturstaats „die Freiheit und Zivilisation von den Städten" ausgehen. Der relativen Schwäche des deutschen Bürgertums im Vormärz entsprechen die politischen und wirtschaftlichen Schwierigkeiten, an denen Lists politisch-wirtschaftliche Propaganda sich zermürbt; so lebt er am Rande der Staatswirklichkeit und stirbt — „ein Deutscher ohne Deutschland", wie Walter von Molo ihn genannt hat.

Indem die Teilnahme an der Staatsgewalt „von unten her", wie es in den Akten der Mainzer Untersuchungskommission heißt, erstrebt wird, zugunsten von bisher nichtberechtigten Schichten aus dem Bürgertum, widerspricht diese Agitation einem offenbaren Interesse der herrschenden Gewalten. Sogleich setzen sie sich zur Wehr. Vordem hatten Stein und Hardenberg den Widerstand gespürt, den die „Jakobiner in den preußischen Staaten" bei den alten Mächten aufregten[40]). Jetzt pflanzen sie, auf den Trümmern des napoleonischen Europa, ihr siegreiches Banner der „Legitimität" auf. Sie rufen den Gott der drei christlichen Konfessionen zum Schwurzeugen ihrer „Heiligen Allianz" an und setzen ihren Kritikern die „Legalität" von oben her entgegen. Auch die deutsche Bundesakte vom 8. Juni 1815 beginnt „Im Namen der allerheiligsten und unteilbaren Dreieinigkeit"[41]). Wider das „ideale" Staatsrecht vereinbarter Verfassungen erheben sich Theokratie, Gottesgnadentum, Patriarchalismus, Feudalität; das „Naturrecht" eines aufgeklärten Staatsdenkens soll einer angeblichen „Restauration" vorrevolutionärer Herrschaftsrechte seinen Platz räumen. Die Begriffe der Gewissensfreiheit, der Staatspersönlichkeit, des öffentlichen Rechtszustandes sollen dogmatischer Intoleranz und einer dinglich-persönlichen Bindung, der Bürger dem Untertanen weichen. Mit der religiösen

[39]) Vgl. oben 1. Kapitel und Carl Schmitt l. c., S. 28—29.

[40]) Vgl. Lenz, „Agrarlehre und Agrarpolitik der deutschen Romantik", 1912. — Max Lehmann l. c. S. 175—184, 355, 471—473.

[41]) Vgl. Heinrich Meissner, „Die Lehre vom monarchischen Prinzip im Zeitalter der Restauration und des Deutschen Bundes", 1913, S. 110—317.

Reformation wird schließlich der Begriff des Staates folgerecht verworfen[42]). Man vergleiche damit Lists gelegentliche Urteile über „Aberglauben, Barbarei und Despotie", über Klöster, „Klerisei" und „Pfaffen" in seinen „Outlines" oder noch im „Nationalen System", um den grundlegenden Unterschied ganz zu erfassen. Über kirchliche Angelegenheiten hat er sich im Zusammenhang überhaupt nicht ausgesprochen; ironisierend bemerkt er wohl: „Die Konkurrenz wie die Gottseligkeit ist zu allen Dingen nütze[43])." „Die bestehende Theologie war zu allen Zeiten eine Feindin vernunftgemäßer Neuerung", heißt es 1817. Wohl aber findet er „Monogamie, Christentum und Freiheit geeigneter, die Entwicklung der produktiven Kräfte und der Arbeit zu begünstigen als Polygamie, Mohammedanismus und Knechtschaft oder ein schwacher Grad von Freiheit. Darum gibt es sogar einen bemerkenswerten Unterschied der produktiven Kraft zwischen den Anhängern der verschiedenen christlichen Sekten." Auch betont er „die Kraft des religiösen Bandes" für die christlich-kommunistischen Siedlungen in Nordamerika[44]).

Lists Ideal „einer freien, aufgeklärten, moralischen und intelligenten Nation", gleichwie sein Gegenbild „eines sklavischen, demoralisierten und abergläubischen Volkes", widerspricht also den religiösen Formen wie dem materiellen Inhalt der beginnenden „Restauration". Immer wieder stellt er „Aufklärung und Freiheit, Rechtssicherheit und konstitutionelle Garantien", gegenüber „Despotie und Fanatismus", als Bedingungen der modernen Industrie hin[45]). „Was hülfe es dir, so du die ganze Welt gewännest und nähmest doch Schaden an deiner — Nationalität[46])!" Über den späteren Niedergang des hellenistischen Ägypten bemerkt er etwa 1837[47]): „Hierher muß man die Anhänger der Priesterschaft und der Kasteneinteilung führen, um ihnen zu zeigen, wohin eine auf solcher Basis ruhende öffentliche Ordnung im Laufe der Zeit führen muß und was zivilisierte Völker, deren physische und geistige Kraft durch Despotismus und Kastengeist erdrückt worden ist, von der Nachbarschaft kriegerischer Barbaren zu erwarten haben." Ebenso verurteilt er das „Werk der Finsternis" in Spanien sowie die Austreibung der Hugenotten und der Salzburger[48]).

Mit solchem aufgeklärten Gedankengut tritt List notwendig in Widerspruch zu den seit 1819 vorwaltenden Tendenzen. Während er

---

[42]) S. Meissner l. c., S. 152. Zur weiteren Orientierung namentlich den Briefwechsel zwischen Friedr. Gentz und Adam Müller; unten Hauptteil C, 1. Kapitel. — Im Jahr 1819 erscheint J. de Maistres Buch „Du Pape".

[43]) Im „Eisenbahn-Journal" 1835; s. „Werke" Bd. III 2, S. 708; Bd. VIII, S. 117.

[44]) Die frühe Anmerkung zum Thema: Christentum und Calvinismus s. in „Werke" Bd. IV, S. 528. — Vgl. die Schlußbemerkung über List als protestantischen Denker unten Hauptteil F, 3. Kapitel. — „Werke" Bd. V, S. 495—496, 527; Bd. VI, S. 165.

[45]) Vgl. etwa „Werke" Bd. V, S. 333, 410, 422; Bd. IX, S. 99.

[46]) „Werke" Bd. VII, S. 444.

[47]) Ebenda S. 34.

[48]) S. „Werke" Bd. VI, S. 109—111, 120, 129.

noch im „Nationalen System“ die „bloß Ackerbautreibenden“ dem Druck der „Feudal- oder Priesterherrschaft“ ausgeliefert findet, proklamiert und verherrlicht die staatswirtschaftliche „Romantik“ geradezu die Rückkehr solcher Zustände[49])! Der Staatsapparat soll abermals privilegierten Schichten, namentlich dem Adel und den Großgrundbesitzern überantwortet und in katholischen Gebieten der römischen Kurie unterworfen werden. Den Legitimisten der „Heiligen Allianz“, den „Anti-Jakobinern“ widerstreiten, heißt mithin sich als „Demagogen“ selbst entlarven.

Im Kampf um einen wachsenden Anteil an der Staatsmacht geht List den gebildeten und besitzenden bürgerlichen Schichten, denen er nach seiner Herkunft nahesteht, voran. Die Revolution von oben, welche das alte Reich vernichtet und seine Flurkarten bereinigt hatte, setzt in der Wiener Bundesakte ihren Schlußstein. Erst mit den Annexionen und der Verleihung des allgemeinen Wahlrechts 1866 schließt dieser geschichtliche Prozeß ab, geht der Territorialstaat endgültig in den — dezentralisierten — Einheitsstaat über. Demgemäß vollzieht sich die wirtschaftliche Einigung. Die „von unten her“ andrängenden Kräfte der Gesellschaft wollen ihren Einzug halten; aber nur, um nach abermals einem Halbjahrhundert alle vorkapitalistischen Mächte endgültig aus dem Staatsbau zu entfernen und um selber die Herrschaft der nun schlechthin sogenannten Wirtschaft im und über den Nationalstaat einzurichten. Metternichs autoritäres System sieht sich einer Bewegung gegenüber, die seine passiven Untertanen zur aktiven Mitgestaltung auffordert; der Frankfurter Bundestag so gut wie die Verfassung der Einzelstaaten und der Gemeinden werden, kaum befestigt, schon bedroht. In dem gleichen Moment, der Bedürfnis und Streben nach Markteinheit im nationalen Maßstab weckt, vollendet sich Deutschlands einzelstaatliche Zersplitterung und wird die volle „Souveränität“ seiner Territorien staatsrechtlicher Grundsatz. In diesem Machtstreit liegt die Entscheidung offenbar bei dem Verhältnis des „Staatsapparates“ zur gesellschaftlichen Umwelt, d. h. bei dem Entscheid zwischen „Staat“ und „Wirtschaft“ (Politik und Ökonomie). Werden die alten Mächte — Krone, Adel, Bürokratie, Kirchen — die Vorherrschaft im Staat behaupten oder werden „Landstände“ und „Gemeindefreiheit“, wie List wünscht, von unten her sie zum Paktieren zwingen können und endlich gar Heer und Beamtentum einer Kontrolle unterwerfen? Wird das Streben zum einheitlichen Marktgebiet sich jene konstitutionellen Garantien schaffen, um die alsbald der Kampf einsetzen muß (Ministerverantwortlichkeit, Gegenzeichnung, Grundrechte, Budgetrecht)? Eben darum spricht List das Wort seiner Zeit aus, wenn er als Erster die „Politische Ökonomie“ in den Mittelpunkt des gesellschaftlichen Interesses rückt, Bildung wie Grenzen des Staats mit wirtschaftlichem Inhalt füllt. Alle religiösen und kulturellen Überlieferungen, alle Unterschiede der Sprache und Rasse bleiben freilich, ja dringen jetzt erst

[49]) Vgl. unten Hauptteil C, 1. Kapitel zu Adam Müller und Haller.

eigentlich aus den Oberschichten in die tieferen Bewußtseinssphären ein; als Schalter aber der Krisen und Konflikte wirkt vornehmlich das Drängen der bürgerlichen Schichten nach „Einheit" und nach „Freiheit". So wachsen die Nationen, und ihre Wirtschaftskräfte entfalten sich, wie List vorhergesagt; das 19. Jahrhundert sieht die nationale mit der wirtschaftlichen Einheit sich vollenden. Zugleich aber entstehen aus dem Produktionsprozeß heraus neue Widerstände: Abermals „von unten" steigt eine vierte Schicht neben dem Bürgertum herauf, das Proletariat, um das Problem „Staat und Gesellschaft" in „sozialen" Machtkämpfen neu zu stellen[50]).

Als List die politische Arena betritt, ist von einer solchen Gefahr kaum das leiseste Anzeichen erkennbar. Dagegen stehen die deutschen Fürsten auf dem Gipfel ihrer jüngst erst unbeschränkten Souveränität. Seit 1806 war auch Württemberg ein absolut regierter Staat geworden und hatte sich, gleich Baden und Bayern, durch eine einheitliche Zollgrenze nach außen abgeschlossen[51]). Noch kämpfen die „Altrechtler" für ihre landschaftlichen Privilegien; der Übergang zum parlamentarischen Regime kündigt sich erst von ferne an, das Staatsbürgertum wird noch nirgends zum allgemeinen gleichen Wahlrecht ausgeweitet[52]). Vielmehr wird dieser Übergang von „landständischen" zu „Repräsentativverfassungen", von der Rechtsungleichheit zur „Gesamtmasse des Volkes" (Gentz) eben erst versucht. Der wirtschaftlichen Interessenharmonie im Sinne Lists entspricht notwendig ein parlamentarisch vertretbares Gesamtvolk; daher kann eine „altständische" Reliquie aus Lehrstand, Wehrstand, Nährstand (Adam Müller) den modernen Interessen im Agrar-Gewerbe-Handelsstaat niemals genugtun; eher entspricht ihnen das plutokratische Censuswahlrecht, wie es die französische Charte von 1814 einführt[53]). Solange Deutschland ein loser Staatenbund blieb (1815 bis 1866), war vollends die von List erstrebte Volksvertretung am Bunde unausführbar; noch der Frankfurter Fürstentag hat sich unter österreichischer Führung (1863) vergebens darum bemüht, Bismarck den Bund mit dieser Forderung schließlich gesprengt[54]).

Den Metternichschen Kaiserstaat, der seit 1818 am nachhaltigsten jedem konstitutionellen Fortschritt widerstrebte — schon mit Rücksicht auf das Nationalitätengemisch seiner Völker —, mußte Lists nationalpolitische Agitation für Freiheit und Einheit „ultra-liberal" und revolutionär anmuten. Wenn List die „Herstellung der bürgerlichen Freiheit" nur bei einem Erbmonarchen gewahrt fand, welcher zwar „im Besitz der höchsten Gewalt ist", aber „durch das für seine Handlungen verantwortliche Staatsministerium regiert" und nicht selber „admini-

[50]) Vgl. Georg von Below, „Die deutsche Geschichtschreibung von den Befreiungskriegen bis zu unsern Tagen", 2. Aufl. 1924, S. 161—194.

[51]) Vgl. Artikel XXVI der „Rheinbundakte".

[52]) Vgl. oben im 1. Kapitel den Listschen Katalog der „Volksrechte".

[53]) Vgl. unten Hauptteil F, 2. Kapitel zu Anm. 36.

[54]) Vgl. Max Lenz, „Geschichte Bismarcks", 4. Aufl., und über den Frankfurter Fürstentag in „Kleine Historische Schriften", Bd. I, 1913, S. 429—462.

striert", so widersprach eine solche Definition der „Staatskonstitution" geradezu dem strengen monarchischen Prinzip, wie es durch die Schluß-Acte der Wiener Ministerialkonferenz 1820 ausgesprochen wurde. Dort war (Artikel 57) ausdrücklich festgelegt worden, daß die „gesamte Staatsgewalt im Oberhaupt des Staates vereinigt" bleiben müsse, das nur „in der Ausübung bestimmter Rechte" sich selbst beschränken könne[55].

Die „Volksrepräsentanten" wollte List für seine schwäbische Heimat durch „stufenweise Wahl" aus den lokalen Amtskorporationen hervorgehen lassen; sie sollten „die Rechte des Volkes" teils im „allgemeinen Landtag", teils durch „ständische Ausschüsse" ausüben. Seine Theorie deckt sich keineswegs mit der „idealen" Staatsverfassung, die sein Minister von Wangenheim seit 1815 gegen die „Altrechtler" einzuführen suchte[56]. Wangenheim vereinigte den Staatswillen durchaus im Regenten, umgab diesen aber mit einer Adels- und Volksvertretung. Während Wangenheim in naturphilosophischer Verkleidung[57] der konstitutionellen Monarchie vorarbeitet, wie sie später im Kompromißwege geschaffen wurde, bleibt List 1817 also bei dem Satz: „Le roi règne, mais il ne gouverne pas." Nach dem württembergischen Verfassungskompromiß von 1819 vereinigt nun der Monarch „in sich alle Rechte der Staatsgewalt und übt sie" unter bestimmten Beschränkungen selber aus. Damit war das Listsche Staatsideal nicht voll verwirklicht, aber doch eine Beschränkung der Selbstherrschaft durch die Volksrechte im Vertragswege erreicht worden. Grund genug für List, die Entwicklung nun nach Kräften voranzutreiben! Er wollte „an der Spitze einer neuen Opposition gegen das neue Ministerium" in der württembergischen Ständeversammlung auftreten. Indem er damit das mühsam erreichte Kräftegleichgewicht gefährdete, schloß er sich selbst alsbald aus der Kammer aus. Weder die Kammer noch die öffentliche Meinung waren fähig oder willens ihn zu halten. Ging doch der württembergische Verfassungskompromiß schon an die äußerste Grenze, die Metternich und die Vormächte des Deutschen Bundes seit 1818 zuließen.

Immerhin war auch List weit davon entfernt, das Dogma der „Volkssouveränität" für Deutschland aufzustellen; seine Lehre bleibt insofern hinter der französischen Verfassung von 1791 noch zurück und entspricht der konstitutionellen Gesamtlage in Deutschland. Andererseits fand er später keine Schwierigkeit, die auf der Volkssouveränität beruhenden Verfassungen der Vereinigten Staaten und Belgiens anzuerkennen. Sah er doch das Interesse des erwerbstätigen Bürgertums bei jeder Konstitution gewahrt, die als solche den Zustand faktischer

[55] S. „Herdflamme" l. c., S. 149 und 184. — Meissner l. c., S. 202, 217. Franz Schnabel l. c., S. 265.

[56] Siehe Meissner l. c., S. 220ff. — Treitschke, „K. A. von Wangenheim" (1865) und von Wangenheims „Idee der Staatsverfassung", 1815. Lists Urteil über Wangenheims „Sprache der deutschen Naturphilosophie", aber auch seinen „großen Geist und Charakter" s. in „Werke" Bd. I 1, S. 464—465.

[57] Vgl. Frank Rümelin l. c., S. III—V, Lenz und W. von Sonntag l. c. — Albrecht List l. c., S. 160—172. — „Werke" Bd. I 2, S. 951—954.

„Willkür"herrschaft — auch napoleonisch-cäsarischer „Tyrannei" — beendete. Schon Pestalozzi hielt die Mitte zwischen fürstlicher Allgewalt und Pöbelherrschaft, zwischen „Tyrannei" und „Aufruhr". Wir merken hierzu an, daß von Wangenheim in seiner Schrift an Pestalozzi anknüpft und sodann seine Volksvertretung bemerkenswerterweise auf das „Agrikultur-, Manufaktur- und Handelsvolk" gründen will. List, dessen nationalökonomische Ansichten seit 1816 reifen, dürfte aus beidem Anregungen für seinen Grundgedanken geschöpft haben, den modernen „Agrikultur-, Manufaktur- und Handelsstand" im „agrarisch-nationalen System" mit „Erziehungs"zöllen heranzubilden. So gliedert seine Lehre sich gleichzeitig jenem nationalpädagogischen Bemühen ein, das — ebenfalls aus der Aufklärung erwachsen — etwa bei Wilhelm von Humboldt seine klassisch-liberale Form gefunden hatte, während List es auf die ökonomische Ebene transferiert als „Prinzip der industriellen Erziehung"[58]). Im übrigen bezeichnet schon das Steuerbewilligungsrecht der Volksvertretung den materiellen Inhalt jeder parlamentarischen Tätigkeit. Wir werden sehen, wie List das „Petitionsrecht", das ihm als „Staatsbürger" und als Abgeordneten zustand, benutzt, um gegen bürokratische Bedrückung das liberale Hauptverlangen steuerlicher Entlastung auszuspielen. „Freiheit und Eigentum": darin faßt der Liberalismus den materiellen Gehalt mit der parlamentarischen Form in eins. „Volksrepräsentation und Öffentlichkeit" — darin sieht List den Schlüssel zum konstitutionellen Volksstaat.

In dem Bemühen, die gesellschaftlichen Kräfte „von unten her" auf den Staat hinzulenken und diesen dadurch nach Form und Inhalt zu erneuern, schließt sich List also der jungen populären Bewegung im deutschen Vormärz an. Auch auf konstitutionellem Gebiet durfte ihm das Großbritannien seiner Zeit ein Vorbild sein; hat er doch den Fall der britischen Getreidezölle — den letzten Tag des Peelschen Ministeriums — noch in Gesellschaft Cobdens als Zuschauer erlebt und das Funktionieren der parlamentarischen Maschine Englands in einem historischen Augenblick auf sich wirken lassen. Vielleicht dürfen wir Lists konstitutionelle Lehren in die Nähe seines späteren Bekannten Robert von Mohl versetzen, während wir Lists persönlichen Abstand von Rotteck noch kennenlernen werden. „Jede Gemeinschaft sei Republik, eine Monarchie der Staat — und der Bürger wird frei, der Thron unerschütterlich stehen — Anarchie und Despotie werden gleich fern sein." Dies Motto aus Lists frühester Schrift von 1816 enthält sowohl das Programm wie die Problematik der konstitutionellen Monarchie im 19. Jahrhundert. Jedenfalls, unter der Konstellation von 1819 war für den „Demagogen" wie für den „Patrioten" List keinerlei legaler Spielraum denkbar. Er hat es selber gefühlt, wenn auch nicht klar erkannt. Die Notwendigkeit entschied den Übergang zur Tätigkeit im nationalen Maßstab.

[58]) Auch Stein faßte den Staat als Erziehungsinstitut; vgl. Max Lehmann l. c. S. 345. — „Der Unterricht ist die Seele der Kultur", sagt List 1816.

DRITTES KAPITEL

Vom Territorialstaat zur Nation

Daß den Professor „Übelwollende — demokratischer Grundsätze bezüchtigten", daß Tübinger Senatsmitglieder ihn der Regierung denunzierten, bildet seit 1817 den Auftakt seiner öffentlichen Laufbahn, verleidet ihm den Amtsbereich der „Schule". Zweimal, im Mai 1818 und im April 1819, muß er sich wegen seiner Vorlesungen rechtfertigen. Ende Mai 1819 wird er wegen seiner „Vereins"-Tätigkeit entlassen, und schon im Juli, dann im Dezember des gleichen Jahres stellt er sich zur Wahl. Sehen wir uns die „Fragen und Antworten" vom Juli 1819 an, die er den Wahlmännern von Waldsee in den Mund gelegt, so finden wir — gleichwie in seinen Vorlesungen — die korporativ-konstitutionelle Monarchie dem „System der Bevormundung" entgegengesetzt. Den Nöten des Bauern und des kleinen Gewerbetreibenden soll der volkstümliche Repräsentant abhelfen. Er rühre „unter dem gemeinen Volk Mißmut und Unzufriedenheit" auf, sagt das Ministerium. List rät seinen Wählern: „Ich muß einen Mann zum Volksrepräsentanten erwählen, von dem ich überzeugt bin, daß er das Beste des gemeinen Mannes bisher befördert hat und auch in Zukunft befördern hilft, und der kein Interesse dabei hat, daß die bisherigen großen Abgaben fortdauern." Wegen solcher „Umtriebe", die eine Verhaftung im Amt Waldsee bewirkten, muß der Verfasser sich im Januar 1820 beim Ministerium verteidigen; er beruft sich auf „die Befugnis eines konstitutionellen Staatsbürgers", die er nicht überschritten habe, und wiederholt seine Erklärung gegen die hohen Steuern sowie gegen die schädlichen Feudallasten[1]).

Unter dem Druck der sich verschärfenden Reaktion hatten sich die „Altrechtler" dem Könige genähert. Während die Diplomaten in Karlsbad ihre anti-konstitutionellen Beschlüsse trafen, hatte der im Juli 1819 neugewählte Landtag den Verfassungsvertrag mit dem König Ende September endgültig vereinbart. Die Bürokraten herrschten von neuem. Die schwäbische Pressefreiheit, in deren Schutz List am „Volksfreund" seines Freundes Dr. Eduard Schübler gearbeitet sowie die „Neue Stuttgarter Zeitung" und die „Neckarzeitung" mitbegründet hatte, war von kurzer Dauer: am 30. Januar 1817 eingeführt, wurde

[1]) Siehe Goeser, „Der junge List" l. c., S. 83—111, und List-Archiv, F. V, Nr. 2 bis 4; 11; 14. — „Werke" Bd. I 1, S. 25—26; Bd. VIII, S. 154—156.

sie infolge der Karlsbader Beschlüsse schon am 1. Oktober 1819 wieder aufgehoben und die Pressezensur dem Ministerium der auswärtigen Angelegenheiten anvertraut[2]). Lists Briefe vom Sommer 1819 erwähnen bereits das Verbot der „Neuen Stuttgarter Zeitung", die sein Schwager F. Seybold herausgab, wegen eines Angriffs auf den König von Preußen[3]). Lists „Württembergisches Archiv" ist nur vom Juli 1816 bis Juli 1817 erschienen; der „Volksfreund aus Schwaben" 1818 bis 1821 unter den veränderten Umständen — wie so viele Blätter jener Zeit — bald zu politischer Bedeutungslosigkeit herabgesunken. List, dessen Verfassungspläne durch den Erfolg der Kompromißverhandlungen zwischen König und Kammer überholt waren, nimmt erst am 17. Dezember 1820 seine kurze parlamentarische Wirksamkeit auf; nicht mehr als erklärter Regierungsanhänger, sondern als entschiedener Oppositioneller tritt er in die, auf Grund der neuen Verfassung arbeitende II. Kammer der württembergischen Stände ein[4]).

In einer „Denkschrift an den König", der wir im Hauptteil D noch begegnen werden, hat List den Standpunkt seines parlamentarischen Auftretens festgelegt und zu rechtfertigen versucht[5]). „Innerer und äußerer Beruf", sagt er, „hatten früher mein Studium und meine Tätigkeit ganz der gesellschaftlichen Ordnung zugewendet. Wie verschieden man mein früheres Wirken beurteilen, wie oft ich auch menschlich geirrt haben mag, so viel wird die öffentliche Meinung mir zugestehen, daß ich nach Wahrheit strebte; wieviel mir die Natur an Talenten versagte, die Liebe zum Vaterland wird man mir nicht absprechen; wie oft auch mein lebhaftes Temperament Verstöße gegen die Regeln der Konvenienz veranlaßt haben mochte, der damit verbundene Mut, die erkannte Wahrheit auszusprechen und zu verfolgen, war achtungswert." Diesen Mut habe er nicht nur gegen die Minister in der Kammer 1820 aufgebracht; er habe ihn auch zur Zeit des Verfassungskonflikts gezeigt, als er die von der Regierung gebotenen „allgemeinen Garantien" gegen die Reservatrechte der „Altrechtler" publizistisch verteidigte. „Als ich in die Kammer trat, glaubte ich zu sehen, daß die Majorität der Kammer, mit dem Ministerium von 1819 im Einverständnis, sich zur Ruhe gelegt, bevor noch das Werk der konstitutionellen Monarchie in seinen ein-

---

[2]) Lists Eintreten für die Pressefreiheit und die „Intellektuellen" s. in „Werke" Bd. I 1, S. 411—413. — Vgl. L. Salomon, „Geschichte des Deutschen Zeitungswesens" Bd. III, 1906, S. 144—146. — „Werke" Bd. I 2, S. 945; vgl. Bd. I 1, S. 17 bis 22, und Bd. VIII, S. 143—144. — Zur Bibliographie des württembergischen Verfassungsstreits vgl. Albrecht List l. c., S. 173—184.

[3]) Vgl. Friedrich Seybold, „Olla Potrida", 1834, S. 12—13, 284—285, 314 bis 315, für die Geschichte der 1819 begründeten „Neckarzeitung". Seybold wurde 1819 der Hauptmanns-Charakter entzogen; wegen eines Abdrucks aus W. Schulz „Frag- und Antwortbüchlein" wurde er zu Gefängnis verurteilt. Vgl. unten Hauptteil E.

[4]) Vgl. dagegen Ludwig Uhlands gemäßigt-großbürgerliche Haltung im Verfassungs-Kompromiß bei Walther Rheinöll, „Uhland als Politiker", 1911, S. 34 bis 49; auch Adolf Rapp in „Historische Zeitschrift" Bd. 108, 1912, S. 593—610.

[5]) S. „Themis", Bd. II, l. c., S. 96—99, und Hauptteil D, 1. Kapitel, Anm. 26. — Vgl. „Werke" Bd. I 1, S. 484—485.

zelnen Teilen vollendet wäre. — Nachdem durch die Trennung der Gewalten, und durch Teilnahme des Volks an der Gesetzgebung die Bedingungen gesetzmäßiger Entwicklung gegeben waren, glaubte ich, sei es nun an der Zeit, die Institutionen, die Verwaltung und Gesetze mit dem Grundgesetz in Übereinstimmung zu bringen." Er sei für Geschworenen-Gerichte und öffentliches Gerichtsverfahren, für ein modernes Strafgesetzbuch, Emanzipation der Gemeindekörper, Veräußerung von Domänen und für „Herstellung freier Konkurrenz" sowohl im bürgerlichen „Wirtschaftssystem" wie in der Verwaltungslaufbahn eingetreten. Im Geist des konstitutionellen Systems habe er das Parlament vorwärts treiben wollen, „und eine Vereinigung über Zweck und Mittel der Opposition kam vielleicht nur darum nicht zustande, weil die Tätigkeit der Kammer durch eine Vertagung (Weihnachten 1820) unterbrochen wurde".

Lists Tätigkeit für ein konstitutionelles, auf der Gewaltenteilung im Sinne Montesquieus begründetes Gemeinwesen kann nicht klarer als mit seinen eigenen Worten geschildert werden. „Meine Absicht war, eine gesetzmäßige Reform der Justiz-Verfassung, der Gesetzgebung und Verwaltung im Sinne der konstitutionellen Monarchie und der Charte von 1819 zu bewirken." Die schwäbische „Charte" war, angesichts des Metternichschen Einspruchs, noch im letzten Augenblick zwischen König und Landständen vereinbart worden. List erkennt sie an und will sie fortentwickeln: das freiheittötende römische Recht und „die Reste des Feudalwesens" beseitigen, „den Nationalwillen" frei aussprechen und „die Bürgerwelt" vom Drucke „der Beamtenwelt" befreien. Bürokratische und Gerichtswillkür drohen „die sämtlichen Volksrechte:

Die Freiheit der politischen Meinung,
die Preßfreiheit,
das Petitionsrecht,
das Recht, das zu tun, was nicht verboten ist,
die Freiheit der Tribüne und also
die Selbständigkeit der Deputierten-Kammer,

zu vernichten[6])".

List wie seinen liberalen Zeitgenossen ward es zum Verhängnis, daß ihr volkstümliches Streben, zumal im gesamtdeutschen Maßstab, keinerlei gesellschaftlich organisierte Gegenkräfte im vormärzlichen Deutschland traf, sondern unmittelbar gegen die „Obrigkeit", gegen den Staatsapparat sich richten mußte. Der Ausdruck „konservativ" taucht erst nach 1830 auf, und die Anfänge einer entsprechenden Parteibildung begegnen uns erst nach Lists Tode, im Revolutionsjahr 1848/49.

Als Anwalt des Bürgertums erhebt List — zunächst im territorialen Rahmen — das liberale Banner hier im Kampfe gegen die retrograden Gewalten des Metternichschen Systems, mit ihrer Furcht vor dem revolutionären „Zeitgeist", und gegen ihre „romantischen" Verteidiger.

---

[6]) S. „Themis" Bd. II, l. c., S. 108. Vgl. im 1. Kapitel den Katalog der „Urrechte" und Seybold, „Olla Potrida" l. c., S. 324—325.

Die vorkapitalistischen „Reste des Feudalwesens" zu vertilgen, erkennt er als seine Aufgabe. Sein liberaler Standpunkt entspricht mithin den materiellen Interessen des deutschen Bürgertums, dessen Einheits- und Freiheitsstreben nach 1815, stärker als vordem, an die Schranken kleinstaatlicher Hoheitsrechte stößt. Ähnlich und doch wieder abweichend hatte Lists Gönner, Johann Friedrich von Cotta, als Verfassungspolitiker gearbeitet[7]). Der Begründer der „Allgemeinen Zeitung" hatte — wie Friedrich Schiller und andere Schwaben unter Karl Eugen — den Zorn des Königs Friedrich I. sich zugezogen, mit dem Nachfolger König Wilhelm I. aber auf dem Boden des Verfassungskompromisses von 1819 sich gefunden. So konnte Johann Friedrich von Cotta nicht nur List später zur Auswanderung nach Nordamerika verhelfen, sondern auch selber am Bau des deutschen Zollvereins 1828/29 erfolgreich mitarbeiten[8]); als er 1832 starb, hatte List den Boden Europas kaum erst wieder betreten[9]).

[7]) Vgl. Albert Schäffle, „Cotta", 1895, S. 89—120. — „Werke" Bd. I 2, S. 950.

[8]) Siehe Schäffle l. c., S. 121—169, und Hauptteil C, 2. und 4. Kapitel.

[9]) Schäffle l. c., S. 161, ist über List gar nicht orientiert. — Schäffle war gegen „die industriellen Privilegierten", „Schutzzöllnerei" und „protektionistische" Methoden eingenommen; daher seinem älteren, gleich ihm großdeutschen Landsmann fernerstehend.

Inzwischen hatte List schon 1819 den territorialstaatlichen Rahmen seiner Wirksamkeit gesprengt und sie auf das — nur im Wunschbild gegebene — nationale Gesamtgebiet verlegt. Scheinbar zufällig ward List auf diese volkstümliche, aber steinige Bahn gestoßen: Auf einer „wissenschaftlichen" Ferienreise, die den jungen Professor über Darmstadt und Koblenz bis nach Göttingen und Jena führen sollte, lernte er die Beschwernisse der zur Ostermesse in Frankfurt am Main versammelten Kaufleute und Fabrikanten kennen. Am 14. April 1819 entwarf er die klassisch gewordene „Bittschrift an die Bundesversammlung um Aufhebung der Zölle und Mauten im Innern Deutschlands und um Aufstellung eines allgemeinen deutschen, auf dem Prinzip der Retorsion beruhenden Zollsystems gegen die angrenzenden Staaten." Am 18. April wurde der „Deutsche Handels- und Gewerbsverein" gestiftet; der Kaufmann J. J. Schnell wurde „Vorsteher", List „Konsulent"[10]). Dieser Versuch, auf einen Schlag gleichsam „Deutschland" als Wirtschaftsgebiet von Bundes wegen zu konstituieren, mußte sofort den Widerspruch der souveränen Gewalten wecken, die im „Deutschen Bund" eine völkerrechtliche Garantie ihrer Sonderlage gefunden hatten[11]). Wenn List seine württembergische Professur darangab und alles auf eine Karte setzte, so bewog ihn — wie er seinem König Ende Mai 1819 darlegte — „ein unwiderstehlicher Trieb des Herzens, der mich hinreißt, den Bedrängten beizustehen und zu wirken, daß den Regierungen die Wahrheit kund werde, wo der einzelne oder das Volk unter der Last alter Vorurteile oder übermächtiger Selbstsucht erdrückt zu werden bedroht ist". Ein politischer Mensch und reinen Herzens, opferte er Ansehen und Familie, Einkommen und Stellung stets der Sache, die ihn trieb und sein Herzblut forderte. „Ich liebe mein Vaterland — vielleicht mehr als mein eigenes Glück", hatte der Achtundzwanzigjährige schon seiner Braut geschrieben; dies „Vaterland" heißt ihm nunmehr — Deutschland.

List sah „Deutschland als Gesamtstaat" durch 38 Zoll- und Mautlinien gelähmt — gleich „wie eine europäische Allmende, auf welcher die Fremden nach Gelüsten ihre Herden weiden". Ihm schwebte ein geeintes Deutschland vor, das auch die deutschen Erblande sowie die italienischen Besitzungen des Hauses Habsburg mitumfassen sollte. „In

[10]) Vgl. Olshausen l. c., S. 14—22. — Für Lists Zusammentreffen auf jener „wissenschaftlichen" Ferienreise mit Heinrich Karl Hofmann in Darmstadt und Görres in Koblenz s. unten Hauptteil D, 1. Kapitel, Anm. 35.

[11]) Vgl. oben 2. Kapitel. — „Werke" Bd. I, S. 491ff.

der Natur" des Deutschen Bundes liege es, „die Zwecke der früheren Reichsverfassung durch ein Föderativband zu erreichen und den Deutschen die Rechte einer Nation und alle Vorteile eines Nationalbandes zu verschaffen" — mit solchen Worten versetzte er das ökonomische Problem alsbald wieder auf die Ebene der hohen Politik. Ja, er warnte die Monarchen: man dürfe „nicht vergessen, daß die Unabhängigkeit der Staaten und die innere Ruhe derselben heutzutage (1820!) zum größten Teil auf ihrem ökonomischen Zustand beruhen". Die Bundesakte habe Hoffnungen aufgeregt, deren Fehlschlagen „Millionen deutscher Untertanen zur Verzweiflung bringen" würde. Deutschland sei „die Herzkammer von Europa". Sollen seine Kapitalien und Arbeitskräfte ins Ausland getrieben werden? Eine ökonomisch zerrüttete Nation könne, „wenn auch ihre Treue alle Verführungskünste zurückweist", nie von jenem Geiste belebt sein, mit dem „das große Gefühl der Nationaleinheit" glücklichere Völker zur Verteidigung gegen äußere Angriffe erfülle. Freilich, ein plumper Kunstgriff eigensüchtiger Gegner sei es, das Streben des „Vereins" — „in das Fach der Umtriebe hinüberzuspielen, wodurch in den Völkern Mißmut erregt werde, — denn wo hat man je gehört, daß die wohlhabende Klasse sich zu solchen Umtrieben habe mißbrauchen lassen?" Eben die ökonomische Zerrüttung sei doch „das Element, in welchem die Greuel der Anarchie ihre Nahrung finden". Die „Vereins"-Mitglieder gehörten ja „unter die Vermöglichsten der Nation, welche wegen ihres Besitzes schon für das Festhalten der Ordnung verpflichtet sind". So sei „mit einem Schlage gleichsam — die Idee eines allgemeinen deutschen Handelssystems in der Handel und Gewerbe treibenden Klasse entstanden; nicht als Resultat der Spekulation müßiger, unruhiger Köpfe, sondern als Resultat der Not"[12]).

Solche Äußerungen, so ehrlich sie gemeint waren, konnten den Fürsten Metternich oder seinen Berater Friedrich Gentz doch nur als Zeugnis einer mißliebigen Unruhe anmuten. Wohl hatte List recht, wenn er die industriefördernden Wirkungen des napoleonischen „Kontinentalsystems" hervorhob und diesen Erfahrungssatz auch seinem „American System" wie seinem „Nationalen System" zugrunde legte. Aber eine solche Berufung auf die eben abgeschlossene revolutionäre Epoche war gleichfalls ungeeignet, ihrem Autor tagespolitische Sympathien zu erwerben. Indem er das politische nicht weniger wie das ökonomische Moment der öffentlichen Zustände in seine Agitation einbezog, weckte er notwendig auf beiden Feldern Widerstand.

War schon sein Ausscheiden aus der Professur „wegen seiner eigenmächtigen Handlungsweise" in Ungnaden erfolgt, so hatte er mit der volkstümlichen Eingabe des jungen „Handels- und Gewerbsvereins" beim Bundestag in Frankfurt von vornherein Mißfallen erregt: ein Votum des kgl. hannoverschen Gesandten von Martens vom 24. Mai 1819 sprach dem „Verein" jegliche Aktivlegitimation ab und begründete den ablehnenden Bescheid des Bundestages juristisch dahin, daß die

[12]) Vgl. „Werke" Bd. I 2, S. 491—562.

beanspruchte gesamtdeutsche Interessenvertretung illegal und daher mit dem im Deutschen Bund geltenden Rechtszustand unvereinbar sei. Einzelnen Privatpersonen der verschiedenen Bundesstaaten käme in staatsrechtlichen Gegenständen dieser Art kein Recht zu, sich, mit Übergehung ihrer Obrigkeit, mit ihren Beschwerden und Petitionen unmittelbar an die Bundesversammlung zu wenden. Handelseinheit und Retorsionszölle könnten „theoretisch sehr scheinbar" vorteilhaft sein. Den Petenten wurde jedoch entgegengehalten, daß Frankreich erst um den Preis einer „alle vorigen Bande lösenden Revolution" seine nationale Zolleinheit erreicht habe, und es sei gewiß „die Absicht der Bittsteller nicht, diese hervorzurufen oder Frankreich darum zu beneiden". So schlug der Referent, eine Autorität im Völkerrecht, sogleich die Note des „Demagogentums" an[13])!

Das Erlebnis der Nation, das sich für List — unter dem Eindruck des französischen Kontinentalsystems und der Freiheitskriege — mit dem kosmopolitischen Gedankenkreis des Vernunftrechts zum „Natürlichen" und zugleich „Nationalen System der Politischen Ökonomie" verbindet, blieb systematisch wie geschichtlich für Lists Wirken von 1819 an entscheidend[14]). Den Bundes-Regierungen mußte eben dies nationale Endziel revolutionär und schlechthin „demagogisch" erscheinen. Die polizeiliche Überwachung, der List — wie wir erfahren werden — schon vor seinem Prozeß in München 1819 und in Wien 1820 unterstand, dürfte auf seine erste Eingabe — wir würden sagen: Massen-Petition — an den Bundestag vom 14. April 1819 zurückführen[15]). Wie wir im Fortgang unseres Buchs bestätigt finden, hatte List diese Eingabe im Einvernehmen mit dem bekannten „Demagogen", Advokat Heinrich Karl Hofmann in Darmstadt, vorbereitet; nur drei Wochen vorher hatte derselbe Hofmann den Mörder des reaktionären Deutschrussen Kotzebue, Sand, vor dessen Tat in Darmstadt verborgen gehalten! Grund genug, um alle weiteren Schritte Lists in Sachen seiner populären Agitation für eine deutsche Wirtschaftseinheit mit dem äußersten Mißtrauen zu verfolgen. Man weiß, welche Sensation der Mord an Kotzebue erregt hat. Wenige Wochen danach setzt Lists Werbefeldzug für Einheit und Freiheit innerhalb ganz Deutschlands ein, im Augenblick der endgültigen Verfolgung aller volkstümlichen Einheitswünsche! Wenige Tage später als List, am 7. Juni 1819, wird z. B. Oken in Jena aus seiner Professur entlassen[16]).

Den „Vereins"-Deputierten nebst ihrem „Rechtsbeistand" List standen somit bereits Bedenken entgegen, die sich einesteils auf die

---

[13]) Vgl. „Werke" Bd. I 2, S. 973—977; s. unten Hauptteil B, 1. Kapitel, Anm. 7 bis 9. Hannover fürchtete schon 1814 „Demagogen".

[14]) Vgl. A. Sommer, „F. Lists System" l. c., S. 81—108, 189—197, 207.

[15]) Seiner Frau berichtete List am 14. April 1819, daß „heute etwa 1000 Kaufleute unterschreiben" würden. Diese Zahl wurde erst später erreicht, s. Olshausen l. c., S. 22, 234, und „Werke" Bd. I 1, S. 30, 506.

[16]) s. Ecker, „Lorenz Oken", 1880, S. 28. — Vgl. unten Hauptteil E, Anm. 39.

Legalität ihres Vereins und anderenteils auf die politische Laufbahn ihres „Konsulenten" List bezogen.

Die materiellen Bedürfnisse eines von napoleonischer „Tyrannei" befreiten Bürgertums zwingen List auf die neue Bahn. Das Bewußtmachen der materiellen Momente als wesentlicher Bestandteile einer jeden nationalpolitischen Einigung bringt einen entscheidenden „Fortschritt": aus der Staatswirtschaft, dem Naturrecht und der Moralphilosophie des 18. zur Politischen Ökonomie des 19. Jahrhunderts. Das „Ökonomische Zeitalter" (Sombart) hat begonnen. Aber hier liegt sofort Lists tragischer Konflikt offen: die territorialstaatliche Wirklichkeit ebenso wie das bald grenzenlose Erwerbsstreben des liberalen Weltbürgertums widersetzten sich dem Listschen Postulat einer Politischen Ökonomie im „Manufakturstaat"[17]). Die „politisch-ökonomische Nationaleinheit der Deutschen" war den partikularen Gewalten im „Deutschen Bunde" des Vormärz ebenso fremd wie den deutschen Nachfolgern eines Quesnay oder den Epigonen eines Ricardo und J. B. Say. Im vergeblichen Mühen, eine künftige Konstellation vorwegzunehmen, sollte List sich aufopfern. Er, dessen „Nationales System" — darin Adam Müller verwandt — durchaus den Staatsmann fordert, dessen Politische Ökonomie an einem Macchiavelli, Cromwell, Colbert, Friedrich, Washington, Hamilton, Napoleon die ideale Einheit von Handeln und Erkennen aufzeigt. Der Widerspruch zwischen Sein und Bewußtsein, von dem Lists ganzes Wirken angetrieben wird, ließ unter der Konstellation des deutschen Vormärz in keiner Weise sich harmonisch auflösen. Eben deshalb blieb List, wie sich namentlich in seinem Verhalten zu Metternich zeigen wird, der großdeutschen Konzeption eines Habsburger Gesamtreiches verbunden, dem Traum eines wiedererstandenen „Reiches", dessen geopolitische Mitte etwa Frankfurt am Main und die Donau gebildet hätten. In seiner reichsstädtischen Anhänglichkeit an das verschwundene tausendjährige Reich unterschied er sich durchaus vom jungen Hegel und blieb eigentlich noch hinter Pufendorf zurück, der das alte Reich einem Monstrum ähnlich gefunden hatte. List erkannte nicht, was einst Bodin „la puissance absolue et perpetuelle d'une république" genannt hatte und Bismarck einmal „die permanent identische Persönlichkeit des Staats" nennt. In der Erstreckung des staatlichen Souveränitätsbegriffs auf alle Zwerggebilde innerhalb des Deutschen Bundes lag ja die Tragik der staatlichen Verhältnisse Deutschlands seit 1815 mit begründet! Neben Preußen mit rd. 13 und Bayern mit rd. 4 Millionen Einwohnern standen Zwergstaaten wie Anhalt-Köthen mit 35000 Einwohnern, Reuß-Lobenstein und Waldeck. Erst durch die Einheitskriege konnte Deutschland als „Nationalkörper" sich

[17]) Sein Lebenswille brach, aber seine Lehre lebt, „weil ihr rationaler und systematischer Kern zugleich das tiefste Erlebnis der Person war". A. Sommer in „Mitteilungen" l. c. 1926, S. 77.

bilden und nunmehr, in Lists Sinne, „die höchste Stufe der Kultur, der Macht und des Reichtums" ersteigen[18]). Indem Lists Zielformel in die Wirklichkeit des nationalen Deutschland einging, teilte sie freilich auf neuer Stufe deren Problematik. Sie überlieferte dem neuen Reich Gedanken, wie etwa schon der große Staatslehrer und Polyhistor Hermann Conring sie im 17. Jahrhundert ausgesprochen hatte, wenn er „finem et scopum" der res publica in die „virtus civium" und die „sufficientia rerum" setzte. Seine „Notitia rerum publicarum" weist tendentiell bereits auf List hin[19]).

Jedenfalls vollzog sich endlich jene Entfesselung der materiellen Produktivkräfte, die im deutschen Territorialstaat bereits angelegt war und schon damals auf die Entfaltung der „Manufakturkraft" hingezielt hatte. Der deutschen Staatswirtschaft des 18. Jahrhunderts war eine industriekapitalistische Tendenz durchaus vertraut gewesen[20]). „Ohne Manufakturen steht der Handel einer Nation auf schwachen Füßen. Wenn ein Volk dasjenige, was es in seinem Lande selbst erzeugt und selbst verarbeitet, auch selbst ausführt; so kann es sich rühmen, daß seine Commercien dauerhaft und sein Reichtum unerschöpflich sei." — „Und also werden diejenigen benachbarten Staaten, die das Manufacturwesen verabsäumen, — je länger je schwächer werden, sonderlich wenn sie diese fremde künstliche Waren bei sich einführen lassen und sich an die prächtige Lebensart ihrer Nachbarn gewöhnen." Landwirtschaft und Manufacturen waren für einen Achenwall (1763) die beiden Hauptquellen eines blühenden Handels. „Ohne diesen doppelten Fleiß ist kein Volk jemals eine Handels-Nation, mithin auch keine reiche Nation gewesen[21])."

Nach der Erschütterung, welche Krieg und Revolution über die süd-westdeutschen Territorien wie über den preußischen Machtbereich gebracht hatten, war der in Frankreich siegreiche Nationalgedanke alsbald auch diesseits des Rheins ergriffen und — gleichwie in Polen, Italien und Spanien — mit neuen Inhalten erfüllt worden. Schon der Ausgang des alten tausendjährigen Reichs hatte ja die Fülle ökonomischer Probleme aufgerührt: Norddeutschlands Blüte seit dem Baseler Frieden (1795) war durch die Katastrophe von Jena vernichtet und der hanseatische Handel von der Höhe, die er mit dem Niedergang Hollands (1793)

[18]) Vgl. die Versailler Kaiserproklamation Wilhelms I. 1871: Mehrer des Reichs zu sein „an Gütern der Wohlfahrt, Freiheit und Gesittung", mit Lists Formulierung 1820: Ein „Bund der Deutschen" müsse sie zu einem großen Ganzen einen, „um nach außen die Rechte einer europäischen Nation zu wahren, im Innern aber Wohlstand und Bildung zu befördern".

[19]) Vgl. R. Zehrfeld, „Hermann Conrings (1606—1681) Staatenkunde", 1926, S. 27—37, über die „causa finalis rei publicae".

[20]) Vgl. Werner Sombarts grundlegende Werke zum Werden des modernen Kapitalismus. — Über analoge, für List wesentliche Vorgänge im spanischen, britischen und französischen Industriesystem berichtet aufschlußreich A. Sommer in Einleitung zu „Werke" Bd. IV.

[21]) Siehe Ferdinand Felsing l. c., S. 54, 68. — Über analoge Gedankengänge in der nordamerikanischen Literatur seit Alexander Hamilton s. „Werke" Bd. II, S. 874.

erreicht hatte, herabgestürzt; die westlichen Gebiete Deutschlands waren dem französischen Zollsystem unterworfen worden; Konskriptionen und Kontributionen hatten — namentlich in Preußen — an materiellen Kräften mehr verbraucht als alle Reformen auf Jahrzehnte hinaus neu entfesseln konnten. Hiergegen waren auch die Vorteile, welche das napoleonische „Kontinentalsystem" etwa der sächsischen Baumwollspinnerei gebracht hatte, gering anzuschlagen[22]).

Um so bemerkenswerter, daß unmittelbar nach dem Befreiungskrieg Stimmen laut werden, welche ein deutsches „Kontinentalsystem" oder „Reichszölle" verlangen. In einer 1814 erschienenen Schrift des Heidelberger Physikers Kastner wurden bereits „Kanäle, Dampfmaschinen, deutsche Kolonien im Auslande, Versicherungsanstalten" als Wunschziele genannt[23]). Den Plan einer Versicherungsgesellschaft verwirklichte als erster E. W. Arnoldi in Gotha, dem wir als Lists Förderer im „Verein" alsbald begegnen werden. In Görres' „Rheinischem Merkur" hatte der Rheinländer Joh. Friedrich Benzenberg schon 1814 einen Reichszoll für Deutschlands ungeschützte heimische Gewerbe angeregt[24]). Gegen den Rheinländer wandte sich sogleich ein Hamburger Interessent[25]). Dieser vertrat das Anliegen der Hansestädte und der deutschen Meßplätze; dem Beispiel der jungen Runkelrüben-Zuckerfabriken setzte er die Wiederaufnahme der norddeutschen Rohrzucker-Raffinerien entgegen; dem Verlangen nach Handelssperren und einem deutschen „Continental-Tarif" die Schwierigkeiten einer deutschen Zolleinheit. Wir bemerken wie der Gegensatz zwischen Industrie- und Handelskapital, der Lists gesamte Tätigkeit durchzieht, schon beim Beginn der nationalen Diskussion auftaucht[26]).

Das alte Reich hatte diesen Widerspruch durch die faktische Souveränität seiner Mitglieder aufgehoben und im übrigen der territorialen „Staatswirtschaft" zur Lösung überlassen. Jetzt erhebt sich das öffentliche Bewußtsein zu der staatsrechtlich nicht faßbaren Vorstellung des „Nationalwohlstandes" und der „Nationalwirtschaft". Wir begegnen diesen Ausdrücken z. B. in einer Nürnberger Schrift aus dem Jahr 1816, deren Autor Mitglied der bayerischen General-Zoll- und Maut-

---

[22]) Für die wirtschaftlichen Kriegsfolgen in Preußen vergleiche, neben der allgemeinen Literatur, Lenz „Geschichte des Bankhauses Gebrüder Schickler. 1712 bis 1912", S. 236—243, 255—300.

[23]) Siehe F. Meinecke, „Die deutschen Gesellschaften und der Hoffmannsche Bund", 1891, S. 10, 16. — Vgl. unten Hauptteil E zu Stein 1813 bis 1814.

[24]) Über Benzenberg s. Hauptteil C, 2. Kapitel, und vgl. Eingang zu Hauptteil E. — „Werke" Bd. I 2, S. 983—986.

[25]) (M. J. Haller,) „Über die vorgeschlagene Einführung Teutscher Reichszölle zur Aufnahme der Industrie", 1814. — Vgl. auch Theodor Hansen, „Hamburg und die zollpolitische Einigung Deutschlands im 19. Jahrhundert", 1913, S. 8—14. S. auch J. L. von Heß, „Über den Wert und die Wichtigkeit der Freiheit der Hanse-Städte", London 1814. Heß wendet sich gegen Zölle und Eigenhandel der Industrie!

[26]) In Hamburg bestanden vor 1807 rd. 450 Rohrzucker-Raffinerien; nach der Kontinentalsperre noch rd. 200. — Für den Rückgang der Berliner Gewerbe vgl. „Geschichte des Bankhauses Gebr. Schickler" l. c., S. 300—302.

Direktion in München war[27]). Der Verfasser findet die Mauten jetzt „zur äußeren Dignität nationalwirtschaftlicher Institute" erhoben. Als Angehöriger einer Handelsstadt verficht er die Produktivität des Handels und den Kampf des Kaufmanns gegen die Mauten; eine Förderung von Industrie, Fabriken und Gewerbe erwartet er nicht von einer Herabsetzung der Zölle, sondern von ihrer Tilgung und schließt sich insofern dem allgemeinen „Ruf nach Mautfreiheit" an. Hiergegen treibt die hereinbrechende Konkurrenz der britischen Manufakturwaren die deutschen Fabrikanten zur Abwehr. Die Ausfuhr britischer Baumwollwaren nach Deutschland betrug z. B. 1814 mehr als die britische Gesamtausfuhr nach Ostindien. Ohne auf die zeitgenössische Zeitschriftenliteratur hier einzugehen, notieren wir etwa eine Äußerung aus Thüringen[28]). Der Verfasser macht das „Recht der Notwehr" geltend und beruft sich hierfür auf Adam Smith, Lauderdale, Chaptal, Büsch. Angesichts des britischen Wettbewerbs fordert er ein „Verbot-System" und Bevorzugung der vaterländischen Waren.

Wir gelangen damit in den Umkreis der Listschen Wirksamkeit. Wie tief sie auf die Zeitgenossen mit eingewirkt hat, geht aus der handelspolitischen Literatur jener Jahre hervor[29]).

Unter die frühesten Stimmen aus Süddeutschland, die eine Wirtschaftspolitik im nationalen Maßstab forderten, gehört ein Artikel im ersten Heft des von List begründeten „Württembergischen Archiv" vom Sommer 1816. Der unbekannte Verfasser erhob „Teutschlands Forderungen an den ersten teutschen Bundestag, Handlung und Schifffahrt betreffend". Unter Berufung auf Justus Moeser — „der deutsche Möser" hieß er bei List 1818 — forderte der Verfasser die Verkehrs- und Zolleinheit für Deutschland und sprach u. a. bereits vom „Welt-Staaten-System". Wir dürfen in diesem Aufsatz eine wichtige Quelle für Lists gesamte Zoll- und Verkehrsagitation erblicken[30]).

Ferner hatte Lists späterer Freund und treuer Kampfgefährte, der Fabrikant Ernst Weber aus Gera, im gleichen Jahr 1816 auf der Leipziger Herbstmesse einen „Fabrikantenverein" begründen wollen und dafür mit Adam Müller, dem österreichischen Generalkonsul für Sachsen und späteren Gegner Lists, sich beraten. Als Syndikus oder „Konsulent" sollte ein Dr. Gruner fungieren, der — aus Gera gebürtig — in

[27]) Johannes Caspar Brunner, „Was sind Maut- und Zoll-Anstalten der Nationalwohlfahrt und dem Staatsinteresse?", 1816. — Vgl. Hauptteil B, 1. Kapitel, Anm. 40.

[28]) „Über Freiheit und Beschränkung des Handels. Noch einige Worte", Gotha 1817.

[29]) Für die „Handelsvereins"-Zeit vgl. jetzt H.-P. Olshausen, „Friedrich List und der Deutsche Handels- und Gewerbsverein von 1819—1821" in „List-Studien", Heft 6, 1935. Olshausens durch Edgar Salin angeregte Arbeit hat das Verdienst, neben wesentlichen neuen Quellen namentlich die Rolle der populären Bewegung gegenüber den Staatsgewalten herauszustellen.

[30]) Vgl. „Herdflamme" l. c., S. XXIV.

Leipzig Universitätssyndikus, Handlungskonsulent und Mitbegründer der dortigen Börse wurde[31]).

Als jener Plan gescheitert und dafür Lists „Deutscher Handels- und Gewerbsverein" im Begriff war die öffentliche Meinung des deutschen Bürgertums zu gewinnen, wandelte die Leipziger Teilnahme sich zur Feindschaft. Dr. Gruner und ein Kammerrat Ploss, Mitinhaber das dortigen Bankhauses Frege & Co., eröffneten einen Feldzug gegen den „Verein", der Lists streitbare Feder wider „die Interessenten des Leipziger Zwischenhandels" reizte und auch Ernst Weber auf den Plan rief. Gegen die Leipziger Flugschrift vom Februar 1820: „Über das Retorsions-Prinzip als Grundlage eines deutschen Handels-Systems" schrieb Weber über „Deutschlands Retorsions-System als Notwehr und nicht als Zweck" —, wobei er den Gedanken der Zollverpachtung aufwarf[32]). Auch erschien gleichzeitig in Hamburg eine Streitschrift: „Schutz der einheimischen Industrie, eine Municipal-Maßregel und keine Kriegserklärung, als Antwort" an Dr. Gruner.

Wider die „Verteidiger der deutschen Industrie", wie List seine Waffengefährten nannte, erhoben sich auch anderweite Gegner. Der große Streit um den „geschlossenen" oder „offenen" Handelsstaat, um Manufakturschutz oder „Welthandelsfreiheit" kam in Gang. Der von List erwähnte Professor Lips-Erlangen schrieb 1820, über „Deutschlands Retorsions-Prinzip", eher gegen den „Verein", obschon er von „National-Industrie" sprach, und zum preußischen Zollgesetz von 1818 ließen sich überdies Stimmen genug vernehmen[33]).

Die Stellungnahme des „Vereins" gegen das preußische Zollgesetz wird uns späterhin beschäftigen[34]). Webers Freund E. W. Arnoldi, dem wir gleichfalls wieder begegnen werden, gab 1820 in Gotha die „Concordia" heraus[35]). Darin standen Gedichte à la Biedermeier über Handelsangelegenheiten, u. a. eins über „Die deutschen Handelsparteien" mit dem Refrain „Laissez faire, laissez passer!" Gegen die Einfuhr von entbehrlichen ausländischen Verbrauchsgütern stritt Arnoldi für „Vaterlandsliebe und für Pflege des inländischen Talents und Fleißes"; der Stuttgarter „Verein zur Unterstützung vaterländischer Industrie in Württemberg" veröffentlichte gleichlautende Aufrufe, in denen etwa

---

[31]) Vgl. Olshausen l. c., S. 88—93, 204—205, und wegen Sachsens unten Hauptteil C, 3. Kapitel. — „Werke" Bd. I 2, S. 596—623 und 638 ff. — Wegen Adam Müller s. unten Hauptteil C, 1. Kapitel. — Wegen der Bittschrift der Thüringer Fabrikanten, Frankfurt a. M. 1819, vgl. unten Hauptteil B, 1. Kapitel, Anm. 17 zu Arnoldi.

[32]) Gera 1820 „auf Kosten des Verfassers". — Gruner hatte Überproduktion infolge Maschinenverwertung angeführt und vor Fichtes „geschlossenem Handelsstaat" gewarnt. Die Hamburger Streitschrift sprach hingegen von einer Unterkonsumtions-Krise.

[33]) Vgl. die Zeitungen dieser Jahre und z. B. den Philosophen Professor W. T. Krug-Leipzig: „Das preußische Zollgesetz, die preußische Staatszeitung und der Zeitgeist. Ein kritischer Versuch", 1819.

[34]) S. unten Hauptteil C, 2. Kapitel, Anm. 13.

[35]) „Concordia. Taschenbuch für Freunde des deutschen Handelsvereins und solche, die da glauben und nicht glauben, daß Deutschland in der Fremden Gewalt sei."

die deutschen Frauen zum Tragen inländischer Stoffe und einheimischer Modeartikel aufgefordert wurden. So geht das junge Nationalgefühl alsbald eine ganz konkrete Verbindung ein mit dem Schutzbedürfnis mittelständischer Fabrikanten, die aus den ökonomischen Krisen der Nachkriegszeit sich in die besseren Gefilde nationalwirtschaftlicher Selbstgenügsamkeit zu flüchten suchen; Schutz der nationalen Arbeit wird hier, wie später im „Zollvereinsblatt" um 1846, zur Parole[36]).

Den Standpunkt des „Vereins" legte der Kaufmann Franz Miller aus Immenstadt in einer pathetischen Denkschrift dar; wir werden auch diesem Manne, der Lists Gehilfe und späterhin sein Feind wurde, noch begegnen[37]). Seit der Aufhebung des napoleonischen Kontinentalsystems sei „Deutschlands Handelsbilanz zu einer furchtbaren Passivität heruntergesunken" und diese nehme „von Jahr zu Jahr in furchtbarer Progression zu"; wie Ernst Weber nachgewiesen habe, müsse Deutschland jährlich 350 Millionen Gulden für seinen Einfuhrüberschuß ans Ausland zahlen. Eine „allgemeine Stockung des Welthandels" sei eingetreten. Nur Entfesselung des Gewerbfleißes im Innern und Schutz nach außen könne helfen. Als gerechtes Hilfsmittel nennt Miller ein „Verbot aller fremder Manufakturgegenstände ohne Ausnahme"! Ein deutscher „Handelsbund" könnte allein den deutschen „Nationalreichtum" befördern. Hier sehen wir also ein „Vereins"-Mitglied bis zum Postulat voller nationalwirtschaftlicher Autarkie fortschreiten; der Marktschutz schlägt in ein Marktmonopol um, und eben gegen eine solche Monopoltendenz werden die Gegner dieser nationalen Fabrikanten ihre Einwände, vom freihändlerischen und Konsumenten-Standpunkt aus, erheben.

So wandte eine anonyme hanseatische Flugschrift, deren Verfasser Professor Storck in Bremen war[38]), sich alsbald gegen den „Fabrikstaat" und das „Interesse der Minderzahl der Fabrikanten", denen „das Interesse der Mehrzahl, der Consumenten" vorzuziehen sei. Eine gemeinsame deutsche Zollgrenze sei „unmöglich", das Ziel müsse „freier Handel" heißen. Mit einer Naivität, die noch keinen Unterschied von Ideal und Ideologie kennt, bekannte der Verfasser: „Der Handelsvorteil der deutschen Seestädte erheischt freien Handel."

Eine „Beantwortung" dieser Bremer Flugschrift[39]) spann die Polemik zwischen Handels- und Industrieinteresse fort: Wenn „Cosmo-

[36]) Über den Stuttgarter Verein, dem List nahestand, vgl. Olshausen l. c., S. 165—166. — Wie List am 23. Dezember 1820 an Arnoldi schrieb, wollte er in der württembergischen Kammer „darauf antragen, das Tragen aller ausländischen Waren bis auf den 1. Januar 1823 zu verbieten"; s. „Werke" Bd. IX, S. 51.

[37]) Franz Miller, „Worte zur Beherzigung an deutsche Fürsten und Völker über die traurige Lage des vaterländischen Handels und die Notwendigkeit schleuniger Hülfe", Nürnberg 1820. — Vgl. Olshausen l. c., S. 161—163, und unten Hauptteil F, 1. Kapitel, über List und Miller.

[38]) „Gedanken über den deutschen Handelsverein und damit verwandte Gegenstände. Eine Vorlesung", Bremen 1820. — Vgl. hiezu „Werke" Bd. I 2, S. 1027—1052, und wegen der Hansestädte unten Hauptteil C, 3. Kapitel.

[39]) „Beantwortung einer in Bremen im Druck erschienenen Vorlesung, betitelt — — —, nebst einem Anhange über Handelsbilanzen großer Staaten", Hamburg 1820.

politismus“ gegen „National-Maßregeln“ streite, dann schwäche das Gefühl für „National-Vorteil“ sich ab. Der 1819 „im Herzen von Deutschland gebildete Handelsverein“, den man eher einen „Fabrikanten-Verein“ nennen könnte, verlange ja keineswegs ein „Monopol“. Er sei für „Schutz der eignen Industrie auf dem vaterländischen Boden, gegen Einfuhr aus der Fremde“; „National-Industrie“ heiße ihm „Streben nach National-Flor“, während das Prinzip des freien Handels „National-Armut“ bedeute. Statt „Menschenwohlstand“ müsse man „Nationalwohlstand“ sagen! Aus dem Gesichtspunkt des „Deutschen Fabrikanten-Vereins“ folgt schließlich ein Argument, dem wir bei List und seinen Zeitgenossen öfter begegnen werden[40]). Die Fabrikanten beschäftigten doch „hundert und aber hunderttausende von Deutschen Arbeitern —, deren Stimme mit Recht die wichtigste im Staat genannt wird“. Es erscheint reizvoll zu sehen, wie im nationalen Maßstabe, mit dem beginnenden Streit um Freihandel oder Schutzzoll, alle Schattierungen des Nationalgedankens sogleich sprachliche Ausdrucksform gewinnen! Wie bei „offenen“ oder „geschlossenen“ Zünften im Gewerbe, ging der Streit um den „geschlossenen“ oder „offenen“ Handelsstaat sogleich ins allgemeine über.

Zum Abschluß dieser zeitgenössischen Übersicht sei eine Stimme aus dem freihändlerischen Herzogtum Nassau genannt, die Lists „Deutschen Handels- und Gewerbsverein“ lobend begrüßte[41]). Der Verfasser war „Generaldirektor der Rheinschiffahrtsverwaltung“ gewesen und daher Fachmann für Verkehrsfragen, von denen er auf den geplanten Rhein-Donaukanal hier näher einging. Er empfahl, gleich List, Preußens Beitritt zu einem allgemeinen Deutschen Zollverein, wies jedoch auf die Schwierigkeiten bei dieser „National-Angelegenheit“ hin. Sein eigener Plan gipfelte in dem Vorschlag, die Frankfurter Bundesversammlung möge aus dem „Handels-“ oder besser „Fabrikanten-Verein“ einen „Ausschuß“ zur näheren Begutachtung der Angelegenheit berufen. Wir begegnen an dieser Stelle also schon dem neuzeitlichen Gedanken eines Interessenten-Beirats oder Enquête-Ausschusses, werden jedoch im Verlauf des nächsten Hauptteils sehen, daß die Zeit dafür nicht reif war[42]).

---

[40]) S. unten Hauptteil B, 1. Kapitel, Anm. 24 wegen der „arbeitenden Klasse“ in Thüringen, und Hauptteil F, 2. Kapitel, wegen Lists „Gesetz der Bevölkerungskapazität“.

[41]) J. von Eichhoff, „Betrachtungen über den XIX. Artikel der Deutschen Bundesakte —“, Wiesbaden 1820.

[42]) Über List und Eichhoff vgl. „Werke“ Bd. I 2, S. 969, 985, 1042, 1053. — Siehe Olshausen l. c., S. 96, 206. Unten Hauptteil B, 2. Kapitel, Anm. 35. Über Publizistik, Petitionen und Vereinswesen als die Mittel gesellschaftlicher Einflußnahme gibt reiches Material und guten Überblick Christian Hildebrand, „Der Einbruch des Wirtschaftsgeistes in das deutsche Nationalbewußtsein zwischen 1815 und 1871. Der Anteil der Wirtschaft an der Reichsgründung von 1871“, durch Arnold Bergsträßer angeregte Heidelberger Dissertation 1934. Für das „Vereins“-Motiv bei List vgl. auch unten Hauptteil B, 1. Kapitel Anm. 6 und 7. — Vgl. auch Wilhelm Schreiber, „Friedrich List als deutscher Staatsmann“, Tübinger Dissertation 1929. (Teildruck.)

Lists theoretische Haltung in dieser ersten Periode des Kampfes um eine deutsche Markteinheit wird durch den allgemeinen Gegensatz von Handels- und Industrieinteresse deutlich. Das Handelsinteresse überwog, wie in den „merkantilistischen" Jahrhunderten, und wir dürfen vielleicht urteilen, daß es erst durch Bismarcks Übergang vom Freihandel zum Schutzzoll hinter den „Schutz der nationalen Arbeit" — obschon nicht zu seinem unmittelbaren Schaden — endgültig zurückgetreten ist. Infolgedessen bildet das Freihandelsprinzip eine ältere Schicht des Listschen Denkens, die erst späterhin — im nationalen wie im internationalen Maßstab — von den Postulaten des „Manufakturstaats" und des modernen Imperialismus bei ihm überdeckt wird. Als Anwalt des sogenannten geschlossenen Handelssystems mit seinen Retorsions- und Gegenseitigkeitsprinzipien und als Gegner der freihändlerischen „Schule" geht List daher in die Geschichte ein.

Der Schritt zur ökonomischen Begründung des Nationalbewußtseins geschah im vollen Gefühl seiner politischen Bedeutung und in einem Augenblick (1819), da schon die allgemeine Einheitsbewegung aufs heftigste gegen die Bollwerke der staatlichen Gewalten stieß. List machte nun die ökonomische Nachkriegskrisis für jene Einheitsbewegung geltend. Trostlos sei, so klagte seine Frankfurter Petititon an die „erhabene Bundesversammlung", der 1815 geschaffene Zustand für den deutschen Kaufmann. Der „bürgerlichen" Erwerbsfreiheit fehle die „staatsgesellschaftliche" Einheit! Wer so sein Leben unter feindlich gesinnten Zöllnern und Mautnern verbringe, „der hat kein Vaterland". Dem ganzen deutschen „Handel- und Gewerbsstand" sah sich List als „Konsul" beigesellt.

Die Stärke dieser popularen Beschwerden, denen ein legales Organ fehlte, wird erst voll verständlich, wenn wir den landwirtschaftlichen Notstand nach der Fehlernte von 1816, den Rückgang des Leinenexports, das britische Dumping, den Kapitalmangel und nicht zuletzt den schweren Steuerdruck hinzunehmen, der durch die Kriegsjahre entstand und durch die Rückkehr zu feudalen Auflagen vielfach noch gesteigert wurde. In der Eifel nährten sich Tausende während des Frühjahrs 1817 von erfrorenen Kartoffeln. In Bayern ließ die Regierung 1817 „Erinnerungen" verbreiten, wie das Volk Baumrinde statt Korn im Brot „genießen" könne[43]). Die Notlage der kleinen Handwerker, der Zwergbauern und

[43]) Vgl. auch Lists Urteil über die landwirtschaftlichen Krisenjahre von 1816 bis 1820 in „Werke" Bd. I 2, S. 576—589. — Sartorius von Waltershausen, „Deutsche Wirtschaftsgeschichte 1815 bis 1914", 1920, S. 31—69.

der Ackerbürger hatte List ja schon aus seiner lokalen Verwaltungstätigkeit heraus kennengelernt und dargestellt. Im Hungerjahre 1817 schwoll die Auswandererbewegung in Württemberg zu gewaltiger Höhe an; in einem Jahre verließen 17000 Württemberger, 20000 Badener ihre Heimat[44])! Wir müssen das materielle Elend jener Nachkriegsjahre nach seiner ganzen Breite hinzudenken, um die politischen Bewegungen zu verstehen. Die naturrechtlichen Postulate der Aufklärung widersprechen dann um so stärker der „Restauration" kirchlicher, monarchisch-feudalistischer und bürokratischer Gewalten, wie sie auf den Trümmern der napoleonisch-revolutionären Herrschaft sich vollzog. Das Erlebnis der deutschen „Nationalität" — so konstitutiv es auch für Lists Denken ist — darf aus diesen breiteren Zusammenhängen niemals herausgelöst und gefühlsmäßig überbetont werden. Aus den praktischen Erfahrungen seiner Zeit empfing er den Anstoß, „die verstockten Nachbeter" des Adam Smith mit ihrer „Grille des sogenannten freien Verkehrs" durch eine neue Anschauung zu überwinden. Wobei wir freilich nicht übersehen wollen, daß in der allgemeinen Verarmung nach den Freiheitskriegen sich auch lichtere Seiten zeigen und selbst die „trostlosen" Messeberichte von anderen Interessenten nicht unwidersprochen blieben.

Seither ergriff List als seine Aufgabe, die Produktionsverhältnisse im nationalen Maßstab zu verbessern, Staatsgebiet und Wirtschaftsbereich in eins zu bringen, „dem Bürger Freiheit und Wohlstand" zu verschaffen. Der Bürger, das ist der Erwerbswirtschaftler mit seinem Gewerbekapital, die lebendige „Manufakturkraft". Sie steht im Zentrum der Listschen Wirtschaftspolitik seit 1819, sie wollte er in der Neuen Welt am Werke sehen, und ihr gelten alle Zielformeln seines „Nationalen Systems": „Die Manufakturen und Fabriken sind die Mütter und (!) die Kinder der bürgerlichen Freiheit, der Aufklärung, der Künste und Wissenschaften, des inneren und äußeren Handels, der Schiffahrt und der Transportverbesserungen, der Zivilisation und der politischen Macht." Der Einheit gesellt sich die Freiheit. „Es ist eine Erfahrung aller Zeitalter und Länder, daß die Freiheit und die Industrie unzertrennliche Gefährten sind", darin wird List durch seine Erfahrungen in den Vereinigten Staaten und Westeuropa nur bestärkt werden[45]).

Die Bindung der Produktivkräfte an das Doppelpaar: Macht und Reichtum vermittelt, systematisch wie geschichtlich, zwischen der naturrechtlichen Soziologie und der Politischen Ökonomie, zwischen dem 18. und 19. Jahrhundert. Darin gleicht List den von ihm befehdeten Lehren der Ökonomisten und der Engländer; auch sie suchten ja die Synthese zwischen „Menschheit" und „Vaterland", zwischen bürgerlicher „Aufklärung" und bürgerlichem „Wohlstand" (Wealth, riches)[46]).

[44]) Vgl. „Herdflamme" l. c., S. XIV, 67—73, und H. Leitbrand, „Die Auswanderung aus Schwaben nach Rußland 1816—1823", 1928, S. 10—27. Der Verfasser kennt Lists Berichte aus Heilbronn 1817 sowenig wie Lists Schilderung der schwäbischen Kolonien in Nordamerika in „Werke" Bd. II.

[45]) S. „Werke" Bd. IV, S. 460, und unten Hauptteil D, 2. Kapitel.

[46]) Vgl. auch E. Wiskemann, „Wirtschaftsgeschichte" l. c., S. 51—59.

So verließ List die Beamtenlaufbahn — aber nur, weil seine neue Tätigkeit um ihres erweiterten politischen Charakters willen sich mit seiner partikularen Beamteneigenschaft nicht mehr vertrug. Der Widerspruch zwischen Württembergs partikularer Staatlichkeit und dem Reichsgedanken hatte sich ja schon in den Revolutions- und Rheinbundzeiten den schwäbischen Patrioten fühlbar genug gemacht. Friedrich Schiller, den der junge List gern zitiert, und Hölderlin hatten ihm einen symbolischen Ausdruck verliehen[47]). Gleiches erfährt nun List[48]). Vergebens fragt er: „Wer mag es mir bestreiten, daß man nicht Württemberger und Deutscher zugleich sein könne?"

Dies Erlebnis der Nation von der Gesellschaft her, das Lists Frankfurter Eingabe ausdrückt[49]), sprengt mit Notwendigkeit — sowohl historisch wie systematisch — den Rahmen des positiven Staatsrechts und der positiven Politik; es ist im Grunde wirklich illegal. Schon im Oktober 1813 hatte der König von Württemberg einem patriotischen Landvogt eröffnen lassen: „jedes allgemeine Interesse enthalte eine strafbare Einmischung in die Absichten des Gouvernements!" Indem List „von unten her" auf die Obrigkeiten, aus dem Partikularen ins Allgemeine wirken will, erhebt sich der Konflikt zwischen idealem Reichsrecht und positivem Staatsrecht, zwischen Untertanen und Herrschern, in welchem Lists publizistische Agitation doch nur einen kleinen Ausschnitt bildet[50]). In Adam Müllers Denkschriften nicht weniger wie auf den Tribünen der süddeutschen Landtage kommt die gleiche Unruhe zum Ausdruck; fordert jener Wirtschaftsenquêten und Industrieausstellungen, so Hans von Gagern Auswanderungs- und Preßfreiheit. Überall meldet der Zeitgeist seine Ansprüche bei den kaum wiederhergestellten Obrigkeiten an. Inhaltlich wird dieser formale Konflikt dadurch um so bedeutsamer, daß sein materieller Gegenstand zugleich den ökonomischen Widerspruch der reifenden kapitalistischen Produktionsweise zur frühkapitalistischen Territorialwirtschaft ausdrückt.

Als Sekretär seines Ministers wie als Professor, Abgeordneter und Syndikus nimmt List stets — aus amtlichem Auftrag oder aus eigener Initiative — das öffentliche Interesse wahr, sucht er aus der Gesellschaft

---

[47]) Vgl. Wohlwill, „Weltbürgertum und Vaterlandsliebe der Schwaben", 1875. — Wie der junge Schiller sein Jugendwerk „In tirannos" schrieb, so kämpft sein Reutlinger Landsmann gegen „die Willkürherrschaft".

[48]) S. „Herdflamme" l. c., S. XLIV—XLV. — Unzutreffend beurteilt den „Verein" als unpolitisch F. Borckenhagen, „National- und handelspolitische Bestrebungen in Deutschland 1815—1822 und die Anfänge Friedrich Lists", 1915, S. 34. — „Werke" Bd. VIII, S. 138.

[49]) Vgl. A. Sommer, „F. Lists System" l. c., S. 84—85.

[50]) Vgl. Karl Hagen, „Über die öffentliche Meinung in Deutschland von den Freiheitskriegen bis zu den Karlsbader Beschlüssen", in Friedrich von Raumers „Historischem Taschenbuch" 1847, S. 493—666, und die vielen dort erwähnten „Adressen" an die Regierungen. — Du Thil, „Denkwürdigkeiten" l. c., S. 281. — Württemberg verwahrte sich dagegen, „aus verschiedenen Völkerschaften (!), z. B. Preußen und Bayern, so zu sagen eine Nation schaffen zu wollen"; s. Max Lehmann l. c. III. Teil, S. 409.

auf den Staat zu wirken. Nicht anders verfährt er später als Redakteur, amerikanischer Konsul, Unternehmer, Journalist. Seine journalistische Wirksamkeit zeigt ihn als Wortführer der öffentlichen Meinung, die er im großen Maßstab durch „Nationalorgane“ emporbringen möchte. So steht er, indem er allen seinen Vorhaben eine Presse-Resonanz gibt, an der Grenze zwischen „Staatsräson“ und „Zeitgeist“. Hierin schließt er sich großen Vorläufern an, — einem Thomasius, Justus Möser, Sonnenfels, Schubart, Schlözer. Aus den Niederungen der Religionswirren und der Jesuitenzensur hatten sich in den Niederlanden, in einigen protestantischen Reichsstädten, in Preußen und Württemberg, Organe einer freien Lebensansicht herausgehoben. Der Sieg des „dritten Standes“ in Frankreich 1789, in dessen Gefolge u. a. Cottas „Allgemeine Zeitung“ 1798 entstand, ward im Rheinischen Bund von einer ertötenden Pressezensur gefolgt, die erst mit Napoleons Sturz sich lockerte[51]). Adam Müller, Heinrich von Kleist, Niebuhr, Gentz, Görres, Börne, die Professoren Arndt, Luden und Oken — um einige Namen zu nennen — bezeichnen den Übergang zu einer breiteren Publizität, in deren Mittelpunkt wir alsbald auch List finden. In den verschiedensten Farben schillert von 1813 bis 1819 das Erwachen des Selbstbewußtseins der Nation; seine Organe tragen, der Denkstruktur wie den Produktionsverhältnissen des aufsteigenden Bürgertums entsprechend, einen philosophisch-kulturpolitischen und vielfach liberalistischen Charakter. List hat dies Überwiegen der gelehrten Berufe und eines abstrakten Räsonierens erkannt und beklagt, ihm den praktischen Verstand vorgeschrittener Nationen als beispielhaft entgegengehalten und an seinem Teil alles getan, um als Erster in ganz Deutschland die öffentliche Diskussion auf konkrete politisch-ökonomische Gegenstände auszurichten. Auf dieser Ebene ficht er die Konflikte aus, die nun ihm sowenig wie seinen Vorgängern erspart bleiben sollten.

Indem er 1819 als freier Abgeordneter sogleich in die politische Arena zurückzukehren suchte, unterstrich er selber die staatspolitische Absicht seines Wirkens. „Die Staatswissenschaft ist gleichsam der Reflex des gegebenen Staates“, sagt er treffend in seiner Kritik des ständischen Verfassungsentwurfs für Württemberg[52]). Karl Marx spricht nicht umsonst von Lists „interessiert-praktischem Verstand“, und Artur Sommer bemerkt treffend: Lists Denken sei „der vollständige Spiegel der Zeit“[53]). Während seiner kurzen Kammertätigkeit Ende 1820 erklärte er sich zu dem obengenannten Vorschlag, das Tragen ausländischer (Seiden-)Stoffe zu verbieten, und beantragte, eine parlamentarische Kommission für Handel und Gewerbe einzusetzen, zu deren Vorsitzer er denn auch gewählt wurde. So hatte er in Württemberg sogleich sein Ziel er-

---

[51]) Vgl. L. Salomon, „Geschichte des Deutschen Zeitungswesens“, Bd. I—III, 1900—1906. — Vgl. unten Hauptteil F, 1. Kapitel, über List als Journalisten.

[52]) S. „Herdflamme“ l. c., S. 208; vgl. Lists Entwurf einer idealen Staatsverfassung ebenda S. 211—263 und die sorgfältige Analyse bei Lotheißen l. c., S. 28—57.

[53]) Vgl. A. Sommer in „Mitteilungen“ l. c., 1926, Heft 3, S. 72.

reicht, die Volksvertretungen der konstitutionellen Staaten für „die große Sache der nationalen Handelseinigung" zu gewinnen[54]). Galt ihm die Theorie doch stets als Spiegelbild der Wirklichkeit, die er in Staat und Gesellschaft umzugestalten unternahm. Kaum brauche er zu sagen, heißt es noch 1846, daß sein „erster Gedanke bei der Stiftung des Frankfurter Handels- und Gewerbsvereins ein politischer war. Da die Preußen damals so viel von geschichtlich gewachsenen Konstitutionen sprachen und die Jugend so dummes Zeug machte (1819!), so wollte ich die Probe machen, ob nicht ein Kern zu pflanzen wäre, aus dem ihnen eine herauswächst!"[55]) Ihn bewog, wie er 1841 von seinem „Nationalen System" sagt, „die Rücksicht, daß es wichtiger und ehrenvoller sei, bei dem Bau einer Nationalität als bloß bei dem Bau eines Kathedersystems — Dienste zu verrichten". Ihm schien schon 1819 die Stunde gekommen für einen „Bund der Deutschen, — wodurch sie sich zu einem großen Ganzen vereinen, um nach außen die Rechte einer europäischen Nation zu wahren, im Innern aber Wohlstand und Bildung zu fördern". Ohne Zollschutz könne die deutsche Nationalität nie erreicht, noch weniger gesichert werden, schreibt er im „Organ"[56]). Hierbei wollte er die Erfahrungen der 1815 geschlossenen Epoche nutzen und das „europäische Gleichgewicht", weil es jetzt von Englands Übermacht bedroht ward, durch ein „verbessertes napoleonisches Kontinentalsystem" neu fundieren. „Daß die Idee des Kontinentalsystems immer wiederkehren" werde, davon blieb er überzeugt; in seinen amerikanischen Schriften kommt er hierauf zurück, und noch der Titel seines Hauptwerks weist darauf hin. Die „nachstrebenden Nationen" auf die Stufe des voll entfalteten britischen „Agrar-Gewerbe-Handelsstaates" zu heben, ist nun sein systematisches wie politisches Hauptanliegen. Zielformel hierfür bleibt zunächst, aus der vernunftrechtlichen älteren Schicht seiner Staats- und Gesellschaftslehre, „die Freiheit des Weltverkehrs und die Vereinigung der Nationen unter dem Rechtsgesetz". Aus der wachsenden nationalen Wirklichkeit der Vereinigten Staaten, der Julimonarchie und des Deutschen Zollvereins gesehen, versinkt diese kosmopolitische Schicht und erhebt sich — im „Nationalen System" von 1841 — „Der internationale Handel, die Handelspolitik und der deutsche Zollverein" als Lists Hauptanliegen. Auch dieses klassische Werk sollte ja „nicht bloß eine theoretische, sondern ganz besonders eine praktische Tendenz haben"[57]). So erfüllte sich an ihm, was er im „Organ" 1819 einmal schreibt: „— daß ein vollblütiger Gelehrter leichtlich in einigen Stunden sich mehr träumen lassen kann, als tausend rüstige Männer, welche die Vorsehung ins praktische Leben geworfen, und die sich auf schriftstellerische

[54]) S. „Werke" Bd. I 1, S. 51, 81. — Vgl. auch Marx' Urteil über die „listige" Nationalökonomie mit dem Toast in Philadelphia 1827: „May this society never be List—less of their true interests".

[55]) S. „Werke" Bd. VIII, S. 773—774.

[56]) Jahrgang 1820, S. 115—116 usw. — Vgl. unten Hauptteil E, Anm. 36.

[57]) Siehe List an Georg von Cotta, Paris 6. September 1838, in „Werke" Bd. IV, S. 48—49. — Vgl. „Werke" Bd. VI, S. 7—59, 647—648.

Zauberkünste nicht verstehen, in einem Menschenalter kaum ins Leben einzuführen vermögen". Zielformel und Ausgangspunkt bleibt — über Lists Generation hinaus! — der Nationalstaat mit der Nationalwirtschaft, die „Nationaleinheit" in der politisch-ökonomischen Struktur dieses Begriffs, den er schließlich zur imperialen Schau erweitert. Die Politische kommt daher vor der Kosmopolitischen oder Sozial-Ökonomie; zwischen Individuum und Menschheit erhebt sich die Nation. Das System der „Nationalwirtschaft" zerspaltet und überwindet die „kosmopolitische oder Weltökonomie" der „Schule", die „économie individuelle et sociale ou cosmopolite" des ausgehenden 18. Jahrhunderts[58]). Während List „das tötende Unisono des laissez faire, laissez passer" schon 1820 ablehnt, prägt er gleichzeitig das Wort „Weltwirtschaft", dem seine vorgenannte Vorstellung eines „Weltstaat" als Korrelatbegriff entspricht[59]). Gegen Ende seines Lebens spricht er dagegen von „Weltpolitik" und „Weltmächten". Die Politische Ökonomie, heißt es grundlegend im „Natürlichen System" von 1837, muß sich aus ebensoviel Politik wie Ökonomie zusammensetzen; die Staats- und Gesellschaftslehre bleibt — im bewußten Widerspruch zur rein kapitalistischen Reichtumslehre eines J. B. Say — konstitutives Element der Listschen Theorie[60]).

Wir dürfen ihm also glauben, was er 1846 seinem Gegner Sir John Bowring in England sagte: „My object was political[61])." Damit bleibt Lists nationales Erlebnis in dem Rahmen, der jeglicher systematischen Anschauung des Staats wie der Gesellschaft historisch vorgegeben ist. Noch 1846 kann er rückschauend feststellen[62]): „Die deutsche Handelseinigung ist nur eine vernünftige, eine naturgemäße und wohltätige, weil sie ein Bestandteil der deutschen Nationaleinheit ist. Handelseinigung und politische Einigung sind Zwillingsschwestern, die eine kann nicht zur Geburt kommen, ohne daß die andere folgt." Gleich der britisch-irischen Zollunion werde der Deutsche Zollverein „eine vollkommenere politische Einigung der deutschen Bundesstaaten zur Folge haben —". Jetzt spricht er sein Ziel ganz unverhohlen aus!

Damit war die Einheits- und Freiheitsforderung politisch-ökonomisch auf jene „Welttendenz" ausgerichtet, als deren frühester und leidenschaftlicher „Vorkämpfer" er fortlebt. Wie aber stand List nun zu den vorherrschenden Mächten seiner Zeit und seines Landes?

---

[58]) Vgl. unten Hauptteil F, 3. Kapitel, und schon „Organ", 1820, S. 167, 172, 187, 227—229, 233—237, 261—263. — Hauptteil C, 3. Kapitel, Anm. 8.

[59]) S. „Werke" Bd. VII, S. 14, und „Organ" 1820, S. 203—204; 1821, S. 94.

[60]) J. B. Says „économie sociale" oder „économie des sociétés" s. in seinem „Cours complet", erschienen 1828; sein „Traité d'économie politique" war 1803 erschienen. Dagegen s. Lists Begriff der „Political economy" in seinen „Outlines"; „Werke" Bd. II, S. 104, und Bd. VI, S. 209—227. Unten Hauptteil F, 3. Kapitel am Schluß. — Vgl. „Mitteilungen" l. c., Heft 29, 1935, S. 542.

[61]) S. „Werke" Bd. V, S. 589.

[62]) S. „Werke" Bd. VII, S. 276—277.

HAUPTTEIL

B

NATIONALWIRTSCHAFT UND DEUTSCHER BUND

ERSTES KAPITEL

Der „Deutsche Handels- und Gewerbsverein“ von 1819

Wir haben Lists theoretische Grundlage, seine systematischen Anschauungen nach ihren Hauptpunkten kennengelernt. Die nun folgenden Hauptteile B bis D sollen uns Lists Wirken zeigen: Wie er „der Menschheit große Gegenstände“ mit wechselnden Aktionen anpackt, wie seine Umwelt hierauf reagiert und damit jenes Schicksal sich erfüllt, das ihn als den gesellschaftlichen „Demagogen“ der vormärzlichen Staatenwelt entgegenstellt.

Da wir keiner biographischen Lebenslinie, sondern einem historisch-systematischen Ordnungsprinzip folgen[1]), so schließt diese beschreibende Mitte unserer Monographie nicht etwa mit Lists Tode ab, sondern sie entwickelt aus der Katastrophe seiner Jugend selber jene entscheidende Erweiterung des Gesichtskreises, die der Verbannte vom schwäbischen Hohen-Asperg durch seinen Eintritt in die „Neue Welt“ von Nordamerika erfuhr. Dann erst wird uns erlaubt sein, die allgemeinen Bewegungen im deutschen Vormärz (Hauptteil E) sowie Lists besondere Leistung (Hauptteil F) in einen abschließenden Zusammenhang zu stellen.

Den Ruf des „Demagogen“ hat jenes deutsche Schicksalsjahr 1819 begründet; seither ließ die württembergische Regierung[2]) List nicht mehr aus den Augen, blieb er in Deutschland eine „amtlose Persönlichkeit“, der „entwichene“ — zur Auswanderung begnadigte — Sträfling vom Hohen-Asperg, ein als politisch unzuverlässig entlassener Professor ohne Staatsbürgerrecht[3]).

Der „Deutsche Bund“ war auf dem Wiener Kongreß 1815 begründet worden; er ruhte auf den Siegen der verbündeten Mächte über Napoleon,

---

[1]) S. das Vorwort dieses Buches.

[2]) Justizminister war 1818 bis 1848 von Maucler.

[3]) Den geschichtlichen Hintergrund gibt Alfred Stern, „Geschichte Europas“, Bd. I—III. — Treitschkes „Deutsche Geschichte“ bleibt als künstlerische Leistung beispielhaft. Vgl. auch Franz Schnabel, „Deutsche Geschichte im 19. Jahrhundert“, II. Bd. („Monarchie und Volkssouveränität“), 1933.

aber auch auf der Zusage unbeschränkter Souveränität an die ehemaligen Rheinbundstaaten. In der losen Form eines Staatenbundes vereinigte er, unter Österreichs Vorsitz, 34 deutsche Dynastien und 4 freie Städte. Am Beginn des Listschen Wirkens steht die Wiener „Kabinettskonferenz", die am 25. November 1819 begann und am 15. Mai 1820 mit der Unterzeichnung der Wiener Schlußakte des Deutschen Bundes endete. Es galt, wie der österreichische Präsidialgesandte auf der ersten Bundesversammlung gesagt hatte, „einen zugleich die Nationalität sichernden Staatenbund" zu formen. Neben dem Artikel XIII der Bundesakte, demzufolge in allen Bundesstaaten „landständische Verfassungen" stattfinden sollten, und der Militärverfassung steht hier Artikel XIX der deutschen Bundesakte vom 8. Juni 1815 voran. Er lautete: „Die Bundesmitglieder behalten sich vor, bei der ersten Zusammenkunft in Frankfurt wegen des Handels und Verkehrs zwischen den verschiedenen Bundesstaaten sowie wegen Schiffahrt nach Anleitung der auf dem Kongreß zu Wien angenommenen Grundsätze in Beratung zu treten[4])." Die Wiener Schlußakte behielt den Artikel XIX „zur ferneren Behandlung" der Frankfurter Bundesversammlung vor. Alle weiteren Bemühungen knüpfen immer wieder bei diesem Artikel an[5]).

Lists Agitation für ein Bundes-Zollsystem wird uns auf diesen Seiten eingehender beschäftigen; sie galt den aus dem Kriegserlebnis erwachsenden Anfängen einer deutschen Gesamtwirtschaft. Erinnern wir uns daran, daß Preußens Zollgesetz — seit 1816 eingeleitet — am 1. Januar 1819 vollständig in Kraft getreten war und innerhalb wie außerhalb der Monarchie heftigen Widerspruch aufgeregt hatte. Hungersnot und Absatzkalamitäten, Kaufkraftschwund und Überführung der Meßplätze mit den Fabrikwaren des siegreichen Großbritannien beherrschten die deutschen Märkte. Auf der Frankfurter Ostermesse, am 24. April 1819, wurde daher der „Deutsche Handels- und Gewerbsverein" als Schutzverband mittel- und kleinstaatlicher Kaufleute bzw. Fabrikanten geschaffen. In Nürnberg, der alten, nun daniederliegenden Reichsstadt, nahm er seinen Sitz; dort gab es gewerbliche Vereinigungen und Zeitschriften sowie eine ruhmreiche gewerbliche Überlieferung[6]).

Der „Deutsche Handels- und Gewerbsverein" hatte sein Ziel dahin formuliert: „im verfassungs- und gesetzmäßigen Wege zu streben, daß Handel und Gewerbe in Deutschland wieder gehoben werden". In

---

[4]) Siehe Hermann Oncken und F. E. M. Saemisch, „Vorgeschichte und Begründung des deutschen Zollvereins 1815—1834", bearbeitet von W. von Eisenhart-Rothe und Ritthaler, 1934, Bd. I, S. 311.

[5]) Vgl. „Vorgeschichte" l. c., Bd. III, S. 357—375, und B. Bab, „Die öffentliche Meinung über den Zollverein zur Zeit seiner Entstehung", 1929, S. 17—20, 53.

[6]) Der Name „Handels- und Gewerbsverein" findet sich bemerkenswerterweise schon 1818 in Lists „Staatskunde und Staatspraxis Württembergs"; s. „Herdflamme" l. c., S. 310. — Vgl. auch Lists „Plan zur Errichtung eines wissenschaftlichen Vereins für Beförderung der vaterländischen Nationalökonomie" vom November 1816; s. „Werke" Bd. I 1, S. 9, 27—50, und „Anhang" zu Hauptteil F.

Punkt 2 fügte er vorsichtig hinzu: „Der Verein ist durchaus nicht politischer Natur. Er steht zum Staate ganz in demselben Verhältnis wie andere Privatvereine, z. B. landwirtschaftliche, Gelehrtenvereine[7])“. Jedoch widersprach eben seine Zielsetzung dieser unpolitischen Darstellung. Wollte er wirken, so mußte der Verein jenen Artikel XIX der „Deutschen Bundesakte“ zum Angriffspunkte wählen.

Eben hier setzte List ein. Jene erste Adresse der in Frankfurt versammelten Kaufleute und Fabrikanten überreichte List persönlich „dem höchsten Vorstand deutscher Nation“ — dem Bundestag — am 20. April 1819, — „als Bevollmächtigter der deutschen Kaufmannschaft“, wie er sich stolz nennt. Sie wurde auch im Druck verbreitet[8]). Am 24. Mai 1819 referierte der obengenannte hannoversche Bundestagsgesandte von Martens über diese klassische Denkschrift dahin, daß die Zollfragen auch ohne Aufforderung von seiten „einzelner Privatpersonen“ geregelt werden dürften. Daß der Hannoveraner hierbei, unter juristischer Hülle, das englische Handelsinteresse vertrat, fiel allgemein auf. Lists Gönner von Wangenheim, seit 1817 Bundestagsgesandter, erreichte nur, daß Hinweise auf Artikel XIX und eine etwaige Befragung ihres „Handels- und Gewerbstand“ seitens der einzelnen Regierungen in den Beschluß aufgenommen wurden. Im mündlichen Vortrag soll sich von Martens noch schärfer — und deutlicher im Sinne Großbritanniens — ausgesprochen haben[9]). Der bayrische Gesandte Freiherr von Aretin urteilte über Wangenheim, es scheine ihn „eine besondere Scheu vor dem Professor List und seinem Anhang bemeistert zu haben“. Dagegen berichtete ein französischer Agent aus Frankfurt seinem Ministerium recht ausführlich über „diese neue Hanse“, die unter einem Tübinger Professor „mangels politischer Einheit“ eine nationale Handelsvereinigung organisieren und „die Masse der Nation“ „durch die öffentliche Meinung“ leiten wolle. Ob diese „associations teutoniques et hanséatiques“ sich nicht einmal der überschäumenden Jugend anschlössen, stehe dahin; die Regierungen hätten es in der Hand, nicht nur „die privilegierten Klassen“ zu begünstigen, sondern die bedrängte Lage der Masse ihrer Untertanen zu beachten. Der Handelsverein zähle (Ende Juli) angeblich schon 10000 Mitglieder; aber die Regierungen täten nichts und es sei vorauszusehen, daß er als Objekt von Verleumdungen und Verfolgungen enden werde, ein Herd der allgemeinen Unzufriedenheit. — Schon im Juni 1819 kamen Metternich und sein Adlatus darin überein, daß die „Kabalen“ dieser „neuen, höchst gefährlichen Konföderation“ geeignet seien, den Gedanken der „Deutschheit“ in den Kreisen der „deutschen praktischen Revolutionärs“ auszubreiten. Adam Müller

---

[7]) Die Statuten abgedruckt bei Olshausen l. c., S. 228—230. — Siehe Ritthaler in „Vorgeschichte“ l. c., Bd. I, S. 302. — Vgl. aber Hauptteil A, 3. Kapitel, Anm. 61, zu List und Bowring!

[8]) S. Brief an seine Frau vom 20. April 1820; „Werke“ Bd. VIII, S. 130—154.

[9]) S. „Vorgeschichte“ l. c., Bd. I, S. 320—332. — Mitteilung von Professor Edgar Salin. Vgl. oben Hauptteil A, 3. Kapitel, Anm. 13.

empfahl Ende 1819, den „Verein“ sogar „sofort und auf die ernstlichste Weise aufzulösen“[10]).

Der Verein ließ sich, am 12. Juni in Nürnberg, über das „sehr ungünstige“ Votum der Bundesversammlung berichten und beschloß nun Deputationen an die deutschen Höfe zu senden, worüber wir im Hauptteil C Näheres hören werden[11]). Der Ausschuß tagte am 13. September in Frankfurt a. M. und richtete hier eine zweite Eingabe an die Frankfurter Bundesversammlung. Nach den süd- und mitteldeutschen Höfen sollte jetzt auch eine Abordnung für Norddeutschland entsandt werden[12]).

Die Karlsbader Konferenz hatte inzwischen, am 31. August, auf einen württembergischen Antrag wegen Erläuterung des Artikel XIX hin, unter den in Wien zu behandelnden Gegenständen aufgeführt: „ — Die Erleichterung des Handels und Verkehrs zwischen den verschiedenen Bundesstaaten, um den Artikel XIX der Bundesakte zur möglichsten Ausführung zu bringen, soviel die Verschiedenartigkeit der Lokalitäten, und besonders die Steuersysteme der einzelnen Bundesstaaten solches zulassen können[13]).“ Auch in Bayern betonte der Bundestagsgesandte von Aretin, daß die Abweisung des Handelsvereins zwar „der Würde der Regierungen angemessen“ gewesen sei; aber „es möchte von großen wohltätigen Folgen sein, wenn Bayern sich der Sache so annähme, daß der Handelsverein der Regierung diente, daß die Operationen des ersteren sich in den Maßregeln der letzteren verlören“. Man müsse verhüten, daß dieser Verein, den man schlecht auflösen könne, nicht „nach dem ersten Versuch zur Selbsthilfe“ in Opposition gegen die Regierungen trete[14])!

So schien es, als ob die nationale Strömung auch den „Verein“ in einen sichern Hafen führen werde; die Ausschußmitglieder waren unermüdlich, die Notlage und den Druck des britischen Dumping den zuständigen Amtsstellen zu schildern; in Karlsruhe und Stuttgart hatte List persönlich vorgearbeitet. Mit ihrem weiteren und engeren „Ausschuß“, mit ihren „Provinzial-Korrespondenten“ im In- und Ausland, selbst mit einer öffentlichen „Preisfrage“ nahm diese früheste deutsche Wirtschaftsorganisation im nationalen Maßstab schon die späteren Formen eines Zentral- oder Spitzenverbandes vorweg; sie war ausdrücklich bereits als ein Instrument gedacht, die Stimme der Sachverständigen oder Interessenten im öffentlichen Leben zu Gehör zu bringen.

Überdies redigierte List das „Organ“, verfaßte die Eingaben und Denkschriften, polemisierte mit den Gegnern und besuchte die süddeutschen Höfe wie die Wiener Ministerialkonferenz und den Darmstädter

---

[10]) Vgl. „Werke“ Bd. I 2, S. 966—967, 973—977. — Olshausen l. c., S. 22—46, 95.

[11]) S. „Werke“ Bd. I 2, S. 978—979.

[12]) Vgl. „Werke“ Bd. I 2, S. 505—508. — Olshausen l. c., S. 70—72.

[13]) Vgl. Olshausen l. c., S. 98. — S. unten 2. Kapitel, zu Anm. 26 und 34.

[14]) Vgl. auch unten 2. Kapitel, Anm. 10 und 30 wegen von Berstett in Wien und s. „Vorgeschichte“ l. c., Bd. I, S. 346—347, 351.

Handelskongreß — überall der Initiator des „Vereins", mit umfassendem Blick für das Allgemeine wie für technisch-praktische Einzelfragen, von unbändiger Willenskraft getrieben und seine Genossen vorwärts reißend. Wir werden freilich sehen[15]), wie vielfach Hoffen in Enttäuschtsein, Mitgehen in Feindschaft umschlagen und wie, aus dem engsten Mitarbeiterkreis, mit Lists Katastrophe und dem glanzlosen Ende des „Vereins" lebenslange Gegnerschaft erwuchs. War List doch einer jener seltenen Männer, denen gegenüber keinerlei menschliche Neutralität gestattet ist und keinerlei abwartende Behutsamkeit verfängt. Aus dem ganzen „Stand der Kaufleute und Fabrikanten", den List zum Bewußtsein seiner selbst erheben wollte, ragt eigentlich nur Ernst Weber menschlich hervor, und im übrigen ergeben deren materielle Interessen — lokal zersplittert und meist mittelständischer Art — von Anfang her eine recht unsichere Grundlage. Wir werden Lists grundsätzliche Verwandtschaft mit rheinischen jüngeren Industriellen vom Schlage Gustav Mevissens noch mehrfach feststellen; darin drückt sich die größere industrielle Reife einer neuen Unternehmergeneration — im Vergleich zu den Messebesuchern von 1817 bis 1819 — sinnfällig aus.

Unter die maßgebenden Vereinsmitglieder gehörten, neben einigen Süddeutschen, die beiden Thüringer Kaufleute Weber und Arnoldi. Ernst Weber (1768 bis 1834) besaß in Gera eine Tuchfabrik; er war ein Gegner der preußischen Zollpolitik und wird uns als Lists getreuer älterer Freund mehrfach begegnen. Schon auf der Leipziger Michaelismesse 1816 hatte Weber ja einen „Deutschen Fabrikantenverein" ins Leben rufen wollen, wobei Adam Müllers Frankfurter Messe-Denkschrift vom gleichen Jahr eine Brücke geschlagen hatte[16]). E. W. Arnoldi ist der Begründer der Gothaer Versicherungsbank[17]). Auch er hatte schon vor List das britische „Handelsjoch" bekämpft, einen Bund deutscher Fabrikanten 1817 vorgeschlagen und 1819 eine eigene dringliche Denkschrift, mit gut fünftausend Unterschriften, der Bundesversammlung eingereicht, die sie „zur Sammlung" genommen hatte. Gegenüber dem „Verein" und List hielt er sich stärker zurück als Weber, zumal er deren Preußengegnerschaft nicht teilte. Mißbilligte die preußische Regierung doch den Beitritt einiger rheinländischer Fabrikanten zum „Verein"[18]). So wurde Arnoldi „Korrespondent", während Weber

[15]) S. Hauptteil F, 1. Kapitel.

[16]) Vgl. unten Hauptteil C, 1. Kapitel Anm. 77. — Mit Webers Rundschreiben vom Oktober 1816 beginnt die Sammlung des „List-Archiv".

[17]) Vgl. oben Hauptteil A, 3. Kapitel zu Anm. 31. — Über Lists Anteilnahme an der Begründung der Gothaer Versicherungsbank gibt das „Organ" 1820, S. 91—92, 112, 266; 1821, S. 13, nähere Auskunft. Wie dort 1821, entstanden am Rhein 1818, 1823 und — durch David Hansemann — 1824 die ersten deutschen Versicherungsgesellschaften. — Arnoldis „Alleruntertänigste Bitte und Vorstellung" an den Bundestag 1819 schloß sich ausdrücklich der Listschen „Vereins"-Eingabe an und bekannte sich grundsätzlich zu „dem natürlichen, beglückenden Systeme allgemeiner Handelsfreiheit".

[18]) Siehe Olshausen l. c., S. 40—43, 203—204. — Vgl. unten 2. Kapitel, Anm. 51, und, wegen Benzenberg, Hauptteil C, 2. Kapitel, Anm. 74ff.

Vorstandsmitglied war. Nachdem List seine Konsulentenstelle hatte niederlegen müssen, betrieb Arnoldi gemeinsam mit Ernst Weber und Franz Miller einen „ehrenvollen Beschluß der Handelsvereins-Angelegenheit". — „Der brave List ist nicht der erste Märtyrer der Wahrheit, noch wird er der letzte sein", schrieb er in einem Brief an Weber[19]). Im Jahr 1827 hat er sich mit Wärme für ein deutsches Merkantilsystem unter Preußens Schutz erklärt; das energische Vorgehen des Ministers Friedrich von Motz in den anhaltinischen Streitigkeiten bestärkte Arnoldi in seiner Überzeugung, Thüringens Gesamtinteresse liege im Anschluß an das preußische System[20]). Ihm war „Preußen das Haus, woran Süddeutschland als Flügel sich schließt". List blieb mit Weber wie mit Arnoldi bis nach seiner Rückkehr aus Nordamerika in freundschaftlichen Beziehungen[21]).

Im übrigen überwog im „Verein" das süd-westdeutsche Element. Bei der Vereinsgründung im April 1819 waren erst aus Süddeutschland, beiden Hessen, Nassau, Thüringen und Sachsen gewählte Deputierte anwesend; auf der letzten Ausschuß-Sitzung vom 21. Mai 1821 waren nur Süddeutsche beteiligt. Das Netz der 112 „Vereins"-Korrespondenten hat weder Altpreußen noch die freien Städte mitumspannt. Nur 7 Korrespondenten vertraten Berlin, Braunschweig, Bremen, Breslau, Hohenstein i. Sa. und Lübeck; dagegen finden wir 14 Korrespondenten aus 10 schweizerischen Orten[22]). Die Abgesandten des „Vereins" erregten bei den feudalen Ministerialbevollmächtigten und in der Hofburg vielfachen Anstoß. In Thüringen fand der „Verein" vielleicht das meiste Verständnis für seine Klagen. Die bessere Stimmung an einigen kleineren Höfen konnte aber das Mißgeschick nicht wenden[23]). Einzig der Großherzog Karl August von Sachsen-Weimar scheint über das Vorbringen „erfahrener Kaufleute" bei diesem „Anliegen deutscher Nation" unvoreingenommen geurteilt zu haben. In einem Vortrag des weimarischen Gesandten[24]) klingen sogar Argumente Webers und Arnoldis — auch

[19]) Vgl. A. Emminghaus, „E. W. Arnoldi", 1878, S. 113—174. — Olshausen l. c., S. 341. — „Werke" Bd. VIII, S. 213—214; Bd. IX, S. 50—51, 67ff. List bot Arnoldi die Leitung des „Vereins" an.

[20]) Siehe H. von Petersdorff, „Friedrich von Motz, Eine Biographie", 1913, Zweiter Bd., S. 155—156. — Über Ernst Weber, Arnoldi und Lists „Briefe aus Nordamerika" s. unten Hauptteil C, 4. Kapitel. — Vgl. Olshausen l. c., S. 196, 342.

[21]) Vgl. „Werke" Bd. VIII, S. 196, 213, 383—384, 395—396, 557—558, 561; Bd. IX, S. 100—103.

[22]) Siehe Olshausen l. c., S. 345—350, und, wegen der Schweiz, unten 3. Kapitel, Anm. 33. Vgl. „Werke" Bd. I 1, S. 30.

[23]) Vgl. die Anerkennung des „Vereins" durch mehrere deutsche Kleinstaaten in „Organ" 1819, S. 57—59, und durch Hessen-Darmstadt vom 23. Juli 1819 sowie das Schreiben der weimarischen pp. Regierungen im List-Archiv F. I, Nr. 32 und 33. — Wegen der Registrierung des „Vereins" beim Frankfurter Senat s. Olshausen l. c., S. 195. — Vgl. die Kleinstaaten in Wien 1814!

[24]) Siehe Aegidi, „Aus der Vorzeit des Zollvereins", 1865, S. 47—49. — Vgl. Ernst Weber bei Olshausen l. c., S. 230—231 über den Weimarer „Hof, von dem schon so viel Großes und Herrliches ausgegangen ist —".

zugunsten der „arbeitenden Klasse“ in Thüringen an. Karl August von Weimar begünstigte in der Tat eine „Verlegung aller Aus- und Eingangszölle an die Grenzen des Bundes“ als unerläßliche Bedingung der „Einheit Teutschlands“[25]). Auch das Gothaer Ministerium erkannte die rühmlichen „patriotischen Bestrebungen“ des „Vereins“, und der hessische Minister du Thil vermutete auf der Darmstädter Konferenz 1820, daß Lists Freund Ernst Weber-Gera die reußischen Kabinette dirigiere[26]).

Die populäre Tendenz zeigt sich ferner in der Wahl publizistischer Organe; der „Verein“ setzte hier Lists publizistische Tätigkeit[27]) unmittelbar fort. So empfahl Schnell schon im Mai 1819 Arnoldi die von Metternich gehaßte, durch Lists Schwager F. Seybold redigierte „Neue Stuttgarter Zeitung“ als „das Organ von allen und das erste Blatt in Deutschland“[28]). In Berlin warb er den Kriegsrat Friedrich von Cölln — den Verfasser der oppositionellen „Feuerbrände“ von 1807/08 — als Mitarbeiter für das „Organ“; Cölln arbeitete jetzt für die „Allgemeine Zeitung“, aber auch als literarischer Beauftragter der Berliner Reaktion, was Schnell vielleicht nicht wußte[29]). Offenbar lebte Schnell, der Nürnberger Kaufmann und Vorstand des dortigen Handelsvereins, in den bürgerlich-liberalen Vorstellungen, wie sie aus der „Aufklärung“ namentlich in allen protestantisch-städtischen Kulturzentren unseres 18. Jahrhunderts sich entwickelt hatten. War doch Seybolds „Neue Stuttgarter Zeitung“ für Friedrich von Gentz „eines der ärgsten Brandblätter Deutschlands“! Daß die Wahl eines eigenen Organs, zur Erörterung ökonomisch-merkantiler Angelegenheiten, so nahe an politisch freiheitliche Blätter wie die „Neue Stuttgarter“ und „Neckarzeitung“ heranrückt — und dies unmittelbar nach den Karlsbader Beschlüssen! — erscheint uns ebenso kennzeichnend wie die Tatsache, daß List selber der Eigentümer dieses neuen Unternehmens wurde. Lists fruchtbarer Geist gestaltete das „Organ“, wie im breiteren Ausmaß später (1843 bis 1846) sein „Zollvereinsblatt“, zu einer noch heute lesenswerten und oft spannenden Wochenschrift — trotz vielfacher Redaktions-, Zensur- und Posthemmnisse.

---

[25]) Vor seinem Tode hat Karl August jedoch (1827) gegen den Anschluß seines Landes an Preußen, den Motz wünschte, intrigiert; s. H. von Petersdorff, „Friedrich von Motz“ l. c., Zweiter Bd., S. 138—154.

[26]) Siehe Stern l. c., Bd. I, S. 621—625; Ritthaler in „Vorgeschichte“ l. c., Bd. I, S. 302—306; vgl. ebda. Bd. III, S. 153—164. Olshausen l. c., S. 24—25, 242—243, 272. Adolf Suchel, „Hessen-Darmstadt und der Darmstädter Handelskongreß von 1820—1823“, 1922, S. 30 Anm. 3. — Wegen Thüringen vgl. übrigens unten Hauptteil C, 3. Kapitel, Anm. 62, 63.

[27]) Vgl. oben Hauptteil A, 3. Kapitel, und unten Hauptteil F, 1. Kapitel.

[28]) Siehe Olshausen l. c., S. 232, 268.

[29]) Siehe Max Lenz, „Geschichte der Universität Berlin“ l. c., Bd. II 1, S. 88. — Otto Tschirch, „Geschichte der öffentlichen Meinung in Preußen vom Baseler Frieden bis zum Zusammenbruch des Staates (1795—1806)“, II. Band. 1934, S. 150—152, 425—428, 441—449.

Vom Juli 1819 ab gab List, als „Konsulent“ des „Vereins“, das ebengenannte „Organ für den deutschen Handels- und Fabrikantenstand“ heraus; der Titel lautete später: „Organ deutscher Kaufleute, Fabrikbesitzer, Staatswirte und Finanzmänner.“ „Berühmte Staatswirte und Geschichtskenner“ sollten die Redaktion unterstützen; List schlug am 23. Oktober 1819 liberale Männer wie den Grafen Soden, Rau, Benzenberg und sogar Nebenius — der aber ablehnte — vor. Das „Organ“ — die früheste deutsche Zeitschrift für Wirtschaftspolitik im nationalen Rahmen wie auch für Weltwirtschaft — erschien bis Ende Juni 1821 in einer Auflage von etwa 2000 Stück. Dann wurde es mit Lists liberaler „Neckarzeitung“ verschmolzen[30]). Freilich fehlte es nicht an Differenzen mit dem Vorstand.

Der „Ausschuß“ betonte mehrfach, daß List als Redakteur „die notwendige Delikatesse“, „die größte Vorsicht wie die reifste Beratung“ walten lassen müsse. „Der reine Sinn und Zweck des Vereins dürfe durch keine, einer zweideutigen Auslegung fähigen, politische Absichten argwöhnen lassenden, die Ruhe Deutschlands gefährdenden Perioden des Organs verstellt oder vereitelt werden. Aus jeder Silbe müsse hervorleuchten, daß der von der allgemeinen Not eingegebene große Zweck des Vereins nur auf gesetzlichem Wege erreicht werden wolle. Es dürfe der Verein, so wie in seinem Streben noch in seinen Äußerungen nicht die leiseste Mißdeutung der Allerhöchsten und hohen Regierungen Deutschlands weder veranlassen noch verdienen.“ Diesen sehr aktuellen Angstäußerungen gab List nach, indem er dem „Vereins“-Ausschuß sogar eine Vorzensur erlaubte.

Unter den Mitarbeitern des „Organs“ interessiert namentlich der Graf Soden.

Schon im Hauptteil A haben wir die Verbindung kennengelernt, in der List mit dem aufgeklärten fränkischen Reichsgrafen stand[31]). Er bezeichnet ihn 1827 als den „most celebrated German author in political economy“ und späterhin als den Urheber der Theorien von der Produktivkraft, während er im „Nationalen System“ über Sodens naturphilosophische Unklarheit ungünstiger urteilt[32]). Im „Organ“ finden sich drei Aufsätze, die offenbar von Soden stammen: „Über das wahre Prinzip des Vereins des deutschen Handels- und Fabrik-Standes“ (1819, S. 242—244), „Über Auswanderungen“ (1820, S. 22—24), „Über Handelssperren“ (ebenda S. 29—31). List hat wegen dieser Aufsätze, deren „weltbürgerlicher“ Inhalt hier nicht interessiert, mit Soden

---

[30]) Vgl. „Werke“ Bd. I 1, S. 41—44; Bd. VIII, S. 197—203; IX, S. 47—50. — Olshausen l. c., S. 57—66, 243 ff.

[31]) S. meinen Aufsatz in „Schmollers Jahrbuch“ 1924, S. 14—16, ferner Einführung zu „Herdflamme“ l. c., S. XIII und XXIV, „Werke“ Bd. IV, S. 20, 50—145, 566. — A. Sommer im „Weltwirtschaftlichen Archiv“ l. c., S. 355—356. — J. Baxa, „Geschichte der Produktivitätstheorie“, 1926, S. 41—62, 92—100. — K. R. Blum, „Die subjektivistisch-psychologischer Wertlehren von ihren Anfängen bis auf H. H. Gossen“, Gießener Dissertation 1934.

[32]) Vgl. oben und „Werke“ Bd. II, S. 111 und 380; Bd. V, S. 43; Bd. VI, S. 30.

korrespondiert[33]); im Juni 1819 dürfte er Soden in Nürnberg zum erstenmal aufgesucht haben. Im Oktober hatte er Soden als Mitarbeiter für das „Organ" gewonnen: der Graf sei „einer unserer ersten staatswirtschaftlichen Schriftsteller, und im höchsten Grade liberal gesinnt"[34]). Da Nürnberg der Hauptsitz des „Vereins" und zugleich Sodens Wohnort war, so ergab sich eine engere Berührung mit dem Verfasser der „National-Ökonomie" (1805), die in zwei uns erhaltenen Briefen Lists an den Grafen vom 27. Dezember 1820 und vom Juni 1822 fortgesetzt wurde. Wir hören List sein Stillschweigen entschuldigen: „Wer so wie ich von allen Seiten von der Criminal-Justiz verfolgt wird, von dem ist es wohl erklärlich, wenn er am Ende ganz abgehetzt zu Boden sinkt"[35]).

Graf Sodens Lehre von der „Produktiv-Kraft" der Nationalglieder und National-Gesamtheit haben wir anderweit geschildert und im Zusammenhang des Hauptteils A ihren Einfluß auf List erwähnt; an dieser Stelle ist noch darauf hinzuweisen, daß Soden schon 1816 für einen Zollschutz gegen England eintrat. Im „Organ" bleibt des Grafen Einfluß über seine eigenen Aufsätze hinaus spürbar. Naturphilosophischer Nachhall Schellings, mit dem er 1802 bis 1806 in Würzburg gelebt hatte, physiokratische und englisch-liberale Gedanken mischten sich bei ihm mit kosmopolitisch-weltbürgerlichen. Indem Soden seine „National-Ökonomie" von aller Empirie abhob, um „eine reine Theorie vorzubereiten", definierte er menschlichen Wohlstand als „die Summe der Genüsse" und wurde somit zum Bahnbrecher einer subjektivistisch-psychologischen Wertlehre in Deutschland. Damit entfernt er sich von List; „heiterer Lebensgenuß" ist für diesen aufgeklärten Epikuräer „der Zweck der Nationalökonomie".

Es bleibt jedoch bemerkenswert, wie List in seiner „Vereins"-Tätigkeit noch keiner festen Richtlinie in nationalökonomischer Hinsicht folgt. Ein buntes Bild bieten seine eigenen Beiträge im „Organ": neben der „wechselseitigen Wirkung zwischen Handel, Gewerbe und Ackerbau"[36]) und Ausfällen gegen Englands „Handelsdespotie" finden wir die Professoren Lips und Rau, den Graf Chaptal, aber auch J. B. Say als Gewährsmänner gelobt, „Weltbürgersinn" mit „Patriotismus" vereint. Daß die „Physiokraten" die von Colbert begonnene wirtschaftliche Einigung ihres Landes vollenden gewollt, ja darüber hinaus die ganze Welt als eine „Republik von Kaufleuten" angesehen hatten, mußte in Sodens Augen beispielhaft erscheinen. Auch Benzenberg zeigte anfangs diesen physiokratischen Einschlag[37]). Adam Müller gegenüber war Soden mit seiner an Schelling genährten

[33]) Siehe von Schanz, „Die staatswirtschaftliche Fakultät der Universität Würzburg", 1911. — Olshausen l. c., S. 308—309.

[34]) S. Brief an Lists Frau vom 22. Oktober 1819 in „Werke" Bd. VIII, S. 151. — List kannte Sodens „Finanzwissenschaft" schon vor 1816.

[35]) Im List-Archiv F. IX, Nr. 1—15, befinden sich 15 Briefe Sodens an List aus den Jahren 1819—1821. — Vgl. „Werke" Bd. VIII, S. 197, 224—225, 884.

[36]) Jahrgang 1820, S. 115—116, 167.

[37]) Siehe Heyderhoff l. c., S. 6, und unten Hauptteil C, 2. Kapitel, Anm. 67.

Lehre von der Produktivkraft früher (1805) hervorgetreten; jener hatte sich mit Schelling zuerst in der „Lehre vom Gegensatz" (1804) beschäftigt[38]). Anderseits waren Adam Müllers wirtschaftspolitische Ansichten, verglichen mit List, vor 1819 viel stärker und einheitlicher ausgebaut. In der Zolleinheitsfrage hatten Müller wie Soden sich schon 1816 ausgesprochen; List, dem Müllers Zusammenwirken mit Weber-Gera später wohl bekannt war[39]), besaß erst seither von den Handels- und Verkehrsfragen im Bunde eine nähere Kenntnis. In Nürnberg hatte, außer dem Grafen, schon der obengenannte Johannes C. Brunner sich über die Mautfrage im gleichen Jahr geäußert[40]).

Nach Lists Ausscheiden infolge seines Prozesses erlosch die „Vereins"-Tätigkeit im Sommer 1821[41]). Wir folgen List nunmehr auf den Wiener Schauplatz seines Wirkens für eine deutsche Nationalwirtschaft.

---

[38]) Vgl. Baxa, „Adam Müller" l. c., S. 24. — F. Rümelin l. c., S. 16.

[39]) Vgl. „Organ" 1819, S. 110; unten Hauptteil C, 1. Kapitel, Anm. 77.

[40]) S. oben Hauptteil A, 3. Kapitel, Anm. 27; Brinkmann l. c., S. 8. — Über Schnells Einwirken auf Brunner vor den Darmstädter Zollverhandlungen s. List-Archiv F. VII, Nr. 49. Vgl. „Werke" Bd. I 1, S. 44; Olshausen l. c., S. 190.

[41]) S. oben Anm. 19 und 30. — Das „Organ" wurde von anderer Seite später in Köln aufgenommen; s. C. C. Becher, „Allgemeines Organ für Handel und Gewerbe des In- und Auslandes und damit verwandte Gegenstände", Köln 1835 ff. — Vgl. unten Hauptteil C, 3. Kapitel Anm. 25 sowie „Werke" Bd. VI, S. 477; Bd. VIII, S. 926.

ZWEITES KAPITEL

Die „Wiener Ministerialkonferenz"

Wenige Monate nach den Karlsbader Beschlüssen, welche das öffentliche Leben im Bunde der Zensur und einer verschärften Aufsicht unterwarfen, war List mit seiner Vereinsdeputation[1]) am 5. Januar 1820 in Wien eingetroffen, um die dortigen Verhandlungen zu beeinflussen. Obschon Schnell als Delegations-Führer behandelt wurde, war List durchaus auch hier die treibende Kraft[2]). Fürst Metternich hatte, wie erwähnt, die Handelsfragen auf die Tagesordnung der „Ministerialkonferenz" setzen lassen. Am 10. Januar begann die Konferenz in ihrem 10. Ausschuß, dem Graf von Bernstorff für Preußen und Frhr. von Berstett für Baden angehörten, ihre handelspolitischen Arbeiten — wohl mit Rücksicht auf das Eintreffen der „Vereins"deputierten, wie auch Aegidi meint. Voller Hoffnung schreibt List seiner jungen Frau: — „wir sind auf dem Wege, die österreichische Regierung auf andere Ansichten zu bringen und uns geneigt zu machen. Unsere Sache macht gewaltiges Aufsehen sowohl am Kongreß wie in der Hauptstadt... Ein großer Teil der höheren Staatsbeamten des hiesigen Gouvernements ist auf unserer Seite —." In den Briefen herrscht Vertrauen auf die „heilige Sache" vor; der Kongreß habe schon Anfang Februar zu deren Gunsten einige Beschlüsse gefaßt. „Mein Geschäft geht herrlich von Statten", meinte er noch am 1. März 1820. Doch verkannte er anderseits die Schwierigkeiten der Lage nicht und suchte mit Erfolg Verbündete unter den Wiener Bankiers und Gewerbetreibenden, wollte auch in Wiener Zeitungen schreiben — was die Polizei alles übel vermerkte[3]).

Hier in Wien nahmen List und Ernst Weber sogleich persönliche Fühlung mit den maßgebenden österreichischen Regierungsstellen[4]). Dem

[1]) Ernst Weber, J. J. Schnell-Nürnberg und K. Streiber-Eisenach.

[2]) Vgl. Alfred Stern l. c., Bd. I, S. 430—431, 573—592, 596—608, 614—630. — Olshausen l. c., S. 268—295.

[3]) Zur Geschichte der Wiener Ministerialkonferenzen 1819—1820 vgl. du Thil — der aber List nicht erwähnt — in seinen „Denkwürdigkeiten", herausgegeben von H. Ulmann, 1921, S. 246—275. Ferner Adolf Suchel l. c., S. 4—23.

[4]) S. ihre Aufzeichnungen in List-Archiv F. VI, Nr. 57, und F. XI, Nr. 2. — Olshausen l. c., S. 279—283. — Vgl. L. Häußer, „Friedrich Lists gesammelte Schriften", 1850, Bd. I, S. 44—51, und Aegidi, „Aus der Vorzeit" l. c., S. 30—33. — „Werke" Bd. I 1, S. 32—37, und Karl Goeser l. c. — Olshausen l. c., S. 94—154. — „Werke" Bd. VIII, S. 154—183.

Fürsten Metternich, ja dem Kaiser Franz I. selber legte er mehrfach seine Pläne für eine „Vereinigung aller Interessen", für „ein gemeinschaftliches deutsches Douanensystem" dar. „Visiten machen und antichambriren; das einemal von Hoffnungen angeschwellt, das anderemal von widrigen Nachrichten gequält zu werden, das ist mein hiesiger Lebenslauf." Am 2. März durfte List dem Kaiser seine Gedanken vortragen, wobei er für Österreich Übergangszölle anregte, bis das Bundeszollsystem „sich vollkommen erprobt hätte"[5]). Neben der großen „Denkschrift" vom 15. Februar 1820, „die Handels- und Gewerbsverhältnisse Deutschlands betreffend", und den begleitenden Eingaben entstanden Anfang März die „Grundzüge eines Planes zu einer Nationalindustrie- und Kunstausstellung während der Messen in Frankfurt und Leipzig", — eine Privatarbeit des intuitiven Konsulenten, der seinen Wiener Aufenthalt bis Ende Mai verlängern mußte. List gedachte — durch eine Augsburger und vielleicht durch eine Pariser Industrieausstellung von 1819 angeregt — das Institut durch eine Aktien-Subskription „in allen größeren Handels- und Fabrikstädten Deutschlands" zu finanzieren; Namen und Beiträge der Subskribenten sollten „durch eine in den Ausstellungsgebäuden zu errichtende Ehrensäule der Nation zu dankbarer Erinnerung an die edelmütigen Stifter dieses Nationalinstitutes aufbewahrt" werden. Daß List den Gedanken der Aktiengesellschaft auf moderne Unternehmen überträgt, wird anläßlich seines Plans einer Exportkompagnie sowie im Eisenbahnbau vollends zutage treten[6]). Wie er den Ausstellungsplan dem Generalkonsul Adam Müller zur Äußerung vorlegte, so jene „Vereins"-Denkschrift dem Berater des Fürsten Metternich, Friedrich von Gentz[7]). Dem kaiserlichen „Retter des deutschen Vaterlandes" und „den erlauchten Fürsten des deutschen Bundes" trug List „im Namen des deutschen Nahrungsstandes" an, ein nationales Handelssystem mit allen Attributen einer föderativen Einheit zu stiften. Es liege in der Natur ihres Bundes, „die Zwecke der früheren Reichsverfassung durch ein Föderativband zu erreichen, den Deutschen die Rechte einer Nation und alle Vorteile eines Nationalbandes zu verschaffen". Der Fürsten „preiswürdige Einmütigkeit habe Deutschland vom fremden Joch befreit und die öffentliche Ruhe zu bewahren" gewußt. Entsprachen dieser Appell und seine Projekte einer „Nationalindustrieschule", einer „Bundeskommerzkommission", ja eines „europäischen Handelskongresses"[8]) dem Interesse der Regierungen? Wer dachte damals im Ernst an „Bundesdouanen" und eine deutsche

---

[5]) S. Brief an seine Frau vom 15. März 1820. — Wir erwähnen aus seinen Wiener Notizen: „Metternich, Gentz, Adam Müller." — „Präsident von Stahl einsichtsvoll und geneigt". „Ungunst Stahls." — „Opposition der Banquiers." — „Preußen in der Klemme." — „Versuche der Bestechung."

[6]) S. Hauptteil C, 2. und 3. Kapitel. — „Werke" Bd. I 2, S. 1009—1016.

[7]) Vgl. „Werke" Bd. I 2, S. 562 bis 579, und Hauptteil C, 1. Kapitel Anm. 43, 82.

[8]) Vgl. „Werke" Bd. I 2, S. 590—595. — „Organ" 1820, S. 147, und oben Hauptteil A, 1. Kapitel, Anm. 46.

„Seemacht“? Bestand irgendeine Aussicht auf einen Fabrikaten-Schutzzoll von 30 bis 50 Prozent gegen das Ausland, wie List ihn im „Organ“ und für den Darmstädter Zollkongreß skizzierte? Bildete der Bund in Wahrheit „ein sämtliche deutsche Staaten wohltätig umfassendes Nationalband“, dem zuliebe „die einzelnen Staaten auf ihre kleinlichen Privatinteressen verzichten“ wollten? Die Karlsbader Beschlüsse ergaben für „die Rechte und die Würde der Nation“ in Lists Sinne keinen verheißungsvollen Anfang. Lists Vorschlag, die nicht konkurrenzfähigen österreichischen Fabrikate durch Übergangszölle zu schützen, rührte an eine Schwierigkeit, die noch kein Plan einer gesamtdeutschen Handelseinheit überwunden hat, und dem Verlangen nach Retorsionszöllen standen — wie wir im Hauptteil A sahen — die freihändlerischen Interessen bereits in voller Stärke gegenüber. Kein Attribut einer künftigen Nationalwirtschaft, das List nicht dem Deutschen Bund schon 1820 beilegt[9]).

Der badische Bevollmächtigte von Berstett betonte zwar zu Beginn der zollpolitischen Beratungen: „Was sich als allgemein und dringend gefühltes Bedürfnis der neueren Zeit angekündigt hat, das hat Anspruch auf genaue Prüfung der Cabinette“; geschehe in diesem Punkte, wo „das Interesse des Volks zunächst beteiligt“ sei, nichts einigermaßen Befriedigendes, so gebe man den Schreiern und Demagogen neue Waffen. Er warnte die Regierungen vor der „unruhigen Geschäftigkeit“, welche eine gefährliche Richtung genommen habe; man müsse ihr „einen geregelten Spielraum“ geben, um sie von den „verderblichen Plänen“ abzuhalten, „zu denen die unvermeidlichen Umtriebe der Parteimänner sie verwenden wollen[10]). Der materielle Gewinn werde den Wunsch „gewaltsamer Veränderungen“ zurückdrängen und „Bestimmungen über Handelsfreiheit“ würden, angesichts der Karlsbader Beschlüsse, „auch der Masse des Volkes einen materiellen Ersatz für den Verlust mancher chimärischen, aber lieb gewordenen Idee liefern“. Immer wieder begegnet uns also die Furcht vor „verbrecherischen Hoffnungen und Absichten“ in Handelsfragen! Eben im Februar 1820 wurde der französische Thronfolger ermordet, flammte der Aufstand in Spanien und bald auch in Neapel auf. Gewiß fanden die süddeutsch-parlamentarischen Regierungen sich eher veranlaßt, mit den populären Wünschen zunächst so weit zu gehen, als ihre ökonomischen Sonderinteressen und ihr Verhältnis zu den Großmächten dies erlaubten. Wie unvereinbar aber die volkstümlichen Gedanken mit der politischen Gesamtlage von 1819/20 waren, hat Preußens Außenminister Graf Bernstorff in Wien von Anfang an herausgestellt[11]). Der nassauische reaktionäre Minister von Marschall sah sogar in dem verhaßten Zollgesetz Preußens „eins der Haupthilfs-

[9]) Vgl. „Werke“ Bd. I 1, S. 44—50, 522.— Noch die Salzburger Zollunionsverhandlungen 1918 sahen Übergangszölle vor!

[10]) Vgl. Suchel l. c., S. 14. — Olshausen l. c., S. 29—31, 202.

[11]) Wegen der Berliner „Vereins“-Besprechungen vom November 1819 s. unten Hauptteil C, 2. Kapitel, Anm. 13, 14.

mittel der revolutionären Partei"[12]); das Zollgesetz von 1818 war ihm ein Werkzeug der Berliner „Umsturzpartei". Gegen Preußen waren von Marschall, der Hesse du Thil und der Badener von Berstett sich einig; sie wünschten freihändlerische Reformen und hatten keine wesentlichen Fabrikinteressen ihrer Länder zu vertreten.

Wir wollen nicht diese Verhandlungen im einzelnen, sondern das Schicksal der „Vereins"-Deputation betrachten; dies Schicksal war besiegelt, noch ehe die „Vereins"-Deputierten ihre große „Denkschrift" am 15. Februar „dem zur Zeit in Wien versammelten erlauchten Kongreß der hohen Mächte Deutschlands" unterbreitet hatten. Einen staatlichen Rückhalt besaß der „Verein" ja nicht; seine Mitglieder — List schätzte sie Ende 1819 erst auf 2000 und während seiner amerikanischen Zeit auf 6000 — standen im gesellschaftlichen Ansehen tief unter den vorherrschenden Schichten des Adels, der Höfe und der Bürokratie; sie waren „Privatpersonen" aus dem erwerbenden Bürgertum wie Schnell aus Nürnberg, Weber-Gera oder Arnoldi-Gotha.

Schon in einem Bericht Nr. 49 aus Wien vom 12. Januar 1820 hatte der hessen-darmstädtische Vertreter du Thil sich zu der Frage des „freien Verkehrs in Deutschland" ausgesprochen; stand sie ihm doch mit im Zentrum der auf dem Kongreß verhandelten Interessen. Die Konferenz selber beschäftigte sich mit wirtschaftlichen Fragen nur in ihrem 10. Ausschuß; das Schwergewicht ihrer Verhandlungen lag in der festeren Konstituierung des jungen deutschen Staatenbundes. Rückschauend bemerkte du Thil[13]: „Diese Materie (die Handelsverhältnisse) geriet bald ins Stocken, die Versammlung war nicht so zusammengesetzt, daß sie in dieser Beziehung etwas Ersprießliches hätte zu Wege bringen können." Graf Bernstorff, der preußische Vertreter und Vorsitzende des 10. Ausschusses, dürfte hierbei mitgemeint sein. Der hessische Bevollmächtigte, der mit von Marschall für das freihändlerisch verwaltete Nassau am ehesten sich verstand, erwähnt am 12. Januar das badische, von Nebenius verfaßte Votum für ein Mautsystem an den Grenzen Deutschlands, ohne diesem Plan sich zu befreunden. Vielmehr hebt er — auch Adam Smith wird angeführt — die Nachteile für die Verbraucher hervor, welche dann „die Produkte des Auslandes weit teurer als bisher bezahlen oder sich mit schlechten und doch teueren Fabrikaten begnügen müssen, und das alles, um einigen Fabrikunternehmern Gewinn zu geben". Lists große Denkschrift vom 15. Februar 1820 suchte gerade „den Ungrund aller dieser Einwendungen nachzuweisen". Er wollte den Wiener Staatsmännern das „Übel aufzeigen, welches daraus entsteht, wenn falsche Schulsysteme ins Leben übergehen"; schon damals wandte er sich gegen die Rezeption der Adam Smithschen Lehre, wie sie die deutsche „Nationalökonomie" oder

[12]) Vgl. Treitschke, „Die Anfänge des deutschen Zollvereins", in „Preußische Jahrbücher" 1872, S. 436. — Etwas abweichend und vom Standpunkt der „Patrioten" urteilt Olshausen l. c., S. 118 und öfters.

[13]) S. „Denkwürdigkeiten" l. c., S. 254.

„Volkswirtschaftslehre“ seit 1805/1806 durchführte[14]). Indem er das persönliche Interesse der „Vereins“-Deputierten an einer deutschen Grenzzollordnung unterstreicht, fährt du Thil fort[15]):

„Das ganze jetzige Geschrei und der Ruf nach Mauthen an den Grenzen Deutschlands rührt bloß davon her, daß während der Continentalsperre eine Menge Fabriken mit Vorteil angelegt sind, die jetzt nicht mehr Preis halten können und sich auf Kosten der Konsumenten erhalten wollen. Man gerät nun in Gefahr, dadurch irre geführt zu werden, daß jene, ihr Interesse wohl verstehend, viel Lärm machen, während die letzteren, deren Interesse dem ihrigen entgegengesetzt ist, deswegen schweigen, weil sie es nicht verstehen.“ Der Konsulent des „Vereins“ hätte Anlaß gehabt, das Wahre an dieser Bemerkung zu empfinden. Schon 1825 erschien im Brockhausschen Konversationslexikon ein List herabsetzender Artikel, und noch im letzten Lebensjahr mußte List seine Funktion als Syndikus des ältesten deutschen Interessenten-Verbandes gegen Angriffe auf seine Geschäftsführung verteidigen[16]).

Du Thils handelspolitische Aufgabe in Wien harmonierte wenig mit Lists Aufträgen. Du Thil war zwar entschieden antirevolutionär und monarchisch gesinnt[17]), aber ohne „törichte Reaktionssucht“ und an der Handelsfrage lebhaft interessiert. In einer 1854 verfaßten Aufzeichnung[18]) erwähnt er die Listschen Bemühungen in gemilderter Form: Anfang 1820 fanden sich in Wien „Abgeordnete des Kaufmannsstandes verschiedener Länder: Bayern, Württemberg und einigen anderen ein, und schilderten, von einer Gesandtschaft zur anderen wandelnd, die schrecklichen Folgen, welche das preußische Zollsystem, indem es Deutschland in der Mitte durchschneide, für Süddeutschland habe. Sie baten, dem Übel eine Vereinigung unter anderen Regierungen entgegenzusetzen, aber sie predigten tauben Ohren“. Man habe sie auf den Bundestag in Frankfurt vertröstet. Du Thil aber „war mit dem Gedanken, den die Leute anregten, so sehr vertraut“, daß er ihn nicht überraschte. Er habe mit dem badischen und dem nassauischen Bevollmächtigten (von Berstett und von Marschall) die Darmstädter Zollkonferenz

---

14) Zur Berichtigung und Einordnung der Listschen Agitation in die wirtschaftliche Zeitlage vgl. Carl Brinkmann, „Die preußische Handelspolitik vor dem Zollverein“, 1922, S. 1—32, und Schmoller, „Das preußische Handels- und Zollgesetz vom 26. Mai 1818 (1898), S. 30—53. — Vgl. auch Hauptteil C, 3. Kapitel, wegen der „Zwischenhändler“.

15) Siehe Heribert Schmidt, „Die Begründung des Preußisch-Hessischen Zollvereins vom 14. Februar 1828“, Gießener Dissertation 1926.

16) Vgl. List 1825 in „Werke“ Bd. VIII, S. 57—58, und „Zollvereinsblatt“ 1846, S. 114—126 und S. 131—135, sowie die Angriffe des Vereinskassiers Bauerreis auf Lists Wiener Geschäftsführung in Hauptteil F, 1. Kapitel. — Ein verleumderisches Fehlurteil über Lists „unkluge Raschheit“ in Wien bringt abermals Brockhaus, „Allgemeine Deutsche Real-Encyclopädie“, Artikel „Deutscher Handelsverein“ und „List“, Bd. V, 7. Aufl., 1827. Vgl. auch Lists Vorwort zum „Nationalen System“, ed. Eheberg, S. V Anm. — „Werke“ Bd. VI, S. 9, 498—499 wegen Miller.

17) S. „Denkwürdigkeiten“ l. c., S. 258.

18) l. c. S. 292—293.

vorbesprochen und dadurch — unabhängig von List — den Keim „aller künftigen Zollvereine“ gelegt. Nach dem Scheitern der Darmstädter Zollverhandlungen vom Herbst 1820 ist der hessische Minister in der Tat 1824 zu einem hessischen Grenzzoll und 1826 zu Verhandlungen mit Preußen übergegangen, aus denen im Februar 1828 der preußisch-hessische Zollverein erwuchs.

List konnte somit im Januar 1820 weder bei du Thil noch beim Fürsten Metternich noch gar bei Maaßen oder J. A. F. Eichhorn in Preußen auf Gehör für seine großdeutschen Schutzzollpläne rechnen; bei den Regierungen von Baden, Württemberg und Bayern war er verdächtig, mit den Hansestädten und Sachsen in literarischer Fehde. Der nassauische Gesandte von Marschall hatte zwar, zu Beginn der Wiener Konferenz, das preußische Zollsystem in seiner Denkschrift aufs heftigste angegriffen und die Unzufriedenheit mit ihm „eines der Haupthülfsmittel“ genannt, „dessen sich die revolutionäre Partei in Deutschland mit Erfolg wirklich bediente“[19]); an eine Unterstützung durch den Listschen „Verein“ konnte er doch sowenig wie etwa der preußenfeindliche Herzog Ferdinand von Anhalt-Köthen denken[20]). Auch Preußens Haltung war durch sein Zollsystem und den wirtschaftlichen Liberalismus seiner leitenden Beamten vorbestimmt. Es erwartete nichts Wesentliches von einem Bunde, der auf der Souveränität von 38 Einzelstaaten ruhte. Wenn Preußen sich als „geschlossener Handelsstaat“ behaupten wollte und nur von Fall zu Fall zollpolitische Anschlußverhandlungen offenhielt, so vertrat der hanseatische Bevollmächtigte ausschließlich „das engherzige System der liberalen Freien Städte“, d. h. das Konsumenteninteresse des Handels[21]).

Wie List sich — und unwissentlich wohl seine „Vereins“genossen — über die zu erwartende Aufnahme in Wien täuschte, zeigt die zweite Depesche du Thils an das Ministerium vom 14. Januar 1820. Sie behandelt Lists Plan, die künftigen Bundeszölle einer Privatgesellschaft auf Aktien zu verpachten; über seine sehr berechtigte Kritik hinaus ist der Bericht bemerkenswert durch den Einblick, den er uns in die politische Haltung Metternichs List gegenüber gewährt[22]).

„Eine Deputation des sogenannten deutschen Handels- und Fabrikvereins traf, mit dem bekannten Professor List an ihrer Spitze, vor ungefähr acht Tagen hier ein, und es verlautete alsbald, daß ihre Absicht dahin gehe, den deutschen Staaten, welche Mauthen haben, den Ersatz der reinen Einnahme, welche sie — nämlich die Deputierten — im

[19]) Siehe oben Anm. 12 und Aegidi, „Aus der Vorzeit“ l. c., S. 28—29.

[20]) Lists Wiener Notizen über sein „Wirken mit und durch denselben“ s. bei Olshausen l. c., S. 281.

[21]) Siehe von Berstett über die Ausschußverhandlungen vom 12. Januar 1820 in „Vorgeschichte“ l. c., Bd. I, S. 364—370. — Für die preußische und hanseatische Haltung vgl. unten Hauptteil C, 2. und 3. Kapitel. — Theodor Hansen l. c., S. 14 bis 26.

[22]) S. „Depesche Nr. 51. Den freien Verkehr, insbesondere die deßfalsigen Anträge des deutschen Handels-Vereins betreffend.“

ganzen auf 13 Millionen Gulden anschlagen sollen, zu leisten, wenn ihnen die Errichtung von Mauthen an den Grenzen Deutschlands auf eigene Rechnung und Gefahr überlassen und dagegen ein ganz freier Verkehr im Innern hergestellt würde.

Daß ich, wenn irgend etwas dieser Art zu Stande kommen könnte, einen matrikularmäßigen Anteil an den 13 Millionen, und zwar mit Recht in Anspruch genommen haben würde, ohnerachtet das Großherzogtum keine Mauten hat, versteht sich von selbst; allein ich muß bekennen, daß ich dem Antrage, der mich erschreckt hat, um so mehr entgegen gesprochen habe, als die 13 Millionen einen besonderen Reiz für einige meiner Kollegen zu haben schienen.

Meine Ansicht über Mauthen überhaupt habe ich mir die Freiheit genommen in Nr. 49 vorzutragen; sollen indessen welche bestehen, so müssen sie wenigstens in der Hand der Regierungen sein, die nach dem Bedürfnisse ihrer Unterthanen ab und zu thun können, und es darf meines Dafürhaltens nicht einer Gesellschaft von Spekulanten überlassen bleiben, eine so wichtige Angelegenheit ohne Rücksicht auf das wahre Wohl der Nation hauptsächlich nach ihrem Privat-Interesse zu lenken; nicht zu gedenken, daß es wenig würdevoll sein würde, wenn der Verein deutscher Regierungen die Bestimmung und Leitung seiner Handels-Verhältnisse zum Auslande in die Hände einer Gesellschaft niederlegte, die möglicherweise bankerott machen kann."

List hatte die Verpachtung der künftigen „Bundesdouanen" folgendermaßen geplant: „Die Pacht sollte in 20—25000 Aktien zerschlagen werden, um eine große Anzahl von begüterten Bürgern in ganz Deutschland für die Aufrechthaltung der Zollgesetze zu interessieren. Jeder, er sei Staatsbeamter oder Landwirt, Kapitalist oder Kaufmann, sollte ebensogut eine gewisse Anzahl Aktien unterzeichnen können, wie der Fabrikant. — Um zu verhindern, daß nie ein einzelner oder eine Stadt ein schädliches Übergewicht erhalte, sollte bestimmt werden, daß kein Individuum über 100 Aktien, keine Stadt über den hundertsten Teil aller Aktien besitzen dürfe." Die Verwaltung einer Privatgesellschaft sei „weit wirksamer und weniger kostspielig", weil sie nach kaufmännischen Grundsätzen geschehe. Gewinn- und Verlustchancen der Pachtgesellschaft sollten begrenzt werden[23]).

„Von Seiten der Conferenz ist indessen die Sache gar nicht aus diesem Gesichtspunkte, sondern blos von der recht- oder staatsrechtlichen Seite betrachtet worden. Indem nämlich der Fürst Metternich in der letzten Sitzung der Versammlung die Ankunft der Deputation und daß sie sich bei ihm gemeldet habe, anzeigte, setzte er hinzu: Er kenne keinen deutschen Handelsverein, er könnte sich wohl denken, daß in jedem einzelnen deutschen Staate eine Zahl von Kaufleuten oder Fabrikanten sich zu einem bestimmten Zwecke vereinigten, und daß eine solche Gesell-

[23]) Zur Kritik vgl. „Werke" Bd. I 2, S. 1003—1004. Über Lists sonstige Aktienpläne s. Hauptteil C, 2. Kapitel, und oben Anm. 6 wegen der „Industrie-Ausstellung".

schaft, wenn sie die Bestätigung der Regierung erhalte, zu einer anerkannten Corporation erwüchse, die als solche die rechtlichen Eigenschaften einer moralischen Person erhalte, welche Rechte erwerben und Verbindlichkeiten eingehen könne. Aber eine Corporation in diesem Sinne, welche sich über ganz Deutschland verbreite, müsse nicht blos erst die Bestätigung des Bundestages erhalten, sondern sie sei auch wohl bei dem Verhältnisse souveräner Staaten, aus welchen Deutschland bestehe, gar nicht gedenkbar, und da mithin dem hier auftretenden Vereine die wesentliche Eigenschaft einer anerkannten Corporation abgehe, so glaube er, daß die Versammlung mit ihm nicht in Verhandlungen eingehen könne. Hierauf ward nach einer kurzen Deliberation beschlossen, die Deputation nicht anzunehmen, so daß es zu offiziellen Propositionen von ihrer Seite gar nicht gekommen ist.

Folgende Erläuterung wird dazu beitragen, diese Thatsache ganz zu würdigen: die Stiftung des sogenannten Handelsvereins — der aber diesen Namen usurpirt, weil er meistens aus Fabrikanten besteht und den eigentlichen Handelsstand zum Theil gegen sich hat — fällt in die Periode, in welcher die Schwarzbündner und andere ihr Wesen am freiesten trieben, und wenn nicht von einer Republikanisierung Deutschlands, doch von einer Vereinigung desselben in einen Staat träumten. Nun werden die Chefs dieses Vereins — denn seine meisten Mitglieder sind gewiß sehr unschuldig daran — mit welchem Rechte, weiß ich nicht, beschuldigt, in einem engeren Verkehr und Ideenaustausche mit den Gliedern jenes Bundes gestanden zu haben, und dieser Verdacht dürfte allein schon hingereicht haben, ihnen nicht den günstigsten Empfang zu bereiten, wenn schon desselben bei dieser Gelegenheit nicht mit einer Silbe erwähnt worden ist."

(Wien, den 14ten Jänner 1820. Du Thil.)

In der Sitzung vom 10. Januar war wegen der „hier angekommenen Individuen, die sich Deputierte des Deutschen Handelsvereins nennen", in der Tat beschlossen worden: „Daß der sog. Handelsverein als eine durchaus illegale und unzulässige Verbindung zu betrachten" sei und „den gedachten Individuen zu ihrer Beruhigung zu eröffnen, daß man sich mit den Wünschen und Bedürfnissen des Handelsstandes in den verschiedenen deutschen Ländern beschäftige ..."[24]). Metternichs ablehnendes Verhalten ist schon durch Aegidi mitgeteilt worden; einer der von Aegidi benutzten Gesandtenberichte meldet am 10. Januar Metternichs Erklärung mit dem Zusatz: „— daß man ebensowenig einen Verein deutscher Kaufleute, als einen Verein deutscher Professoren, Studenten, Tischler oder dgl. anerkennen könne"! Ein mitteldeutscher Staatsmann berichtet u. a. am 9. Februar: Niemand werde das „chimärische Projekt" einer Zollpacht unterstützen. Den allgemeinen Eindruck gibt wohl eine Aufzeichnung wieder, die sich im List-Archiv[25]) erhalten

[24]) Vgl. Jettel in „Deutsche Revue" 1916, II, S. 317—326, und oben 1. Kapitel, Anm. 9 den Beschluß der Frankfurter Bundesversammlung vom 24. Mai 1819.

[25]) F. XIII, Nr. 1.

hat: „Am wenigsten konnte der feurige Professor List mit seiner Offenheit in Wien wirken. Es war schon in den Vorzimmern des Fürsten Staatskanzlers bemerklich, daß, weil er an der Spitze stand, man andere Zwecke vermutete, und sich die epidemische ungegründete Furcht vor geheimen Umtrieben regte."

Der bislang unbekannte Vorwurf, dessen Urheber unser Gewährsmann du Thil unerwähnt läßt, geht nun dahin, daß List — denn er wird unter den „Chefs" des Handelsvereins mitgemeint sein — den „Schwarzbündnern" nahegestanden habe: jenen Gießener „Schwarzen" um Karl Follen, die als „Unbedingte" von der Urburschenschaft her seit 1818 zu weitergehenden, rein demokratischen Einheits- und Freiheitswünschen vorgestoßen waren und aus deren Umkreis auch das Sandsche Attentat hervorgegangen war.

Wir haben bereits im Hauptteil A angedeutet und werden des näheren im Hauptteil D bestätigt finden, daß Lists persönliche Beziehung zu dem Kreis um Advokat Heinrich Karl Hofmann in Darmstadt die Verfolger auf diese Spur angesetzt haben dürfte; Hofmann stand in der Tat den Brüdern Follen wie anderen „Schwarzbündnern" nahe. Über den allgemeinen Zusammenhang der Listschen Agitation für Handelseinheit mit der politischen Einheitsbewegung jener Jahre wird im Hauptteil E zu berichten sein. Der Vorwurf ist wichtig genug, um unsere Aufmerksamkeit erneut auf die allgemeine Lage Deutschlands im Wendejahr 1819 hinzulenken; in diesem Zusammenhang gewinnt er eine Kraft, die für Lists politisches Schicksal richtweisend werden mußte. Vom Wartburgfest der deutschen Burschenschaft am 18. Oktober 1817 führte die Abwehr „jakobinischer" Hoffnungen und Entwürfe zu den „Karlsbader Beschlüssen" vom August 1819 und damit zu jener „Zentral-Untersuchungskommission", die der Bundestag am 20. September 1819 im benachbarten hessischen Mainz einsetzte. Während der Wiener Ministerialkonferenz ging Sands Prozeß zu Ende. Wir sehen: Lists Laufbahn folgt zeitlich genau, im Aufstieg 1817/18 wie in ihrer Krise und Katastrophe 1819/20, dem allgemeinen Gange der Ereignisse in Deutschland.

Betrachten wir Lists Auftreten nunmehr vom Standpunkt des Wiener Kabinetts.

Nach der Karlsbader Konferenz hatte Metternich am 10. November 1819 bei dem Präsidenten der Commercien-Hofkommission Ritter von Stahl angefragt, welche Erklärungen der Wiener Hof über eine Erleichterung der Verkehrsverhältnisse im Bunde werde geben können, und auf das vielfache Interesse der deutschen Kabinette an dieser Frage verwiesen. Mit Recht hatte er Österreichs Mautsystem auf die geographische Lage der Monarchie bezogen, welche „dieselbe gleichsam zu einem Schlußstein des deutschen Bundesgebietes" mache. So sei Österreich von den vielfachen Klagen, Beschwerden und Anträgen wenig berührt worden, die Preußens Zollsystem „von Seite mehrerer deutschen Regierungen als auch des Handels- und Gewerbestandes in den einzelnen Bundesstaaten“ betroffen hätten. Eine Teilnahme Österreichs an allgemeinen Maßregeln komme dieser „Verschiedenartigkeit der Lokalitäten“ halber kaum in Betracht[26]).

Wie man in Metternichs Umwelt das bevorstehende Eintreffen der Handelsdeputation begrüßte, zeigt eine Anfrage Friedrich von Gentz' bei seinem Freunde Adam Müller vom 15. Dezember 1819 über eine Handels- und Gewerbesache aus Nürnberg. Offenbar hängt Gentz' Anfrage mit dem Beschluß des Ausschusses des „Vereins“ vom 23. Oktober 1819 zusammen: List solle ein Schreiben an Hofrat von Gentz verfassen und bei der nächsten Sitzung vorlegen. Dies „Vereins“-Schreiben dürfte Ende November an Gentz ergangen sein[27]). „— Zwei Vorschläge, die ich für die reinen Hirngespinste halte“, seien erfolgt. „Einmal die Abschaffung aller Zölle an den Grenzen der einzelnen Bundesstaaten und Verlegung derselben an die äußersten Grenzen des Bundesgebietes. Zweitens Retorsionsmaßnahmen gegen die Industrie der Fremden. Beide Vorschläge scheinen mir so absolut unpraktisch und unausführbar, daß ich nicht einmal verstehe, von wem, in welchen Terminis, mit welchen Vollziehungsmitteln sie ernsthaft zur Deliberation gestellt werden könnten. Wenn ich mich irre, oder wenn es, außer diesen fantastischen Vorschlägen, andere rettende und wirksame und zugleich ausführbare Maßregeln gibt, so belehren Sie mich darüber.“ Die Konferenz habe, so fährt Gentz fort, gestern die Verfassungskompetenz des Bundes behandelt und den Artikel XIII der Bundesakte „so gut als abgetan“. Nach seinem Gefühl „hat der gestrige Tag — wichtiger als die von Leipzig und Waterloo (!) — nicht bloß das revolutionäre System, sondern jedes auf dem Prinzip der Teilung der Gewalten beruhende Repräsentativsystem, insoweit dies durch von oben herab ausgesprochene Grundsätze bewirkt werden kann, für Deutschland unwiderruflich gestürzt. ... Ich kann Ihnen nicht beschreiben, wie froh ich über diese ersten Resultate bin.“ Müller solle, bittet Gentz am 22. Dezember, von Leipzig nach Wien kommen[28]). Müller kam Ende Januar und verfaßte im März eine „Denkschrift in Bezug auf die Ausführung des 19. Artikels der Bundesakte“. Gentz wurde dadurch in seinem Urteil über „die Vereinsgesellen“ nur bestärkt[29]).

Unter solchen Auspizien begann List, der im Dezember gleichzeitig daheim ein zweites Mal als Repräsentant für Reutlingen kandidierte, seine Wiener Tätigkeit. Mochte Fürst Metternich immerhin einen handelspolitischen Erfolg der Wiener Konferenz wünschen, so lagen Österreichs

---

[26]) Siehe Beer in „Österreichisch-ungarische Revue“, 1887, S. 273—278. — Olshausen l. c., S. 272—275.

[27]) Siehe List-Archiv F. VI, Nr. 6. — „Werke“ Bd. I, S. 555 und 1008. — Vgl. Olshausen l. c., S. 98—100, 207.

[28]) Vgl. List-Archiv F. XI, Nr. 2.

[29]) Vgl. unten Hauptteil C, 1. Kapitel, Anm. 71. — Olshausen l. c., S. 126—129.

Interessen doch außerhalb der Listschen Agitation[30]). Der Fürst frug bei Stahl an, ob ein Eingehen auf Adam Müllers ebengenannte Denkschrift „das von allen Seiten über Gewerbe- und Handelsnot erhobene Geschrei auf seinen wahren Gehalt zurückführen dürfte". Der ablehnende Bescheid des Bundestags vom 24. Mai 1819 „habe seinen Grund zum Teil in der lebhaften Sensation, welche die Klagen des sogenannten Handelsvereins allenthalben in Deutschland gemacht hätten, und in der gerechten Besorgnis, daß die Unruhestifter und Volksverführer in diesen Klagen neuen Stoff zu feindseliger Bearbeitung der Gemüter, besonders in den unteren Classen finden möchten, zum Teil aber auch in der Überzeugung, daß die Sache der Aufmerksamkeit der Regierungen nicht unwert sei"[31]). In Karlsbad habe man die Sache auf die Wiener Konferenz verwiesen; diese aber — wie zu erwarten gewesen — habe nichts Besseres gewußt als die Handelsfrage an die Bundesversammlung zurückzuverweisen. Metternich besorgte hiervon einen üblen Eindruck in Deutschland.

Der Präsident der Commerzien-Hofcommission sprach sich, in seiner Antwort vom 22. März 1820, mit Entschiedenheit gegen die „Vereinsscribenten" wie auch gegen Müller aus. Stahl hielt eine Handelseinheit zwischen 38 Bundesstaaten, mit Retorsionsmaßnahmen gegen England und Frankreich, für ganz unausführbar. Auch der Finanzminister Graf Stadion fürchtete, Österreich werde sich durch eine Teilnahme an weiteren Beratungen kompromittieren. Die österreichischen Gesandten berichteten von Umsturzplänen der „ultraliberalen" Handelsfreunde. Daß Wangenheim mit dem Doktor List an einer Frankfurter Wirtshaustafel gespeist habe, galt als ungeheuerlich, zumal Wangenheims liberale Person der Hofburg höchst anstößig erschien. Wie wir sahen, hatte Wangenheim seinen Ministerposten schon Ende 1817 — auf Österreichs Wunsch — mit dem Frankfurter Gesandtenposten vertauschen müssen und schied bald ganz aus der politischen Laufbahn aus. Über die Wiener Verhandlungen wurde er durch List fortlaufend brieflich unterrichtet[32]).

H. von Srbiks „Metternich"-Biographie (1925) hat die Divergenzen innerhalb des österreichischen Regierungssystems nach 1815 klargelegt. Du Thils Bericht zeigte uns des Kanzlers abwehrende Haltung gegen die Legalität der Vereinsabordnung. Lists große Denkschrift vom 15. Februar 1820 hatte den Wiener Kongreß abermals auf die staatlichen Gefahren einer wirtschaftlichen Verelendung hingewiesen. „Eine ökonomische Umwälzung dieser Art, welche die Haushaltung der

---

[30]) Vgl. Aegidi, „Aus der Vorzeit" l. c., S. 20—21; Adolph Beer, „Die Finanzen Österreichs im XIX. Jahrhundert", 1877, S. 175—180. — Wenn Metternich und mehr noch der badische Minister von Berstett anfänglich den „Vereins"-Deputierten bessere Aussichten eröffnet haben, so dürften die nachstehend angegebenen Erwägungen dabei mitgespielt haben. Vgl. „Werke" Bd. I 1, S. 35—37.

[31]) Siehe A. Beer in „Österreichisch-Ungarische Revue" l. c., S. 285—288.

[32]) List — vgl. „Werke" Bd. IX, S. 26 — berichtet seiner Frau am 22. April 1836, daß er seinen alten Freund und Gönner in Gotha besucht habe. Leider ist Wangenheims Nachlaß verloren.

Staaten zu Grunde richtet, während sie die Wirtschaft aller einzelnen zerstört, welche nicht nur die Regierungen und die Masse des Volkes, sondern auch die verschiedenen Volksklassen einander feindlich gegenüberstellt", habe zu allen Zeiten auch „Gärungen im Innern der Staaten erzeugt". Ein „Nationalbankrott" sei noch schlimmer als ein „Staatsbankrott", heißt es im „Organ". In der Tat hat es 1819 an bäuerlichen Unruhen und Steuerverweigerungen — wie im hessischen Odenwald — nicht ganz gefehlt; entscheidend sind diese von List übertriebenen Gefahren nicht geworden, sie trafen damals nur die Mißwirtschaft kleinstaatlicher Dynasten[33]). Die Gefahr lag für das vormärzliche Regierungssystem mehr in dem Gegensatz von konstitutioneller und absoluter Monarchie angesichts der zum politischen Selbstbewußtsein erwachenden oberen Schichten des deutschen Bürgertums. Eben hiergegen richteten sich die Maßnahmen der Hofburg. Die Wirtschaftsfragen des Artikels XIX traten hinter den Verfassungsartikel XIII der Bundesakte für Metternich zurück; handelspolitisch ließ er sich eher überstimmen, obgleich er selber in Karlsbad, am 31. August 1819, den süddeutschen Wünschen gefolgt war und Artikel XIX der Bundesakte auf die obenerwähnte Wiener Tagesordnung hatte setzen lassen. Da Preußen, wie wir sehen, in Wien alsbald auf die österreichische Linie einging, so besaß List für den Staatskanzler Metternich dort keinerlei beachtenswerten Rückhalt; um so schroffer konnte der Fürst sich gegen die subversiven Tendenzen solcher bürgerlichen Wortführer wenden[34]).

Daß Artikel XIX, der nur eine Beratung der Handels- und Verkehrsbeziehungen im Bundesgebiet vorsah, das österreichische Prohibitivsystem nicht überflüssig mache, und daß Bundes-Retorsionszölle gegen das Ausland unangebracht seien, darin waren der Fürst und die k. k. Kommerzien-Hofkommission schließlich einer Ansicht[35]). List bog in einer zweiten Audienz beim Kaiser, am 20. April 1820, seinen Zollvorschlag wegen einer „Bundeskommerzkommission" vergebens um in eine „Ausdehnung des österreichischen Merkantilsystems auf ganz Deutschland". Die österreichische Douane könne auch unabhängig von einer Bundes-Douane bestehen, bis der Kaiserstaat zur Zolleinheit mit den übrigen Bundesgebieten sich reif glaube. Eine derartige doppelte Zollkontrolle war, von der theoretischen Begründung abgesehen, praktischpolitisch undiskutierbar und zeigt, wie unsicher Lists Position in Wien doch war[36]). Wenn der Präsident Stahl vortrug, daß die Idee der Zoll-

[33]) Vgl. unten Hauptteil E, Anm. 77. — Zu Metternich sprach List im März 1820 von einem „Wohlstandskrieg".

[34]) Vgl. Olshausens etwas abweichendes Urteil l. c., S. 206—207 mit S. 134.

[35]) Vgl. die Eichhoffsche Denkschrift vom 15. Januar 1820 an Metternich, in der die Möglichkeit eines preußischen „Zollvereins" erörtert wird, und Stahls Präsidialschreiben vom 20. Mai 1820 bei Beer, „Österreichisch-Ungarische Revue" l. c., S. 288—296. Ferner Srbik l. c., S. 533—535. Über Eichhoff und List s. Hauptteil A, 3. Kapitel, Anm. 41 bis 42.

[36]) Vgl. oben zu Anm. 9 und A. Sommer, „F. Lists System" l. c., S. 193, sowie „Werke" Bd. IV, S. 73, 85—86.

einigung „unverdaut“ sei und „nach Deutschtum“ rieche, daß List in Wahrheit ein „neuerungssüchtiger deutscher Schwindelkopf“ sei, so begegnet uns hier die gleiche Revolutionssorge vor gefährlichen Wirkungen der Vereinsagitation, die schon der Bundestag im Mai 1819 angedeutet hatte. Stahl, dem „das Geklatsche und Geschreibsel einiger elender, neuerungssüchtiger deutscher Schwindelköpfe“ von vornherein unangenehm gewesen war, bezeichnete Lists ganzes Benehmen als bedenklich. List betrachte das ganze Geschäft als Quelle seines guten Auskommens; der Plan einer Verpachtung der künftigen Bundeszölle hatte dieser Ansicht Raum gegeben. Wie alle anderen Projekte des „exaltierten Vereins“ würde es im Innern Täuschungen und Unzufriedenheit, im Ausland Handelseifersucht erwecken. Metternich war sehr damit einverstanden: „da dieser Gegenstand von vielseitiger Wichtigkeit sei und ihm eine erwünschte Gelegenheit darbietet, gegen das Treiben des rein revolutionären sogenannten Handelsvereins einzuwirken.“ Indessen überreichte der unermüdliche List dem Fürsten Staatskanzler am 12. Mai eine weitere Eingabe[37]), die nicht ohne Wirkung blieb. Der Staatskanzler versuchte nochmals dem Wunsch der kleineren Regierungen entgegenzukommen; der Kaiser lehnte jedoch seine Vorschläge vom 13. und 14. Mai völlig ab, weil sie einen Anschluß der österreichischen Hälfte an das übrige Deutschland bedingten und „weil meine Monarchie ungeachtet des Beitritts zum deutschen Bunde in sich selbst immer ein Körper zu verbleiben hat“. Metternichs Leitgedanke bei seinem Vorschlag erhellt aus nachstehenden Sätzen: „Als Resultat der Beratungen der hiesigen deutschen Kabinettsversammlung ergibt sich nun, daß infolge der lebendigen Umtriebe, welche sich die revolutionäre Partei in Deutschland unter der Firma des sogenannten deutschen Handelsvereins gibt, um die Gemüter des mittleren Kaufmannstandes, der sämtlichen Fabrikanten und demnach ebenfalls der Konsumenten gegen die deutschen Regierungen aufzuwiegeln, und nicht minder infolge der Unmöglichkeit, daß die Handelsfragen auch nur auf irgendeine selbst dem Scheine nach ausgiebige Art berührt werden können, die sämtlichen deutschen Regierungen das lebendige Gefühl der Notwendigkeit hegen, daß wenigstens von hier aus ein günstiges Resultat in Beziehung auf den freien Verkehr mit Lebensmitteln im Bunde als ein wesentliches Mittel zur Beruhigung der systematisch aufgereizten Gemüter ergehe[38]).“

Metternichs handelspolitische Absichten waren damit zur Passivität verurteilt[39]). Um so hemmungsloser konnte die Verfolgung des „Vereins“ und seiner Deputierten durch die österreichischen Amtsstellen sich auswirken.

Auf Stahls Denunziation hin verschärfte der Präsident der Polizei-Hofstelle Lists Überwachung: „er werde alles aufbieten, um die Ränke

[37]) Vgl. Beer in „Österreichisch-Ungarische Revue“ l. c., S. 297—311.

[38]) Siehe Olshausen l. c., S. 291—295.

[39]) Vgl. unten Kapitel 3 dieses Hauptteils.

dieses bedenklichen Fremdlings möglichst zu paralysieren[40])". List schrieb seiner Frau schon am 18. Februar 1820: „Wir waren von allen Seiten von Spionen umgeben, bei einem Spion einquartiert, von einem Spion bedient usw. Alle Briefe, die wir bekamen oder wegschickten, wurden erbrochen . . ." Die verbotene „Neue Stuttgarter Zeitung" mußte er in Wien ganz verleugnen. Weber-Gera berichtete im Februar 1820 an Frau List: Die Briefe an und von List würden in Wien „meist geöffnet". Gleichzeitig verlangte Metternich ein Verbot des „Organ"; die Polizei-Hofstelle erließ daraufhin, am 13. März 1820, ein „unbedingtes" Verbot des „Organ" für ganz Österreich. „Die kühne revolutionäre Sprache des Redakteurs, die absprechenden Anmaßungen dieser neuen, — eigenmächtig entstandenen, von der kompetenten Autorität jedoch nicht anerkannten Repräsentation, die Schleichwege, auf welchen die Agenten dieses Vereins wandeln, — endlich die kaum zweifelhafte ungünstige Wirkung — eines diese Sprache führenden periodischen Blattes" — „überhaupt die ganze Tendenz" der Zeitschrift hätten die k. k. Geh. Hof- und Staatskanzlei zu einem „unbedingten Verbot" bestimmt; damit war Metternichs eigenste Meinung über „den bekannten Vereinskonsulenten" ausgesprochen[41]). Es war nicht anders: nur auf „Schleichwegen" oder bestenfalls à la suite, in den Vorzimmern der Kabinette oder mittels untertänigster Bittschriften, konnte das deutsche Bürgertum seine Einflußnahme auf den Entscheid seiner materiellen Lebensfragen beginnen; erst nach dem deutschen Vormärz sollte dies sich langsam ändern[42]). Den gesellschaftlichen Interessen, deren „Konsulent" er war, stellten die überkommenen Gewalten sich als Inhaber der legitimen Macht entgegen. So mußte List vor ihnen die politische Seite der neuen Agitation verbergen, wollte er nicht in offenen Konflikt geraten; seiner Frau schrieb er etwa Anfang März 1820 aus Wien nach Stuttgart[43]): „Die Volksfreunde mögen sich nur gedulden. Ich sehne mich auch nach ihnen; aber jetzt kann ich nichts anderes denken als über mein Geschäft —." So verstärkte er freilich den Verdacht in einem Augenblick, da er mit den legitimen Gewalten gleichsam von Macht zu Macht verhandeln wollte. Noch der Versuch seines letzten Lebensjahrs, namens des bürgerlichen Elements eine deutsch-britische Interessenharmonie zu vereinbaren, sollte mit an Lists mangelnder Legitimation und diesem Widerspruch zur Amtswelt scheitern.

---

[40]) Vgl. Jettel l. c., S. 321—322.

[41]) Siehe List-Archiv F. XV, Nr. 2. — Daß die niederösterreichische Regierung gegen den Industrie-Ausstellungsplan eingeschritten ist und die Exemplare des „Organ" von der Polizei-Hofstelle beschlagnahmt worden sind, ergibt sich aus List-Archiv F. XII, Nr. 13, 14 und 24. — Vgl. Ritthaler in „Vorgeschichte" l. c., S. 306. — „Werke" Bd. I 1, S. 42; I 2, S. 1006. — Olshausen l. c., S. 276—279, und „Werke" Bd. VIII, S. 879—880.

[42]) Vgl. unten Hauptteil F, 2. Kapitel.

[43]) S. „Werke" Bd. VIII, S. 167.

Lists obengenannter Plan einer „National-Industrie-Ausstellung“ auf Aktien hatte das gleiche Los. Mit einer Übereilung, der wir bei Lists Subskriptionsplan für die preußischen Eisenbahnen wiederbegegnen werden[44]), hatte er seinen „Aktien- und Darlehnsplan“ durch österreichische Industrielle und im Wege einer Lotterie verwirklichen wollen, ohne vorher eine obrigkeitliche Erlaubnis sich zu besorgen. Präsident von Stahl glaubte sich „mit den Schleichwegen und Privatabsichten“ des „Vereins“ vertraut und ließ List sogleich bedeuten, er habe „sich künftig zurückgezogener zu betragen, wenn er sich nicht wirklichen Unannehmlichkeiten aussetzen wollte“. Er fand dies Projekt nicht zuletzt darum bedenklich, weil es „wie alle anderen des Vereins, nur dazu gemacht ist, im Innern von Deutschland neue Hoffnungen zu erregen, neue Täuschungen zu bewirken, neuen Samen der Unzufriedenheit auszustreuen —“. List habe einige gutmütige Fabrikanten „hinter dem Rücken der Regierung als ein Fremder“ getäuscht, während er in seinem „Organ“ gleichzeitig gegen das österreichische Handelssystem schreiben lasse. Dabei hatte List gehofft, der Kaiser selber werde diesen Plan persönlich unterstützen[45])! Das Demagogen-Motiv beherrschte somit alle Amtsstellen, mit denen List während seines Wiener Aufenthaltes in Verkehr kam. Trotzdem läßt sich nicht verkennen, daß Lists reicher Geist auch mit diesem Plane einer „National-Institution“ den Produktionsverhältnissen seiner Zeit vorangeeilt war; Pariser oder Londoner Gewerbe-Ausstellungen mußten noch über den Vormärz hinaus für Deutschland ein unerreichtes Vorbild bleiben. Immerhin sollte List noch Gelegenheit finden, sich mit einer preußischen Industrie-Ausstellung, im „Zollvereinsblatt“ 1844, auseinanderzusetzen[46]).

Sachlich blieb die Wiener Konferenz ohne handelspolitischen Erfolg: insofern siegte Preußen, dessen Zollgesetz der Ausdruck einer wirklichen Macht und darum der Keim einer endgültigen Lösung war. Metternich wie du Thil vermochten der preußischen Aktivität nichts Wirksames entgegenzustellen. Die Bundeszollpläne blieben für den österreichischen Staatskanzler „fromme Wünsche“[47]). Während Österreich seither auf seinem abgesonderten Standpunkt verharrte und die süddeutschen Staaten trotz Nebenius und Wangenheim in Darmstadt sich vom September 1820 ab erfolglos mühten, hielt Preußen, unabhängig von List wie von Österreich, die 1818 eingeschlagene Richtung inne. Lists große Februar-Denkschrift hatte das 1806 zerstörte alte Reich auferwecken wollen: alle habsburgischen Bundesländer nebst Galizien, Venetien und der Lombardei sollten dem Handelsbund beitreten — Venedig, Triest, Fiume der deutschen Industrie und einem „tüchtigen Handelssystem“ den Aufschwung ihres Levantehandels

[44]) Hauptteil C, 2. Kapitel zu Anm. 42.

[45]) Über Adam Müllers Verhalten zu Lists Plan s. Hauptteil C, 1. Kapitel. — Olshausen l. c., S. 110—117. — „Werke“ Bd. VIII, S. 172—180.

[46]) S. „Werke“ Bd. VII, S. 413—422.

[47]) Siehe Aegidi, „Aus der Vorzeit“ l. c., S. 90.

danken. Von solchen Utopien eines kommerziellen Mitteleuropa wurde es nach 1820 stille[48]).

Die deutschen Handelsfragen zu lösen, wurde die Wiener „Ministerialkonferenz" schon durch den latenten Zwiespalt zwischen ihren beiden führenden Teilnehmern — den sog. vorderen Höfen — verhindert.

Preußen sah sich durch die geographische Zerrissenheit seiner Grenzen veranlaßt, auf dem Wege seines neuen Zollgesetzes fortzuschreiten. Außerstande sich einem erneuten Kaisertum der Habsburger zu fügen, mußte es aus seinem eigenen Dasein das Gesetz des Handelns nehmen. In neuen Formen vollzog es einen Fortschritt, der Lists Reichszoll-Gedanken hinter sich zurückließ. Macht und Wirtschaft schlossen ihren Bund.

Vergebens war der Vereinsausschuß in Berlin, wie er meinte, „freundlich und enthusiastisch" aufgenommen worden[49]). Lists eigene Pläne verboten einen Anschluß an Preußens Staatsmänner, mit denen er noch anläßlich seiner Eisenbahnpläne 1835 in einen ähnlichen Konflikt geraten sollte. An einem Gelingen der Wiener Verhandlungen hatte gerade Preußen keinerlei begründetes Interesse; der populäre Wunsch, die verlorene politische Freiheit durch Handelsfreiheit zu ersetzen, lag den preußischen Staatsmännern völlig fern[50]). Graf Bernstorff vertrat Preußens zollpolitische Rechte mit aller Energie. Von Preußen könne der Anstoß zu Retorsionsmaßnahmen nicht ausgehen, hatte man den „Vereins"-Deputierten schon in Berlin erwidert[51]). Ernst Weber täuschte sich noch in Wien, wenn er Anfang März 1820 dort zwar den wachsenden „Einfluß der englischen Partei" feststellte, aber Preußens Beitritt zu einem kleinstaatlichen Handelssystem für unzweifelhaft hielt[52]).

Graf Bernstorff hielt die preußische Position in Wien wider den Ansturm aller kleinstaatlichen Sonderinteressen und wider alle großdeutschen, die Staatswirklichkeit überfliegenden Wünsche; nur „allmähliche Vorbereitung und die mühsamste Ausgleichung streitender Interessen" könne „die jetzt bestehenden Scheidewände aus dem Wege räumen —"[53]). Im Februar berichtete er nach Berlin: „Hinsichtlich der

[48]) „Das waren noch die goldenen Tage der Hoffnung", schrieb List rückschauend 1828; s. „Werke" Bd. II, S. 41; Bd. VIII, S. 355.

[49]) S. unten Hauptteil C, 2. Kapitel. — Vgl. Treitschke, „Die Anfänge des deutschen Zollvereins" in „Preußische Jahrbücher" 1872, S. 397—466, 479—571, 648—697, und Schmoller, „Das preußische Handels- und Zollgesetz vom 26. Mai 1818", 1898, S. 36—48.

[50]) Vgl. Brinkmann l. c., S. 111, für Hildburghausen und Aegidi, „Aus der Vorzeit" l. c., S. 27—28, 51—52.

[51]) Siehe List-Archiv F. VII, Nr. 7 und 12. — Vgl. unten Hauptteil C, 2. Kapitel.

[52]) Siehe Olshausen l. c., S. 288—289.

[53]) Siehe Treitschke, „Preußische Jahrbücher" l. c., S. 450, und Bernstorffs Instruktion für Wien in „Vorgeschichte" l. c., Bd. I, S. 356, sowie bei Aegidi, „Aus der Vorzeit" l. c., S. 131; ebda. S. 55.

Frage über Freiheit des Handels und Verkehrs zwischen den einzelnen Bundesstaaten ist es mir jetzt gelungen, alle auf die Aufhebung oder Abänderung der bestehenden Verhältnisse gerichteten Anträge dahin zu beseitigen, daß der Ausschuß seine Vorschläge neben einem ganz allgemeinen Satze wegen möglichster Ausführung des 19. Artikels der Bundesakte auf die Wiederaufnahme der Erörterung in betreff des freien Verkehrs mit Getreide und anderen ersten Lebensbedürfnissen beschränken wird.“ Damit waren die großdeutschen Einheitswünsche in jene Schranken gewiesen, die sie noch ein Jahrhundert später (1919) nicht verlassen haben.

Wohl war Österreich, wie auch Graf Stadions Gutachten vom 31. März 1820 unterstrich[54]), dem preußischen Zollsystem feind; mit List ward darum doch kein Verhandeln möglich. Metternich wies, in der Sitzung vom 11. Mai, noch einmal Lists Vorstellungen zurück[55]). Das Scheitern seiner Wiener Mission hat zu den Unstimmigkeiten beigetragen, infolge deren List später als „Konsulent“ aus dem Verein ausschied; auch Lists privater Plan einer Industrie-Ausstellung sowie die von List geförderte vorzeitige Abreise seiner Mitdeputierten von Wien hatten in Nürnberg verstimmt.

„Es ist nur ein List“, hatte Schnell im Dezember 1819 geschrieben, und Bauerreis las die Wiener Denkschriften „mit einer bis in die Wolken steigenden Verehrung“, mit „wahrer Vergötterung“. Doch fehlte es bald nicht an Dissonanzen: auch über den, anscheinend durch List und Ernst Weber gefaßten Gedanken eines „Vereins“-Anlehns, da man nicht „mit einer opulenten Opposition im Punkte des Bestechens einen Wettstreit beginnen“ wollte[56]).

Noch am 14. Mai 1820 meinte List seiner Frau melden zu können, er habe „einen halben Sieg erfochten“; es gehe alles noch weit besser, als er geglaubt. Tatsächlich blieb es bei einigen Trostworten an die „schreienden deutschen Fabrikanten“[57]). In dem endgültigen Beschluß der Wiener Konferenz vom 23. Mai 1820 kam[58]) nur zum Ausdruck, daß Fürst Metternich die „Vereins“-Denkschrift zwar vorgelegt habe; der Kongreß habe aber „wegen fernerer Bearbeitung der Handelsfrage bereits das Nötige veranlaßt“, und die fragliche Eingabe des Schnell aus Nürnberg könne schon darum nicht berücksichtigt werden, „weil mit Beachtung des bereits auch von Seite der deutschen Bundesversammlung bei Gelegenheit einer ähnlichen Eingabe in der 19. Bundessitzung vom 24. Mai 1819 einhellig gefaßten Beschlusses der eigenmächtig

---

[54]) Siehe oben und Goeser l. c., S. 99.

[55]) Siehe Aegidi, „Aus der Vorzeit“, l. c., S. 84.

[56]) Siehe Olshausen l. c., S. 144—145, 155, 269, 283—285, und oben Anm. 5 Lists Wiener Notizen. Auch Schnell schreibt davon, „daß wir unsere Gründe mit Kronenthalern unterstützen können“ — ein Beitrag zur Finanzierung wirtschaftspolitischer Konferenzen! Man denke etwa an Gentz oder Talleyrand.

[57]) Siehe Aegidi, „Aus der Vorzeit“ l. c., S. 52—102. — „Werke“ Bd. VIII, S. 182 bis 183.

[58]) Gemäß Bernstorffs Ansicht.

konstituirte Handels- und Gewerbsverein als solcher nicht anzuerkennen ist"[59]). Schon am 4. März 1820 hatte Graf Bernstorff namens des 10. Ausschusses die Verweisung des Artikels XIX der Bundesakte an den Bundestag in Frankfurt vorgeschlagen, — unter allgemeinem lautem Gelächter der versammelten deutschen Regierungsdelegierten! Einzig Baden und Thüringen machten Vorbehalte, wobei letzteres nochmals auf „Unruhe, Ungesetzlichkeit und Widersetzlichkeit" als mögliche Folgen hinwies[60]).

Vergebens suchte Metternich bis zuletzt nach einem Kompromiß. Die Angelegenheit war in der Tat, wie du Thil[61]) bemerkt, „für immer" vertagt worden. Die Konferenz wurde mit einem Separatprotokoll „In Betreff des Handels und Verkehrs zwischen den Bundesstaaten" am 24. Mai 1820 beendet; ihre „Schluß-Acte" stellte fest: Der Deutsche Bund sei „ein völkerrechtlicher Verein der deutschen souveränen Fürsten und freien Städte", der nach außen „eine in politischer Einheit verbundene Gesamtmacht" darstelle. Die „Aufrechthaltung der inneren Ruhe und Ordnung in den Bundesstaaten" schloß eine Vorschrift für die konstitutionell regierten Bundesstaaten ein: „— die gesamte Staatsgewalt" mußte auch dort „im Fürsten vereinigt bleiben". Ein letzter Artikel behielt die Handelsangelegenheiten „zur ferneren Behandlung" der Frankfurter Bundesversammlung vor; diese blieb fortan das einzige Organ der deutschen Einheit. Tatsächlich wurde der Artikel XIX in den öffentlichen Protokollen der Bundesversammlung nicht mehr erwähnt[62]). List reiste am 24. Mai 1820 von Wien ab und suchte zunächst auf die Darmstädter Verhandlungen wegen eines süddeutschen Handelsverbands Einfluß zu gewinnen; Mitte September mußte er auch dies Bemühen, wie wir sehen werden, aufgeben und kehrte nach Württemberg zurück, wo nun sein Geschick sich mit der „Reutlinger Petition" erfüllen sollte.

Die „schreienden deutschen Fabrikanten", wie Metternich sie nannte, blieben von jeder unmittelbaren Einflußnahme ausgeschlossen, und die Versuche deutscher Handelseinheit verließen, bis zum vorläufigen Abschluß im Jahr 1833, nicht mehr den Rahmen amtlicher Verhandlungen. Ja diese bildeten geradezu das Feld, auf dem die territorialstaatliche Diplomatie des Vormärz noch einmal ihre Waffen kreuzte und Siege erfocht. Höchstens beratend oder mit Dankadressen durften „sachverständige Männer aus dem Nahrungsstande" sich beteiligen. Wenn List den „Männern vom Metier" neben oder vor den Staatsbeamten entscheidenden Einfluß auf die Wirtschaftspolitik verschaffen

---

[59]) Vgl. das Protokoll in „Vorgeschichte" l. c., Bd. I, S. 379, und bei Olshausen l. c., S. 302—303.

[60]) Vgl. die amtlichen Protokolle bei Aegidi: „Die Schluß-Acte der Wiener Ministerial-Konferenzen", I. Abteilung 1860, S. 140—141, 312, 333—336, 435—436, 443—444. — Olshausen l. c., S. 136—139.

[61]) „Denkwürdigkeiten" l. c., S. 254.

[62]) Vgl. Karl Nauwerk, „Die Tätigkeit der deutschen Bundesversammlung", 3. Heft 1846, S. 52—53, 57. Chr. Hildebrand l. c., Abschnitt 15.

wollte, so stieß er damit weit über alles im Vormärz Erreichbare hinaus[63]). Ähnlich Metternich urteilte auch der bayerische Unterhändler Graf Luxburg, als er seinem König Ludwig I. 1829 schrieb: „Ew. Köngl. Majestät darf ich nebstdem alleruntertänigst bemerken, daß bei einer so großen Angelegenheit das Geschrei und die Interessen einzelner Fabrikinhaber nicht in Anschlag kommen können, sondern die Vorteile und Nachteile nach einem allgemeinen Maßstab abzuwägen sind[64]).“ Metternich betonte noch 1845, daß List keinesfalls „die Stellung eines Projektanten überschreiten“ dürfe[65]).

---

[63]) Vgl. H. Oncken in „Vorgeschichte“ l. c., Bd. I, S. XXV—XXVIII. — Olshausen l. c., S. 126—127. — „Werke“ Bd. IX, S. 107.

[64]) S. „Vorgeschichte“ l. c., Bd. III, S. 545. — Vgl. auch Schmoller, „Das preußische Handels- und Zollgesetz“ l. c., S. 39—40.

[65]) S. „Werke“ Bd. VIII, S. 756.

DRITTES KAPITEL

Der Darmstädter Handelskongreß

Somit blieb das Postulat deutscher Markt- und Machteinheit, wie zu erwarten, auf der Wiener Kabinettskonferenz ungelöst; weder die verbündeten Regierungen mit Österreich als ihrer Präsidialmacht noch gar Lists volkstümliche Agitation „von unten her" hatten brauchbare Mittel und Wege weisen können. Das Gewicht der Macht lag noch bei den Vormächten am Bunde[1]). Während der Kaiserhof bei seinem länderweisen Schutzsystem für den Gesamtkörper der Monarchie (Österreich, Ungarn, Lombardei-Venetien) verharrte, ging Preußen auf dem 1818 beschrittenen Weg langsam, aber nicht erfolglos vorwärts. Als handelspolitischer Ertrag der Wiener Konferenz läßt sich der im Januar begonnene Versuch eines „Süddeutschen Handelsverbandes" fassen, worüber am 19. Mai 1820 nach längerem Bemühen ein unverbindlicher Vorvertrag in Wien zustande gekommen war. Wangenheim und du Thil nahmen neben Marschall und Berstett daran besonderen Anteil; jener konferierte am 20. August 1820 in Frankfurt darüber mit seinem Freunde List, der mehrere Entwürfe ausarbeitete; Wangenheims Gesinnungen und Eifer bürgten, wie List seiner Frau am 22. August schrieb, „für einen glänzenden Ausgang" der Verhandlungen. Die weiteren Verhandlungen gaben freilich den „Vereins"-Deputierten ebensowenig wie in Wien Gelegenheit zu unmittelbarem Eingreifen[2]).

Jene populäre Bewegung, als deren Wortführer List die süddeutschen Residenzen aufgesucht hatte, fand dort — wie in Mitteldeutschland — einen Widerhall, dem die Regierungen sich nicht ganz verschließen durften. So unterrichtete Berstett die „Vereins"-Deputierten anfänglich „confidentiell" von den süddeutschen Plänen. Ähnlich stand es in Stuttgart, wo man freilich „Partikularvereine" einem „allgemeinen deutschen Zoll- und Handelsverein" vorzog, aber die „Vereins"-Deputierten freundlich beschieden hatte. List selber ging ja, unter den Wiener Eindrücken, von „Bundesdouanen" zu einer partikularen Auflösung der

[1]) Vgl. H. Oncken in „Vorgeschichte" l. c. Bd. I, S. XVI—XXIV.

[2]) Das Protokoll vom 19. Mai 1820 s. bei Olshausen l. c., S. 297—299; vgl. unten Anm. 12 und „Vorgeschichte" l. c., Bd. I, S. 335—338, 347—356, 362—398. — S. „Werke" Bd. I 2, S. 627, Lists Urteil über den süddeutschen Separatvertrag als „eine Frucht des Kongresses zu Wien".

Zollfragen über. Von solchen Berührungen bis zu einem Zusammenwirken zu gelangen, erwies sich dennoch als unmöglich[3]). Lists und Schnells persönlicher Einfluß beschränkte sich auf Wangenheim, der ihnen „großen Lärmen" in der Presse zu erheben riet[4]); doch war Wangenheim in Frankfurt selber isoliert und überdies mit Metternichs Adlatus, dem „feilen und bezahlten" Gentz, tief verfeindet.

Vielmehr gab das in Wien mitgeteilte Memoire von Nebenius über Zolleinheit den süddeutschen Vertretern eine Plattform, die auch die sächsischen Bevollmächtigten betraten. Ernst Webers Meinung, Preußen werde einem solchen Partikularverein sich anschließen, konnte vor der Wirklichkeit nicht bestehen; denn jene „Mächte des 2. und 3. Ranges" waren allenfalls gegen Preußen, nicht aber unter sich einig. Außerdem konnte Metternich weder einen „Anschluß" des preußischen Zollsystems an Süddeutschland wünschen noch einen „Retorsions"-Krieg des geplanten Separatvereins gegen Preußen auf Kosten der in Wien soeben stabilisierten Bundeseinheit. Der Gedanke, hier einen „Bund im Bunde" zu stiften — wie Wangenheim sagte —, erinnerte schon zeitgenössische Beobachter an die gleichzeitigen „Trias"-Pläne[5]). Der Stuttgarter Hof wünschte, durch einen solchen Sonderbund die Führung in Süddeutschland zu erhalten.

Lists württembergischer Standort macht verständlich, daß ihm diese süddeutschen „Trias"-Pläne nicht ganz fremd geblieben sind. War der Stuttgarter Hof doch von 1815 bis 1824 ein Förderer solcher Gedanken[6]). Im September 1820 erschien das „Manuskript aus Süddeutschland". Was Deutschland bedarf, führte der Verfasser unter dem Pseudonym Erichson aus, sei „das Fortschreiten landständischer Verfassungen im Geiste der Nation und der Zeit". Er wandte seine Gedanken auf das südliche Deutschland an. Der König von Württemberg galt allgemein als Mitverfasser. Sehr scharf äußerte das „Manuskript" sich gegen „die deutschen Barbaresken, die Hansestädte, deren Interesse als englische Faktoreien auf Plünderung des übrigen Deutschlands, auf Vernichtung seiner Industrien" gerichtet sei; England seien „durch Wiederherstellung der Hansestädte bequeme Kolonien gegeben" worden[7]). Ähnlich hatte List seinen Kampf für die junge Industrie gegen die deutschen Handelsplätze geführt. Etwa zwei Jahre später hat List, als Flüchtling, den seltsamen Einfall notiert, „Briefe vom Rhein" — eine Analyse elsässischer und badischer Verhältnisse um 1820 — unter der Maske des anonymen

---

[3]) Über Lists Erfahrungen in München und Karlsruhe s. unten Hauptteil C, 4. Kapitel. — Marschall war schon 1814 für Handelsfreiheit.

[4]) Siehe Olshausen l. c., S. 149.

[5]) Abweichend urteilt Olshausen l. c., S. 140ff. — Unten Anm. 30.

[6]) Vgl. Treitschke in „Historische und politische Aufsätze", 1865. — Über Wangenheim s. auch Friedrich Perthes' „Leben" Bd. II, 1851, S. 140—143; Curt Albrecht, „Die Triaspolitik des Frhr. K. Aug. von Wangenheim" 1914, S. 106—109.

[7]) S. „Manuskript aus Süddeutschland" 1820, S. 138, 190, 209, 232.

Verfassers des „Manuskript aus Süddeutschland" zu edieren[8])! Er hat den Dr. Lindner aus Stuttgart — den Verfasser des „Manuskripts" — vermutlich im Mai 1819 bei Varnhagen in Karlsruhe kennengelernt in einem Kreise süddeutscher liberaler Politiker. Später ist er ihm, auf dem Hohen-Asperg wie in Straßburg, abermals begegnet; am Lebensende hat er sich über Lindner und Leute solchen „Gelichters" völlig ablehnend ausgelassen[9]). Borckenhagen[10]) berichtet, der „Verein" habe in den Hansestädten vielfach geradezu als Verfasser des „Manuskript aus Süddeutschland" gegolten. Lists Angriffe gegen die hanseatischen Träger der englischen Handelsübermacht, Lindners Feindschaft gegen diese „deutschen Barbaresken" und der Darmstädter Zollvereinsplan wurden an der Nordseeküste mit begreiflichem Ressentiment abgewehrt[11]).

Wir haben den Versuch, die zwischen Preußen und Österreich eingezwängten Kleinstaaten zu einem Zoll-Sonderbunde zu vereinigen, bereits als Frucht der Wiener Konferenz erkannt. List hatte diesen Versuch als einen Erfolg seiner Wiener Tätigkeit gebucht; soweit er die Handelssachen allgemein förderte, nicht ohne Fug, im konkreten Fall eher zu Unrecht. Denn an jenen Sonder-Beschlüssen vom 19. Mai 1820, welche einen handelspolitischen „Bund im Bunde" schaffen wollten, war er ja persönlich unbeteiligt; du Thil für Hessen, der Badener von Berstett und der Nassauer von Marschall hatten sie mit den Gesandten der süddeutschen Königreiche und einiger mitteldeutscher Kleinstaaten unterzeichnet. Neben dem Freihändler du Thil war Wangenheim ein eifriger Förderer dieser Konferenz, mit der er von seinem Frankfurter Gesandtenposten aus die „Trias"-Idee zu verwirklichen gedachte[12]). In Frankfurt arbeitete er mit List zusammen die Präliminarien aus; auch Schnell fand sich ein. Lists „Ideen über den süddeutschen Handelsverband" und sein „Überschlag des Ertrags einer gemeinschaftlichen Douane der süddeutschen Staaten"[13]) waren allerdings für

[8]) Siehe M. Hoeltzel, „Friedrich List" 1919, und „Werke" Bd. VIII, S. 860. — Über das „Manuskript" von 1820, List und die Hansestädte vgl. auch Baasch l. c., S. 478—480, 484.

[9]) S. „Werke" Bd. VIII, S. 26, 38, 86, 317—318, 860. — Vgl. unten Hauptteil C, 4. Kapitel; ferner Varnhagen von Ense, „Denkwürdigkeiten" Bd. IX, 1859, S. 263 bis 264, 281—290. Vgl. auch Varnhagen an Joh. Fried. von Cotta über Lindner, Wangenheim usw. in „Briefe an Cotta" Bd. II l. c., S. 18—22.

[10]) l. c., S. 68.

[11]) Siehe Perthes l. c., Bd. II, S. 233—235. — Professor Storck in Bremen schrieb 1827, auf Veranlassung von Senator Smidt, gegen Lindner; vgl. Hauptteil C, 3. Kapitel, Anm. 13. Später hat Lindner das Werden der preußisch-süddeutschen Handelseinheit in der „Allgemeinen Zeitung" sowie mit einer Broschüre (1829) begrüßt! S. „Vorgeschichte" l. c., Bd. III, S. 587, und B. Bab l. c., S. 37—39.

[12]) Siehe Treitschke l. c., 1865, S. 253—256. — Vielleicht hat Wangenheim eine Abschrift der Punktation an List gelangen lassen, in dessen Nachlaß sie sich findet. Vgl. Olshausen l. c., S. 139—143, 175—176, 216, 297—299. Oben Anm. 2.

[13]) S. „Werke" Bd. I 1, S. 38; Bd. I 2, S. 647—672.

die Verhandlungen bestimmt; wir werden aber sogleich sehen, wie sehr Lists Teilnahme dort als unerwünscht bezeichnet wurde. Der österreichische Gesandte meldete bereits Ende August mißbilligend nach Wien, Wangenheim habe „mit dem berüchtigten Professor List" einen Plan für Darmstadt ausgearbeitet zwecks „enger Vereinigung der süddeutschen und konstitutionellen Staaten". Wir sehen, die Handelsfragen gehörten ihrem Begriff nach und ganz unabhängig von Lists Verhalten in den Bereich der inneren wie der Außenpolitik.

Die Verhandlungen begannen zu Darmstadt am 13. September 1820 und führten sofort zu einer amtlichen Abweisung der „Vereins"-Deputierten, die sich dort frühzeitig eingefunden hatten.

List nahm an der Darmstädter Konferenz nur wenige Tage teil. Reibungen innerhalb des Nürnberger Vorstandes sowie Lists politische Vergangenheit ließen seine Teilnahme auch dem „Vereins"-Vorstand unerwünscht erscheinen[14]).

Der Badener von Berstett beteuerte dem Fürsten Metternich schon am 8. September 1820, nur das Gebot der Selbsterhaltung, „nicht die einseitigen, trügerischen, von einer kleinen Schar eigensüchtiger Fabrikanten ausgegangenen Declamationen" hätten das Darmstädter Unternehmen hervorgerufen. Wie rasch vergaß Berstett doch seine „confidentiellen" Mitteilungen an den „Verein"[15])! List habe in Darmstadt 1820 an der Table d'hote sich in Gegenwart der Minister „unbesonnen und rücksichtslos" betragen, warf ihm Bauerreis, der „Vereins"-Kassierer, noch 1847 vor. Auch der schon genannte Franz Miller schrieb am 3. November 1820 an Weber-Gera, List habe sich während seiner kurzen Anwesenheit in Darmstadt „als ein wahrer Student" benommen; eine unvorsichtige Bemerkung zu dem Bayern von Aretin, daneben Lists Verhältnis zur „Neckarzeitung" wurden besonders namhaft gemacht[16]). Du Thil, dem die handelspolitischen Schwierigkeiten des Darmstädter Versuchs nicht verborgen waren, fürchtete ein Scheitern der Verhandlungen: es werde nur den Menschen, die keine andere Beschäftigung haben als Mißvergnügen hervorzurufen, ein willkommener Anlaß sein, „die Notwendigkeit eines Umsturzes der Regierungen oder einer anderen Gestaltung des Bundes anschaulich zu machen"[17]). Der preußische Gesandte in Darmstadt Graf Goltz berichtete 1820 gleichfalls von den „so bekannten Demagogen (!) List, Weber, Schnell und Consorten". Goltz verachtete „die Schwindeleien und überspannten Vorschläge eines List und Genossen". Der reaktionäre Kurfürst Wilhelm I. von Hessen-Kassel wollte überhaupt nicht mitmachen, weil „die Sache von unten auf angeregt wurde"! „Die Plebejer sollen gehorchen und schweigen", schrieb Schnell an List.

[14]) Siehe Olshausen l. c., S. 143—150, 158—183, 310—340. — Vgl. oben wegen List und Wangenheim in Frankfurt; Goeser l. c., S. 105. — Lists Schilderung der Differenzen, aus dem Jahr 1846, s. in „Werke" Bd. I 1, S. 77—81.

[15]) Vgl. oben zu Anm. 3 und Treitschke, „Preußische Jahrbücher" 1872, S. 481.

[16]) List-Archiv F. XIV, Nr. 6.

[17]) Siehe Suchel l. c., S. 37.

Aufmerksamer noch verfolgte Metternich den Darmstädter Versuch. Nach dem ergebnislosen Abschluß in Wien lag die Gefahr nahe, der Vorvertrag vom 19. Mai 1820 könne die kleineren Kabinette handelspolitisch zusammenführen und dadurch ein sog. Drittes Deutschland bilden. Sein Gesandter Freiherr von Handel schrieb ihm am 21. September hiezu: „Wenn diese süddeutschen Staaten, deren eigentliche politische Tendenz mit der Errichtung des Rheinbundes sich nicht geändert hat, den Vorteil eines engen Bandes einmal kennen lernen und empfinden, so werden sie dasselbe Band auch zu anderen einzelnen — endlich zu größeren Zwecken um sich schlingen, und es wird dann jene nicht unbedeutende Macht von 10 Millionen Einwohnern im Deutschen Bunde entstehen, die der verstorbene König von Württemberg in den Jahren 1815 und 1816 vergeblich in das Leben zu rufen und als Mittelmacht gegen Österreich und Preußen aufzustellen sich bemüht hatte."

In der Tat war „das von dem Frhr. von Wangenheim geäußerte ganz besondere und auffallende Interesse" dem Staatskanzler nicht entgangen. Jedoch besaß er an Badens wie Nassaus Bemühen um Österreichs Gunst wirksame Helfer gegen württembergische „Trias"-Wünsche. Freiherr von Marschall übersandte ihm eiligst einen Bericht des nassauischen Vertreters vom 20. September, der das „Demagogen"-Motiv voranstellte und daneben das Freihandelsinteresse gegen alle Retorsionszoll-Pläne ausspielte. Lists „demokratischen Umtrieben", welche „die Prohibitivzölle zur Sache des Volkes machen" und sie „unter eine Kontrolle des Volks" stellen wollten, sei „unter keiner Gestalt und unter keinem Vorwand" nachzugeben. Der Ausdruck „Deputierte" erregte, wie Ernst Weber fühlte, formalen Anstoß, gleichwie ihr Schutzzollplan sachlichen Widerspruch. „Für jetzt", fuhr der Nassauer befriedigt fort, sei „sonach der Weg vertreten, auf welchem unter dem Schilde der Gemeinnützlichkeit die verderblichen Pläne einer Unruhe und Mißvergnügen — als Vorbereitungsmittel zur Mit- oder Alleinherrschaft — stiftenden Partei sich geltend zu machen es das Ansehen gewann. Indessen muß die Aufmerksamkeit in reger Spannung bleiben; denn der Feind, den wir in Burschensozietäten, in Gymnasien, auf Lehrstühlen und Kanzeln, in den ständischen Versammlungen und nun im Handelsverein erblickt haben, hat dadurch noch nicht zu sein aufgehört, daß ihm die bisher ergriffenen Mittel abgeschnitten wurden. Immer bereit, jedes Ereignis in seine Zwecke zu verflechten, muß man bereit sein, ihn entweder in wiederholtem Angriff hier oder wo anders erstehen zu sehen."

Die Front — falls wir diesen vereinfachenden Ausdruck wählen dürfen — der populären Bewegungen im Beginn des Vormärz erscheint hier zusammengefaßt; wir werden ihren einzelnen, unter sich wie im Zeitablauf divergierenden Elementen im Verfolg unserer Arbeit immer wieder begegnen. Ihnen gegenüber hatten die Inhaber der Staatsgewalt jenes offenbare Übergewicht, das der Besitz der Macht verleiht — so groß auch ihre Revolutionsfurcht und die Unterschiede des politischen

Interesses sein mochten. Und wenn Liberale oder vormärzliche Demokraten auf eine gewisse Teilnahme des konstitutionellen In- und Auslandes zählen durften, so waren die deutschen Territorialgewalten dafür jenem System der großen Mächte eingegliedert, das sich soeben im Siege über den Erben der Revolution durchgesetzt und neu geformt hatte. Es kann daher nicht verwundern, wenn die Wiener Hofburg auch in Darmstadt hinsichtlich des „Vereins" die retrograde Richtung angab. Der österreichische Gesandte führte in diesem Zusammenhange aus: Die „Revolutionärs" hätten „ihr Netz bereits ausgeworfen. Frhr. von Wangenheim hat zuerst viel und häufig mit List, Schnell und Konsorten dahier in Frankfurt, dann später in Darmstadt konferiert, hat sich von ihnen große Pläne ausarbeiten lassen und ist in ihre Ansichten eingegangen. Er hat sich nicht nur mit ihnen in ein und dasselbe Gasthaus in Darmstadt einquartiert und alle übrigen zu diesem Geschäfte bevollmächtigten Bundesgesandten beredet, ebenfalls allda zu wohnen und in dieser Gesellschaft täglich am Wirtstische zu essen (was von Frhr. von Aretin nicht zu erwarten war), sondern er hat es überhaupt an gar keinem Mittel ermangeln lassen, jene Männer, deren Tendenz bald weltkundig ist, in dieses Geschäft und in die Intimität der übrigen Bevollmächtigten zu ziehen[18])."

Allerdings hoffte List — wie stets durch politische Gedanken geleitet — von der Darmstädter Zusammenkunft die Bildung einer Macht von europäischem Gewicht und konstitutionellem Charakter. Sein Gegenspieler Adam Müller hatte also, von seinem Standpunkt und im Zusammenhang der erhaltenden Wiener Politik, nicht ganz Unrecht, wenn er dahin resumierte: „Eine allgemeine Zoll-Linie meinen die Gutwilligen, Kurzsichtigen, — ein allgemeines Band um diejenigen Staaten, in denen das repräsentative Prinzip die Oberhand behält, meinen die Demagogen, — einen Fürstenbund gegen Österreich und Preußen meinen der König von Württemberg, der Marschall Wrede und der Großherzog von Weimar."

Es war Lists Unstern, daß die konstitutionellen Süddeutschen weder mit ihm verhandeln noch die Großmächte verstimmen wollten.

Der badische Vertreter von Berstett teilte durchaus die in Wien wie Berlin vorherrschende Revolutionsfurcht; er wies Nebenius an, „die Einwirkung des sogenannten deutschen Fabrikantenvereins" und seines Organs, des Professors List, völlig abzulehnen. Es sei unwidersprechlich bewiesen, „daß es für die Ruhe Deutschlands gefahrdrohende Verbindungen gegeben, welche teils förmlich ausgebildet, teils formlos für ihre Pläne tätig waren und noch sind". Durch die konstitutionellen Verfassungen sei die Gefahr für Süddeutschland zwar wesentlich vermindert; „die politische Einheit in Deutschland, wie sie unsere Deutschtümler begründen wollen, ist ebensosehr durch die täglich mehr sich ausbildende Eigentümlichkeit der einzelnen Länder entfernt worden, als es die Gefahr ist, die von auswärtigen Unruhen unserem ruhigen Be-

[18]) Siehe Olshausen l. c., S. 171—172, 312—318, und „Werke" Bd. I 1, S. 58.

stande droht". Um so größere Vorsicht empfehle sich „bei einem Anlaß, der so tief in die individuellen Verhältnisse der bewegten Massen eingreift". Eine bedenkliche Ausdehnung der Darmstädter Verhandlungen würde namentlich „durch Berücksichtigung oder gar durch direkte Einwirkung des sogenannten Vereins der deutschen Fabrikanten und Handelsleute stattfinden". Berstett, der vielleicht an Lists früheren Karlsruher Aufenthalt sich erinnerte[19]), müsse Nebenius „aufs dringendste die größte Umsicht überhaupt und insbesondere in allem dem anempfehlen, was auf die Schritte des Professor List und Konsorten Bezug hat. Geben Sie unter keiner Bedingung irgend ein Einwirken desselben zu". Nebenius solle um so mehr allen Verkehr mit List „geflissentlich vermeiden", als Fürst Metternichs Wohlwollen, auch hinsichtlich Preußens, den Verhandlungen wesentlich sei. Eine Klippe wäre hierbei — „sicherlich eine Duldung der Teilnahme des Fabrikantenvereins oder das Hinneigen zu seinen Ideen und Plänen. Ich fürchte, daß namentlich Herr von Wangenheim schon dafür gewonnen ist, ohne das Gefährliche zu ahnen, das unzertrennlich davon bleiben wird". Jegliche politische Beziehung würde, weil den Verhandlungen fremd, „die beteiligten Regierungen in unangenehme Deutungen verwickeln".

In der Tat schrieb du Thil gleichzeitig an Berstett: „Herr Staatsminister von Wangenheim verfolgte bisher in Ermanglung einer Instruktion sein eigenes System, welches kein anderes als das des Professors List war, nur mit mehr Talent verteidigt —." Der hessische Minister, der durchaus „nicht von einem Prohibitiv- oder dem sogenannten Merkantilsystem ausgehen" wollte, hätte List samt seiner Abordnung je eher je lieber aus Darmstadt entfernt gesehen[20]). Nebenius berichtete am 22. September an Berstett: Die Agenten des sogenannten Handelsvereins hätten allerdings im gleichen Gasthause wie die Regierungsbevollmächtigten Wohnung genommen. Er habe aber List, der ihn besuchte, gesagt: ein Prohibitivsystem, wie der Verein es wünsche, widerspreche durchaus den Ansichten des badischen Hofes. Es könne nur nachteilig wirken, „wenn der Meinungsstreit über die Frage des freien Verkehrs und der Prohibitivsysteme mit soviel Leidenschaftlichkeit wie bisher fortgesetzt werde". Lists und seiner Kollegen Anwesenheit sei „ganz überflüssig" und durch Gerüchte, welche sie leicht veranlassen dürfte, sogar nachteilig. List müsse sich bescheiden, hier keinerlei Einfluß zu gewinnen; die Notizen, deren man bedürfe, würden „von dem Handelsstande eines jeden Landes" erhoben werden.

Du Thil und von Aretin billigten dies durchaus und verabredeten ein „gleiches Benehmen sämtlicher Bevollmächtigter gegen jene Agenten". Den „Vereins"-Anwälten wurde demgemäß „als ernster persönlicher Rat" eröffnet, sich von Darmstadt wegzubegeben. List — wie auch Ernst Weber — reiste auf diese sehr deutliche Erklärung hin Mitte September ab und widmete sich alsbald seiner parlamentarischen Tätig-

[19]) Vgl. unten Hauptteil C, 4. Kapitel, Anm. 18.

[20]) Siehe Suchel l. c., S. 29, 32.

keit daheim, die nun rasch zur entscheidenden Katastrophe treiben sollte. Jakob Schnell und Franz Miller blieben, von den Diplomaten als einflußlose Beobachter geduldet, in Darmstadt, bearbeiteten die Darmstädter Landstände und lieferten nützliche Materialien. Ihre eifrigen Versuche, „zu Schutz und Schirm der deutschen Industrie" gegen „feindliche Eingriffe von außen" den „Absatz unserer Produkte und Fabrikate" zu sichern, galten freilich — soweit sie den beteiligten Landesbehörden zur Kenntnis kamen — als „ein auffallender Beweis der Arroganz, mit der diese Herren fortwährend einen Einfluß auf die Verhandlungen zu behaupten trachten". Die Darmstädter Beratungen mußten im April 1823 erfolglos abgebrochen werden[21]).

Den Österreichern blieb Wangenheims Verhältnis zum „Verein" besonders verdächtig; er stände denen nahe, „welche sich in dem gegenwärtigen Zeitpunkt der Handelsverhältnisse ebenso zum Aushängeschild ihres politischen Treibens bedienen wollen, als in der jüngst verflossenen Periode die repräsentativen Verfassungen gedient haben". Auch Adam Müller fürchtete „die Umtriebe des Gewerbsvereins" ebenso wie die „Trias". Burschenschaften und Demagogen, die konstitutionellen süddeutschen Monarchen und den „Handelsverein" identifizierte man in Wien schlechthin mit „den Revolutionären"[22]).

Lists Agitation in Handelssachen und weiterhin auch die „Vereins"-Tätigkeit waren hiermit abgeschlossen. Das Bürgertum, in „achtunddreißig Zoll- und Mautlinien" eingezwängt, hatte sich als unkräftig erwiesen, „für den deutschen Handel, oder richtiger gesagt für den Handel der einzelnen auf der Landkarte mit dem Namen Deutschland bezeichneten Länder" (Stadion) einzutreten. Der notwendig politische Charakter seines Strebens setzte das junge Bürgertum vielmehr dem Verdacht aus, die Schranke der Legalität zu überschreiten. Die Wiener Staatskunst fühlte nicht zu Unrecht[23]), daß „eine von unten hinauf zu bewirkende Totalreform" der Bundesverhältnisse als letztes Motiv und letzte Konsequenz hinter allen gesellschaftlichen Bewegungen sich verbarg. Lists Versuch, auf diesem Umweg über die Wirtschafts-Einheit mittelbar zu „Verfassungen" und „konstitutionellen Staatsformen" zu gelangen, mußte im Jahre 1820 scheitern; vergeblich berief er sich im „Organ" auf das gemeinsam vergossene Blut der Freiheitskriege. Auf die Dauer freilich bleibt der Erfolg nicht aus: Der Widerspruch zwischen der wachsenden Produktivkraft der Nation und der souveränen Vielstaaterei wird endlich unerträglich; die Revolution von 1848 und der Krieg von 1866 decken ihn vollends auf.

Erfolglos wünschte Metternich seit 1828 den schwerfälligen österreichischen Staatsapparat gegen die fortschreitende Zolleinigung zu mobilisieren, nachdem er übrigens zwischen Preußen und Anhalt als ehr-

---

[21]) Den Verlauf schildert Suchel l. c., S. 29—109.

[22]) S. „Werke" Bd. I 1, S. 39—40.

[23]) Vgl. oben Hauptteil A, 3. Kapitel, mit Frhr. von Handel 1820 bei Olshausen l. c., S. 166.

licher Makler gewirkt hatte. Er begünstigte den mitteldeutschen Handelsbund 1828 und machte England 1829 darauf aufmerksam, daß Preußen ganz Deutschland gegen den englischen Handel zu „jakobinisieren" suche; wenn er 1833 im „Zollverein" ein „wohlbewußt kräftiges Werkzeug in den Händen der Bewegungspartei in Preußen", einen liberalen Anschlag zur Einführung der Repräsentativverfassung in Preußen sehen wollte[24]), so liegt dem doch die richtige Vorstellung zugrunde, daß aus der legalisierten Handelseinheit ein vermehrter Einfluß des Bürgertums im Staate auch verfassungsmäßig folgen werde. Vergebens suchte Lord Palmerston noch 1832 die deutsche Zolleinigung zu hintertreiben. Ein letzter Versuch Hannovers, den toten Buchstaben des Artikels XIX der Bundesakte wider die preußische Tat der Zolleinheit anzurufen, scheiterte an seiner inneren Unmöglichkeit. Metternich mußte aus allgemeinen Erwägungen heraus den Konflikt mit Preußen immer wieder abbiegen und das Unvermeidbare geschehen lassen; er konnte die zollpolitischen Angelegenheiten zunächst mehr en bagatelle behandeln[25]). Der Fürst zog „den in dieser Beziehung wohltätigen Zustand tiefer Ruhe, dessen man sich im Bunde zu erfreuen hatte", den Neuerungsversuchen vor und sagte namentlich dem preußisch-hessischen Verein ein baldiges Ende voraus. Er hielt noch 1831 „ein ganz Deutschland umfassendes Mautsystem, wie solches von manchen Schriftstellern und Theoretikern gedacht wird", für „nicht ausführbar", erkannte aber in Preußens Vorgehen seit 1828 den „ersten Keim zu einem Bund im Bunde"[26]). Die Handelsangelegenheiten am Bunde blieben in einer Kommission begraben.

---

[24]) Siehe Srbik, „Metternich" l. c., S. 537, und Treitschke, „Preußische Jahrbücher" l. c., S. 672—676.

[25]) Vgl. auch Ad. Beer, „Die Finanzen Österreichs", l. c., S. 184—192. — Metternichs Bemerkung an den Herzog von Nassau, 1833, über die preußische „Seelenfischerei" erinnert doch an Adam Müllers unten angeführte Denkschrift vom Jahr 1828. Siehe H. Oncken l. c., 1934, S. 13ff.; Oncken in „Vorgeschichte" l. c., Bd. I, S. XXXIII—XXXIV, XCII. — Einen guten Eindruck der Metternichschen Stellungnahme zu den zollpolitischen Einigungsverhandlungen seit 1819 und 1828 geben die Akten in „Vorgeschichte" l. c., Bd. II, S. 275—276, 353—354, 359—366; Bd. III, S. 420. Vgl. auch B. Bab l. c., S. 13.

[26]) S. „Vorgeschichte" Bd. III, S. 144—150, 164—165. — Für Metternichs Verhalten zur Zolleinigung 1819 bis 1848 vgl. auch Ad. Beer, „Die österreichische Handelspolitik im 19. Jahrhundert", 1891, S. 55—82. Oben 2. Kapitel, Anm. 47, und Srbik l. s.

Vergessen wir nicht, daß List 1820 erst einunddreißig Jahre zählte und doch schon innerhalb des Deutschen Bundes eine bekannte politische Persönlichkeit war, ja in Darmstadt geradezu als Gegenspieler der dort vertretenen Kabinette galt. Die antipreußische Richtung der Darmstädter Verhandlungen wäre dem „Verein" nicht unwillkommen gewesen. Wenigstens trug Franz Miller-Immenstadt, dessen frühere Schrift wir im Hauptteil A kennenlernten, 1821 auf ein Verbot aller im Inland herstellbaren Auslandswaren an und auf den Anschluß des neuen Zollsystems an auswärtige Mächte — unter Ausschluß Preußens!

Miller ist später als Obersteuerrat im württembergischen Staatsdienst verwandt worden und in Eisenbahnfragen sowie gegen Preußen im „Mitteldeutschen" oder „negativen" Handelsverein tätig gewesen[27]). Auch der Nürnberger „Vereins"-Deputierte J. J. Schnell war von seinem Wiener Mißerfolg 1820 her scheinbar gegen die deutschen Vormächte eingenommen; denn er rief gegen Schluß der Darmstädter vergeblichen Verhandlungen[28]), im September 1822, in einer „Denkschrift Deutschlands weitere Handelsverhältnisse betreffend", sogar „das übrige Deutschland" zu einem strengen Retorsionssystem gegen Österreich und Preußen auf; von diesen beiden Staaten, die „uns schlechter als den Ausländer" behandeln, hätten die deutschen Fürsten und Völker keinerlei Förderung deutscher Bedürfnisse zu erwarten, „möglichste Entfremdung und Trennung von ihnen" sei „das einzige Rettungsmittel"[29])!

Wie unklar die Ausdehnung seines geplanten Bundes-Zollsystems für List selbst geblieben ist, — solchen offen „rheinbündlerischen" Ideen ist er nicht beigetreten. Der ausgesprochene Preußenhaß Wangenheims, von dem Treitschke berichtet, war einem List doch fremd. Immerhin mag Wangenheims liberalisierender Gedanke eines „Bundes im Bunde" ihm nicht ganz mißfallen haben[30]). Gerade über Württemberg hatte der „Verein" Einfluß auf den Gang der Dinge genommen:

---

[27]) Über Miller und List s. Olshausen l. c., S. 161—163, und unten Hauptteil F, 1. Kapitel. — Vgl. auch „Werke" Bd. I 1, S. 41, 67—81; Bd. III 2, S. 980.

[28]) Siehe Borckenhagen l. c., S. 41.

[29]) Siehe List-Archiv F. XVIII, Nr. 17; dazu „Werke" Bd. IX, S. 51. Vgl. auch Schnells Brief an Nebenius bei Böthlingk l. c. im Anhang. — Schnell hatte ein verbindliches Billet bei seinem Abschied aus Wien aus Metternichs Kanzlei erhalten; s. Olshausen l. c., S. 145, 211. — Er propagierte 1823, ähnlich List 1820, einen direkten Verkehr Süddeutschlands mit Südamerika.

[30]) Vgl. oben zu Anm. 5 und Treitschke l. c., 1865, S. 236—237; Stern l. c. Bd. II, S. 392. — Übrigens war Wangenheim, wie List, für Anhalt-Köthen in dessen Zollstreit mit Preußen; s. Curt Albrecht l. c., S. 154—158.

Auf eine Eingabe an den König von Württemberg vom 4. Juli 1819, welche die Initiative zu einer „Separatvereinigung" erbat, hatte dieser zustimmend geantwortet und „Ideen zu einem Maut- und Handelsverein der süddeutschen Regierungen" ausarbeiten lassen. Wangenheim sollte die Darmstädter Verhandlung maßgebend beeinflussen. Er tat dies im Sinne seines „reinen Deutschland", dessen Kern ein „Bund der Mindermächtigen" sein sollte; wenn er diesem „Binnenbund" einen direkten Handel mit dem Mittelmeer, Amerika und China zuschrieb, so erinnert dies an Lists gleichzeitige Exportpläne; auch mit der Schweiz knüpfte Wangenheim an, wie vorher Lists „Verein", und Miller ward von ihm gelobt. Die Darmstädter Mißerfolge mußten unter solchen Umständen auch gegen den württembergischen Wortführer wirken: Fürst Metternich hatte ihn beschuldigt, „den Umsturz aller bestehenden Verhältnisse" zu betreiben und am Bundestag eine liberale Opposition gegen die Großmächte bilden zu wollen; dem Druck der Mächte nachgebend, mußte König Wilhelm I. im Sommer 1823 seinen Gesandten abberufen[31]), der nun als stiller Beobachter sich in seine Heimat Thüringen zurückzog.

Wangenheims naturphilosophische Anschauungsform sowie die Starrheit, mit der er seinen „Trias"-Gedanken bis zum Lebensende anhing, unterstreichen doch die Differenz zu seinem früheren Schützling List. Jedenfalls dürfen wir hier so wenig wie bei den Verfassungsfragen uns List in Wangenheims Gefolgschaft denken[32]). Die Darmstädter Verhandlungen, heißt es im „Organ" am 13. Oktober 1820, seien nicht auf Abschließung der vereinigten Länder von dem übrigen Deutschland und der übrigen Welt gerichtet, sondern auf Vereinigung mit ganz Deutschland und Handelsfreiheit mit der ganzen Welt. Der nationale Zoll-Gedanke wog für List immer schwerer als die partikularen Sonderinteressen des „rein deutschen" Südens. Umfaßt jener doch, in Lists breitester Schau, Holland-Belgien, die Schweiz und die sub-germanischen Landschaften des Donaubeckens! In der Schweiz hatte der „Verein", wie wir im ersten Kapitel sahen, mit Erfolg für sich geworben und war dort, wo man die Messen von Frankfurt und Leipzig zu besuchen pflegte, auch mit Geld unterstützt worden. Eine amtliche Stellungnahme erwies sich freilich als unmöglich[33]).

Inzwischen ging Hessen-Darmstadt mit seiner eigenen Zollordnung 1824 voran und eröffnete 1826 Verhandlungen, die zum preußisch-hessischen Verein von 1828 führten. Die beiden süddeutschen Königreiche bereiteten ihre Zollunion durch den Präliminarvertrag von 1824 vor. List hatte seit Anfang 1821 durch seinen Prozeß jegliche Möglich-

[31]) Siehe Curt Albrecht l. c., S. 110—114, 159—165.

[32]) Ebenso urteilt Olshausen l. c., S. 177—178.

[33]) Vgl. Alt-Landamtmann Zellweger am 3. April 1820 an Wangenheim in „Vorgeschichte" l. c., Bd. I, S. 384—385. — Die Städte Aarau und Basel hatten dem „Verein" 2700 Gulden gespendet; vgl. List-Archiv F. XIV, Nr. 1, und Olshausen l. c., S. 51—57, 301.

keit eines aktiven Eingreifens in die Handelsverhältnisse verloren. Sein Verleger Joh. Fried. von Cotta durfte dafür an der süddeutschen Einigung mit Preußen-Hessen wirksam mithelfen. Seither arbeiteten die preußischen Staatsmänner — Staatsrat Eichhorn, Finanzminister Motz und seit 1830 Maaßen, der Verfasser des Zollgesetzes von 1818 — am Ausbau des neuen Zollsystems fort. Als List 1832 endgültig nach Deutschland zurückkehrte, standen der preußisch-hessische und der bayerisch-württembergische Zollverein schon an der Schwelle ihres Übergangs in den Deutschen Zollverein von 1833; aus dem Zusammenschluß der Territorialstaaten bildete sich eine Gesamtwirtschaft, die den national-ökonomischen Begriffen wie den Bedürfnissen des modernen Produktionsprozesses einigermaßen genügen konnte[34]).

Damit wurden die süd- und mitteldeutschen Territorien wenigstens handelspolitisch aus ihrer Vereinzelung gelöst, die rheinbündlerisch-frankophilen Stimmungen konnten abklingen und der Boden für ein nationalpolitisches Handeln wurde vorbereitet. Wie genau List die Gefahren eines angeblichen „Dritten“ Deutschlands sah, zeigen seine lebendig-anschaulichen Tagebücher aus der Exilzeit[35]). Er schreibt 1825: „Überhaupt hängen alle kleinen Süddeutschen von Frankreich ab. Im Altertum hatten die Mächte in der Regel Wüsten angelegt. Diese kleinen Staaten sind die Wüsten zwischen Preußen, Österreich und Frankreich. Im Frieden läßt man sie gewähren; im Krieg sind sie der Tummelplatz der Großen Mächte, und wohin sie halten, sind sie gleich übel dran.“ — „Dieses ganze Land auf dem rechten Rheinufer muß notwendig dem Impuls folgen, der ihm von Frankreich gegeben. Andere Bündnisse bestehen entweder bloß auf dem Papier und werden im Augenblick gebrochen oder sind nur vorübergehend. In einer halben Stunde ist man von Frankreich in Karlsruhe[36]).“

Fürst Metternich aber beförderte an seinem Teil das Zustandekommen jenes „Mitteldeutschen“ oder sog. „negativen Handelsvereins“, der sich 1828 bis 1831 zwischen das preußische System und die süddeutschen Königreiche einschob, um 1831 bis 1833 alsbald in seine Teile wieder zu zerfallen. Daß auch dieser „Anti-Zollverein“ sich gegen Preußen auf den Artikel XIX der Bundesakte berief, zeigt noch einmal, wie unmöglich das Listsche Verlangen nach Reichszöllen auf dem Wege über Wien und Frankfurt war[37]). England, das auch die hannoversche Stimme am Bundestag instruierte, unterstützte den mitteldeutschen oder „negativen Handelsverein“, Baden, Frankfurt usw. gegen Preu-

[34]) Vgl. unten Hauptteil C, 2. Kapitel.

[35]) S. „Werke“ Bd. VIII, S. 35—38.

[36]) Wegen List und Frankreichs Stellung an der Rheingrenze vgl. auch oben Hauptteil A, 2. Kapitel, Anm. 25.

[37]) Vgl. Theodor Hansen l. c., S. 30—43. — Österreichs politisch-militärisches Interesse an diesem Verein, der Preußens Trennung in eine westliche und eine östliche Hälfte verewigen sollte, s. bei H. von Petersdorff, „Friedrich von Motz“ l. c., Zweiter Band, S. 157—174.

ßen[38]). Schon hierin tritt zutage, wie unscharf List die englisch-deutschen Gegebenheiten in seiner „Allianz"-Denkschrift von 1846 sah; sein handelspolitisches Feld blieb die gesellschaftliche Bewegung und stärker noch die theoretische Vorarbeit für eine gesamtwirtschaftliche Ordnung des Verkehrsprozesses, wie sie im kleinstaatlichen Elend des Vormärz grundsätzlich geboten war. Nicht die „fiskalischen", sondern die „politisch-ökonomischen Zwecke" der Handelseinheit standen ihm voran. Den Anschluß des freihändlerisch-merkantilen Nordwestdeutschland, für den er seither und namentlich im „Zollvereinsblatt" stritt, hat List nicht mehr erlebt.

Wie hätte er auch, trotz mancher anfänglichen Erfolge im Jahr 1819, hoffen dürfen, mit seinen volkstümlichen Lobpreisungen deutscher Nationaleinheit, mit seinem naiven Vertrauen in die Kraft des Deutschen Bundes oder mit seinen vorausschauenden Deduktionen über Handels- und Zahlungsbilanzen durchzudringen. Unter den Konstellationen der Konferenz von Karlsbad (1819) und des Kongresses von Verona (1822) war für solche strukturschwachen Pläne kein Raum innerhalb des Deutschen Bundes, — noch weniger wie für das machtlose Ressentiment kleinstaatlicher Dynasten. Gewiß, die hinter List stehenden Klassen hatten noch auf lange hinaus keinerlei Interesse an einem Umsturz der feudalen und monarchischen Gewalten; noch standen sie selber — zumal seit dem September 1819 — unter Ausnahmegesetzen und Ausnahmegerichten, war jede „freie" Vertretung privatwirtschaftlicher Interessen — gleich ihrer politischen Repräsentation — den Staatslenkern verdächtig. Einheit und Freiheit für Handel, Schiffahrt und Gewerbe (Artikel XIX) waren doch nur Abwandlungen des Verlangens nach politischer Nationaleinheit (Artikel XIII der Bundesakte), eine Übersetzung in den Interessenbereich der — wie Brinkmann sie nennt — freiheitsdurstigen Privatwirtschaft[39]). Wenn der „Verein" 1820 die Gleichheit von Münze, Maß und Gewicht propagierte, wenn man Patentschutz und Verstaatlichung der Post verlangte[40]), so liegt hierin schon das Programm des Norddeutschen Bundes beschlossen; die Frage, wie sich die politische Einigung zur wirtschaftlichen verhalte, begegnet uns also in den Anfängen des Deutschen Bundes selbst, — die Wechselwirkung zwischen ökonomischem Bedürfnis und staatlich geformtem Interesse als Schicksalsfrage jeder Wirtschaftspolitik!

[38]) Vgl. „Vorgeschichte" Bd. III, S. 578—580 u. ö. — Auch Frankreich arbeitete gegen das preußische neue „Kontinental-System"; ebenda S. 579—588 u. ö.

[39]) Über den Zusammenhang der bürgerlich-demokratischen Bewegung mit der süddeutschen Zollunionsgeschichte vgl. auch Brinkmann l. c., S. 3, 115, 221—224.

[40]) Vgl. das „Organ" und z. B. List-Archiv F. XIVa, Nr. 7 und 20. — Auch du Thil und Nebenius hatten gleiches Maß und Gewicht sowie ein gemeinsames Münzsystem in den Darmstädter Beratungen vergeblich angeregt. Erst der Zollverein gelangte 1838 zu einer Münzkonvention. Vgl. Nebenius, „Der deutsche Zollverein, sein System und seine Zukunft", 1835, S. 181—189, Hauptteil E, Anm. 12.

Mochte List seine praktischen Forderungen je nach den Adressaten und dem Gang der Verhandlungen modifizieren[41]), — sie blieben dennoch Ausdruck eines national-politischen Wollens, in jenem staatlich seit 1815 kaum befestigten, vom Dualismus zwischen Österreich und Preußen beherrschten Bunde souveräner Territorien. Unreif und tastend diese ersten, im nationalen Maßstab gewagten Versuche des jungen deutschen Handels- und Industriekapitals, unter sich uneins sowie durch lokale Unterschiedlichkeit gespalten und eingebettet in die breiten Gefilde der Agrikultur. Waren es nicht schon Erfolge, daß Preußens Regierung wenigstens ihr Zollgesetz von 1818 vom Bunde unabhängig aufrechthielt, daß aus dem Mißerfolg der Wiener Konferenzen und aus den nutzlosen Darmstädter Verhandlungen seit 1826 der Keim einer preußisch-süddeutschen Einigung sich entfaltete? Mit geschichtlichem Recht konnte List daher diese Linie ziehen, die von Wien zum bayerisch-württembergischen Handelsverein führte; seine eigene Initiative hatte Künftiges vorweggenommen und durch den Widerspruch zur Umwelt das Reifen fördern helfen. Wohl lebte die Reaktion am Deutschen Bunde gegen alle populären Bewegungen unter dem Eindruck des Hambacher Festes (1832) wie des Frankfurter Wachesturms (1833) von neuem auf. Als List endgültig 1832 nach Deutschland übersiedelte, war die befreiende Wirkung der Julirevolution bereits verflogen. Aber indem die preußische Großmacht die Sache der Wirtschaftseinheit 1833 zum guten Ende führte, wurden die Hemmnisse der Bundesverfassung eben dadurch ausgeschaltet.

---

[41]) Vgl. M. Beer in „Österreichisch-Ungarische Revue" 1887, S. 304, und oben 2. Kapitel dieses Hauptteils.

HAUPTTEIL

C

DER KAMPF MIT DEN TERRITORIALGEWALTEN

ERSTES KAPITEL

Der Kaiserstaat (Österreich-Ungarn)

„Die Politisierung des Kampfes um die Führung in der deutschen Wirtschaftseinheit" blieb bis zur Begründung des Deutschen Zollvereins und über sie hinaus in vollem Gange. Der Same, den die Agitation des „Vereins" ausgestreut, sollte nicht auf steinigen Boden fallen. Eben hierdurch wurde das Stabilitäts- und Gleichgewichtssystem im Deutschen Bunde, wurde die „Restauration" unausgesetzt gefährdet und grundsätzlich verneint[1]).

Wie viel höher stand Lists selbstloses Mühen um eine nationale Macht- und Markteinheit als das Verhalten mancher kleinstaatlichen Bürokraten, die abwechselnd Frankreich, Holland oder Großbritannien zum Schutze ihrer Rheinbunds-Souveränitäten gegen Preußen anriefen! Nicht umsonst hat List in der Augsburger „Allgemeinen Zeitung" und im „Zollvereinsblatt" seinen Kampf gegen diese „Separatisten" fortgeführt[2]). Im Zusammenschluß des preußisch-hessischen mit dem bayerisch-württembergischen Zollverein wurde die Chance des Artikels XIX der Bundesakte freilich in einer Weise verwirklicht, die unmittelbaren Eingriffen des Auslandes wenig Raum mehr ließ; von einer vollen Einheit im nationalen Rahmen aber blieb man noch weit entfernt, obschon Artikel 41 des „Deutschen Zollvereins" die Chance des Artikels XIX offenhielt[3]). Konnte die Entwicklung nicht „den mit so vieler Aufopferung erstickten Industriekrieg im Innern Deutschland in einer andern Form wieder aufleben" lassen[4])? Zwar hielt Metternichs vorsichtige Staatskunst kriegerische Konflikte von Zentraleuropa 1815 bis 1848 ferne; aber überall an den Rändern — von Spanien, Belgien und Italien bis Polen, Griechenland und Ägypten hin — erfolgten kriegerische Explosionen.

Wir verfolgen nunmehr, wie List sich zu den territorialen Kräften, die in den einzelnen Bundesländern wirkten, stellte; die Konstellation

[1]) Vgl. Hermann Oncken in „Vorgeschichte" l. c. Bd. I, S. XL und LXII. — Vgl. auch Hans Harras, „Idee, Werden und Wesen der deutschen Nationalwirtschaft" in „Die nationale Wirtschaft", Dezemberheft 1934, S. 407—412.

[2]) Vgl. H. Oncken, ebda. S. LXIV—LXVII.

[3]) Vgl. W. Thiedig, l. c. S. 8—23.

[4]) Siehe List in „Werke" Bd. III 1, S. 303, 318.

des deutschen Vormärz, im Verhältnis der bürgerlich-nationalen Bewegung zur Staatswirklichkeit, wird dadurch klarer hervortreten und ergänzen, was in dem gemeinsamen Bemühen um die „Nationalwirtschaft“ im Deutschen Bund bereits zutage trat.

Nachdem List jenen Verfolgungen entronnen war, deren Wiederaufnahme durch die österreichische Geheimpolizei uns noch beschäftigen wird[5]), hat er in Nordamerika zunächst einmal freier atmen dürfen. Ein dortiger freihändlerischer Staatsmann hielt ihn irrtümlich für einen Professor aus der Schule des „Despoten“ Metternich — eine der törichsten in seinem an Verleumdungen reichen Leben. Gegen derlei nahm List Stellung — nicht nur aus einem begreiflichen Ressentiment heraus wegen Metternichs persönlicher „haughtiness“, sondern auch mit sachlichem Ertrage. Wie er drüben die Gefahren für Österreichs Zukunft sehen lernte, zeigt einen merkbaren Abstand zu seinen früheren wie auch zu den späteren Urteilen über das habsburgische Gesamtreich. Er schrieb, anläßlich der griechischen Wirren, im „Readinger Adler“ 1828[6]): „Wie hat sich doch die Welt verändert! Die katholische Majestät, der Schirmherr und Verteidiger der päpstlichen Heiligkeit, der Erbfeind Mohammeds, reicht dem Großtürken die Hand zum brüderlichen Beistand in Not und Tod. Dieser Bund, beim Licht betrachtet, ist indessen keineswegs so burlesk als er aussieht. Es hat gar nichts Unnatürliches, daß der Turban, die Tiara und die absolute Krone sich gegen die Freiheitsmütze verbinden. Österreich kann bei jeder Veränderung nur verlieren und ist daher der natürliche Bundesgenosse des Großtürken. Entsteht Krieg, so ist die Möglichkeit vorhanden, daß die Völker sich ermannen und daß die Nationen zusammenstehen. Da aber der österreichische Staat aus Stücken von Italien, Deutschland und Polen zusammengesetzt ist, so würde Österreich durch die Wiederherstellung des Nationalverbandes dieser Völker zu einem Messer ohne Heft, dem die Klinge fehlt. Im glücklichsten Fall könnte es einige Provinzen an der Donau erhalten, während Rußland die Seeküsten und den Schlüssel zum Schwarzen Meer in die Tasche steckte. Österreich wäre dann von dem nordischen Riesen umschlossen, und eine herzhafte Umarmung desselben würde ihm für immer den Garaus machen. Solches sind die Bedenklichkeiten, welche gegenwärtig das Kabinett von Wien bestimmen, einstweilen alle menschlichen und christlichen Gefühle zu unterdrücken und in dem Bund mit dem Teufel Heil und Bürgschaft zu suchen. Es wird sich zeigen, inwieweit Seiner beelzebubischen Majestät Macht und Gewalt gegeben ist, Seiner katholischen Majestät zu willfahren.“

Die erhaltenden Prinzipien der Metternichschen Orientpolitik treten hier, in Lists Vorschau aus dem Jahr 1828, ebenso klar zutage wie die Gefahren, welche den habsburgischen Nationalitätenstaat im

[5]) S. 3. Kapitel dieses Hauptteils wegen Leipzig sowie oben Hauptteil B, 2. Kapitel.

[6]) S. „Werke“ Bd. II, S. 286. — Hauptteil D, 2. Kapitel, Anm. 82—83.

weiteren Gang des 19. Jahrhunderts bedrohen und zersetzen sollten. Wäre List, wie seine ursprüngliche Absicht war, für immer in Amerika geblieben, so hätte er bei dieser geschichtlichen Einsicht sich beruhigen können. Indem er aber 1832 nach Deutschland zurückkam und seine Pläne aus der „Vereins"-Zeit, unter veränderten Zeitumständen, wieder aufnahm, mußte seine Aktivität abermals gegen die Lebensbedingungen des österreichischen Kaiserstaats verstoßen; die Expansion im Donauraum, zu der er Österreich-Ungarn aufforderte, lief dem Metternichschen Leitgedanken ebenso entgegen, wie sein erneutes Bemühen um wirtschaftliche „Nationaleinheit" der österreichischen Stellung als Vormacht im Deutschen Bunde widersprach.

Nach seiner Rückkehr aus Amerika ist List noch mehrfach als Worthalter des erwerbenden „Mittelstandes", wie Srbik ihn nennt, in den Gesichtskreis der Wiener Hofburg getreten.

Sein „Eisenbahnjournal und National-Magazin", das er seit 1835 bei dem Verleger des „Staatslexikon" herausgab, war 1837 „infolge besonderer Recommandation aus dem Reich" von der Wiener Regierung verboten worden; List vermutete den württembergischen Justizminister von Maucler als Urheber, der ja gleichzeitig seine Konsulatstätigkeit in Sachsen zu hintertreiben suchte[7]). Schon das „National-Magazin" von 1834 sollte ein volkstümliches Blatt „mit strenger Ausschließung aller Politik und aller religiösen Polemik" sein[8]), wie dies der Zeitlage nach den seit 1832 verschärften Zensurbeschlüssen des Deutschen Bundes gemäß war. Dennoch ist Lists Versicherung, er glaube mit der Popularisierung nationalökonomischer Kenntnisse „die Zwecke der Regierungen zu fördern", ganz vergebens gewesen; er blieb der Demagoge und galt nach wie vor in Wien als „bekanntermaßen einer der tätigsten, verschlagensten und einflußreichsten der deutschen Revolutionsmänner". Sachsen, Preußen und Österreich mißtrauten gleichmäßig diesem „revolutionären" Liberalen, der — unter dem Schutz seines amerikanischen Staatsbürgerrechts — die im Deutschen Bund nach 1830 wiederhergestellte Ruhe zu gefährden schien[9]).

Auch Lists „Zollvereinsblatt" ist offenbar — wie einst sein „Organ" — sogleich nach Erscheinen im Januar 1843 auf die Liste der in Österreich „verbotenen Druckschriften" gekommen. Im Grazer Landesregierungsarchiv (Präsidial-Gubernial-Akt Nr. 1428 von 1843) findet sich die Bitte eines steierischen Baumwollgarn-Spinnereibesitzers Odersky um „Bewilligung zum Bezuge des erga schedam beschränkten Zollvereins-

[7]) S. „Werke" Bd. VIII, S. 519—520. — 4. Kapitel dieses Hauptteils, Anm. 79.

[8]) S. „Werke" Bd. V, S. 4—7, 18—20; Bd. III 1, S. 10—13. — Vgl. 3. Kapitel dieses Hauptteils, Anm. 45.

[9]) Vgl. M. Höltzel in „Preußische Jahrbücher", 1903, S. 420. — Wegen Lists Leipziger Konsulats s. unten 3. Kapitel, wegen des gleichzeitigen „Staatslexikon" unten 4. Kapitel. — K. A. Meissinger, „Friedrich List" l. c. S. 188—189.

blattes von List". Ein Dekret des Gouverneurs an den Kreishauptmann zu Graz vom 10. Juli 1843 ersuchte um Auskunft, ob der Bittsteller „nach seiner Bildung und Haltung zum Bezuge verbotener Druckschriften geeignet scheint". Man sieht, diese fallweise persönliche Erlaubnis zum Bezug kam in der Praxis einem Verbote gleich[10]). Wie schon Häußer und Jettel berichten, war List im August 1843 in Ischl und hatte dort zwei Audienzen beim Fürsten Metternich, um seinem „Zollvereinsblatt" eine ungestörte Verbreitung in Österreich zu sichern[11]). Offenbar ohne Erfolg[12]). Denn im September 1843, nach Lists Aufenthalt in Ischl, lag der Wiener Staatskanzlei ein Aufsatz über „Das Zollvereinsblatt, redigiert von Friedrich List. Erster Jahrgang 1843" zur Zensur vor, der für ein Wiener Blatt bestimmt war. Der Zensurbeamte urteilte darüber: „Die in dem beiliegenden Aufsatze vorkommenden Anspielungen" auf Artikel XIX der Bundesakte, auf die bisherige Absonderung Österreichs, Hannovers und der Hansestädte vom sog. deutschen Zollverein, auf die Twistzollfrage, auf die Bestrebungen einer in Ungarn bestehenden politischen Section „und dergleichen mehrere regellos miteinander vermengte gehaltlose und zeitwidrige Räsonnements erscheinen im Besonderen bei der gegenwärtigen, durch wohl bekannte Umtriebe aufgeregten Stimmung eines Teiles unserer industriellen Welt, so wie dem ungarischen Landtage und der ungarischen Journalistik gegenüber als ein Hors d'oeuvre, dessen Einrückung in eine unter Censur stehende österreichische Zeitschrift nicht bloß Rücksichten der Handelspolitik, sondern auch andere politische Bedenken überhaupt widerraten dürften"[13]). Diesem Gutachten gemäß, in dem sich eine seit 1840 wachsende europäische Unruhe äußert, wurde der fragliche Werbeartikel für das „Zollvereinsblatt" für Österreich nicht zugelassen.

Im Oktober 1844 eilte List nun aus Augsburg über München nach Wien, wo er sehr ehrenvoll aufgenommen wurde, und hatte abermals eine Audienz beim Fürsten Metternich. Anschließend ging er nach Ungarn, wo sein Name und sein Hauptwerk schon bekannt waren, und gab auch diesem Lande — wie einst den Nordamerikanern, Franzosen und Belgiern — Ratschläge für den Ausbau seiner ökonomischen Nationaleinheit, insbesondere des Transportsystems sowie der „inneren Produktivkräfte" überhaupt[14]).

In Preßburg und Pest wurde er von den patriotischen Magnaten aufs ehrenvollste empfangen, wie vorher und nachher durch die „hohe

[10]) S. „Werke" Bd. VII, Einleitung S. 18.

[11]) S. List-Archiv F. XXXIV, Nr. 2.

[12]) Vgl. „Werke" Bd. III 2, S. 938 und 1009—1023; Bd. VIII, S. 700—703, 706—707, 709—710.

[13]) S. Archiv des Wiener Finanzministeriums, zu 7321 P. P. aus 1843.

[14]) Vgl. L. Großmann „Friedrich List und Ungarn", in „Zeitschrift für die gesamte Staatswissenschaft", 1930, 89. Bd., S. 118—124, und L. Häußer, „Friedrich Lists gesammelte Schriften", 1850, Bd. I, S. 335 bis 347. — Im Mai 1820 hatte List, von Wien aus, schon einen kurzen Ausflug nach Ungarn unternommen; s. Olshausen l. c. S. 147—148.

Industrie und Finanz“ in Wien. Ein österreichischer Polizeiagent meldete, daß er in Preßburg namentlich „den berüchtigten Agitator Kossuth“ gesprochen habe[15])! Schon 1843 hatte er programmatische Aufsätze über Österreichs und Ungarns innere Zollverhältnisse sowie über Österreichs Stellung zum Deutschen Zollverein veröffentlicht[16]). Nur durch Österreich könne Deutschland „künftig zum Besitz der Donaumündung gelangen, wodurch diese Kontinentalwasserstraße erst ihren wahren Wert erhält“. Ungarn könne unermeßlich gewinnen, wenn „jährlich 40000 bis 50000 Deutsche ihren Wanderstab nach Ungarn setzten“. So hatte er auch hier, wie schon zur „Vereins“zeit, die Weite eines Horizonts erwiesen, der ganz Mitteleuropa umfassen sollte[17]). Ohne in den ungarischen Wirren für die „Ultra-Magyaren“ (Emilie List) Partei zu nehmen, rührte er doch alles zu lebendiger Wirksamkeit auf. Die Freundschaft von Männern wie Ludwig von Kossuth war dankbarer als Lists Landsleute zu sein pflegten. Die Ungarische Akademie der Wissenschaften schlug ihn 1844 zum korrespondierenden Mitglied vor. Auf einem Festmahl in Wien am 23. Dezember 1844, über das er im „Zollvereinsblatt“ berichtet, und in seinen Denkschriften für Metternich, der ihn am 3. Dezember 1844 nochmals empfangen hatte, zog List die Summe seines vielgefeierten Aufenthaltes in der Doppelmonarchie. Wir wollen hier nicht in den Zusammenhang jener großen Denkschriften über die „Transportverbesserung in Ungarn“ sowie zu einer „nationalökonomischen Reform des Königreichs Ungarn“ eingehen[18]). Sein Plan, schwäbische Bauern am Plattensee anzusiedeln, erinnert an seine Versuche, deutsche Kolonisten und Bergarbeiter nach Nordamerika zu ziehen; auch seine Zeitungs- und Bahnprojekte von 1844 ähneln denen von 1825 bis 1830[19]). Gewiß ist, daß Lists freudige Aufnahme mit der 1845/1848 sich verstärkenden Freiheitsbewegung der Ungarn harmonierte. Sie entnahmen den Listschen Gedanken, was sie für ihr „Verlangen nach vollständiger politischer Emanzipation“ und von Kossuths industriellen „Schutzverein“[20]) sowie auf dem stürmischen Landtag von 1847 brauchen konnten[21]). Freilich gelang eine planmäßige „Einwanderung deutscher Industrieller, Pächter und Landwirte“ ebensowenig wie eine bedeutende Kapitaleinfuhr, obschon „der Einfluß deutschen Geistes und deutscher Zivilisation auf Ungarn“ durch die Monarchie erhalten blieb. Versuche, als Eisenbahn-Unternehmer aufzutreten, blieben in Ungarn wie in Österreich für List begreiflicherweise ohne Erfolg. Eine „politische, legislative und finanzielle Reform“ mit „vollständiger und

[15]) S. „Werke“ Bd. VIII, S. 745—758. Kossuth war 1837—1840 verhaftet.
[16]) S. „Werke“ Bd. VII, S. 186—205, 597—608.
[17]) Wegen seiner Donaupläne s. Hauptteil D, 2. Kapitel, Anm. 80—83.
[18]) S. „Werke“ Bd. III 1, S. 434—527; Bd. III 2, S. 1009—1023.
[19]) S. „Werke“ Bd. II, S. 485—488; Bd. VI, S. 638, Anm. 5; Bd. VII, S. 8.
[20]) S. „Werke“ Bd. VII, Kommentar, und Bd. III 1, S. 488, 497—498.
[21]) Vgl. die Berichte eines britischen Freihändlers über Lists Einfluß in Ungarn 1843/44 bei Földes in „Mitteilungen“ l. c. Heft 6, S. 273—275. — „Werke“ Bd. V, S. 674—678. Kossuth war 1847 Oppositionsführer, 1848 Diktator.

radikaler Beschwichtigung der gegenwärtig in Ungarn herrschenden Aufregung“[22]) konnte nicht so leicht zustande kommen; der Ultraslavismus und der Ultramagyarismus, von denen List spricht, sollten eine zunehmende Bedeutung gewinnen.

Als „Rechtsbeistand“, als verkehrstechnischer Sachverständiger, als Berater fremder Regierungen — immer wieder hat List dies typische Umbiegen seiner Gedanken in die Besonderheit der von ihm dargestellten Interessenlagen erfahren. Es ist das Schicksal seines „interessiert praktischen Verstandes“, wie Marx ihn nennt. Gleichsam die Entgegnung der „Lokalität“ — nach der „romantischen“ Ausdrucksweise. Indem Lists ungarischer Aufenthalt uns in die Vorgeschichte des Revolutionsjahrs 1848 einführt, erweist sich auf diesem Sonderfelde abermals jene enge systematische Verbundenheit, die zwischen der allgemeinen und der Handelspolitik besteht, — nicht zum wenigsten in der Verbindung feudaler, völkischer und wirtschaftlicher Interessen jenseits der Leitha.

Mit seinem auf weite Sicht erstaunlich konstruktiven Anschauungsvermögen hat List selber diese Zusammenhänge vorausgesehen. Er wies auf die wahrscheinliche Revolution in Frankreich hin und auf die Gefahr, die dann den Völkern Mitteleuropas von den Russen drohe. Unter dem Druck ungarischer Forderungen und von den Ereignissen im Westen absorbiert, werde Österreich einem russischen Vermittlungsangebot nicht wiederstehen können. Der russische Militärstaat aber war für List — seine Ansicht hiervon hat sich erst in seinen letzten Jahren etwas abgewandelt — eine eminente Gefahr[23]). Wie „dem Umsichgreifen des russischen Kolosses Grenzen zu setzen“ seien, beschäftigte ihn schon in Nordamerika; er schreibt um 1828 über die „Jetzige Lage von Europa“: — „Der Riese vom Norden steht am Pruth, mit anscheinend friedfertigen, diplomatisch-klugen und sogar mit philosophisch-enthaltsamen Gedanken, aber in seinen Adern rauscht ein wildes hitziges Blut, und die Kraft seiner Muskeln und Nerven, der langen Ruhe und Tatenlosigkeit müde, reißt ihn unwillkürlich hin Schlacht und Kampf zu wagen, um sich wieder einmal zu vertoben. Wie lange er diesem Instinkt noch wird widerstehen können, ist mit Bestimmtheit noch nicht zu sagen. Aber einmal wird er losbrechen — früher oder später. Rußland ist ein Riese und hat Appetit wie ein Riese. Ein halber Weltteil, weit entfernt ihn zu sättigen, erregt nur noch seine Begierde zur andern Hälfte.“ List kommt anschließend auf den britisch-russischen Gegensatz zu sprechen und betont Englands militärisches Interesse an den Dardanellen, angesichts der russischen Appetite auf Persien und die Türkei.

In seinen Denkschriften vom Winter 1844/45 äußert er sich ganz ähnlich; in der Tat war die europäische Gesamtlage durch die kriegeri-

---

[22]) S. „Werke“ Bd. III 1, S. 472—473.

[23]) Siehe Lists Urteile 1826 und 1828 bei W. Notz l. c. Aprilheft 1925, S. 225 bis 227; „Werke“ Bd. II, S. 246, 287 und 301. — Vgl. unten Hauptteil D, 2. Kapitel.

schen Ereignisse im Nahen Osten und Ägypten um 1840 wesentlich gewandelt worden[24]). Er vergleicht Rußland jetzt einem reißenden Raubtier, das seinem Angriffsinstinkt — „wir möchten sagen, einem tierischen Instinkt“ — gegen Österreich und Deutschland folge. Vergrößerung sei das Prinzip dieser in sich unfundierten „Barbarenmacht“. — „Seit Europa einen russischen Staatskörper kennt, war seine Natur eine erobernde, und wenn wir dieser Natur auf den Grund forschen, so überzeugen wir uns, es stehe auch für die Zukunft nichts anderes zu erwarten.“ — „Die Gewalt, welche so große Massen von Barbarenhorden zu einer Nation vereinigt“, sei rein militärisch und fast ohne alle innere Basis. Ganz Rußland sei eine „Militärkolonie“, die Ende des 19. Jahrhunderts 100 Millionen Menschen zählen werde. Bis jetzt sei „die preußische Gefühls- und Verwandtschaftspolitik“ der russischen „Barbarenmacht“ trefflich zustatten gekommen. Ob und wann „die instinktmäßige Abneigung des preußischen Volks und Heeres“ sich hiergegen Bahn brechen werde, sei unberechenbar. Allerdings gehörte List nicht zu denjenigen, „die an eine Unterjochung Deutschlands durch die Russen glauben“, ja er hielt sie für unmöglich; doch fehle Preußen seit 1815 „eine natürliche Verteidigungslinie gegen Osten“[25]). — „Bisher hat Rußland nur einzelne Gliedmaßen von fremden Staatskörpern verschlungen, gegenwärtig stellt sich ihm die Hoffnung, einen ganzen Komplex von Barbarenländern in sich aufzunehmen und sich an die Spitze aller Barbaren von Europa und Asien zu stellen, in die allernächste Aussicht (?). Bereits ist die Beute aller Widerstandskraft bar, schon liegt sie zum Verschlingen bereit, es bleibt nur noch übrig, diejenigen zu lähmen, die dagegen nachdrückliche Einsprache zu erheben vermöchten, und unter diesen steht Österreich infolge seiner geographischen Lage, seiner nächsten Interessen und seiner Macht in erster Reihe“. „Ist Österreich gelähmt, so ist es ganz Deutschland.“ Ungarn könne, richtig regiert, ein „Bollwerk gegen Rußland“ werden und ein Instrument „der friedlichen Eroberung aller unteren Donauländer“! Nur fehle ihm „ein wohlhabender und gebildeter Mittelstand“, Bauerntum und blühendes Gewerbe, ein „Stand von unabhängigen Kapitalisten“[26]).

So nahe diese Vorschau manche Ereignisse des Revolutionsjahres 1849 streifte, so weit lag sie von jener erhaltenden Staatskunst ab, die Metternich für heilsam hielt. Er hat List einmal für einen „heroischen Schwindler“ erklärt, beeinflußt durch einen Konsulatsbericht über Lists

---

[24]) S. „Werke“ Bd. III 1, S. 474—480; Bd. V, S. 499—518. — Erbgroßherzog von Hessen in „Hessische Beiträge“ l. c. Bd. 12, S. 25—28.

[25]) S. „Werke“ Bd. III 1, S. 262—263, auch wegen eines etwaigen französisch-russischen Angriffskrieges gegen Deutschland! Oben Hauptteil A, 2. Kapitel Anm. 26.

[26]) Vgl. Sevin, 1909, l. c. S. 174—186, sowie neuere Arbeiten von B. Földes oben Anm. 14. — Vgl. auch des Ministers Motz weltpolitisches Urteil über Rußlands asiatische Mission aus dem preußischen Gesichtspunkt (1829) bei H. von Petersdorff, „Friedrich von Motz“ l. c. Zweiter Bd., S. 322—323.

Leipziger Wirksamkeit vom Jahr 1834[27]). Erst im Zusammenbruch des Metternichschen Systems erhoben sich 1848/49 jene Kräfte, deren Einwirken auf Ungarn und die europäische Türkei List darstellte. Die typisch liberale Russenfeindschaft, die aus den eben genannten Äußerungen spricht, dürfte den konservativen Fürst-Staatskanzler kaum sympathischer berührt haben wie das Aufwecken des nationalen Ungarn. Hatte List sich doch veranlaßt gesehen, selber „dem größten Staatsmann des Jahrhunderts“[28]) das Mißtrauen zu erwähnen, das man gegen den „Liberalen“, den „Oppositionsmann“, den „politischen Flüchtling“ empfinden mußte. Er stand ja im schwarzen Buch der Wiener Polizei vorgemerkt, seitdem auf Stahls Betreiben der Polizeihofstelle 1820 nahegelegt worden war, über das Benehmen des Professors List, das „nicht ganz lauter“ zu sein scheine, die „gehörige Aufmerksamkeit“ zu pflegen[29]).

Nun erklärte List dem Kanzler mit merkbarer Absicht: Er sei „kein Konvertit“, glaube aber einer Sinnesänderung nicht zu bedürfen, um des Vertrauens der kaiserlichen Regierung würdig zu sein. Von jeher sei er „ein Konservativer“ in dem Sinne gewesen, daß er „die Völker, die Regierungen und die Staaten nicht nach Art des französischen Liberalismus über einen Kamm zu scheren und sie ab ovo zu konstruieren, sondern auf der Grundlage des Bestehenden bauend, diejenigen Reformen allmählich zu realisieren“ strebe, „ohne welche kein Staatskörper von weit vorgerückter Zivilisation zu einer festen und unwandelbaren Basis im Innern, zu einer dauerhaften Garantie ihrer Unabhängigkeit nach außen gelangen kann“. Seit dem Jahr 1821 habe er „alle praktische Politik gänzlich aufgegeben“; er könne aber auf seine Wirksamkeit vor 1821 „ohne Erröten, ja mit Befriedigung“ zurückblicken. „Geboren in einer deutschen Reichsstadt, war mein demokratischer Sinn historischen Ursprungs, und an der Spitze meiner Republiken stand immer ein Kaiser“. Politisch sei er auf der Universität Tübingen gebildet, „lange vor den Bewegungen von 1816 bis 1820“, — womit List ausdrücken will, daß er der burschenschaftlichen Bewegung ferngestanden habe; wir sahen ja diesen Verdacht sich 1819/20 wider ihn erheben! Im Jahr 1830, „unmittelbar nach der Julirevolution“, sei er aus der Verbannung nach Paris und von da nach Deutschland zurückgekehrt[30]). Jedoch habe er ausdrücklich alle politischen Anforderungen abgelehnt und die württembergische Regierung in seiner Eigenschaft als amerikanischer Bürger des vollkommensten Wohlverhaltens versichert. Trotzdem habe diese Regierung ihn „ohne allen politischen, rechtlichen und moralischen Grund

[27]) Siehe Srbik, l. c. Bd. II, S. 592, und unten Kapitel 3. — Vgl. die Würdigung der Metternichschen Staatskunst bei Franz Schnabel, „Deutsche Geschichte“ l. c. Bd. II S. 57—71.

[28]) S. List-Archiv F. XXXIV Nr. 12. — „Werke“ Bd. VIII, S. 700—701.

[29]) Vgl. oben Hauptteil B, 2. Kapitel, und Bibl, „Der Zerfall Österreichs“, 1922, S. 236.

[30]) Vgl. Hauptteil D, 2. Kapitel, Anm. 54, und oben die „Einführung“.

15 Jahre lang verfolgt", alle seine Unternehmen nach Kräften vereitelt und noch neuestens in Wien das Vertrauen der österreichischen Regierung zu ihm erschüttert. „So habe ich neuerdings die alte Beobachtung bestätigt gefunden, daß in kleinen Staaten alle Politik rein persönlich wird und daß in solchen Ländern persönliche Abneigung, aus politischen Gründen erwachsen, selten früher aufhört als mit dem Tode des verhaßten Individuums[31])."

Wir wollen nicht übersehen, daß List in der gleichen Denkschrift sich zu seinem Ideal „einer tatkräftigen, fleißigen, sparsamen, aufgeklärten, ordnungsliebenden, patriotischen und freiheitsliebenden Demokratie" bekennt. Dennoch wohnt seiner Selbstschilderung eine hohe Wahrheit inne. In der Tat hat sich List, nach seiner endgültigen Heimkehr aus Amerika, von unmittelbar politischem Auftreten ferngehalten. Vor der Julirevolution, in Amerika, war er „fest entschlossen, die praktische Politik ganz und gar nicht mehr zu betreiben, weder in diesem noch in jenem Weltteil"[32]). Das Ereignis selber machte ihm tiefen Eindruck; als er Ende Dezember 1830 zum erstenmal wieder europäischen Boden betrat, schien der Kontinent ihm aufs tiefste erschüttert[33]). Da die Papiere aus seiner Pariser Zeit — deren sein Freund Venedey sich annehmen sollte — unauffindbar geblieben sind, so können wir über Lists politische Haltung in den Jahren nach der Julirevolution nicht erschöpfend berichten. Für den Geist, in dem er seine Pläne einer deutschen Verkehrseinheit seither betrieb, ist immerhin ein Brief an seinen treuen Freund Ernst Weber-Gera recht bezeichnend[34]). List wollte damals die Bahn Paris—Le Havre — am liebsten auf eigene Rechnung! — sowie die hanseatisch-bayerische Bahn mit englischem Gelde bauen. „Doch zweifle ich, daß in Deutschland etwas zustande kommt — vor einer National-Wiedergeburt. Es ist fast unmöglich, Du siehst dies an den Handelssachen. Wenn Preußen jetzt klug wäre, was könnte es jetzt tun!" Abermals finden wir List auf der Seite des liberalen Fortschritts — man denke dagegen etwa an Friedrich Gentz' oder G. B. Niebuhrs Erschrecken über die revolutionäre Erschütterung von 1830. Nur ist List jetzt tatsächlich außerstande eine politische Rolle innerhalb Deutschlands aufzunehmen, seine Vergangenheit und die Festigkeit der Bundeseinrichtungen hindern ihn daran. Indem er sich auf dem relativ harmlosen, mehr technischen Felde des Verkehrs zu wirken bescheidet, bleibt er den radikalen Bewegungen, die im Gefolge der Julirevolution auftraten, um so ferner[35]). Eben hierauf berief er sich 1845 gegenüber Metternich.

---

[31]) Vgl. aber unten, 2. bis 4. Kapitel passim; danach waren Österreich und Preußen für diese Verfolgungen mitverantwortlich.

[32]) Vgl. u. a. „Werke" Bd. II, S. 439.

[33]) S. „Werke" Bd. VIII, S. 367—368.

[34]) Aus Paris vom 1. Oktober 1831, s. List-Archiv F. XV Nr. 35; „Werke" Bd. VIII, S. 383—384.

[35]) Hambacher Fest 1832, Frankfurter Wachesturm 1833; vgl. unten Hauptteil E.

Unnötig aber ist ein Nachweis, daß auch Lists Eisenbahnpläne, ausgesprochenermaßen oder verhüllt, seinem politischen Wollen ihre Gestalt verdanken. Ohne List einer unzulässigen Interpretation auszusetzen müssen wir bemerken, daß seine politische Phantasie gerade an dem technischen Problem des Bahnverkehrs sich neu entzündet hat. Schon 1829 schreibt er in seinen „Briefen aus Nordamerika"[36]: „Etwas muß in Deutschland geschehen, um neues Leben in die vertrockneten Glieder der Industrie zu bringen. Die Eisenbahnen werden eine solche heilsame Erregung selbst für die kleinsten Staaten; für einzelne Gegenden und Städte." Menschen des Mittelalters nennt er jene, die am Boden „wie Pflanzen" unbeweglich haften[37]). „Als Deutscher muß man bedauern, daß die politischen Verhältnisse sowie die unpraktische Richtung und der Kleinlichkeitsgeist der Nation uns keine oder doch wenig Hoffnung geben, daß etwas Großes dieser Art bei uns zustande komme, da wir doch als der eigentliche Mittelpunkt von Europa, als die fleißigste, erfinderischste Nation, als ein Land, dessen Natur und Reichtümer unermeßlich sind, dem ganzen europäischen Kontinent mit gutem Beispiel vorangehen sollten; bedauern muß man, daß unsere eigenen Söhne, in Ermangelung eines Feldes für die Übung ihrer Tatkraft im Vaterland, gezwungen sind, an der Größe fremder Nationen bauen zu helfen[38])." So bleibt er stets, aus seinen systematischen wie historischen Anschauungen, ein Mann der Bewegung und damit im Widerspruch zu allen Mächten des Beharrens. Auch für Ungarn war, wie einst für Deutschland, sein Leitgedanke: „möglichst schleunige nationalökonomische Reform, allmähliche politische Reform". — „Die ökonomische Reform muß der politischen den Weg bahnen." Wenn er dafür als Hauptmittel eine „Allianz der Regierung mit dem intelligenten und zivilisierten Teil des herrschenden Elements" vorschlug, so konnte er doch nicht hoffen Anhänger des „Stabilitätssystems" für solche Reformgedanken zu gewinnen. Wir werden weiterhin sehen, mit welchem Eifer er sich, von Hamburg und Leipzig aus, in die publizistische Tätigkeit hineinwarf. Wahr ist anderseits, daß er Deutschlands „National-Wiedergeburt" nicht im Sinne der französischen Julirevolution ansah, deren Nachahmer er nie gewesen ist. Wir dürfen eher sagen, daß dies Ereignis Lists allgemeine Aktivität zwar angespornt und seine Heimkehr aus Amerika veranlaßt hat; daß jedoch Eisenbahnen und Zollverein den Anstoß aufgefangen und vergegenständlicht haben.

In dem Bruchstück seiner Denkwürdigkeiten, das Häußer publiziert hat, verwahrte er sich gleichfalls gegen den Vorwurf, „daß er jakobinische Grundsätze hege oder gehegt habe". Das Gegenteil sei wahr. „Das Wesen des Revolutionärs besteht darin, daß er allererst einreißt, ohne zu bauen und daß er, wenn er zu bauen genötigt ist, sein Gebäude auf einer tabula rasa errichten will. List dagegen hat immer das Be-

[36]) S. „Werke" Bd. III 2, S. 552.

[37]) S. ebenda S. 555—556.

[38]) S. ebenda S. 573.

stehende zur Grundlage seiner Reformen genommen. Seine Republik hatte immer einen König oder Kaiser an der Spitze." So konnten ja auch Rotteck und der konstitutionelle Staatsrechtler von Aretin von einer „republikanischen Monarchie" sprechen, ohne damit das monarchische Prinzip der deutschen Konstitutionen zu verneinen. „Versöhnung, Transaktion" — dies „Losungswort" für Ungarn blieb doch ein frommer Wunsch[39]). List selber wünschte noch 1845[40]): „Der Bundestag muß aus einer Diplomatenversammlung ein deutsches Parlament werden." Wie fern stand er doch den beharrenden Prinzipien des Staatskanzlers, der über dies Verlangen 1848 stürzen sollte! Wenn List 1842 „die Begründung eines mächtigen germanisch-magyarischen östlichen Reiches, einerseits vom schwarzen, andererseits vom adriatischen Meer bespült und von deutschem und ungarischem Geist beseelt" erträumte, so waren solche Gedanken an ein mitteleuropäisches, von den Habsburgern geleitetes Wirtschaftsimperium der Metternichschen Staatskunst gleichfalls fremd und außerhalb des Möglichen; erst im Weltkrieg haben sie vorübergehend den Anschein der Realität gewonnen. Weit ab lagen Lists Teilnahme an den deutschen „Griechenvereinen" um 1820 oder sein späterer Gedanke, die asiatische Hauptmasse des türkischen „Leichnam" an Großbritannien zu geben, den erhaltenden Prinzipien Metternichs in der orientalischen Frage! Noch Bismarck hat, unter veränderten Umständen, Österreichs Ehrgeiz am Balkan gezügelt, und der Weltkrieg ist nicht zuletzt wegen der Erbschaft des „kranken Mannes" am Bosporus entstanden.

Wie wenig List den Sinn des österreichischen Staatskanzlers getroffen hatte, zeigte ein kleines Erlebnis nach dem Festbankett in Wien: Der Schluß seiner Rede hatte gelautet: „Es lebe die deutsche Einheit!"; im Zeitungsbericht mußte stehen: „Es lebe die deutsche Einigkeit!" So stießen seine Pläne einer „kommerziellen Nationaleinigung" 1819 wie 1845 an die gleichen Schranken. Die freiheitlichen Trinksprüche hatten Metternichs Mißfallen erregt[41]). Der Fürst gab den beiden Denkschriften keinerlei Folge und List kehrte — „krank und niedergeschlagen", berichtet Emilie List — ein letztes Mal, im Frühjahr 1845, nach seinem Augsburger Asyl zurück[42]).

Als Metternich 1848 aus der Hofburg vertrieben war, da wählte Österreich allerdings eine Anzahl Abgeordneter zur „Paulskirche"; sogar Triest, dessen Aufgaben an der Adria List im „Zollvereinsblatt" umrissen hatte, war vertreten. Ein List verwandter Mann, der Begründer

39) Siehe Meißner l. c. S. 294, Anm. 1; vgl. auch A. Sommer, „F. Lists System" l. c. S. 138. — „Werke" Bd. VIII, S. 751.

40) Im „Zollvereinsblatt" 1845, S. 147.

41) Vgl. Srbik l. c. Bd. II, S. 109; „Werke" Bd. VII, S. 508—510. Die Abschrift der Rede im List-Archiv F. XLIII lautet abweichend. Man denke auch an die Trinksprüche Friedrich Wilhelms IV. und des späteren „Reichsverwesers" Johann anläßlich der Kölner Dombaufeste 1842, die in ähnlicher Weise ausklangen.

42) Vgl. „Werke" Bd. VIII, S. 755—756.

des Österreichischen Lloyd und spätere Handelsminister Bruck fungierte als Bevollmächtigter des Wiener Kabinetts beim Erzherzog-Reichsverweser. H. v. Gagern, im Dezember 1848 zum Präsidenten des „Reichsministerium" ernannt, entwickelte sein Programm eines kleindeutschen Bundesstaats, der mit Österreich-Ungarn durch eine völkerrechtliche Union verbunden bleiben sollte. Hierbei nahm Gagern freilich Listsche Gedanken wieder auf: das neue Deutschland müsse, gemeinsam mit Österreich-Ungarn, „einen Keil gegen das Schwarze Meer treiben" und „den Strom deutscher Einwanderer" an die Donau statt nach Westen lenken, um eine russische Vorherrschaft am Balkan zu verhüten. Über die Frage der „deutschen Einheit" aber ging auch die „Einigkeit" verloren, und als Österreich im Frühjahr 1849 seine Frankfurter Volksdelegierten abberief, wurde die geschichtliche Lösung der von List 1819 aufgeworfenen Frage abermals vertagt; über Olmütz führte der Weg zum Krieg von 1866.

Wir wenden uns nunmehr denjenigen Kräften zu, die im Umkreis der Wiener Hofburg und über ihn hinaus für die Grundsätze der „Restauration" wirkten. Damit wird Lists Verhalten zu den „retrograden Tendenzen" und namentlich zur „Romantik" voll belichtet werden; wie es in seiner Staats- und Gesellschaftslehre angelegt war und wie es im Kampf um die „Nationalwirtschaft" im Deutschen Bund sich praktisch darstellte, haben wir bereits gesehen.

Friedrich Gentz war am Wiener Hof ungefähr in einer Tätigkeit, wie sie List vergebens für sich innerhalb Deutschlands wünschte; ein Publizist vom ersten Range, freilich Verfechter jener retrograden Interessen, denen List ohne amtlichen Rückhalt entgegentrat. An Kant und Adam Smith geschult, hatte Gentz schon 1790 nach viermaliger Lektüre des „Völkerreichtums" eine Analyse des Adam Smith von 40 Bogen angefertigt. Den „Hirngespinsten" des viel jüngeren Schwaben stand er fern. Wenn er 1799 — in seinem „Historischen Journal" — die Überschwemmung der festländischen Märkte mit englischen Waren feststellte, so geschah es keineswegs, um den Kontinent gegen „das Handelsmonopol der Engländer" aufzurufen. Daß er 1818 in Kotzebue einen „nützlichen und notwendigen Alliierten" sah, den „altdeutschen Studentenunfug" einen Greuel nannte, folgte aus seiner Stellung. Die Karlsbader Verhandlungen, bei denen er als Protokollführer mitwirkte, sollten ja „die Absichten der Feinde" zerstören, die er „auf Meuchelmord und totalen Umsturz der Gesellschaft gerichtet" fand. Am 1. September 1819 schrieb er Adam Müller, der in Karlsbad ihn getroffen hatte: „Es ist die größte retrograde Bewegung, die seit 30 Jahren (1789) in Europa stattgefunden hat. Wenn es gut geht, wird der Karlsbader Kongreß eine große Epoche in der Geschichte. — Seien Sie guten Muts! Jam novus saeclorum nascitur ordo." Noch im Sommer 1829 fand Gentz den bekannten Demagogenverfolger, Geh. Rat von Kamptz aus Berlin, „wie immer, in den vortrefflichsten Gesinnungen".

So nimmt es nicht wunder, daß List in seinem Empfehlungsschreiben an Gentz, wie schon beim Fürsten Metternich, die Bedenken wegen revolutionärer Umtriebe zu zerstreuen suchte. Er brachte seine ostensible Huldigung „den Gesinnungen, dem hohen Talent und der rastlosen Tätigkeit" dar, womit „Ew. Hochwohlgeboren schon so Großes für das Wohl der deutschen Nation gewirkt haben". Erst seit dem Jahr 1815 sei Deutschlands Verarmung, die Abnahme seines „National-Kapitals" recht fühlbar geworden, der Nationalreichtum in Nationalarmut verkehrt. Auf Deutschlands passive Handelsbilanz, seine Auslandsverschuldung und die Gefährdung seiner Währung war er in seiner großen Denkschrift vom 15. Februar 1819 ja ausführlich eingegangen.

Wenn List bei Gentz, dessen Gesinnungen wir kennen[43]), so wenig wie bei Metternich Erfolg hatte, so spricht sich hierin die persönliche Entfernung aus, die zwei politische Schriftsteller von hohem Range trennt, und zugleich der Abstand jener Interessen, denen sie verpflichtet waren. Die Zeiten, da Reichsstädte wie Reutlingen unter dem Schutz des Doppeladlers standen, waren unwiderbringlich dahin; keinerlei reichsstädtische Erinnerung, wie sie in List lebte, durfte an der veränderten Wirklichkeit vorbeisehen. Gentz nahm die deutschen Angelegenheiten vom österreichischen Standpunkt wahr; List wollte den Kaiserstaat auf das „Nationalinteresse" schlechthin ausrichten.

List hat sich 1841, im Vorwort seines „Nationalen Systems", über „die höchst merkwürdigen Ansichten und Verhältnisse", die Adam Müller und Gentz hinsichtlich der Handelspolitik gehabt, mit einem bezeichnenden Mangel an psychologischer Einsicht ausgesprochen. Adam Müller „würdigte mich sogar seines Vertrauens" (!). „Gentz war infolge seiner Stellung und seiner Verhältnisse mit England weniger zugänglich; doch ließ er sich zu wiederholten Malen mit mir in Diskussionen ein, die, obwohl nicht von geringem Interesse, so wenig zu einer Übereinstimmung führten, daß er, unmittelbar nach meiner Abreise von Wien, in der Allgemeinen Zeitung eine anonyme Polemik gegen mich eröffnete, die ich, wie ich mir schmeichle, nicht mit Unehre bestanden habe[44])."

Am 17. Juni 1819 hatte Gentz bereits dem Fürsten Metternich geschrieben, anläßlich des Martensschen Votums am Bundestage: „— Ich hatte mir längst vorgenommen, über diese neue, höchst gefährliche Konföderation meine gerechten Besorgnisse gegen E. D. auszusprechen; Martens aber hat den ersten Schritt dieser unbefugten Gesellschaft so ernst und kräftig zurückgewiesen, daß dem Herrn Professor List (übrigens einem Schwager des gewesenen Gendarmerieleutnants, der die „Neue Stuttgarter Zeitung" schreibt!!) fürs erste wenigstens die Lust vergehen wird, seine Kabalen in Frankfurt, wo man übrigens auf das ganze Unternehmen schlecht zu sprechen sein soll, fortzusetzen[45])."

Mit Gentz war also ein Verständnis wegen des „Vereins" ausgeschlossen. Lists mangelndes Distanzgefühl für nahe Dinge, das seiner Vorschau auf entfernte oder künftige Gestaltungen komplementär war, hatte ihn einen Erfolg hoffen lassen; die Enttäuschung blieb diesmal so wenig wie sonst aus. Gentz schrieb im Mai 1820 an Metternich „von dem Lamentieren und lügenhaften Prahlereien des Professors List". Er wolle einen Aufsatz veröffentlichen, „um den frechen Lügen

[43]) Vgl. oben Hauptteil B, 2. Kapitel Anm. 5 bis 7, 27 bis 29.

[44]) Vgl. „Werke" Bd. I 2, S. 624—629; Bd. VI, S. 31—32.

[45]) Siehe Olshausen l. c. S. 194—195. — Lists Schwager ist der mehrfach erwähnte liberale Redakteur F. Seybold. Vgl. oben Hauptteil A, 3. Kapitel, Anm. 3. Gleich List hatte Seybold „die Deutschtümler und die demagogischen Umtriebe zum Gegenstand seiner Satyre gemacht"; s. „Olla Potrida" l. c., S. 12—13.

der Handelsvereinsgesellen doch endlich ein Ziel zu setzen"[46]). In der „Allgemeinen Zeitung", unter dem Kennwort: „Wien, 4. Juni 1820", erschien jener anonyme Artikel über List in Wien und die Unausführbarkeit eines „geschlossenen Handelsstaates", gegen dessen „Frivolität" sich Lists „Erklärung" am 8. Juli ebendort heftig wandte, ohne aber Gentz' Anonymität dabei zu enthüllen[47]). List wiederholte seine Ideen über „die merkantilische Vereinigung von ganz Deutschland", als den letzten Zweck auch eines süddeutschen Zollverbandes; er verteidigte seinen „ebenso unschuldigen als gemeinnützigen Verein" gegen die „Philosophie der Zwischenhändler" und zitierte für sich die Äußerungen des Kaisers sowie der Wiener Gewerbetreibenden. Nötigenfalls würde „ein gemeinschaftliches deutsches Merkantilsystem" auch ohne Österreich zustandekommen und sich für den Kaiserstaat selber dann als gut erweisen. Schließlich verlangte List, der anonyme Verfasser solle — wenn er „ein Ehrenmann" sei — binnen „vier Wochen" seinen Namen nennen, andernfalls er ihn „provocieren" werde. Eine Nürnberger „Allgemeine Handelszeitung" wurde im „Organ"[48]) vergebens aufgefordert, ihre Beistimmung zu Gentz' Artikel zu begründen. Gegen Wangenheim äußerte List wenig später, daß Gentz mit dem preußischen Kabinett in (finanzieller) Verbindung stehe[49]). Daß Lists Bruch mit Gentz endgültig war, beweist ein Hinweis im „Zollvereinsblatt" vom 3. Februar 1846, wo er anläßlich des Schmitthennerschen Angriffs seiner Polemik mit Friedrich Gentz gedenkt: Im „literarischen Zweikampf" sei David Sieger über Goliath geblieben, der „in seinem vornehmsten Ton gesprochen" habe. Gentz habe ihm „als großer Stylist imponiert"; doch glaube er (List) „jetzt besser zu schreiben, wo ihm Wahrheit und Recht zur Seite stehe, als Friedrich Gentz unter dem entgegengesetzten Einfluß zu seiner Zeit geschrieben habe"[50]).

---

[46]) Siehe A. Beer, „Die Finanzen Österreichs im 19. Jahrhundert", 1877, S. 179 bis 180.

[47]) Vgl. die Mitteilungen über die Wirkung des Gentzschen Artikels im List-Archiv F. IV Nr. 29, 30, 34, 37. — Olshausen l. c. S. 152—154.

[48]) 1820, S. 136. — S. „Werke" Bd. I 2, S. 630—632.

[49]) S. „Werke" Bd. VIII, S. 187.

[50]) Vgl. „Werke" Bd. VI, S. 478—479.

Wenden wir uns jetzt den Staatswissenschaften zu. Daß List den patriarchalischen „Herren und Knechte"-Theorien eines Haller feind war und daß er den „christlich-deutschen" Kreis der „Berliner Abendblätter" nicht kennen konnte, sei zunächst hier festgestellt[51]). Die „romantische" Opposition märkischer Privilegierter wider die Agrarreformen Steins und Hardenbergs wäre ihm sehr kurzsichtig erschienen. Mit Hallers „Restauration der Staatswissenschaften" konnte er weder politisch sich befreunden noch entsprach deren absolutistische Abkunft seinen eigenen naturrechtlichen Begriffen. Das seltsam überschwängliche und fingierte Lob des jungen Alexander von der Marwitz im Vorwort zum „Nationalen System" erklärt sich aus dessen Gegensatz zu Adam Smith und wird von List später, da es seinen Zweck erreicht habe, zurückgenommen[52]). Hierzu sei angemerkt, daß ein Handexemplar des Adam Smith mit zahlreichen kritischen Eintragungen Alexanders von der Marwitz auf einem Knesebeckschen Jagdschloß bei Berlin erhalten sein soll — vielleicht die früheste Kritik in Deutschland an der britischen Klassik[53]). Mochten die Wortführer der feudalen Interessen in ihrer Feindschaft wider die Pest der Bürokratie und allgemeine „Repräsentation" nach der Kopfzahl (Ludwig v. d. Marwitz) sich mit den liberalen Bürgerlichen immerhin berühren, so trennt doch eine tiefe Kluft diese Schildhalter altständisch-feudalistischer Ideale von einem Friedrich List.

Unter den sonstigen frühen Gegnern der britischen Freiwirtschaftslehre in Deutschland ist zunächst der Münchener Philosoph Franz von Baader zu nennen, der sich schon 1802 — im Anschluß an Becher, Büsch, Struensee und an Fichtes „Geschlossenen Handelsstaat" — gegen unbeschränkte Handelsfreiheit gewandt hatte, die nur auf völlig gleicher Kulturstufe aller beteiligten Nationen möglich wäre. List hat

[51]) Vgl. „Werke" Bd. I 1, S. 66. — Hallers Feindschaft gegen die Eisenbahnen s. in Lenz, „Agrarlehre" l. c. S. 168.

[52]) Zum Vorwort des „Nationalen Systems" vgl. A. Sommer in „Werke", Bd. VI, S. 512, sowie in „F. Lists System" l. c. S. 57 und 174 sowie ein undatiertes Fragment aus dem List-Archiv — F. XXXIX Nr. 45 — in dem es u. a. heißt: „Alexander von der Marwitz war nur ein versteckter Hohn: Ich wollte nur die deutschen Pedanten äffen —. Sie alle gingen in die Falle, selbst meine Freunde. —". — „Das galt lediglich der dummen oder bestochenen (!) preußischen Bürokratie", schreibt List an Robert von Mohl 1846; s. „Werke" Bd. VIII, S. 774.

[53]) Mündliche Mitteilung des im Felde gefallenen Biographen des F. A. L. v. d. Marwitz, Dr. Friedrich Meusel. — Vgl. List in „Werke" Bd. VI, S. 33, und oben wegen Gentz 1790. — „Die Preußische Dimension", 1935, S. 42—47.

die Arbeiten dieses hierarchisch-ständischen Gesellschaftsphilosophen nicht gekannt, so wenig wie er von Schelling oder Fichte eine unmittelbare Kenntnis hatte; daß er ihn, wie den Bruder Joseph Baader nach 1830 persönlich kennenlernte, ist immerhin möglich[54]).

Franz von Baader darf vielleicht als ursprünglichster romantischer Denker auf dem Gebiete der Staats- und Gesellschaftslehre gelten[55]). Bereits im Jahre 1793 hatte er sich kritisch zu Adam Smith gestellt und an vergessener Stelle 1802 eine Theorie der nationalen Produktivkräfte entwickelt[56]). Soziologisch leitete Baader Staat wie Gesellschaft aus der Religion ab und hatte 1814 auf die Begründung der „Heiligen Allianz" entsprechend eingewirkt. Als Gegner jeder Aufklärung betonte er, vor List und Hegel, die Bedeutung der Korporationen[57]) und wandte sich, im Sinne Burkes, gegen das „republikanische Bauch- und Magentier" eines revolutionären Vernunftstaates. Im Anschluß an des alten J. J. Bechers „Politischen Diskurs"[58]) betonte er die Vereinigung der „produzierenden Kräfte"; er schöpfte diese Vorstellung — ähnlich Schelling — aus der älteren Naturphilosophie, war aber auch dem Hamburger J. G. Büsch verpflichtet, der schon in seinen „Schriften über Staatswirtschaft und Handlung" 1784 ausdrücklich von „produktiven Kräften" spricht[59]).

So kennt Baader bereits vor List den Wert gewerblicher Zölle „als einer Erziehungsanstalt" für „möglichste Produktions- und Fabrikationsselbständigkeit". Mit seinem Bruder, dem ebengenannten Obergrat Joseph von Baader, trat er gleich List für „Einführung der Eisenbahnen in Deutschland" ein. Hinsichtlich der „Proletairs", für die er als erster eine Sozialpolitik auf ständischer Grundlage vorschlug, berührt er sich hingegen mit Adam Müller und mit dem späteren Haller. Auch in seiner Ablehnung der „rationellen" Landwirtschaft (Thünen) steht Franz von Baader der romantischen Agrarlehre näher als unser Friedrich List, dessen Ideal nicht die „rohe" — sondern die veredelte Landwirtschaft im Manufakturstaat war.

---

[54]) Zur einschlägigen Literatur vgl. Mombert, „Geschichte der Nationalökonomie", 1927, S. 432—435 und 454—464 sowie Hans Harras, „Friedrich List und Franz von Baader", Gießener Dissertation 1926; ferner Baxa, „Einführung in die romantische Staatswissenschaft", 1923, und J. Sauter in „Herdflamme", Bd. XIV, 1925. — Über Joseph von Baaders Eisenbahnpläne und seinen Briefwechsel mit List s. die „Mitteilungen aus Nordamerika", 1829; vgl. im 4. Kapitel dieses Hauptteils Anm. 58. Sauter l. c. S. 851—870 und in „Conrads Jahrbücher", Bd. 124, 1926, S. 61—65. — Joseph von Baader hatte schon seit 1814, vom technischen Gesichtspunkt, über das neue Transportmittel gearbeitet; s. List in „Werke" Bd. III 1, S. 147, und J. Baaders Briefe an den „teuersten Freund" List in „Werke" Bd. III 2, S. 690—692, 696—697. — „Werke" Bd. VIII, S. 378—379, 382.

[55]) Siehe Hans Harras, „Franz von Baader (1765—1841), ein Vorläufer und Geistesverwandter Friedrich Lists", in „Ständisches Leben" 1931, Heft 4, S. 466—482.

[56]) Vgl. Johannes Sauter in „Conrads Jahrbücher" 1925, S. 448.

[57]) Vgl. Hauptteil A, 1. und 2. Kapitel.

[58]) Vgl. Heinrich Apfelstedt, „Staat und Gesellschaft in J. J. Bechers Politischen Diskursen", Gießener Dissertation 1927.

[59]) Siehe H. Harras l. c. 1931, S. 480.

Am bedeutsamsten aus dem romantischen Kreis ist Adam Müller, der uns in Wien begegnete, für List geworden. Müllers Stellung zu List ist mehrfach und in verschiedener Belichtung geschildert worden; auch darf Müller zu den wirksamsten Gegnern des „Vereins" gerechnet werden. Aus diesen Gründen sei hier erlaubt, ein wenig weiter auszuholen.

Müller war in wechselnden Stellungen, vielfach als politischer Agent, seit 1811 in Österreich und für Metternich tätig gewesen[60]). Nach dem Niederbruch des napoleonischen Kontinentalsystems war er Ende 1815 als Kaiserlicher Generalkonsul nach Leipzig entsandt worden mit dem geheimen Auftrag, zugleich die in Norddeutschland „um sich greifende revolutionäre Stimmung der Gemüter" und „die Umtriebe der Übelgesinnten" zu beobachten. So wurde dem Romantiker zuteil, wonach List zeitlebens vergebens strebte: eine Verwendung im Staatsdienst; jedoch traten seine kirchlich-ständischen und agrar-feudalen Tendenzen vielfach in Widerspruch zu den amtlichen Richtlinien der Wiener Hofburg. An den Karlsbader Konferenzen nahm Müller, auf Metternichs Wunsch, im August 1819 teil und lernte dort den Herzog Ferdinand von Anhalt-Köthen kennen, bei dem er als österreichischer Geschäftsträger akkreditiert wurde. Im preußisch-anhaltischen Zollstreit mit seiner Preußenfeindschaft über Metternichs Absichten hinausgreifend, mußte Müller auf preußische Vorstellungen hin aus Leipzig abberufen werden und verbrachte seine letzten Lebensjahre im Dienst der Wiener Staatskanzlei.

Alexander von der Marwitz, der bei Wolff in Halle gehört hatte und Mitglied des „Tugendbund" gewesen ist, hat sich über Müller zu Rahel Varnhagen mit der äußersten Schärfe ausgesprochen. List war „der neueren deutschen Unphilosophie", wie Wangenheim sie 1815 nannte, sowohl nach seinem praktischen Verstand wie nach seiner protestantisch-vernunftrechtlichen Haltung fremd[61]). Eine ihm und Müller gemäße gemeinsame Wirksamkeit ließe sich weder damals noch unter vollentfalteten bürgerlich-kapitalistischen Zuständen ausdenken. Denn Müller vertrat die „Reaktion" der älteren Schichten gegenüber dem revolutionären Postulat der „Volkssouveränität", die feudale gegen die „rationelle" Landwirtschaft und in zunehmendem Maße eine „Re-

[60]) Vgl. J. Baxa, „Adam Müller. Ein Lebensbild aus den Befreiungskriegen und aus der deutschen Restauration", 1930.

[61]) Vgl. Lists Urteil über Wangenheims Naturphilosophie in Hauptteil A, 2. Kapitel Anm. 56.

stauration" der Staats- und Gesellschaftswissenschaften; List aber stellte die rationelle Landwirtschaft und große Industrie in das Zentrum einer „von unten her" wirkenden Agitation. Darüber vergessen wir weder Adam Müllers Verdienste, z. B. um die Geldlehre, noch beider Verwandtschaft in der Produktivitätslehre; Müllers Eintreten gegen das britische dumping 1816[62]) und seine Berührung mit Lists späterem Freunde Weber-Gera zeigten beide tätig für den „industriellen Teil unserer Nation", wie Müller sagte. Die zwischen beiden Männern gegebene Gemeinsamkeit läßt sich ideengeschichtlich keineswegs in einen Prioritätsstreit auflösen, — so wenig wie Lists „Plagiats-Prozeß" mit Friedrich Schmitthenner, dessen Lehre ja gleichfalls verwandte Züge zeigt. Die gemeinsamen Wurzeln ihrer Ideen ruhen im Boden unserer klassischen Denker, von Schlözers „Staatsanzeigen" bis zu Fichtes „Reden an die deutsche Nation", im heroischen Zeitalter unserer bürgerlichen Weltanschauungen, die sie ein jeder in eigentümlicher Art ausbilden[63]).

Adam Müller hatte seinen politischen Kampf mit den „staatswirtschaftlichen Anglomanen" seit 1809 aufgenommen: er wollte „ein eigenes Werk über die Nationalökonomie schreiben" und führte 1810 bis 1811, mit Achim von Arnim und Heinrich von Kleist zusammen, in den „Berliner Abendblättern" Krieg wider den Staatskanzler Hardenberg und dessen preußische „Jakobiner"[64]). Daß die Staats-Produktivkraft für die Nationalproduktion „einer Reihe von Generationen" entscheide, darin berührten sich Lists und Müllers Lehren mit Burke und Schelling. Gegen Adam Smith wandte Müller sich schon 1808, während der „herrlichen Insel" als Widerpart der Revolution ewige Dauer verheißen ward[65]). List dagegen sah in Großbritannien den Schildhalter der bürgerlichen Freiheit und stellte das „Naturgesetz" der „generationsweisen Werkfortsetzung" unter die zeitgemäße Bedingung „einer recht verstandenen konstitutionellen Regierungsform". Nach dem Sieg über Napoleon wollte Müller „das göttliche Recht der Throne als die einzige untrügliche Basis aller politischen Institutionen behaupten" und „den Bund der Fürsten bei dem gemeinschaftlichen Interesse gegen die Prätensionen der Völker" zu bewahren suchen. Gentz, der Rationalist blieb und dem die Gedanken seines Freundes oft

---

[62]) Vgl. Baxa, „Adam Müller" l. c. S. 336—337.

[63]) Für Schmitthenner und List vgl. Hauptteil F, 1. Kapitel, und J. Henkel, „Staat und bürgerliche Gesellschaft bei F. J. Schmitthenner", Gießener Dissertation 1927. — Eine Erwähnung Schmitthenners schon im Juli 1843 s. im List-Archiv F. XXXV, Nr. 26. — Für Justus Möser und List vgl. Hauptteil A, 2. Kapitel und „Herdflamme" l. c., Benzenberg und „Württembergisches Archiv" 1816; s. auch Edgar Salin, „Geschichte der Volkswirtschaftslehre", 2. Aufl. 1929, S. 84.

[64]) Über ein Zusammensein Lists mit Achim von Arnim 1820 bei Justinus Kerner s. „Werke" Bd. VIII, S. 894. — Vgl. J. Baxa, „Adam Müller" l. c. S. 152 bis 179. — Über Adam Müller und List s. auch Lenz, „Agrarlehre" l. c. und dazu Lists „Prinzip der Stetigkeit und Werkfortsetzung" in „Werke" Bd. VI, S. 310—316.

[65]) S. Briefwechsel Gentz-Müller 1802ff.

ungeordnet schienen, urteilte von dessen „Staatsanzeigen“: es schwimme alles wie in einem Nebel von hohen Worten gewebt, aus denen keine Figur in festen Umrissen hervortrete. Er lehnte Müllers jus divinum, eine Erhöhung der katholischen Kirche über alles positive Recht, ab; wenn er (15. Dezember 1818) alle Turner und den akademischen Unfug für „eine Art Eiterbeule“ erklärte, so übertraf ihn Müller wieder, der die norddeutschen Universitäten als „Felsen des Protestantismus“, desgleichen das Naturrecht und das mündliche Gerichtsverfahren angriff. Auch für den Protestanten Gentz war die Reformation der einzige Quell aller Übel. Müller überbot ihn, indem er geradezu für Wiedereinführung der Folter plädierte. Die Karlsbader Beschlüsse vom September 1819, sagte er, sollten zu einer Höhe führen, „wo man die nichtswürdigen Theorien der Zeit unter seinen Füßen und Gott in Klarheit über sich hat“. Gegen Deutschlands Einheit „und andere Grillen dieser Art“ hatte Gentz (7. Oktober 1819) schließlich den Satz zur Hand: „Es soll zur Verhütung des Mißbrauchs der Presse binnen ... Jahren gar nichts gedruckt werden.“

Ernsthaft bleibt jedenfalls beider Absicht, „die unteren Kräfte“ verstummen zu lassen, den „Schwindel der Liberalität“ zu stürzen und der „Rotte“ mittels der Wiener Schlußakte vom Mai 1820 den Todesstoß zu geben. Erst 1824 schien Gentz „die Stimmung der Massen, selbst in den gefährlichen Mittelklassen“, gebessert; freilich stand nunmehr England — außerhalb der Heiligen Allianz — „an der Tête der jakobinischen Phalanx“ (Müller 1821) und die nordamerikanische „Heiden“-Republik mit ihrem La Fayette schien ihm vollends verderbt. Müller, dessen „Theologische Grundlegung der gesamten Staatswissenschaften“ 1819 veröffentlicht wurde, formulierte am 11. Oktober 1819 „die katholische Freiheit und Einheit Europas“ als religiöses Ideal der Restauration. Restauration bedeute im positiven Recht den Deutschen Bund, im „Verband der Europäischen Menschheit“ den „Heiligen Bund der Glaubenseinheit“, heißt es 1820. „Der revolutionäre Charakter Luthers“, der „demagogische Charakter der Reformation“ sollten mit der Wurzel ausgerottet werden; „pour la conquête paisible du Nord de l'Allemagne“, „pour convertir le Nord de l'Allemagne, ... il nous faut un proselytisme qui agit en grand et sur les masses“. Ein päpstlicher Nuntius in Berlin, ein sächsisches Priesterseminar, ein Studenten-Seelsorger in Göttingen seien die ersten Schritte einer solchen geistlich-diplomatischen Offensive Österreichs auf den Wegen der Gegenreformation[66]). So warb Adam Müller, gleich dem späteren Görres, für die neue Machtstellung der römischen Kurie wider die theologische „Aufklärung“ und alle „josephinischen“ Traditionen.

[66]) Über Müllers Wirken gegen die Reformationsfeier und das „Wartburgfest“ vom Oktober 1817 sowie gegen die Professoren Luden und Oken vgl. Baxa, „Adam Müller“ l. c. S. 344—346, 355. — Luden und Oken begegnen uns im Hauptteil D und E als Freunde Lists. Der Widerstand, den Müllers „Proselytenmacherei“ — wie seine Gegner sagten — bei Preußen und Sachsen erregte, machte sein Bleiben in Leipzig unmöglich; s. Baxa, „Adam Müller“ l. c. S. 400—401, 449—453.

Kein Wunder, daß Preußen trotz aller Reaktion seit 1818 ihn ungerne als kaiserlichen Agenten in Leipzig und bei dem konvertierten Herzogspaar von Köthen sah. Auch Metternichs josephinisch-staatskirchliche und verstandesklare Haltung stimmte mit Müllers Anschauung nicht überein. Als Müller auf preußische Vorstellungen hin 1827 abgerufen werden mußte, faßte er im nächsten Jahr seine norddeutsche Mission noch einmal für den Fürsten Metternich zusammen: „Das System Preußens ist dahin gerichtet, den deutschen Staatenbund in einen Preußischen Bundesstaat oder vielmehr in eine Art von Zollkaisertum zu verwandeln, und die Einheit, welche der Bund in seiner gegenwärtigen Gestalt weder herstellen kann noch will, auf den Wege einer stillen Straßeneroberung zu erreichen; nicht mit den Waffen in der Hand, aber vermittels einer Fusion der Finanzinteressen, Übernahme und Pachtung der Regalien — Zoll, Post, Münzen — der kleineren Fürsten, Occupation ihrer Grenzen gegen das Ausland, — woraus sich dann eine militärische Oberherrlichkeit von Preußen von selbst ergeben muß[67]).“ Dies System sei bereits 12 Jahre alt, und nur das kleine Anhalt habe durch seinen Widerstand die preußische Anmaßung gehemmt; schon auf dem Wiener Ministerial-Kongreß von 1820 habe Anhalt dem preußischen Vergrößerungs-Systeme den stärksten Damm entgegengesetzt[68]). Seither sei „das System der Zolleroberungen“ zu neuem Leben erweckt, habe Preußen das Großherzogtum Darmstadt und damit „das Tor von Deutschland“, Mainz okkupiert. Was könne Österreich gegen die „verderblichen Umtriebe“ tun? Baxa[69]) bemerkt zutreffend: „Das künftige Einigungswerk Bismarcks ist hier in prophetischer Intuition vorausgesagt.“ In der Tat kam die politisch-wirtschaftliche Rivalität der beiden Vormächte im Bunde 1866 erst zum Austrag, nach manchen Erschütterungen auch des „Zollvereins“.

In diesen breiten Rahmen müssen wir Adam Müllers handelspolitische Tätigkeit einordnen, um ihn als den entschiedensten Gegner

[67]) Der Ausdruck „das preußische Zollkaisertum“ stammt anscheinend von Adam Müllers Freund Friedrich Schlegel; s. H. von Petersdorff, „Friedrich von Motz“ l. c. Zweiter Bd., S. 164. — Vgl. Preußens Kaiserplan 1806!

[68]) Vgl. „Aus der Vorzeit“ l. c. und Treitschke, „Preußische Jahrbücher“ l. c. S. 451—457. Über Müllers Rolle im Zollstreit zwischen Preußen und Anhalt s. ferner „Vorgeschichte“ l. c. Bd. I, S. 14, 18, 220. Baxa, „Adam Müller“ l. c. S. 383—394. — Daß der Herzog Ferdinand von Anhalt-Köthen phantastischerweise glaubte, mittelst zollfreier Straßen den Handel von Hamburg nach Österreich durch sein Ländchen ziehen zu können, erinnert von ferne an die bayerische Hoffnung, durch den Ludwigskanal die Vermittelung zwischen der Nordsee und dem Schwarzen Meer für sich zu erlangen. — Meiningen und Koburg-Gotha glaubten, über ihre Chausseen den Handel von der Nordsee nach dem Süden lenken zu können, und was dergleichen Verkehrsträume im Vormärz mehr waren. Vgl. dagegen, im Hauptteil D, 2. Kapitel, Lists Konzeption der Bahnlinie Ostende-Bombay, und auch Motz' Denkschrift von 1829 — im 2. Kapitel dieses Hauptteils — wegen des preußischen Straßenbaus, der Nord- und Ostsee über die Alpen mit dem Mittelmeer und der Adria verbinden werde.

[69]) „Conrads Jahrbücher“, Bd. 71, Heft 1, 1929.

Lists bei den Wiener Verhandlungen zu verstehen. Anläßlich der Leipziger und Frankfurter Messen 1816/1817 hatte er die Überschwemmung mit englischen Waren und deren Preissturz kennengelernt[70]). Jedoch sah er eher Gefahren für England, dessen Monopol durch die verfehlte Spekulation und seine „kommerzielle Zerrüttung" ebenso getroffen sei wie der deutsche Spekulationshandel mit britischen Gütern. Gentz bat ihn am 15. Dezember 1819, „die Ursachen des Verfalls und der Not, worüber die gewerbetreibende Klasse klagt", ausführlich aufzuzählen. Wir besitzen einen ersten Bericht an den Fürsten Metternich vom 6. Dezember 1819; er verdankte Lists damaliger Tätigkeit seine Entstehung[71]).

Dies Promemoria vom 6. Dezember 1819 war für die Wiener Ministerial-Verhandlung angefordert, deren 10. Ausschuß ja für Wirtschaftsfragen und damit für die Eingaben des „Vereins" zuständig war; Müller wurde Ende Januar 1820 zur Beratung auf Wunsch von Gentz herangezogen. Deutschland, als „das Herz von Europa", sei eine von der Natur zum Zwischenhandel bestimmte Staatenfamilie, — worauf Lists Polemik gegen Gentz und die „Philosophen des Zwischenhandels" in der „Allgemeinen Zeitung" gemünzt sein dürfte! Die Errichtung einer allgemeinen deutschen Zollinie nannte Müller „eine der gewagtesten Revolutionen" und nur ein verjüngtes „Kontinental-System", von nachteiligen Folgen für „die Gesamtwirtschaft" und überdies insoweit aussichtslos, als Englands gewerbliche Überlegenheit in der Masse seiner Kapitalien ruhe. Wir sehen, Müller verwarf eben jenes „Industrie- und Fabriksystem", zu dessen Anwalt sich List im „Verein" machte. „Das Unwesen der großen casernirenden Fabriken" mit ihren „vielen Hunderttausenden von unglücklichen, heimatlos gewordenen Tagelöhnern" sei, wenigstens in unserer maschinell gewordenen Baumwoll-Industrie, „unwiederbringlich zerscheitert"; nicht „die Uniformität von Fabrikerzeugnissen", sondern Handel und Manufaktur seien unserer Lage angemessen. Die „Verwüstungen des Fabrikwesens" haben eine

[70]) S. oben Hauptteil B, 3. Kapitel Anm. 31, und Briefe an Gentz vom 4. April, 13. Mai und 18. Juni 1816, 27. März 1817; ferner „Staatsanzeigen" 1816, Beilage zu Stück 4.

[71]) Vgl. oben Hauptteil B, 2. Kapitel, Gentz' Anfrage bei Müller vom 15. Dezember 1819 und Baxa in „Die Herdflamme", Bd. I, 1, 1922, und in „Wiener Zeitschrift f. Volksw." 1923, S. 153—158; derselbe, „Adam Müller" l. c. S. 368—378. — Müllers Frankfurter Messe-Denkschrift von 1816 ist abgedruckt bei Baxa in „Conrads Jahrbüchern" l. c. 1929. — Zum Problemkreis List-Adam Müller vgl. A. Sommer, „F. Lists System" l. c. S. 40—41 und öfters; besonders seine berechtigten Einwände gegen Baxa im „Weltwirtschaftlichen Archiv" Bd. 25, Heft 2; s. auch Othmar Spann. — Lenz, „Über Adam Müllers Staats- und Gesellschaftslehre" in „Conrads Jahrbüchern", 1922, „Vorgeschichte" l. c. Bd. I, S. 351—361, Goeser l. c. S. 93 bis 104 sowie Ehebergs Einleitung zum „Nationalen System" und Alfred Meusel, „List und Marx" l. c. S. 63. Eine ausgleichende Würdigung gibt Baxa, „Adam Müllers Philosophie, Ästhetik und Staatswissenschaft", 1929, S. 93—94. — Über List und die Romantik im allgemeinen vgl. Lenz in „Conrads Jahrbücher" 1922, S. 214—220, und in „Schmollers Jahrbuch" 1924, S. 29—33.

„Armen-Sache“ (lies: Soziale Frage) von unerhörtem Ausmaß geschaffen, der mit napoleonischen Handelskammern allein nicht beizukommen sei. Das Verlangen des Publikums nach „constitutioneller Verhandlung“ und Preßfreiheit entspringe dem Empfinden, keinen anderen Ausweg aus dem Mißgeschick der Zeit und falscher Spekulationen zu wissen. Englands Handelsmonopol habe zwar unserer, unter Napoleon künstlich emporgetriebenen Industrie unermeßlich geschadet; doch sei der Zwischenhandel mit englischen Waren in deutsche Hände geraten und darin liege — trotz manchmal „antinationaler Richtung“! — eine gewisse Garantie unserer kommerziellen Zukunft.

Müllers Anschauung ist auch dort, wo sie sich mit List berührt, abweichend motiviert. Englands Verfassung, die List im liberalen Lichte sieht, erfaßt er unter dem Burkeschen Gesichtspunkt, während er Englands Wirtschaft als kapitalistisch ablehnt. Preußen ist ihm wegen Hardenberg und vom österreichischen Standpunkt aus verhaßt. Die von List verteidigten Textil-Interessen sind ihm der Prototyp einer unhaltbaren Industrialisierung. In der „Maschinenstürmerei“ sieht er revolutionäre „Reaktionen der mechanisch entwürdigten Menschheit“[72]).

Wir brauchen kaum zu betonen, in welchem Widerspruch Müllers allgemeine Anschauungen — denen schon Gentz nicht folgte — zu Lists tragenden Gedanken stehen. Gleich wie List im Religiösen ein Feind der „pfaffengerittenen“ Länder und aller „retrograden“ Wünsche ist, überwiegen auch im Ökonomischen die Differenzen zwischen beiden Männern. In vollem Gegensatz zu List stellt Adam Müller das Agrar- und Handelskapital dem Industriekapital entgegen: die Klagen des „Fabrikstandes“ könnten nur „zur vorsichtigen Kur eines unnatürlichen Auswuchses auffordern“! Die Agrarverfassung, deren Modernisierung List vor 1819 in Württemberg verficht, ist jenem nur in ihrer Feudalität und unabhängig von der Industrie wertvoll, der „rationelle Landbau“ Thaers ein Greuel. Den Zwischenhandel der Hanseaten und Mitteldeutschlands findet jener einem Agrarlande voll angemessen, während Lists idealtypische Stufenlehre den Handel auf der großen Industrie und einer industrialisierten Ackerwirtschaft aufbaut. List fordert im „Organ“ eine einzige Einkommensteuer, Müller indirekte Abgaben. So weist auch Müllers Schlußfolgerung in eine von List abweichende Richtung: Deutschlands neue Staats- und Rechtseinrichtung verlange eine ihr gemäße Ordnung seiner „ökonomischen National-Interessen“, und eine Antwort auf die Frage:

„Wie der Nahrungslosigkeit der unteren Stände, wie den androhenden ökonomischen Revolutionen und einer allgemeinen Unsicherheit des Eigentums in Deutschland (der nur mit vereinigten Ansichten und Kräften zu begegnen ist) vorgebeugt werden könne?“

Manche früher gehörte Argumente klingen bei Adam Müller an, dessen Synthese politisch-ökonomischer Zusammenhänge im Ansatz wie in der Kritik zwar vielfach weitschauend, in ihrer positiven Haltung um

[72]) S. „Staatsanzeigen“, 1816, Stück 5.

so wirklichkeitsferner ist: er fürchtete das anbrechende „Jahrhundert der Rechenmeister", des homo capitalisticus, des Geldkapitals und überlichtete dafür in „romantischer" Rückschau ein idealisiertes europäisches Mittelalter der Dome und der Burgen. Sein „Europa", dessen „wahres Hausgesetz" die Heilige Allianz war, erweiterte die Kirche zum Staat[73]). Er verwarf die „Industrieraserei unseres Jahrhunderts". Er sah industrielle Überproduktion voraus[74]) mit allen Gefahren eines Proletariats und fand in der maschinellen Arbeitsteilung eine neue „Sklaverei" heraufziehen, — „zwei getrennte Völker" der Arbeiter und Kapitalisten, „der Besitzer und Nichtbesitzer", — wo Adam Smith und Friedrich List beide nur Licht und bürgerliche Freiheit sehen wollten. Immer wieder betonte Müller den „revolutionären" Ursprung und Gehalt jener Lehren von der Wirtschaftsgleichheit im konstitutionellen Staat, auf deren naturrechtlichem Boden wir List fanden. Das Einheitsstreben der bürokratischen Verwaltungen habe „eine durchaus verderbliche und grundfalsche Wissenschaft unter dem Namen Politische Ökonomie oder Lehre von den Nationalreichtümern konstruiert, derselben Lehrstühle über Lehrstühle errichtet, ja sie in neueren Zeiten — als wenn ein fünfter Weltteil im Gebiete der Wissenschaft entdeckt worden wäre — in Württemberg und Spanien zu einer eigenen fünften Fakultät erhoben"[75]). Die junge Tübinger Staatswirtschaftliche Fakultät, von der Müller spricht, führte ja auf Lists Gutachten von 1817 an seinen Minister von Wangenheim ihren Ursprung mit zurück[76])! Wohl hatte Müller schon 1808 sich „gegen das System des Adam Smith erhoben", aber sein Weg leitete von Lists jüngerer Smith-Opposition hinweg zum Postulat kirchlich-feudaler Ständeordnung. So nimmt nicht wunder, daß Adam Müller vom Standpunkt seiner Wiener Wahlheimat aus mit doppelter Schärfe List den Kampf ansagte.

„Es kann keinem Zweifel unterworfen sein, daß der im Laufe des letztverflossenen Jahres gebildete sogenannte deutsche Handels- und Fabrikverein, dessen Illegalität und Unverträglichkeit mit der deutschen Bundesverfassung bereits am Bundestage selbst anerkannt worden, sofort und auf die ernstlichste Weise aufzulösen ist." Müller selber habe zur Bildung des „Vereins" die erste Veranlassung gegeben, als der Fabrikant Weber-Gera und andere Fabrikanten in Leipzig 1816 „die verzweifelte Lage der deutschen Industrie" mit seiner Hilfe an den Bundes-

---

[73]) S. „Staatsanzeigen", 1816, S. 500. — Vgl. zu „religio" und „natio" auch Werner Sombarts Kritik der „Rechenhaftigkeit" und des „Rentabilitätsprinzips", zuletzt in „Der deutsche Sozialismus" 1934.

[74]) S. „Staatsanzeigen" 1816, S. 270. — Vgl. oben Hauptteil A, 3. Kapitel Anm. 32.

[75]) Siehe Lenz, „Agrarlehre" l. c. S. 164; dagegen Müllers „Idee eines Seminariums der Staatswirtschaft für die österreichischen Staaten" ebenda S. 166—167.

[76]) Müllers Sozialkritik s. bei Baxa, „Einführung" l. c. S. 136—144; vgl. auch Baxa, „Adam Müllers Philosophie, Ästhetik und Staatswissenschaft", 1929, S. 73 bis 100. — Über Lists Stellung zur Sozialen Frage s. dagegen unten Hauptteil F, 2. Kapitel.

tag bringen wollten[77]). Müller habe abgeraten, einen illegalen Verein zu bilden, — bei „der in allen Ständen grassierenden Konstitutionssucht" vergeblich. Vielmehr habe Preußens Zollgesetz seither die allgemeine Not vermehrt und so sei es „den Urhebern des Handelsvereins leicht geworden, ihren Konstituierungsplänen Eingang zu verschaffen. Statt einer momentanen Zusammentretung hat man eine permanente Verbindung formiert, statt des (von Müller) proponierten Syndikus und Rechtsbeistandes einen ausgetretenen Professor der Nationalökonomie (List) zum Sprecher gewählt, Deputationen und Ausschüsse gebildet, und selbst noch nach der desfalsigen Berichterstattung des Herrn von Martens an den Bundestag, alle Rechte einer freien und legalen Korporation usurpiert. Eine angebliche Deputation dieses Vereins ziehet an den einzelnen deutschen Höfen umher, fordert und erhält Audienzen, Ermunterungen und Versprechungen, und ist dermalen mit gleichen Absichten und Hoffnungen in Berlin anwesend, wo ihr abseiten der mächtigen unzufriedenen Partei der gehörige Vorschub nicht entstehen kann".

„Daß diesem Unfug (diesen demagogischen Umtrieben im eigentlichen Sinne des Wortes) ernsthaft gesteuert werden müsse, ist klar; ebenso einleuchtend aber, daß dem notleidenden Gewerbe die Hand gereicht werden müsse. Die Forderung der Handelsfreiheit oder der Abschaffung aller inneren Mautlinien, wie sie von jenem sich so nennenden Vereine gestellt wird, ist einerseits zu augenscheinlich revolutionair (!) anderseits aber, aus dem praktischen Standpunkt betrachtet, zu abgeschmackt, um sie ernsthaft zu bestreiten." Um den im Bunde bestehenden Zoll-Kriegszustand zu beseitigen, schlug Müllers „Promemoria" eine Angleichung der territorialen Zölle sowie eine öffentliche Wirtschafts-Enquête nach englischem Muster — „eine Handels- und Gewerbszentralkommission" — möglichst am Sitz des Bundestages vor. Die „demagogischen Umtriebe" hat Müller anscheinend in seinem Bericht an Gentz[78]) wiederholt, mit direkter Spitze wider Lists „Reisen und Zudringlichkeiten". Seine Abneigung gegen Berlin wurde in seinen amtlichen Denkschriften verhüllt; gegen Metternich sprach er offener von dem „Fluch" des preußischen Zollgesetzes. Er habe, am 6. Dezember 1819, „vor den revolutionären Umtrieben gefährlicher Art" des sogenannten Handelsvereins gewarnt. Allerdings gehörten dem Verein „rechtschaffene deutsche Fabrik- und Handelsherren" an, die „durch ein bloßes, wenn auch noch so gerechtes Verdammungsurteil" über die Wiener Deputierten des Vereins nicht getroffen würden. Schuld aber sei im Grunde das unbedingt verderbliche preußische Zollsystem; es habe

[77]) Vgl. oben Hauptteil A, 3. Kapitel Anm. 10, 16, und wegen Weber-Arnoldi auch Hauptteil B, 1. Kapitel; dazu den Hinweis im „Organ" 1819. Die Leipziger Rundschreiben Webers vom 16. Oktober 1816 und von der Neujahrsmesse 1817 s. in List-Archiv F. I, Nr. 1a, 2, 9. — Vgl. auch den Hinweis auf Adam Müller, der 1816 selber zu Retorsionszöllen gegen England geraten hatte, in Weber-Geras Aufsatz vom 11. Juli 1819; List-Archiv F. I, Nr. 27.

[78]) Siehe Jettel und Goeser l. c.

„dem sogenannten Handelsverein sein Dasein, sein Gewicht und seine nicht unbedeutende Popularität gegeben", — ja „der Widerspenstigkeit gegen die Regierungen mehr Vorschub geleistet, als alle Umtriebe der Bösgesinnten zusammengenommen". Müllers Feindschaft gegen die preußischen „Jakobiner" aus seiner Berliner Zeit (1811) hatte sich somit auf das preußische Zollgesetz von 1818 übertragen.

Seine Abneigung gegen List wird aus den Leipziger Vorgängen von 1816 heraus psychologisch immerhin verständlich; um so seltsamer, daß er noch am 7. März 1820 ein Gutachten verfassen konnte, daß List „und seinen patriotischen (!) Freunden" einen Rückhalt „bei den Augsburger Banquiers und andern Beschützern der deutschen Industrie" gewähren sollte, um ihren Plan einer „Industrie-Ausstellung" durch Aktienzeichnung zu finanzieren[79]). List, der Adam Müller im Januar 1820 persönlich kennengelernt, verkehrte mit ihm viel bei dem preußenfeindlichen Herzog Ferdinand von Anhalt-Köthen[80]) und meinte noch 1841, im Vorwort zum „Nationalen System", Müller habe ihn seines Vertrauens gewürdigt. So legte er ihm am 4. März — inmitten der Wiener Ministerialverhandlungen — die im Hauptteil B geschilderten „Grundzüge eines Planes zu einer Nationalindustrie- und Kunstausstellung während der Messen in Frankfurt und Leipzig" vor. Er wollte durch eine solche „Übersicht der gesamten deutschen Industrie" ... „die Fortschritte der inländischen Fabrikation" den Einkäufern bekanntmachen, mithin das Industrie-Interesse mittels der Messen fördern. Vielleicht kam dieser Plan jener Hinwendung zur Praxis entgegen, die auch wir als ein Moment des romantischen Denkens soeben kennenlernten. Adam Müller hatte einen ähnlichen Ausstellungsgedanken schon 1816 auf der Leipziger Messe verwirklicht; diese Erinnerung und auch Lists persönliche Darlegungen ließen ihn dem Plan „seinen ganzen Beifall schenken". Er begrüßte ein „patriotisches Zusammenwirken der Mittelstände", um „dem Freunde der deutschen Industrie" und „dem deutschen Arbeiter" beizustehen. Die offenbare Divergenz dieser „Privatempfehlung" von Müllers Grundanschauungen veranlaßte seine Vorgesetzten zu einer amtlichen Rüge. Uns bleibt, trotz Müllers Rechtfertigungsversuch[81]), der Eindruck, daß dies „Privaturteil" von seinen amtlichen Urteilen über Lists „Zudringlichkeit" und die Verbotswürdigkeit des „Vereins" durch einen menschlich unerfreulichen Abstand auffällt[82]).

---

[79]) S. Häußer l. c. Bd. I, S. 51—57; vgl. auch Baxa in „Conrads Jahrbüchern" l. c. 1929 und A. Sommer im „Weltwirtschaftlichen Archiv" l. c. S. 351. — Oben Hauptteil B, 2. Kapitel Anm. 7.

[80]) Dem erbittertsten Gegner des Grafen Bernstorff und der preußischen Zollpolitik! Vgl. Treitschke 1865 l. c., S. 248—249, und Hauptteil B, 2. Kapitel, wegen List in Wien; auch oben Anm. 68.

[81]) S. Goeser l. c. S. 92—93. — Olshausen l. c. S. 112—116.

[82]) Vgl. Varnhagens Analyse in seinen „Vermischten Schriften", 2. Aufl. 1843, sowie im „Briefwechsel Varnhagens von Ense mit Troxler 1815—1818", 1900, S. 283 bis 285. — Goeser l. c. S. 90. — „Werke" Bd. I 1, S. 34; Bd. I 2, S. 1012 bis 1013.

List übersah die Sachlage in Wien natürlich nicht. Erst im „Zollvereinsblatt"[83]) kam er, anläßlich der Brüggemannschen Plagiatbeschuldigung, auf seinen Wiener Aufenthalt zurück: Er habe Müller gekannt, aber nie versucht, sich nach ihm zu bilden und dessen „Elemente der Staatskunst" erst neuerlich „nachgeschlagen". Jener sei nur „ein geistreicher und gelehrter Obskurant" gewesen. Die Schärfe dieses Urteils, das er 1846 wiederholte, sticht von der vorhin genannten Bemerkung im „Nationalen System" ab[84]).

Vielleicht dürfen wir sagen, daß Lists Abstand von jeglicher Romantik im Reifen der deutschen Produktionsverhältnisse sich mit Notwendigkeit vertieft hat. Während aus der sog. Spätromantik römisch-klerikale wie altpreußisch-konservative Tendenzen hervortraten, die Deutschlands nachmärzliche Parteigeschichte mitbestimmen sollten, geriet die von List eingeleitete Bewegung zur Markteinheit im nationalen Maßstab unter die Konstellation des Revolutionsjahrs 1848. Die Kräfte, welche im Widerspiel freiwirtschaftlich-demokratischer mit nationalwirtschaftlich-machtpolitischen Tendenzen gestaltend weiterwirkten, ließen für „romantische" Vorstellungen nur mehr wenig Raum. Hingegen konnten Lists Gedanken im Werden des deutschen Nationalstaats wie des modernen Imperialismus sich behaupten — in einer verwandelten Welt freilich, die alle Stilmomente des vormärzlichen „Biedermeier" zugunsten ihrer „realistischen" Haltung ausstieß. Im Schicksal dieser Welt erfüllte sich daher auch die nachwirkende Kraft des Listschen Werkes[85]).

---

[83]) Jahrgang 1845, Nr. 48; vgl. oben Anm. 44 zum Vorwort des „Nationalen Systems" und unten, 2. Kapitel dieses Hauptteils, wegen der „Rheinischen Zeitung". — „Werke" Bd. VI, S. 463, 656.

[84]) Vgl. J. Baxa, „Adam Müller" l. c. für Müllers menschlich widerspruchsvolles Verhältnis zu Fichte, Goethe, Heinrich von Kleist, Johannes von Müller usw. Seine intimsten Freunde blieben schließlich Gentz sowie der, durch ihn zum Konvertierten gewordene Herzog Ferdinand von Anhalt-Köthen. — Vgl. auch die eingehende Schilderung bei Surányi-Unger, „Philosophie in der Volkswirtschaftslehre", Zweiter Bd. 1926, S. 114—170.

[85]) Vgl. unten Hauptteil F, 3. Kapitel, und „List und Marx" l. c. S. 83—86. — Vgl. Friedrich Schlegels Wort, die „Deutschheit liegt nicht hinter uns, sondern vor uns".

ZWEITES KAPITEL

Die preußische Vormacht (Altpreußen und das Rheinland)

Nach den Befreiungskriegen hatte List die vaterländische Agitation der „Hardenberge und Steine“ für Preußens Erneuerung begrüßt, gleich Görres und so vielen anderen „Patrioten“[1]). Er verwarf die „Einförmigkeit und Herzlosigkeit“ des „preußischen Maschinenwerk“, wie es dort vor 1806 geherrscht habe. „Staatsmänner und Aristokraten, — Fürsten und Diener — Geistliche und Laien, Phlegmatiker und Sanguiniker agitierten, weil das Vaterland infolge eines halbhundertjährigen Schlafes in fremde Knechtschaft verfallen war. Sie agitierten mit Erfolg, aber von glücklichen Zufällen unterstützt, denn ohne den russischen Winter, wer weiß, ob es ihnen bei ihren Lebzeiten gelungen wäre, den Geist der Nationen zu erfolgreichem Widerstand aufzustacheln und zu kräftigen. Das Erwachen der edleren Leidenschaften hat Deutschland befreit, nicht das tote, kalte Bajonett, und eine neue Katastrophe, wie die von Jena, wäre nur möglich, käme es wieder dahin, daß der Geist der Nation aufs neue sich schlafen legte[2]).“ Im Jahre 1843 geschrieben, spiegeln diese Sätze doch Lists anfängliches Vertrauen auf die preußischen Anführer des Befreiungskampfes wieder. Im Leitfaden für seine Zuhörer hatte er 1818 Preußens früheres „System der herrschenden Regierung von oben herab“ mit der allmählichen Annäherung an Konstitution und Selbstverwaltung kontrastiert[3]). Kein Zweifel, daß die preußischen Reformen seinen Beifall hatten. Vorbild war ihm namentlich Preußens „neue Städteordnung“, deren Urheber — der Freiherr vom Stein — persönlich Anfang 1817 in Stuttgart den württembergischen Monarchen in seinem Verfassungsstreit beraten hatte. List wollte seither die Jugend lehren, „wie auf nationalökonomischem Wege Deutschlands Reichtum, Kultur und Macht“ zu fördern sei. Auch die Zusage landständischer Verfassungen durch Artikel XIII der Deutschen Bundesakte war ja auf Preußens Einfluß mit zurückzuführen[4]).

[1]) Vgl. Hauptteil A, 2. Kapitel, Anm. 40, und E, Anm. 18. — „Werke“ Bd. I 1, S. 304, 458. Über Stein und List s. auch K. A. Meissinger l. c., S. 33—36. Unten Hauptteil E.

[2]) S. „Herdflamme“ l. c. S. 688.

[3]) Ebenda S. 321—322.

[4]) Vgl. oben Hauptteil A, 2. Kapitel zu Anm. 7.

Mit dem Abschluß des Deutschen Bundes und der Annäherung Preußens an das Metternichsche Regierungssystem wurden Lists Hoffnungen tief herabgestimmt. Noch im Jahr 1846 spricht er ironisch von „dem großen Erfinder der preußischen Konstitutionserwartungsrechte"[5]). Er teilte dies Erlebnis mit vielen deutschen „Patrioten", deren freisinnige Erwartungen mehr oder minder bis zum Haß gegen Preußens feudal-bürokratischen Absolutismus umgewandelt wurden. Für List jedoch trat das Erlebnis des preußischen Zollgesetzes 1818 mit besonderer Eindringlichkeit hinzu, zerstörte es doch alle Chancen einer großdeutschen Handels- und Verkehrseinheit. Seine Bestürzung über das Zollgesetz der „liberalen preußischen Regierung" war schon in der ersten Frankfurter Denkschrift an den Bundestag ausgedrückt worden. Für Deutschlands „Wiedergeburt" zu wirken, das „Nationalgefühl" zu stärken, rief der Schwabe dann den Wiener Diplomaten-Kongreß auf! Die ganze Produktivkraft der Nation sei, in Rücksicht auf den „Weltmarkt", gefesselt und gelähmt, „die Masse der Nation" verarmt; „die erhabene Idee eines gemeinsamen deutschen Vaterlandes", „die uralte Nationaleinheit der Deutschen" sei durch die Zollsouveränitäten — „ein Überbleibsel der fremden Tyrannei" — erstickt. „Deutschland" .... müsse auf dem Weg zur „Welthandelsfreiheit" den Schutz eines „Nationalbandes" an die Stelle der „natürlichen Freiheit" seiner Einzelstaaten setzen, der Bundestag die Funktionen der alten Reichsregierung übernehmen. Das Unzeitgemäße solcher Wünsche konnte den Preußen 1819 nicht verborgen bleiben[6]). Der „Deutsche Bund" war ja nur ein völkerrechtlicher Verein, eben hierauf beruhte sein Dasein inmitten der europäischen Staatswirklichkeit; ein Bundes-Zollsystem hätte außerdem die Frage der Vorherrschaft am Bunde aufgerollt und darüber hinaus die Einheit der Habsburger Monarchie aufheben müssen; oder sollten Siebenbürgen und die Lombardei mit Luxemburg, Hannover, Schleswig und den ausländischen Monarchen dieser Bundesländer einen politischen Körper bilden? Der „Deutsche Bund" umfaßte Preußen und die Habsburger Monarchie nur zu einem Teil; sollten diese Teile außerhalb einer Gesamtzollinie bleiben oder ein neues „Corps Germanique" den „Deutschen Bund" ersetzen? Nicht einmal die kleinsten Bundesglieder, wie Weimar oder Anhalt-Köthen, zeigten sich willfährig ihre zollpolitische „Souveränität" zu opfern. So waren die Einheitswünsche der „Patrioten" objektiv unerfüllbar.

Freilich lag Preußens liberales Zollgesetz als die sichtbarste Barrière auf dem Weg zu einem idealen Gesamt- oder Bundes-Zollsystem; daß es seine Wirkung verfehlt habe und Preußen einem gesamtdeutschen Retorsionssystem beitreten werde, war Lists auch im „Organ"[7]) ausgesprochene Hoffnung. Sie wurde übrigens auf der Wiener Konferenz

---

[5]) S. „Werke" Bd. VI, S. 484.

[6]) Olshausen l. c. S. 73—79, beurteilt die preußische Politik aus dem Wunschziel der „Patrioten".

[7]) Jahrgang 1820, S. 114.

anfangs von manchen Bevollmächtigten geteilt[8]). Die preußische Zollordnung solle zwar die Industrie begünstigen; da sie aber gegen fremde Nationen keinen Vorteil gebe und den innerdeutschen Verkehr vielfach erschwere, „so wirkt, was sonst Heilmittel gewesen wäre, als Gift“[9]). In dieser vagen Hoffnung, daß die preußische Regierung geneigt sein werde, „dem Drang der Zustände ihr partielles Zollsystem zum Opfer zu bringen“, wandte List sich an die österreichische Regierung. „Unsere Hoffnungen von diesem Staat sind groß —“, schrieb er; niemand habe ein größeres Interesse an „Deutschlands Ruhe und Unabhängigkeit“ als eben der Kaiserstaat. Keine Vereinigung von Privatleuten wirke stärker „für den Zweck der bestehenden Regierungen“ als der „Handelsverein“. So sei auch seine Stiftung von den Regierungen der beteiligten Gebiete „gerne gesehen und begünstigt“ worden! Irgendwelche Aussicht, den preußisch-österreichischen Dualismus am Bunde aufzuhalten, besaßen solche privaten Bemühungen natürlich nicht.

Preußens Zollgesetz war am 26. Mai 1818 vom König vollzogen und am 5. September 1818 veröffentlicht worden[10]). Es setzte allein in den alten Provinzen der Monarchie 57 verschiedene Zoll- und Akzisetarife außer Kraft; für Westfalen und die rheinischen Provinzen schuf es erst eine staatswirtschaftliche Regelung[11]). „Ein Schrei des Entsetzens ging durch ganz Deutschland“, urteilte der ehemalige Burschenschafter und Begründer des „Staatsarchiv“, Professor Ludwig Karl Aegidi noch 1865. Das alte Reichsrecht, auf das sich List berief, war damit endgültig zerbrochen. Denn dieses Gesetz galt für den Gesamtumfang der Monarchie, die nur zu einem größeren Teil dem Deutschen Bunde angehörte und eben dadurch bekundet hatte, daß sie gleich Österreich eine europäische Großmacht bleiben wollte. Es vereinigte 117 verschiedene ehemalige Territorien zu einem Ganzen. Als der nächst Österreich volkreichste Staat des Deutschen Bundes hatte Preußen sein Eigeninteresse zur Maxime seines wirtschaftlichen Handelns erhoben, zumal den „enklavierten“ Gebieten seiner deutschen Nachbarn gegenüber. Es verschlug den „Patrioten“ wenig, daß ja auch Bayern, Württemberg und Baden von 1807 bis 1812 Grenzzollsysteme begründet hatten, daß Österreich an seinem starren Prohibitivzoll festhielt. War nicht ein Appell an den neugeschaffenen Bundestag in Frankfurt, ein Anrufen des Artikels XIX der Bundesakte das letzte Auskunftsmittel wider solchen Eigenwillen? Eben hierauf zielte Lists Anruf des Bundestages Ostern 1819 und seine Reisen an die süddeutschen Höfe sowie sein Aufenthalt in Wien hin. Wer immer Feind des preußischen Zollgesetzes war, der suchte sich auf den Artikel XIX beim Bunde zu berufen.

---

[8]) Siehe Aegidi, „Aus der Vorzeit“ l. c., S. 25—28.
[9]) S. „Organ“, 1820, S. 277; vgl. Brinkmann l. c. S. 99.
[10]) Vgl. Aegidi, „Aus der Vorzeit“ l. c., S. 1—9.
[11]) Vgl. „Vorgeschichte“ l. c. Bd. I, S. 37—39.

Preußens Staatsmänner, unter ihnen Generalsteuerdirektor Maaßen, waren gewiß im handelspolitischen Grundsatz nicht weniger liberal wie List selber; wenn ihre mäßigen Einfuhr- und höheren Durchfuhrzölle von 1818 dennoch in den angrenzenden Bundesstaaten als prohibitiv empfunden wurden, während List gesamtdeutsche Retorsionszölle von 30 bis 50 Prozent des Fabrikatwertes empfahl und in Norddeutschland das Freihandelsinteresse überwog, so treten die ökonomischen Interessenwidersprüche darin nur um so deutlicher zutage. Indem diese den ebengenannten Schwierigkeiten einer politischen Integration sich hinzugesellten, wurden die beiden europäischen Großmächte — Preußen und Österreich-Ungarn — nur um so stärker veranlaßt, die politisch-ökonomische Einheit in ihren eigenen Machtbereichen zu verfestigen.

Wir sahen schon anläßlich der Wiener Kabinettskonferenz[12]), wie Preußen seine Handelspolitik, die durchaus im Zuge seiner neugewonnenen Großmachtstellung lag, behauptete. Eine Reise nach Berlin, welche drei „Vereins"-Deputierte im November 1819 unternahmen, konnte daran nichts mehr ändern; List hatte eine „Denkschrift" mitgegeben, nahm aber an dieser Reise selbst nicht teil — er hat die preußische Hauptstadt nur einmal, im Sommer 1835, seiner Eisenbahnpläne halber aufgesucht[13]).

Den Fürst-Staatskanzler Hardenberg hatte der „Vereins"-Vorstand schon im Juli 1819 von seinen handelspolitischen Bemühungen unterrichtet: „um die Fürsten Deutschlands auf eine Vereinigung ... aufmerksam zu machen, durch welche es möglich wäre, der Königlich preußischen Regierung entweder bei etwaigen Handelsverträgen ein angemessenes Äquivalent zu bieten oder, was unendlich wünschenswürdiger sein würde, denselben vorschlagen zu können, diesem Verein bei- und an dessen Spitze zu treten." Damit war die Kernfrage jeder preußischen Handelspolitik gestellt! Hatte Lists ebengenannte „Denkschrift" doch „das Schicksal der ganzen deutschen Nation" dem preußischen König und seinem „deutschen Sinn" anvertrauen wollen. Es liegt auf der Hand, daß Preußens Lenker sich solcher Argumente nur im Rahmen des Möglichen und Notwendigen bedienen konnten; eben im Dezember 1819 fiel Hardenbergs Entscheidung zugunsten der Metternichschen Reaktion.

Die „Vereins"-Deputierten freilich meinten bereits den Staatskanzler „für ein gemeinschaftliches deutsches Handelssystem" gewonnen zu haben; Schnell schrieb Anfang Dezember 1819 dem Vereinskassierer Bauerreis in Nürnberg: „Wir bekommen an Preußen eine große Stütze für unseren Zweck" und berichtete an List: „Wir kamen den Preußen sehr gelegen. Ihr nach so vielen Debatten aufgestelltes Zollwesen ist

[12]) Hauptteil B, 2. Kapitel, Anm. 49 bis 52.

[13]) S. in diesem Kapitel zu Anm 42. Vgl. die „Vereins"-Eingabe an den König von Preußen vom 22. November 1819 im List-Archiv F. I, Nr. 42a, und Schnells Berichte aus Berlin vom 4. und 8. Dezember ebenda F. IV, Nr. 5 und 6. — „Werke" Bd. I 1, S. 32; Bd. I 2, S. 508—512. — Olshausen l. c. S. 49—50, 80—86.

voller Lücken und befriedigt keinen Teil. Mittel, sich zu helfen, können sie nicht geschickt herausfinden, denn auch sie wissen nur Bruchstücke von Handlung und Fabriken. Die Fabrikanten schreien, die Kaufleute lärmen, das Volk jammert und die Armut wächst. In Berlin sind über 60tausend Arme. Wie zu helfen? Man hörte also mit Begierde und Freude unsere Anträge an und hofft in ihnen Rettung. So stehen die Sachen. Preußen ist von Österreich ganz abhängig, dies verhehlte man uns nicht. Aus Furcht von daher will man sich also nicht an die Spitze stellen, aber gerne anschließen. Bemerke Dir dies in Deinem Aufsatz fürs ‚Organ'. Lobe die Preußen recht und lasse nur die Minister und Staatsräte in Deinem Bericht, besonders aber Hardenberg, glänzen. Der König ist eine Null ......" Mit solchen Erwartungen gingen Schnell, Streiber und auch Ernst Weber weit über das Erreichbare hinaus[14]).

In einem Brief vom 9. Dezember 1819 an List heißt es ferner: sie seien erst „ganz mutlos" gewesen, dann aber an den „allgemeinen beliebten, kenntnisreichen und einsichtsvollen" Geheimrat J. A. F. Eichhorn verwiesen worden, dem sie durch Professor Rau empfohlen waren. Eichhorn, damals Geh. Legationsrat, ist der Mitkämpfer von 1813 und spätere Kultusminister; er galt als „Patriot". Eichhorn habe sie „mit Biederkeit aufgenommen" und sei „voll Enthousiasmus für die Sache ......", „Freund der Deputation und ihr Ratgeber" geworden. „Als sie ihm nun das nächste Mal die allerwegen genossene gute Aufnahme und schöne Aussichten referierten, rief Eichhorn mit freudigem Herzen: hab ich's nicht gesagt? Ihre heilige (!) Sache wird und muß durchgehen; nur Mut und Ausdauer, wenn es nicht gleich geht. Die Regierungen können oft leider! selbsten nicht wie sie gerne wollen; aber es kommt. Eine Sache, die sich jedem denkenden Mann so klar aufdringt, kann nicht scheitern. Meine Dienste dazu sind Ihnen für immer gewidmet und ich werde tun was ich kann." Die „Vereins"-Mitgliedschaft könne Preußen zwar nicht amtlich erlauben; aber man werde es ignorieren, „wenn sich stillschweigend alles dem Verein anschließt". Auch der Minister Wilhelm von Humboldt — er trat Ende des Monats zurück — habe sich als „ein offener liebenswürdiger Mann" bezeigt. Präsident von Maaßen, der Urheber des preußischen Zollgesetzes, sei ein Mann „von der seltensten Offenheit, Wahrheitsliebe und der arglosesten Hingebung"; er erklärte sich jedoch im liberalen Sinne und fand an deutschen „Retorsionszöllen" keinen Geschmack: „illiberale Staaten" würden am frühesten zugrunde gehen.

Die Deputierten glaubten jedenfalls genug erreicht zu haben. Der Fürst von Hardenberg selbst habe ihnen empfohlen „nach Wien zu eilen", er halte die Reise für zweckmäßig; im übrigen erklärte er sich als Anhänger der allgemeinen Handelsfreiheit. In Wahrheit konnte auch

---

[14]) Vgl. „Werke" Bd. I 2, S. 979—981; Olshausen l. c. S. 261—267. — Die Deputierten verzichteten auf ein Audienzgesuch bei König Friedrich Wilhelm III. — „Du wirst ein Mann der Geschichte —", schrieb Schnell bei diesem Anlaß an List; „Werke" Bd. VIII, S. 153.

Eichhorn, falls er wirklich sich so „jakobinisch" geäußert haben sollte, die Deputierten mit ihren „Retorsions"-Wünschen nicht zufriedenstellen. Eben damals vollendete sich Preußens Übergang in das Lager der Wiener Reaktion.

Das Verhalten des preußischen Staatskanzlers zur „Vereins"-Abordnung beleuchtet eine amtliche Mitteilung der „Allgemeinen Preußischen Staatszeitung" vom 28. Dezember 1819[15]). Fürst Hardenberg und seine Mitarbeiter gaben die Versicherung: „daß die preußische Regierung, weit entfernt, durch einseitige Maßregeln den Wohlstand der deutschen Nachbarstaaten zu untergraben, sich freuen würde, wenn alle Regierungen Deutschlands über die Grundsätze eines gemeinschaftlichen, die Wohlfahrt aller Teile fördernden Handelssystems sich vereinigen könnten, wozu die preußische Regierung sehr gern die Hände bieten werde, um ihrerseits mitzuwirken, daß dem ganzen Deutschland die Wohltat eines freien, auf Gerechtigkeit gegründeten Handels zu teil werde. Es ist ihnen (den ‚Vereins'-Deputierten) aber auch nicht verhehlt worden, daß der Zustand und die Verfassung der einzelnen deutschen Staaten noch keineswegs zu gemeinsamen Anordnungen vorbereitet scheine; wozu auch besonders gehöre, daß die gemeinsamen Anordnungen in einem gemeinsamen Sinne von Allen gehalten würden. Die Sache scheine daher jetzt nur darauf zu führen, daß einzelne Staaten, welche sich durch den jetzigen Zustand beschwert glaubten, mit denjenigen Bundesmitgliedern, von denen nach ihrer Meinung die Beschwerden veranlaßt werden, sich zu vereinigen suchten, und daß auf diesem Wege übereinstimmende Anordnungen von Grenze zu Grenze weiter geleitet würden, welche den Zweck hätten, die inneren Scheidewände mehr und mehr wegfallen zu lassen."

Die Erklärung stimmt mit dem überein, was den Deputierten in Berlin mündlich eröffnet worden war, und weist überdies, wie Treitschke treffend hervorhebt, genau den weiteren Gang der preußischen Handelspolitik. List war außerstande, seine Reichszoll-Wünsche diesem Gange anzugleichen; daß er — der reichspatriotische Schwabe — den Übergang ins preußische Lager weder fand noch finden konnte, den andere seines Stammes, vor allem Hegel nahmen, bezeichnet Lists Weg aus partikularer Enge zum Postulat der Nation schlechthin, unter Zurücksetzung der territorial-staatlichen Vormächte in ihrer eigenwilligen Wirklichkeit. Hierin und in dem Übergehen innergesellschaftlicher Widersprüche scheint uns Lists Leben — seine Zukunftsstärke wie sein tragisches Scheitern, seine Größe wie seine Grenze — von vornherein umrissen.

Der freundliche Empfang, von dem die „Vereins"-Deputierten aus Berlin berichtet hatten, konnte daher an dem Dualismus im Wiener und Frankfurter Bundessystem keinesfalls irgend etwas ändern. Unter

[15]) Siehe Treitschke, „Preußische Jahrbücher" l. c. S. 427.

solchen Eindrücken wurde Lists Haltung gegenüber der norddeutschen Vormacht schwankend und auf absehbare Zeit ablehnend; eben hieraus ergab sich seine eigene Situation während der Wiener Verhandlungen. Namentlich die hohen Durchfuhrzölle, auf die Maaßen und seine Mitarbeiter nicht verzichten konnten, belegten den Handel der kleineren Territorien mit fühlbaren Lasten[16]). Wer Deutschlands Handelssystem nicht nach dem Richtpunkt der preußischen Machtstellung ansah, der mußte in diesem Zwang eine bedrohliche Fesselung zwischenstaatlicher Handelsfreiheit erblicken. Hierin trafen die kleinstaatlichen Sonderinteressen überein; ein ausführbares positives Programm vermochten sie nicht zu geben[17]).

Mit Recht hebt Hermann Oncken[18]) hervor, daß dies Zollgesetz von 1818 „in erster Linie ein Höhepunkt einzelstaatlich-autonomer Zollgesetzgebung" war, aber — von seinen Urhebern zunächst ungewollt — dank Preußens Schwergewicht „im Grunde das weitausschauende preußisch-deutsche Problem des 19. Jahrhunderts" überhaupt aufrollte und so der Anstoß wurde, daß „ein bis dahin nicht vorhandener Gesamtwille der Nation" entstand. Der Machtkampf innerhalb des Deutschen Bundes führte, wie wir an Metternichs Verhalten sahen, sogleich und notwendig zu einer Politisierung des ganzen Problemkreises; eben hierin wurde Lists national-bürgerliche Agitation von Anfang her verstrickt.

Die entscheidenden Tatsachen: der bayerisch-württembergische Zollverein vom Januar 1828, der preußisch-hessische Zollverein vom Februar des gleichen Jahres, beider Zusammenschluß seit dem Sommer 1829 und die Auflösung des kleinstaatlich-mitteldeutschen „negativen" oder „Handelsvereins", die Begründung endlich des deutschen Zoll- und Handelsvereins von 1833 fielen sämtlich außerhalb der Listschen Tätigkeit. Erst die Julirevolution von 1830, unter deren Eindruck List aus den Vereinigten Staaten nach Europa zurückkehrte, ließ das große Werk vollenden. Seither hat List, namentlich im „Zollvereinsblatt", den Kampf gegen die „separatistischen" Außenseiter des Zollvereins geführt und in die neue Handelspolitik mit wegweisenden Vorschlägen einzugreifen versucht[19]). Ein unmittelbarer Einfluß war ihm weder vor noch nach der Julirevolution beschieden. Das Werk wuchs vielmehr im unmittelbaren Bereich der territorialen Staatsgewalten: Motz schloß mit du Thil die preußisch-hessische Einigung, und selbst Lists Verleger, der Freiherr Joh. Fried. von Cotta,

---

[16]) Vgl. Treitschke, „Preußische Jahrbücher" l. c. S. 415. — Daß auch Motz, damals Regierungspräsident in Erfurt, das Maaßensche Zollgesetz sogleich als „vorzüglich" begrüßte, erwähnt Hermann von Petersdorff, „Friedrich von Motz. Eine Biographie", 1913, Erster Band, S. 171—172.

[17]) Vgl. Treitschke ebenda S. 438—441 und oben Hauptteil B, 2. Kapitel. — Weitere Kritiken s. in „Werke" Bd. I, 2, S. 970—973.

[18]) „Die Zollvereinspublikation", S.-A. aus den Sitzungsberichten der Preußischen Akademie der Wissenschaften 1934.

[19]) Vgl. den Karlsruher Zollvereinskongreß und den preußisch-belgischen Handelsvertrag; s. Kommentar in Bd. VII der „Werke", S. 552—565, 587—597.

konnte als süddeutscher Vermittler einen stärkeren Anteil daran nehmen als List, der freie Wortführer national-gesellschaftlicher Interessen. Die Tendenzen der Großen Mächte, innerhalb wie außerhalb des Deutschen Bundes, machten sich entscheidend geltend und Lists Verhängnis blieb, daß er das Spiel der machtpolitischen Wirklichkeit stets weniger klar durchschaute als den gesellschaftlichen Anstoß oder dies nationalwirtschaftliche Endziel. Er wurde nicht der Begründer eines Deutschen Zollvereins und konnte es nicht werden. Wohl bleibt dem Organisator des „Deutschen Handels- und Gewerbsvereins", dem Verfasser des „Nationalen Systems" ein entscheidendes geschichtliches Verdienst; niemand hat früher und hellsichtiger als er „die politisch-ökonomische Nationaleinheit der Deutschen" postuliert. Aber im Widerstreit der Großen Mächte wie der kleinstaatlichen, so verschieden gefärbten Sonderinteressen eine klare Linie einzuhalten, einen festen Rückhalt an der Staatsgewalt zu finden, sah sich der große „Deutsche ohne Deutschland" außerstande. Darin teilte er das Schicksal der Großdeutschen von 1848 wie auch eines Mevissen („Linkes Centrum" und „Erbkaiserliche" in der Paulskirche), ja noch des „Nationalvereins" von 1859, dessen Parole ein deutsches Parlament unter der Hegemonie Preußens war. Friedrich Wilhelm IV., „der Romantiker auf dem Throne", enttäuschte alle populären Hoffnungen. Erst Bismarck — wir sagten es mehrfach — hat auf anderen Wegen das Bündnis zwischen Macht und Idee vollzogen, — jene Verschmelzung des Zollvereins mit dem Deutschen Bund, die auch in Lists späteren Gedanken lag, verwirklicht. Großdeutsche Ideale, wie sie der Kreis um die „Allgemeine Zeitung" und, als Gegenspieler des „Nationalvereins", der antipreußische „Reformverein" bekannten, wurden durch den Krieg von 1866 staatsrechtlich wie machtpolitisch hinfällig[20]). Indem Preußens, vielfach an Adam Smith geschulte Staatsmänner den Zollverein konsequent als Waffe gegen Österreich benutzten, erkämpften sie den Übergang Süddeutschlands in ihr Lager unter freihändlerischen Parolen. Erst nach dem Abschluß der Zollvereinskrisen und der Einheitskriege konnte Lists Lehre anstelle eines Prince-Smith zur Geltung kommen.

Rückschauend beleuchtet wird Lists Verhältnis zu den deutschen Vormächten in der Rede, die er auf jenem Festbankett zu Wien 1844 gehalten. Indem er von dem Scheitern „unserer jugendlichen Wünsche" sprach, erzählte er seinen Hörern: „Geboren und zum Teil erzogen unter dem beglückenden Szepter der deutschen Kaiser, habe ich den Namen

[20]) Für verwandte Wünsche und Enttäuschungen der rheinländischen Liberalen bis 1848 vgl. Joseph Hansen, „Gustav von Mevissen" l. c. Erster Bd., S. 487—541. Der Eintritt dieser großbürgerlichen Gruppe in das Ministerium Camphausen-Hansemann Ende März 1848 brachte ihr doch keinen nachhaltigen Einfluß, die konservativen Kräfte der militärischen und agrarfeudalen „Camarilla" (Ludwig von Gerlach, Bismarck) leiteten alsbald den Rückschlag ein; vgl. ebenda S. 536—552.

Österreich von Jugend auf im Herzen getragen. Aber nicht die Gefühle leiteten unsere Schritte nach dieser Hauptstadt (Wien 1820); sondern die Überzeugung, daß in allen großen und nationalen Angelegenheiten der Deutschen, sollen sie zur Vollendung reifen, das Kaiserreich an der Spitze stehen müsse." Bemerkenswert immerhin, daß List inzwischen, angesichts des „Zollvereins" und des österreichischen „Handelskörpers", von dem Endziel einer großdeutschen Wirtschaftseinheit zurückgekommen war und nur mehr auf dem „freilich sehr langsamen, aber um so sichereren Wege" gegenseitiger Verkehrserleichterungen eine Annäherung an das Endziel wünschte. Schon im „Nationalen System" hatte er das preußische Zollgesetz von 1818 günstiger beurteilt und nur mehr den Wunsch geäußert: Österreich und der Zollverein möchten sich späterhin gegenseitige Konzessionen hinsichtlich ihrer Gewerbsprodukte vertraglich zugestehen[21]). Wohl hat List die Krisen des jungen „Zollvereins" mit überwacher Teilnahme begleitet, den preußischen Bürokraten — „diesen Söhnen der Willkür-Zeit" — die Zeiten der alten deutschen Reichsverfassung vor 1789 vorgehalten. Aber an eine Auflösung des Zollvereins von 1833 glaubte er nicht: sei dieser doch ein Attribut des Nationaldaseins und bedürfe vielmehr eines Ausbaus durch „Bundesrat", Bundesmarine usw. Mit einem gewissen Blick für die Grundlage der preußischen Ansprüche bemerkte er, daß „Preußen, früher abhängig von Rußland, jetzt auf den Zollverein gestützt eine große europäische Macht geworden" sei. Die Julirevolution von 1830 habe Preußen auf die Bahn einer nationalen Politik getrieben[22]).

Eine stärkere Annäherung an die norddeutsche Großmacht dürfen wir bei List nicht erwarten. Die süddeutschen Schutzzollinteressen, zu deren Anwalt er sich machte, ließen dies kaum zu — ein Gegensatz, der erst mit Preußens Übergang zum Freihandel seine Auflösung finden sollte[23]). In einem Brief vom 14. Juli 1843 äußerte List sich beispielsweise in scharfen Ausdrücken über die angebliche Talentlosigkeit der preußischen Minister; Geheimrat Beuth und Generalsteuerdirektor Kühne würden von den preußischen Eisen-, Leinen- und Baumwollfabrikanten vergebens um Schutz angegangen. „Sie sind entschieden, die deutsche Industrie zugrunde zu richten." Doch habe man Hoffnung, den König auf andere Ideen zu bringen. „Unsere Spinnereien und unsere Eisenwerke sind unsere Königreiche." Er hoffte 1845, die norddeutsche Bürokratie werde sich den Wünschen und Interessen des Bürgertums so fügen, wie dies im konstitutionellen Süden schon geschehen sei[24]).

---

[21]) S. „Werke" Bd. VI, S. 133—134; 425. — Vgl. L. Sevin, 1910 l. c. S. 200.

[22]) Siehe List-Archiv F. XLIII. — Vgl. „Werke" Bd. VII, S. 447—456 und oben 1. Kapitel Anm. 25.

[23]) Lists wechselnde Haltung gegenüber Preußen kritisiert schon Gustav Fischer, „Über das Wesen und die Bedingungen eines Zollvereins", in „Jahrbücher für Nationalökonomie und Statistik" 1864 S. 330—331, Anm. 29.

[24]) S. „Werke" Bd. VIII, S. 695—696; List-Archiv F. XXVI, Nr. 16. — „Werke" Bd. IX, S. 138.

Die Preußen waren von solcher Hinneigung zum Industriekapital noch weit entfernt; die Agrar- und Handelsinteressen ihrer norddeutschen Rittergutsbesitzer lagen ihnen näher[25]). Der kluge Bremer Senator Smidt, dem wir noch begegnen werden, schrieb im Sommer 1843 aus Berlin: „Mit den süddeutschen Tendenzen zu fortwährender Steigerung sogenannter Schutzzölle harmoniert man hier durchaus nicht. Sich darauf einzulassen, meint man, sei in das Faß der Danaiden schöpfen, die Fabrikation durch Maschinen lasse sich ins unendliche ausdehnen, sei daher nicht zu ersättigen und arte nur zu leicht in einen monopolisierten Druck aus, der Einzelne auf Kosten Vieler im Übermaß bereichere — und am Ende einen Pauperismus herbeiführe, welchen zu bestehen ja die viel größeren, nachhaltigen Kräfte Englands kaum mehr gewachsen schienen." Der rheinische Eisenindustrielle Heinrich Bökking berichtete gleichzeitig aus Berlin: Das Gouvernement wolle nicht „wie in England und Frankreich von reichen Industriellen abhängig" werden; es sehe noch nicht ein, daß die Industriellen neben dem Grundadel nötig seien, „um das monarchische Prinzip gegen den Andrang des demokratischen zu schützen"[26])! Der Interessengehalt des „Nationalen Systems" tritt hier wie überall deutlich zutage: der Fabrikant ist die neue Großmacht. Preußens Zollgesetz hingegen, mit seinen niedrigen Einfuhrzöllen, trug vor allem dem Interesse seiner großen Landwirte Rechnung; ihnen wollte es einen breiten Binnenmarkt sowie die Ausfuhr für Getreide, Holz und Wolle öffnen[27]). Doch sah List überall die politischen Fragen auch als solche. Seine liberale Russenfeindschaft, seine Anhänglichkeit an das überlieferte Wunschbild einer habsburgischen Bundesführung, seine räumliche Entferntheit von dem Sitz der preußischen Politik waren ebensoviele Hemmnisse auf dem Wege einer weiteren Annäherung. Daß Österreich seinen Abstand von der nationalen Bewegung bis 1848 noch stärker und unliberaler wahrte als die protestantisch-freihändlerischen Staatsmänner Preußens, brachte List in jene unglückliche Zwischenstellung, aus der er keinen Ausweg fand. Dies allgemeine Schicksal, das er mit seiner Generation teilte, formte mit Notwendigkeit seine besonderen handels- und verkehrspolitischen Erlebnisse.

Wenn er beiden Mächten gegenüber niemals zu einer klaren handelspolitischen Haltung gelangte, so blieb er damit in den allgemeinen

[25]) Über die Abneigung der preußischen Bürokratie gegen Maschinenspinnerei und Aktiengesellschaften im Rheinland vgl. Jos. Hansen, „Gustav von Mevissen" l. c. Erster Bd., S. 150—178, und unten Anm. 76.

[26]) Siehe Heinrich Sieveking, „Karl Sieveking" l. c. Bd. III, S. 667; zur Sache vgl. unten Hardenberg an Benzenberg sowie Hauptteil F, 2. Kapitel. — Als List 1841 den Schiffahrtsvertrag des Zollvereins mit Großbritannien angriff, ließ die preußische Regierung in der „Preußischen Staatszeitung" und in der „Allgemeinen Zeitung" Erwiderungen erscheinen; s. Wiener Staatsarchiv K. Fasz. 79c und vgl. Karl Glossy l. c., Bericht aus Leipzig vom 24. Mai 1841. — „Werke" Bd. VIII, S. 687—688, 775—776.

[27]) Vgl. Franz Schnabel, „Deutsche Geschichte" l. c. Bd. II, S. 299—301. Dagegen Lists übertreibendes Urteil in „Werke" Bd. VIII, S. 724—725.

Schranken, die Zeit und Ort und Anlagen ihm wiesen. Erst nach seiner Rückkehr aus Amerika hat List die norddeutsche Großmacht positiv gewertet. So sagt er etwa anläßlich der preußisch-thüringischen Eisenbahn-Differenzen 1839: „Seit dem Abschlusse des Zollvereins wird von den mittleren und kleineren Staaten die Hegemonie Preußens als die sicherste Garantie der deutschen Nationalität und Selbständigkeit betrachtet; seitdem ist man gewohnt, von Preußen eine Politik zu erwarten, die überall, mit Aufopferung kleinlicher Separatvorteile, nur die Wohlfahrt und Kraft des Bundes im Auge hat. Es ist wahr, Preußen hat durch diese Politik in seinen Finanzeinkünften einen Verlust von Millionen erlitten. Doch wie gering erscheint dieses Opfer im Vergleich mit dem moralischen und politischen Gewinne, den es dadurch erzielt hat; mit einem Gewinne, der eine ganze Armee aufwiegt und dessen Bedeutung erst in den Tagen künftiger Gefahr ins rechte Licht treten dürfte[28])."

Die preußischen Gesichtspunkte am Vorabend des Zollvereins 1833 gibt schon Leopold Ranke[29]). Ranke beruft sich aus dem preußischen Gesichtspunkt auf Adam Smith und die im Gesetz von 1818 verwirklichten Grundsätze eines freien Handels, im Unterschied von den englischen und französischen Maßnahmen. Die „große Entfaltung der nationalen Kräfte" Preußens widerlegt offenbar Lists voreilige Urteile über den Mißerfolg des Gesetzes von 1818. „Was vor 15 Jahren (1819) kaum wenige Privatleute in flüchtiger Hoffnung in Gedanken fassen, aber nicht einmal zu einem Umriß der Ausführbarkeit, zu einer haltbaren Aussicht zu bringen vermochten", werde durch den Zollverein erfüllt[30]). Die Gesichtspunkte, unter denen Finanzminister Friedrich von Motz und Generalsteuerdirektor Maaßen die Handelseinigung betrieben, nahmen bereits wesentliche Momente des preußisch-deutschen Einheitswerks voraus, namentlich gegenüber Österreich und Frankreich; wennschon auch List — gleich Motz — „die politische Einheit" als „notwendige Folge der kommerziellen" sah, so hätte er doch Motz' tendenzielle Wendung gegen Österreich sich niemals zu eigen machen wollen. Die Konstellation des Jahres 1866 nahm Motz in seiner Denkschrift von 1829 schon vorweg. Daß Preußen entweder mit Österreich ein gemeinschaftliches Protektorat ausüben oder den Deutschen Bund sprengen müsse, dieser von Motz mehrfach ausgesprochene Gedanke lag außerhalb des Listschen Gesichtskreises[31]). Nur im Endziel: „ein

---

28) S. „Werke" Bd. III 1, S. 302—303.

29) „Zur Geschichte der deutschen, insbesondere der preußischen Handelspolitik. Von 1818 bis 1828", S. W. Bd. 49/50.

30) Eine Übersicht der preußischen Gesichtspunkte s. etwa in der Note an Hannover vom 12. November 1831 in „Vorgeschichte" l. c. Bd. III, S. 182—188. Ebenda S. 298—313 zu dem hannoverschen Antrag vom 9. August 1832, betr. Realisierung des Artikel XIX der Bundesakte. Ferner die klassische Denkschrift von Motz, Juni 1829, anläßlich der Ratifikation des Handelsvertrages mit Bayern und Württemberg, ebenda Bd. III, S. 525—541.

31) Vgl. H. von Petersdorff, „Friedrich von Motz" l. c., Zweiter Bd., S. 100 bis 103, 261—265. — Gleiches gilt für Stein; s. Max Lehmann l. c., S. 509.

in Wahrheit verbündetes, von innen und von außen festes und freies Deutschland"[32]) kamen Lists nationales Sehnen und Preußens staatliches Handeln überein; doch fehlt bei List eben die entscheidende Pointe: „unter dem Schutz und Schirm von Preußen"[33]).

Friedrich Wilhelms III. vorsichtiges Zurückhalten aus allen deutschen Angelegenheiten stimmte schon mit Motz, geschweige mit Lists Horizonten nicht überein.

An Preußens weiteren Schicksalen hat List nur insofern teilgenommen, als sie Verkehrs- und Handelsfragen betrafen. Der entscheidungsschwere Regierungsantritt König Friedrich Wilhelms IV. fand ihn fern von Deutschland in Paris. Sein „Zollvereinsblatt" erschien (1843) kurz nach dem Zensurerlaß, dem die „Rheinische Zeitung" zum Opfer fiel; Lists Agitation scheint in Berlin Anlaß zur Zensur geboten zu haben[34]). Noch in Lists letzten Lebensjahren spielen Österreichs beabsichtigter Beitritt zum Zollverein, Preußen, dem er seine Dienste anbot, und der Plan einer deutsch-britischen Allianz mit Preußens Hilfe eine wesentliche Rolle. „The German empire" sollte, in Lists letzter Schau, aus dem Zollverein „a new constitutional liberty" verwirklichen[35]).

Grundsätzliches verbindet sich bei List stets mit handelspolitischen Tagesfragen, die z. B. im Vorwort zum „Nationalen System" oder erst recht im „Zollvereinsblatt" seine Schreibweise bestimmen. Hinter allem Warnen, Treiben und Kämpfen, das List mit seinen süddeutschen und manchen preußischen Gesinnungsgenossen für Twist- und Eisenzölle unternimmt, steht doch unausgesprochen die Frage nach den Verfassungsaussichten für Preußen. Anfang 1846 erörterten List und Robert von Mohl brieflich[36]) schon die Frage: Reform oder Revolution? Mohl neigte der zweiten Alternative zu; es werde scheußlich werden, alles sei faul durch und durch. List sah hoffnungsvoller und war aktiver: „Mein Bestreben geht jetzt dahin, den preußischen Fabrikanten begreiflich zu machen, daß sie nur von einem Parlament Rettung hoffen könnten. Infolge eines preußischen Parlaments muß auch der Zollvereinskongreß eine parlamentarische Form annehmen und daraus muß notwendig später ein deutsches Unterhaus herauswachsen —." Die Frage sollte

[32]) S. „Vorgeschichte" l. c. Bd. III, S. 541.

[33]) Vgl. auch Brinkmann l. c. S. 111—134.

[34]) S. „Werke" Bd. VIII, S. 686, 717. — Vgl. List-Archiv F. XXI, Nr. 32, 33, 45, 51, 63. — Wegen der österreichischen Zensur vgl. oben 1. Kapitel. — List traf Eichhorn 1843 in Ischl wieder; s. „Werke" Bd. IX, S. 116.

[35]) Die Einzelheiten s. in „Werke" Bd. VII; Bd. IX, S. 142—153, 218. — Vgl. wegen Bunsen Hauptteil F, 1. Kapitel, Anm. 108. „Werke" Bd. VIII, S. 814—831. Der König soll den Wunsch geäußert haben, List zu sehen; Mebolds Mitteilung hat Lists Katastrophe nicht mehr aufhalten können. Vgl. auch „Christian Carl Josias Freiherr von Bunsen", ed. F. Nippold, Zweiter Band 1869, S. 343, 355, 389 über England, Preußen und den Zollverein um 1846; indem List den Allianzgedanken mit Zollwünschen verband, ging er über den Standpunkt des Königs und auch des Syndicus Karl Sieveking hinaus. Sogar Lists Feind, Baron Canitz, wünschte „ein politisches Einverständnis mit England"; ebenda S. 398.

[36]) S. „Werke" Bd. VIII, S. 775—778.

bereits 1847, im „Vereinigten Landtag", und endgültig am 18. März 1848 im Sinne einer bürgerlichen Revolution entschieden werden. Lists Ruf nach einem „preußischen Parlament", nach einem „Premier" nahm die Ereignisse vorweg. In Berlin spottete man 1845 über „die kleinlichen Listen des Merkantilsystems". Noch als Frhr. von Bunsen im Sommer 1846 List nach Berlin holen wollte, hätte er dort als ultraliberal scheitern müssen; denn Friedrich Wilhelm IV. hielt trotz allem Schwanken am „christlich-germanischen Prinzip" der Obrigkeit von Gottes Gnaden fest. Gefühlsmäßig eher „reichsstädtischer" Bürger als bürgerlicher Staatsmann, fühlte List sich schon in den Vereinigten Staaten durch ein freieres Wesen angezogen, das er der Atmosphäre ehemaliger Reichsstädte verglich. Es ist schwer vorstellbar, wie er dem Romantiker auf dem Königsthrone damals oder im Sturmjahr 1848 hätte dienen sollen[37]).

[37]) S. „Werke" Bd. II, S. 80 und 177. — Für List und den freihändlerischen Geheimrat Beuth vgl. „Werke" Bd. VII, S. 11, 416—422; über Zollverein und Parlament ebda. S. 464. Auch die „Schule" forderte, im Vordringen des Freihandels nach 1848, eine Volksvertretung beim Zollverein; Bismarck nahm den Gedanken einer „Vertretung der vereinsstaatlichen Bevölkerung" seit 1857 auf und verwirklichte ihn 1867. Vgl. 4. Kapitel dieses Hauptteils zu Anm. 87—88 und Poschinger, „Fürst Bismarck als Volkswirt" I. Bd. 1889, S. 22; derselbe, „Preußen im Bundestag" Dritter Teil 1882, S. 292 Anm., und Vierter Teil, S. 299.

Wir wollen Lists Stellung zu Preußen auch hinsichtlich der Eisenbahnpläne nicht in allen Einzelheiten schildern; hier so wenig wie in den Handelsangelegenheiten gelang ein Einverständnis[38]). Schon 1825 war Friedrich Harkorts Aufruf für Eisenbahnen erschienen; Beuth und Schinkel waren 1826 zum Studium in England gewesen. Nachdem er 1825 Finanzminister geworden, hatte Motz dem neuen Verkehrsmittel alsbald seine weitblickende Tätigkeit zugewandt und namentlich große Bahnbauten in Rheinpreußen geplant, um Holland zum Nachgeben in der Streitfrage der freien Rheinschiffahrt zu zwingen. Auch eine Bahn von Magdeburg nach Leipzig war schon 1829 beabsichtigt. Motz' frühzeitiger Tod, im Sommer 1830, war dem Fortgang dieser Pläne, wie wir sehen werden, abträglich gewesen.

List ergriff nun, von Leipzig aus, die Initiative und versuchte ein preußisches Eisenbahnsystem zu Wege zu bringen, nachdem seine weiterreichenden deutschen Verkehrspläne in Leipzig abgewiesen waren. Von dort her richtete er, am 14. Oktober 1833, ein Schreiben an Finanzminister von Maaßen, den Mitarbeiter und Nachfolger des großen preußischen Staatsmanns Friedrich von Motz. Im Vertrauen, daß Maaßen „die Entwicklung der produktiven Kräfte als die wichtigste Aufgabe des Finanziers zu betrachten" gewohnt sei, erläuterte er seine geniale Programmschrift „über ein Sächsisches Eisenbahnsystem". Berlin würde „wie durch einen Zauberschlag sich zum Zentralpunkt einer Bevölkerung von 30 Millionen Menschen erhoben sehen". Er mußte sich hierbei noch gegen ein „in Deutschland herrschendes, sehr schädliches Vorurteil" wenden: „daß nämlich Eisenbahnen sich bloß für ein Land wie England eignen." Die Geburt des Zollvereins schien ihm im Gegenteil ein sehr günstiger Augenblick für die rasche „Einführung eines deutschen Eisenbahnsystems" — nicht zuletzt im Hinblick auf dessen militärische Wichtigkeit für Preußen[39]).

Minister Maaßen gab Lists Anschreiben an dessen erklärten Gegner Kühne, und dieser referierte bezeichnenderweise seinem Chef: „Eine zustimmende und aufmunternde Antwort dürfte ebenso bedenklich sein als die Kritik der aufgestellten Ansichten, welche letztere füglich anderen näher Beteiligten zu überlassen ist. Daher ad acta." Die Folge war eine einfache Bestätigung des Schreibens durch Maaßen[40]).

---

[38]) Siehe von der Leyen im „Archiv für Eisenbahnwesen", 1880, S. 217—283, und ebda. 1931, Heft 5, S. 15—26. — Hermann von Petersdorff, „Friedrich List und Preußen" in „Deutsche Rundschau" 1929; derselbe, „Friedrich von Motz" l. c. Zweiter Bd., S. 303—315.

[39]) Vgl. die Einzelheiten in „Werke" Bd. III 2, S. 820—850.

[40]) Kühnes Stellung zu List s. unten Hauptteil F, 1. Kapitel, Anm. 105, 106.

List war schwer zu entmutigen. So sandte er im Juli 1834 dem preußischen Innenminister von Rochow die Berichte des Leipziger Eisenbahnkomitees; er wußte wohl nicht, daß die preußische Regierung sich im gleichen Jahr darum bemühte, das sächsische Exequatur für Lists Leipziger Konsularamt zu hintertreiben. Endlich wandte er sich von Leipzig aus, am 12. März 1835 nochmals an den Finanzminister Graf Alvensleben, den Nachfolger des Ende 1834 gestorbenen Maaßen. Er habe bei Maaßen mehrmals eine „so gütige Aufnahme gefunden", daß er Alvensleben im Vertrauen eine kleine Denkschrift über ein preußisches Eisenbahnsystem vorlege, zusammen mit seinen Leipziger Eisenbahn-Veröffentlichungen. Er wies hierbei auf die Gefahr einer Hannoverschen, linkselbischen Bahnlinie hin; er habe bereits in Hamburger Blättern hiergegen „auf die Vorteile der preußischen Route" aufmerksam gemacht und wolle nichts anderes, als seinem „Deutschen Vaterlande" in dieser Sache nützlich werden[41]). Graf Alvensleben begnügte sich am 7. April 1835 List darauf hinzuweisen, daß die Angelegenheit in das Ressort des Seehandlungspräsidenten von Rother gehöre, dem List seine Schrift daraufhin gleichfalls zusandte. Rother lehnte ein Eingehen auf Lists Pläne ab.

Nun ging List zum Hauptangriff über und reiste, am 14. Mai 1835, nach Berlin — unmittelbar nach dem glänzenden Erfolg der Leipziger Subskription. Er wurde vom preußischen Generalkonsul aus Leipzig avisiert, wo er, wie wir sehen werden, auf Betreiben des Fürsten Metternich und des preußischen Ministers des Auswärtigen Friedrich Ancillon dauernd beobachtet wurde. Ohne Rücksicht hierauf reichte List am 21. Mai sein „Alleruntertänigstes Promemoria" dem König Friedrich Wilhelm III. sowie dem Kronprinzen ein und sandte dem Finanzminister Graf von Alvensleben eine Kopie seiner „gemeinnützigen Vorschläge". Anschließend kündigte er, in Zuschriften an die preußischen Minister Graf Lottum und von Rochow, seine Absicht an eine Subskription für den geplanten Bahnbau zu eröffnen. Der persönliche Eindruck, den List auf die Berliner Staatsmänner machte, war zunächst günstig. So konnte er mit gewohntem Optimismus seiner Frau am 23. Mai schreiben: „Ich habe nun Vorschläge an den König und den Kronprinzen eingereicht, bin einzig und allein als Unternehmer der Eisenbahnen von Leipzig nach Magdeburg und von Hamburg nach Magdeburg und Berlin aufgetreten, und es ist alle Hoffnung vorhanden, daß ich reussieren werde." Die Projekte waren freilich weitaussehend, technisch nicht vorgeprüft und auf Millionenbeträge ausgehend; so gemahnen sie an Lists vielfache Versuche, seine gesamtwirtschaftlichen Entwürfe gleichzeitig selber, als konzessionierter Privatunternehmer, ins Leben zu führen[42]).

[41]) Lists Denkschrift: „Andeutung der Vorteile eines preußischen Eisenbahnsystems und insbesondere einer Eisenbahn zwischen Hamburg, Berlin, Magdeburg und Leipzig", s. in „Werke" Bd. III 1, S. 214—223; vgl. unten 3. Kapitel, Anm. 51, wegen Leipzig und Braunschweig.

[42]) Vgl. hierzu „Werke", Bd. VII, Einleitung, und unten Anm. 52 bis 53, wegen seiner Aktienpläne 1819/20.

Gustav Harkorts gefärbte Auskünfte aus Leipzig und die Gegnerschaft der Magdeburger brachten den Umschwung zu Lists Ungunsten. Der Minister des Innern von Rochow — er hat das Wort vom „beschränkten Untertanenverstand" geprägt — hatte sich in Magdeburg persönlich über List orientiert und daraufhin, den Berichten des Finanzministers Graf Alvensleben und des Kabinettsministers Graf Lottum entsprechend, schon am 25. Mai und 4. Juni die Veröffentlichung des Listschen Subskriptions-Entwurfes verboten. Die Bahnbauten seien dem preußischen Handelsstande vorzubehalten; dem grundsätzlichen Einwand fügte Graf Lottum ein uns hinlänglich bekanntes Bedenken hinzu: „Die Persönlichkeit des Herrn p. List erfordert überdies Vorsicht." Er war nicht weniger Demagogenfeind wie Ancillon oder Rochow. Eine Audienz beim Kronprinzen, dem späteren König Friedrich Wilhelm IV., kam in letzter Minute nicht zustande; Alexander von Humboldt hatte sie vermitteln wollen. Humboldt wie der Banquier Joseph Mendelssohn wollten List unterstützen[43]).

Den preußischen Bürokraten war der Leipziger Konsul aus politischen Erwägungen unerwünscht. Wie der österreichische Vertreter aus Berlin, Mitte Juni 1835, nach Wien meldete, ließ List „sich dreimal bei dem Herrn Minister Ancillon melden, wurde jedoch nicht vorgelassen. Der Minister sprach mir von diesem ihm zugedachten Besuche und konnte dabei die Bemerkung nicht unterdrücken, daß die Württembergische Regierung in der Angelegenheit des Herrn List wieder eine ganz unerhörte Schwäche zeige, bisher noch nichts tat, um seine Anstellung als Generalkonsul in Leipzig rückgängig zu machen und sonach Ursache sei, daß diese zwischen Österreich und Preußen verabredete Sache bisher keine Folgen hatte — —[44])." Der preußische Minister des Äußeren versuchte eben damals das Äußerste, im Einverständnis mit Metternich, „die Gefährlichkeit des genannten Individui im Herzen von Deutschland" durch eine diplomatische Intrige zu erhärten.

List wollte sich zunächst als Einzelunternehmer um den Bau der Strecken von Berlin nach Magdeburg, Leipzig und Hamburg bewerben, unmittelbar nach dem entscheidenden Zeichnungserfolg für die Leipzig-Dresdener Strecke; er getraute sich die Summe von 8 Millionen Thalern dafür binnen Jahresfrist zu negoziieren. Am 31. Mai war List in Magdeburg, wo er in dem einflußreichen Oberbürgermeister Francke jedoch einen erfolgreichen Gegner und Konkurrenten finden sollte[45]). Sein

[43]) Alexander von Humboldt war mit Lists Verleger Georg von Cotta befreundet; s. „Briefe an Cotta 1833—1863" (III. Bd.) l. c. S. 1—69; vgl. ebenda S. 6 über „die neuen industriellen Staatsgesellschaften", S. 28 über den Liberalismus A. von Humboldts. List besuchte ihn in Potsdam. — Über des Kronprinzen Interesse an Handelsfragen vgl. „Vorgeschichte" l. c. Bd. III, S. 619. — Über Lists Audienzgesuch s. „Werke" Bd. III 1, S. 37, und Hauptteil F, 1. Kapitel, Anm. 109.

[44]) S. „Werke" Bd. III 1, S. 13—14; Bd. VIII, S. 445—453; Bd. IX, S. 90—92, 97. — Vgl. unten 4. Kapitel, Anm. 79, zu Württemberg.

[45]) Über Franckes Verdienste s. von der Leyen l. c. 1880, S. 227—229. — Francke hatte, wie Kühne, vordem in Erfurt unter Motz gearbeitet; s. H. von Petersdorff, „Friedrich von Motz" l. c. Erster Bd. S. 180—182.

Leipziger Gegner, der Westfale Gustav Harkort, hatte am 24. Mai Francke bereits gewarnt: List sei für eigene Rechnung in Berlin. „Sollte er nach Magdeburg kommen, so rate ich Ihnen mit Vorsicht gegen ihn zu verfahren. Er ist ein talentvoller, fähiger Mann, aber etwas leicht und sanguinisch in seinen Erwartungen und Äußerungen, und nicht immer sehr bescheiden und diskret ...". Wenige Tage später schrieb Harkort an Francke und dieser entsprechend an von Rochow: Lists „extravagante" Pläne trügen „doch gar zu sehr das Gepräge des Abenteuerlichen" und des erstrebten Privatvorteils, sie seien „nur durch das bekanntlich sehr exaltierte Wesen des p. List erklärlich ...". Angesichts solcher „schwindelhaften Ideen" müsse den Leipzigern daran gelegen sein, „im Auslande (Preußen) nicht als Phantasten zu gelten, da wir es in der Tat nicht sind". Dieser Brief wurde an die zuständigen Referenten weitergeleitet[46]). Das Berlin-Magdeburger Projekt ließ List daraufhin fallen. Er fand in Berlin einen Rückhalt an einem Dutzend privater Bankfirmen; eine Immediat-Eingabe der Magdeburger und Halleschen Interessenten vom 17. Juni betonte jedoch, daß der dortige Handelsstand geeigneter sei als „eine Gesellschaft fremder Actionairs, welche weniger durch Handels-Interessen als durch anderweite Spekulationen" gelenkt sein dürften. Die Abneigung der preußischen Bürokratie gegen den spekulativen Unternehmer mußte gerade List treffen.

Er beschränkte sich schließlich auf das Hamburg-Berlin-Leipziger Projekt und machte, Mitte Juni 1835, für die „Ausschuß-Mitglieder des provisorischen Eisenbahn-Committees in Berlin" einen letzten Versuch bei König Friedrich Wilhelm III. Er trat nur mehr als Konsulent dieses Berliner Finanzierungs-Konsortiums auf, an dessen Spitze Mendelssohn & Co. neben Gebrüder Schickler u. a. Bankhäusern standen. Nicht „Hoffnung auf Privatgewinn" sei ihre Triebfeder, versicherte er, sondern Berlins Standpunkt: die Hauptstadt solle „zum Mittelpunkt eines preußischen Eisenbahn-Systems erhoben" werden, das von Aachen bis zur Ostsee, Oberschlesien und der russischen Grenze reiche. Ebenso schrieb er am 9. Juni den Mitunterzeichnern: „Mein Bestreben geht dahin, ein großes Ganzes zu Stande zu bringen —", sich unparteiisch im Konflikt der Lokalinteressen zu verhalten. Er wolle handeln, „je nachdem die Interessen eines wohlüberlegten allgemeinen Systems das fordern". Zwar sah er voraus, daß „Neid und Mißgunst ... immer im gleichen Verhältnis zur Größe der Sache und zu ihrem Erfolg" stehen; aber sein Bemühen um Preußen ist — wie in Hamburg, Sachsen oder Baden — doch auch aus sachlichen, allgemeinen Gründen gescheitert. Eine Königliche Kabinetts-Ordre vom 14. Juli 1835 forderte den Präsidenten der „Seehandlung" von Rother auf, über die Anträge der Magdeburger sowie des Listschen Konsortiums zu berichten; der Bericht vom 16. August fiel hinsichtlich des Konsortiums vorläufig ablehnend aus, da die Pläne nicht genügend vorbereitet seien. Lists Berliner Comité wurde demgemäß am 5. September 1835 abschlägig be-

[46]) Vgl. auch von der Leyen l. c. 1880, S. 240—242.

schieden. List hat die preußische Hauptstadt nach diesem Fehlschlag nicht wieder aufgesucht. Die Konzessionen für die Berlin—Magdeburger und die Magdeburg—Leipziger Bahn wurden den beteiligten Aktiengesellschaften im Jahre 1837 erteilt. Erst 1838 wurde mit zwei kurzen Teilstrecken das künftige preußische Eisenbahnnetz eröffnet[47]).

Woran ist nun List gescheitert?

Einmal an der territorialen Verkehrshoheit, die mit den wachsenden Produktions- und Verkehrsverhältnissen in Widerstreit geriet. So vermochte List wohl, drei thüringische Kleinstaaten zu einem Gemeinschaftsvertrag zu vereinen; nicht aber das Entstehen größerer Staatsbahnsysteme in Preußen oder Baden oder gar eine gesamtdeutsche Verkehrseinheit vorwegzunehmen. Das preußische Eisenbahngesetz vom 3. November 1838 war eine bedeutsame Tat der preußischen Regierung, an der List — ähnlich wie beim Zollverein von 1833 — von einer Mitwirkung notwendig ausgeschlossen blieb. Der Übergang aus der Territorialwirtschaft zur Handels- und Verkehrseinheit war unter den damaligen Produktionsverhältnissen nur etappenweise möglich. List sah die Umrisse des künftigen Verkehrsnetzes durchaus richtig; es handelte sich ihm „um die Arbeitsteilung und die Konföderation der produktiven Kräfte im nationalen Maßstab". Er betonte auch die militärische Wichtigkeit des preußischen und sächsischen Systems, gleichwie er in anderem Zusammenhang den Bau französischer Bahnen im nordafrikanischen Kolonialgebiet vorausgesehen hat. Ebenso treffend beurteilte er den Einfluß des Transportwesens auf den „Assoziationsgeist" von „Kapitalisten und Geschäftsmännern", aber auch der Techniker und gelehrten Berufe; desgleichen für Freizügigkeit und Erwerb namentlich der „mittleren und unteren Klassen"[48]).

Zu einer Zeit, die seit Joseph von Baader, Friedrich und Gustav Harkort so vielerlei Entwürfe zum Eisenbahnbau kannte, hat List auch das Problem der Kapitalbeschaffung zwar nicht immer richtig gesehen, aber doch nach seiner zentralen Bedeutung erkannt. Um das „surplus-capital" in solche Anlagen zu leiten, brachte er im Juni 1835 sein Berliner Banken-Konsortium zusammen, das schon ein Dutzend Namen zählte — darunter führende Häuser wie Mendelssohn & Co., Gebrüder Schickler, F. Martin Magnus, Anhalt & Wagner.

---

[47]) Düsseldorf-Erkrath und Berlin-Zehlendorf; s. Berger, „Der alte Harkort", 1895, S. 248. — Minister Rother blieb Gegner jeder „Bankfreiheit" bis 1848; die Ausgabe von Inhaberpapieren war seit 1833 an landesherrliche Genehmigung geknüpft. Erst durch das Bundesgesetz vom 11. Juni 1870 wurde die Errichtung von Aktiengesellschaften freigegeben. — Für die rheinischen Bahnunternehmen vgl. M. Schwann, „Ludolf Camphausen", 1915, Bd. I, S. 49—93, 287—486; Bd. II, S. 354—385. Alexander Bergengrün, „David Hansemann", 1901, S. 157—259. Unten Anm. 82 und 83.

[48]) Vgl. Lists großen Aufsatz aus dem „Staatslexikon" über „Eisenbahnen und Kanäle" 1837; Teilabdruck in „Werke" Bd. III 1, S. 39—78.

Er fand somit im privaten Großkapital den gegebenen Förderer einer Entwicklung, die wirtschaftsgeschichtlich zwischen der Periode der Staatsanleihe-Banquiers und derjenigen der modernen Finanzinstitute liegt; mit der Initiative seines Berliner Bankkonsortiums nahm er die privatwirtschaftliche Form anonymer Kapitalbeschaffung für produktive Zwecke seiner Zeit voraus. Die Wahl vorbereitender Eisenbahnkomités entstammte seiner amerikanischen Erfahrung.

Die Leipziger Zeichnung von 1835, die an einem Tage rd. $1^1/_2$ Millionen Thaler brachte, zeigt das — für ihre Zeit gewaltige — Ausmaß dieser neuen Methode der Kapitalakkumulation! Die Zeichnung auf die Leipzig-Magdeburger Strecke erbrachte 1836 sogar über 5 Millionen Thaler. In England waren 1825 schon über 150 Millionen Thaler für Eisenbahnen gezeichnet worden, wie Friedrich Harkort damals feststellte; ebenso hoch veranschlagte List 1841 die Anlagekosten „sämtlicher Nationalrouten im Zollverein“[49]). In Baltimore zeichnete man 1827 für die „Baltimore and Ohio Railroad Cy.“ über 4 Millionen Dollar; Pennsylvanien hatte 1830 eine Anleiheschuld von 60 Millionen Dollar für Kanäle, Bahnbauten und Chausseen[50]). List hat den Gedanken der Finanzierungsgesellschaft also frühzeitig erfaßt; zu einer Mitwirkung am anonymen Finanzkapital kam er im Vormärz nicht: erst 1848 wurde der in Schwierigkeiten geratene A. Schaaffhausensche Bankverein, durch David Hansemann und Gustav Mevissen, in die erste deutsche Aktienbank umgewandelt[51]). Wohl aber lernte List das spekulative Element der anonymen Kapitalgesellschaft im Eisenbahnbau aus seinen Erfahrungen mit der Ungarischen Zentralbahn kennen; der Konflikt, den er — anläßlich seiner Ungarnreise Ende 1844 — mit der Direktion dieses Unternehmens ausfocht, gab ihm Gelegenheit Gesichtspunkte zu entwickeln, die für die Struktur und Geschichte dieser Gesellschaftsform noch heute wertvoll sind[52]). Erinnern wir uns, daß er bereits 1820 seine nationale Industrie-Ausstellung und sogar die Verpachtung der künftigen Bundeszölle an Private „auf Aktien“ durchführen wollte, so dürfen wir ihn um so mehr als einen der frühesten Vertreter der Aktienform ansprechen — einer Form, deren sich freilich schon Staatswirtschaft und Handelskompagnien des Merkantilsystems zu bedienen wußten. Sogar „die rationale Landwirtschaft“ wollte List durch „Aktienvereine“ fördern[53]).

Auch die Bedeutung der Massengüter Kohle und Erz für den Transport hat List vorausschauend gewürdigt und als erfahrener Techniker

---

[49]) S. „Werke“ Bd. III 1, S. 355; Bd. III 2, S. 672.

[50]) Siehe Berger l. c. S. 222. — Die Aktienzeichnungen auf die Bahnen Bonn—Koblenz 1843 und Köln—Krefeld 1844 brachten vergleichsweise $16^1/_2$ bzw. 50 Millionen Thaler. Dann erfolgte eine Krisis, wie schon 1836.

[51]) Die Geschichte der Aktienbanken in Deutschland beginnt demnach mit einer Sanierungsaktion. — Über die Vereinigte-Staatenbank, bei welcher List sein amerikanisches Vermögen anlegte und großenteils verlor, vgl. „Werke“ Bd. II passim.

[52]) Vgl. „Werke“ Bd. VII, S. 510—517, 676—679.

[53]) S. „Werke“ Bd. V, S. 616—618.

die Vorteile einer rationalisierten, billigen Bauart nach amerikanischem Muster vergebens dargelegt. Steinkohle und Eisen waren ihm „die beiden großen Elemente jeder industriellen Produktion“[54]). Bis zum Jahr 1847 überwog der Personenverkehr noch allgemein den Güterverkehr; Lists wirtschaftsgeschichtliche Vorausschau wird damit um so deutlicher.

Den starken staatswirtschaftlichen Überlieferungen ist er, soweit es sich um die Frage: Staats- oder Privatbetrieb handelt, durchaus gerecht geworden. Freilich leiden seine eigenen Finanzierungspläne und Garantieversprechen an manchen Überwertungen, deren Ausmaß gelegentlich an seinen Plan der Zollpacht erinnert. Jedoch verwirft er mehrfach ein spekulatives „Privatinteresse“, das „in allen Staaten unermeßliche Kapitale dem bloßen Aktienspiel“ widmen würde: „Das herrlichste Mittel, alle geistigen und materiellen Zustände der Völker und Staaten zu vervollkommnen, würde dadurch zu einer europäischen Roulettebank herabgewürdigt —[55]).“ Eisenbahnanleihen rechneten für List hingegen durchaus unter die produktiven Staatsschulden[56]). Bekanntlich wurde Preußens Eisenbahnpolitik durch die Zusage des Königs, Anleihen nur mit ständischer Genehmigung aufzunehmen, bis 1847 stark gehemmt.

Im „Promemoria“ vom Mai 1835 bat List für seine Bahnkonzessionen in Preußen um ein Monopol, „ein ausschließliches Recht — für immer“, das aber durch Auflagen verschiedener Art dem öffentlichen Interesse untergeordnet bleiben sollte. Hinsichtlich der Finanzierung berief er sich auf die in „England und allen anderen industriellen Ländern übliche Verfahrungsweise“; er war sich also seiner Vorbilder für die moderne Kapitalakkumulation mittels Privatbanken voll bewußt. Für die petitionierten Linien rechnete er mit einem Kapitalbedarf von 8 Millionen Thalern, jedoch sollte der Ausbau dieser Teillinien nur den Beginn und Hauptstrang eines allgemeinen „deutschen Eisenbahnsystems“ bilden.

Sehen wir von kosmopolitischen Träumereien zunächst ab — die an spätere Überschätzungen der „völkerverbindenden“ Funktion des modernen See- und Luftverkehrs gemahnen —, so war er doch darin Realist, daß er die Einbildung einer privatwirtschaftlichen Konkurrenz zwischen Eisenbahnen für Deutschland ablehnte. Indem er sich für ein gemischtes System von Staats- und Privatbetrieb erklärte und wohl Zinsgarantien, andererseits auch staatliche Auflagen für die Privatbahn-

---

[54]) Vgl. „List und Marx“ l. c. S. V.

[55]) S. „Werke“ Bd. III 1, S. 61—62; wegen des „Pester Börsenspekulanten“ Moriz von Ullmann und seines „Finanzstreich“ s. Bd. VII, S. 510—517, 676—678, sowie Bd. VIII passim. — Für die Leipziger Spekulationen vgl. „Werke“ Bd. III 2, S. 781—782, 791. — Für das bezeichnend rasche Eindringen privater Aktienspekulation bei dem Magdeburger Unternehmen vgl. von der Leyen l. c. 1880, S. 280—283. — Über das zurückhaltende Benehmen der Berliner Ministerien gegen alle Finanzierungsprojekte vgl. auch Joseph Hansen, „Gustav von Mevissen“ l. c. Erster Bd., S. 307 bis 338. Oben Anm. 25. — „Werke“ Bd. IX, S. 178.

[56]) S. „Werke“ Bd. III 1, S. 292, 333—337.

gesellschaften vorsah, hielt er im ganzen bereits jene Linie ein, der die Eisenbahnpolitik in Deutschland noch auf Jahrzehnte folgen sollte[57]).

Das Verhältnis des neuen Verkehrsmittels zu den Kanälen und Chausseen sah er klarer als seine Zeitgenossen, ohne damit — etwa gegen den bayerischen Ludwigs-Kanal — durchzudringen. Immer stand die gleichmäßige Entfaltung und gegenseitige Durchdringung des agrarisch-gewerblichen Produktionsprozesses im Mittelpunkt all seiner Verkehrs- und Handelspläne. Besonders achtete er auf die Sicherheit der kleinen Aktionäre, den Reallohn der Arbeiter und den Ansatz niedriger Transportpreise[58]): „— dienten die Eisenbahnen nur, die Nahrung der Fuhrleute, Ackerbauern und Gewerbetreibenden zu schmälern, und die Einkünfte der Reichen und der Kaufleute zu vermehren, so wären sie eine verwerfliche Neuerung, welcher mit Fug alle und insbesondere diejenigen, deren Pflicht es ist für die Wohlfahrt aller zu sorgen sich gegenüberstellen müßten, weil Gewinste, auf Kosten der Mehrzahl des Volkes und insbesondere der arbeitenden Klassen erworben, staatswirtschaftlich schädliche Gewinste sind." List sucht also das „Eisenbahnkapital" mit dem Wohlergehen der breiten Massen zu verknüpfen. Wohl ist ihm „der nächste Zweck" jedes Bahnunternehmens „die Dividende, und zwar eine möglichst hohe Dividende. Sie ist der Polarstern, nach welchem Staatswirte und Finanzmänner wie Techniker ihre Bewegungen zu richten haben". Aber damit gewinnt die Mehrheit der Nation — als Konsument der Dienste wie als Produzent der Werte. „Kapitale, welche jetzt in den Händen der Reichen sich befinden, kommen unter die arbeitenden Klassen, und den größten Teil davon beziehen die Ärmsten, nämlich die Arbeiter und Tagelöhner[59])."

Die nationalwirtschaftliche Eingliederung haben Lists verkehrspolitische Entwürfe mit seiner Handelspolitik gemeinsam. „Das Eisenbahnsystem und der Zollverein" sind ihm gleichsam „siamesische Zwillinge"; die Handels- und Verkehrseinheit dienen beide „zur Befestigung der deutschen Nationalintegrität" auf den „Nationallinien" künftiger Macht- und Markteinheit. „Nur eine handelseinige und streitkräftige Nation" lebt in Sicherheit[60]).

Das deutsche Eisenbahnsystem galt ihm „als Mittel zur Vervollkommnung der deutschen Industrie, des deutschen Zollvereins und des

---

[57]) Mevissen hielt noch 1879 an dem gemischten System fest, das ihm „die Harmonie der Kräfte" im Deutschen Reich mit zu garantieren schien; s. Joseph Hansen l. c. Erster Bd., S. 799.

[58]) S. „Werke" Bd. III 1, S. 68—77 und 330. — s. Lenz, Referat in „Deutsche Verkehrsprobleme der Gegenwart", 1928. — Ein Gesamtbild der Listschen Tätigkeit gibt A. von der Leyen, „Friedrich List der Vorkämpfer des deutschen Eisenbahnwesens", im „Archiv für Eisenbahnwesen", 1931, Heft 5. — List stimmte auch hier mit Gustav Mevissens analogen Ansichten überein; s. Joseph Hansen l. c. Erster Bd., S. 335. — Bergengrün l. c., S. 157—259.

[59]) S. „Werke" Bd. III 2, S. 595, 627 und 640.

[60]) S. „Das deutsche Transport-System", 1841, S. 28. — Vgl. „List und Marx" l. c. S. V, und Lenz in „Mitteilungen" l. c. 1928, Heft 5, S. 120—125.

deutschen Nationalverbandes überhaupt". Mit schönen Worten fährt er an jener Stelle fort[61]): „Das Eisenbahnsystem und der Zollverein sind gleichsam siamesische Zwillinge; zu gleicher Zeit geboren, körperlich aneinander gewachsen, eines Geistes und Sinnes, unterstützen sie sich wechselseitig, streben sie nach einem und demselben großen Ziel, nach Vereinigung der deutschen Stämme zu einer großen und gebildeten, zu einer reichen, mächtigen und unantastbaren Nation. Ohne den Zollverein wäre ein deutsches Eisenbahnsystem nie zur Sprache, geschweige zur Ausführung gekommen. Nur mit Hilfe eines deutschen Eisenbahnsystems vermag die gesellschaftliche Ökonomie der Deutschen zu nationaler Größe sich emporzuschwingen, und erst infolge dieses Aufschwunges kann das Eisenbahnsystem zu voller Bedeutung gelangen." Es wirke „als Nationalverteidigungsinstrument, — als Kulturbeförderungsmittel, — als Assekuranzanstalt" in Konjunktur und Krise, — „als Gesundheitsanstalt, — als Vermittler des gemütlichen Verkehrs, — als Stärkungsmittel des Nationalgeistes" gegen die Übel der Kleinstädterei, des provinziellen Eigendünkels und Vorurteils, — „als ein fester Gürtel um die Lenden der deutschen Nation, — als ein Nervensystem des Gemeingeistes wie der gesetzlichen Ordnung; denn es verleiht in gleichem Maße Kraft der öffentlichen Meinung wie der Staatsgewalt".

So sollte ein deutsches „National-Transportsystem" ins Allgemeine, „zur Vervollkommnung des deutschen Nationalverbandes überhaupt", wirken und die „großartige Maßregel" des deutschen Handelsvereins von 1833 zu voller Geltung bringen[62]). Ganz Deutschland werde „vermittelst eines Eisenbahnsystems seine uralte, in seiner geographischen Lage begründete, aber seit Jahrhunderten verlorengegangene Bedeutung als Mittelpunkt des europäischen Kontinentalhandels wiedererlangen. — Deutschland das Herz Europas" —.

Lists Vorschau wird um so deutlicher, wenn wir sie mit den Tatsachen vergleichen: Preußen hatte 1838 erst 6 Meilen, der gesamte Zollverein 1843 erst rd. 150 Meilen Eisenbahnstrecken in Betrieb, hingegen 1850 schon 662 Meilen[63]). So stieg das in preußischen Eisenbahnen angelegte Kapital im Jahrzehnt 1840—1850 rasch von 19 auf 154 Millionen Thaler; der Berliner Kurszettel notierte 1840 erst zwei und 1844 schon 29 Eisenbahnaktien[64]).

List hat nur mehr die Anfänge der hier beginnenden gewaltigen Kapitalinvestitionen miterlebt. Die persönlichen Mißerfolge und Konflikte überwogen hier wie in den Zollfragen. Immerhin war seine Eisenbahnpolitik, zeitlich wie sachlich, von den Kämpfen seiner politischen

---

[61]) S. „Werke" Bd. III 1, S. 347—348.

[62]) S. „Werke" Bd. III 2, S. 655—656.

[63]) Siehe F. N. Zimmer l. c. S. 61. — Die Dampfschiffahrt auf dem Rhein begann 1827. — Hingegen war das preußische Kunststraßennetz von 522 Meilen 1816 auf fast 1150 Meilen Ende 1830 angewachsen. Die „Schnellposten" wurden 1824 eingeführt.

[64]) Siehe Hermann Münch, „Adolph von Hansemann", 1932, S. 28—29.

Frühzeit entfernter; da sie nicht dem Deutschen Bund — als imaginärer Einheit des Nationalinteresses —, sondern den Einzelstaaten selbst sich zuwandte, so war die politische Reaktion auch weniger feindselig und von dem „Demagogen"-Motiv weniger beschattet. Ihr systematischer Gehalt, besonders in der klassischen Denkschrift von 1833, ihr literarischer Umfang wie ihre geschichtliche Bedeutung bleiben groß genug, um den Listschen Eisenbahnschriften einen bleibenden Wert zu sichern[65]). Sie stehen zwischen den soziologischen und handelspolitischen Werken seiner Frühzeit einerseits, dem „Natürlichen" und dem „Nationalen System" andererseits, und kehren im imperialistischen Weltbild seiner Spätzeit wieder.

Trotzdem werden auch Lists vergebliche Mühen um ein territoriales Eisenbahnsystem im Zollverein beschattet durch das politische Motiv; denn eben in den Einzelstaaten stellte die Nation sich dar, und darum berührte Lists kleinstaatlicher Konflikt von 1820 alle bürokratischen Gewalten innerhalb der Bundesgrenzen. Rückschauend sagt er selbst von Preußen[66]): „Die Eisenbahnumtriebe waren, wie früher die Zollvereinsumtriebe, als politisch verdächtig betrachtet worden. Ich wurde in meine Studierstube zurückgeschleudert." Und nur diesem Mißgeschick verdanken wir, daß Lists erzwungene Untätigkeit in Paris ihm Muße gab, bis 1840 den ersten und einzigen Band seines „Nationalen Systems" zu vollenden: „Hätte ich nur irgendeine nützliche Beschäftigung gehabt, nie wäre ein Manuskript von mir nach Augsburg gekommen." Im übrigen sollte der politische Gehalt des neuen Verkehrsmittels im Frühjahr 1847 deutlich werden, im Streit der Krone mit den Ständen um die Finanzierung der preußischen „Ostbahn"; noch ehe er geschlichtet war, schlug die revolutionäre Welle auch über Altpreußen hinweg.

---

[65]) Siehe von der Leyen l. c. 1880, S. 222—227.
[66]) S. „Werke" Bd. VIII, S. 862—863.

Als Gehilfe des „liberalen" Ministers von Wangenheim selber unter die „servilen" Gegner der „Altrechtler" zählend, hatte List von Anbeginn her seinen Platz unter den „Volksfreunden" gewählt. Die öffentliche Meinung, auf die er sich stets berief, gab seiner privaten Wirksamkeit einen starken Widerhall; eben dadurch mußte sein Treiben die polizeiliche Aufmerksamkeit erregen und die amtliche Journalistik wider ihn aufrufen. Langsam nur bildete sich im deutschen Vormärz die öffentliche Meinung im Sinne einer privaten Vertretung öffentlicher Interessen. Von den Ideen der Aufklärung und durch das Revolutionserlebnis befördert, entstand das Postulat der Preßfreiheit als Teil der liberalen Gleichheitslehren. Indem eine Revolution von oben den alten Reichsbau zertrümmerte und alle traditionellen Werte der Legitimität verneinte, schlug das bewußte Miterleben bei dem gebildeten Bürgertum in das Bedürfnis tätiger Teilnahme um. So in Preußen schon nach den Niederlagen von 1806, so in Lists Heimat während des Verfassungsstreits. Innerhalb des Rheinbundes wären des Gießener rheinbündisch gesinnten Professors Crome Journale zu nennen, am Niederrhein Arnold Mallinckrodts „Rheinisch-westfälischer Anzeiger"[67]). Im „Anzeiger" hatte der junge David Hansemann 1820 den Gedanken eines deutschen Zollbunds ausgesprochen[68]). Der „Anzeiger" wurde im Januar 1818 verboten; nach seiner Wiederzulassung finden wir dort Benzenberg für eine moderne, rational geordnete Staats- und Gemeindeverfassung wirken. In Josef Görres' „Rheinischem Merkur" — diesem wahren Nationalorgan — rief Benzenberg schon 1814 zum Schutz für „Teutschlands Gewerbe" auf; er verlangte einen „Reichszoll" für den ungeschützten „offenen Markt" der Heimat, als Besiegelung der neuen Nationaleinheit. Gedanken, wie wir sie in Heinrich Ludens Grundsätzen der Jenenser „Urburschenschaft" 1817 wiederfinden werden[69]). Es bleibt gewiß bemerkenswert, daß die publizistischen Organe des fortgeschrittenen Bürgertums in den neuen preußischen Rheinprovinzen sich derart zum Sprachrohr zoll- und industriepolitischer Anliegen machten und daß beide in Konflikte mit der altpreußischen Staatsgewalt gerieten, —

[67]) Vgl. Heyderhoff, „Joh. Friedrich Benzenberg", 1909. — Ein Gießener Nachfolger Cromes, Professor J. C. Hundeshagen, wandte sich noch 1833 heftig gegen den preußisch-hessischen Zollverein und gegen deutsche „Universalmauthen" als „Ursache des europäischen Notstandes"! S. „Über die großen Verluste an Nationalvermögen und Einkommen des Großherzogtums Hessen in Folge des Mauthvereins."

[68]) Siehe L. Salomon, l. c. Bd. III, S. 57. — Bergengrün l. c. S. 40—44.

[69]) Vgl. Hauptteil E. — Eine hanseatische Entgegnung an Benzenberg 1814 haben wir im Hauptteil A, 3. Kapitel, Anm. 24 und 25, genannt.

Görres zuerst 1816 und Mallinckrodt 1818, beide mithin noch ehe List auftrat.

König Friedrich Wilhelm III. hatte im April 1815 „diese teutschen Urländer“ mit seiner Krone vereinigt und ihnen übrigens „die Bildung einer Repräsentation“ versprochen. Darüber war es zum Verbot des „Rheinischen Merkur“ gekommen[70]). Als der Staatskanzler Fürst Hardenberg im Januar 1818 die Rheinlande besuchte, war Görres unter den ersten, die rheinischen Beschwerden darzulegen. Politisch zielte seine Adresse „auf die Wiederherstellung der Freiheiten der Landschaft und der uralten wahrhaft teutschen Verfassung“ — also auf eine ständische Auslegung des Artikels XIII wie der königlichen Verfassungszusage. Wirtschaftlich machte die Koblenzer Adresse das „Notgeschrei“ des Handels und der Industrie geltend, die sich „an den Despotism Englands“ ausgeliefert sähen; ähnlich den Stimmen, die im rechtsrheinischen Deutschland sich erhoben hatten[71]), trug Görres dem Fürsten Staatskanzler vor: England wolle das kontinentale Fabriksystem durch Schleuderpreise vernichten, um das europäische Marktmonopol nach dem Fall des napoleonischen Kontinentalsystems zu gewinnen. „Der teutsche Fabrikant hülflos in ungleichem Kampfe, er selbst einzeln einem ganzen verbundenen Volke und einer planmäßig handelnden Regierung preisgegeben, muß überdem noch mit törichten Theorien einer unbedingten Handelsfreiheit ohne wechselseitige Leistung streiten, und während über die Lehren der allgemeinen Staatsökonomie gründlich verhandelt wird, stürzt eine Anstalt nach der andern, und das Häuflein derer, die sich behaupten können, wird immer kleiner, und die Lebenskraft der Übriggebliebenen immer schwächer.“ Deutschland werde der allgemeine „Trödelmarkt für alle Völker“; nur ein System von Reziprozitätszöllen — „am füglichsten durch den teutschen Bund“ — könne den heimischen Fabrikanstalten helfen.

Der Staatskanzler Fürst Hardenberg nahm die Koblenzer Vorstellungen wohlmeinend auf: Auch die Zollfrage werde an den Bundestag gebracht und dort als Nationalangelegenheit behandelt werden; Preußen werde den Grundsatz eines ganz freien Binnenhandels und vergeltungsrechtlicher Maßnahmen nach außen aufstellen[72]). Sachlich berührte das Vorgetragene sich mit den „Vereins“-Denkschriften von 1819; doch kam es zwischen Görres und List zu keiner näheren Verständigung. Der Schwabe hatte den Rheinländer Anfang April 1819 aufgesucht — auf jener Reise nach Frankfurt am Main, die zur Gründung des deutschen „Handels- und Gewerbsvereins“ führen sollte. Als List dem

---

[70]) Vgl. Joseph von Görres, „Politische Schriften“, Erster bis Dritter Band, 1854—1855.

[71]) S. Hauptteil A, 3. Kapitel.

[72]) Siehe Görres, „Politische Schriften“, Vierter Band, 1856, S. 24—29. — Vgl. Adam Müller in seinen „Staatsanzeigen“ 1818. — Varnhagens „Denkwürdigkeiten“ Bd. V 2, 1843, S. 253—272. — Görres, „Gesammelte Briefe“ II. Bd., 1874, S. 498 bis 499, 558—561, 583—584, 589—591.

1819 nach Straßburg geflüchteten Görres dort während seines eigenen Exils begegnete, hat er über das Aufsehen gespottet, das jener mit seiner Familie in altdeutscher Tracht erregt habe[73]).

Näher berührte List sich mit Benzenberg, dem niederrheinischen Verehrer Hardenbergs. Unter den wenigen privaten Publizisten, die List im „Organ"[74]) für seinen Plan anführen konnte, wird dieser sog. erste rheinische Liberale mit der bekannten Eingabe aufgezählt, die er namens 70 niederrheinischer „Fabrikherren" am 27. April 1818 an den König und an den Staatskanzler gerichtet hatte; sie war durch Hardenberg — im Unterschied zur Koblenzer Adresse — dahin beantwortet worden, daß deutsche „Reichszölle" mit Aufhebung aller Binnenzölle nicht realisierbar seien und es bei dem neuen preußischen Zollgesetz bewenden müsse. „Die Vorteile, welche aus einer Vereinigung mehrerer deutschen Staaten zu einem gemeinschaftlichen Fabrik- und Handelssystem hervorgehen könnten", wären aus leicht übersehbaren Ursachen unerreichbar, hingegen liege „nachbarliches Anschließen an ein gemeinsames Interesse" im Geiste des preußischen Zollplans. Schon im Dezember 1816 hatte Hardenberg auf Benzenbergs „Reichszölle" eingewandt: „Die anderen wollen keine"[75]). Indem der Kanzler die „Fabrikunternehmer" zugleich auf das mögliche „große Elend für die Zukunft" hinwies, das aus der Bildung einer „Volksklasse" von „Fabrikarbeitern" mit ihrem geringen und unsicheren Erwerb folgen könne, schlug er ein Thema an, dem wir bei den staatswirtschaftlichen Debatten in jener früh-bürgerlichen Zeit öfters begegnen[76]). List hat ja mit bezeichnendem liberalem Optimismus die Lösung der Arbeiterfrage stets in seinem, von Eugen Dühring sogenannten Gesetz der Bevölkerungskapazität gesehen, demgemäß „die Bevölkerung immer mit der National-Industrie steigt oder fällt"[77]).

Benzenberg, der Wortführer rheinländischer Industrie-Interessen, hat zweimal zu Lists verwandten Bestrebungen sich öffentlich geäußert. Einmal hat er Lists „Organ" in einem Brief vom 20. August 1819 als eine glückliche Idee begrüßt. Er fragt aber, wie List die technische Durchführung eines deutschen Grenzzollsystems sich denke. Unter die Hauptschwierigkeiten, die Deutschlands Zerstückelung in 38 Territorien

[73]) Siehe Wiltberger, „Die deutschen politischen Flüchtlinge in Straßburg von 1830—1849", 1910, S. 7—8. — Vgl. unten Hauptteil D, 1. Kapitel, Anm. 35.

[74]) 1820, S. 142.

[75]) Siehe Heyderhoff l. c. S. 66. Vgl. Benzenberg, „Über Handel und Gewerbe, Steuern und Zölle", 1819, S. 33—108, 135—140, 145.

[76]) Vgl. oben im 1. Kapitel zum Problemkreis List-Müller und allgemein Lenz, „Agrarlehre" l. c. S. 78—79, 114, sowie H. E. Jansen, „Das Proletariat im Vormärz in den Anschauungen deutscher Denker", von Friedrich Wolters angeregte Kieler Dissertation 1928, S. 1—18. — Die Rheinlande gaben 1818 bis 1839 den Anstoß für die Anfänge einer preußischen Sozialpolitik.

[77]) S. „Organ" 1820, S. 187, und sämtliche späteren Äußerungen zum „Proletariat" bei Lenz, „List und Marx" l. c. S. 26, sowie im Hauptteil F, 2. Kapitel; auf eine Relativierung, die jedoch keine zentrale Bedeutung hat, verweist Artur Sommer, „F. Lists System" l. c. S. 150.

den Listschen Plänen biete, zählt Benzenberg mit Recht eine Vereinheitlichung der Verbrauchssteuern, die neben „Reichszöllen" eine besondere „Reichs-Regie" erfordern würde. Wie solle dies geschehen, wo der Bundestag „keine Art von Legitimation hat"[78])? Die Steuerreform im Verein mit dem preußischen Zollgesetz, das er zustimmend begrüßte, hat Benzenbergs publizistische Tätigkeit 1819—1820 erfüllt. Im August 1819 hatten jene 70 niederrheinischen Fabrikanten über den Beitritt zu Lists „Verein" beraten, diesen auf Benzenbergs Anraten jedoch hinausgeschoben, der daraufhin seinen Brief an List schrieb[79]). Der Anschluß an den „Verein" scheint nicht erfolgt zu sein, da List offenbar nicht geantwortet hat[80]).

In unseren Gedankenkreis gehört noch mehr die Kritik Benzenbergs am „Verein" vom März 1820. Sie zeigt Benzenberg als maßvollen Sprecher für „den neuen Zustand der Gesellschaft". Er meint: „Obgleich in vielem, was der deutsche Handelsverein hat drucken lassen, der Superlativ noch die vorherrschende Redeform ist, und in andern wieder keine große Gewissenhaftigkeit in Hinsicht der Genauigkeit der Zahlenangaben zu finden", ... werde der „Verein" seine anfängliche „Ungeschicklichkeit" und „Unbedeutendheit" wohl „unter den Augen der Nation" verlieren. Denn Deutschland sei dank seiner Verkehrsintensität „une Hollande sociale" geworden; „nie war die Gesellschaft als Gesellschaft so stark als jetzt, da die ganze Macht, der ganze Besitz und die ganze Masse der Kenntnisse im dritten Stande wohnt ...", der von jeher der rührigste und tätigste von allen gewesen. Man kann daher die Nationen nicht mehr besitzen, sondern man muß sie regieren, und zwar in einer Richtung, die sie selber ihren Interessen am angemessensten finden." Mit hohem Selbstbewußtsein hebt der eigenwüchsige Rheinländer hervor: eben weil die Stärke der Gesellschaft jetzt im Bürgerstande wohne, werde jeder Wunsch, dessen Nützlichkeit er eingesehen, sich durchsetzen! Auch könne man die Kaufleute nicht hindern, sich jährlich auf den Messen zu versammeln und einen Ausschuß zu wählen, „in dem also die Kraft der Menge wohnt". — Hieraus entwickele sich „ein Repräsentativsystem ... mit allen Folgen, so jedes Repräsentativsystem notwendig hat". Worte, die für den Führeranspruch der rheinischen Bourgeoisie noch über Lists Lebenszeit hinausweisen. Gehörte Benzenberg doch selber dem grundbesitzenden Bürgertum an; auf den mittleren Besitz wollte er die Repräsentation in einer zweiten Kammer gründen.

Hierzu komme, „daß man gegen die Versammlungen der Kauf- und Fabrikherren nie die Maßregeln nehmen kann, so sich gegen die

---

[78]) Siehe Benzenberg, „Über Preußens Geldhaushalt und neues Steuersystem", 1820, S. VII; über Justus Möser — das List und Benzenberg gemeinsame Vorbild — ebenda S. XI—XVI und 313—342; vgl. List-Archiv F. VI, Nr. 37.

[79]) Siehe Heyderhoff l. c. S. 127—128.

[80]) Vgl. Treitschke, „Preußische Jahrbücher" l. c., S. 448, und „Vorgeschichte" l. c. Bd. I, S. 342—346.

Versammlungen von Turnern und Studenten wohl nehmen lassen (1819!). Denn da diese gesessene Leute sind, und aktive Staatsbürger, so vielen andern Bürgern Brot und Nahrung geben, so ist an sich klar, daß man bei diesen einige Rücksicht zu nehmen hat, deren man bei Schülern und Studenten, sowie bei allen jungen Leuten überhoben ist, so noch unter der väterlichen Gewalt stehen". Auch würden die Magistrate „die Meß- und Handelsfreiheit" zu schützen suchen. Lists Verhaftung und die Auflösung des „Vereins" haben die geschichtliche Probe hierauf erspart; trotz der Enttäuschung, die Fürst Hardenberg seinem rheinischen Verehrer bereiten mußte, dürften Benzenbergs Worte das Verhältnis des Staatsapparates zum erstarkenden Bürgertum im ganzen richtig kennzeichnen.

Verfassungswünsche, Steuerbeschwerden und Zensurfragen blieben im preußischen Rheinland noch auf lange hinaus aktuell. Wir können die Stellung des rheinischen Bürgertums zur preußischen Monarchie kaum besser als mit Benzenbergs Worten in einem Brief an Gneisenau vom 1. Januar 1820, der zugleich eine Parallele mit Lists Auftreten gibt, kennzeichnen: „Jede Verfassung hat dasjenige Element der Zeit zu ihrem Prinzip, das in ihr am stärksten ist. So hatte das Mittelalter das Korporations- und Lehnswesen zu seinem Prinzip, weil, seit der Heerbann untergegangen und die Landesverteidigung in den Händen einer zahlreichen und geübten Dienstmannschaft lag, diese die ganze Farbe der Gesellschaft bestimmte. So bestimmt in unserer Zeit das bürgerliche Element die Farbe der Gesellschaft, und wie mächtig dieses ist, das sieht man, wenn man die Statistik eines Landes ... aufstellt. ... Was ist der Adel, was ist die Geistlichkeit neben diesem Element? ... Jede Macht macht sich geltend, und daß der Bürgerstand Anteil an der öffentlichen Gesetzgebung verlangt, rührt daher, daß er sich stark und emanzipiert fühlt." So gründet sich der liberale Geltungsanspruch auf „die Zahl, das Vermögen und die Bildung" des deutschen „Tiers Etat". Bis zu seinem Tode ist Benzenberg der ökonomischen Publizistik und seinem Kernspruch: „Zahlen beweisen!" treu geblieben.

List hat den preußischen Rheinlanden hohe Wertschätzung gezollt. „Ein einziges Rheinland", sagt er 1844, „wiegt zehn Alt- und Uckermarken auf —. — Rheinwärts liegt der größte Teil der künftigen Größe und Macht der Deutschen. Auf dem Rhein kommen dem Süden die Reichtümer fremder Weltteile. Auf dem Rhein gehen die Früchte seines Fleißes nach aller Welt. — Lehrt doch die Erfahrung, daß alle großen Kämpfe zwischen Deutschland und Frankreich am Rhein und in Belgien ausgekämpft worden[81])!" Mit den rheinländischen Bedürfnissen ist er zunächst nicht in engeren Kontakt gekommen; die süddeutschen Textilinteressen standen ihm näher und die zollpolitische Lage war bis 1834

[81]) S. „Werke" Bd. III 1, S. 422—423.

zu verschieden. In den Eisenbahnfragen bot Preußen, wie wir gesehen haben, für List keinen Raum. Schon 1825 hatte Friedrich Harkort im „Hermann" Eisenbahnen vom Rheinland zur Nordsee verlangt, um Hollands Rheinmonopol zu brechen, und 1818 bereits gefordert: „Allgemeine Handelsfreiheit ohne Zölle, jedoch Repressalien gegen alle Staaten, die diese Handelsfreiheit nicht anerkennen wollen, und dadurch Schutz des inneren Handels gegen den Zudrang des fremden", Pressefreiheit und Verfassung[82]). Auch Niebuhr 1826 und der Freiherr vom Stein 1827 fanden den Gedanken jener Bahn erwähnenswert, der hier also unabhängig von List auftaucht. Wie in Amerika und England, ward er am Rhein infolge der vorgeschrittenen Möglichkeiten eines Massenabsatzes geboren; Finanzminister von Motz hatte den Plan gerne aufgegriffen und schon 1830 kam die erste Eisenbahn-Aktiengesellschaft Deutschlands zustande — freilich für Pferdebetrieb, da „eiserne Pferde" als zu teuer galten. Berlin aber, wo die Minister von Schuckmann und von Nagler den König berieten, hemmte Harkorts Plan einer Eisenbahn von Minden nach Köln, während List die Strecke Leipzig—Dresden schuf und den Gedanken im nationalen Maßstab formulierte. Die Köln-Mindener Bahngesellschaft wurde 1843 erst gegründet.

Unter den jungen Führern der rheinischen Erwerbswirtschaft traten ferner David Hansemann, von der Heydt und die Brüder Camphausen für Verkehrsfortschritte ein. Ludolf Camphausen warb seit 1833 namentlich für die Verbindung des niederrheinischen Industriebezirkes mit der Scheldemündung. David Hansemann hatte die konstitutionellen Forderungen des rheinischen Bürgertums, im Anschluß an F. Harkort und Benzenberg, mit seiner Denkschrift an König Friedrich Wilhelm III. anläßlich der Julirevolution programmatisch niedergelegt: Preußen sei bereits ein „Industriestast", der sich auf „Bildung und Besitz", auf „National-Repräsentation" und „öffentliche Meinung" stützen müsse; früher oder später müsse Preußen in Deutschland aufgehen! Ansichten, welche Lists südwestdeutschen Liberalismus an Entschiedenheit teilweise übertreffen. Sie sollten schon im „Vereinigten Landtag" von 1847 eine vollere Resonanz finden; jedoch liegen diese Begebenheiten, einschließlich der Debatte über Differentialzölle, bereits außerhalb unserer Darstellung. Wir erwähnen nur, daß die bedeutsamen Tagungen des „Rheinischen Provinzial-Landtag" mit Lists „Zollvereinsblatt" zeitlich zusammenfallen; der Antrag auf eine Volksvertretung bei den Zollvereins-Kongressen, den Hansemann hier 1845 stellte, deckte sich durchaus mit Lists Wünschen.

Mit David Hansemann läßt sich jedoch keine persönliche Beziehung nachweisen, obschon Lists Eisenbahnvorschläge den Aachener

---

[82]) Siehe Berger, „Der alte Harkort" l. c. S. 222—279, und oben wegen Motz. — L. Salomon l. c. Bd. III, S. 100, 121, 183—184. Der „Hermann" wurde 1819 verboten. F. Harkort baute 1826/28 Pferde-Eisenbahnen.

Geschäftsmann ebenfalls interessieren mußten; List trat schon seit 1830 für eine Magistrale Köln-Aachen-Antwerpen und Ostende ein, die „Deutschland für immer von dem holländischen Handelsmonopol befreien“ und dem Überseehandel einen abgabefreien Landweg öffnen sollte[83]). Anders bei Gustav Mevissen. Der Kölner Industrielle ist, vom niederrheinischen Textilgewerbe her und als Begründer der „Rheinischen Eisenbahngesellschaft“, auf handelspolitischem Gebiet zu List verwandten Folgerungen gelangt. Im Unterschied zu Ludolf Camphausen, dem Präsidenten der Kölner Handelskammer, stimmte Mevissen seit 1840 für Industrie-Schutzzölle und Schiffahrts-Differentialprämien. Er begründete sie 1845, gegenüber Ludolf Camphausen, in einem Vortrag für die Kölner Handelskammer als Mittel zur „Hebung des Nationalgefühls, der Selbständigkeit nach Außen und der Freiheit nach Innen“. Nur „auf der Grundlage materieller Unabhängigkeit“ erblühe Freiheit und Kultur im Sinne des „geistig-politischen Fortschritts“. Schutzzölle heben den bloßen „Agrikulturstaat“ und eine „noch in der Kindheit befindliche Industrie“ auf die Stufe des internationalen „industriellen Gleichgewichts“. Die Furcht vor künstlichen „Treibhausindustrien“ gelte nicht für Deutschland, eher für das überindustrialisierte und damals noch schutzzöllnerische Großbritannien mit seinem zahllosen Proletariat; harmonische Wechselwirkung der gesamten nationalen Produktivkraft sei Deutschlands künftiges Gesetz. „In dieser Gesamtproduktivkraft gehören Handel und Manufaktur zu den wesentlichsten Elementen.“ Obschon Mevissen in den liberalen Endvorstellungen: Weltfreihandel und ewiger Friede, sich bewegt und damit hinter der imperialen Schau des späten List zurückbleibt, erkennt er die „Eroberung fremder Märkte“ wie den „Austausch von Manufakten gegen Kolonialwaren noch auf lange Zeit hin für die gemeinsame Aufgabe der europäischen Staaten“.

Seine Grundhaltung entspricht also den nationalen und liberalen Bedürfnissen seiner Schicht, zu deren besten Wortführern er gehört. „In einem wohlgeordneten Staate bedingen sich Ackerbau, Handel, Manufaktur und Kapital gegenseitig, und es ist die Aufgabe des Staates, dafür zu sorgen, daß keines dieser Elemente der Staatsökonomie allzu extrem auf Kosten des andern sich entwickele.“ — „Die Ausdehnung des Schutzsystems hat den Zweck, die nationale Selbständigkeit und Unabhängigkeit vom Auslande zu heben, den Nationalreichtum und mit diesem die materielle und geistige Lebenskraft der Nation, den Wert des Bodens, der Agrikulturprodukte und der Arbeit zu steigern.“ Bis in die Einzelheiten der Zwirn- und Garnzölle, der Rück- und Differentialzölle geht hier die Übereinstimmung mit List. Wenn Mevissen durch List seit 1833 mittelbar gefördert wurde und wenn späterhin List mit rheinischen Textil- und Montanunternehmern in eine gewisse Kampf-

[83]) Vgl. „Werke“ Bd. III 1, S. 35 und 401; Bd. III 2, S. 776—777, 830. — Über David Hansemann s. A. Bergengrün, „David Hansemann“, 1901, S. 95—157, 282—305, 310—321.

gemeinschaft eintrat[84]), so lag dem einmal die tendentielle Ausweitung der Industrie- und Handelsinteressen im Zollverein zugrunde; die Vorstellung des „Nationalwohlstandes", der wir zu Beginn dieser Studie begegneten, hat bei Mevissen eine wesentlich konkretere Ausbildung erreicht. Außerdem aber wird die geistige Nähe dieses rheinischen Unternehmers zu dem großen Schwaben spürbar: als „Erbkaiserlicher" wie später als Bewunderer Bismarcks hat er auch politisch die Linie eines fortschrittlichen nationalen Liberalismus eingehalten[85]). Mevissen hatte das „Nationale System" gelesen und Lists Gedanken auch aus der „Rheinischen Zeitung" kennengelernt; seine Laufbahn führte ihn im Frankfurter Parlament sowie im Industrie- und Eisenbahnwesen zu Erfolgen, die ihn als Politiker wie als Unternehmer über Lists vergebliches Mühen weit hinaushoben. Seine Verwandtschaft mit List ist deutlich — so, wenn er „die glückliche Dreiheit der Stände (Bauern, Industrielle und Kapitalisten)" preist oder den Schutz Deutschlands zur See „die gewichtigste Aufgabe der Gegenwart" nennt. In seinem Eintreten für Kolonialwesen und Auswandererfürsorge, nicht zuletzt auch als Sozialreformer war er dessen sich bewußt.

Otto Camphausen kaufte sich dagegen das „Nationale System" im Mai 1842, um daraus einige Artikel für die „Beurteilung resp. Widerlegung" des neuen Werks zurechtzustutzen. Er stand gleich Mevissen der „Rheinischen Zeitung" nahe. Otto wie Ludolf Camphausen lehnten Lists Schutzzollagitation von ihrem freihändlerischen Standpunkt ab[86]). Auch ihnen galt „das Streben aller Völker nach dem materiellen Wohl" als Kennzeichen „des neuen Zeitalters" (1833); aber ihr Weg führte sie an die Seite der freihändlerischen Bürokraten im Berliner Finanzministerium. Erinnern wir uns in diesem Zusammenhang, daß die Geranten der „Rheinischen Zeitung" List 1841 als Redakteur für Köln gewinnen wollten.

Die Berührung, in die List damals mit rheinischen Liberalen und Demokraten kam, ist für unseren Problemkreis wichtiger, als das Einzelinteresse des Angebots vermuten ließe[87]). Die wirtschaftlichen und politischen Bedürfnisse einer jüngeren Schicht rheinischer Kapitalisten,

84) Vgl. Einleitung zu „Werke" Bd. VII, namentlich für Lists Freund, den Oberbergrat a. D. Heinrich Böcking in Saarbrücken, und unten Hauptteil F, 2. Kapitel, Anm. 97.

85) Vgl. Joseph Hansen, „Gustav von Mevissen, ein rheinisches Lebensbild 1815—1899", 1906, Erster Bd. S. 166, 255, 403, 496; Zweiter Bd. S. 84—85, 137—175, 546—547, 565. — W. von Eisenhart-Rothe, „Die volkswirtschaftlichen Anschauungen Gustav von Mevissens", Gießener Diss. 1930. — Einleitung zu „Werke" Bd. VII.

86) Vgl. M. Schwann, „Ludolf Camphausen", 1915, Bd. I, S. 24, 107, 150, 184—215. 228—244; Bd. II, S. 262—285. — Ludolf Camphausen und David Hansemann wurden die Märzminister in Berlin 1848.

87) Über die Rheinlande, Köln und Preußen im Vormärz s. Jos. Hansen l. c. 1906, Erster Bd. S. 196—242. — Derselbe, „Rheinische Briefe und Akten zur Geschichte der politischen Bewegung 1830—1856" Bd. I, 1919.

ihre Sympathien für ein fortschrittliches Preußen und ihre Verantwortung vor der sozialen Frage in der jungen Industrie bildeten den Untergrund dieses bedeutsamen vormärzlichen Unternehmens. Angeregt durch den bekannten „Kommunistenrabbi" Moses Heß hatten Referendar Rudolf Schramm, Assessor Dagobert Oppenheim nebst dem Referendar Georg Jung am 24. Oktober 1841 ihr gemeinsames Angebot an List nach Augsburg gerichtet. In der modernen Form einer Kommanditgesellschaft mit 30000 Thalern Aktienkapital trat die „Rheinische Zeitung für Handel, Politik und Gewerbe" am 1. Januar 1842 ins Leben. Zu ihren Interessenten zählte namentlich Gustav Mevissen. Da List sich versagte, wurde Gustav von Höfken, ein handelspolitischer Nachahmer Lists, der für die Cottaschen Unternehmen in Augsburg tätig war, der erste Schriftleiter; er gefiel jedoch nicht und ging zurück nach Augsburg. Der ersten Aktionärversammlung präsidierte Dr. med. Gottschalk — der Leiter des Kölner Arbeitervereins von 1848. Außer Moses Heß, ihrem Pariser Korrespondenten, finden wir u. a. Heinrich Heine, Bruno Bauer, Arnold Ruge und Karl Heinzen aus dem radikalen Lager. Auch Lists literarischer Gegner, der Freihändler Karl Heinrich Brüggemann, findet sich unter den Korrespondenten dieses ersten Organs preußischer Pressefreiheit von nationalem Rang. Brüggemann wurde 1846 Mitarbeiter der „Kölnischen Zeitung"; sein „hegelscher Jargon" und philosophisches „Rotwälsch" dienten Lists Gegenpolemik[88]). Lists Augsburger Freund Dr. Kolb wollte das neue rheinische Blatt anfänglich in der „Allgemeinen Zeitung" fördern, doch schlug diese Absicht bald in eine Pressepolemik um. Nachdem Dr. Rutenberg aus Berlin — den sein radikaler Freund Karl Marx vorgeschlagen — als Redakteur dem früheren Staatsrat und jetzigen Minister Eichhorn mißliebig geworden war, übersiedelte Marx Ende März 1842 nach Köln und gab dem Blatt die entscheidende Richtung für den Zollverein, für Preußen und gegen die politische Spätromantik[89]).

Wir haben das Oppositionsschicksal der Zeitung nicht zu schildern. Marx' vermittelnder Taktik gelang es nicht, den Konflikt mit Friedrich Wilhelms IV. Regierungsgrundsätzen zu vermeiden. Während die süddeutschen „Nationalen" mit ihren industriellen Schutzzollwünschen im Rheinland keinen allgemeinen Anklang fanden, wurde die „Rheinische Zeitung" zum Sprachrohr einer religiös-philosophischen Kritik, an der die „linken" Hegelianer führend teilnahmen. Das Schwergewicht aber lag weder in solchen immateriellen noch in rein wirtschaftlichen Gegenständen. Es war die erneute Abkehr der Berliner Regierung vom Liberalismus, welche dem Blatt des rheinischen Bürgertums verhängnis-

[88]) Für Heß, G. Jung und Höfken vgl. Jos. Hansen, „Mevissen" l. c. Bd. I, S. 246—251. — Über Brüggemann und Höfken s. „Werke" Bd. VIII, S. 956, 966. — „Zollvereinsblatt" 1843, S. 707; 1845, S. 983. — A. Sommer in „Weltwirtschaftliches Archiv" l. c. S. 364—365.

[89]) S. „Marx-Engels-Gesamtausgabe" Bd. I 1, 1927, S. XLIII—LXX, 179—393. — A. Meusel, „List und Marx", 1928, S. 71, 86, 103—104, 110, 116—117. — Lenz, „List und Marx" l. c. S. 10—12.

voll wurde; wir sahen, daß auch List wegen seines „Zollvereinsblatt“ damals in Preußen Schwierigkeiten fand.

Kein Zweifel, daß List — der gemäßigte ältere Konstitutionelle — sowenig wie Höfken sich mit dem 25jährigen Marx vertragen hätte, dessen Kritik der „listigen“ Nationalökonomie im gleichen Jahre (1843/44) einsetzt, das ihn von der „Kritik der Politik“ zum Kommunismus weitertrieb. Auch Friedrich Engels wollte 1844 gegen List eine Broschüre schreiben[90]). Auf Mevissen, der List in vielem innerlich so nahestand, hat die Berührung mit Karl Marx trennend gewirkt, obschon er ihn im Pariser Exil zunächst unterstützte. Die „subversiven Tendenzen“ des dialektischen Radikalismus mußten ihm wie seinen rheinischen Berufsgenossen gefahrdrohend erscheinen.

Die anfängliche Absicht der Gründer, ein „würdiges, gemessenes und festes, auf positiven Grundlagen weiterbauendes Organ des kommerziellen und politischen Fortschritts zu bilden“, war durch List 1841 mit aufrichtiger Freude über das „patriotische Unternehmen“ und mit schmeichelhaften Worten für das herrliche Köln begrüßt worden. Offenbar, schrieb er noch im März/April 1842, sei Köln „der Boden für das erste deutsche Nationalblatt“. Er habe seit jeher „einen hohen Begriff von der Bestimmung Kölns. Vermittelst der Rheinlande sind die liberalen Ideen dem übrigen Deutschland eingeimpft worden, und diese Operation, wenn sie tüchtig ausgeführt wird, schützt die Deutschen gegen eine Krankheit, welcher sie sonst nicht entgehen könnten — ich meine die Revolution“. Die rheinische Metropole sei „das Haupt der Rheinlande und somit der preußischen und somit der deutschen Bewegung“. Er war dort mit dem Redakteur der „Kölnischen Zeitung“, Dr Karl Andree, befreundet[91]). Da List sich noch im letzten Lebensjahr (1846) mit dem Gedanken getragen hat, sein eigenes „Zollvereinsblatt“ an den Rhein zu verlegen, wie Heinrich Laube erwähnt, so wird sein mehrfaches Urteil über die preußischen Rheinlande nachträglich erhärtet; der preußische Gesandte in London, Freiherr von Bunsen, bestärkte diesen Übersiedelungsplan[92]). Doch blieb List, trotz seiner Trennung vom Verlag Cotta, bis zu seinem Tod in Augsburg. Die Polemik der „Allgemeinen“ gegen die „Rheinische Zeitung“ dürfte durch Höfken veranlaßt worden sein. Marx' Verteidigung gegen den Vorwurf des „Kommunismus“ ließ an Schärfe nichts zu wünschen. Der „Altersherrschaft“ der Augsburgerin, die „weder eigenen Verstand noch eigene Einsichten noch ein eigenes Gewissen besitzt“, setzte er die junge „Volkspresse“ entgegen; die „Rheinische Zeitung“ sei keines-

[90]) Vgl. Ed. Heyck, „Die Allgemeine Zeitung“, 1898, S. 151—153. — Wegen Höfken und List s. den Brief an Georg von Cotta in „Werke“ Bd. V, S. 598—599; desgl. vom 18. September 1844 und an Moritz Mohl vom 18. September 1844 in „Werke“ Bd. VIII, S. 734—742 u. ö. — List-Archiv F. XXV, Nr. 8. — Einleitung zu „Werke“ Bd. VII, S. 16.

[91]) S. „Werke“ Bd. VIII, S. 598—600, 604—606; IX, S. 119—120, 260—262.

[92]) Siehe Levin Schücking l. c., S. 27—28 und Einleitung in „Werke“ Bd. VII; ebenda Anhang II, S. 520—521, und unten Hauptteil F, 1. Kapitel.

falls „eine preußische Kommunistin", aber aus wahrer „Gewissensangst" heraus erkenne sie den Wirklichkeitsgehalt der kommunistischen Theorien[93]). Lists einziger Beitrag „Vom Neckar" in der „Rheinischen Zeitung" vom 26. März 1842 betrifft eine handelspolitische Sonderfrage[94]). In Dr. Toegels Fortsetzung des „Zollvereinsblatt" werden einmal (1847) „Dronke und Marx" als „wärmste Vertreter der Volksinteressen radikaler Färbung" genannt; auch Marx' Freihandelsrede aus der „Brüsseler Zeitung" wird erwähnt. List sei ein Opfer der „deutschen Bourgeoisie" geworden[95])!

Auffällig in diesem frühsozialistischen Zusammenhang bleibt, daß List in seinem ersten Antwortschreiben an die Geranten der „Rheinischen Zeitung" seine Verbundenheit mit den „patriotischen Unternehmern" und seinen Glauben an ein Gedeihen des Blattes „durch die Teilnahme eines so bedeutenden Talentes wie das des Herrn Heß" begründet. Moses Heß aus Bonn machte Engels wie Marx als erster mit dem französischen Frühsozialismus bekannt; Engels nennt ihn, im November 1843, „the first communist of the party" im Kreis der „linken" Hegelianer[96]). Später wurde Heß zum Begründer des Zionismus in Deutschland und zeigte sich, während des Deutsch-Französischen Krieges 1870/71, als wütender Deutschenfeind. Ob List dem „Philosophen der Tat" etwa in Paris einmal begegnete? Vermutlich bezieht sich sein Lob auf Heß' frankophile Frühschrift „Die europäische Triarchie", welche 1841 bei O. Wigand, dem Listschen Verlagsfreund in Leipzig, erschienen war[97]). Heß fand freilich Lists „liberale Ideen" zur Reform nicht genügend und führte im 2. Band der „Rheinischen Jahrbücher" 1845 „einige Seitenhiebe auf Fr. List, der leere Schatzkammern als ein größeres Übel bezeichnet hatte, als einen Stand Proletarier". Da List sich mit sozialrevolutionären Ideen seinerseits niemals identifiziert hätte[98]), so dürfen wir vielleicht vermuten, daß die Rußlandfeindschaft der englisch-französisch-deutschen „Triarchie" ihn sympathisch berührt hat. Jedenfalls finden wir List, bei dieser Episode

[93]) Für die kommunistischen Anklänge in der deutschen Presse des Vormärz vgl. L. Salomon l. c. Bd. III, S. 360 — wegen Brüggemann! —, 424, 425, 431, 454, sowie die allgemeine Geschichte des Frühsozialismus.

[94]) Abgedruckt bei Philipp Gebhard, „Die Außenhandelspolitik der ‚Rheinischen Zeitung' 1842—1843", in „Hessische Beiträge" l. c. Bd. 8, 1933, S. 105—106. Nachzutragen in „Mitteilungen" l. c. Heft 6.

[95]) S. „List und Marx" l. c., S. 31.

[96]) S. „Marx-Engels-Gesamtausgabe" l. c., S. LXXVII. — Lenz, „Staat und Marxismus" l. c., S. 174, Anmerkung, und „Die deutsche Sozialdemokratie" l. c., S. 87—93. — Ph. Gebhard l. c. S. 77—103.

[97]) Vgl. auch Th. Zlocisti, „Moses Heß. Der Vorkämpfer des Sozialismus und des Zionismus. 1812—1875", 2. Aufl. 1921, S. 69, 71, 100—101, 217. — Im Rheinland trat das Judentum bereits im öffentlichen Geschehen hervor; vgl. „Die deutsche Sozialdemokratie" l. c., S. 49—57, 100, 105—108, 112, 125—127, 135—136, 139, 257—259. Lists allgemeine Anschauung über die Juden s. oben Hauptteil A, 2. Kapitel, Anm. 28.

[98]) Vgl. unten Hauptteil F, 2. Kapitel, Anm. 57.

seines an Beziehungen überreichen Lebens, mit der alleräußersten „Linken" des deutschen Vormärz in einem wenigstens mittelbaren Konnex.

Die „Ruge-Bauer-Marxschen Doktrinen" hatten mit Marx' Ausscheiden im März 1843 und mit dem schließlichen Verbot der „Rheinischen Zeitung" ihren deutschen „Waffenplatz" verloren. Jung und Oppenheim wandten sich später, ähnlich Mevissen, dem rheinischen Eisenbahnbau zu. Eine neue Zensurwelle, die auch Cottas „Allgemeine Zeitung" bedrohte, endete das kurze Intermezzo einer relativen Pressefreiheit in Preußen[99]). Erst nach Lists Tode erhielt die Unruhe, welche Preußen und namentlich die Rheinlande ergriffen hatte, im „Vereinigten Landtag" einen konstitutionellen Ausdruck, erhielten Presse und Parteien festere Organisationen; bis dahin blieben die gesellschaftlichen Bedürfnisse und literarischen Interessen mehr in der Vorform loser gefügter, persönlich gefärbter Gruppen. So im „Jungen Deutschland"[100]), dessen Wortführer von 1836 bis 1843 geradezu mundtot gemacht wurden. Für die Unreife der literarischen Produktionsverhältnisse zu Lists Lebzeiten spricht eine Statistik der in Preußen um 1845 erscheinenden Zeitungen und Zeitschriften: Neben 104 amtlichen „Verordnungsblättern" gab es 190 reine „Unterhaltungsblätter", etwa 110 „Erbauungsblätter" und nur 42 politische Organe[101]). Während der Deutsche Zollverein in Lists Todesjahr schon etwa 25 Millionen Menschen wirtschaftlich vereinte, gab es in Preußen 1837 erst 423 und 1846 dann 1139 Dampfmaschinen. Der Aus- und Einfuhrhandel des Zollvereins bezifferte sich 1843 auf rd. 375 Millionen Thaler[102]). Die Roheisenproduktion stieg von 130000 Tonnen 1830 auf 410000 Tonnen 1850. Bis zum Jahr 1825 waren erst 16 Aktiengesellschaften mit 34 Millionen Mark Kapital gegründet worden, 1850 gab es 102 Gesellschaften mit 637 Millionen Mark Kapital. Durch das französische Beispiel und westeuropäisches Kapital beschleunigt, schlug die industrielle Akkumulation jenes Tempo ein, das den Gleichgewichtszustand mit der Landwirtschaft binnen weniger Jahrzehnte erreichen und späterhin aufheben sollte. Der Übergang zum deutschen Industrie-Exportstaat, dessen Kosten der Handbetrieb und namentlich die Leinwandmanufaktur trugen, wurde angebahnt.

---

[99]) Vgl. L. Salomon l. c. Bd. III, S. 361—367. — Metternichs Äußerung vom April 1843 über die „Allgemeine" und die „Rheinische Zeitung" bei Ed. Heyck l.c., S. 266. Ende 1844 beschwerte sich der britische Botschafter in Wien über Lists Aufsätze in der „Allgemeinen Zeitung"; ebenda S. 269.

[100]) Vgl. unten Hauptteil F, 1. Kapitel zu Anm. 44ff.

[101]) Siehe L. Salomon l. c. Bd. III, S. 322.

[102]) Vgl. Philipp Gebhard, „Die Außenhandelspolitik der ‚Rheinischen Zeitung' 1842—1843" l. c. Bd. 8, S. 6—13. Ebenda S. 45—103 eine gründliche Analyse der Angriffe, welche nach Höfkens Ausscheiden seitens der Redaktion und Brüggemanns gegen List als den „Großmeister der Nationalen" einsetzten. — Sartorius von Waltershausen, „Deutsche Wirtschaftsgeschichte" l. c., 71—131.

DRITTES KAPITEL

Das Handelsinteresse (Freie Städte und Sachsen-Thüringen)

Dank der Souveränität aller deutschen Bundesglieder führte der „Handelsstand“ der vier freien Städte ein staatsrechtliches Sonderleben; aber auch Sachsens Verhalten wurde durch die kaufmännische Mittlerrolle Leipzigs vielfach mitbestimmt, während die norddeutschen Küstenländer (Hannover-Oldenburg, Schleswig-Holstein, Mecklenburg) infolge ihrer noch überwiegend agrarischen Struktur seewärts gerichtet blieben. Diese Gebiete ähnelten darin dem freihändlerisch-gesinnten ostelbischen Preußen mit dem Exportinteresse seiner Rittergutsbesitzer; in ihrer Handelspolitik gingen sie daher zu Lists Lebzeiten mit den Hansestädten Bremen, Hamburg und Lübeck überein und entzogen sich hierdurch dem politischen Druck, dem sie zwischen Altpreußen und den preußischen Rheinlanden seit 1815 ausgesetzt waren. Erst durch den Krieg von 1866 und durch die Annexion Hannovers sollte diese Konstellation endgültig aufgehoben werden.

Die Interessen namentlich Hamburgs tendierten seit den Freiheitskriegen überwiegend nach Großbritannien. Jetzt erst wurden Hamburg und Bremen aus kontinentalen Stapel- und Umschlagplätzen zu Vermittlern des jungen „Welthandels“; sie teilten zunächst Preußens Interesse an einem erweiterten Marktgebiet mit geringen Zöllen[1]). England, die hanseatische Unabhängigkeit und allgemeine Wirtschaftsfreiheit wurden dort wider die Befürworter nationaler Zoll- und Schiffahrtseinheit ausgespielt, das Thema alsbald nach 1814 angeschlagen[2]). Es waren eben die Jahre, die im Niederbruch napoleonischer „Kontinentalpolitik“ erste Versuche einer „politisch-ökonomischen Nationaleinheit“ und einer technischen Revolution keimen sahen. Ernst Weber, Adam Müller wollten 1816 für Retorsion gegen das Ausland werben, und zur gleichen Zeit erblickten die Berliner den ersten „Dampfwagen“, der

[1]) Siehe Wiskemann, „Hamburg“ l. c., S. 147, 169. — Ernst Baasch in „Historische Zeitschrift“ 1920.

[2]) S. List-Archiv F. I, Nr. 2, und oben Hauptteil A, 3. Kapitel.

sich auf einem Zahnradgleis bewegen sollte; 1818 fuhr der erste Seedampfer von New York nach Liverpool.

So wandte sich Lists handelspolitische Wirksamkeit, in seiner „Vereins"-Zeit 1819/20, notwendig gegen das hanseatische Interesse am bloßen Zwischenhandel. Auch dies gehört zu der Konstellation seines Kampfes um die „Nationalwirtschaft". Lists wie Dr. Lindners Abneigung gegen die „deutschen Barbaresken" war in Süddeutschland damals weit verbreitet. Im publizistischen Streit hatten die Handelsstädte, wie Hauptteil A uns zeigte, gegen die Industrie-Agitation mobil gemacht; seit 1816 war dieser Streit um den offenen oder geschlossenen Handelsstaat im Gange. Daher konnte List im „Nationalen System" rückschauend mit Recht sagen: „Als Consulent des Handelsvereins hatte ich einen harten Stand." Mit der ihm eigenen, Wunsch und Wirklichkeit gleichsetzenden Übersteigerung wandte er sich immer aufs neue wider die „Wortführer der englischen Interessen", die „Trödler der englischen Industrie in den deutschen See- und Meßstädten". „Eine Unzahl von Korrespondenzen und Flugschriften" sei von Hamburg und Bremen, von Frankfurt und Leipzig aus „gegen das unvernünftige Begehren der deutschen Fabrikanten um gemeinsamen Zollschutz" geschrieben und verbreitet worden. Die am deutschen Meßverkehr und Kolonialwarenhandel beteiligten „Vereins"-Mitglieder hätten freilich nur Freiheit des Handels im Innern verlangt, die Fabrikanten dagegen „das Prinzip der Retorsion". List als Konsulent habe den letzteren folgen müssen, obgleich sie wenige und durch die englische Konkurrenz zum Teil geschwächt gewesen seien. Das Zollprogramm des „Vereins" sei ein Kompromiß gewesen, — zumal „das Retorsionsprinzip für den Augenblick mehr gewährte als das Schutzprinzip verlangte". Im „Organ"[3]) forderte List freilich nur sechs Jahre für ein deutsches Zoll- und Retorsionssystem, nach deren Ablauf Deutschland zum allgemeinen Freihandel werde übergehen können. Ähnlich äußerte er sich noch im „Nationalen System"[4]). Wie wir mehrfach feststellten, gehören diese Gedanken der älteren Schicht im Listschen Werk an und bilden in der Tat keine echten Ziele. Heinrich Dietzel u. a. haben List hieraufhin für das Freihandelsprinzip zu Unrecht beanspruchen wollen.

Mit bezeichnender Klarheit und frei von ideologischen Hüllen sah List[5]) diese widerstreitenden Interessen innerhalb des jungen deutschen Bürgertums. Er stellte sich von Anfang an auf die Seite des schwächeren Manufakturkapitals, das ihm späterhin dafür nachhaltigen Beistand bot[6]);

---

[3]) 1820, S. 71. — Über Lists Zollprogramm von 1820 vgl. oben Hauptteil B, 2. Kapitel, Anm. 8.

[4]) S. „Werke" Bd. VI, S. 419. — Über „Welthandelsfreiheit als das Ziel" der Listschen Theorie vgl. auch „Werke" Bd. I 2, S. 539, 620—621, 636—637, 1037, 1042.

[5]) Vgl. die Vorrede zum „Nationalen System" in „Werke" Bd. VI, S. 10—14.

[6]) Vgl. Brinkmann l. c., S. 13—18, und zum ganzen Fragenkomplex Lenz, „List und Marx" l. c., S. 5, 8—9, 11—25, 41, 53, 58, 69, 85. Dort ist ausgeführt, wie List den „merkantilischen Patriotismus" zunehmend auf die „Fabrikkraft" ausrichtet, wie „der Handwerker und kleine Fabrikant" späterhin zurücktritt zugunsten der „Maschi-

auch Lists Korrespondenz mit den Textilindustriellen Süddeutschlands und Böhmens sowie mit den westdeutschen Eisenhüttenbesitzern enthält hierfür mancherlei Aufschlüsse[7]). Das Industriekapital stand ja auch theoretisch im Mittelpunkt seiner nationalen Ökonomie: „Die Macht und Unabhängigkeit einer Nation beruht auf der Industrie"; sie galt ihm für „die Basis der Zivilisation und der politischen Macht". Der Agrar-Gewerbe-Handelsstaat verkörperte ihm derart zugleich das politische Gleichgewicht der Kräfte, gemäß seiner Zielformel[8]): die „ein harmonisches Ganzes bildende, in sich selbst vollkommene Nation, in welcher sich einerseits die zwischen Monarchie, Feudalaristokratie und Bürgertum zuvor herrschend gewesenen Dissonanzen in einen harmonischen Akkord auflösten, andererseits Agrikultur, Manufakturen und Handel in die innigste Verbindung und Wechselwirkung traten". Wer für die Industrie sprach, sprach für die Nation. Wir sahen ja, wie genau Lists innerpolitische und nationalökonomische Begriffe ineinandergreifen.

Sogleich trat dieser Anspruch in Widerspruch zur Wirklichkeit. Daß Handel und Industrie in Deutschland — das zunächst auch wirtschaftlich einen rein geographischen Begriff bildete — durch Interessengegensätze gespalten waren, konnte schon 1819, angesichts der territorialstaatlichen Souveränitäten und der unentfalteten Verkehrsbedingungen, nicht wundernehmen. Hier heißt es nun für List: Partei nehmen und kämpfen.

List hat seine Kampfbereitschaft wider die „Handlangerdienste", die hanseatische „Zwischenhändler" bei der „Abzapfung" des deutschen Nationalvermögens leisteten, in seiner großen Wiener Denkschrift 1820 anklingen lassen und in seinen Schreiben an den Fürsten Metternich verschärft. Durchgeführt hat er seinen Kampf für „die Herstellung eines gemeinsamen deutschen Merkantilsystems" im „Organ". Er knüpfte hier an Mösers „prophetische Worte" über Handelsvereine an, zitierte „Luther über den deutschen Handel" und begrüßte den „Antipiratischen Verein" in Hamburg, dessen Sekretär im Januar 1821 Lists Nachfolger für die Herausgabe des „Organ" werden sollte. Waren die Hansestädte doch bis 1829 erbötig, ihre Flaggen durch Tribute an den Sultan von Marokko vor den „Barbaresken" zu bewahren[9]). „Wo sind Deutschlands Flotten, wo sind seine Kolonien?" fragte List daher in dem Artikel, der eine Deutsche Industrie-Ausstellung nach Augsburger Muster für Frankfurt a. M. vorschlug. „Mit dem Jahr 1815 erwachte das erstorbene Selbstgefühl", heißt es; „Streben und Bemühungen der Engländer, Deutschland sich zinsbar zu erhalten", sollten die Textil-

nenkraft", der „Riesenfabrikproduktion" und des mit ihr verbundenen Konzentrationsprozesses. Vgl. auch unten Hauptteil F, 2. Kapitel, Anm. 63ff.

[7]) S. „Werke" Bd. VII und VIII passim und z. B. List-Archiv F. XXXV Nr. 21.

[8]) Vgl. Hauptteil A, 2. Kapitel zu Anm. 11, und auch Alfred Meusel l. c., S. 46 u. ö.

[9]) Vgl. Baasch l. c. 1920, S. 468ff., und oben 1. Kapitel dieses Hauptteils. — „Werke" Bd. I 1, S. 30; I 2, S. 548—561, 1001.

fabrikanten als „nachahmungswürdiger Gemeingeist der Engländer" zur Gegenwehr aufrufen. Der Methuenvertrag, Vauban, Colbert und Napoleon sowie namentlich Graf Chaptal mit seinem berühmten Buch von 1819 wurden zu Gewährsmännern einer Bundeszollpolitik. List setzte sie jenem „natürlichen Spiel aller rechtschaffenen Erwerbskräfte" entgegen, für das die Hanseaten den Widerstreit erhoben. Die von Baasch zitierte Hamburger Senatsinstruktion für Wien machte sich hingegen den Standpunkt der Kaufmannschaft zu eigen. Senator Hach, der hanseatische Vertreter, verwahrte sich am 2. März 1820 nachdrücklich gegen Lists unwahre und verleumderische Angriffe. In der Tat hatte die Wiener Denkschrift das Handelsinteresse der Hanseaten und Leipzigs äußerst scharf befehdet; Graf Bernstorff als Vorsitzender des Ausschuß „versicherte, den Herrn Professor List darüber ernstlich zurechtgewiesen zu haben"[10]). List wandte sich im „Organ"[11]) gegen den anonymen Verfasser von „Aphorismen über den deutschen Handelsverein", die im Manuskript bei den Mitgliedern des Ausschuß zirkulierten. Der Verfasser bekämpfte den „Verein" mit Argumenten der britischen Freihändler und riet denjenigen Ländern, die weder Wasserwege noch Steinkohlen besäßen, eben nur Ackerbau zu treiben[12])! List rechnete auch diesen Angreifer unter die „Feinde der deutschen National-Industrie"; es war kein anderer als jener Professor Storck aus Bremen, den wir schon als Verfasser der „Gedanken über den deutschen Handelsverein" kennenlernten[13]).

List unterzog die Argumente des „Handelsinteresses" gegen die „merkantilische Isolierung" Deutschlands im „Organ" einer eingehenden Kritik; er trat hierbei als Verteidiger der deutschen Industrie auf — als „einer der Wortführer der Industrie Deutschlands", wie sein treuer Freund Ernst Weber ihn bezeichnete[14]). Die Privatprofite der Spediteure, Kommissionäre und Wechselhäuser trieben jene — etwa das Leipziger Bankhaus Frege & Co. — „an die Spitze der Opposition" gegen den „Verein". „Dadurch werden auch solche Männer, deren In-

[10]) Siehe Aegidi, „Aus der Vorzeit" l. c., S. 33, 58; Olshausen l. c., S. 107—108. — Die Hamburger Instruktion für Hach ist abgedruckt in „Werke" Bd. I 2, S. 1047 bis 1050. Sie ging vom „Verbraucher" aus, bezweifelte ein britisches Dumping, verteidigte „die natürliche Handelsfreiheit" und frug: „Warum eine der erwerbenden Klassen auf Kosten aller übrigen begünstigen?"

[11]) Jahrgang 1820, S. 77ff.

[12]) S. List-Archiv F. XIVa, Nr. 22 und 23; „Werke" Bd. I 2, S. 1005. — Vgl. Aegidi, „Aus der Vorzeit" l. c., S. 39—43.

[13]) S. oben Hauptteil A, 3. Kapitel, und vgl. Storcks im Hauptteil B, 3. Kapitel, Anm. 11, genannte Streitschrift wider Dr. Lindner: „Über das Verhältnis der freien Hansestädte zum Handel Deutschlands", Bremen 1821. Hier wurde die hanseatische Neutralität, vor wie nach der Kontinentalsperre, verteidigt und der Hanseate als „der Wohltäter von ganz Deutschland" hingestellt, weil er die Fabrikatenausfuhr im „Welthandel" sowie den „Kolonialhandel" befördere. Der „Verein" sei hauptsächlich zum Nutzen der deutschen Baumwollfabrikanten gestiftet.

[14]) S. „Werke" Bd. I 2, S. 596—623, 638—646. — Vgl. Olshausen l. c., S. 93—94, 205.

teresse reindeutsch ist, an der guten Sache irre." Wie aber sei die Wahrheit? „Die deutschen Seestädte stehen und fallen mit den deutschen Binnenlanden; ewig wird ihr Handel mit der Industrie und dem Wohlstande der ganzen deutschen Nation auf gleicher Höhe stehen." Gerade an dem Widerspruch der deutschen „Zwischenhändler" und ihrer vulgärökonomischen Theoretiker hat List seine Lehre von der Interdependenz aller Wirtschaftssektoren ausgebildet: Kriegsblockade und Nachkriegskrisen, Sinken der Agrarpreise, Ausschluß von den Auslandsmärkten, britisches Dumping, Besonderheiten der deutschen gegenüber der allgemeinen Krisis, Kaufkraftschrumpfung, Gefahr der Kapitalauswanderung, Passivität der deutschen Handels- und Zahlungsbilanz — aus solchen Daten gewinnt List seine Theorie der Nationalwirtschaft. „Deutschland ... kämpft um seine Existenz, um die Erhaltung seiner Nationalindustrie, insoferne sie sich auf den inneren Verbrauch gründet. — Hier liegt die große Frage vor: welche Maßregeln muß die deutsche Nation ergreifen, um bei den gegenwärtigen Handelsverhältnissen von Europa ihr Nationalvermögen und ihre Nationalindustrie sicherzustellen[15]." Wir sahen im Hauptteil A, wie die Gedanken eines nationalen Retorsions- und Zollsystems, ja einer nationalwirtschaftlichen Unabhängigkeit von fremden Rohstoffen und Konsumwaren auf diesem Boden reiften; List stieß bereits 1819/20 zum Postulat eines Transportsystems im nationalen Maßstab vor (Bundeschausseen und -kanäle, Münz- und Maßeinheit usw.). Seine Fragestellung ist derjenigen analog, die nach dem letzten Weltkrieg für Deutschland wieder aktuell wurde; allerdings angesichts vollentfalteter Produktionsverhältnisse im Industrie-Exportstaat, während zu Lists Zeiten die deutsche Industrie erst rund ein Drittel des heimischen Bedarfes deckte.

Die Hemmnisse im „deutschen Nationalcharakter", welche aus kleinstaatlicher Wesensenge einer ideellen Einigung im Wege waren, hat der geniale Schwabe mit hellsichtigem Spott geschildert — er, dessen Unglück wurde, daß er um künftige Dinge wußte. Er sagt etwa[16]: „Wir Deutsche sind gar gründliche Leute, so überaus gründlich, daß wir, bevor wir einen Schritt vorwärts tun, jedes Kieselsteinchen, das uns im Wege liegt, erst mit dem Vergrößerungsglase betrachten, und dann, um darüber wegzusetzen, einen Sprung machen, als läge uns ein gewaltiges Felsenstück im Weg. So kommen wir in manchem Jahr mit ungeheurer Anstrengung nicht weiter als eine flinke Schnecke. Zwar sind wir durch dieses possierliche Treiben die Zielscheibe des Witzes, des Spottes, der Laune und des Übermutes aller Nationen von Europa geworden, aber uns tröstet das herzerhebende Bewußtsein, wir seien die Gründlichsten und Besonnensten auf Erden. Wenn man bei uns eine große, natürliche, einfache Ansicht über irgendeinen Gegenstand preisgibt, und noch dazu das Unglück hat, die Sache also deutlich vorzu-

[15]) Vgl. „Werke" Bd. I 1, S. 44—50. — Über List und die „Schule" vgl. Hauptteil F, 1. Kapitel, Anm. 18ff.

[16]) S. „Werke" Bd. I 2, S. 617.

tragen, daß man im Augenblick versteht, was man sagen will, so heißt man ein Oberflächlicher, und ein solcher kann schreiben und sprechen, was er immer will, man liest ihn nicht, man hört ihn nicht. Will man hier sein Glück machen, so muß man neunundneunzig unmaßgebliche Zweifels- und Entscheidungsgründe aufzutreiben wissen, um am Ende das Urteil dem weiseren Ermessen eines geehrten Publikums anheimzustellen. Wer gegen irgendeinen großen Vorschlag opponiert, hat bei uns gewonnen Spiel, wenn er nur ein paar Schock Zweifel, Anstände und Hindernisse auftreiben kann. Mag dann auch ihre Größe zu dem einen großen Grund, welcher für die Sache spricht, sich immer verhalten wie eine Handvoll Kiesel zu einem Mühlstein, wir wiegen die Gründe nicht, wir zählen sie nur."

List aber meinte, „daß 30 Millionen Deutsche so gut unter sich selbst konkurrieren können wie 24 Millionen Franzosen und 17 Millionen Engländer", und daß die Werterhöhung ihrer Produkte den Agrar- und Handelskapitalisten nicht weniger als den Fabrikanten zugute kommen müsse, während steigende Kaufkraft zugleich dem Verbraucher nützen werde. „Nicht nach einseitigen auf nichtexistierende Voraussetzungen gegründeten Theorien, sondern nach eigener Erfahrung, nach den jetzt eben in Europa vorwaltenden Verhältnissen, unter steter Hinsicht jedoch auf die großen Wahrheiten der Nationalökonomie" gelte es zu handeln. Von hier aus, von der überwiegenden Wichtigkeit eines entfalteten Binnenmarktes, gelangt List zu einer viel breiteren handelspolitischen Schau, als sie den Vertretern des bloßen Ein-, Ausfuhr- und Zwischenhandels möglich war. Nur durch Vereinigung könnten die Deutschen „zu Handelstraktaten, zu den ihnen als einer selbständigen Nation zustehenden Welthandelsrechten gelangen"; denn Handelsverträge, führt er mit staatspolitischer Einsicht aus, „sind Friedensschlüsse im Krieg der sich gegenseitig bekämpfenden Nationalinteressen". Durch sie erst würden die deutschen Kleinstaaten am Welthandel teilhaben, der deutsche Kaufmann draußen im Schutz eigener Konsuln und Agenten seinen Handel treiben können[17]).

Es konnte nicht anders sein, als daß Lists Programm die Widersprüche der noch isolierten Interessen — gerade weil er ihre geschichtliche Auflösung vorwegnahm — zu verstärkter Geltung aufregte. Seit dem Frühjahr 1820 gewann seine Polemik eine Schärfe, die sie seither beibehält, so oft er auf die nord- und mitteldeutschen Organe merkantiler „kleinlicher Privat-Interessen" stößt[18]). Am 17. April 1820 schrieb Bauerreis an List: „Mit dem Aufsatz im Organ, welcher die freien Städte englische Schmuggelplätze nennt, hätte der Verein in ein Wespen-

---

[17]) Vgl. Lists Vorschläge für eine systematische Außenhandelsförderung in „Werke" Bd. I 2, S. 652 und 670, einschließlich eines Deutschen Handels- und Industrietag („Oberhandels- und Gewerbskammer"). — Vgl. auch unten Hauptteil D, 2. Kapitel.

[18]) Vgl. etwa die „Outlines" in „Werke" Bd. II, S. 110—111, und noch Lists Äußerungen zum Leipziger und Frankfurter Meßhandel im „Zollvereinsblatt", 1844, S. 193f. und 1845, S. 715. List bekämpfte hier die „Handlanger"- und „Krämerinter-

nest gestochen, und es seien bereits Requisitionen von allen freien Städten in Lübeck als Wortführende beim Bundestag wegen einer Erklärung dagegen angelangt! So, mein Wertester, werfen die freien Städte Ihnen den Handschuh vor die Füße, während Sie dem echten Geist der Hansestädte eine Lobrede halten und der antipiratische Verein den Grundsätzen des unsrigen beitritt[19]) —."

Also war List auch der hanseatischen Gegnerschaft — hier freilich aus sachlich wie formal rein wirtschaftlichen Gründen — gewiß. Wie er beim preußischen Gesandten Bernstorff 1820 die „feile Feder" derer anklagte, die „kürzlich zu Mainz, Bremen, Leipzig, Lübeck, Hamburg usw. im Geist der englischen Handelspolitik gegen die deutsche Industrie geschrieben haben, um die Wasser trübe zu machen", so erneute er noch im Vorwort zum „Nationalen System" diese Kunst, sich persönliche Feindschaft zu bereiten: Bekanntlich besitze das britische Ministerium reichliche Mittel „in seinem secret service money ... um allerwärts im Ausland der öffentlichen Meinung unter die Arme zu greifen". In Leipzig, so stellte er 1820 fest, trügen die großen Provisionen der Bankiers bei ihren Wechselgeschäften zur Verteidigung des Kommissionshandels und „Schmuggelhandels" mit englischen Waren bei. Der Handel dieser „Oppositionsmänner" vernichte die Industrie im Innern wie die Fabrikatenausfuhr[20]). Der Kampf zwischen Hamburg und dem „Verein", aber auch mit den Leipziger „Anglomanen" ging weiter, bis Lists unfreiwilliges Ausscheiden ihm 1821 ein vorläufiges Ende bereitete. Die britischen „Parteigänger" in den Küstenstädten blieben erklärte Gegner jeder zollpolitischen Bundeseinheit[21]).

Es bezeichnet Lists grundsätzliche Position, daß er während seines nordamerikanischen Exils gleichfalls sich veranlaßt fand, die Industrie gegen das Handelsinteresse zu verteidigen. Dort waren, außer den Farmern und Schiffahrtsinteressenten des Ostens, die Baumwollpflanzer in den Südstaaten Anhänger eines freien Handels mit Großbritannien; indem List für das Manufakturinteresse und den Binnenmarkt eintrat, wurde er drüben zum Mitbegründer des seither gültigen „American System"[22]).

---

essen von Leipzig", denen er das „vaterländische" Industrie-Interesse entgegenstellte. „Auf der Frankfurter Messe sei die einheimische Industrie vorherrschend, auf der Leipziger dagegen der fremde Verkehr." Demgemäß urteile die Presse! — Über Hamburg und List, Artikel XIX und den Zollverein vgl. auch E. Wiskemann, „Hamburg" l. c., S. 154—163.

[19]) S. List-Archiv F. VI Nr. 48 und Olshausen l. c., S. 217; vgl. oben Anm. 10 wegen Graf Bernstorff! Auch der „antipiratische Verein" war verdächtig.

[20]) S. „Organ" 1820, S. 61—68, 120, 130, 141—143. — Über den fehlenden „Mut, sein Privatinteresse dem Interesse einer ganzen Nation aufzuopfern", vgl. auch „Werke" Bd. I 2, S. 606.

[21]) Siehe Baasch l. c. 1920, S. 474—485.

[22]) Für List und Nordamerika vgl. unten Hauptteil D, 2. Kapitel. — Die Internationalität des „Handelskapitals" kritisiert grundsätzlich das „Natürliche System", XX. Kapitel; „Werke" Bd. IV, S. 344—354.

Im Herbst des Jahres 1820 hat List — am Beginn und im Zusammenhang der Darmstädter Zollvereinsversuche — in Frankfurt einen neuen Schritt tun wollen, um das deutsche Bürgertum aus kleinstaatlicher Enge herauszuführen. Westindien (Havanna, St. Domingo), Brasilien und die jungen La Plata-Staaten sollten den deutschen Fabrikanten einen lohnenden Export eröffnen und so den bedrängten Binnenmarkt entlasten helfen.

Lists Frankfurter Entwurf eines „Planes zur Errichtung einer Handelskompagnie für Exportation deutscher Fabrikate" datiert vom 10. September 1820; er übertrug den Gedanken der Industrieförderung auf den Außenhandel mit Latein-Amerika und zeigt, wie List bereits die Konsequenz der Markterweiterung und „Exportförderung" aus seinen Prämissen zieht. Er hat diese Konsequenz — für die Vereinigten Staaten während seiner Reise nach Paris 1831, für Deutschland namentlich im „Zollvereinsblatt" — später nach allen Richtungen verfolgt. List konzipierte den Plan einer Export-Aktiengesellschaft gemeinsam mit dem Kaufmann C. C. Becher aus Altona, ohne überall Gegenliebe dafür zu finden; namentlich der Gedanke, die Aktien durch eine Lotterie auszuspielen, erschien reichlich gewagt. So schrieb der Sekretär des „Vereins", J. J. Schnell, am 2. Oktober 1820 an List: „Der denkende Kaufmann lächelt mitleidig darüber"; es seien „Luftschlösser", meinte er bald darauf und schloß: „Sie, Herr Professor, schweben wie ein Adler mit Ihren Ideen in den Lüften, und ich! krieche gleich einer Raupe am Boden[23]) —." Der Gesellschaftssitz sollte Frankfurt a. M. werden und in Amsterdam ein Kontor eröffnet werden; „Konzessionen" auf der Insel Haiti sowie Handelsverträge mit den Vereinigten Staaten waren gleichfalls vorgesehen[24]).

Der engere Plan ist dann, am 8. März 1821, durch den Elberfelder Kaufmann Jakob Aders verwirklicht worden, der eine Million Thaler für diese erste preußische Gesellschaft auf Inhaber-Aktien aufbrachte. König Friedrich Wilhelm III. von Preußen und sogar die hohe Bundesversammlung in Frankfurt bezeigten der „Rheinisch-Westindischen Kompagnie" ihr Interesse. List selber — in seinen Staatsprozeß wegen der Reutlinger Petition verwickelt — konnte an der Realisierung nicht mehr teilnehmen. Die „Kompagnie" florierte anfangs, ging aber nach Aders Tod 1825 rasch bergab[25]). Lists Gedanke hatte auch hier der Zukunft vorgegriffen. Erst um das Jahr 1825 begannen die Hansestädte mit dem befreiten spanischen Mittel- und Südamerika eigene Handelsbeziehungen zu knüpfen. Die Verbindung des Großhandels mit der

---

[23]) Über Schnell vgl. auch Ritthaler in „Vorgeschichte" l. c. Bd. III, S. 301 bis 302. — Wie Emminghaus l.c., S.140, bestätigt, arbeitete Schnell im „Verein" gegen List. — S. Olshausen l. c. S. 322—323 und oben Hauptteil B, 3. Kapitel, Anm. 29.

[24]) J. J. Schnell „wollte 1819 an den Präsidenten der Vereinigten Staaten ein ausführliches Sendschreiben ergehen lassen"! — S. Olshausen l. c., S. 245, 248.

[25]) Vgl. Berger, „Der alte Harkort" l. c., S. 172—176. Vgl. die Geschichte der „Rheinisch-Westindischen Kompagnie"; List erwähnt sie in den „Europäischen Blät-

binnendeutschen Industrie, auf die List den Hanseatengeist aufmerksam machte, kam vollends erst im neuen Reich zustande[26]).

„Eine regelmäßige Dampfschiffahrt mit Nordamerika — mit Cuba, St. Domingo und mit Mittel- und Südamerika" forderte List abermals im „Nationalen System"[27]); durch Differentialzölle und Schiffahrtssubventionen solle der Deutsche Zollverein die Hansestädte für diesen Plan gewinnen. Im „Zollvereinsblatt"[28]) hat List dann unermüdet für die La Plata-Staaten, Brasilien und Westindien sich handelspolitisch interessiert, den Bau des Panama-Kanals schon 1843 als „ein Unternehmen für die Hansestädte" propagiert und neben den Vereinigten Staaten auch Kanada in den heimischen Blickkreis gerückt. So ward er, trotz seiner industriepolitischen Feindschaft wider diese britischen „Parteigänger", doch ein Vorläufer jener Schiffahrts- und Handelsexpansion, die ein Kennzeichen des künftigen gesamtdeutschen Nationalstaats werden sollte. Nur „der Plebs der Zwischenhändler", nicht „der große Kaufmann" sei für einen hanseatischen „Separatismus".

Auch Johann Smidt, Bremens weltkundiger Berater in allen Handels- und Bundesfragen, beschäftigte sich schon um das Jahr 1826 mit den Fragen des Panama-Kanals und einer deutschen Auswanderung nach Brasilien. Smidt war zeitweise — gleich dem Hamburger Verleger F. Perthes — bei Metternich als „Demokrat" verdächtig und — wie List — sowohl mit Wangenheim wie mit dem Bremer Senator Duckwitz befreundet; auf seinen Vorschlag hin wurde letzterer 1848 Reichs-Handelsminister. Übrigens war auch Smidt gegen Preußen eingestellt und unter anderem für den „negativen" oder „mitteldeutschen Handelsverein" tätig. List lernte den Senator Smidt 1842 kennen und fand in ihm einen „Mann von vielem Gehalt"[29]).

Arnold Duckwitz, seit 1841 Bremer Senator, wurde seither mit List befreundet und begegnet uns mehrfach im „Zollvereinsblatt"[30]). Er war, durch seine Zollpläne wie durch seine Verdienste um das Eisenbahnwesen, eine List verwandte Natur. Wer will sagen, ob nicht dieser

tern" 1824/25 gelegentlich. Über Carl Christian Becher — den Mitverfasser des Frankfurter Planes — vgl. Häußer l. c. Bd. II, S. 57—62, und Ad. Hasenclever in „Monatsschrift des Bergischen Geschichtsvereins" 1916, Nr. 10; ebenda Lists Brief an Becher vom 8. September 1820 und Bechers Schreiben an List vom 8. März 1824. Becher gab seit 1835 in Köln das „Allgemeine Organ für Handel und Gewerbe" heraus; vgl. oben Hauptteil B, 1. Kapitel, Anm. 41. — „Werke" Bd. I passim; Bd. VIII, S. 186—190. — Olshausen l. c., S. 167—171.

[26]) Vgl. E. Wiskemann, „Hamburg und die Welthandelspolitik von den Anfängen bis zur Gegenwart", 1929, S. 149—153. — Derselbe in „Werke" Bd. VII, S. 583.

[27]) S. „Werke" Bd. VI, S. 421—422.

[28]) S. „Werke" Bd. VII, S. 23—26, 145—168, 234—236.

[29]) Vgl. W. von Bippen, „Johann Smidt, ein hanseatischer Staatsmann", 1921, S. 171—172, 206—210, 222, 247, 257, 271—273, 291—292; über List, seinen „Verein" und die Hansestädte vgl. ebenda S. 225—227. — „Werke" Bd. VIII, S. 657.

[30]) S. „Werke", Bd. VII, S. 25—26, 35—36; Bd. VIII, S. 615—616, 626—630, 656—657, 667—672, 688—691, 718, 805—807.

neben ihm, von Rönne und Mevissen, etwa im Reichshandelsministerium der „Paulskirche" eine bedeutende Rolle gespielt hätte[31])!

Der Autor des „Nationalen Systems" vollendete seit 1841 von Augsburg, dem bayerischen Bankplatz und Erscheinungsort der „Allgemeinen Zeitung" aus, seine gesamtdeutsche Mission. Ohne entscheidende Vorteile zu gewinnen, kämpfte er gegen das Handelsinteresse der Küstenländer und für Hannovers Beitritt zum Deutschen Zollverein. Er führte diesen publizistischen Streit, um die Außenseiter „dem neuen Handelsreich deutscher Nation" zu gewinnen — wider deren „Salzwasserblätter"[32]). „Von Tag zu Tag müssen die Regierungen und Völker Deutschlands mehr zur Einsicht gelangen, daß Nationaleinheit der Fels ist, auf welchem das Gebäude ihres Wohlstandes, ihrer Ehre, ihrer Macht, ihrer gegenwärtigen Sicherheit und Existenz und ihrer künftigen Größe zu gründen sei" — heißt es in jenem klassischen Dokument[33]). Hannover, Braunschweig, die beiden Mecklenburg, Oldenburg und die drei Hansestädte würden ihre Abtrünnigkeit vom deutschen Handelsbund „im Licht eines Nationalskandals" sehen lernen und selbst „der reichsbürgerliche Unabhängigkeitsgeist der souveränen Kirchspiele von Hamburg" erkennen, daß zwei britische Fregatten vor den Elb- und Wesermündungen allen Handelsverbindungen ein rasches Ende bereiten könnten — während die Hanseaten im Nationalbund die Rolle von London, Liverpool und New York übernehmen würden. Nicht Haß trieb ihn, sondern er warb um den praktischen Verstand und den weltweiten Unternehmungsgeist der Hanseaten: „Durch euch werden wir aus kosmopolitischen Träumern tatkräftige Weltbürger, durch uns werdet ihr aktive Mitglieder einer großen und edlen Nation[34])."

Im weiteren Verlauf der Handelsfragen beriefen sich auch die Hamburger noch mehrfach vergebens auf Artikel XIX der Bundesakte; daß sie Englands Exportinteresse wider den Deutschen Zollverein gelegentlich auszuspielen suchten und in der „Times" 1841 geradezu als „unsere hamburgischen Alliierten" angesprochen wurden, gab dem Kampf um Handelseinheit freilich jene „separatistische" Färbung, die List seit 1841 mit erneuter Leidenschaft den Hanseaten und Hannoveranern vorwarf. Der Kieler junge Gelehrte Lorenz Stein schloß sich ihm,

[31]) Vgl. A. Duckwitz, „Denkwürdigkeiten aus meinem öffentlichen Leben von 1841—1866", 1877, S. 1—74. — „List und Marx" l. c., S. 41. — Über List, Duckwitz und Rönne s. auch L. Sevin l. c. 1910, S. 195—199; Wiskemann, „Hamburg" l. c., S. 175. — Vgl. unten 4. Kapitel, Anm. 96, sowie den „Anhang" zum Hauptteil F.

[32]) Vgl. Lists Aufsatz „Wider die Salzwasserblätter" in „Werke", Bd. V, S. 246 bis 252. — Eine hamburgische Erwiderung auf diesen Aufsatz s. Archiv des Wiener Finanzministeriums 9312 P.P. aus 1843. — S. „Werke" Bd. VIII, S. 657, 925.

[33]) S. „Werke" Bd. VI, S. 401—403; Bd. VII, S. 152—160.

[34]) Über List in Hamburg und Leipzig s. noch W. Notz in „Weltwirtschaftliches Archiv", Juliheft 1925, S. 154—176, und E. Wiskemann, „Hamburg" l. c., S. 163, Anm. 3.

in der Augsburger „Allgemeinen Zeitung", hierbei an[35]). Dagegen fanden List, Smidt und Duckwitz in Bremen sowie der Hamburger Karl Sieveking sich auf einer Ebene in dem Versuch, eine neue „Hanse" aller deutschen Seestaaten mit einer eigenen Zentralhandelsbehörde und allen Attributen einer Seemacht — neben dem Deutschen Zollverein! — zu begründen. Ein „Deutscher Handels- und Schiffahrtsbund" mit Differentialzöllen gegen das Ausland war ihr Ziel. Im Jahr 1843 warb Karl Sieveking hierfür in Süddeutschland und Österreich; damals war es, daß List sein „Zollvereinsblatt" mit jenen Aufrufen für eine Deutsche Flagge, Seemacht und Kolonien einleitete, die seiner genialen Konzeption der „normalmäßigen Nation" und seiner Überwindung aller partikularistisch-binnenländischen Beschränktheit einen geradezu klassischen Ausdruck gaben. Gleichzeitig veröffentlichte List im „Zollvereinsblatt" freilich eine humoristisch-satirische Skizze über den „reichsstädtischen Rummel" der hamburgischen „Greisenadministration" mit ihren Haarbeuteln, Perücken und „Oberalten"; sie klang aus in dem Wunsche, daß alle diese Verfassungsreliquien in die Elbe geweht würden und jede sich in ein deutsches Linienschiff oder eine Fregatte verwandele[36]).

Solche Träume waren, angesichts der Bundes- und Zollvereins-Verhältnisse, nicht zu verwirklichen. „Der Separatismus der norddeutschen Staaten und Städte" blieb vorerst erhalten, England konnte noch 1847 drohende Vorstellungen bei den Hansestädten sowie in Berlin erheben. Erst der Entwurf einer Reichsverfassung, wie er in der „Paulskirche" am 21. November 1848 angenommen wurde, versuchte eine haltbare Grundlage zu geben, indem er im § 33 festsetzte: „Das ganze Deutsche Reich soll ein Zoll- und Handelsgebiet bilden. — Die Aussonderung einzelner Orte und Gebietsteile aus der Zollinie bleibt der Reichsgewalt vorbehalten." Wirklichkeit gewann dieser Paragraph ebensowenig wie Artikel XIX der alten Bundesakte. Die drei Hansestädte blieben noch lange Zeit außerhalb des Deutschen Zollvereins.

Auch die freie Stadt Frankfurt hatte sich gegen den „Verein" abweisend gezeigt; ihre Mittlerrolle als Meß- und Bankplatz machte sie allen Bestrebungen, die auf eine deutsche Handelseinheit gingen, abgeneigt[37]). Frankfurt am Main hatte sogar 1832 einen eigenen Handels- und Schiffahrtsvertrag mit Großbritannien schließen können, der den beiderseitigen (!) Handelsflaggen eine theoretische Gleichberechtigung zusagte. Hier war Bürgermeister Thomas, neben dem Minister von Marschall im benachbarten Nassau, aus freihändlerischen und preußenfeindlichen Gründen ein Hauptförderer des sog. negativen oder mittel-

[35]) Siehe E. Wiskemann, „Hamburg" l. c., S. 157, 161, 164.

[36]) Vgl. „Werke" Bd. VII, S. 30—34, 39—168, 531—587, und auch Heinrich Sieveking, „Karl Sieveking 1787—1847. Lebensbild eines hamburgischen Diplomaten aus dem Zeitalter der Romantik", III. Teil 1928, S. 490, 630—631, 680. — Theodor Hansen l. c., S. 44—68.

[37]) Vgl. Olshausen l. c., S. 244.

deutschen „Handelsvereins“ gewesen[38]). Frankfurt trat dem Deutschen Zollverein erst 1836 bei, als es von diesem sich völlig eingeschlossen fand. Lübeck folgte 1867, nach den preußischen Annexionen in Norddeutschland. Hamburg und Bremen, denen Bismarck seit 1866 aus dem freihändlerischen Gesichtspunkt zunächst weit entgegengekommen war, wurden sogar erst von 1881 und 1883 bis 1888 vollständig in das Reichs-Zollsystem einbezogen[39]). Auch über diesem Teil des Listschen Pionierwerks könnte somit ein Satz als Motto stehen, den wir im „Organ“[40]) finden: „Der Glaube wirkt im eigentlichen Sinn das Wunder, er gibt dem Leben seinen Aufschwung.“

[38]) S. „Vorgeschichte“ l. c. Bd. III, S. 588—596, 629—630, 689—690. — Über Englands Bemühungen gegen Preußens „selfish views“ s. ebenda S. 694, 719.

[39]) Vgl. Theodor Hansen, „Hamburg und die zollpolitische Entwicklung Deutschlands im 19. Jahrhundert“, 1913, S. 111—180.

[40]) Jahrgang 1820, S. 262.

Präsident Jackson hatte List, im November 1830, zum Konsul der Vereinigten Staaten für Hamburg vorgesehen. Die Hansestadt verweigerte jedoch, im März 1831, das Exequatur, denn List sei so „eng mit den Ultra-Liberalen in Deutschland liiert . . ., welche die gegenwärtige Lage der Dinge umstürzen wollen“, daß diese Ernennung dem Senat dieser „kleinen Republik — nicht geringe Verlegenheit bereiten würde“ — „in the present state of popular excitement in Germany“[41]).

Auch bot Hamburg den Bahnplänen sowenig wie Lists persönlicher Existenz geeigneten Boden. Seine Polemik gegen die „mit englischem Gelde erkauften Sykophanten“ an der Nordsee war dort unvergessen geblieben und überdies machten britische Interessen hinsichtlich des neuen Transportmittels sich an der Elbe geltend. — „In Hamburg fand ich allen Unternehmungsgeist tot; man lachte mich aus[42]).“ Im Januar 1831 schrieb er schon seiner Frau über Deutschland: „So viel kann ich Dir sagen, daß mir Alles oder doch das Meiste, was ich von dort lese, so halb und dümmlich, so verzwickt und vertrackt vorkommt, daß ich kaum eine deutsche Zeitung aufnehme, wenn mir sie zur Hand liegt[43]).“ Daher kehrte List Ende Oktober 1831 nach Amerika zurück und ließ sich dort im Juli 1832 zum amerikanischen Generalkonsul für Baden ernennen; nach einem abermaligen Aufenthalt in Hamburg, der vornehmlich dem Erscheinen des liberalen „Staatslexikon“ galt, siedelte er im Sommer 1833 nach Leipzig über — in die Metropole jener „Krämerinteressen“, die er einst im „Organ“ so scharf bekämpft hatte — und hier gelang ihm, aus der Gunst des Augenblicks, ein bleibendes Werk von nationalem Ausmaß. Im gleichen Augenblick sollte die Verfolgung, der List durch sein Exil entgangen war, mit neuer Kraft einsetzen.

Präsident Jackson übertrug ihm, auf seinen Antrag, im Sommer 1834 das Konsularamt für Leipzig — in der uns erhaltenen Ernennungsurkunde heißt es „for the Port of Leipsic in the Kingdom of Saxony“. Die sächsische Regierung erteilte jedoch erst Ende September 1834, aus Rücksicht auf den Präsidenten der Vereinigten Staaten, List das Exequatur. Der württembergische Außenminister und mehr noch Fürst Metternich, hierin von dem preußischen Außenminister Ancillon

[41]) Vgl. „Werke“ Bd. II, S. 42—44; Bd. VIII, S. 900. — Den Wortlaut des amtlichen Notenwechsels s. Bd. II, S. 489—491. — Daß List nach 1830 auf einen amerikanischen Gesandtenposten zählte, erhellt aus „Werke“ Bd. III 1, S. 30 und 34.

[42]) List 1840 in „Werke“ Bd. III 1, S. 35; vgl. Bd. III 2, S. 786.

[43]) S. „Werke“ Bd. II, S. 493.

unterstützt, taten alles, diese Genehmigung zu hintertreiben. Sie unterstellten wahrheitswidrig, daß List der Festungshaft 1825 „entwichen" und „noch im Anklagezustand" sei! Adam Müllers Nachfolger auf dem Leipziger Posten, der österreichische Generalkonsul Ritter von Berka, beobachtete gleichfalls Lists Schritte mit äußerstem Mißtrauen. Am 26. Oktober 1834 berichtete Berka dem Fürsten Metternich: Er sei entsetzt darüber, daß ein wegen Aufreizung gegen Staatseinrichtungen zur Kriminalstrafe Verurteilter ganz unbedenklich in dem Lande eines deutschen Bundesfürsten die Ehrenstelle als Agent eines auswärtigen Staates bekleide. Er habe mit dem französischen Konsul darüber gesprochen. Es könne freilich nur von dem amerikanischen Bürger, nicht aber von dem geächteten württembergischen Untertan List die Rede sein. Da List von dem Präsidenten der Vereinigten Staaten befugt worden sei, auch Vizekonsuln anzustellen, so dürfe man sich immerhin darauf gefaßt machen, daß in den sächsischen Fabrikstädten des Erzgebirges und des Voigtlandes bald Faktionsmenschen derselben Sinnesart wie ihr Prinzipal auftreten würden. Es habe sich ziemlich klar herausgestellt, daß List die Seele der buchhändlerischen Betriebsamkeit des rätselhaften Buchhändlers Otto Wigand sei, an den die Unterstützungsgelder für die polnisch-republikanische Faktion einfließen und der die Verteilung der höchst verpönten revolutionären Druckschriften besorge. Am Schluß seines Berichts bemerkte Berka, er werde ein unausgesetztes Augenmerk auf List haben, der „mit vorzüglichen Geistesgaben, ausgebreiteten Kenntnissen und einer unglaublichen Betriebsamkeit in den verschiedenartigsten Fächern eine Weltklugheit, Gewandtheit und Abgeschliffenheit verbindet"[44]). In der Tat übernahm Wigand schon im November 1834 Lists Anteil an dem populären „National-Magazin", das beide mit J. J. Weber in Leipzig gemeinsam herausgegeben hatten. Statt dessen gab List nunmehr das „Eisenbahnjournal" heraus (1835 bis 1837)[45]). Ein erneutes Vorgehen der ebengenannten Regierungen 1835 gegen Lists Konsulartätigkeit blieb schließlich ohne Wirkung[46]). Verleger des „Eisenbahnjournal" wurde der Altonaer Theodor Lesser; dieser hatte Leipzig schon zum Druck- und Erscheinungsort des „Staatslexikon" gewählt und mit aus diesem Grunde war List dorthin übersiedelt.

Die literarische Überwachung und der Widerstand gegen Lists Konsularamt waren gerade in Leipzig wohl begreiflich; hier, am Mittelpunkt des deutschen Buchhandels, konnte Lists rastloser Tätigkeitsdrang ein besonderes Ressentiment auslösen. Im Sommer 1832 sahen wir List mit Lesser in Altona wegen des „Staatslexikon" sich besprechen,

[44]) Siehe Karl Glossy, „Literarische Geheimberichte aus dem Vormärz", 1913, S. 41 Anm. — Über Otto Wigand und List s. „Werke" Bd. V, S. 4—7, 18—20; vgl. Bd. VIII, S. 759.

[45]) Vgl. „List und Marx" l. c., S. 49, und wegen des „Eisenbahnjournal" Bd. III der „Werke". — Das „National-Magazin" enthielt, ähnlich den „Europäischen Blättern", meist bloße Scherenarbeit; vgl. unten Hauptteil D, 2. Kapitel, Anm. 10.

[46]) Vgl. „Werke" Bd. VIII, S. 431, 434—438, 905—906.

im Frühjahr 1833 die liberalen Führer Rotteck und Welcker dafür gewinnen, am 1. Januar 1834 sein „National-Magazin für Haus- und Landwirtschaft, National-Unterricht, Statistik und Reisen, neue Erfindungen, National-Unternehmungen und Verbreitung nützlicher Kenntnisse" begründen. Im gleichen Jahr begann das „Staatslexikon", dies Standardwerk der innerdeutschen Opposition, zu erscheinen. Gleichzeitig plante List ein populäres Geschichtswerk mit Rotteck sowie ein „Rechtslexikon", für das er den liberalen Juristen K. A. Mittermaier in Heidelberg gewinnen wollte, und schlug er Georg von Cotta die Herausgabe eines „Nationalarchiv für Handel und Handelspolitik, Nationalökonomie, Finanzwesen usw." vor — gemeinsam mit dem „jungdeutschen" Literaten Heinrich Laube, der seit dem 1. Januar 1833 in Leipzig die „Zeitung für die elegante Welt" redigierte[47]). Georg von Cotta hatte List im Sommer 1834 mit Gegenvorschlägen geantwortet. Lists Gedanke: „— durch große enzyclopädische Werke die Resultate der wissenschaftlichen Forschung auf dem politischen, geschichtlichen und ökonomischen Gebiete der großen Lesewelt zugänglicher zu machen", ward von Laube geteilt. Beider Verbindung blieb allerdings in dieser Sache fruchtlos; Laube wurde Ende Juli 1834 in Berlin verhaftet und wegen „frecher Kritik an Staatsinstitutionen" usw. eingesperrt, während List alsbald mit seinen Leipzigern in Schwierigkeiten geriet. Sein jungdeutscher Freund fand das Projekt daher 1835 „noch im alten Zustande", worauf Cotta es endgültig ablehnte. Alles dies unter dem Druck einer seit dem Sommer 1832 unerhört verschärften Pressezensur am Bundestag! Kein Wunder, wenn die lokalen Schwierigkeiten sich verschärften.

List hatte zweimal vergebens seine Aufnahme als „Schutzverwandter" beantragt und „dem hochweisen Rath" der Stadt Leipzig im März 1834 schriftlich versichert, er habe seit 1825 als amerikanischer Bürger „alle früheren Verhältnisse ignoriert", sich „weder mit württembergischer noch mit deutscher Politik im mindesten befaßt". Es lag ganz im Gedankenkreis seiner „Vereins"zeit, daß er 1834 zweimal darum einkam, Vertreter der Vereinigten Staaten beim „Deutschen Zollverein" zu werden. Wenn er den jungen Zollverein innerhalb des europäischen Gesamtraums sah und „das alte Kontinentalsystem Napoleons" hier „nach vernünftigeren Grundsätzen und mit viel größerer Wirkung" wiederfand, so schlug er damit eine systematische Brücke von seiner eigenen Handelsvereinszeit, über den Deutschen Zollverein von 1833, zum „Kontinentalsystem" seines Hauptwerks von 1841. War doch auch sein „National-Magazin" dafür gedacht, im Sinne der Pariser Artikel von 1831 die allgemeinen Produktionsverhältnisse und alle heimischen „National-Unternehmungen" zu fördern. Jetzt war „der durch den Zollverein gesicherte inländische Markt" geschaffen. Die Zeit schien

[47]) Vgl. Hauptteil F, 1. Kapitel, Anm. 55—58; „Briefe an Cotta 1833—1863" (III. Bd.), S. 338—348, 358—362, 377, 384. — Auch der Journalist Gustav Schlesier war dort Lists „Hausfreund"; s. „Werke" Bd. VIII, S. 86, 413—421.

ihm gekommen, da am 1. Januar 1834 alle inneren Zollschranken im größeren Teil Deutschlands fielen, nun auch in der alten Heimat „die Sache der Eisenbahnen als ein zusammenhängendes System auf dem europäischen Kontinent“ zu betreiben. Im Vorwort zum „Nationalen System“ erklärt er: Erst in Amerika „erkannte ich, welche Wechselwirkung zwischen der Manufakturkraft und dem Nationaltransportsystem bestehe, und daß die eine ohne das andere nirgends zu hoher Vollkommenheit gedeihen könne“. Dadurch ward er instand gesetzt, „die Notwendigkeit und Nützlichkeit ganzer Nationaleisenbahnsysteme in ein klares Licht zu stellen, noch ehe irgendein Nationalökonom in England, Frankreich oder Nordamerika daran gedacht hatte, sie aus diesem höheren Gesichtspunkte zu betrachten“[48]). Unter diesem Gesichtspunkt ließ List Ende September 1833 seine geniale Skizze „Über ein sächsisches Eisenbahnsystem als Grundlage eines allgemeinen Deutschen Eisenbahnsystems und insbesondere über die Anlegung einer Eisenbahn von Leipzig nach Dresden“ sowie Anfang März 1834 seinen „Aufruf an unsere Mitbürger in Sachsen, die Anlage einer Eisenbahn zwischen Dresden und Leipzig betreffend“, erscheinen[49]).

Die Schranken der deutschen Kleinstaaterei waren freilich erst zu einem Teil gefallen, und der Zollverein selber ruhte auf dem Einverständnis seiner souveränen Mitglieder. Auch wurden die privaten Erwerbsinteressen gerade durch die neue Aussicht auf profitable Kapitalakkumulation im Bahnbau angestachelt und wandten sich alsbald zuungunsten von List, den die Leipziger Bürger wohl als „Nationalökonom und Finanzmann“ zu gebrauchen wußten, im übrigen aber beiseiteschoben. Als er seinen Wohnsitz in Leipzig nahm, wurde der große Messeplatz soeben in das gesamtdeutsche Handelssystem einbezogen; auch kannte das Königreich Sachsen, gleich Kurhessen, infolge der Julirevolution, nun ein parlamentarisches Verfassungswesen[50]). Aber Lists „Betriebsamkeit“, durch diese Ereignisse nach seiner freiwilligen Rückkehr beflügelt, stieß doch abermals über diese Konstellation hinaus, wenn er — wir sahen es — jetzt gleichzeitig für Baden, Sachsen, Preußen, Hamburg und auch Hannover-Braunschweig die Bahnangelegenheiten auf alle denkbare Weise vorwärtstrieb. „Ich würde überall helfend, befördernd, arbeitend, beratend tätig sein, wo meine Tätigkeit und mein Rat erfordert würde“, schrieb er aus Leipzig nach Braunschweig[51]).

[48]) S. „Werke“ Bd. VI, S. 13—18. — Vgl. unten Hauptteil D, 2. Kapitel, Anm. 56, 67.

[49]) Vgl. „Werke“ Bd. III 1, S. 7, 155—213.

[50]) Daß mehrere Hundert der angesehensten Leipziger Kaufleute 1833 gegen die Zolleinigung petitionierten, von der sie einen Ruin des Meßhandels befürchteten, erwähnt Gustav Fischer l. c., S. 373. — Naive Finanzierungsvorschläge im Leipziger Comité (freiwillige Anleihe zu 5 Thaler = Appoints, Lotterie, Frachtbons) s. „Werke“ Bd. III 2, S. 725. Vgl. dagegen List oben im 2. Kapitel, Anm. 48 bis 53.

[51]) Vgl. Lists Briefwechsel mit dem Braunschweiger Buchhändler F. Vieweg vom Sommer 1835; sein lebhaft geäußerter Wunsch, als „Konsulent“ des „hanseatisch-hannoverisch-braunschweigischen Eisenbahnsystems“ angestellt zu werden, zerschlug sich. Vgl. „Werke“ Bd. III 1, S. 242—259; Bd. III 2, S. 871—894.

Seiner Energie lag die kleinstaatliche „Schlafsucht" nicht: „Man muß nur nicht lange unterhandeln, sondern die deutsche Langsamkeit mit Gewalt aufrütteln." Eben daß er so „auf eigene Faust die Herstellung eines deutschen Eisenbahnsystems betreibe", nahmen die Leipziger ihm „entsetzlich übel"; sie wollten überall die Führung haben — mit List als ihrem bescheidenen „Concipisten und Ideenfabrikanten". Indem er aber — seinem Naturell gemäß — gleich mehrere Eisen ins Feuer legte und etwa die linkselbischen gegenüber den rechtselbischen Bahninteressen für sich auszuspielen suchte, entfremdete er sich beiden Teilen; wir finden ähnliches bei Lists Versuchen, im Verkehrswesen Bayerns oder Württembergs sich eine Position zu schaffen, und verweisen auch auf Lists gleichzeitige Bemühungen um Preußen. Und dennoch hatte er Recht, wenn er, Ende Juli 1835, in einem Brief an Vieweg den Leipzigern „eine schmähliche Ungerechtigkeit" vorwarf. Nicht Geldinteresse habe ihn nach Deutschland getrieben; könnte er doch dem Wunsch amerikanischer Freunde folgen und an den Millionenprojekten zum Ausbau der dort geschaffenen Bahnen teilnehmen. „Soll ich nun alle diese Opfer vergebens bringen? Soll überall in Deutschland alles gelingen, was ich vorbereitet habe, während man mich bei Seite stehen läßt?"

Seine Voraussage sollte sich erfüllen. Die Leipziger konnten im Oktober 1835 feststellen: List habe ihnen zwei Jahre geopfert und ihre Erfolge „unleugbar zunächst hervorgerufen", außerdem an 50 andere Aufsätze in Zeitungen und Journalen veröffentlicht, aber darüber all sein Renommée verloren und „sein Spiel in ganz Deutschland für immer verdorben". Abermals eilte er seiner Zeit mit dieser Propaganda eines „National-Transportsystems" voraus; daß sie auf dem Boden eines zollgeeinten Deutschland und in mehr fachtechnischen Formen sich vollzog, konnte Lists persönliche Mißerfolge doch nicht ändern.

Als technischer und wohl auch literarischer Projektenmacher war er von den Leipzigern sogleich angesehen worden; „nur ein kleines Häuflein junger Brut", so berichtet sein Freund Heinrich Laube, hatte ihm offenes Ohr und offenen Geist zugebracht. „Selbst als der Entschluß gefaßt und die erste Hand ans Werk gelegt war zur Bahn nach Dresden, selbst da noch galt sein Entwickeln eines großen Eisenbahnnetzes für Chimäre eines unter Beschränkung recht verdienstlichen, aber doch sehr überspannten Kopfes ...[52])." Robert Blum — gewiß kein Reaktionär im Sinne jener Zeit — erklärt den Plan der „Promenadenbahn" nach Dresden für nutzlos, er biete keine Handelsvorteile und werde in den nächsten 25 Jahren nicht zustande kommen. Noch in den General-

[52]) Siehe H. Laube in „Allgemeine Zeitung" 1846, Beilage Nr. 355. Derselbe, „Erinnerungen 1810—1840", 1909, S. 181—182, 217. — Vgl. „Werke" Bd. III 2, S. 787; Bd. IX, S. 208—209. — Zwischen Leipzig und Dresden reisten 1833 zu Fuß, zu Pferde oder zu Wagen nur je 30 Personen täglich hin und her; s. List in „Werke" Bd. III 1, S. 174. Dagegen beförderte die Leipzig-Dresdener Bahn im ersten Jahr 412000 Personen; Sartorius von Waltershausen l. c. S. 102.

versammlungen der Aktionäre trat er, von 1842 bis 1846, als Oppositionsredner gegen die Verwaltung auf[53]).

Angemerkt sei, daß auch die Führer des Leipzig-Dresdener Eisenbahn-Comités offenbar den liberalen Kreisen angehörten; wir finden Dr. W. Crusius, Gustav Harkort, A. Dufour-Feronce sowie den Verleger Otto Wigand als Unterzeichner eines Schreibens, das den Brüdern Jakob und Wilhelm Grimm 1837 ein „Ehrengeschenk" darbrachte, als diese Göttingen wegen des hannoverschen Verfassungsbruchs verlassen mußten.

Die allgemeinen Gesichtspunkte, die Lists klassische Werbeschriften für die Leipzig-Dresdener Bahn enthalten, sichern ihm einen systematischen Vorrang vor den verdienstvollen, unabhängig von ihm konzipierten Gedanken der Bayern Joseph von Baader (1814) und Johannes Scharrer (1827), des Westfalen Friedrich Harkort (1825) oder des Rheinländers David Hansemann (1827). Schon in England (1824), dann in Amerika (1826) hatte List das neue Transportmittel kennengelernt und alsbald für die Erschließung von Kohlenrevieren nutzbar gemacht. Während seiner Haft auf dem Hohen-Asperg hatte er eine Eisenbahn längs der Enz, zum besseren Abtransport des Holzes aus dem Schwarzwald, sich ausgedacht — ein lokaler Beitrag zu einem Problem, das ja schon im „Württembergischen Archiv" für ganz Deutschland gestellt worden war[54]).

List sah — wie 1831 in Frankreich — „auf die Totalität sämtlicher moralischer und erwerbender Kräfte einer ganzen Nation"; das neue Transportinstrument könne „alle produktiven Kräfte der Nation verdoppeln". An dieser Kapital-Akkumulation sollte „die ganze Masse der Bevölkerung" teilnehmen; er dachte den Gewerbsmann und den Landbauer, aber auch den Arbeiter „durch das Tagelohn in den Stand gesetzt, Aktien zu nehmen und zu bezahlen". Dabei unterstrich er aufs stärkste die Rolle des Bankkapitals und des Geldes im Verkehrsprozeß: sie sollten die schlummernden Produktionselemente mittels Banknoten oder „unverzinslicher Kassenscheine" mobilisieren, deren Ausgabe List nach amerikanischem Muster schon für Frankreich 1831 vorschlug[55]). Falls die deutschen Staaten solche Aktienbanken, — schließlich eine „Nationalbank" zuließen, könnte man „ganz Deutschland mit Eisenbahnen überziehen, und nebenbei die Industrie von 20 Millionen Menschen stimulieren". So plante er auch eine Bank für Thüringen. Sah er doch die Schwierigkeit, „in den kleinen geldarmen deutschen Staaten ein Eisen-

---

[53]) Siehe Hans Blum, „Robert Blum", 1879, S. 83—84.

[54]) Vgl. die in diesem Hauptteil angeführte Literatur zu Lists preußischen, badischen und bayerischen Eisenbahn-Unternehmen; s. Berger l. c., S. 272—279 zu List und Gustav Harkort. Wie A. von der Leyen l. c. 1931, Heft 5, S. 7 mit Recht hervorhebt, können Lists Eisenbahnstudien während seiner kurzen Englandfahrt 1824 nur einfachen Pferdebahnen oder schienenlosen einzelnen Dampfwagen gegolten haben. Stephensons 1824 konstruierte Lokomotive wurde erst im Herbst 1825 auf Schienen ausgeprobt, die Eisenbahnlinie Manchester—Liverpool 1830 eröffnet.

[55]) Vgl. „Werke" Bd. III 2, S. 652, 748, 803—804.

bahnsystem herzustellen"[56]). Indem List den vorsichtigen heimischen „Kapitalisten" eine Staatsgarantie von 4 Prozent zubilligt, ordnet er den Zirkulationsprozeß, wie stets, dem Produktionsprozeß unter. Niemals stellt er, wie die „Schule", den Markt- und Verkehrsprozeß in die Mitte, — niemals nimmt er einen „statischen" Zustand des Produktionsprozesses an; seine Dynamik erfaßt vielmehr die Produktion als Realisierung latenter Kräfte, im Zusammenspiel der gesellschaftlichen Faktoren innerhalb eines beweglich gedachten Regierungsapparates. „Ein Land ohne Kommunikationen ist ein Haus ohne Treppen, ohne Türen und Gänge." So gliedert er den Handel wie den Transport, die Währung wie den Kredit den Produktionsverhältnissen ein, deren soziologische Grundlegung — wir sahen es im Hauptteil A — ihrem ökonomischen Inhalt zeitlich und systematisch vorgeht. Das Wachstum der städtischen Bevölkerung und namentlich der Hauptstädte liegt ihm am Herzen. Stets richtet er seinen Blick auf das Ganze der nationalen Markt- und Machteinheit, sieht er die verschiedenen Sektoren der Gesamtwirtschaft innerhalb ihres funktionellen Zusammenwirkens. So knüpft er seine Arbeit für das „National-Transportsystem" nicht nur zeitlich, sondern ebenso systematisch an seine Tätigkeit im Vorfelde des „Deutschen Zollvereins". Und stets gibt er, zumal in Leipzig nach seiner amerikanischen Periode, seinen Plänen einen allgemeinen Hintergrund, indem er auswärtige Erfahrungen in sie hineinnimmt. Er sagt etwa 1829: „Beschützung der Manufakturen und Herstellung künstlicher Kommunikationen sind die einzig wahren Heilmittel[57])." „Die Erziehung der Völker zur Industrie und zur gesetzlichen Freiheit, die Vervollkommnung der Agrikultur, die Verbesserung der Transportmittel und Kreditanstalten usw. sind Aufgaben geworden, in deren Lösung alle zivilisierten Regierungen miteinander wetteifern. Wir müssen aber wissen, was anderwärts vorgeht, um in diesem großartigen Wettkampf nicht zurückzubleiben." Seine Heimat jedoch blieb „fast aller Attribute der Nationalität entkleidet"; hier herrschten die „Übel der Kleinstädterei und des provinziellen Eigendünkels und Vorurteils", wie er noch 1841 schrieb[58]).

Wir gehen auf den Verlauf des Leipziger Bahnunternehmens, dessen Vorsitzender Gustav Harkort wurde, nicht näher ein[59]). Wir haben

[56]) S. „Werke" Bd. III 2, S. 764. — Zur Kritik der Listschen Verbindung von Eisenbahnbau und Papiergeld vgl. aber „Werke" Bd. V, S. 564—573.

[57]) S. „Werke" Bd. III 1, S. 93. — Ferner 1839 in der Ankündigung seiner Übersetzung der „Idées Napoléoniennes"; vgl. „Mitteilungen" l. c. 1932, Nr. 18, S. 434, und „Werke" Bd. VIII, S. 543—549. — Die Listsche Übersetzung erschien im Verlag Herder-Freiburg als erstes Heft einer „Staatsbibliothek". List hielt die „Idées", deren Verfasser der spätere Kaiser Napoleon III. war, für ein „Meisterwerk". Vgl. „Werke" Bd. IX, S. 131—136.

[58]) S. „Das deutsche National-Transport-System", 1841, S. 4. — Vgl. Lists Selbstcharakteristik seines Auftretens, gegenüber Gustav Harkort, in „Werke" Bd. III 2, S. 757—758; desgleichen S. 759—768, 775—780.

[59]) Vgl. die Einzelheiten in „Werke" Bd. III 2, S. 719—819.

schon erwähnt, daß Steinkohle und Eisen für List die Säulen der modernen Industrie waren und daß er die Strecke Leipzig—Dresden in den „Hauptstrang eines deutschen Eisenbahnsystems" einfügen wollte. Auch die „Rücksicht der Landesverteidigung" machte er in Sachsen wie in Preußen geltend. Wie weit Lists Pläne über die Absichten der Leipziger Advokaten und Kapitalisten hinausreichen mochten, die unter sich das Direktorium des ersten deutschen Fernbahn-Unternehmens bildeten und Lists Verdienste mit einem Gnadengeschenk abfanden, mag den einschlägigen Darstellungen entnommen werden. Auch war seine Polemik aus der „Vereins"-Zeit, wider den Leipziger Zwischenhandel, hier noch keineswegs vergessen. Persönliche Feinde verleumdeten ihn durch die Presse[60]). List wurde ja seitens der Gewerbe- und Handeltreibenden, deren Interessen er als „Anwalt ohne Sold" wahrnahm, niemals sehr verwöhnt; gelegentlich beschwerte er sich darüber, daß die deutschen Kapitalisten einen Gelehrten sich nur in der Mansarde, bei Wasser und kärglicher Nahrung, vorzustellen beliebten. Die Leipziger betonten ihren privatkapitalistischen Standpunkt, wenn sie gegenüber List, der ihnen drei Jahre Zeit und Aufwand geopfert hatte, nur eine „moralische Verbindlichkeit" anerkannten, ihre „Liberalität" aus dem „Actionairs-Interesse" streng begrenzten. Lists Unkosten seien durchaus seine Privatsache; sie blieben großenteils ungedeckt. Materielle oder moralische Anerkennung wurde ihm verweigert. Es bedurfte längeren unerfreulichen Feilschens, bis er im Januar 1836 den als „Ehrengeschenk" angebotenen Tantiemen-Anteil für 2000 Thaler realisieren konnte. Im Juni 1837 erhielt er die gleiche Summe nochmals als abschließende Entschädigung. Wenn das Leipziger Comité, dem List niemals als ordentliches Mitglied angehören durfte, im April 1834 erklärte: seine Aufgabe sei eine „gemeinsame Angelegenheit des gesamten deutschen Vaterlandes; — Anfangs- und Anknüpfungspunkt einer sich nach allen Seiten verzweigenden großartigen und segenverbreitenden Verbindung" —, so folgte es, anfänglich wenigstens, den Spuren seines großen „Konsulenten". Erst mit dem Erfolg, der Lists Ratschlägen allermeist zu danken war, gewannen Lokal-Intrigue und Bedenklichkeit die Oberhand. (Vgl. die Karte Seite 429.)

Genug davon! Als List im August 1837 sein Konsulat aufgab und von Leipzig nach Paris übersiedelte, um sein durch eine amerikanische Bankkrise betroffenes Vermögen zu retten, wurde das erste Teilstück der Leipzig-Dresdener Bahn eröffnet[61]).

---

[60]) Siehe Niedermüller, „Die Leipzig-Dresdener Eisenbahn, ein Werk Friedrich Lists", 1880. — F. Schultze, „Friedrich List in Leipzig", 1927. — „Die Leipziger Friedrich-List-Gedächtnisfeier", 1927. — A. von der Leyen l. c. 1931, Heft 5, S. 12 bis 15. — Lists Leipziger Eisenbahnschriften s. in „Werke" Bd. III 1, S. 35—37, 155—213; Bd. III 2, S. 574—660, 750—753. Vgl. „Werke" Bd. VI, S. 16—17, Anmerkung; Bd. VIII, S. 428—431, 440, 617.

[61]) Über Schwierigkeiten bei Lists konsularischer Vertretung in Leipzig s. „Werke" Bd. II, S. 513—518.

Über die verhältnismäßig freundliche Aufnahme, die der „Verein" bei den thüringischen Höfen 1819 fand, haben wir bereits berichtet[62]).

Daß Lists Eisenbahnpläne für Weimar, Meiningen, Altenburg und Koburg-Gotha 1840 eine im ganzen freundlichere Aufnahme fanden, entsprach einigermaßen jenen Erfahrungen in der „Vereins"zeit, ist für Lists Gesamtschicksal jedoch weder sachlich noch persönlich maßgebend geworden. Diese Episode fällt zwischen seine erneute Rückkehr aus Paris und die Übersiedelung in Augsburg. Sein Bemühen um eine amtliche Anstellung erwies sich auch hier als Illusion. Zur Begründung des „Thüringischen Eisenbahnvereins" wurde er nicht hinzugezogen, sondern alsbald mit einem Geschenk von 100 Friedrichsdor seitens der beteiligten Regierungen abgefunden. „Ich will mich diesmal nicht wieder gebrauchen und nachher wieder vor die Türe setzen lassen", schrieb List seiner Frau; er übersah, daß er auch in den Augen der Thüringer Bürokraten als „beim Preußischen Gouvernement disrenommiert" galt[63]). Den von Jena im Juli 1840 erbetenen juristischen Doktorgrad honoris causa erhielt er immerhin erst, nachdem die Fakultär sich wegen der politischen Unbedenklichkeit amtlicher Zustimmung versichert hatte, und ohne die gewünschte Nennung seiner Zoll- und Eisenbahnverdienste[64]).

Die deutsche Verkehrseinheit, als wesentliches Moment entfalteter kapitalistischer Produktionsverhältnisse, hat Fürst Bismarck noch 1874—1877 vergeblich im Reichsmaßstab erstrebt; erst 1920 ist sie auch formal verwirklicht worden — fast ein Jahrhundert nach Lists genialer Skizze in den Briefen an Joseph von Baader 1827[65]).

---

[62]) S. oben Hauptteil B, 1. Kapitel, Anm. 23 bis 26.

[63]) S. „Werke" Bd. III 2, S. 917.

[64]) Vgl. die Briefe in „Werke" Bd. III 1, S. 28—33. — Lists Diplom ist vom 15. November 1840 datiert. Daß Karl Marx den Jenenser philosophischen Doktorgrad am 15. April 1841 in absentia erworben hat, sei hier angemerkt. Vgl. „Marx-Engels-Gesamtausgabe" Bd. I 1, 1927, S. XXIX. — Über die thüringischen Eisenbahnpläne im gesamtdeutschen Zusammenhang s. „Werke" Bd. III 1, S. 294—415; Bd. III 2, S. 912—928, 956—975; Bd. VIII, S. 559—567, 575—580; Bd. IX, S. 100—103.

[65]) Die Etappen über den, schon 1836 durch List propagierten „Verein deutscher Eisenbahnverwaltungen" von 1846/47, das „Reichs-Eisenbahnamt" 1873 und das „Heidelberger Programm" 1918 s. bei Ad. Sarter, „Die Reichsbahn", 1920. — Als Präsident der Rheinischen Eisenbahngesellschaft hat Gustav Mevissen auch den Gedanken des National-Transportsystems durchaus auf Listsche Weise — namentlich 1846/47 — angepackt; s. Joseph Hansen l. c. Erster Bd., S. 335, 416—419, 479 Anm. Vgl. oben 2. Kapitel zu Anm. 83. — Eine Bibliographie der gesamten Eisenbahnliteratur von 1801 bis 1850 gibt Max Hoeltzel, „Aus der Frühzeit der Eisenbahnen", 1935; wegen List ebda. S. 15—17, 77—79, 108.

VIERTES KAPITEL

Süddeutschland (Nassau, Baden, Rheinhessen, Bayern, Württemberg)

Im Umkreis der territorialen Gewalten bleiben uns noch jene süddeutschen Mittelstaaten zu betrachten, von denen Lists handelspolitische Agitation ihren Ausgang genommen hatte. Sie alle — Nassau, Hessen-Darmstadt, Baden, Württemberg und Bayern — waren durch den „Rheinischen Bund" und in ihm emporgekommen; nachdem Metternich ihnen die neue Souveränität garantiert hatte, folgten sie im Deutschen Bunde ihrem dynastischen Selbstinteresse sowie ihren wirtschaftlichen Bedürfnissen. Diese wiesen namentlich Nassau und Baden auf den Freihandel hin, während Lists schwäbische Heimat schon ein größeres Manufakturkapital zu schützen hatte. Am Sitz des Bundestages, in der Freien Stadt Frankfurt, überwogen wieder die Messe- und Bankinteressen.

Das kleine Herzogtum Nassau war seit seinem Zolledikt von 1815 „der erste und einzige Bundesstaat, der mit den Theorien von Adam Smith und J. B. Say radikalen Ernst machte[1]". Der von List im Vorwort zum „Nationalen System" gelobte Schriftsteller Johannes Weitzel, vordem Redakteur der liberalen „Rheinischen Blätter" in Wiesbaden, war doch gegen jeden Zollschutz[2]). Für den Minister Freiherrn von Marschall, den wir auf der Wiener Kabinettskonferenz tätig sahen, gingen Freihandel und Partikularismus Hand in Hand. Ein deutscher „Handelsverein" roch ihm ganz verdächtig nach Revolution. „Daher erzielte auch die Deputation des Handelsvereins in Bieberich keinen Erfolg, als sie Mitte Juli 1819 ihre Eingabe überreichte, und der Korrespondent des Vereins für Nassau ... erlangte auf die Regierung keinen Zufluß." Vergeblich agitierte der Verein im Sinne Wangenheims für eine „Trias-Politik"[3]). Umsonst versicherte Wangenheim 1820, der „Handelsverein" verfolge keine politischen Zwecke

[1]) Siehe Walter Menn, „Zur Vorgeschichte des deutschen Zollvereins. Nassaus Handels- und Schiffahrtspolitik 1815—1827." Greifwalder Dissertation 1930.

[2]) Vgl. für ihn Wilhelm Dorow, „Erlebtes aus den Jahren 1813—1820", 1. Tl. 1843, S. 170—226.

[3]) S. oben Hauptteil B, 3. Kapitel, und Menn l. c., S. 43, 64, 83.

und sei auch nicht gegen Preußen gerichtet, stimme vielmehr mit dem preußischen Interesse überein. Als die Darmstädter Zoll-Verhandlungen der ehemaligen Rheinbundstaaten 1823 gescheitert waren, erklärte Minister von Marschall: Triebfeder dieser Wünsche seien 1. das revolutionäre Interesse, dahinter 2. das Streben der Fabrikanten, einen sicheren Markt zu gewinnen. Erst Ende 1835 trat Nassau dem Deutschen Zollvereine bei; der Tod des Ministers von Marschall soll den Anschluß erleichtert haben.

Das Großherzogtum Baden hatte aus der Erbschaft des alten Reiches die verhältnismäßig stärkste Vergrößerung erhalten[4]). Die langgestreckten Grenzen ließen das Interesse am freien Handel und auch am Schmuggel überwiegen. Hier war C. F. Nebenius seit 1818 der bedeutendste, List darin verwandte Förderer der badischen Konstitution wie eines zollpolitischen Zusammenschlusses[5]). Zwar lehnte er Lists extreme Konsequenzen ab; der ungestüme Schwabe war ihm, dem angesehenen, wennschon bürgerlichen badischen Staatsmann, auch persönlich wenig sympathisch. Seinem badischen Standort gemäß verwarf Nebenius den Manufaktur-Erziehungszoll; er bekannte die „unbestreitbaren ewigen Wahrheiten" der liberalen Verkehrsfreiheit — auch im Interesse der „arbeitenden Classe". Sein Werk über den Deutschen Zollverein schloß mit den Worten: „— auch für den allgemeinen Frieden der Welt gibt es keine sicherere Bürgschaft als die allgemeine Handelsfreiheit." In einem Brief an den Heidelberger Professor Rau konnte er aber vom „Nationalen System" erklären, daß er „wenigstens mit manchen seiner auf praktische Fragen der Zeit bezüglichen Ansichten" weit mehr als Rau übereinstimme. List seinerseits hielt Nebenius — der „viel gedacht und reflektiert, aber wenig gesehen und nichts erfahren habe" — für reichlich geschraubt und von Smith abhängig[6]). Auch in seinem Wunsch, Österreich in den Zollbund einzubeziehen, berührte Nebenius sich mit List. Schon 1818 hatte Nebenius seinen Plan für einen Bundes-Zollverein verfaßt, den von Berstett als Badens Vertreter auf den Karlsbader Verhandlungen im Sommer 1819 zur Sprache gebracht und den Nebenius erst 1833 publiziert hat. Mit Metternichs Einverständnis war dies Votum — wie du Thil bestätigt — der Wiener Konferenz vorgelegt worden; es lag auch den Darmstädter Verhandlungen, an denen Nebenius führend teilnahm, mit zugrunde. Als Aufzeichnung eines hohen Beamten rief diese Denkschrift ja nicht den allzeit regen

[4]) Vgl. Franz Schnabel, „Sigismund von Reitzenstein, der Begründer des badischen Staates", 1927.

[5]) Vgl. Treitschke, „Preußische Jahrbücher" l. c., S. 441—447. — „Werke" Bd. VI, S. 18, Anmerkung, und S. 30.

[6]) Vgl. Franz Wolf, „C. F. Nebenius als Nationalökonom", Freiburger Dissertation 1922. — S. „Werke" Bd. VI, S. 648, das Listsche Urteil aus dem Jahr 1838; Bd. VIII, S. 527.

Verdacht „demagogischer Umtriebe" wach. Überdies plädierte Nebenius für Bundeszölle und blieb also außerhalb des preußischen Bannkreises. Daß die privaten „Handelsvereine" zum Betrieb dieser Angelegenheit ungeeignet seien, war ja schon im August 1819 zu Karlsbad festgestellt worden[7]).

Wenn List selber auch von süddeutscher Seite an deren Verhandlungen unbeteiligt geblieben war, so wiederum deshalb, weil er für diese Regierungen eine „demagogischer Umtriebe höchst verdächtige Person" war; dazu trug sein Verhältnis zur württembergischen Regierung ebenso bei wie der quasi internationale Charakter des Handels- und Gewerbsvereins[8]). Vergebens hatte er in einem uns erhaltenen Brief an Nebenius vom 3. November 1819 diesen Bann zu brechen versucht. Er hatte jenen schon vorher zur Mitarbeit am „Organ" aufgefordert und ihn[9]) im Sommer 1819 bei dem Besuch in Karlsruhe kennengelernt; er bat ihn nun nochmals um seine Mitwirkung. Der Handelsverein, wie List mit seinem gewohnten Optimismus und in Unkenntnis aller entscheidenden Vorgänge behauptete, sei „von mehreren Regierungen indirekter Weise" zu einer Denkschrift betr. eine Bundes-Douane[10]) aufgefordert worden. Nebenius' Eingreifen sei wichtig, „da die Stimme des Handelsvereins, welche auf dem Kongreß als die Stimme der öffentlichen Meinung angesehen werden muß, gewiß nicht ohne Gewicht ist" und „diejenigen Regierungen, welche für die Sache sind, in den Stand setzt, sich auf die allgemein herrschende Not und auf die Stimmung des deutschen Publikums zu berufen[11]"). Lists Argumente konnten, psychologisch wie sachlich, angesichts der Karlsbader Beschlüsse kaum ungeeigneter gewählt sein; auch haben sie bei dem vorsichtigen badischen Staatsmann keinerlei Erfolg gehabt, wie uns die Darmstädter Verhandlungen vom Herbst 1820 zeigten[12]).

List kam schon im Mai 1819, gleich nach der Gründung des „Vereins", nach Karlsruhe. Bei der engen Verbundenheit zwischen württembergischen

---

[7]) Vgl. Wolf l. c., S. 135 und Aegidi, „Aus der Vorzeit" l. c., S. 18. — S. oben Hauptteil B, 2. Kapitel, Anm. 26, 31.

[8]) Siehe Wolf l. c., S. 161, und Hauptteil B, 3. Kapitel zu Anm. 20.

[9]) S. auch „Organ" 1819, S. 15—16. — Vgl. Olshausen l. c., S. 86—87.

[10]) Dies bezieht sich u. a. vielleicht auf einen „Wink" des gothaischen Ministeriums, den Arnoldi am 27. November 1819 dem Vereinskassierer Bauerreis mitteilte; s. List-Archiv F. IV, Nr. 1, und oben Hauptteil B, 1. Kapitel, wegen Thüringen. — Olshausen l. c., S. 100.

[11]) Siehe Böthlingk, „C. F. Nebenius", 1899, namentlich S. 43—65 und im Anhang.

[12]) Daß Nebenius sich im Herbst 1820 von Lists politischen Äußerungen abgestoßen gefühlt habe, berichtet auch Schnell; s. List-Archiv F. IV, Nr. 53, 54, auch 55a, und oben Hauptteil B, 3. Kapitel; Treitschke in „Preußische Jahrbücher" l. c., S. 481. — Lists relativ günstige Meinung über Nebenius s. oben Anm. 6; s. aber auch Lists einschränkende Urteile in „Werke" Bd. IV, S. 49, und Bd. V, S. 580—581. Ein preußisches Urteil über die 1833 veröffentlichte Zolldenkschrift von Nebenius s. in „Vorgeschichte" l. c. Bd. III, S. 730. Übrigens wurde sogar Nebenius gelegentlich unter die verkappten Demagogen gezählt; vgl. Suchel l. c., S. 102, und auch unten Hauptteil D, 2. Kapitel, Anm. 6, wegen Eichhorn.

und badischen Verfassungsfragen dürfte List in den liberal-konstitutionellen Umgebungen des Karlsruher Hofes sich wohlgefühlt und ihre Abneigung gegen die Adelsklique geteilt haben. Wir erfahren nun durch einen preußischen Gesandtschaftsbericht vom 29. Mai 1819 aus München[13]), daß List im Hause des preußischen Gesandten Varnhagen verkehrt habe[14]). Verdächtigerweise besuchten Varnhagens Haus damals, außer List, sein Freund, der Abgeordnete und Prokurator Schott aus Stuttgart, Dr. Lindner, der Verfasser jenes anonymen „Manuskript aus Süddeutschland" — und der in Jena entlassene Naturphilosoph Professor Oken. Die drei Genannten standen demnach mit List in Verkehr und begegnen uns auch sonst unter seinen politischen Bekannten. Bezeichnenderweise knüpft diese Mitteilung an einen Bericht über die Sandsche Sache an! Um so weniger durfte Nebenius sich mit List einlassen.

Wir verweilen noch einen Moment bei Lists erstem Karlsruher Aufenthalt vom Mai 1819, da er den Einklang der politischen und ökonomischen Bewegungen im vormärzlichen Deutschland anzeigt. Hatte List doch schon im März 1819 Karl Heinrich Hofmann und Görres aufgesucht! Die badischen Kammern waren am 22. April zum erstenmal versammelt, auf Grund der Verfassung von 1818. Bald ergaben sich Mißhelligkeiten mit dem badischen Hofmann und Minister von Berstett, der gegen die Jakobiner und gegen die Revolutionsgefahr auftrat, ehe er zu den Karlsbader Verhandlungen abreiste[15]). Eben im Mai dieses Jahres traf der Professor List in Karlsruhe ein. Manche Abgeordnete der zweiten, sowie Professor Rotteck aus Freiburg in der ersten Kammer zählen seither zu Lists Bekannten. Am 17. Mai — offenbar in Lists Anwesenheit — beriet die zweite Kammer einen Antrag von Lotzbeck wegen des vom „Verein" verlangten freien Handels in Deutschland. Namentlich der führende großdeutsch-liberale Abgeordnete Freiherr von Liebenstein sprach dafür; seine Rede machte — über Baden hinaus — ungewöhnlichen Eindruck und war ganz in Lists Sinne gehalten, der mit ihm und anderen Deputierten sich besprochen hatte. Liebenstein wies ausdrücklich auf die französische Revolution hin, die alle inneren Schranken zerbrochen und dadurch Frankreichs Größe bestimmt habe. Eben jenes Argument hatte von Martens in Frankfurt dem „Verein" entgegengesetzt[16])! Beispielhaft seien auch die Vereinig-

[13]) Geheimes Staats-Archiv, Berlin, A. A. Sect. I, Rep. 1, Bayern 52. — Hiernach ist List nochmals, mit Weber und Schnell, im Juli nach Karlsruhe gekommen; s. „Werke" Bd. I 1, S. 31; Bd. IX, S. 8. — Olshausen l. c.. S. 194, 232.

[14]) Varnhagens „Denkwürdigkeiten" und Berichte erwähnen List nicht; über Nebenius vgl. ebenda S. 568—570. Varnhagens Bericht nach Berlin s. im Geheimen Staats-Archiv, A. A., Sect. I, Rep. 1, Baden 10.

[15]) Für Berstetts Sorge vor dem „furchtbaren Heer von Advokaten und Professoren" vgl. K. A. von Müller, „Görres in Straßburg" l. c., S. 6.

[16]) Freiherr von Lotzbeck war Korrespondent des „Vereins" und Fabrikant. — Vgl. den Auszug aus der Rede Liebensteins in „Vorgeschichte" l. c. Bd. I, S. 325 bis 326. — Auch der bayerische Gesandte glaubte in ihr zu erkennen: „daß, wenn

ten Staaten — „ein Bundesstaat, wie er sein soll". Es steht somit fest, daß List diese Sitzungen besucht und auch den Professor Oken damals kennengelernt hat, der von Jena aus gekommen war, um eine neue Professur in Süddeutschland zu suchen, und der sich bei Varnhagens als entschiedener Freiheitsfreund einführte. Mit Dr. Lindner — dem Gegner Kotzebues — arbeitete Varnhagen im konstitutionellen Interesse und für Baden gegen Bayerns Territorialansprüche, auch führte er Dr. Lindner bei seinem Freunde Joh. Fried. von Cotta ein[17]). Jedoch eben über die Wendung der deutschen Angelegenheiten kam Varnhagen zu Fall; der 34jährige preußische Minister-Resident und Gatte Rahels wurde im Juli 1819 aus Karlsruhe abberufen.

Im gleichen Monat weilte List, mit der „Vereins"-Deputation, nochmals in Karlsruhe und erhielt durch den Großherzog „trostvolle Versicherungen"[18]). Anschließend ging List nach Stuttgart zurück, während seine Mitdeputierten die Höfe von Darmstadt, Wiesbaden, Kassel, Gotha, Weimar und Gera aufsuchten; von Webers Heimatsort aus sandten sie noch schriftliche Eingaben an alle kleineren Bundesregierungen — einschließlich Waldeck, Schaumburg-Lippe, Reuß-Greiz und Liechtenstein. List sollte, auf der Flucht 1822/23 und vor wie nach seinem amerikanischen Exil, vergebens in Baden einen Rückhalt zu gewinnen suchen.

Rahels Gatte hat später wenig freundlich über List geurteilt; er war ihm in Kissingen 1840 noch einmal begegnet und nannte ihn trotz seines „leeren Politisierens" doch „im Ganzen wohlmeinend"[19]). List sei — gleich W. H. Riehl in München — „der Träger einer süddeutschen, mit Cottaschen Getrieben verknüpften Schwindelei, die auch in norddeutschen Leuten Erfolg hat; mit List hielten es die oberflächlichen Liberalen . . .". Varnhagen — der gemäßigte norddeutsche Liberale — empfand als künstlerisch feinnerviger Beobachter Lists Wesen „plump" und „zudringlich" — ein Eindruck, den Lists reichlich zwanglose Haltung, wir sahen es, auch sonst erweckt hat[20]). Eine Haltung, die der anerzogenen oder angeborenen Form entbehrt, — in Gebärde und Umgang aus schwäbischer Urkraft und letzten Spannungen heraus unaufhörlich

---

Handelsfreiheit innerhalb der deutschen Bundesstaaten nicht werde, Revolution werden müsse". — Vgl. Olshausen l. c., S. 28, 193—194, 348. — Der Landtag wurde im Juli ungnädig vertagt, der Heidelberger Buchhändler Fr. Winter sogar verhaftet. Vgl. Franz Schnabel, „Ludwig von Liebenstein, Ein Geschichtsbild aus den Anfängen des süddeutschen Verfassungslebens", 1927.

[17]) Auch mit Ludwig Uhland stand Varnhagen 1817 bis 1819 in lebhaftem Verkehr; vgl. W. Reinöhl l. c. S. 19—32. Jedoch sympathisierte Varnhagen mehr mit den württembergischen Reformern (Schott, Just. Kerner, Joh. Friedrich von Cotta). Schon 1816 hatte er ein Parlament gewünscht.

[18]) Siehe Olshausen l. c., S. 49—51.

[19]) Siehe Varnhagens „Tagebücher" Bd. I, S. 188—189, 211; Bd. III, S. 477 bis 478; Bd. XII, S. 106. — Eine Briefstelle Troxlers an Varnhagen kehrt in den Akten der Mainzer Central-Untersuchungskommission wieder! Siehe Ilse l. c., S. 98—99. — Über Troxler und List vgl. unten Hauptteil D, 2. Kapitel.

[20]) Vgl. auch „Werke" Bd. VIII, S. 492—493, 657, 910.

neu erschüttert. Daß List ohne Distanz noch Reserve den Dingen und Menschen seiner wechselnden Umwelt entgegentrat, ist doch ein subjektiver Ausdruck seiner objektiven Lage: zwischen den Bedürfnissen einer jungen Gesellschaftsschicht, die er ans Licht hob, und den „retrograden“ Interessen einer halb erstarrten Staatenwelt eingezwängt, explodierte seine Vitalität in immer neuen Anläufen, erzwungenen Verzichten, großartigen Konzeptionen und abgebrochenen Realisationen. Die Unreife der ihn umgebenden frühkapitalistischen Produktionsverhältnisse, die Widerstände der Staatsgewalten haben ja nicht einmal seiner privatwirtschaftlichen, so ausgesprochenen Begabung einen breiteren Erfolg gewährt. Unglücksfälle, wie der Verlust seiner amerikanischen Unternehmergewinne, gesellten sich hinzu.

In den Handelsangelegenheiten führte, wie wir sahen, auch das Bemühen der süddeutschen Staatsmänner zu keinerlei Erfolgen; die Darmstädter Verhandlungen (1820—1823) sowie ein späterer Versuch zu Stuttgart (1825) scheiterten. Während Hessen-Darmstadt sich Preußen näherte und die beiden süddeutschen Königreiche ihren Zollverein vorbereiteten, blieb Baden außerhalb beider Kombinationen. Erst 1835 hat es sich dem deutschen Zollverein angeschlossen. Nebenius erkannte nunmehr die preußische Führung als notwendig für den großen deutschen Handelsbund. Er, dessen Verdienste um den Gedanken nationaler Handelseinheit oft hervorgehoben sind, unterschied sich dadurch vorteilhaft von den Parteiführern der süddeutschen Liberalen[21]). Wie Uhland 1833 in Württemberg, stimmten Rotteck und Welcker mit ihren Gesinnungsgenossen 1834/35 gegen diesen angeblichen handelspolitischen Sieg des norddeutschen Absolutismus[22]). „In dieser Lebensfrage des konstitutionellen Deutschland“ spielten bei einem Rotteck innerpolitische Ressentiments entscheidend mit; auf seiten der republikanischen Hansestädte empfand man vielfach ähnlich gegenüber dem „absolutistisch“ regierten Preußen. Wir dürfen sagen, daß List — ein so überzeugter Anhänger konstitutioneller Regierungsformen er auch war — doch keine Frage der Nationaleinheit jemals aus einem Parteistandpunkt behandelt hat. Eben hierin lag der Unterschied zu den parlamentarischen Kämpfern. Rottecks, des Freiburger Professors und Volksfreundes, naturrechtlich-doktrinäre Denkweise führte diesen viel

[21]) Vgl. Nebenius, „Der deutsche Zollverein, sein System und seine Zukunft“, 1835, Vorrede und Einleitung. — Vgl. Gustav Fischer, „Über das Wesen und die Bedingungen eines Zollvereins“ l. c., S. 340—348, 369—379. Für G. Fischer ist Nebenius „der geistige Vater des deutschen Zollvereins“, während Preußens Rolle bis 1827 und ebenso Lists Anspruch auf „intellektuelle Urheberschaft“ als unerheblich abgetan werden. Wenn Nebenius aus eigener amtlicher Erfahrung bestätigte, daß er „List niemals als eine Autorität auch nur bei Einer Frage hätte nennen hören“, so entspricht dies freilich, wie wir wissen, den Tatsachen durchaus.

[22]) Dagegen wirkten Nebenius, Mathy und Professor Rau für den Anschluß Badens.

eher zu formalrechtlichen Abstraktionen; die konstitutionelle Doktrin beherrschte sein Denken[23]). Die Theorie erschien ihm als Richterin nicht der Tat, sondern des Rechts; sein kleinstaatlicher Liberalismus blieb notwendig im allgemeinen, sein Kampf galt den feudal-absolutistischen Gewalten der Reaktion vor wie nach 1830[24]). Der politischen Weisheit und Tugend wollte seine „philosophische Rechtswissenschaft" dienen. Vierzehn Jahre älter als List, blieb er dem „Vernunftrecht" stärker verhaftet als den Staatswissenschaften. Durchaus politischer Historiker, verglich er doch, ähnlich Justus Möser, den Staat gern einer Aktiengesellschaft. Sein wie seiner Freunde freisinniger Liberalismus entfernte sich von Lists realistischer, den gesellschaftlichen Lebensinhalt erfassenden Theorie. Vorläufer sind für Rotteck eher Rousseau und Kant, bei List Montesquieu und Möser. Wie in ihren Voraussetzungen scheiden sich formale Demokratie und Nationalwirtschaftslehre in ihren späteren Ergebnissen. Wir denken an Lists Differenzen mit Rotteck und Welcker beim „Staatslexikon", wollen aber auch ihre Gemeinsamkeit im philosophisch-staatsrechtlichen Freiheitspostulat hervorheben, das allen Vorkämpfern der bürgerlichen Emanzipation zum gemeinsamen Panier diente[25]).

Wir sahen soeben, daß List schon 1819 in Karlsruhe Rotteck begegnet sein dürfte. Lists großer Brief an Rotteck aus Paris vom 3. August 1838 gibt rückschauend Auskunft über ihre Beziehungen, die nach Lists Verurteilung (1823) sowie nach seiner Rückkehr (1831/33) wieder aufgelebt waren[26]). Er habe seinen Entwurf einer „Encyclopädie sämtlicher Staatswissenschaften", den er 1831 mit einem deutschen Buchhändler in Paris besprochen, alsbald aufgegeben: „Indem ich klar voraussah, daß in der europäischen Politik alles so kommen werde, wie es gekommen ist, und daher zu meinem früheren Entschluß zurückkehrte, entfernt von allen Parteibewegungen mich bloß der Beförderung der politischen Bildung meines Vaterlandes durch literarische Tätigkeit und der Consolidierung und Entwicklung seiner materiellen Interessen zu widmen, überzeugt wie ich war, daß nur auf dieser Basis ein besserer Zustand zu gründen sei. Hamburg hatte ich Paris als Aufenthaltsort substituiert, weil ich hoffen durfte, hier könnte meine Tätigkeit am wenigsten verdächtigt, von hier aus mein Plan zu einem deutschen Eisenbahnsystem am leichtesten realisiert werden." Auch mittelst des „Staatslexikon" hatte List hauptsächlich beabsichtigt, „vernünftigere Grundsätze der

---

[23]) Vgl. Karl von Rotteck, „Sammlung kleinerer Schriften", Bd. II, S. 5—155; Bd. III, S. 258—329.

[24]) Siehe Rotteck l. c. Bd. II, S. 76. — Vgl. Ad. Wahl in „Historische Zeitschrift" 1910, S. 570—588; „Die deutsche Sozialdemokratie" l. c., S. 61—64. Rotteck war gegen „Pöbelherrschaft" und bekämpfte die „Konskription".

[25]) Vgl. List über Rottecks inhaltlose Urteile in „Werke" Bd. VI, S. 28—29.

[26]) Vgl. unten Hauptteil D, 1. Kapitel, und Hans Zehnter, „Das Staatslexikon von Rotteck und Welcker" in „List-Studien" Heft 3, 1929. — „Werke" Bd. V, S. 7—12, 20—32; Bd. VIII, S. 13, 398—402, 432—433, 469—470, 512—525, 530—532, 552—554, 902.

National-Ökonomie unter das deutsche Publikum zu bringen". Die beiden Freiburger Freisinnigen dagegen — seit Ende 1832 zwangsweise pensioniert — dachten mehr daran, im Staatslexikon ein „politisches Glaubensbekenntnis" der ihnen nahestehenden konstitutionellen Partei abzugeben. Unter der subjektiven Hülle persönlicher Zwistigkeiten tritt auch Rotteck und Welcker gegenüber ein sachlicher Gegensatz hervor. List ist eben kein formaldemokratischer Parteiführer im Übergang vom Ständestaat zum Parteienstaat, kein konstitutioneller „Freisinniger" im Sinne der Rotteckschen Popularphilosophie.

Wir finden hier bestätigt, was List von seinem Verzicht auf unmittelbares politisches Wirken an Metternich 1844 schrieb, und sehen, wie seine öffentliche Tätigkeit seit der Julirevolution ebenso wie im „Verein" darauf ausging, das Ziel der nationalen Einheit und Freiheit von der staatspolitischen auf die literarisch-journalistische und ökonomische Ebene zu übertragen. Als „Ausländer" seit 1831 nur geduldet, sah er keinerlei Möglichkeit, in das Stuttgarter Ständehaus zurückzukehren. So ließ sich nur durch die Presse eine breitere Wirksamkeit erwarten; gerade seit der Julirevolution war sie im Aufnehmen: von Wirth und Siebenpfeiffer auf der badisch-pfälzischen Linken bis zu Ranke, Jarcke und von Gerlach in Berlin. Wir lernten Lists journalistische Fruchtbarkeit aus seiner Leipziger Zeit kennen[27]). Mit seinen Real-Encyclopädien und sonstigen Entwürfen folgte er einer Zeittendenz; doch lag die Neigung für Wörterbücher, Bibliographien und lexikalische Sammelwerke dem organisationsfreudigen, gründlichen Deutschen überhaupt: Von Krünitz' Encyclopädie und Schedels Warenlexikon im 18. Jahrhundert bis zu Brockhaus' Conversations-Lexikon und Pierers Universal-Lexikon im Vormärz. Ein „Staatslexikon" für die Gebildeten aller Stände konnte der öffentlichen Meinung „Zeitschwingen" schaffen. Um 1830 begann man ja auch der Jugendbildung mit „Realschulen" und Techniken eine mehr realistische Richtung zu geben[28]).

Die konstitutionell-freisinnige Richtung der Rotteck-Welckerschen Enzyclopädie konnte den vormärzlichen Zensurbehörden keinen Augenblick verborgen bleiben und zog List, obschon er ausschließlich mit national-ökonomischen Beiträgen zum „Staatslexikon" hervortrat, notwendig mit hinein; wir sahen ja, wie die literarische Bespitzelung in Leipzig ihn verfolgte. Ein Geheimbericht[29]) meldete nach Wien: „In der ‚Freiburger Zeitung' vom 21. Oktober 1836 Nr. 295 wird das allgemeine Staatslexikon und Enzyclopädie sämtlicher Staatswissenschaften von K. v. Rotteck und C. Welcker angekündigt. Zeugen schon diese Namen für die liberale Tendenz dieses Werkes, so sind die

[27]) Vgl. oben 2. Kapitel dieses Hauptteils.

[28]) Wegen des „Conversations-Lexikon" vgl. H. E. Brockhaus, „Friedr. Arnold Brockhaus", Bd. I—III, 1872 bis 1881. — Wegen des technischen Schulwesens vgl. Lenz, „Das technische Bildungsproblem in Rücksicht auf Staat und Wirtschaft", Braunschweiger Hochschulschrift 1913.

[29]) Siehe Karl Glossy l. c., S. 80, aus „Innsbruck, 6. Dezember 1836".

in der obgedachten Annonce vorkommenden Namen der Mitarbeiter noch auffallender. Ein vertrauter Korrespondent macht über dieselben folgende Bemerkungen: Mathy ein Badenscher Flüchtling in der Schweiz und daselbst in Untersuchungshaft gewesen; List, Anno 1820 (!) aus Württemberg verbannt. Er ging zu den beiden Propagandisten, den Gebrüdern Follenius in die Schweiz, sodann mit dem einen nach Amerika; durch Hilfe der Propaganda (!) wurde er amerikanischer Konsul und als solcher ist er in Deutschland; er fraternisierte als Konsul in Freiburg mit Rotteck, Welcker", den liberalen Gelehrten Duttlinger, Amann und anderen Liberalen[30]). Andere radikale Mitarbeiter am „Staatslexikon" seien Kirchenrat Paulus in Heidelberg und der Schwabe Paul Pfizer, den List später gelegentlich erwähnt. Zu allen inneren Schwierigkeiten traten also die bekannten Zensurhemmnisse; so ward das „Staats-Lexikon" in Preußen 1835 bis 1843 verboten.

Lists persönliche Erfahrungen mit den Wortführern des süddeutschen Parlamentarismus waren keinesfalls ermutigend. Schon in Karlsruhe 1831 habe er wahrzunehmen geglaubt — schreibt er in jenem Brief an Rotteck —, „daß Männer wie Mittermeier, Itzstein usw. mir nicht auf die Weise entgegenkamen, wie ich erwarten zu dürfen vermeinte"[31]). Seine früheren Verdienste „als praktischer Politiker" um das württembergische Staatswesen seien in der Zwischenzeit vergessen worden; er erinnert Rotteck daran: — „Durch den Volksfreund aus Schwaben habe ich im Verein mit Andern, zuerst die Beamten-Aristokratie zu humanisieren, die öffentlichen Mißbräuche zu bekämpfen und richtige Begriffe über das Wesen der konstitutionellen Monarchie zu verbreiten gesucht." In bedrängter Lage, nach seiner zweiten Rückkehr aus Nordamerika, habe er sich „den Wortführern der liberalen Partei" entdecken wollen: „wie ich in Gefahr stehe, neuen Verfolgungen zu erliegen, mit meiner Familie wieder über das weite Weltmeer getrieben zu werden". Wir wissen, daß List 1832 zum amerikanischen Generalkonsul für Baden ernannt worden war und mit den dortigen Parteihäuptern 1831 alte Beziehungen sogleich wieder aufgenommen hatte. Aber schnöde Abweisung und Übervorteilung seien namentlich Professor Welckers Antwort gewesen und hätten List „Monate lang nachher noch wie körperlich und geistig gelähmt. — Natürlich, ich hatte ja mit meinem Glauben an die Führer der Liberalen Partei nun gänzlich bankerott gemacht. Die Regierungen verfolgten mich ... und die Liberalen beraubten mich — was blieb mir noch übrig?" Und das geschah ihm von einem freigesinnten Schriftsteller wie Professor Carl Welcker, der freilich ein geldhungriger

[30]) Duttlinger begegnet uns als Jurist und Mitglied der badischen Kammer-Opposition; Amann war ein aufgeklärter Kirchenrechtler, der als Gegner der kirchlichen Ansprüche später vom Lehramt enthoben wurde. — Wegen List und Gebrüder Follen vgl. unten Hauptteil D, 2. Kapitel. — Pfizers „Briefwechsel zweier Deutscher" war 1831 erschienen.

[31]) Professor K. A. Mittermeier und Frhr. von Itzstein waren seit 1831 bzw. 1822 Landtagsabgeordnete in Karlsruhe und 1848, gleich Mathy und Welcker, liberale Koryphäen.

übler Vielschreiber und List feindlich gesinnt sei. Hatte Welcker doch List schon bei einem Besuch in Basel 1822 auf das kälteste behandelt. Seit 1836 war der Bruch zwischen beiden Männern endgültig, während List mit Rotteck sich bis zu dessen Tode 1840 besser stand. — „Jetzt ist Herr Welcker ein reicher Mann, kauft Landgüter und hat kein angelegentlicheres Geschäft als seine Verehrer gegen mich einzunehmen, wovon er mir bei seiner letzten Anwesenheit in Karlsruhe die überzeugensten Beweise gegeben hat[32]."

List kam auch beim „Staats-Lexikon", dessen erster Gedanke durchaus ihm gehörte, zugunsten der Freiburger Koryphäen um jede äußere Anerkennung. Er hatte sich, nachdem er in Hamburg 1832 den Verleger H. Th. Lesser gewonnen, aus politischen Gründen von der Redaktion zurückgehalten und Rau, Nebenius, Fulda, R. von Mohl als nationalökonomische Bearbeiter empfohlen. Um „die politischen Wissenschaften zum Gemeingut des deutschen Publikums zu machen", teilte List sich nur mit dem Verleger in die Finanzierung des Unternehmens, um auch hier die übliche Enttäuschung zu erleben. Den nationalökonomischen Artikel legte Professor Welcker in die Hände von Anhängern der „Schule" wie Bülau und Karl Mathy. Letzterer, der 1842 in die Karlsruher Kammer eintrat, äußerte als badischer Freihändler gegen Garnzölle: „Die fanatischen Schüler von List verkünden mit ihrem Ruf nach Zollschutz eine verderbliche Lehre[33]." Daher verstehen wir, wenn List von diesem Standardwerk des vormärzlichen Liberalismus sich zurückzog.

---

[32]) Vgl. List-Archiv F. XXVII und „Herdflamme" l. c., S. XXVIII—XXX, 341 bis 365. — Welcker schrieb trotzdem in der 2. Auflage des „Staats-Lexikon" den Artikel „List". Er wurde 1848 Bundestagsgesandter.

[33]) Siehe Gustav Freytag, „Karl Mathy" l. c., S. 216, 239. — Vgl. Karl Mathy über List im „Neuen Nekrolog der Deutschen", 1846. — Über Mathy, den bedeutenden Parlamentarier, Bankdirektor und badischen Staatsmann s. auch Ludwig Mathy, „Aus dem Nachlaß von Karl Mathy", 1898.

So konnte List sogar im heimatlichen parlamentarischen Süddeutschland nicht festwurzeln. Dies gilt sowohl für Baden wie für Hessen, Württemberg und Bayern; in allen diesen Staaten sind namentlich seine Versuche, durch Teilnahme an den Eisenbahnbauten Fuß zu fassen, mißlungen. Zunächst im Großherzogtum Baden.

Die Route von Mannheim nach Basel hatte er schon im Sommer 1831, während seiner ersten Heimkehr nach Europa bereist, um die Anlage einer Bahn dort selbst zu prüfen[34]). Wenn er damals von Paris nach Freiburg und Karlsruhe fuhr, so mag freilich auch ein politisches Interesse an den Verhandlungen des liberalen badischen Landtags von 1831 hineingespielt haben. Im Juli 1832 erhielt er seine mehr nominelle Ernennung zum nordamerikanischen Generalkonsul für das Großherzogtum Baden, im Frühjahr 1833 hatte er die Abgeordneten Rotteck und Welcker als Herausgeber für das Standardwerk des „Staatslexikon" gewonnen. In Verbindung mit dem Freiherrn Georg von Cotta tat er seit 1834, während seiner Leipziger Eisenbahnzeit, Schritte, um bei der badischen Regierung eine Konzession als Bahnunternehmer zu erhalten. Badens Beitritt zum Zollverein schien dafür zu sprechen. Vergebens aber hoffte er — wie gleichzeitig in Preußen! — durch sein „Memoire betr. eine Eisenbahn von Mannheim bis Basel" vom April 1835 sich bei der badischen Ständeversammlung einzuführen, nachdem er von der Leipzig-Dresdener Bahn schon Undank genug geerntet hatte. Er konkurrierte dabei mit einer älteren Denkschrift des badischen Kommerzienrats L. Newhouse, die sich auf eine Bahn von Mannheim nach Heidelberg bezog. List schlug der badischen Ständeversammlung im Mai 1835 vor, die badische Magistrale, bis Basel verlängert, zum Teilstück eines südwestdeutschen Gesamtnetzes zu machen. Er hätte den Bau, gegen eine staatliche Dividendengarantie von 3 Prozent, binnen vier Jahren am liebsten — ähnlich wie in Preußen — selber durchgeführt und $4^1/_2$ Millionen Gulden mittels eines Bankenkonsortiums aufzubringen übernommen, war aber auch zu anderweiter Mitarbeit bereit. Um das Aufbringen der Kapitalien zu erleichtern, regte er überdies wie in Leipzig eine Ausgabe von unverzinslichem Papiergeld („Kassenscheinen") an[35]).

Zunächst schien List, wie gleichzeitig in Preußen, Glück zu haben. Der Freiherr von Gemmingen wandte sich in der ersten Kammer am 13. August 1835 gegen Lists Ausstoßung aus dem Württembergischen

[34]) Vgl. Lists obengenanntes Berliner „Promemoria" vom 21. Mai 1835.

[35]) S. „Werke", Bd. III 1, S. 224—241, und die Einzelheiten in Bd. III 2, S. 850 bis 871; Bd. VIII, S. 423, 454—455, 465—468.

Ständehaus, gab aber dem Projekt des Newhouse-Konsortiums den Vorzug. Noch am 17. März 1836 schrieb List seiner Frau: „Bei den bürgerlichen Staatsbeamten in Karlsruhe habe ich einen Stein im Brett, ich habe sehr warme Freunde unter ihnen, die sehnlich wünschen, ich möchte in Baden eine angemessene Stellung einnehmen. Unter der Aristokratie und höher hinauf habe ich aber noch Mißtrauen wahrgenommen.“ Seine Versuche, mittels der Bahn Basel—Mannheim in den badischen Dienst zu gelangen, waren damals schon gescheitert. Auch sein Zusammengehen mit den badischen Liberalen konnte an den ökonomischen Voraussetzungen nichts ändern. Seine übermäßig optimistischen Vorschläge wurden in der II. Kammer nur durch Rotteck und Welcker verteidigt, von Professor Rau in der I. Kammer abgewiesen; ein Dank, den die badische II. Kammer auf Welckers Antrag ihm votierte, gab den Ausklang. Die Regierung sprach von „unheilbringenden Spekulationen“ (1837), und der Bahnbau wurde 1838 als Staatsunternehmen beschlossen. Nebenius wurde hierbei der Initiator, und List zog sich zurück. Vergebens war er Anfang dieses Jahres selbst nach Baden gekommen. „Die Freundschaft, die ihn mit Rotteck und Welcker verband, die Achtung und Höflichkeit, mit der ihn der Staatsminister Winter und andere hohe Staatsbeamte bald darauf einluden, seinen Wirkungskreis nach Baden zu verlegen, konnten ihn nicht darüber hinwegtäuschen, daß er auch in Baden gegen das Mißtrauen und die gekränkte Eitelkeit einflußreicher Persönlichkeiten, gegen Unverstand und Gehässigkeit einen schweren Stand haben würde.“ Die erste Strecke, von Mannheim nach Heidelberg, wurde 1840 auf Staatskosten eröffnet[36]).

Wohl hatte Nebenius den „Wunsch geäußert, Lists Eisenbahnpläne möchten die Ungerechtigkeit“, mit der man seine „Leistungen in Sachen des Zollvereins“ behandelt habe, wieder gutmachen. Aber als er auch in Baden einsehen mußte, daß er alle Opfer „der Sache des gesamten Deutschlands“ vergebens dargebracht, resignierte er mit der Einsicht: „— ich bin ein Tor, zwanzig Jahre lang an Deutschland zu glauben[37]).“

Ein deutsches Eisenbahnsystem hatte List schon 1828 „mitten in den Wildnissen der blauen Berge“ Pennsylvaniens erträumt; ihm galten die „Mitteilungen aus Nordamerika“, welche Lists Freunde vom Handelsverein, Weber und Arnoldi, 1829 in Hamburg zum Druck beförderten[38]). Englischer Einfluß sowie partikulare Konkurrenzrücksichten sollten List im Wege stehen, als er 1832 in Hamburg einen Ausgangspunkt für

[36]) Siehe Kech, „Die Gründung der Großherzoglich Badischen Staatsbahnen“, 1905, S. 48.

[37]) S. „Werke“ Bd. VIII, S. 862—863.

[38]) S. in diesem Kapitel, Anm. 58. — A. von der Leyen, ein berufener Beurteiler, nennt diese sechs Briefe an Oberbergrat Joseph Baader „eine der bedeutendsten Schriften über das Verkehrswesen“; l. c. 1931, Heft 5, S. 9.

sein „Nationaltransportsystem“ zu finden hoffte; auch überwogen dort die Interessen an der jungen Linienschiffahrt und Dampfschiffreederei. Erst in Leipzig — „der Herzkammer des deutschen Binnen-Verkehrs, des Buchhandels und der deutschen Fabrik-Industrie“ — fand List den geeigneten Zentralpunkt, auch hier freilich gehemmt durch die politischen und lokalen Verhältnisse. Kosmopolitische Träume verbanden sich mit technisch-privatwirtschaftlichen Spekulationen: das neue Transportsystem sollte die Völker erlösen „von der Plage des Krieges, der Teuerung und der Hungersnot, des Nationalhasses und der Arbeitslosigkeit, der Unwissenheit und des Schlendrians ...“ Daß Eisenbahnen jede Invasion vereiteln könnten, hatte List auch in der „Revue Encyclopédique“ von 1831 ausgeführt[39]). Ja, sie könnten das Land von der „Geißel, dem „Krebsschaden“ stehender Armeen befreien — obschon List die Festungen sowenig wie die Schutzzölle abtragen wollte! Stimmte er doch darin, daß Macht wichtiger als Reichtum sei, mit Adam Smith stets grundsätzlich überein[40]). Aus dem gleichen Jahr hat Ludwig Börne uns ein — im Wortlaut vielleicht anfechtbares — Zeugnis überliefert, das in seinen Pariser Briefen vom 8. Oktober 1831 enthalten ist[41]). Er hatte sich mit Heine und List über die Bahn Le Havre—Paris—Straßburg unterhalten, die List sehr am Herzen lag, und fährt dann fort: „Die Eisenbahnen sind nun meine und Lists Schwärmereien wegen ihrer ungeheuren politischen Folgen. Allem Despotismus wäre dadurch der Hals gebrochen, Kriege ganz unmöglich. Frankreich, wie jedes andere Land, könnte dann die größten Armeen innerhalb vierundzwanzig Stunden von einem Ende des Reiches zum andern führen. Dadurch würde der Krieg nur eine Art Überrumpelung im Schachspiel und gar nicht mehr auszuführen.“ Da „Invasionskriege“ unmöglich und nur noch „Grenzkriege“ tunlich wären, meinte List um 1835, so würde das Eisenbahnsystem „am Ende gar eine Maschine, die den Krieg selbst zersört —“. In Frankreich teilte z. B. Proudhon diese humanitär-kosmopolitische Hoffnung.

Wir verzichten darauf, solche naiven, aber damals häufigen Erwartungen nach ihrem ideologischen oder ihrem Wirklichkeitsgehalt einzugrenzen. Sie zeigen jene vulgär-liberale Gedankenwelt, die aus den absprechenden Urteilen des aufgeklärten 18. Jahrhunderts über „Haupt- und Staatsaktionen“ mit ihren „Mordgeschichten“ — wie Schlözer sagt — erwuchs. Solche reinrationalen Vorstellungen gehören der „kosmopolitischen“ Schicht des Listschen Denkens an; sie treten zurück hinter dem Smith-Listschen Satz, daß power wichtiger als wealth sei[42]). So klar er später die militärisch-politische Wichtigkeit des neuen Transport-

[39]) S. „Werke“ Bd. III 2, S. 556; Bd. V, S. 61—64, 554; Bd. VIII, S. 397.

[40]) Vgl. Lenz, „Ist Deutschlands Krieg ein Wirtschaftskrieg?“, 1915, S. 7—10.

[41]) Siehe Börnes „Werke“ ed. Geiger, Bd. VI, S. 235. — Vgl. „Werke“ Bd. III 2, S. 905—906.

[42]) Vgl. „Werke“ Bd. II, S. 131; Bd. III 1, S. 147, 260—269, 331, 349; ferner Bd. VI, S. 99—100, 535. — Zur Kritik s. Max Lenz in „Hessische Beiträge“ l. c., Bd. 12, S. 65—66. Auch A. Sommer, „F. Lists System“ l. c., S. 126.

mittels erkannte, so fest lebte er anfänglich in jenen pazifistischen Vorstellungen von der Ausrottbarkeit bewaffneter Machtkämpfe durch den technischen Fortschritt. Anläßlich des Leipziger Unternehmens skizzierte List, in seinem „Eisenbahnjournal", etwa die „Völkerverbindungseisenbahn zwischen London, Paris und Brüssel (international railroad)". Es bezeichnet den hoffnungsreichen Geist der vormärzlichen Liberalen, daß Gustav Mevissen 1843, wegen der Bahn von Köln nach Antwerpen, ähnliche Gedanken äußerte[43]). Deutschlands „ewige Verschonung mit fremden Invasionen" schien List noch 1841 ein sicheres Ergebnis der neuen „Nationalhandelsrouten". Man denke auch an die pazifistischen Illusionen der Freihandelsschule! Erst der Krieg 1870/71 sollte den Deutschen die Rolle der Eisenbahnen im Kriegsfall deutlich machen. Während List noch im Geist eines Achenwall oder Kant Kriege „die größte Geißel zivilisierter Nationen" schalt, betonte er anderseits ganz unbefangen: „Ein Krieg, der den Übergang des Agrikulturstaats in den Agrikultur-Manufakturstaat befördert, ist daher ein Segen für die Nation —; — ein Friede aber, der eine zur Entwicklung einer Manufakturkraft berufene Nation wieder in den bloßen Agrikulturstaat zurückwirft, wird ihr zum Fluch und ist ihr ohne allen Vergleich schädlicher als der Krieg." Aus dem Jahr 1834 stammt sein erster Beitrag für die „Allgemeine Militärzeitung" über „Deutschlands Eisenbahnsystem in militärischer Beziehung". Im „Natürlichen" wie im „Nationalen System" wird die Manufakturkraft ausdrücklich im Hinblick auf den Krieg für jede „normalmäßige" Nation gefordert; sie sichert der Nation „industrielle Independenz für den Fall des Krieges"[44]). Auch hier liegen alle Chancen des 19. Jahrhunderts — friedliche „Weltwirtschaft" wie kriegerischer „Imperialismus" — in Lists Argumentation bereits beschlossen; gleichwie die doppelte Funktion der modernen Verkehrsmittel für Kriegs- und Friedensziele von Napoleons I. Chausseebauten überleitet zu den neueren Erfindungen im Flug-, Kraftwagen- und Nachrichtenwesen (Autostraßen, Tanks usw.). Der junge Moltke hat die militärische Wichtigkeit des neuen Verkehrsmittels frühzeitig erkannt, der Krieg von 1870/71 sie erwiesen.

List stieß mit seinen technischen Vorschlägen und persönlichen Wünschen überall auf den Widerstand konkurrierender Unternehmer

---

[43]) Vgl. Jos. Hansen l. c. Erster Bd., S. 306—307.

[44]) S. „Werke" Bd. III 1, S. 260ff.; Bd. III 2, S. 894—899; Bd. IV, S. 186, 565; Bd. VI, S. 215—218, 323. — „Mitteilungen" l. c. Heft 29, 1935, S. 565. — Wegen List, Achenwall und Kant vgl. oben Hauptteil A, 1. Kapitel. Für Friedrich Harkort s. hierzu Berger l. c., S. 240. — Über die militärische Seite des neuen Verkehrsmittels vgl. oben wegen Preußen und etwa: „Teutschlands Verteidigung gegen den äußeren Feind und das sie befördernde System der Eisenbahnen. Von einem Offizier", Cotta 1842, S. 128—144. — (K. E. Poenitz:) „Die Eisenbahnen als militärische Operationslinien. Nebst Entwurf zu einem militärischen Eisenbahnsystem für Deutschland", 1842. — Ludolf Camphausen betonte 1833 schon die militärische Wichtigkeit einer preußischen Ost-Westverbindung. — Ludendorff, „Der totale Krieg" 1935.

oder lokaler Vorurteile und Interessen. Dem Unternehmertypus jener technisch-wirtschaftlichen Übergangszeit zum Kapitalismus späterer Tage haftet ja noch etwas von dem Typus des abenteuernden Projektenmachers an, der unsere kapitalistische Frühzeit im Sinne Werner Sombarts kennzeichnet[45]). Die systematische Einheit seiner Vorschau belebte alle Einzelpläne für Hamburg, Sachsen, Preußen, Thüringen und Süddeutschland. Die Einheit staatlich geschlossener Verkehrs- und Produktionsgebiete aber fand er eher in Belgien oder Frankreich vor, — die Weite transkontinentaler Linienführung in den Ver. Staaten. Auch die imperialen Skizzen seiner Spätzeit werden ihren verkehrspolitischen Niederschlag finden in dem Plan einer transkontinentalen Verbindung Großbritanniens über Belgien und Deutschland mit Indien. Die verkehrspolitische Schlüsselstellung Ägyptens im britischen Empire hat List im „Staatslexikon" bereits dargelegt[46]).

Jedes Transportsystem sieht List als ein gegliedertes Ganzes: „Der Hauptstrang eines Landes ist der Arm, die Quer- und Seitenbahnen, die unvollkommenen, aber wohlfeilen Eisenbahnen, die Holzbahnen, die gewöhnlichen Straßen sind die Hände und Finger des Systems, ohne sie ist der Hauptstrang ein Stumpf und nicht viel wert." — „Ein vereinzelt stehender Kanal ist wie eine vereinzelte Eisenbahn — ein Stumpf ohne Hand und Finger[47])."

Damit greift er, wie in seiner Handelsvereinszeit, über die Schranken seiner Zeit und ihrer Produktionsverhältnisse hinaus. Die geistlose Antwort des „Schul"-gelehrten und fruchtbaren Schriftstellers Professor Pölitz in Leipzig — man wisse doch nicht, wohin der Warenzug sich künftig lenken werde — wirkt darum so entmutigend, weil sie den unüberbrückbaren Spalt aufweist, der solche gekonnte Mittelmäßigkeit von der konstruktiven „Energie" eines List scheidet. „Dieser geistlose Inhaber von Deutschlands erstem politischen Lehrstuhl" war in der Tat „in keinem Fach origineller Denker und überall ohne Erfahrung"[48]). Derartigen Fachurteilen gegenüber konnte er mit Recht klagen: „ — man weiß wahrhaftig nicht, soll man der schrecklichen Sachunkenntnis seiner Urheber oder ihrer gebrechlichen Logik zuerst beispringen". — „Fast täte es not, wir schrieben eine eigene Abhandlung über die Natur der Zweifel[49])."

Sein glänzender „Dialog zur Mainzer Eisenbahnfrage" (1844), der auch stilistisch nach Lists eigenem Urteil zu seinen besten Arbeiten zählt,

---

[45]) Vgl. Fichtes Urteil über die „Betriebsamkeitsritter (chevaliers d'industrie)" in seinem „Naturrecht" (1796).

[46]) S. „Das deutsche National-Transport-System", S.-A. aus dem „Staatslexikon", 1838. — Vgl. unten Hauptteil D, 2. Kapitel, Anm. 88, 91.

[47]) S. „Werke" Bd. III 1, S. 390—391.

[48]) S. „Werke" Bd. VI, S. 29.

[49]) S. „Werke" Bd. III 1, S. 358, 364, 386—388; Bd. III 2, S. 787. — Vgl. aber Lists Vorstellungen von einer „Pferdekraftlokomotive" und einer „Menschenlokomotive" in „Werke" Bd. III 1, S. 393—394, 415 mit seiner technischen Voraussicht, in „Einleitung" zu „Werke" Bd. VII und unten Hauptteil F, 2. Kapitel, Anm. 64ff.

macht die einzigartige Übereinstimmung des Menschen List mit seinem Werke kund. Dennoch — und vielleicht deswegen — führte von hier kein Weg zu den Niederungen, in denen Zuständigkeit und Geschäftsroutine notwendigerweise herrschen. List, der als privater „promoter" aus seinen amerikanischen Unternehmungen zeitweise eine Jahresrente von über 10000 Dollars geerntet hatte, sah seine sanguinischen Hoffnungen, als amtlicher Berater oder Leiter bei den Bahnen oder im Zollwesen angestellt zu werden, überall vereitelt. Auch in Hessen-Darmstadt und der Rheinpfalz erlebte er eine Enttäuschung, wie sein Brief an den Staatsprokurator Dr. Knyn in Mainz vom 9. Juni 1845 erweist. Die hessischen Bahnbauten begannen 1843/44 und standen teils unter staatlicher Leitung, teils wurden sie der Mainzer „Ludwigsbahngesellschaft" übertragen[50]). Die Bahn Ludwigshafen—Bexbach, für die List sich lebhaft einsetzte, verband hier im Südwesten das preußische Saarbrücken mit dem Rhein; so hat List geholfen, die Transportlage des Saargebietes, gleichwie der Pfalz, seit 1845 grundlegend zu verbessern.

[50]) S. „Werke" Bd. III 1, S. 416—433, und Sparla, „Die preußisch-hessische Eisenbahngemeinschaft" in „Hessische Beiträge zur Staats- und Wirtschaftskunde" Band 1, 1929, S. 24. Die Akten der hessischen Ludwigsbahn sind nicht erhalten, sodaß über Lists Teilnahme nichts zu ermitteln war. Vgl. „Werke" Bd. III 2, S. 997—1008.

Lists Verhältnis zu Bayern stellt sich ebenfalls als eine Reihe von mißlungenen Versuchen dar, sei es auf dem volkstümlichen Wege der Abgeordneten-Kammer, sei es über die Regierungen einen Standort innerhalb der Staatswirklichkeit zu erhalten. Während List in den nordamerikanischen Freistaaten „von unten her" den Zugang bis hinauf zum Staatschef selbst sich bahnen konnte und während er in Ungarn bei den Wortführern der parlamentarischen Aristokratie hohes Ansehen sich erwarb, hatte er in Belgien wie in Frankreich eher bei den Trägern und Beratern der Krone eine günstige Resonanz mit seinen Vorschlägen gefunden. Innerhalb des vormärzlichen Deutschland besaßen weder Österreich noch Preußen parlamentarische Institutionen. Da der „Handels- und Gewerbsverein" in beiden Monarchien nicht zugelassen wurde, so mußte das Einwirken volkstümlicher Tendenzen darauf beschränkt bleiben, publizistische Wünsche für eine unitarische und parlamentarische Verfassung dieser Mächte zu äußern. Wir bemerkten schon, daß für Lists nationalwirtschaftliches Ziel hierbei die Macht und Einheit des „Nationalkörpers" noch vor der innergesellschaftlichen Freiheit, im vulgär-liberalen Sinne, zählten — gemäß Lists Fortschreiten von naturrechtlichen Gedankengängen zu den mehr „handgreiflichen" Nationalinteressen. Die Regierungen mit ihrer Bürokratie aber standen ihm im Metternichschen Österreich dauernd feindlich, in Preußen abwartend-kritisch gegenüber. Gleichwie sie alle Organe der „öffentlichen Meinung", in denen List sich regelmäßig aussprach — Augsburger „Allgemeine Zeitung" seit 1837, „Zollvereinsblatt" seit 1843 — teils mißtrauend, teils mit Unterdrückungsmaßnahmen beobachteten und verfolgten.

Das Verfassungsleben des südlichen Deutschland hatte in List frühzeitig einen parlamentarischen Märtyrer erhalten. Seine Versuche, durch die liberalen Wortführer oder, wie in Bayern und in Hessen, durch seine Verbindung mit Standesherren Einfluß zu gewinnen, brachten ihm keinen entscheidenden Erfolg, und auch von seiten der Regierung erfuhr er nirgends ein nachhaltiges Eingehen auf seine mannigfachen Pläne. So verharrte List zeitlebens bei jener schicksalsvollen Zwischenstellung, die ihm als einem Worthalter populärer Bewegungen im deutschen Vormärz zukam. Aus dieser Antithese gab es noch keine Vermittlung durch die Staatswirklichkeit; erst Bismarck schuf das staatsrechtliche Bündnis des Bürgertums mit den obrigkeitlichen Schichten — als Akt politischen Handelns und nicht in den Formen einer „Vereinbarung", sondern „durch Blut und Eisen".

In Bayern, der nächst Preußen stärksten Macht des künftigen Zollvereins, überwogen die persönlichen Bedenken gegen List allerdings von vornherein. Auch hier, wie in Baden, waren die Landstände zum erstenmal versammelt, als List mit seinen Genossen Schnell und Weber das Münchner Ministerium Mitte Juni 1819 anging. Er schrieb seiner Frau am 19. Juni aus München: „Dem Anschein nach wird unsere Gesandtschaft glänzende Resultate liefern. Morgen und übermorgen werden wir dem König, dem Kronprinzen, dem Herzog von Leuchtenberg unsere Aufwartung machen.“ Auch dem Feldmarschall Fürst Wrede und dem Grafen von Montgelas stellten sie sich vor[51]). „Heute gehen wir zu den Ständen und den Ministern. Man macht uns von allen Seiten her frohe Hoffnungen“; doch sei er auch auf das Schlimmste gefaßt. „Die Stände sind für uns“, heißt es am 22. Juni. Eine amtliche „Aufzeichnung über die Darmstädter Konferenz“ von Anfang 1822 erwähnte immerhin, daß der „Verein“ ein „sehr beredtes und bereites Organ“ gewesen und daß man in Wien „unter tätiger Mitwirkung des vormaligen Professors List“ für den Artikel XIX der Bundes-Akte gearbeitet habe[52]). Das Motiv sei teils das staatswirtschaftliche Interesse der beteiligten Staaten gewesen, „andererseits aber, durch Begünstigung einer populär gewordenen Idee, den Preis zeitgemäßer Liberalität zu gewinnen!“ Die Furcht vor revolutionären Gefahren und die Sorge um die eigene Souveränität überwogen freilich bei weitem. Schon im Frühjahr 1819 meldete der Bundestagsgesandte von Aretin aus Frankfurt andeutend über den „Verein“: „Gewisse Umstände könnten allerdings auf eine andere als bloß kommerzielle Leitung dieses Vereins schließen lassen.“ Die Auskünfte über Schnell und List und ihren Propagandaverein, so berichtet Doeberl[53]), waren nicht geeignet, jene Bedenken zu beschwichtigen. Die Revolutionsfurcht ließ in Metternich den einzigen Hort der Ruhe und Ordnung sehen, im „Verein“ hingegen trotz der Beteuerungen seiner Führer eine politische Tendenz erkennen. Daß liberale Abgeordnete in den jungen badischen und bayerischen Kammern, wie List selber Ende 1820 im Stuttgarter Ständehaus, für Zolleinheit ihre Stimme erhoben, verstärkte eher die Bedenken. Die bayerische Verfassung erschien noch keineswegs gefestigt. Bayerns Gesandter in Berlin, Graf Luxburg, warnte: „Abgesehen von höheren politischen Rücksichten, die alles Generalisieren und Zentralisieren in Deutschland schon um deswegen nicht anempfehlen, weil dadurch Eingriffe und wesentliche Veränderungen in der Administration der souveränen deutschen Staaten unvermeid-

[51]) Eugène Beauharnais Herzog von Leuchtenberg. — Die Eingabe der „Vereins“-Deputierten an den König Max Joseph von Bayern, vom 25. Juni 1819, s. im List-Archiv F. I Nr. 24a. Der König wird gebeten, die anderen süddeutschen Staaten zu einem Handelsverband aufzufordern. — Vgl. „Werke“ Bd. I 1, S. 31; Olshausen l. c., S. 46—48, und „Werke“ Bd. VIII, S. 144.

[52]) Siehe M. Doeberl, „Bayern und die wirtschaftliche Einigung Deutschlands“ in „Abhandlungen der bayerischen Akademie der Wissenschaften“, 1915.

[53]) l. c., S. 11. — Aretin wurde 1820 Lists Gegner; vgl. oben Hauptteil B, 3. Kapitel, Anm. 16. Der liberale Staatsrechtler war sein Bruder.

lich herbeigeführt würden, beruht die Idee des deutschen Handelsvereins auch in kommerzieller und finanzieller Hinsicht auf trügerischen Träumereien."

So konnte das anfängliche Entgegenkommen gegen den „Verein", um dessentwillen dieser seinen Sitz in Nürnberg genommen hatte[54]), in Bayern sowenig wie in Württemberg andauern.

Der preußische Gesandte in München, General von Zastrow, berichtete am 23. Juni 1819 — dem Tage des Empfangs der Deputation bei König Max Joseph — nach Berlin über die Ergebnisse der Sandschen Untersuchung und über den Professor Schelling, der wegen seiner „verderblichen Lehrsätze" überwacht werden solle[55]). In bezeichnendem Zusammenhang fuhr der Gesandte fort: der bekannte List sei dieser Tage in München eingetroffen und habe die Absicht, seinen Antrag wegen des freien Handelsverkehrs zwischen den deutschen Staaten durch die bayerische zweite Kammer erneut an den Bundestag in Frankfurt gelangen zu lassen. List werde in München polizeilich überwacht! „Da dieser List als ein äußerst verschlagener Mensch bekannt ist, der außerdem wohl noch die Absicht haben könnte, seine Grundsätze den mit ihm übereinstimmenden Mitgliedern der Deputiertenkammer mitzuteilen, und sie für sich zu gewinnen, so haben S. M. der König den Polizeidirektor Allerhöchst selbst kommen lassen und ihm zu befehlen geruht, alle seine Schritte auf das genaueste zu surveillieren". Am 30. Juni 1819 verließ List die bayerische Residenz, um sogleich von Stuttgart aus seine Reutlinger Wahlsache zu betreiben[56]).

List hat von solchen Verfolgungen nichts geahnt. Was er in seinem nordamerikanischen Exil hörte, bestärkte ihn nur in seinem Vertrauen auf König Ludwig I. — „a ruler who excels as much by his enlightened views and strength of character as by his liberal sentiments towards the welfare of the whole German nation —"[57]). Man weiß, daß dieser „äußerst verschlagene Mensch" in Reading 1827/28 sowie in Philadelphia 1829 nichts Besseres zu tun hatte, als dem jungen König Ludwig I. von Bayern und seinen Ministern über Kanäle und Eisenbahnen, Handel und Maschinerie Ratschläge zu erteilen. Der Abschluß des bayerisch-württembergischen Zollvereins begünstigte weitere Pläne. Mit dem neuen Verkehrsmittel, sagte List, könne man den Binnenländern alle Vorteile der Küstenländer verschaffen. An einer Vermehrung der Ausfuhr und Belebung des Binnenmarkts sei auch der güterbesitzende Adel interessiert. „Wie der Adel überall mit den Städten reich geworden, so muß er auch

---

[54]) Vgl. oben Hauptteil B, 1. Kapitel, zu Anm. 6.

[55]) Wegen dieser Sandschen Untersuchung vgl. Max Lenz, „Geschichte der Universität Berlin" l. c. Bd. II 1, S. 70—71. — Oben Anm. 13.

[56]) Vgl. auch „Vorgeschichte" l. c. Bd. I, S. 334.

[57]) S. „Werke" Bd. II, S. 111, 380—381; Bd. III 1, S. 82; Bd. III 2, S. 534; Bd. VIII, S. 335—338, 355—357.

überall mit den Städten verarmen. Indem er also den Gewerben und den Städten aufhilft, hilft er nur sich selbst[58]).“ List wünschte den großen Agrarbesitz von seiner Interessensolidarität mit der gewerblich-städtischen Bevölkerungs- und Kapitalakkumulation zu überzeugen. Im Austausch müsse der Adel seine feudalen Rückständigkeiten abstoßen und, nach dem Beispiel der britischen Lords, gleichsam „auf dem Wollsack“ im Parlament Platz nehmen. List hat die „großbegüterten“ Landwirte und namentlich diese süddeutschen Standesherren stets ohne politisches Ressentiment betrachtet. Wie er 1828 auf die Fürsten von Taxis und von Öttingen rechnete, so nennt er später einmal die Grafen Solms-Laubach und Stolberg rechte „Standesherren nach dem Herzen Gottes“[59]).

Nun stieß List — gleich seinem Adressaten Joseph von Baader — gegen den Main-Donau-Kanal, den Lieblingsgedanken König Ludwigs I., auf Grund seiner nordamerikanischen Erfahrungen vor. Die „Verbindung der Nordsee mit dem Schwarzen Meere“ sei nichts als eine wohlklingende Phrase! Wesentlich sei vielmehr die Anlage eines Hamburg und Bremen über Bamberg erreichenden bayerischen Eisenbahnsystems. Eine solche „bayerisch-hanseatische Eisenbahn“ werde die Binnenländer gleichsam an die See verlegen und „eine Masse überflüssiger Producte . . . in eine rentenbringende Maschine“ verwandeln. In keiner Zeit und in keinem Lande habe eine Regierung ein derart kräftiges Mittel zu Gebote gestanden, ohne finanzielle Anstrengung „auf die Hebung der National-Produktivkräfte so mächtig, so ganz mit Einem Schlag, und so nachhaltig und dauernd zu wirken . . .“. List erkannte bereits die gegenseitige Verbundenheit des Produktionsprozesses mit dem Verkehrsprozeß als grundlegend für die moderne Gesamtwirtschaft: „In den Eisenbahnen liegt das große Mittel, die Fabriken des Binnenlandes den Seeplätzen nahe zu rücken.“ Indem unsere Hansestädte den bayerischen Zwischenhandel auf dem Bahnwege an sich ziehen, realisieren sie eine große Handelswahrheit: „daß der Handel der Seestädte immer in dem Maße groß oder klein ist, in welchem das Binnenland, mit welchem sie in Verkehr stehen, groß oder klein, reich oder arm, produktions- oder konsumtionsfähig oder unfähig ist. Ihr Handel nimmt zu mit der Erweiterung und Bereicherung ihres Handelsgebiets, und nimmt ab mit seiner Verringerung und Verarmung.“ List hielt die lokalen Interessengegensätze zwischen Küste und Binnenland, zwischen dem Handelsinteresse einerseits, dem Agrar- und Industriekapital andererseits mithin für aufhebbar; sie vereinigen sich im Oberbegriff der voll entfalteten Gesamtwirtschaft, mitsamt einem „vollständigen und harmonischen

---

[58]) S. „Mitteilungen aus Nord-Amerika. Über Canäle und Eisenbahnen. Fünf Briefe an Herrn Ritter von Baader in München“ in „Werke“, Bd. III 1, S. 81—154; Bd. III 2, S. 531—554. — Joseph von Baader war List nur durch seine Arbeiten bekannt; vgl. oben 1. Kapitel, Anm. 54.

[59]) Vgl. Hauptteil A, 2. Kapitel, Anm. 14 bis 17 und „Werke“, Bd. III 1, S. 93—94; Bd. VII, S. 6, 20, 567.

deutschen Eisenbahnsystem". Nicht die Verkehrslinie, sondern der moderne Wirtschaftsraum wird hier gesehen. Damit war zugleich der nationale Charakter des neuen Transportsystems bestimmt: Holland werde seine Monopollage gegenüber den oberen Rheinuferstaaten verlieren und Konzessionen in der Rheinschiffahrt machen müssen. „Frankfurt, die Meßgesinnte", werde auf die Dauer auch gewinnen. „Ein eisernes Band" würde „um alle Ländchen geschlungen" und „die Vereinigung Deutschlands" gefördert werden.

Zwischen Privatkapital und Staatswirtschaft vermittelnd, riet List für das innerbayerische Bahnnetz davon ab, „die Ausführung und den Gewinn Privatpersonen zu überlassen"; für die hanseatisch-bayerische Magistrale scheine dagegen eine Aktienkompagnie geeigneter. Hatte List doch für die preußischen Linien östlich von Berlin später gleichfalls staatlichen Bau und Betrieb gewünscht[60]). So sehr er ein Bahnbrecher privatkapitalistischer Initiative war — eine Alleinherrschaft einzelner Profitinteressen im Staat oder gar über den Staat lag außerhalb seines Gesichtskreises. Eine Überhöhung der Wirtschaft über solche „Nationalwerke" kam für seine Zeit noch nicht in Frage. Lists Eingaben wurden zwar erörtert, aber nicht beantwortet; König Ludwig I. war vom Gedanken, Nordsee und Schwarzes Meer durch den Rhein-Donau-Kanal zu verbinden, so erfüllt, daß Eisenbahnbauten daneben auf lange hinaus zurücktraten. Eine „Vorstellung des List vom 5. Februar 1829 um Erteilung eines Patentes auf Einführung des in den Vereinigten Staaten neu erfundenen Eisenbahnwagens" blieb gleichfalls unerledigt. König Ludwig hatte bereits selber 1826 den Bau jener 6 km langen Eisenbahn von Nürnberg nach Fürth angeregt, die im Dezember 1835 als frühestes deutsches Bahnunternehmen eröffnet wurde — mit englischen Lokomotiven, aber unter einem deutschen Ingenieur. Die „Ludwigseisenbahn" blieb doch eine ausschließlich lokale Angelegenheit, obgleich auch ihrem verdienstvollen Schöpfer Johannes Scharrer in Nürnberg das neue Verkehrsmittel mit Recht als ein „sozialer Welthebel" erschien; so wirkten Joseph von Baaders und Lists Anregungen am ehemaligen „Vereins"-Sitz fort[61]). Lists Eingaben konnten zwar die Aufmerksamkeit des Königs und seines Hofbauintendanten von Klenze wecken, jedoch sprach Oberbaurat von Pechmann zugunsten der Kanalinteressen. Der König trat ihm bei, zumal Kanäle im Kriegsfall viel weniger verletzlich als Eisenbahnen wären; Lists Vorschläge zeigten, „was mit wenig Geld Privataktiengesellschaften ausführen, aber bei uns fehlt der Sinn!" Ein Versuch Lists, mit Scharrer von Leipzig aus anzuknüpfen, blieb gleichfalls ohne Folgen[62]).

---

[60]) Vgl. oben 2. Kapitel, Anm. 56 bis 57.

[61]) Vgl. die analoge Äußerung des späteren Königs Friedrich Wilhelm IV. bei Eröffnung der Berlin-Potsdamer Eisenbahn und schon Goethes bekannte Äußerung zu Zelter 1825 über das technische Zeitalter mit seinem Streben nach „Reichtum und Schnelligkeit".

[62]) S. „Das Bayerland", Halbmonatsschrift 1935, Nr. 7. — Wegen List und Scharrer vgl. „Werke" Bd. VIII passim.

Hoffnungsvoll hatte List aus Nordamerika geschrieben: „Es kann dem Scharfblick Ihres Regenten nicht entgehen, daß Industrie und bürgerliche Freiheit, so wie sie unter sich in tausendfacher Wechselbeziehung stehen, die Macht und Dauer des Staates und der Regierung bedingen. Ich zweifle daher keinen Augenblick, daß sich in Bayern bereits ein Regierungssystem entwickelt, das die Vorzüge der Monarchie mit den Vorteilen, welche die bürgerliche Freiheit gewährt, zu vereinigen strebt[63]." Dies Bündnis zwischen Königtum und Bürgertum war auch für Bayern keinesfalls schon volle Wirklichkeit. Vergebens beteuerte List noch in seinem letzten Lebensjahr (1846) dem reaktionären Minister von Abel[64]: er wende mit seinen Projekten sich zuerst an Bayern, weil er der festen Überzeugung sei, „daß von Süddeutschland und namentlich von Bayern aus die Zukunft Deutschlands bestimmt werden wird und weil ich mich von jeher dem Geiste Seiner Majestät des Königs von Bayern befreundet gefühlt habe. Seine Königliche Majestät haben schon meine ersten Bestrebungen für Erwirkung deutscher Handelseinheit mit so vielem Eifer und Beifall entgegengenommen und späterhin sich mit so vieler Kraft an die Spitze derselben gestellt, daß ich schon vor meiner Übersiedlung nach Amerika mich mit dem Gedanken getragen habe, mich in Bayern heimatlich zu machen".

Mancherlei Anerbieten dieser Art sind uns erhalten, auf die unser Autor „einer baldigen hochgeneigten Antwort" vergebens entgegengesehen hat.

Auf Bayerns Verhalten in der Zollangelegenheit sowie in den weiteren Eisenbahnfragen ist hier nicht näher einzugehen. Während List im amerikanischen Exil lebte, vereinigten sich die beiden süddeutschen Königreiche Anfang 1828 und näherten sich — im Verfolg des Handelsvertrags von 1829 — dem preußisch-hessischen Zollverbande. König Ludwig I. wurde zum stärksten Förderer einer Einigung mit Norddeutschland; seinem Minister Graf Armansperg schrieb er 1830: „Meine Richtung ist teutsch, teutsch solange ich lebe[65]." List, mit der Leipziger Pionierarbeit für Eisenbahnen beschäftigt und von seiner schwäbischen Heimat als Ausländer geschieden, hatte, so sahen wir, auch an den Ereignissen von 1833 keinen Teil. Erst innerhalb des Zollvereins konnte er seit 1839 die Schutzzollinteressen der süddeutschen Industrie — im Rahmen seines „Nationalen Systems" — verfechten und Anfang 1841 seinen Wohnsitz auf bayerischem Boden, am Sitz der großdeutschen Augsburger „Allgemeinen Zeitung", nehmen.

Erinnert sei an die tragikomischen Umstände, unter denen ein vom Bayernkönig zugedachter Orden im letzten Augenblick durch einen

[63]) S. „Werke" Bd. III 2, S. 534, 674—681.

[64]) S. „Werke" Bd. III 2, S. 954.

[65]) S. „Mitteilungen" l. c. 1934, Heft 25, über „Zollvereinswerk und Zollvereinsfeier" sowie „Vorgeschichte" l. c.

übereifrigen Gesandten 1841 zurückgehalten wurde, weil dieser in dem also Auszuzeichnenden den früheren, vorbestraften Demagogen erkundet hatte. Der bayerische Gesandte in Stuttgart stellte deshalb die List zugedachte Ordensdekoration dem Kabinettssekretär des Königs schließlich wieder zurück, und König Ludwig I. bemerkte hierzu: „daß es bei dem Verdienste, welches Dr. List durch seine Schriften um Deutschlands Betriebsamkeit und Handel usw. erworben, wirklich schade ist, ihn, seines früheren Betragens wegen, einer Anerkennung befraglichen Verdienstes durch eine Ordensverleihung nicht teilhaftig werden lassen zu können." Als List hiervon auf Umwegen erfuhr, stellte er[66]) Betrachtungen darüber an, wie weit ein Gladstone wohl auf der amtlichen Stufenleiter in Deutschland emporgestiegen wäre? — „gegen das Ende seines Lebens hin bis zum Kanzleirat! —" und schloß mit dem Satze: „Die Stallfütterung ist ein großer Fortschritt in der Landwirtschaft, aber in Merinozucht zieht man die besten Leithämmel auf der freien Weide."

Als er damals nach Augsburg übersiedelte, wandte List sich vergebens an König Ludwig I. — den „Urheber des Zollvereins" nannte er ihn 1836 — mit der Bitte um Aufnahme in den bayerischen Staatsdienst[67]). Außer unverbindlichen Anerkennungen seiner Sachkenntnisse und einer Freifahrtkarte für die 1840 eröffnete Bahn München—Augsburg hat er nichts mehr erreicht. Territoriale Gegensätze zwischen Württemberg und Bayern spielten auch in die Eisenbahnfragen hinein, und List suchte sie vergeblich für sich auszunutzen; namentlich beim Bau der Magistrale Lindau—Hof, deren Führung er durch eine nord-südliche „Reise-, Post- und Nationalhandelsstraße" von Lindau über Koburg zur Weser ersetzen wollte[68]). Man benutzte Lists „geschickte Feder" wohl von württembergischer Seite, ohne sich an ihn irgendwie zu binden.

Im Rahmen der Listschen Pläne eines „europäisch-asiatischen Eisenbahnsystems" sollte Bayern ein wichtiges Bindeglied darstellen, zwischen Großbritannien und der Türkei den orientalischen Handel vermitteln. Ebenso urteilte Johannes Scharrer, der Initiator der Nürnberg-Fürther Eisenbahn[69]). „Bayern, der natürliche Schiedsrichter zwischen Antwerpen, Rotterdam, Bremen. Bayern an der Spitze und mit den süddeutschen Staaten eine europäische Macht. Bayern rein deutsch —", heißt es gelegentlich[70]). Ruhiger urteilt List in seinen Briefen an Joseph von Baader[71]): „Bayern ist rein deutsch, gehört ganz der deutschen Nation und ist an Umfang und Bevölkerung stark genug, um

---

[66]) Siehe Häußer l. c. Bd. I, S. 307—308. — Vgl. „Werke" Bd. VIII, S. 919 bis 920.

[67]) S. „Werke" Bd. III 2, S. 683, 940—941.

[68]) Einzelheiten s. in „Werke" Bd. III 1, S. 306—330; Bd. III 2, S. 682, 931—955; auch M. Hoeltzels Schriften zu diesem Thema, zuletzt in Nr. 13, Beilage, des „Staatsanzeiger für Württemberg" 1929.

[69]) Vgl. „Werke" Bd. III 2, S. 961—962; oben zu Anm. 61.

[70]) Siehe Häußer-Codex 371, 25, Blatt 96.

[71]) S. „Werke" Bd. III 2, S. 534.

durch sich selbst im Innern und nach Außen zu wachsen." List verknüpft hier alte „Trias"-Vorstellungen und bayerische Großmachtwünsche mit jener Konzeption einer verkehrspolitischen Verkehrsachse durch den Donauraum, die wir für seine imperiale Schau kennzeichnend finden werden. Jene „bayerisch-hanseatische" oder „nord-südliche Zentralbahn" könne Bayern „teilweise zum Mittelpunkt des orientalisch-occidentalischen Handels" machen und dem Ludwigskanal „seine Bedeutung als deutsche, europäische und Welthandelsstraße" sichern. List hatte als Verkehrspolitiker niemals territoriale Sonderinteressen, „sondern den Unternehmungsgeist von ganz Deutschland im Auge"; eben dies machte die Schwäche seiner Position aus. Eine Anstellung in bayerischen Diensten scheiterte, wie er meinte, „durch auswärtige Intrige". Der württembergische Gesandte in München Hauptmann Julius von Maucler, Sohn des Ministers von Maucler, brachte 1843 in diesem Zusammenhang das im Hauptteil F zitierte Urteil über List als einen „Intriganten von der allergewöhnlichsten Sorte"[72]). Nach Lists tragischem Ende setzte König Ludwig I. der Witwe wie den drei Töchtern eine lebenslängliche Pension aus[73]).

[72]) Über Lists Verhältnis zum reaktionären Minister von Abel und zu dessen großdeutsch-liberalem Vorgänger Ludwig Fürst zu Oettingen-Wallerstein s. „Werke" Bd. VIII, S. 705, 807—810. — Vgl. Hauptteil D, 2. Kapitel, Anm. 71. — von der Leyen l. c. 1931, S. 33—34. S. „Werke" Bd. III 2, S. 950, 966—969; Bd. V, S. 462, wird Wallerstein als Agrarpolitiker gelobt. Über Öttingen-Wallerstein vgl. auch „Briefe an Cotta 1833—1863" (III. Bd.) l. c. S. 287—324. Der Fürst gehörte, gleich seinem Freund Georg Freiherrn von Cotta, dem großdeutschen Kreis der „Allgemeinen Zeitung" an. — „Werke" Bd. VII, S. 20, 520, 679.

[73]) S. „Werke" Bd. VIII, S. 854.

Württemberg, der süddeutsch-protestantische Heimatboden Lists, war, wie wir im Hauptteil A sahen, für ihn der Ausgangspunkt seiner öffentlichen Tätigkeit geworden. König Wilhelm I. hatte anfänglich versucht, wegen der Teuerung und der Zollfragen ein Einverständnis beim Bundestage und auf der Karlsbader Konferenz anzuregen; die schwäbische Auswanderung, durch die List schon als Rechnungsrat 1817 auf ökonomische Fragen hingewiesen wurde, trug hierzu bei[74]). Auch waren die „Vereins"-Deputierten Schnell und Weber im Juli 1819 vom König freundlich aufgenommen worden. Dem allgemeinen Umschwung zur „Restauration" konnte das Stuttgarter Kabinett, trotz anfänglichen Widerstrebens, sich dennoch nicht entziehen. Der Umschwung sollte List alsbald um so härter treffen! Seine schwäbische Katastrophe, deren Verlauf wir im Hauptteil D schildern, wurde ihm zum bleibenden Hemmnis auf seinem Weg zur öffentlichen Tätigkeit. Gegenüber der lokalen Feindseligkeit trat hinzu, daß die Stuttgarter Regierung selber 1823/24 unter dem Druck der großen Mächte — Österreich, Preußen, Rußland — handeln mußte. Im Jahre 1836 wurde dem „Ausländer" List „auf Wohlverhalten und unter polizeilicher Aufsicht" der Aufenthalt daheim wieder gestattet[75]). „Die Stimmung derjenigen, die Macht und Gewalt besitzen", für ihn zu wenden, war selbst sein alter Gönner Joh. Friedr. von Cotta außerstande gewesen. Mit Recht schrieb List — im Begriff, nach seinen Leipziger Mißerfolgen in Paris sich niederzulassen — seiner Frau am 22. November 1837: „Offenbar will niemand in Deutschland etwas mit einem Mann zu tun haben, der von Sr. Maj. von Württemberg immer noch persönlich verfolgt ist." Maucler bezeichnete ihn als entwichenen Sträfling! Er erhielt wohl 1841 die unten erwähnte Audienz beim König Wilhelm I., aber keinerlei Aussicht auf eine feste Anstellung. Die Vorlage seines klassischen Hauptwerks brachte dem Verfasser eine trockene „Anerkennung" seiner „verdienstlichen wissenschaftlichen Bestrebungen"[76]). Nur seine 1836 abgelehnte politische Rehabilitierung wurde, anläßlich einer allgemeinen Amnestie, durch Erlaß vom 6. Oktober 1841 ausgesprochen; für die Wiederher-

---

[74]) Vgl. oben Hauptteil A passim und Olshausen l. c., S. 235—239, mit „Vorgeschichte" Bd. I, S. 335.

[75]) Vgl. „Werke" Bd. III 2, S. 932—933; Bd. VIII, S. 471—475.

[76]) S. „Werke" Bd. VIII, S. 458—463, 498, 594—598, 919. — Vgl. L. Häußer l. c. Bd. I, S. 345—347.

stellung seiner „bürgerlichen Ehre“ hatte der Verfasser des „Nationalen Systems“ zwei Kreuzer an das Königliche Kriminalamt zu bezahlen. Noch im Jahre 1845 glaubte List beweisen zu können, „daß ich in Leipzig und in allen meinen späteren Bestrebungen ... an Machinationen gescheitert bin, die in Württemberg ihren Ursprung genommen haben[77])“. Auch in Berlin und Thüringen habe man seine dortigen Unternehmen „auf ähnliche Weise zu vereiteln gewußt“. Vergebens habe er die Stuttgarter Regierung „zu wiederholten Malen“ seiner vollen Loyalität versichert. „In einer Audienz, welcher später zu verschiedenen Zeiten noch zwei andere folgten, erhielt ich jedesmal mit den Worten: ‚Mein lieber List, ich trage Ihnen nichts nach, es ist nur schade, daß wir uns nicht schon vor 25 Jahren so wie jetzt kennengelernt haben,‘ die Versicherung, daß alles vergeben und vergessen sei.“ Trotz dieser Worte ihres Königs habe die schwäbische Bürokratie und Diplomatie nie aufgehört, List bis nach Österreich hin anzuschwärzen. Wir lernten ja die unablässige Feindschaft des Justizministers Paul Friedrich Freiherrn von Maucler kennen, eine Folge wohl von Lists früher Teilnahme am württembergischen Verfassungskampf[78]); auch wissen wir aus Berichten der vormärzlichen Diplomatie und literarischen Zensur, wie genau Metternichs Agenten mit württembergischem Einverständnis den Konsul List in Leipzig überwachten, ja ihn zunächst als einen „entsprungenen Sträfling“ dort vernichten wollten[79]).

Im Jahre 1843 wurde List, wie vormals für Sachsen, zum nordamerikanischen Konsul für Württemberg bestellt[80]) und bis 1845 als solcher geführt. List hat dies Konsulat, um das die deutsche Bevölkerung in Pennsylvanien für ihn petitioniert zu haben scheint, nicht angetreten — wohl entmutigt durch die Quertreibereien, mit denen man seinen früheren Ernennungen in Hamburg und in Leipzig entgegengetreten war. Seinen Wohnsitz behielt er im bayerischen Augsburg[81]).

Am bayerisch-württembergischen Zollverein von 1828 ist List, wie wir wissen, sowenig beteiligt gewesen wie am Abschluß des Handelsvertrags von 1829, dem die Zolleinigung beider Königreiche mit Preußen-Hessen 1833 folgte. Dieser Handelsvertrag vom 27. Mai 1829 wies bereits

---

[77]) S. „Werke“ Bd. III 1, S. 484—485.

[78]) Vgl. „Werke“ Bd. I 1, S. 22, Anm. 54, und unten Hauptteil D, 1. Kapitel. — Maucler war ein Jugendfreund des Königs Wilhelm I.; s. „Werke“ Bd. I 2, S. 956—961.

[79]) S. oben wegen Leipzig und vgl. „Werke“ Bd. IX, S. XXIII—XXV, 70—97, 238. Fürst Metternich machte 1834 die „Bundeszentralkommission“ zu Frankfurt — die Nachfolgerin der Mainzer „Zentral-Untersuchungskommission“ — gegen List mobil und beklagte sehr, gleich dem reaktionären preußischen Außenminister Ancillon, die laue und gleichgültige Haltung Württembergs. Vgl. oben Hauptteil C, 1. Kapitel, Anm. 7.

[80]) Siehe W. Notz, „Friedrich List in Amerika“ in „American Economic Review“, Vol. XVI, 1926, und „Werke“, Bd. II, S. 477—479.

[81]) Vgl. M. Hoeltzel, „Friedrich List als Politiker“ l. c., S. 16—21. — „Werke“ Bd. VIII, S. 662, 665—666, 669.

auf den Deutschen Zollverein von 1833 hin. König Friedrich Wilhelm III. äußerte zu Joh. Friedr. von Cotta, dem süddeutschen Unterhändler und Vizepräsidenten der Stuttgarter Kammer: „— nur wenn alle Fürsten Deutschlands sich dafür verständigen, daß durch Aufhebung aller Zwischenmautlinien ein freier Verkehr im Innern stattfinden könnte, und wenigstens diese Einheit hergestellt würde, werde sich Deutschland wohlbefinden[82])“. Gedanken, die den „Vereins“-Deputierten schon 1819 in Berlin entgegentraten und die nun unter Ausschluß Österreichs verwirklicht werden sollten. König Wilhelm I. von Württemberg, Lists alter Gegner, fand sich hierin mit Cotta und dem preußischen Finanzminister von Motz, der recht eigentlich die Seele jener Verhandlungen war. Auch dies gehört zur Tragik im Leben Lists, dessen „Handelsverein“ längst zersprengt und der selber nach Amerika verbannt worden war; er stand hier abseits — wie auch sein früherer Gegner Nebenius. Wir dürfen wohl vermuten, daß die mehrerwähnte vermittelnde Tätigkeit Joh. Friedr. von Cottas den Listschen Ansichten entsprochen hätte; freilich bietet das Cottasche Archiv — gleich dem der „Allgemeinen Zeitung“ — nur mehr geringe Ausbeute[83]).

Über Lists Teilnahme an den württembergischen Eisenbahnplänen sind einige Briefe an Georg von Cotta sowie mehrere Aufsätze aus den Jahren 1835/36 bis 1843 uns erhalten. Es handelte sich u. a. um die bayerische Nord-Südbahn sowie darum, den Bezug von Saarkohlen nach Süddeutschland zu erleichtern; Lists Eingreifen blieb für ihn wieder erfolglos. Gesetzliche Gestalt gewannen diese Pläne seit dem Jahre 1842, und die erste württembergische Teilstrecke wurde 1845 erst eröffnet; List äußerte sich hierzu noch im „Zollvereinsblatt“. „Von europäischer Bedeutung“ erschien ihm nur Württembergs Anteil an der „südlichen Ostwestroute“, die von Bordeaux und Paris über Stuttgart nach dem Schwarzen und Adriatischen Meer führen sollte[84]). Daher blieb seine Teilnahme an dem wirtschaftlichen Ergehen der Heimat auch hier literarischer Art. Der schwäbische Beamtenstaat gab der Opposition keinen Raum mehr: die Abgeordneten Ludwig Uhland und Albert Schott, denen wir bei Lists Prozeß noch begegnen werden, schieden alsbald und, angesichts der erneuten Reaktion, 1831 bzw. 1839 endgültig aus der zweiten Kammer aus; erst das Jahr 1848 sah diese Führer der volkstümlichen Opposition in das Frankfurter Nationalparlament einziehen. Uhland war dort ein Gegner der kleindeutsch-preußischen Lösung. Als

---

[82]) Siehe Schäffle l. c., S. 130.

[83]) Über Joh. Friedr. Cotta und die Handelseinigung 1828—1829 vgl. „Vorgeschichte“ l. c. Bd. III, S. 421ff., und H. von Petersdorff, „Friedrich von Motz“ l. c., Zweiter Band, S. 198—270.

[84]) S. „Zollvereinsblatt“ vom 8. Juli und 18. August 1845. — Wegen der Wichtigkeit, die List den württembergischen Bahnen im Zuge der europäischen West-Ost-Magistrale beilegte, vgl. auch „Das deutsche Eisenbahn-System“, 1841, S. 13ff. und 30ff., „Werke“ Bd. III 1, S. 374; Bd. III 2, S. 931—939, 941—944, 979—989.

sein Traum eines großdeutsch-demokratischen Wahlkaisertums endgültig ausgeträumt war, da schritten er und der Advokat Fetzer dem Zuge jenes Stuttgarter „Rumpfparlaments“ voran, der am 18. Juni 1849 vom württembergischen Militär angehalten und zur Auflösung gezwungen wurde[85]). So treffen wir zwei schwäbische Bekannte unseres List beim Abschluß unserer vormärzlichen Einheits- und Freiheitskämpfe.

Wir sahen schon im Verlauf des Hauptteils A, wie das Ziel einer deutschen „Repräsentation“ List bei seinen Zollplänen leitete, wie er bereits 1817 eine „deutsche Kammer der Gemeinen“ wünschte[86]). Daß der Frankfurter Bundestag den Artikel XIX verwirkliche und darüber zu einem „deutschen Parlament“ sich umgestalte, klingt noch 1845 wieder an. „Die Forderung eines ‚deutschen Parlaments‘ ist von List nicht zuerst erhoben worden, aber Wenige haben sie so nachdrücklich, so laut und oft ausgesprochen wie List; Niemand so großen Wert auf die praktische und nationalökonomische Bedeutung dieser Institution gelegt“, sagt sein frühester Biograph, der süddeutsche Liberale Ludwig Häußer[87]). List fehlte zeitlebens die Tribüne eines Parlaments. Die „Zollvereinskongresse“ galten ihm später wohl als der Keim eines nationalen „Unterhauses“. Ein Zollparlament — wie Bismarck 1867 es im Reichstag des Zollvereins geschaffen — hätte seinen Wünschen nach „Volksrepräsentation und Öffentlichkeit“ entsprochen. Gern wäre er als „leader of the Opposition“ in ihm aufgetreten, getreu seinem Satz: die Politik sei „die Wissenschaft der Zukunft“. Vergebens rief er noch 1845 im „Zollvereinsblatt“: — „ein preußisches Parlament! ein verantwortliches Ministerium! ein Premier!“ Wie hätte er den „Vereinigten Landtag“ in Preußen 1847, wie hätte er die Paulskirche begrüßt!

Sein Freund Heinrich Laube nennt ihn rückschauend ein deutsches „Parlamentsmitglied in partibus infidelium“[88]). Jedenfalls wollte List, im Unterschied zu allen süddeutschen Parlamentariern des Vormärz, niemals eine Partei gründen und arbeitete niemals im parteimäßigen Rahmen. Viel wichtiger waren ihm die territorialwirtschaftlichen Unterschiede und die Verschiedenheit der Regierungsformen. Sein Parlament war stets national gedacht — auch darin berührt er sich mit Bismarcks Auffassung von der vereinheitlichenden Funktion eines Reichstags, einer „deutschen Kammer der Gemeinen“; nur daß hier das allgemeine und gleiche Wahlrecht Wirkungen hervorrief, die außerhalb der Konzeption von 1867 lagen.

---

[85]) Vgl. W. Reinöhl l. c., S. 222. — Über Uhlands Verhältnis zu Rotteck, Wangenheim und zum „Staats-Lexikon“ s. ebda. S. 93, 100, 166, 241—242.

[86]) Vgl. auch L. Häußer l. c. Bd. I, S. 352.

[87]) l. c.. S. 386—387.

[88]) S. „Allgemeine Zeitung“ 1846, Beilagen Nr. 354 und 355. Vgl. „Werke“ Bd. IX, S. 207—211.

Durch politische, publizistische und privatwirtschaftliche Tätigkeit in zwei Kontinenten geschult, sah List alle Sonderfragen stets unter allgemeinen Gesichtspunkten. Wir können den Systemgehalt seines Werks nicht ausschöpfen, wollen aber wiederholt betonen, daß seine Ansichten im systematischen Maßstab wie im geschichtlichen Aufriß stets die politisch-ökonomische Struktur nach ihrer zwiefachen Bedeutung fassen. Was ist ferner seine Geschichtstheorie, seine sog. Stufenlehre anderes als das Aufsteigen zur „balance of power“: ein ökonomisch-rationales Gleichgewichtssystem, bezogen auf die machtvolle, industrielle Staatengesellschaft Nordeuropas und Nordamerikas, nebst dem Anhang ihrer Rohstoff- und Kolonialländer minderen Ranges[89]). So ist die Systematik seiner Hauptwerke („Natürliches System“ 1837, „Nationales System“ 1841) wie erst recht das imperialistische Weltbild seiner letzten Jahre (1842—1846) nur aus dieser politisch-ökonomischen Doppelschau zu fassen; alle Produktionsverhältnisse erscheinen innerhalb ihrer staatlich-rechtlichen Struktur. Daß List diesen Strukturbegriff harmonisiert und mehr nach außen wendet, ihn nicht durch innergesellschaftliche Widersprüche kritisch-zersetzend auflöst, bezeichnet gewiß eine entscheidende Tendenz seines theoretischen wie praktischen Wirkens. Dennoch bleibt es bestehen, nach seiner zeitgeschichtlichen Form wie über sie hinaus in seiner Problematik, die nur mit dem Dasein einer Staatenwelt zugleich verschwinden könnte.

Das Grundverhältnis von Staat und Wirtschaft hat List sehr wohl gesehen; daß Macht wichtiger sei als bloßer Reichtum, im Anschluß an Adam Smith formuliert[90]). Staatliche Unabhängigkeit und Verteidigungsfähigkeit gehören ihm zu den denknotwendigen Attributen jeder „normalen Nationalwirtschaft“, ihrer „Wohlfahrt und Selbständigkeit“; und umgekehrt erfolgt „politische Auflösung“, wenn die „solide politisch-ökonomische Grundlage der Nationalität“ entfällt. Hierin berührt sich List mit Adam Müller, dem der geschichtliche Erlebnisgehalt einer Politischen Ökonomie mit List gemeinsam war[91]). Beide begegnen sich — bei aller Entferntheit der thematischen Durchführung — in der Überzeugung, daß „Reichtum und politische Unabhängigkeit bis zur Unzertrennlichkeit schon darum miteinander zusammenhängen, weil die politische Unabhängigkeit der einzige Garant allen Reichtums ist“. Der entscheidende Fortschritt zur Theorie der Politischen Ökonomie wird hier getan: Die staatlich-rechtliche Struktur des Produktionsprozesses wird, als notwendiger Bestandteil jeder Wirklichkeit, in

[89]) Vgl. unten Hauptteil D, 2. Kapitel. — Edgar Salin in „Schmollers Jahrbuch“ Bd. 45, 1921, S. 179—188. — A. Sommer, „F. Lists System“ l. c., S. 198—235, und in „Mitteilungen“ l. c. Heft 3, 1926, und Heft 10, 1930. — Alfred Meusel l. c., S. 25 und 85.

[90]) Siehe A. Meusel l. c., S. 69, und Lenz, „Ist Deutschlands Krieg ein Wirtschaftskrieg?“, 1915, S. 7—10. — Oben Anm. 40.

[91]) Siehe Lenz l. c., S. 8—9, ferner oben im 1. Kapitel dieses Hauptteils, Anm. 71 und A. Sommer, „F. Lists System“ l. c., S. 36—41.

die theoretische Aussage über diese Wirklichkeit hineinbezogen; wogegen die „kosmopolitischen" Klassiker nicht nur die wirtschaftlichen von den staatlich-rechtlichen Begriffsmerkmalen der Wirklichkeit methodisch abtrennen, sondern überdies — und hierin liegt eine logische Erschleichung zugunsten „reiner" Theorie! — jene allgemeinen Momente jeder Wirklichkeit nur als „besondere", nur in concreto hinzutretende „Daten" ansehen und sie daher einer „allgemeinen", quasi vorgegebenen fiktiven Einheit „Wirtschaft" logisch unterordnen wollen. Eben dieser Trennung von „allgemeiner" theoretischer und „besonderer" sog. praktischer Ökonomie huldigt die Kathederwissenschaft der „Schule". Daher unterwirft sie Staat und Recht, Staatshilfe wie Selbsthilfe den „ewigen" Gesetzen ihrer kapitalistischen Marktherrschaft, macht den kapitallosen Mitarbeiter im Produktionsprozeß zur bloßen „Ware Arbeit" und das Gemeinwesen zum unproduktiven Aufseher am Markt. So löst ihre Theorie den Staat wie die Volksgemeinschaft auf[92]).

Wie wir im Hauptteil A feststellten, sind dagegen „productive and political power" (1827), „Reichtum und Macht" (1841) für List sachverbunden — sowohl geschichtlich wie im systematischen Felde seiner Politischen Ökonomie. Hierauf gründet sich die im Hauptteil A geschilderte Entfaltung aller nationalen Produktionskräfte. Eben dies Grundverhältnis stellt List als den ideologisch verhüllten Kern auch jeder angeblich „reinen" Ökonomie heraus! Macht und Wirtschaft[93]) verhalten sich für ihn wie „Staatsgesellschaft" und „bürgerliche Gesellschaft" im soziologischen Vorraum seiner Lehre. Daß er die Vereinigung beider nicht in allen Teilgebieten der Politischen Ökonomie durchführt, ist bekannt und gehört zum allgemeinen Bild dieser Wissenschaft in Deutschland. Offenbar liegt eine objektive Unmöglichkeit hier vor, die im Zusammenhang der ideellen und materiellen Momente historisch aufzuhellen wäre. Eine Lösung in der Theorie konnte jedenfalls nicht erfolgen, solange die Widersprüche, welche eine Einigung verhinderten, nicht durch die Praxis aufgehoben waren. Die „Wechselwirkung", welche für List zwischen Politik und Ökonomie, zwischen den staatlich-rechtlichen und den wirtschafts-gesellschaftlichen Momenten besteht, mag unklar scheinen, insofern sie zwischen idealistischer und materialistischer Erklärungsweise die Mitte halten möchte; aber sie bleibt in der Tat auch jeder künftigen Wirklichkeit eigen und schließt mit ihrer Problematik alle besonderen Lösungsmöglichkeiten ein. Wie List sich mit diesen auseinandersetzt, ob und wieweit er ihnen gerecht wird, bleibt seiner Fragestellung gegenüber sekundär; seiner Zeit hat er gewiß genug getan. Die Macht als politisches Erlebnis und ökonomische Wirklichkeit war ja den Deutschen seiner Zeit kaum faßbar, weniger Realität als nationales Wunschziel. Wie sollte List, der Reichsstädter, sich anders als

[92]) Vgl. im übrigen unten Hauptteil F, 2. Kapitel.

[93]) Siehe Lenz, „Macht und Wirtschaft" l. c. 1916.

im allgemeinen über die Realität erheben! Er wußte immerhin als erster in Deutschland, warum er die Vorherrschaft der industriekapitalistischen Exportländer verlangte und welche realen Interessen er im Parlament vertreten wollte. Er starb, ehe er an einer politischen Wende das Verhältnis seiner Lehre zur Staatswirklichkeit erproben konnte. Wie würde er in den Jahren 1847 und 1848 sich verhalten haben?

Kein Zweifel, daß die nationale Strömung auch ihn mitgerissen hätte. Wilhelm Roscher vermutet (1878), daß List im Revolutionsjahr 1848 Heinrich von Gagerns Programm beigetreten wäre: kleindeutsche Einigung unter Preußen und Bündnis mit Österreich-Ungarn. Wir lassen dies dahingestellt. Eine gewisse Annäherung an Preußen ist ja 1835 wie 1846 bei List unverkennbar. In den Fragmenten seiner letzten Jahre lesen wir einmal sogar: „Ich liebe Preußen"; ähnlich drückte er sich in seiner Eingabe an König Friedrich Wilhelm IV. 1846 aus — aber dieser wies die „Schweinekrone" der Frankfurter im April 1849 endgültig von sich[94]). Niemals hätte List den linken Demokraten à la Hecker oder einem Robert Blum sich angeschlossen; eher jenen großdeutschen Liberalen, deren verlorene Sache sein Freund Gustav Kolb in der „Allgemeinen Zeitung" gegen die Preußenfreunde führte[95]). Stets wäre List bei der Verfassungsform der konstitutionellen Monarchie von 1791 stehengeblieben, während alle entschiedenen Republikaner und frühen Sozialisten der französischen Verfassung von 1793 anhängen. Anläßlich der amerikanischen Bankfrage, die ihm sein Vermögen kostete, vergleicht er seinen Verlust 1835 einmal mit dem „abscheulichsten Sansculottismus, der sich je die Zerstörung des Eigentums zum Geschäft gemacht". Eine „Volksregierung", in der „die Massen des Volks oder die Nahrungsstände" vorwiegend bestimmen, glaubte er 1846 fürchten zu sollen. Das sog. Heppenheimer Programm vom 10. Oktober 1847, das Deutschlands Einheit im parlamentarischen Ausbau des Zollvereins erblickte, hätte List an die Seite der Bassermann und Mathy, Mevissen und Hansemann geführt. Gleich den Männern des Frankfurter „Vorparlaments" hätte er, im April 1848, für die Einberufung der Nationalversammlung und für eine „vereinbarte" nationalbürgerliche Konstitution gestimmt. Der „Reichsverfassung" mit ihren Grundrechten vom 28. März 1849 hätte er wohl als einer Erfüllung seiner eigenen Ideale zugestimmt. Ob List aber seinen schwäbischen großdeutschen Bekannten Uhland und Fetzer bis ins Stuttgarter „Rumpfparlament" gefolgt wäre, bleibt zweifelhaft. Um so eher können wir ihn uns im Reichs-Handelsministerium der „Paulskirche" tätig denken — unter seinen Bekannten Fürst Leiningen oder Duckwitz und neben Mevissen, Mathy, Robert von Mohl —,

[94]) Vgl. oben 2. Kapitel zu Anm. 37.

[95]) Auch Lists Freund Karl August Mebold, der 1825 zu Festungshaft „mit angemessener Beschäftigung" verurteilt und seit 1842 neben Kolb tätig war, gehörte zur Gagernschen Gefolgschaft. S. Hauptteil D, 1. Kapitel, Anm. 34.

das Schicksal dieser Männer und das Scheitern der ersten deutschen Parlamentsregierung teilend[96]).

[96]) Vgl. wegen Fürst Leiningen den Schluß der Einleitung in „Werke" Bd. VII, ferner den „Anhang" zu Hauptteil F und wegen Arnold Duckwitz oben 3. Kapitel Anm. 31. — Max Lenz in „Hessische Beiträge" l. c. Bd. 12, S. 64. — „Darstellungen aus der Württembergischen Geschichte" Bd. IX, 1912. — „Biographische Umrisse der Mitglieder der deutschen konstituierenden Nationalversammlung zu Frankfurt a. M." Heft 1 bis 4, 1848/49. — Heinrich Laube, „Das erste deutsche Parlament" Bd. I bis III, 1849. — Dem sog. Fünfziger-Ausschuß für die „Paulskirche" gehörten von Lists Freunden Duckwitz, Venedey und Schott an; vgl. oben Hauptteil A, 1. Kapitel zu Anm. 48, 49.

HAUPTTEIL

D

KRISIS UND NEUER HORIZONT

ERSTES KAPITEL

Krisis (Der Prozeß)

Wir haben Lists Verhältnis zur Staatswirklichkeit kennengelernt und sahen, wie seine Vorwegnahme künftiger Produktionsverhältnisse zu einer Fülle unvermeidbarer Konflikte führte. Seine Abstempelung als „Demagoge" gewinnt entscheidende Bedeutung für eine Zeit, in der Deutschlands Erwerbswirtschaft das Merkmal eines „dritten Standes" abzustreifen sucht und ihre Anwälte noch der Staatsgewalt für gefährliche Revolutionäre gelten[1]).

Es liegt uns ferne, etwa die „Demagogenriecherei" der „Kamptz- und Schmalzgesellen" nachträglich in dem moralisierenden Geschmack des liberalen Bürgers zu verurteilen. Was die „Servilen" den „Liberalen" ihrer Zeit zufügten, haben beider Enkel im Lauf des 19. Jahrhunderts vielfach übertroffen. Nicht einzig durch Bibeln oder liberale Lehrbücher haben ja Europas „Nationalitäten" ihre Herrschaft über den Erdball ausgebreitet und recht eigentlich erst im Ablauf dieses Jahrhunderts von Pol zu Pol verfestigt. Nicht durch parlamentarische Überredung haben sie nationale Minderheiten unterworfen. Ihre eigenen Träume von „Einheit und Freiheit" haben sie mit Blut und Eisen auf den Trümmern der alten Territorien verwirklicht. In ihren nationalen Kämpfen wie auf kolonialem Boden schufen sie alle Produktionsverhältnisse gigantisch um; den Gegner zu vernichten, dienten die harmonistischen Weltwirtschaftslehren so gut wie Wirtschaftskriege und Enteignungen. „Freiheit und Eigentum" wurden nicht geschont, sooft es galt, den „Fortschritt" zur anonymen und gebundenen Struktur der hochkapitalistischen Märkte zu vollziehen. Und als neue Gewalten im Innern der Nationalstaaten oder an den Grenzen der Imperien sich erhoben, da haben die Träger des „Fortschritts" und der „Demokratie" nicht gezögert, mit den Mitteln der Gewalt ihre Gegner zu vertilgen, staatsfeindlichen Bestrebungen mit „Sozialistengesetzen" und „Umsturzvorlagen" ähnlich entgegenzutreten wie einst die Restauration den „Demagogen". Presse-, Versammlungs- und Vereinigungsfreiheit galten nur, soweit das eigene Interesse reichte; darüber hinaus galten Gefängnis, Austreibung, Zensur, Boykott,

1) Vgl. die Artikel „Demagog" und „Geheime Gesellschaften" von Wilhelm Schulz im Rotteck-Welckerschen „Staats-Lexikon", 2. Auflage.

Blockade. So daß dies 19. Jahrhundert des Maschinenwesens und der allgemeinen Bildung alle Machtmittel des Territorialstaates im nationalen wie im Weltmaßstab reproduzierte, bis zur Selbstaufhebung seiner Grundsätze im Kolonialsystem und im Kriege.

Die Monarchien wurden — im Fortschreiten vom konstitutionellen Liberalismus eines List zur reinen Demokratie — vernichtet oder angepaßt; die vorkapitalistischen Schichten des Adels und der Bildung einbezogen, die Kirchen im Kompromißwege gewonnen; Kräfte entfesselt, deren Ausmaß ein Adam Smith nicht ahnte; Widersprüche entfaltet, die zur letzten Tiefe reichen; alle „produktiven Kräfte" zu einer Fülle gesteigert, deren explosive Macht die weltbürgerlich harmonistischen Vorhersagen der „Schule" widerlegte. So daß Lists geniale Vorschau im Kapitalismus und Imperialismus zugleich erfüllt und aufgehoben wurde. Im Besitze aller Produktionsmittel doch ungesättigt, eine Aristokratie des Besitzes über „freier" Massenarbeit, hielt die bürgerliche Erwerbswirtschaft alle Bastionen des nationalen Staats besetzt, — bereit sie mit den Waffen der Wissenschaft und Technik zu verteidigen.

Damit erfüllte ein Schicksal sich, wie es die absoluten Monarchen ihren Ständen einst bereiteten. Die Losungen des „Fortschritts" und der „Restauration", unter denen Lists Leben stand, gewannen einen anderen Inhalt. Wenn unsere absterbenden Territorialstaaten vor hundert Jahren die bürgerliche Revolutionsgefahr bekämpften, so folgten sie dem Beispiel der kirchlichen Gewalten: Die römische Kirche, auf dem Fels dogmatischer Intoleranz errichtet, hatte zwei Jahrhunderte mit Kampf erfüllt; den Religionskämpfen waren die „Handels- und Kolonialkriege" gefolgt; der Priester begleitete den Konquistador, der Missionar arbeitete neben dem merchant adventurer. Die kirchliche Welteroberung verband sich dem verweltlichten Gedanken einer „civilisatorischen Mission": Spaniern und Portugiesen, zwischen denen der römische Papst 1494 den Erdball aufgeteilt, folgten Holländer, Briten und Franzosen. Die napoleonischen Kämpfe um West- und Ostindien bestimmten schon das Listsche Weltbild. Die Monroe-Doktrin 1823 und die Befreiung Latein-Amerikas 1811—1825 drüben, das Legitimitätsprinzip der „Heiligen Allianz", die Kämpfe der Serben, Griechen und die Frage der Donaufürstentümer erfüllten das Jahrzehnt, in dem List seine volle Schau der Weltereignisse gewann. Die Engländer „sagten Christus und meinten Kattun". Als List starb, hatten die Vereinigten Staaten den Stillen Ozean erreicht, saßen die Engländer in Kaschmir, Hongkong und Neuseeland. Mit verzehrendem Eifer suchte List an der unteren Donau wie in Brasilien, im Levantehandel oder mit westindischen Kompagnien einen Ausweg für sein zurückgebliebenes Deutschland. Den imperialen Vorrang aber erkannte auch er den größten Mächten zu: England, Frankreich, Nordamerika und Rußland.

Nun erhoben sich die weltlichen Gewalten mit einer Wucht, die alle schwächeren Kulturen, alle vorkapitalistischen Wirtschaftsweisen im Kolonialraum unterwarf. Unter den Masken der Handelsfreiheit erkannte

List bereits den imperialen Herrschaftswillen. Die theoretische Struktur der „Nationalwirtschaft“ offenbarte nicht weniger ihren machtpolitischen Gehalt: Deutschland, Italien, die Vereinigten Staaten und Japan bildeten, im Scheitelpunkt der liberalen Ära 1860/70, zu „Nationalkörpern“ sich aus. Im Krieg von 1914 fielen noch einmal die Würfel über Deutschland und die Weltmächte. So steht List selber an der Schwelle dieses Übergangs, er stößt die Türe auf zu einer politisch-ökonomischen Weltumgestaltung; das Geschichtsbild seiner „Stufenlehre“, das imperiale Weltbild seiner Spätzeit drücken das erobernde Wesen dieses 19. Jahrhunderts „theoretisch“ aus. In der Vorschau auf die entfesselte ökonomische Kraft der nationalen Staaten ist seine bleibende Bedeutung für unser Wissen um die Wirklichkeit beschlossen.

Die Verbundenheit des gelehrten Lebens mit den staatlich-rechtlichen Kämpfen seiner gesellschaftlichen Umwelt kommt im deutschen Vormärz zu stärkerem Ausdruck als nachher; sie erinnert an die Kämpfe der Naturrechtler und Naturwissenschaftler des 17. und 18. Jahrhunderts. Sobald die Gelehrten gesellschaftlich-ökonomische, öffentlich-rechtliche, historisch-politische Zustände verändern wollen, geraten sie leicht in Konflikte; ebenso durch eine zu entschiedene Teilnahme am Gang der öffentlichen Angelegenheiten. Daher ist Lists Schicksal, von dieser Seite angesehen, keineswegs vereinzelt innerhalb der deutschen Gelehrtengeschichte; erst spezialistische Vereinzelung und Abwendung von naturrechtlichen Gedankengängen haben den wissenschaftlichen wie politischen Positivismus zur Lebensregel auf unseren akademischen Unterrichtsanstalten erhoben und Verfolgungen nach Art der „Göttinger Sieben“ oder Lists fast ausgeschlossen. Indem die Hochschulwissenschaften den Übergang aus absolutistischen zu konstitutionellen oder republikanischen Staatsformen als akademische Institutionen mit vollzogen, bestätigten sie nur ihre notwendige Verbundenheit — in der Gefolgschaft wie im Widerspruch — mit dem gesellschaftlichen Unterbau, dem völkisch-nationalen Gehalt und den staatlich-rechtlichen Strukturen ihrer Umwelt. Der Tendenz nach zum Streben nach „Objektivität“ verpflichtet, sind die Wissenschaften sowenig wie die Kunst „unabhängig“ von ihrem Objekt, das sie im Spiegel subjektiven Erkennens „richtig“ aufzufangen suchen.

So ist die Absonderung der akademischen Tätigkeit mit der allgemein fortschreitenden Berufszerlegung notwendig gewachsen; als Stätte differenzierter Arbeitsvereinigung und Arbeitsteilung ward der Hochschulapparat in sich wie gegenüber der Außenwelt verfestigt. Daß entscheidende Fortschritte der Erkenntnis bürgerlichen „Außenseitern“ verdankt werden, ist durch Namen von erstem Rang — wie List, Adam Müller, Thünen, Rodbertus, — noch ohne weiteres zu belegen. Erst im Gefolge der geschichtlichen, statistischen und schultheoretischen Arbeiten kam eine vornehmlich professorale Prägung zustande, verengte sich freilich auch die unmittelbare Wirksamkeit des akademischen „Betriebs“ auf die nationale Willensbildung.

Die geringe und oft schiefe Würdigung, die Friedrich List nicht nur von der „Schule“, sondern im „Fach“ überhaupt gefunden hat, hängt mit dieser Veränderung des wissenschaftlichen Standorts notwendig zusammen. Lists „Idealtypus“ ist ja niemals der „reine“ Gelehrte in seiner betrachtenden Selbstversenkung, sondern der handelnde

„Staatswirt", — und zwar als Organ des idealtypischen „Staatsmann". Eben hierin liegt seine — seit 1877 bewußt gewordene — Verwandtschaft mit der Bismarckischen Konzeption des Staatsmanns und der Nationalwirtschaft, bei aller Verschiedenheit ihres Lebensraums und ihres Werks. Nannte der jüngere Carey doch unseren List den verhinderten Colbert Deutschlands! List selber empfiehlt gelegentlich, einen Praktiker, etwa einen Hanseaten, zum preußischen Minister für Handel und Gewerbe zu ernennen, wobei ihm die Nationalökonomie durchaus zu den „politischen Wissenschaften" rechnet[2]). Cromwell und Colbert, die großen Herrscher Frankreichs, Österreichs und Preußens, die britischen, spanischen, holländischen, amerikanischen und französischen Staatswirte — bis auf Canning und Robert Peel — sind Lists historische Kronzeugen; im Hintergrunde erscheinen Aristoteles und Machiavelli, die italienischen Stadtstaaten und die deutsche Hanse. In dieser Zielrichtung tritt also viel mehr als ein „agitatorisches" Bedürfnis zutage; List ist ja durchaus „Theoretiker" im Sinne der „Politischen Ökonomie", wie auch Artur Sommer in diesem Zusammenhang gegenüber allen List-Kritikern mit Recht mehrfach nachweist. Die liberale Legende, nach welcher die Wissenschaft von Staat und Gesellschaft erst mit Quesnay einsetze, wird nicht zuletzt durch Lists geistigen Stammbaum widerlegt. „Als ob" erst mit der Ausstoßung des dynamischen Staatsdenkens durch den Juden Ricardo der Fortschritt von der „Staatspraxis" zur „Wissenschaft" erzielt sei! „Als ob" das liberal-kapitalistische Denken auf der „reinen" Gesellschaftsebene die erste und einzige unbefangene Leistung sei; die staatlich-rechtliche Struktur aber keine Angelegenheit der „Theorie"! Eben in seiner Würdigung der staatlich-rechtlichen Strukturen jeder Wirtschaftsgesellschaft liegt ja Lists theoretisches Verdienst beschlossen[3]). Gleichzeitig tritt hierin Lists Strukturverwandtschaft mit allen älteren Schriftstellern einer deutschen „Staatswirtschaftslehre" hervor, bis zurück auf den großen Conring. Den deutschen Staatswissenschaften des 18. Jahrhunderts war ja die Scheidung nach „Agricultura, opificium, mercatura" durchaus geläufig; aus der „Land- und Stadtwirtschaft" gewannen sie den Begriff des Agrar-Gewerbe-Handelsstaats. Nicht umsonst war List in seiner Jugend durch die „Göttinger Schule" und durch die „Publizisten" unseres 18. Jahrhunderts beeinflußt worden; mit Achenwalls Staatslehre fanden wir Berührungen, und auf Achenwalls Nachfolger Schlözer führte Lists doppelter Staats- und Gesellschaftsbegriff wohl geradewegs zurück[4]).

Erst mit dem Abschluß unserer territorialstaatlichen Geschichte und mit ihrem Übergang in den Ideenkomplex der deutschen „Natio-

[2]) Siehe Babel, „Der innere Markt bei List und Bismarck", in „Hessische Beiträge zur Staats- und Wirtschaftskunde", Bd. 3, 1929, und Hauptteil F, 3. Kapitel. — Vgl. „Werke" Bd. VII, S. 32, 135, 141, 486, 673.

[3]) Vgl. die historischen Kapitel im „Nationalen" und „Natürlichen System" sowie oben Hauptteil A, 2. Kapitel, über Lists Verwandtschaft mit Romantik und historischer Schule; Hauptteil C, 4. Kapitel zu Anm. 90 bis 93.

[4]) Vgl. oben Hauptteil A, 1. Kapitel zu Anm. 19.

nalität" ist dieser gemeinsame Untergrund unseren „staatswissenschaftlichen" Theorien verlorengegangen[5]). Eben an dieser Grenzscheide fanden wir Friedrich List; hier ist sein historischer wie sein systematischer Standort.

Es entspricht also der Strukturverbundenheit, in der jede staatlich geordnete Wissenschaft steht, wenn wir die Hochschulen im Kampf der Zeit befangen finden; eine Geschichte der Wissenschaft im vormärzlichen Deutschland wird die notwendige Bezogenheit jeder Lehre und Forschung auf die Grundgegebenheiten des Bürgertums und der Nation am wenigsten mißachten dürfen[6]). Politisierende Professoren wie Oken und Fries in Jena, Wilhelm Snell in Dorpat, Arndt in Bonn — um nur einige Namen hier zu nennen — haben ihre Lehrkanzeln verlassen müssen; Rotteck und Welcker in Freiburg, die „Göttinger Sieben" 1837, Bruno Bauer in Bonn haben nach der Julirevolution gleiches erfahren. Ein sehr kleiner Ausschnitt hieraus sind Lists oder auch Marx' akademische Schicksale, aber jedes von kennzeichnender Eigenart: Marx gelangte gar nicht zur Habilitation; Lists Entlassung als Professor ging dem entscheidenden Konflikt voraus.

List hatte sich an die Juristischen Fakultäten von Freiburg, Heidelberg, Würzburg und Landshut als Spruchkollegien mit der Bitte um Rechtsgutachten gewandt; auch hatte er die Freiburger Juristenfakultät um das Doktordiplom honoris causa gebeten. Seiner Ablehnung des römischen Rechts gemäß nannte er die Juristenfakultäten, die „nach ihrer ganzen Stellung dem Bürgertum zugewendet" gewesen, eine „Nationalgarantie" aller „volkstümlichen Institutionen"[7]). Die Freiburger Juristenfakultät hat sich schließlich 1836 für List in einem Rechtsgutachten verwandt, das unter dem Druck der Reaktion nicht veröffentlicht werden durfte[8]). Wir lesen dort: „daß eine gerichtliche Verfolgung oder Bestrafung Lists wegen der ihm zur Last gelegten Handlungen und Äußerungen nicht etwa bloß nach allgemeinem und echt constitutionellem oder englischem Staatsrecht, sondern auch nach dem württembergischen Verfassungsrecht, ja selbst nach den aus der Zeit des äußersten Despotismus stammenden Gesetzen, welche man im grellen Widerspruch

[5]) Wegen der Theorie der „produktiven Kräfte" vgl. oben Hauptteil A, 1. Kapitel; auch wäre in gleichem Zusammenhang auf Leibniz und auf Luther zu verweisen; s. Hauptteil F, 3. Kapitel zu Anm. 17, und „Aufriß" l. c., S. 1—46.

[6]) Vgl. Max Lenz, „Freiheit und Macht im Lichte der Entwicklung der Universität Berlin", in „Kleine Historische Schriften" II. Bd., 1920.

[7]) Vgl. seine Briefe vom 16. September und 1. Dezember 1823 an Rotteck sowie ein Schreiben des Professors und Deputierten Duttlinger im „Rotteck-Nachlaß", Stadtarchiv Freiburg, und „Werke" Bd. VIII, S. 263—266, 276, 298—299, 321. — Nach dem Vorwort zum II. Band der „Themis" sollten die gesamten Rechtsgutachten als III. Band dort abgedruckt werden. Duttlinger war Professor in Heidelberg; s. oben Hauptteil C, 4. Kapitel, Anm. 30.

[8]) Vgl. Welcker, Artikel „List" im „Staats-Lexikon", 2. Aufl. Bd. VIII. — Wegen Rotteck und Welcker vgl. oben Hauptteil C, 4. Kapitel. — „Werke" Bd. VIII, S. 468, 470; Bd. IX, S. 26. Das Gutachten sollte Lists Rehabilitierung in Württemberg dienen; vgl. hierzu Hauptteil C, 4. Kapitel zu Anm. 76.

mit dem neuen Verfassungsrecht zur offenbaren Untergrabung dessen noch fortdauernd anwendbar erkläre, unbegründet; daß sie mit dem Wesen und Geist der beschworenen constitutionellen Verfassung völlig unvereinbar seien".

Die Rechtsform eines politischen Prozesses entscheidet also über die formale „Legalität" oder „Illegalität" des Verhaltens, auch in unserm Fall zuungunsten des schwächeren Teils. Vergebens trug List darauf an, seinen Fall vor den „Staatsgerichtshof" zu bringen, der durch die württembergische Verfassung von 1819 für Verfassungsverletzungen vorgesehen war. Sein Antrag, das Urteil zweier Juristenfakultäten einzuholen oder Geschworenengerichte einzusetzen, blieb gleichfalls ohne Folge. Hinter den formal entscheidenden Fragen verbergen sich Probleme der allgemeinen Staatsstruktur. List und seine „freisinnigen" Berufsgenossen aus dem akademischen Lager standen auf seiten der liberalen konstitutionellen Monarchie. Der Widerspruch, in den sie dadurch zu der Staatswirklichkeit im Deutschen Bund gerieten, drückt zugleich einen materiellen, ökonomischen Inhalt aus. Wir sahen, wie List das Panier des großgewerblichen Bürgertums erhob und damit die moderne oder „kapitalistische" bürgerliche Gesellschaft im geeinten „Nationalkörper" zum Richtpunkt seines theoretischen Wirkens machte. Damit nimmt er zugleich — den feudalen Elementen der frühkapitalistischen Wirtschaftsordnung wie den nachwachsenden unteren Schichten gegenüber — eine positiv-kritische Haltung ein, die von den Hochschulen das 19. Jahrhunderts im großen Durchschnitte geteilt wird. Daß List die im Vormärz noch unentfaltete innere Problematik der „Staatsgesellschaft" nicht überschreitet, die schärfere Differenzierung der Parteien von 1848 noch nicht kennt, gibt seinem Auftreten zugleich jenen verbindenden Charakter, der allen, aus dem nationalen Erlebnis von 1813 entspringenden Bewegungen in jener Frühzeit der liberalen Einheitswünsche eigentümlich bleibt. Da seine Zeit noch keine Parteien nebst ihrem Apparat kennt, kann er in Wahrheit unparteiisch urteilen, wennschon er jeder Sublimierung oder ideologischen Überhöhung seines eigenen Standpunkts feind ist. Aus Lists persönlicher Haltung heraus wird ferner die Schärfe des Konflikts begreiflich. Hier fand er, wie wir eingangs sahen, eine gegenüber 1816 bis 1818 veränderte Lage vor: das württembergische Verfassungskompromiß vom September 1819 und den Druck der Großen Mächte (Österreich, Preußen, Rußland) auf die Eigenwilligkeit des schwäbischen Monarchen. Dieser Konstellation sollte List erliegen.

Nach seinem ersten, mißlungenen Versuch war List im Dezember 1820 als Vertreter seiner Vaterstadt Reutlingen in die Stuttgarter Kammer eingetreten und hatte sich sogleich der wiederholten Wünsche seiner Wähler angenommen. Seine „Reutlinger Petition" aus den Weihnachtstagen 1820 zeigt jenes wechselseitige Übergehen aus der staatsrechtlichen in die wirtschaftspolitische Sphäre, das wir charakteristisch für den jungen List fanden; sie erhebt sich aber mit verstärktem Antrieb wider die „Formenlehren und Kastenvorurteile" der herrschenden Bürokratie. Lists Denken hat sich — offenbar infolge des Verfassungskompromisses — radikalisiert; er ist nun, wie wir im Hauptteil A feststellten, ganz Oppositioneller. In einer früheren Erklärung an seine Wähler, vom 15. Dezember 1819, hatte er schon ein radikales Programm entwickelt, es enthielt u. a. den Satz: Oeffentlichkeit sei „die Sonne des politischen Lebens". Die „Reutlinger Petition" sollte das Programm einer radikalen Opposition werden. List bekämpfte das Verfassungskompromiß vom September 1819 als eine „Tripelallianz zwischen der alten Feudalaristokratie, der neueren Beamtenoligarchie und der Ministerwillkür" — „an der Spitze einer neuen Opposition "wollte er die Wünsche des Volkes in der Kammer zu Gehör bringen[9]). Wie er rückschauend 1845 ausführt, wollte er „im Vertrauen auf die Wahrheit der Konstitution das frühere Regierungssystem an der Spitze einer neuen Opposition gegen das neue Ministerium in der Kammer durchsetzen, ein Vorhaben, das mir auch ohne Zweifel gelungen wäre (meine Partei hatte es beinahe schon zur Majorität gebracht), hätte nicht das neue Ministerium den Regenten zu überreden gewußt, mein Treiben sei gegen seine Person gerichtet". Lists einziger politischer Fehler, den er in seinem ganzen Leben begangen habe, sei gewesen, daß er „die württembergische Verfassung au sérieux genommen[10])"!

Das Verkennen der zeitpolitischen Lage tritt auch an dieser Stelle hervor. Wie hätte er den Bund der ehemaligen „Altrechtler" mit König und Bürokratie beseitigen, was hätte er — angesichts der Konstellation von 1819 — an dessen Stelle setzen können? Die württembergische Regierung, wir wissen es, hatte ihr Verfassungskompromiß unter dem allgemeinen Druck soeben mit Mühe fertiggestellt. List legte mit seiner Reutlinger Petition es fast darauf an, alle reaktionären wie alle gemäßigten Elemente vor den Kopf zu stoßen. Vetternwirtschaft, Wohlleben und Luxus, Unredlichkeit, Gewalttätigkeit, Unkenntnis und Verachtung der leidenden Wirtschaft seien Merkmale des Staatsapparats. Heimlichkeit und Kostspieligkeit des Gerichtsverfahrens wie der Verwaltung hinderten, trotz der Verfassung, die Bürger daran, „Freiheit und Wohlstand" zu erlangen. List forderte „Bürgergerichte" und beschwor die „edlen Abgeordneten des Volkes", ihren Wählern „nahmhafte Erleichterungen" sowie „den Vollgenuß bürgerlicher Freiheit" zu erringen, die „Sache der Völker" zu der ihrigen zu machen, die „Grundgebrechen" der überlasteten schwäbischen „Nationalwirtschaft" zu heilen! In vierzig Artikeln faßte er die Wünsche und Beschwerden seines Reutlinger Wahlkreises zusammen — alles was er, im Widerstreit zu den „Altrechtlern", für altes und auch für gutes Recht er-

[9]) Vgl. „Werke" Bd. I 1, S. 50—59; Bd. I 2, S. 682—688.

[10]) Siehe Lists oben im Hauptteil C, 1. Kapitel, angeführte ungarische Denkschrift an Metternich von 1845; „Werke" Bd. III 1, S. 483—484.

kennt[11]). Am Schluß forderte er eine einzige direkte Personal- und Realsteuer „aller Stände und Klassen der Staatsbürger" sowie Begrenzung der Budgetperiode auf ein Jahr und Abschaffung aller Staatsbetriebe (Domänen und Regalien). Damit ging er über die Tendenz der gemäßigten Kammermehrheit bereits weit hinaus.

Auf Grund einer Denunziation wurde dieser Petitionsentwurf am 21. Januar 1821 von der Polizei beschlagnahmt und der Verfasser anschließend in kriminalgerichtliche Untersuchung genommen. Als die Abgeordnetenkammer am 6. Februar 1821 ihre Sitzungen wieder aufnahm, lag ihr eine Aufforderung der Regierung vor, List auszuschließen; sie setzte zur Beratung darüber eine Kommission ein, und List verteidigte sich in zwei Reden. Am 24. Februar wurden ihm, bis zur Erledigung seines Kriminalverfahrens, durch Mehrheitsbeschluß Mandat und Immunität entzogen.

Vergebens hatte Ludwig Uhland, der ebenso wie Lists Freund, der Prokurator Schott, dem Kammerausschuß angehörte, als Referent dieser Kommission im Februar 1821 sich Lists angenommen; die Kammermehrheit wich dem Druck, den die Politik der Großen Mächte König Wilhelm I. und die Bürokratie übten, und gab der Untersuchung den verlangten freien Lauf. Lists Gegner, der Justizminister von Maucler, hatte selber das Regierungsverlangen vor den Abgeordneten vertreten[12]). Eine Adresse Heilbronner Bürger, welche sich gegen eine längere Suspension verwahrten, da List nur die „trockene Wahrheit" gesagt, ward von der entrüsteten Kammermehrheit gar nicht angenommen. Die schwäbische Volksvertretung wurde durch Lists vorläufigen Ausschluß nur um so stärker gelähmt, da sie die Prüfung des Falles damit aus der Hand gegeben hatte. List war „mit der Regierung wie mit der Opposition" zerfallen, wie er rückschauend 1845 an Dr. Kolb schreibt[13]). Der Stuttgarter Regierung, welche durch Wangenheim noch im September 1820 zu Darmstadt die „Trias"-Gedanken des Königs Wilhelm I. ventilieren konnte[14]), mußte jetzt alles daran liegen, jeden Schein irgendwelcher Nachgiebigkeit gegen revolutionäre Tendenzen zu vermeiden. So stand List in Wahrheit schutzlos und vereinzelt.

---

[11]) Siehe Häußer l. c. Bd. I, S. 74—82, und „Herdflamme" l. c., S. XXVII bis XXVIII; sämtliche Prozeßakten in „Werke" Bd. I 2, S. 679—820; Bd. IX, S. 52—58, 60—62. Die Reutlinger Wünsche 1819/21 s. List-Archiv F. V, XIII.

[12]) Uhlands Kommissionsbericht s. in „Werke" Bd. I 2, S. 724—730. — Vgl. Briefwechsel List-Uhland vom Dezember 1823 bei L. Uhland l. c., S. 178—179; List wollte durch Uhland damals der Kammer eine „offene Protestation" überreichen. — Vgl. Treitschke l. c., S. 305, und Walther Reinöhl, „Uhland als Politiker", 1911, S. 49—53, 62—63. Übrigens glaubte Uhland zu wissen, daß List bei seiner ersten Bewerbung um den Reutlinger Abgeordnetensitz „sich alle Mühe umsonst gegeben, selbst jede Stimme mit 1 großen Thaler zu bezahlen versprochen"; s. Max Hoeltzel, „F. List als Politiker", 1931, S. 32. Uhlands Behauptung klingt wenig wahrscheinlich. Vgl. Hauptteil A, 1. Kapitel zu Anm. 10.

[13]) Siehe Häußer l. c. und Professor Eschenmayer an J. Fr. von Cotta in „Briefe an Cotta. Das Zeitalter der Restauration" (Bd. II), 1927, S. 101. — Vgl. „Themis" l. c. Bd. II, S. 5—8; Stern l. c., S. 423; „Werke" Bd. VIII, S. 773.

[14]) Vgl. oben Hauptteil B, 3. Kapitel, Anm. 6.

List schilderte seinen Prozeß in der staatswissenschaftlichen Sammlung „Themis“, die er zunächst dem liberalen Verleger Winter in Heidelberg in Kommission gab; jedoch mußte der II. Band, mit den Prozeßakten und Lists Denkschrift an den König vom 20. Juli 1823, zu Straßburg gedruckt werden. In der „Ankündigung“ des I. Bandes erklärte er „die theoretische Begründung der constitutionellen Wahrheiten“ für vorzüglich notwendig; die Herausgeber wollten dem sich bildenden Staatsrecht werden, was die besseren alten Publizisten einst dem alten Reichsrecht waren. „Dem verwitterten und verfaulten Reich“ sei die Willkür der Organisierer und Centralisierer gefolgt; diese Zeit der Rheinbund-Souveränitäten — „eine wüste Zeit für ein constitutionelles Gemüt“ — sei berufen gewesen, „den Schutt des heiligen römischen Reichs auf die Seite zu karren“ und den Platz für „eine neue Ordnung der Dinge, das Repräsentativ-System“, freizulegen. Den Andeutungen der Schlözer, Friedrich Karl Moser, Spittler folgend, habe „ein neues Geschlecht“ ... „auf die Natur des Menschen und der Dinge, auf die Geschichte, die Erfahrungen und die Beispiele anderer Völker“ zurückgehen müssen. Die Unverletzlichkeit der Deputierten, „öffentliche Rechtspflege und Geschworenengerichte“ gehören, als „das wahre Palladium der bürgerlichen Freiheit“, zu den Attributen des konstitutionellen „Staats-Organismus“[15]. Auch erinnerte sich List im Exil seiner Stuttgarter Arbeiten für die Verwaltungsreform: „Nachdem die Kanzlei-Organisierer alle Selbsttätigkeit der Nation für die Zwecke der Gesellschaft bis zur Wurzel getötet hatten“, sei man zur Einsicht gelangt, wie ungeeignet diese „Verwaltungs-Maschine“ gewesen. Der Geist der konstitutionellen Monarchie verlange an Stelle der bisherigen Beamtenhierarchie die sog. Hierarchie der Gesellschaft!

Während der I. Band der „Themis“ der Geschichte des Schwurgerichts im allgemeinen galt, behandelte List im II. Band, als aktenmäßiges Gegenbeispiel, „den von den königlichen Gerichtshöfen an seiner Person und an der Verfassung des Landes begangenen Justizmord“. Es geht ihm beide Male um den „Rechtsstaat“, wie Lists spätere Bekannte Welcker und Robert Mohl im Unterschied vom „Polizeistaat“ sagten. Sein Prozeß bildete einen hervorstechenden Einzelfall im Kampf um die Ausbildung konstitutioneller Formen, wie sie 1819 in Württemberg, Bayern und Baden ins Leben getreten waren. Übrigens hatte schon der Theologe de Wette, den wir in Basel wiederfinden werden, 1820 eine Aktensammlung über seine Berliner Absetzung — sie erfolgte im Zusammenhang der Sandschen Sache — publiziert[16]. Wie Lists gesamte

---

[15]) Über Unabsetzbarkeit der Richter in demokratischen Staaten vgl. „Werke“ Bd. III, S. 496. — Siehe oben Hauptteil A, 1. Kapitel, Anm. 48 bis 50 wegen der „Urrechte.“

[16]) Vgl. „Themis, eine Sammlung von staatswissenschaftlichen Abhandlungen, Übersetzungen und in die Politik einschlagenden Rechtsfällen. Herausgegeben durch eine Gesellschaft von Gelehrten.“ — Erstes Bändchen, „Geschichte der Jury“. Aus dem Französischen des Herrn Aignan. Heidelberg 1823. — Zweites Bändchen mit dem

öffentliche Wirksamkeit unter den rechtlichen Gesichtspunkt ihrer „Legalität" zu stellen ist, so seine Ausschließung aus der Stuttgarter Kammer unter denjenigen der „Immunität"; zwei Begriffe, welche für die Verfolgung politischer Gegner im parlamentarischen Staat auch späterhin ihre volle Wichtigkeit erweisen[17]).

List bekämpft die Institutionen als solche: die Reste des Feudalwesens, des Absolutismus, des heimlichen Gerichts, den „Kastengeist" der alt-württembergischen Beamten-Aristokratie, ihrer „Canzley-" und „Universitäts-Verwandten". Damit trifft und beleidigt er jedoch die gesamte Bürokratie und Justiz, die nun als Richterin in eigener Sache wider ihn auftritt. Der württembergische „Nahrungsstand" entrichte gegen 75% seines Einkommens in die Staatskasse, wie der Finanzminister selber 1816 nachgewiesen habe; ja, er opfere sogar „einen großen Teil des National-Vermögens" dem „Wohlleben und Luxus" der Beamtenkaste: Vorwürfe, wie sie mit dem Erstarken des bürgerlichen „Nahrungsstands" sich wiederholen und noch steigern werden.

Während der Staat — auf Grund eines Gesetzes aus der absolutistischen Zeit — darin „Ehren-Beleidigung und Verleumdung der bestehenden Staatsverwaltung" sowie „Erregen von Mißvergnügen" ahnden will, appelliert List an den „Geist des Ganzen", an die konstitutionelle Meinungsfreiheit: „nur die Überzeugung des Publikums sei der wahre Richter im Reich des politischen Urteils". Wenn der Jurist absprechende Meinungen über den Staat strafen wolle, so wäre er „der politische Papst der bürgerlichen Gesellschaft" und die Volksrepräsentation nur eine Magd der Gerichtshöfe; das öffentliche Aussprechen einer Erkenntnis unterliege sowenig wie die Wahrheit des Erkannten selbst einem richterlichen Strafentscheid. „Durch nichts werde die Constitution mehr gefährdet, und das Vertrauen der Nation in einen festen Rechtszustand tiefer erschüttert, als durch ein solches Verfahren." Wolle man dem Staatsgerichtshof etwa die Gewalt einer spanischen Inquisition geben? Niemals dürfe die Unabhängigkeit der Justiz „in eine Souveränität der Justiz ausarten"; ihr Beruf sei, „die Bürger bei ihren klaren constitutionellen Rechten zu schützen, nicht ihnen dieselben durch juristische Künste zu entreißen". List führt seine Verteidigung durchaus offensiv, ja druckt seine „Reutlinger Petition" zu Beginn des Prozesses nochmals in einer Verteidigungsschrift ab, die sich mit aller

Motto „Jacta est alea". Straßburg 1823. — Wegen Aignan vgl. K. A. von Müller, „Görres in Straßburg" l. c., S. 73. — Für de Wette s. Max Lenz, „Geschichte der Universität Berlin", Bd. II 1, 1910, S. 83—85.

[17]) Vgl. Carl Schmitt, „Legalität und Legitimität", 1932. — Wie das Schwurgericht erscheint auch die Frage der „Bescholtenheit" eines Abgeordneten in den Anfängen des preußischen und gesamtdeutschen Parlamentarismus seit 1847 wieder. Vgl. hierfür, sowie für die allgemeine Verwandtschaft des frühen List mit den liberalen Ausgangspositionen David Hansemann, „Die politischen Tagesfragen, mit Rücksicht auf den Rheinischen Landtag", 1846, S. 7—10, 18—20, 69—71, 78—82, 111—120. Erst die Entwürfe der „Reichsverfassung" von 1849 machten Lists Standpunkt sich zu eigen.

Schärfe gegen seine „Blutrichter“ wendet[18]). Die positive Justiz sei stets an dem „Unsinn‘ vergangener Jahrhunderte beteiligt gewesen; habe die Tübinger Juristenfakultät doch viele Urteile auf Hexenverbrennungen öffentlich begründet und dadurch, „vor dem Richterstuhl der Rechts-Philosophie“, eine „offenbare juristische Barbarei“ begangen. So sei es in einem modernen Verfassungsstaat ein Unding, in „allgemeinen Urteilen“ das Verbrechen der „Aufreizung“ zu „Mißvergnügen und Unzufriedenheit“ zu sehen — typische Tatbestände, welche schon dem preußischen „Allgemeinen Landrecht“ ebenso wie auch den Strafgesetzen und Sondergerichten späterer Zeit, zum Schutz der Staatsform und der Wirtschaftsordnung, wohlbekannt sind[19]).

Anderseits hatte List, aus seiner politischen Stellung heraus, mit dem Entwurf seines Reutlinger Aufrufs offenbar eine volkstümliche Agitation von breiterem Ausmaß einleiten wollen. Indem er „Irrtümern von Jahrhunderten“ den Kampf ansagte, wandte er sich doch gegen jenes Verfassungskompromiß von 1819, den die Entscheidungsgründe des Gerichts als „Kleinod Württembergs, hervorgegangen aus der schönsten Vereinigung zwischen Fürst und Volk, die je Europa gesehen“, bezeichneten. Eben diese „liberale Verfassung“, welche „der Stolz jedes echten Württembergers und die Bewunderung des Auslandes“ sei, habe deren Mißfallen hervorgerufen — sagte das Gericht —, „die nur in dem Umsturz des Bestehenden, in der Lähmung der Staatsgewalt und in der Realisierung ihrer überspannten Ideen ihr Heil zu finden glauben“. — „Nur aus einem Schwindel dieser Art“ ließe es sich erklären, „wenn öffentliche, für den Bürger geschriebene Blätter ... eine Kluft zwischen Regierung und Volk zu befestigen, Feindschaft zwischen den Magistraten und ihren Bürgern zu pflanzen und die kaum erlangte Zufriedenheit in allgemeines Mißvergnügen zu verwandeln strebten“. Hierauf scheine der Inkulpat seinen „revolutionären Plan“ einer „Radikalreform“ der Staatsverwaltung abgestellt zu haben. Er habe seinen Aufruf durch den Stuttgarter Advokaten E. Schübler nur in wenigen Stücken nach Reutlingen versandt; Eduard Schübler, Mitredakteur des „Volksfreund“ seit 1818 und als solcher vielmals preßgesetzlich vorbestraft, wurde dadurch in das „Staatsverbrechen“ seines Freundes List hereingezogen und zu acht Tagen Gefängnis mitverurteilt. Im übrigen habe List mit Schübler „über eine allgemeine Verbreitung der fraglichen Adresse“ sich besprochen, und sie hätten gleichzeitig im „Volksfreund“ „alle Bürgerdeputierten des Landes zu einer gemeinschaftlichen Adresse an die Stände“ aufgefordert. List habe seine Adresse sowie

[18]) Diese Schrift „Aktenstücke und Reflexionen“ wird in „Themis“ l. c. Bd. II, S. 57 und 60 genannt. — Vgl. „Werke“ Bd. I 2, S. 691—692, 782; Bd. IX, S. 110. Die Kriminaluntersuchung wurde daraufhin auf diese Schrift ausgedehnt.

[19]) Vgl. die entsprechenden Tatbestände des Reichs-Strafgesetzbuchs, die Rechtsprechung unter dem „Sozialistengesetz“, die Urteile des „Staatsgerichtshofs zum Schutze der Republik“. — Auch in Württemberg war ein „Staatsgerichtshof“ für Verfassungsverletzungen vorgesehen, der nach Lists Ansicht für seinen Fall zuständig gewesen wäre; vgl. oben und „Werke“ Bd. I 2, S. 769.

seine Verteidigungsschrift noch im Februar 1821, ohne sich als Absender zu nennen, in rd. 400 Exemplaren im Lande verbreitet. Damit habe „eine verfassungswidrige Aufreizung des Volks" stattgefunden, denn „solche willkürlichen Vereinigungen der Untertanen in allgemeinen Landesangelegenheiten" seien „offenbar verfassungswidrig". Diese Art, „eine Störung der segensreichen Einheit zwischen Regierung und Volk zu versuchen", habe in der Tat — „hätte sie bei Ununterrichteten Glauben gefunden (und gerade für diese war sie bestimmt!) nicht nur Unzufriedenheit, sondern wohl auch Störungen der inneren Ruhe des Staates, ja selbst hochverräterische Unternehmungen" veranlassen können.

Wir werden alsbald sehen, wie genau diese Charakteristik in den Bannkreis jener „demagogischen Umtriebe" paßt, welche seit den „Karlsbader Beschlüssen" alle deutschen Kabinette und Kanzleien beschäftigten. Flugschriften, wie W. Schulz und später Georg Büchner sie unter dem hessischen Landvolk zu verbreiten suchten[20]), — Aufrufe, wie Karl Follen und Heinrich Karl Hofmann sie entwarfen, lagen immerhin auf der gleichen Linie wie Lists und Schüblers Petitionen an die Bürgerdeputierten und sonstigen Notabeln der württembergischen Landschaft. Süddeutschland und die ehemaligen Rheinbundsouveränitäten waren ja aus guten Gründen ein Hauptfeld aller „von unten" andrängenden Bewegungen. Wenn List hierbei im Rahmen seines konstitutionellen Radikalismus blieb, so fehlte doch eine „soziale Pointe" auch ihm keineswegs: Seine „Reutlinger Petition" ging in der Tat bis hart an die Grenze des verfassungsmäßig Möglichen und übertraf darin bei weitem seine im nationalen Maßstab gehaltene Agitation wegen des Artikels XIX. Eine solche Umbildung des Staatsapparats erschien notwendig als „Demokratismus". Im Verfolg der Karlsbader Beschlüsse hatte die Mainzer Zentral-Untersuchungskommission des Deutschen Bundes seit dem 8. November 1819 zu tagen begonnen; die Verfolgungen wurden nunmehr allgemein. Lists Reutlinger Freund, der Advokat J. J. Fetzer, war bereits in eine politische Anklage wegen Beamtenbeleidigung verwickelt gewesen und auch Lists Name darin vorgekommen, weil dieser 1818 eine Vorrede zu einem Artikel Fetzers für den „Volksfreund" verfaßt hatte. Der Publizist Friedrich Murrhard, den List für sich interessiert hatte[21]) und der wegen seiner „Politischen Annalen" 1823 selber verhaftet wurde, sah seine Artikel über Lists Prozeß von der Zensur sämtlich gestrichen. Preußen beantragte beim Frankfurter Bundestag, den Vertrieb des I. Bandes der „Themis" zu verbieten[22]).

Mit Recht führte List daher an, daß seine juristische Verfolgung ein Ausdruck der politischen Mißliebigkeit sei, der „seine Opposition

[20]) Vgl. unten Hauptteil E, Anm. 34.

[21]) S. List-Archiv F. XX, Nr. 1.

[22]) Daß dieser Band in Preußen und Österreich beschlagnahmt worden sei, ergibt sich aus List-Archiv F. XVI Nr. 46 und F. XIX Nr. 10—14 in Verbindung mit F. XIII Nr. 24. — Einen revolutionsfreundlichen Bürgermeister J. J. Fezer von Reutlingen um 1800 erwähnt Erwin Hölzle l. c. S. 261.

gegen die Minister in der Ständeversammlung“ von vornherein begegnet sei. Unter solchen Umständen habe er sich für ein Opfer der Ministerial-Willkür gehalten und an die öffentliche Meinung gegen diese Minister appelliert; sein Widerstand gründe sich auf Preßfreiheit und Petitionsrecht, die angegriffenen Staatsfunktionäre setzten ihre Personen zu Unrecht mit dem Staate gleich. Auch der Königliche „Geheime Rat“ sah den Fall unter politischen Gesichtspunkten. Das Gericht zog ferner Lists von der „Neckarzeitung“ abgedruckte Kammerrede vom 7. Februar 1821 heran, da ein Paragraph der württembergischen Verfassung „Beleidigungen und Verläumdungen“, welche ein Abgeordneter in der Kammer äußere, dem ordentlichen Rechtswege überantworte. Vergebens hatte er vor der Kammer die „Natur der Konstitutionellen Monarchie“ gegen die frühere „Willkürherrschaft“ angerufen. Vergeblich wollte List, dessen Immunität bereits erloschen war, wenigstens die parlamentarische Redefreiheit wahren; er wurde — „unter ausdrücklicher Hinweisung auf die in der General-Verordnung . . . die Abschaffung der Tortur betreffend . . . enthaltenen Bestimmungen, und unter „Verwarnungen von Zwangsmaßregeln“, zur Verteidigung gezwungen! „Das Rachegefühl einer gereizten Oligarchie“ fand freie Bahn. List bemerkte hierzu[23]), „daß die Zwangs-Maßregeln gegen einen widerspenstigen Inquisiten bis zu fünfundzwanzig Stockprügeln steigen können“. Die beleidigten Beamten seien Verfolger und Richter in einer Person; abhängig von ihren Oberen, handelten sie im Dunkeln heimlicher Offizialverfahren. In der Tat hatte Justizminister von Maucler selber dem Kriminal-Senat durch Kanzlei-Order befohlen, das Verfahren auf Lists Kammerrede vom 7. Februar 1821 zu erstrecken.

Das mit äußerster Eile eingeleitete Kriminalverfahren führte erst nach über einem Jahre zum Entscheid. Wegen der mehrfachen, „sehr beschwerenden“ Pressedelikte und „auch unbotmäßigen Benehmens gegen das Inquisitoriat“ wurden mildernde Umstände verneint. Das Straferkenntnis vom 6. April 1822 lautete auf „zehnmonatliche Festungs-Strafe, mit angemessener Beschäftigung innerhalb der Festung“. Durch die „Festungsarbeitsstrafe“ verlor der Verurteilte das aktive wie passive Wahlrecht und war der Zweck des Prozesses erreicht: List aus der Kammer endgültig geschieden und sein bürgerlicher „Leumund“ befleckt. In der Revisionsinstanz wurde das Urteil lediglich bestätigt. Der Verurteilte fand in Straßburg einen ersten Stützpunkt, von dem aus er seinen Kampf mit literarischen Waffen weiterfocht. „Als guter Bürger, als vaterlandsliebender Volksvertreter“ versuchte er auf jede Weise, seinem Recht „und den von den Gerichten zu Boden getretenen konstitutionellen Grundsätzen“ im Revisionswege zur Anerkennung zu verhelfen, — unter dem Druck der zunehmenden Demagogenverfolgungen ver-

[23]) S. „Themis“ l. c. Bd. II S. 69. — Vgl. „Werke“ Bd. I 1, S. 56—57; Bd. IX, S. 54.

geblich[24]). Seine Teilnahme am „Handels- und Gewerbsverein" hatte schon zu Beginn des Prozesses aufgehört.

„Sind nicht die Abgeordneten die Minister des Volkes, und zu seiner Beratung verpflichtet?" Auf das konstitutionelle Prinzip stellte er seine gesamte Verteidigung ab. Seine Reutlinger Petition — deren Entwurf Joh. Friedr. von Cotta übrigens gekannt und gebilligt zu haben scheint[25]) — sei dem Geist des württembergischen Preßgesetzes gemäß gewesen, weil man hier „die Preßfreiheit ganz auf dieselben Grundsätze gestellt habe, welche in den freiesten Staaten und von den aufgeklärtesten Staatsrechtlern angenommen seien, daß also keine politische Meinung zum Verbrechen gestempelt werden könne, wenn nicht die Heiligkeit des Regenten, die Integrität des Staats oder die Ehre des einzelnen angegriffen werde". Wie gänzlich verkannte er wieder die politische Konstellation! Wir sahen schon im Hauptteil A, was aus der Preßfreiheit in Württemberg geworden war. Wenn er sich auf das britische oder das französische Vorbild für sein „Recht der freien Kritik" berief, so hatten schon die Entscheidungsgründe zum Straferkenntnis dies mit dem Hinweis abgelehnt: Daß „bei Völkern, welche durch die schreckensvolle Schule der Revolution gegangen sind, das Publikum die Tiraden überspannter Köpfe mehr zu würdigen weiß und daher kein übler Eindruck davon zu befürchten ist". Auch in der französischen Deputiertenkammer besaßen ja die „Ultras" seit 1819 ein vollkommenes Übergewicht.

So konnte auch Lists „Denkschrift an den König" vom Juli 1823 die Rehabilitierung nicht bewirken. Wir haben ihren sachlichen Gehalt bereits gewürdigt[26]). Daß in seiner Person „zugleich der Verfassung des Landes und den Rechten des Volkes der Prozeß gemacht worden" sei, mochte zutreffen; ebenso, daß er als einziger „eine kräftige, von der öffentlichen Meinung unterstützte Opposition" systematisch ausgesprochen habe. „Offen und unbefangen" sei er vorgegangen — gestützt auf „die Freiheit der Meinung, dieses Urrecht der Menschen, und insbesondere die Freiheit der politischen Meinung, diese Grundbedingung aller politischen Rechte —". Alle von den Gerichten geschilderten Gefahren hätten bloß „in ihrer Phantasie" bestanden. Wohl habe er „Grundgebrechen der Gesetzgebung und Verwaltung ..., welche das Mark des Landes verzehren und die bürgerliche Freiheit vernichten", den Beamten vorgeworfen. Niemals aber wollte er damit „die Einführung des römischen Rechts" mit seinem freiheitsfeindlichen „Priestertum der Justiz"[27]) der lebenden Generation zum Vorwurf machen, niemals „der jetzigen Regierung die Verirrungen der Formen- und Papierwirtschaft, die Reste des Feudalwesens und überhaupt die herrschenden Vorurteile und die allgemeinen Staatsverhältnisse, wie sie sich im Lauf der letzten drei Jahrhunderte gemacht haben", verleumderisch zur Last legen. Einzig

---

[24]) Vgl. List-Archiv F. XX, Nr. 49. — Oben Anm. 17.

[25]) S. „Werke" Bd. VIII, S. 408.

[26]) S. Hauptteil A, 3. Kapitel Anm. 5. — „Werke" Bd. I 2, S. 763—820.

[27]) Vgl. Hauptteil A, 1. Kapitel, Anm. 22. — W. Schreiber l. c. S. 23, 38—43.

„die Totenruhe des gedankenlosen Pflanzenlebens der absoluten Herrschaft" habe er stören und einen konstitutionellen „Geisteskampf" erregen wollen. „Ministerialruhe" sei nicht gleichbedeutend für „gesellschaftliche Ordnung". Ja: „Wenn das Mißvergnügen über schlechte Gesetze und Staatsinstitutionen sich nicht von selbst machte, so müßte man dem Zweck der Konstitution gemäß eigene Leute bestellen mit dem Auftrag, dieses Mißvergnügen auf jede mögliche Weise zu erregen und zu nähren!" „Sind nicht Verfassungen da, um durch Reformen Revolutionen zu verhüten[28]?" „Alles zugegeben, wären vielleicht zehn oder fünfzehn Petitionen um eine planmäßige Reform der Verwaltung eingelaufen", so hätte die Regierung daraus eben die Notwendigkeit einer liberalen Fortentwicklung im gesamten Staatswesen entnehmen müssen. „Das heißt man aber meines Wissens konstitutionelles Leben, nicht Revolution."

Alles, was List hier für sich anführte, mußte unter den obwaltenden Umständen in Stuttgart gegen seine Sache wirken! Eben jene volkstümlichen Reformbewegungen, als deren Wortführer er auftrat, bildeten unter der Konstellation von 1819 das Ziel aller obrigkeitlichen Verfolgungen. In seinem deutschen Vernunftglauben an einen konstitutionellen Fortschritt blieb List dogmatisch befangen — im Unterschied zu seiner undogmatischen, ja dogmenfeindlichen Konzeption der Nationalwirtschaft. Mindestens dürfen wir sagen, daß List die diktatorische Natur eines jeden Staates nicht erkannt, die gesellschaftlichen Widersprüche unterschätzt, den innerpolitischen Kampf zwischen abtretenden und aufsteigenden Klassen nur mit erzwungener Abwehr im eigenen Schicksal durchgekämpft hat. Darum stand er zwar am Rande, aber doch innerhalb der Gesellschaft seiner Zeit und ihrer Industrie-Revolution; auf die Dauer war seine Position unendlich zukunftsreich — wennschon nicht innerhalb des deutschen Vormärz auflösbar. In der Schweiz wie in den Vereinigten Staaten fand er sie alsbald bestätigt, ebenso nach seiner Rückkehr 1830 in Frankreich und Belgien. Für den Augenblick aber konnte auch seine Verteidigungsschrift vom Juli 1823 nichts an seinem Schicksal ändern.

Wir können darauf verzichten, Lists wechselndes Flüchtlingsschicksal in Baden, im Elsaß und der Schweiz zu schildern. Im Elsaß und in Paris wurde er von den oppositionellen Liberalen freundlich aufgenommen, in der Schweiz schloß er sich verständlicherweise den deutschen Flüchtlingen näher an. Im Januar 1821 war der Prozeß eröffnet worden. Mitte April 1822 war der Verurteilte aus Württemberg geflohen, im April 1825 trat der — auf Joh. Friedrich von Cottas Verwendung hin — Ausgewiesene die Reise in die Neue Welt an. Überall findet er sich als verfolgten Liberalen von den Freiheitsfreunden willkommen geheißen. Wir erinnern uns des Verdachtes, den Minister du Thil im Januar 1820 ausgesprochen hatte, und versuchen, Lists Katastrophe aus dem allgemeinen Gang der „demagogischen" Bewegungen im Vormärz zu begreifen. Lassen wir zunächst die Zeugnisse aus den Anfängen der Verfolgung sprechen.

[28]) Vgl. oben Hauptteil A, 3. Kapitel zu Anm. 6, und „Herdflamme" l. c., S. XLIV.

Hat List nun, wie die mehrerwähnte Depesche des Ministers du Thil aus Wien vom 14. Januar 1820 anzunehmen schien, tatsächlich „in einem engeren Verkehr und Ideenaustausch" mit den „Schwarzbündnern" gestanden? Hier ist der Punkt, wo List am engsten sich mit den deutschen „Demagogen" seiner Zeit berührt.

Ob List die demokratischen „Schwarzen" oder „Unbedingten" schon während seiner Handelsvereins-Zeit (1819—1820) kennengelernt habe, ist unbekannt und nicht zu vermuten[29]). Über die Burschenschaft im allgemeinen äußerte er sich stets abweisend. So in einer Straßburger Notiz über die Universität (1822), die er mit den rechtsrheinischen Hochschulen vergleicht: „Nicht solch ein Korporationsgeist unter den Studenten. Nicht: Staat im Staate. Nicht so viel Unfug." Die Notiz könnte freilich eher den damaligen Landsmannschaften (Corps) als der Burschenschaft (Gesamtschaft, „Allgemeinheit" der Studenten) gelten[30]). Die burschenschaftlichen „Schwarzbündner" bildeten den linken Flügel der Burschenschaft und hießen so nach ihrer altdeutschen schwarzen Tracht, deren Nachfahr wir im „Wandervogel" finden. Lists Abstand von diesen studentischen „Unbedingten" wird noch im „Zollvereinsblatt" 1843 sichtbar[31]): „Es war von jeher nur jugendliche Torheit oder eitle Besorgnis", sagte er dort von den Deutschen, „wenn man in einer solchen Nation eine Revolution für möglich hielt. Keiner von den Männern der Hals über Kopf stürzenden Bewegung kannte die Masse der deutschen Nation; sie alle betrachteten die deutschen Zustände aus der Brille des besonderen Standes, dem sie angehörten, zumeist aus der Studentenbrille." Die Gefahr des politischen Einschlafens läge den Deutschen näher als die revolutionäre Heftigkeit ihrer französischen Nachbarn. „Statt gegen Leidenschaften und Umtriebe zu deklamieren", solle man lieber die politische „Agitation im höheren und edleren Sinn" anfeuern; „wobei nur die Einschränkung stattzufinden hätte, daß keiner von den Priestern der Agitation sein Amt früher anzutreten hätte als 20 Jahre nach beendigten Universitätsstudien". Auch findet sich[32]) ein Hinweis in Nr. 38 des „Zollvereinsblatt" vom Jahre 1843, der Lists späteres Urteil

[29]) Vgl. unten Anm. 38.

[30]) In Tübingen hatte der junge List 1811—1813 Vorlesungen gehört; s. die „Zeittafel". Die Tübinger Burschenschaft wurde erst im Dezember 1816 gegründet. Vgl. Robert von Mohl, „Lebenserinnerungen", 1902, Bd. I, S. 96—97. — Vgl. „Werke" Bd. VIII, S. 41. K. A. von Müller, „K. L. Sand" l. c. S. 46.

[31]) Vgl. „Herdflamme" l. c., S. 688—690. — „Werke" Bd. VII, S. 81.

[32]) Im List-Archiv F. XXI, Nr. 43. — S. „Werke" Bd. VII, S. 322—323; Bd. VIII, S. 711.

über die „Jungdeutschtümelei" der Urburschenschaft ausdrückt. Er wollte dort ursprünglich sagen: „Offenbar hat jetzt das Reform- und Umkehrfieber der deutschen Jugend fast alle möglichen Phasen durchgemacht und es ist nichts mehr zu befürchten, ausgenommen etwa noch eine Kommunisten-Verschwörung unter den Gassenjungen (!), damit in gloriosester Weise auf dieser untersten Stufe aufhöre, was seiner Zeit in den erhabenen Regionen der deutschen Burschenschaft so großartig begonnen." Georg von Cotta riet ihm zu schreiben: „... was seiner Zeit in anderen Regionen so großartig begonnen ..."; er solle die deutsche Burschenschaft — „die rüstigsten Geister und Charaktere" — nicht lächerlich machen! List ist dem Rate Cottas gefolgt. In Augsburg haben Gustav Kolb und List sich wohl über „die alten Burschenschaftererlebnisse und -leiden" der Zeit auf dem Hohen-Asperg rückerinnernd ausgesprochen[33]; eine unmittelbare Beziehung Lists zur Urburschenschaft aber wird nirgends überliefert, obschon Lists beste Freunde — wie Gustav Kolb, Karl August Mebold, Heinrich Laube — als alte Burschenschafter dem Mitkämpfer für Deutschlands Einheit bis über sein Grab hinaus die Treue wahrten[34].

Über Jahns und Görres' Wiederbelebung altdeutscher Sitten nach den Freiheitskriegen finden wir List gleichfalls wenig erfreut. Hier sei ein Urteil aus dem letzten Lebensjahre 1846 angefügt: Maßmann, der Berliner Turnfreund Jahns, wird von List verspottet als der „um Deutschlands Hasenheide-Dauerlauf so hoch verdiente oberste Generalturnmeister deutscher Nation" — „jener frische, freie und fromme Dauerläufer", der auf dem Wartburgfest der Burschenschaft von 1817 „das schöne Amt des Nachrichters" an der Reaktion vollzogen habe[35].

Überhaupt hielt List, der frühen Reife seines systematischen Denkens wie seiner realistischen Anschauungsweise gemäß, offenbar wenig von bloßem jugendlichem Überschwang. In seiner mehrgenannten ungarischen Denkschrift an Metternich 1845 verteidigt er sich noch ausdrücklich gegen einen solchen Verdacht: „Wie wenig ... mein historischer Demokratismus im Spiel war, läßt sich daraus abnehmen, daß ein großer Teil meiner Verfolger der französisch-liberalen Partei angehörte; und daß man mit noch viel weniger Grund mich später mit dem Namen eines Jakobiners, eines Aufwieglers, eines Umstürzlers, eines

---

[33]) Siehe Levin Schücking l. c. Bd. II, S. 9.

[34]) Hch. Laube war seit 1832 Mitarbeiter, K. A. Mebold seit 1842 Mitredakteur der Augsburger „Allgemeinen Zeitung"; s. „Briefe an Cotta 1833—1863 (III. Bd.) l. c., S. 56 und 149, 335. — „Werke" Bd. VII, S. 680. — Vgl. H. Haupt in „Quellen und Darstellungen zur Geschichte der deutschen Burschenschaft" Bd. XIII, 1932, S. 129—144 mit „Werke" Bd. I und Bd. VII. Die Register der „Burschenschaftlichen Historischen Kommission" enthalten keinerlei Hinweise auf List. Daß auch Lists Gegner K. H. Brüggemann ein bekannter Burschenschafter gewesen war, ist unten Hauptteil F, 2. Kapitel, vermerkt.

[35]) S. „Werke" Bd. VIII, S. 779—780. — Wegen Görres vgl. oben Hauptteil C, 2. Kapitel Anm. 73, und wegen Jahn oben Hauptteil A, 2. Kapitel vor Anm. 27. — Siehe Baxa, „Einführung in die romantische Staatswissenschaft", 1923, S. 123—126.

Frondeurs oder eines Malkontenten zu brandmarken suchte, wird man begreifen, wenn ich nachzuweisen vermag, daß die Meister und Gesellen der Burschenschaft, als ich später im Ausland mit ihnen zusammentraf, weil ich sie aufs unerbittlichste mit Spott und Satire geißelte, mich als ihren bittersten Gegner betrachteten und sogar verfolgten[36]).“ Auch betont List an gleicher Stelle, daß die Jugend — „ich zähle darunter politisch genommen alle Männer unter 45 Jahren“ — allerdings in Demokratien stets mehr oder weniger den Ton angebe. Jedoch beklagt er, daß Ungarns „Institutionen und Nationalcharakter der Jugend einen viel zu großen Einfluß über das Alter verschaffen, während das umgekehrte Verhältnis das natürliche und wünschenswerte ist“. Die in Ungarn herrschende Aufregung werde zwar „von einer phantastisch-patriotischen Jugend — von Advokaten, Ämterjägern und Komitatsdemagogen — genährt“, aber dies sei nur ein Symptom und nicht die Ursache der Krankheit.

Wir werden somit schon aus psychologischen Gründen List zugeben müssen, daß er zwar die Ansprüche des jungen deutschen Bürgertums auf Macht- und Markteinheit vor der Öffentlichkeit anmeldete, von einer unmittelbaren Beziehung aber zur politischen Jugendbewegung — seiner Persönlichkeit wie seiner Zielformel nach — entfernt blieb.

Somit bliebe von dem in Wien verbreiteten Gerücht nur der politische Verdacht einer mittelbaren oder Gesinnungsgemeinschaft mit den Gießener „Schwarzen“ bestehen, deren Führer der Gießener Privatdozent Karl Follen war[37]). Wir werden sogleich sehen, daß List allerdings beide Brüder Follen kannte, daß diese Bekanntschaft aber erst während des Exils erfolgte. Jedoch besitzen wir zwei, bisher übersehene Angaben bei Häußer, die uns weiterhelfen. Einmal erklärte List rückschauend über den Versuch, aus seinem Handelsverein den Keim einer etwaigen Konstitution zu entwickeln, in einem Brief an Robert von Mohl vom 1. Januar 1846[38]): „Heinrich Hofmann in Darmstadt war mein Vertrauter.“ Nun ist hiermit der Darmstädter Advokat Heinrich Karl Hofmann gemeint, den wir in Lists Briefen zweimal hierzu erwähnt finden. Zunächst schreibt List seiner Frau am 25. September 1823 nach Basel: „— Auch hat Adolf Follen nach Darmstadt geschrieben, an Heinrich Hofmann. Es wäre gut, wenn von Snell das Gleiche geschähe.“ In dem Bruchstück eines List-Briefes an L. A. Follen (undatiert) heißt es ferner: „— Wie aber willst Du von Deiner Seite rechtfertigen, daß Du über den Hofmännischen Brief, der nicht bloß meine Person, sondern die gemeine Sache betrifft, kein Wort mit mir sprachst?“ Ein solcher

[36]) S. „Werke“ Bd. III 1, S. 484. — Über List als schwäbischen Demokraten vgl. oben Hauptteil A, 1. Kapitel; im übrigen s. unten Hauptteil F, 1. Kapitel.

[37]) Vgl. Hermann Haupt, „Karl Follen und die Gießener Schwarzen (1815 bis 1819)“, 1907, und unten Hauptteil E, Anm. 69.

[38]) S. oben Hauptteil A, 3. Kapitel Anm. 10 und zu Anm. 16; Hauptteil B, 2. Kapitel zu Anm. 25; Hauptteil C, 4. Kapitel Anm. 55. — L. Häußer l. c., S. 36; „Werke“ Bd. VIII, S. 774.

Brief Heinrich Karl Hofmanns an List, aus Darmstadt vom 6. Dezember 1823, ist im List-Archiv erhalten[39]). Hofmann gibt dort ein Rechtsgutachten über Lists Prozeß und widerrät ein Revisionsgesuch, das uns in Lists „Denkschrift an den König“ vom Juli 1823 vorliegt. Hofmann habe an Adolf Follen deswegen neulich ein paar Zeilen geschrieben. Rechtlich lasse sich für List nichts tun, nur publizistisch durch eine Analyse des Verfahrens. Aber Lists Unglück habe schon viel genützt, manchen die Augen geöffnet über „den Widerspruch zwischen unseren deutschen Verfassungen und dem Recht und Bedürfnissen des Volkes“. Der Prozeß habe „manchen auf den Pferdefuß aufmerksam gemacht, der unter dem Mantel halber Annäherung an den Zeitgeist hervorguckt. Sie haben die Partei ... der Volksfreunde um Hunderte vermehrt und das darf Sie trösten[40])“. Hofmann empfinde zwar Vertrauen und Freundschaft zu List; aber „unsere Bekanntschaft ist von der Art, daß, wenn ich Sie Freund nenne, unsere Feinde daraus gleich die Inzicht einer demagogischen Verbindung wittern werden“. Unmöglich könne er, wie List gewünscht hatte, in Stuttgart beim König vorstellig werden. Der Brief zeigt die Bedrängnis eines an die Grenzen der Legalität gedrängten, dabei anti-revolutionären Liberalen. Hofmann stand eben damals, im November 1823, noch mit einigen wenigen Teilnehmern des Follenschen „Männerbundes“ in Verkehr[41]).

Mit Gewißheit dürfen wir also eine persönliche wie sachliche Verbindung Lists zu Heinrich Karl Hofmann annehmen; ihr Ursprung bleibt leider unbekannt, da Hofmanns Tagebücher gerade aus der fraglichen Zeit nicht erhalten sind[42]). Hofmann war ein Freund der Gießener „Schwarzen“ und einer der bekanntesten Oppositionsmänner jener Jahre, dessen Name in den Akten der „Zentral-Untersuchungskommission“ uns häufig genug begegnet. Er wurde dauernd überwacht und mehrfach gefangengesetzt; wir werden seine wie Lists Verbindungen zu Wilhelm Snell und Karl Follen noch kennenlernen. Diese Namen, denen List sich verband, bezeichnen den linken Flügel der verfolgten Radikalen. Notieren wir hierzu noch einmal jene Angabe, die wir über Sands Prozeß finden und die wir im Hauptteil A erwähnten: Sand habe unmittelbar vor der Ermordung Kotzebues, die am 23. März 1819 geschah, bei Heinrich Karl Hofmann in Darmstadt sich verborgen gehalten. In den Akten ist fernerhin notiert, daß List „in Verbindung mit den Darmstädter Freunden“ gestanden habe und ausdrück-

---

39) List-Archiv F. XX, Nr. 22, und „Werke“ Bd. VIII, S. 272, 276—278, 281.

40) Das Aufsehen, das Lists Prozeß erregte, geht u. a. aus dem Bericht hervor, den der englische Gesandte in Stuttgart seiner Regierung erstattete. Vgl. Lenz in „Mitteilungen“ l. c. Heft 10, S. 324.

41) Siehe Fraenkel l. c., S. 269 und 272, Anm. 76; H. Haupt 1907 l. c., S. 135. — List und auch Wilhelm Snell waren über Hofmanns „Entschuldigungen“ enttäuscht; vgl. List-Archiv F. XX, Nr. 58. Dagegen distanzierte Uhland sich im Dezember 1823 ausdrücklich von Hofmann; s. „Werke“ Bd. IX, S. 61, und vgl. oben Anm. 12.

42) Mündliche Mitteilung von Geheimrat Hermann Haupt.

lich beigefügt: „— Die Bestrebungen der dortigen Freunde von Sands Tat —[43])!“ Dies bezeichnet vielleicht den bedenklichsten Punkt unter den „demagogischen“ Beziehungen und zugleich Lists ersten Schritt auf dem neuen Wege! Die Gründung des „Vereins“, bei welcher Hofmann Lists „Vertrauter“ war, ist unmittelbar darauf — um die Mitte April zu Frankfurt a. M. — erfolgt; sie geschah mithin unter dem frischen Eindruck jener Mordtat und geht den Demagogen-Verfolgungen vom Sommer 1819 voraus. Der Moment, in welchem List die nationale Arena betritt, ist derselbe, in dem die nationale Bewegung ihren Höhe- und Wendepunkt erreicht! Wir wiederholen: der junge Burschenschafter und Theologe Sand machte Ende März bei Heinrich Karl Hofmann Station, ehe er Karl Follens Lehre in die Tat umsetzte und seinen rächenden Dolch gegen den Volksfeind Kotzebue erhob. List brach Anfang April von Stuttgart über Koblenz nach Frankfurt auf. Wie er am Rhein Görres, den „Patrioten“, aufsuchte, der Anfang Oktober 1819 nach Straßburg entfliehen mußte, so dürfte er in Darmstadt Hofmann gesprochen und mit ihm jene Freiheitsforderungen beredet haben, denen auch die „Vereins“-Tätigkeit gelten sollte. Der freiheitsmutige junge Professor mit dem liberalen Juristen, der Schwabe mit dem Hessen. Wie gewaltig hat nicht der Rheinländer Görres im September jenes gewitterschwülen Jahres über „Teutschland und die Revolution“ gepredigt!

Eine zweite Angabe L. Häußers[44]) besagt: Als List vom Hohen-Asperg nach Amerika abgeschoben wurde, habe man ihm amtlich eröffnet: „Sein Name komme in den demagogischen Umtrieben vor; wenn er dann von Mainz requiriert werde, könne man ihn nicht fortlassen.“ Bei Ilse[45]) findet sich tatsächlich Lists Name, und zwar zunächst für den Winter 1820/21 erwähnt: „Damals habe Kolb .... von dem Professor List aus Stuttgart einen Brief mit dem Auftrage erhalten, über die Zeit der Unruhen (in Neapel und Piemont) als Korrespondent der Neckar-Zeitung dahin zu gehen[46]).“ Die liberale „Neckar-Zeitung“ in Stuttgart kennen wir schon als Lists Organ, für das er noch von Straßburg und der Schweiz aus selber korrespondiert hat und deren Miteigentümer er seit 1820 zu $^1/_4$ war. Er wollte noch mit Hilfe der Straßburger Liberalen für sie „eine Korrespondenz nach London, Madrid, Marseille und Paris“

[43]) Siehe Ilse l. c., S. 111. — K. A. von Müller, „Karl Ludwig Sand“, 1925, erwähnt Sands Treffen mit H. K. Hofmann, dem Gießener „Schwarzen“ Sartorius und beider freundschaftliches Benehmen. — Vgl. „Werke“ Bd. VIII, S. 890. — Unten Hauptteil E, Anm. 36.

[44]) l. c. Bd. I, S. 137.

[45]) Ilse, „Geschichte der politischen Untersuchungen“, 1860. — Vgl. „Werke“ Bd. VIII, S. 29—30.

[46]) Siehe Ilse l.c., S.138—139. — Ebenso Felix Stähelin, „Demagogische Umtriebe zweier Enkel Salomon Gessners“, im „Jahrbuch für Schweizer Geschichte“ 1914, S. 13.

organisieren[47]). Kolb ist sein „geistreicher und gelehrter Freund", sein Leidensgenosse vom Hohen-Asperg, der Tübinger Burschenschafter Dr. Gustav Kolb, der gleich H. K. Hofmann und Prokurator Schott der Mainzer „Zentral-Untersuchungskommission" als „Demagoge" wohlbekannt war. Er hatte bei List in Tübingen 1818 Kolleg gehört[48]). Jene Turiner Reise wurde verhängnisvoll für Kolb, da er in Chur mit Karl Follen und dessen revolutionärem „Jünglingsbund" in Berührung gekommen war.

Der Auszug aus dem „Hauptbericht" der Mainzer „Zentral-Untersuchungskommission", den Ilse wiedergibt, bringt noch einmal Lists Namen im Zusammenhang der burschenschaftlichen Bewegung[49]), und zwar diesmal in ausdrücklicher Gemeinschaft mit Karl Follen, dem Haupt der Gießener „Schwarzbündner". Die Brüder Follen waren unter den deutschen Radikalen mit am stärksten exponiert; nach Sands Tat als Mitwisser verfolgt, war Karl Follen schon im Januar 1820 nach Straßburg geflohen und hatte hier bei Görres gewohnt, der freilich die Ansichten des Gießener Republikaners und Terroristen keineswegs billigte. Auch in Paris hatte dieser damals zu La Fayette, Comte und zu Cousin und Benjamin Constant Verbindungen geknüpft; alsbald aus Straßburg ausgewiesen, war er — und mit ihm der Nassauer Wilhelm Snell — in die Schweiz entflohen. In Paris war Follen durch seinen Jenaer Mitstudenten Wit von Dörring eingeführt worden, dessen romanhafte Schicksale ihn — von Paris über Piemont bis Stuttgart — mit manchen Bekannten Lists zusammenbrachten[50]). Nach dem endgültigen Scheitern seiner Umsturzpläne, heißt es, sei Karl Follen 1824 abermals nach Paris gegangen und habe sich dort „an den Professor Cousin gewendet, welcher sich ihm und dem Professor List hülfreich bezeigt habe, ihnen Empfehlungen nach Amerika zu verschaffen, wohin sie hätten auswandern wollen". Es handelt sich um Lists Pariser Aufenthalt.

Der Mainzer „Hauptbericht" selber ist vom 14. Dezember 1827 datiert; er enthält in seinen Paragraphen 1147—1149[51]) eine detaillierte Aufzeichnung über „Carl Follenius und List in Paris. Mai und Juni 1824".

Professor Victor Cousin, der Philosoph und bekannte Schriftsteller der konstitutionellen Monarchie, habe Follen und auch List

---

[47]) S. „Werke" Bd. I 1, S. 59; Bd. VIII, S. 229. — Vgl. oben Hauptteil A, 3. Kapitel, Anm. 3 und unten 2. Kapitel, Anm. 2.

[48]) Für Kolb vgl. „Briefe an Cotta 1833—1863" (III. Bd.) l. c., S. 148, und unten Hauptteil F, 1. Kapitel, Anm. 65. Über Schott und Minister von Maucler vgl. Schotts Brief an List vom 3. Oktober 1823; List-Archiv F. XVI, Nr. 23. Vgl. W. Lang, „Von und aus Schwaben", 6. Heft 1890. Unten Hauptteil E zu Anm. 60.

[49]) Siehe Ilse l. c., S. 202.

[50]) Vgl. „Der Lebensroman des Wit von Dörring", nach seinen Memoiren bearbeitet von H. H. Houben, 1912.

[51]) Vgl. H. Haupt l. c. 1907, S. 136, Anm. 9. — Ilse l. c., S. 126—132. — Unten 2. Kapitel, Anm. 29 bis 32.

sofort an La Fayette empfohlen. Diese Empfehlung ist darum bemerkenswert, weil Cousin als Mittelsmann der französischen „Union libérale“ mit den deutschen „Unbedingten“ galt; er wurde deshalb, vom Herbst 1824 bis April 1825, anläßlich einer Reise nach Deutschland verhaftet und in Berlin polizeilich verhört. Wie wir sehen, suchte Wit-Dörring bei dieser Gelegenheit List mit Karl Follens revolutionären Ansichten zu identifizieren; jedoch scheint List nur wegen der Aussichtslosigkeit seiner eigenen Lage Follens Fürsprache angenommen zu haben, während er sich über La Fayettes für ihn so folgenreiche Anteilnahme enthusiastisch äußerte. Die Anlage 70 des „Hauptbericht“ erläutert hierzu, daß Karl Follen bei Cousin vorgesprochen habe, um „durch dessen Vermittelung für sich und seinen Unglücksgefährten, Professor List, ein weiteres Fortkommen zu suchen“. Cousin, der im Oktober 1824 zu Dresden auf preußisches Ansuchen verhaftet war, erzählte im Verhör: Follen habe seine Gefälligkeit erbeten „für einen seiner Landsleute, der noch unglücklicher sei als er“, und List habe ihn daraufhin u. a. gefragt, ob La Fayette die Reisekosten für Lists Familie tragen könne. „Es sei bei diesen Besuchen auch von Literatur die Rede gewesen, und List habe, um ihm (Cousin) eine Idee von seinen wissenschaftlichen Kenntnissen zu geben, ihm einen kleinen Artikel über Goethe eingehändigt, den er, ohngeachtet er die Sprache nicht verstehe, behalten habe, um List nicht zu betrüben.“ Zu seinem Erstaunen seien Karl Follen wie List von Paris abgereist, ohne weiter von sich hören zu lassen. Als der gleichfalls verhaftete Wit-Dörring diese Aussage Cousins bezweifelte und auch List in Karl Follens „revolutionäre Absichten bei seiner Pariser Reise Ostern 1824“ hineinziehen wollte[52]), wiederholte Cousin seine Aussage: List habe nach Amerika auswandern wollen, er habe List nicht näher gekannt und ihm nur helfen wollen, weil er durch politische Verhältnisse unglücklich geworden sei. „Er wisse daher auch nicht, ob List und Follen irgend einer geheimen Gesellschaft angehörten und welche Gründe sie gehabt hätten, nach Amerika zu gehen.“ Er zweifele nicht, daß La Fayette beide, auf seine Verwendung hin, damals dem amerikanischen Gesandten Brown in Paris vorgestellt habe.

Gewiß waren Lists konstitutionell-monarchische Grundsätze den radikalen Prinzipien eines Karl Follen fremd, ja feindlich. Für Lists persönliches Geschick aber mußte es sich verhängnisvoll auswirken, daß er nicht allein als konstitutioneller Journalist, sondern auch als Freund der radikalen „Demagogen“ in den Protokollen der Mainzer Kommission erschien.

Der „Hauptbericht“ enthält in §§ 534—537 die fernere Angabe, daß Lists Stuttgarter Bekannter, der sehr rührige Buchhändler und Verleger G. S. Liesching, im Sommer 1820 die erste Verbindung mit den französischen Liberalen angeknüpft und namentlich Karl Follen damals

[52]) Für Cousin vgl. K. A. von Müller, „Görres in Straßburg“ l. c., S. 58—59, 269—272; über Wit von Dörring vgl. Johannes Wit, „Fragmente aus meinem Leben und meiner Zeit“, 1827—1830. — „Werke“ Bd. VIII, S. 890—891.

bereits an La Fayette empfohlen habe. In §§ 446 und 622 wird „der bekannte Professor List" schon im Sommer 1819 wegen der „Neuen Stuttgarter Zeitung" mitgenannt; er habe, wie Heinrich Karl Hofmann in Darmstadt[53]), „den Punkt der Vertragmäßigkeit bei Zustandebringung der Verfassung" dem Volk durch die Presse ans Herz legen wollen, auf Bayern als „warnendes Exempel" und auf die württembergischen Stände als „Vorbild" hinweisen lassen — wobei „überhaupt kein Mittel der Volksverführung unversucht gelassen" wurde, um durch häufige Versammlungen und Vorstellungen auf Behebung „der Landesnot und des Steuerdruckes" hinzuwirken. Die „vertragsmäßige Einführung einer auf echte Volksvertretung gegründeten landständischen Verfassung" sei ihr Ziel gewesen. Lists „Reutlinger Petition" erscheint hier also im engen Zusammenhang mit der gesamten liberalen Bewegung, wie sie etwa durch das Verbot der Hofmannschen Gemeindeversammlungen nach Sands Tat in Hessen-Darmstadt bezeichnet wird.

Der „Hauptbericht" bestätigt ferner, daß der Redakteur der „Neckarzeitung" 1820/21 französische Korrespondenten für sein Blatt geworben[54]) und Kolb von Professor List aus Stuttgart einen Brief erhalten habe mit der Aufforderung, „über die Zeit der Unruhen in Italien als Korrespondent der „Neckarzeitung" dort hinzugehen"[55]).

Wir sehen, wie scharf die polizeiliche Überwachung und wie tendentiell gleichgerichtet jene liberalen Bewegungen waren; ihre „auf die Veränderung des öffentlichen Zustandes in Deutschland gerichtete politische Tendenz"[56]) eint letzthin List so gut wie Görres oder Arndt, Lists schwäbische Freunde, die Brüder Follen oder Heinrich Karl Hofmann seit 1819 unter dem gemeinsamen amtlichen Kennwort eines „Demagogen". Die Einleitung zum „Hauptbericht" vom Jahr 1827 gibt eine klassische Definition sämtlicher „demagogischen Verbindungen und revolutionären Umtriebe" im deutschen Vormärz: Die Mainzer Zentral-Untersuchungskommission habe „im weitesten Sinne alle .... einzelnen oder vereinten Bestrebungen" zu untersuchen, „wider den Willen oder doch ohne Mitwirkung der Regierungen, von unten, Veränderungen in den bestehenden Verfassungen auf einem durch die bestehenden Gesetze nicht gebilligten Wege herbeizuführen, — wobei wir auch dasjenige nicht ganz unbeachtet lassen zu können meinten, was, selbst ohne offen liegende Absicht, solche Bestrebungen veranlaßt, aufgemuntert und befördert hat". Wie weit solche Bestrebungen „staatsgefährlich" gewesen seien, unterliege dem polizeilichen oder gerichtlichen Entscheid.

Es leuchtet ohne weiteres ein, wie leicht die gesamte öffentliche Tätigkeit des jungen List — in der württembergischen Kammer wie für den Handelsverein — unter dies Kennwort „demagogischer Umtriebe" und „revolutionärer Verbindungen" fallen konnte. Gerade die Jugend

[53]) Siehe l. c. §§ 1155—1159.
[54]) S. „Hauptbericht" § 622.
[55]) Vgl. ebenda § 446. — Oben Anm. 46.
[56]) S. ebenda § 546.

der bürgerlich-gesellschaftlichen Bestrebungen und ihre Vermittlung durch das Ideal der „Nationaleinheit" setzte sie außerhalb der „Legalität". Eine solche volkstümliche Bewegung „von unten" erschien den herrschenden Schichten gefahrvoll, denn sie stellte ihre bisherige Alleinherrschaft grundsätzlich in Frage und bedrohte die territorialstaatlichen Souveränitäten innerhalb des Deutschen Bundes. Der eigentümlich konspiratorische Charakter dieser Bewegung entsprach durchaus der Unreife ihrer gesellschaftlichen Voraussetzungen. Das Fehlen förmlicher Parteien wies die Bewegung auf den Weg persönlicher Fühlungnahme: Häufige Reisen und Briefe vermittelten den Verkehr zwischen den verstreuten Gesinnungsgenossen; Petitionen, oppositionelle Presse und äußerstenfalls geheime Verbindungen waren die gegebenen Werkzeuge einer jungen „öffentlichen Meinung", deren revolutionäre Konsequenz und nationaler Gehalt seit der Karlsbader Konferenz alle Organe der „Restauration", ihre Staatsmänner wie ihre geheime Polizei, in Atem hielt. „Die ganze Aufmerksamkeit, die bisher den auswärtigen Angelegenheiten zugewendet gewesen war, richtete sich nun auf die inneren Verhältnisse": So hat Leopold Ranke schon 1854 die Signatur der Zeit nach Waterloo bestimmt. Über diesem Widerstreit des demokratischen mit dem monarchischen Prinzip dürfen wir nicht vergessen, daß der Deutsche Bund „bei allen Mängeln . . . doch auch für Deutschland unendlich vorteilhaft gewirkt" hat, wie Ranke 1867 sagt; im Schutz der beiden Vormächte bildete die Mitte des Kontinents eine durch fünfzig Jahre vor äußerer Einmischung bewahrte Einheit.

Mit diesen Bemerkungen wollen wir die amtlichen Mitteilungen über Lists Anteil an den „demagogischen Umtrieben" schließen. Wir stellten fest, daß List schon 1819 in München sowie 1820 in Wien von der politischen Polizei überwacht worden sei. Zweitens fanden wir List seit 1821 aus weiteren Ursachen verdächtigt; seine Verbindung mit Kolb und Heinrich Karl Hofmann, bald auch diejenige mit den berüchtigten Brüdern Follen, brachte ihn endgültig auf die Liste der Mainzer Kommission, nachdem er in Wien — so sahen wir — Anfang 1820 das gleiche Mißgeschick erfahren hatte: als vierfach — in Stuttgart, München, Wien, Mainz — gekennzeichneter „Demagoge" floh List aus Stuttgart, um zunächst in Straßburg ein Asyl zu suchen. Als ihm dort erst die Verhaftung drohte und — im September 1822 — seine Ausweisung aus dem Frankreich der „Restauration" angezeigt wurde, ging er mit seiner Familie nach Kehl in Baden; auch hier von der heimischen Justizbehörde aufgestört, fand er in Basel und — vom Herbst 1823 ab — in Aarau eine Zuflucht[57]). Indem er, wie so viele Söhne seines Volkes, die Heimat zu verlassen sich gezwungen sah, öffnete die Emigration dem Rastlosen neue Horizonte.

[57]) Vgl. „Werke" Bd. I 1, S. 57—63; Bd. VIII, S. 12—20, 206—298; Bd. IX, S. 11—14. Auch Berliner Polizeiakten sollen Lists Signalement enthalten.

ZWEITES KAPITEL

Neuer Horizont (Schweiz, Nordamerika, Frankreich)

Lassen wir zunächst List selbst von seinen Erlebnissen mit den verfolgten Literaten und ehemaligen Burschenschaftern während des Exils berichten. In Straßburg wie in der Schweiz hat er in einem Kreise von Flüchtlingen, denen u. a. Heinrich Karl Hofmann, der Stuttgarter Buchhändler Gottl. Sam. Liesching und Gustav Kolb nahe standen, vom April 1822 bis Juli 1824 intim verkehrt. Wolfgang Menzel, die Brüder Geßner und J. P. V. Troxler, die beiden Follen, Wesselhöft, Wilhelm Snell treten unter ihnen hervor. Lists Aufenthalt in Basel und Aarau fällt mit der Aufdeckung und Verfolgung des demagogischen „Jünglingsbundes" zusammen, den Karl Follen von Chur aus 1821 begründet hatte. List mag den jüngeren Follen in Basel 1822 kennengelernt haben; ein früherer Beginn ihrer Bekanntschaft ist nicht nachweisbar[1]). Unter dem verstärkten Druck, den die 1823/24 verschärften „Karlsbader Beschlüsse" auf Württemberg und auch auf die Schweiz ausübten, hatte ein Flüchtling wie List auf keine Begnadigung zu hoffen. War doch seine „rein revolutionäre" Neckarzeitung dem Fürsten Metternich, aber auch Preußen ganz besonders verhaßt[2]). Gegen die „Neckarzeitung", den „Deutschen Beobachter" und Murrhards „Annalen" rief Metternich die Bundesversammlung auf. Die Gesandten von Österreich, Preußen und Rußland mußten ihren Stuttgarter Posten verlassen. Gentz und Adam Müller freuten sich des Sieges über „den deutschen tiers état"[3]). Die feindselige Haltung König Wilhelms I. von Württemberg wird zu einem Teil aus dieser allgemeinen Konstellation verständlich, die ihn 1824 zwang, alle „Trias"pläne endgültig fallen zu lassen und den Großmächten sich zu unterwerfen. Er mußte „in besonderer Beziehung auf auswärtige Verhältnisse" handeln! Dies erhellt auch aus einer Audienz, die Lists Leidensgefährte vom Asperg, Gustav Kolb, 1846/47 bei König Wilhelm erhalten hat. „Gleichsam entschuldigend bemerkte der König, die Beziehungen zu Österreich und

[1]) S. oben 1. Kapitel zu Anm. 29, 37, und Alfred Stern l. c. Bd. II, S. 389 bis 426.

[2]) Vgl. auch „Briefe an Cotta" Bd. II l. c., S. 163. — Oben 1. Kapitel, Anm. 47, 54.

[3]) Siehe Treitschke 1865 l. c., S. 265—271.

Preußen hätten ihn damals wider seinen Willen genötigt, die volle Schärfe des Gesetzes anzuwenden[4]).“ Analoges gilt also für List, dem der König bei einer späteren Audienz gesagt haben soll: „Nicht wahr, wir beide tragen uns nichts nach[5])!“ Im Juli 1824 hatte König Wilhelm sich der Metternichschen Bundespolitik endgültig unterworfen; im gleichen Monat richtete List nochmals ein Gnadengesuch an den König und wurde, nachdem er das Schweizer Asyl verlassen, alsbald zur Verbüßung seiner Strafe auf den Hohen-Asperg verbracht. Die Reaktion hatte gesiegt. Württemberg unterlag also dem Druck Österreichs und Preußens, deren Reaktion gleichfalls ihrem Höhepunkt zueilte: Das Turnen wie die Burschenschaften fielen, den wenigen „Unbedingten“ wurde überall der Prozeß gemacht. Geheimrat Eichhorn, der die „Vereins“-Deputierten im November 1819 so freundlich aufgenommen hatte, stand nun inmitten von Kämpfen, welche auch die Berliner Ministerien und die Berliner Hochschule ergriffen hatten[6]). Als „Zolldemagoge“ ward Eichhorn der Wiener Hofburg späterhin verdächtig.

List entwich dieser Konstellation nicht, als er 1822 sich in Straßburg niederließ[7]). Ja, er forderte neue Verfolgungen geradezu heraus! Seine „Neckarzeitung“ wollte er im Elsaß als liberales Organ für Süddeutschland, Frankreich und die Schweiz neubegründen, um sich dadurch eine wirtschaftliche Existenz zu sichern. Seine Prozeßdarstellung sollte in Paris übersetzt werden und „einer der ersten Liberalen“ dort ein Vorwort schreiben. Da seine Verurteilung in der Tat einigermaßen „zum europäischen Skandal“ geworden war, so ließ der französische Innenminister sein Verhalten aufs genaueste überwachen; auch verlangte das Kriminalamt Stuttgart, daß er als „flüchtiger Verbrecher“ polizeilich ausgeliefert werde. Vergebens hoffte List „als Sprecher für die Sache der konstitutionellen Freiheit“ auf dem Boden der französischen „Restauration“ sicher zu sein; vergebens dachte er mit einer Petition vor die französische Kammer zu treten. Da er das „infame Journal“ die „Neckarzeitung“ herausgebe, das angeblich in Straßburgs Umgebung von einer „Bande Karbonari“ gedruckt werde, so verfügte der Straßburger Präfekt Ende September 1822, daß List binnen vierundzwanzig Stunden Straßburg und das Königreich verlassen müßte.

So folgte List seinem Geschick, als er Haus und Heimat abermals zurückließ. „Besser ist es, der Leib gehe zugrunde, als Grundsätze, Charakter, Ehre, guter Ruf und übernommene Pflicht.“ Straßburg

[4]) „Werke“ Bd. VIII, S. 297—298. — „A.D.B.“ 16. Bd., 1882, S. 457—459. — Siehe W. Lang, l. c. S. 119. — Lists Gattin ließ der König Ende 1824 mitteilen, daß in Lists Fall „— bereits Unannehmlichkeiten mit dem Ausland die Folge des Listschen Verbrechens gewesen seien“; s. „Werke“ Bd. I 1, S. 62.

[5]) Vgl. hierzu oben Hauptteil C, 4. Kapitel, zu Württemberg.

[6]) Vgl. Max Lenz, „Geschichte der Universität Berlin“, Bd. II 1, S. 34—100; Bd. II 2, S. 4—8, und oben Hauptteil B, 2. Kapitel zu Anm. 14.

[7]) S. „Werke“ Bd. VIII, S. 206—240. Vgl. „Werke“ Bd. IX, S. 44—45.

galt schon seit 1819 als Treffpunkt der verfolgten Radikalen; Görres wie Karl Follen hatten sich dorthin geflüchtet[8]). Von Straßburg mußte List über Kehl und Basel ohne Paß nach Aarau fliehen; hier sowie in Winterthur und in Chur fanden sich nun die entflohenen deutschen Oppositionellen zusammen — von den aristokratischen Kantonsregierungen keineswegs immer wohlwollend aufgenommen[9]).

Daß List mit Adolf Follen — dem älteren der beiden Brüder —, Wolfgang Menzel u. a. eine Zeitlang die „Europäischen Blätter" (1824/25) bei dem Verleger Eduard Geßner in Zürich herausgegeben hat, kennzeichnet ihre Ideenverwandtschaft; jedoch ist die Ausbeute dieser Wochenschrift „für die gebildete Lesewelt" äußerst gering[10]). Es handelte sich um Scherenarbeit, an der List mit einem Sechstel beteiligt war, und die unter den erneuerten „Karlsbader Konferenzbeschlüssen" nur bei völlig unpolitischem Inhalt auf Absatz innerhalb Deutschlands rechnen durfte. „Gegenstände der Religion, der Politik, Staatsverwaltung und der Geschichte gegenwärtiger Zeit" durften beispielsweise in Preußen nur auf Grund ministerieller Genehmigung behandelt werden. Wegen „schlechten Gebrauch" konnte diese Genehmigung jederzeit in Druckverbote umschlagen, ohne daß die kapitalschwachen Preßunternehmer jener Zeit sich wirksam zu wehren wußten. Die fünfte Großmacht, wie Napoleon I. die Presse genannt haben soll, stand noch unter primitiven Produktions- und Marktbedingungen. Mit dem Verbot des „Rheinischen Merkur" hatte Preußen im Februar 1816 begonnen; Bayern war schon 1814 damit vorangegangen. Über die allgemeine, auch Württemberg ergreifende Pressezensur infolge der Karlsbader Beschlüsse 1819 haben wir berichtet. So blieb im wesentlichen nur die Flucht in „unpolitische" Gefilde: Theater, „schöne Literatur" u. dgl. Im Mai 1823 war Lieschings „Deutscher Beobachter" von der Stuttgarter Regierung unterdrückt worden[11]). Auch Bayern verschärfte 1823 und 1831 die Zensur; unbedingte Ehrfurcht vor der katholischen Kirche und vor den Grundsätzen der Heiligen Allianz forderten die österreichischen Staatsweisen. Der geistige Druck äußerte sich als wirtschaftliche Unterdrückung, der die Verleger nichts entgegensetzen konnten[12]). „Pfaffentum und Junkertum" regierten, klagte F. A. Brockhaus, der darüber 1823 starb.

Als List im September 1822 sein erstes Exil Straßburg mit Kehl vertauschen mußte, weil die Reaktion inzwischen auch in Frankreich zunahm, war der Nassauer Wilhelm Snell seit 1821 juristischer Professor in Basel. Rektor war der aus Berlin vertriebene Theologe de Wette.

---

[8]) Siehe Max Lenz, „Geschichte der Universität Berlin" l. c. Bd. II 1, S. 107. — Unten Hauptteil E, Anm. 65.

[9]) Vgl. „Werke" Bd. VIII, S. 250—314.

[10]) Vgl. „Europäische Blätter", I. Jahrgang, 1. Quartal, S. 121; 2. Qu., S. 22—24, 97—98, 223; 3. Qu., S. 248, 279; II. Jahrg., 2. Qu., S. 67, 126—128.

[11]) Vgl. Murrhard an Cotta in „Briefe an Cotta" Bd. II l. c., S. 162—164.

[12]) Siehe Ed. Heyck l. c., S. 213—224, und L. Salomon l. c., Bd. III, S. 239—260, 432—463.

Karl Follen, 1820 über Straßburg nach Chur entflohen, wurde alsbald Lektor für römisches Recht, während sein Bruder Adolf Follen — aus der Berliner Stadtvoigtei entlassen — an der Kantonschule zu Aargau ein Unterkommen fand. In Basel war ferner der schon vom Wartburgfest bekannte Burschenschafter Wilhelm Wesselhoeft aus Jena als Prosektor angestellt; auch Karl Jung, der auf Alexander von Humboldts Betreiben den Lehrstuhl für Anatomie erhielt, hatte an der Wartburgfeier teilgenommen[13]). Wesselhoeft wird in Lists Briefen freundschaftlich erwähnt, und wir erfahren durch Emilie List, daß er ihren Vater später in Pennsylvanien zum Studium der Homöopathie veranlaßt habe. Wilhelm Wesselhoeft hatte, aus Basel vertrieben, sich dieser neuen Lehre als Arzt und Professor in Allentown, Pa., zugewandt. Sein Schüler wurde auch Lists Stiefsohn Karl L. Neidhard, der 1895 als Professor der homöopathischen Medizin zu Philadelphia gestorben ist[14]).

List lebte vom 15. April bis Anfang Oktober 1823 mit seiner Familie bei diesen deutschen Emigranten in Basel. Am 19. September 1823 ward er dort von „Seiner Weisheit dem Herrn Amtsbürgermeister" Wieland unter ebenso aufregenden wie komischen Umständen für eine Nacht verhaftet[15]). Am 1. August 1823 berichtete List seiner Frau nach Basel über eine Reise ins Thurgau. „Mit (Adolf) Follen und drei anderen Professoren ging ich nach Luzern, wo wir den verfolgten Philosophen Troxler besuchten." Der Philosoph und Mediziner Troxler aus Luzern war 1820 Lyzealprofessor in seiner Heimatstadt, wo ihn die jesuitische Partei alsbald verdrängte, weil er gegen C. L. von Haller aufgetreten war. Er gründete 1823 in Aarau ein Erziehungsinstitut und begegnet uns später als Mitarbeiter am „Staatslexikon"[16]). List schreibt von ihm: Troxler „ist in diesem Augenblick ganz in unserer Lage". Für dessen Erziehungsinstitut entwarf er eine pädagogische Denkschrift; er hoffte wohl dort als Lehrer eine „Enzyclopädie der Staatswissenschaften" vortragen zu können[17]). Auch scheinen sie den Plan der „Europäischen Blätter" entworfen zu haben. List ging mit Troxler zurück

---

[13]) Vgl. Max Lenz in „Geschichte der Universität Berlin" l. c. Bd. II 1, S. 51—52 und 56. — „Werke" Bd. VIII, S. 13, 320, 327, 368, 909.

[14]) Vgl. G. Körner, „Das deutsche Element in den Vereinigten Staaten von Nordamerika 1818—1848", 1880, S. 34, 37, 69, 83, 176. — „Werke" Bd. II, S. 63—64. Eine Geldbitte W. Wesselhoefts erwähnt Lists Brief aus Pittsburg vom 20. November 1825. — Unten Hauptteil E Anm. 29.

[15]) Über den reaktionären Bürgermeister Wieland vgl. Lists Äußerung 1827 bei W. Notz l. c. 1925, S. 228. — „Werke" Bd. II, S. 279; Bd. VIII, S. 13—20, 266—271.

[16]) Vgl. auch J. P. V. Troxlers Brief an Varnhagen vom 2. Januar 1818 wegen der 1817 geplanten Hofmannschen Nationaladresse an den Bundestag, l. c., S. 357. — K. A. von Müller, „Görres in Straßburg" l. c., S. 149, 216.

[17]) Über diesen Ausflug berichtet Wolfgang Menzel sehr anschaulich l. c., S. 186—187. — Für Troxler und für den katholischen Pfarrer Vock in Aarau, der ebenfalls in Lists Briefen genannt wird, vgl. den Briefwechsel Troxler mit Varnhagen von Ense l. c., z. B. S. 321. — Wegen der „Enzyclopädie" s. „Werke" Bd. I 1, S. 60 und 435—445.

nach Luzern und weiter mit Wilhelm Snell nach Zürich, „wohin Freunde aus Graubünden kommen“. Graubünden war wie Aarau ein Standort vertriebener Demokraten; von dort hatte Karl Follen seinen revolutionären „Männer-“ und „Jünglingsbund“ 1820/21 organisieren wollen. List schreibt: „(Adolf) Follen wollte durchaus haben, ich soll mit nach Graubünden gehen“; List lehnte jedoch aus familiären Gründen ab und überlegte nur eine spätere Übersiedelung nach Graubünden, wo das Bürgerrecht leichter und schneller zu haben sein sollte. So scheint seine sachliche Verbindung mit „den Freunden“ auf ihre literarischen Pläne beschränkt geblieben zu sein. Immerhin finden wir ihn nunmehr in enger persönlicher Verbindung mit den notorischen Häuptern der deutschen linken Emigration[18])! Weitere Briefe an Lists Gattin unterrichten über Verhandlungen mit Troxler, Adolf Follen und dem jungen Verleger Ed. Geßner in Zürich wegen der „Europäischen Blätter“; von „Freund Snell“ und „Freund Follen“ spricht List Ende September 1823.

Schon im Mai 1823 hatte List sich in Aarau, wo er Korrespondenten seines „Vereins“ kannte, umgesehen und Mitte August ein Niederlassungsgesuch dort eingereicht; im September war die Erlaubnis erteilt, und Anfang Oktober siedelte die Familie nach Aarau über. Dort war List wieder schriftstellerisch tätig und entwarf zugleich, mit Troxler, seinen Plan einer höheren Lehranstalt für Aarau. Auch hierbei zeigt sich die — trotz aller Unterschiede — vorhandene Ideenverwandtschaft innerhalb des jungen radikalen Geschlechts: Nationale Bildungsanstalten gehören zum geistigen Rüstzeug dieser Akademiker[19]). Karl Follen, der Radikalste von allen, hatte gleich nach den Karlsbader Beschlüssen eine „deutsche Bildungsanstalt“ für Nordamerika sich erdacht, wobei de Wette mit Fries und Oken als Anreger erscheinen, und wir sahen im Hauptteil A, wie auch Lists nationalwirtschaftliche Erziehungsgedanken diesen allgemeinen Gehalt bergen. Eine Aufzeichnung aus dem Jahr 1826 zeigt List mit dem Plan einer Erziehungsanstalt in Nordamerika beschäftigt, die nach dem Vorbild von Rapp und Owen ihre Unterhaltsmittel sowie gewerbliche Waren selbst herstellen und dadurch sich erhalten sollte[20]).

Überhaupt blieb List auch im Exil allen Gesinnungsverwandten verbunden. Wie rasch erweiterte er seit dem Frühjahr 1819 seinen Gesichtskreis: Vom Rhein bis München und nach Wien, über das Elsaß in die Schweiz und von dort nach Paris und London, endlich vom Hohen-Asperg nach New York und Philadelphia führte ihn bis zum Sommer 1825 sein Geschick. Auch umfaßte sein Bekanntenkreis in Süddeutschland, der Schweiz und Paris wohl die namhaftesten Häupter der Be-

---

[18]) Vgl. Wolfgang Menzel, „Denkwürdigkeiten“, 1877, S. 186—192. — Wilhelm Snell führte 1823 „fast die ganze gemeinsame Korrespondenz“ und schrieb an einem Tage z. B. 14 Briefe; s. List-Archiv F. XX, Nr. 58.

[19]) Vgl. oben Hauptteil A, 2. Kapitel, wegen Wangenheim und Pestalozzi.

[20]) S. „Werke“ Bd. II, S. 293—296.

wegungspartei; wir haben ihrer schon eine Anzahl kennengelernt — die Überlebenden werden 1848 sich in der „Paulskirche" begegnen.

Prokurator Albert Schott in Stuttgart, der Geheime Kirchenrat Paulus in Heidelberg, die Professoren Rotteck, Heinrich Luden und Lorenz Oken erscheinen, gleich Fetzer und Heinrich Karl Hofmann, als Interessenten jener obengenannten „Denkschrift an den König", die er zu Aarau im Juli 1823 verfaßt hat. Wilhelm Snell bemühte sich um einen Anwalt und auch um die „Europäischen Blätter"[21]). Professor Okens „Isis" begegnet uns einmal im „Organ"[22]). Jene Ferienreise, die den Anlaß zur „Vereins"gründung brachte, sollte List „nach Göttingen und Jena" führen; ob er nicht die Jenenser Koryphäen — Oken und Luden — nach Görres und H. K. Hofmann kennenlernen wollte? Luden soll sich für die „Vereins"-Sache ausgesprochen haben[23]). Oken und Schott lernten wir 1819 in Karlsruhe kennen, wo sie mit List bei Varnhagen verkehrten; auch Oken hatte vorübergehend 1821/22 in Basel Vorlesungen gehalten[24]). Ernst Weber hat uns eine bezeichnende Äußerung Lists an Oken von 1820 überliefert[25]): „— laßt nur ferner tüchtig auf euch losprügeln, und wenn ihr auch dabei erliegt: so hat dies nichts zu sagen, denn wir wollen schon dafür sorgen, daß ihnen einst die Hände gebunden werden; ihr seht ja, daß wir jetzt bloß dafür sorgen müssen, eine Seilermaschine aufzustellen, um die Stricke dazu flechten zu können — von dieser hängt alles ab."

Professor Luden empfand für List „hohe Achtung und Verehrung"; „seit den Auftritten in der württembergischen Kammer" habe er an seinem Schicksal innigsten Anteil genommen, schrieb er ihm aus Jena 1832. List, der Luden „wegen seiner großen Verdienste ums deutsche Vaterland" gleichfalls „von jeher so hoch achtete", nahm den Jenenser Historiker als Mitarbeiter für das „Staatslexikon" in Aussicht[26]).

An Paulus, der ihm schon während des Prozesses beistehen wollte, wandte List sich Ende 1823 mit der Bitte, als sein Verteidiger aufzutreten und den Fall unter dem konstitutionellen Gesichtspunkt darzustellen[27]). Sie alle werden einander nähergeführt, ohne daß es „geheimer Verbindungen" bedürfte; noch mehr fehlt es den „demagogischen Umtrieben" an festen Parteien und organisierten Massen, wie List selber gelegentlich feststellt. Außer Schott, dem langjährigen Abgeordneten der Stuttgarter Kammer, sind auch der Reutlinger Advokat Fetzer und der Stuttgarter Buchhändler G. S. Liesching unter Lists tätigsten liberalen Bekannten. Zwischen all diesen verfolgten Intellektuellen in

---

21) S. „Themis" l. c. Bd. II, S. 95—146, und vgl. oben Hauptteil A, 3. Kapitel Anm. 5. — W. Snells undatierten Brief an den „teuren Freund" List s. im List-Archiv F. XX, Nr. 58.

22) 1820, S. 115—116.

23) Vgl. „Werke" Bd. I 1, S. 32, mit S. 483.

24) Siehe Ecker l. c., S. 89.

25) Siehe Olshausen l. c., S. 321—322.

26) S. „Werke" Bd. VIII, S. 372, 394—395, 400. — Unten Hauptteil E, Anm. 37.

27) S. List-Archiv F. XX, Nr. 49.

Deutschland, der Schweiz und Frankreich entwickelt sich ein ständiger Verkehr und Austausch[28]).

Im Frühjahr 1824 reiste List von Aarau nach Paris, wo er La Fayette kennenlernte und, — „wenn Karl F(ollen) nicht wäre, längst den Weg nach Hause genommen hätte". Wie wir wissen, war List damals bereits zur Auswanderung nach Nordamerika entschlossen. Wir sahen, daß Liesching schon 1820 Karl Follen bei La Fayette eingeführt haben soll[29]). Am 28. April 1824 berichtete List von seinem Besuch bei La Fayette, dem er „viel Schönes" von Karl F(ollen) gesagt habe. „Der herrliche Alte embrassierte mich und rührte mich bis zu Thränen." Er besuchte in Paris u. a. La Fayettes Adjutanten, den Marquis d'Argenson, und ging zwischendurch für vierzehn Tage nach London, wo er „Eisenbahnen" kennenlernte[30]). In London durch Victor Cousin eingeführt, lernte er dort den „berühmten Jeremy Bentham", das philosophische Haupt der britischen „Schule", sowie seinen späteren handelspolitischen Gegner John Bowring kennen[31]). Von da reiste er über Paris alsbald in die Schweiz zurück. Zu den „Verbindungen in merkantilisch-literarischer Hinsicht", die Paris verschafft hatte, gehörte auch die Bekanntschaft mit einem Mitbegründer des „Constitutionel" und der „Revue Encyclopédique", deren Mitarbeiter er 1831 wurde. La Fayette hatte sich auch Karl Follens lebhaft angenommen. Anscheinend hat W. Snell sich bei La Fayette, d'Argenson und Professor Cousin zugunsten deutscher Flüchtlinge verwandt; sein Biograph behauptet[32]) über solche Verdienste um die „Demagogen" sogar: „Nicht wenige, wie der berühmte Buonarotti und der ebenso berühmte Nationalökonom List, verdankten ihm eigentlich die Erhaltung ihrer Freiheit."

Kurz bevor er in Aarau eine letzte vergebliche Bittschrift vom 18. Juli 1824 um Erlaß der Strafe an den König von Württemberg verfaßt hatte, war es schon zum entschiedenen Bruch zwischen List und Adolf Follen gekommen. Die geschäftlichen Angelegenheiten, um die sich dieser typische Flüchtlingsstreit dreht, interessieren in unserem Zusammenhang weniger. „Wegen der (Europ.) Blätter sind wir auseinander", schreibt am 8. Juni 1824 Adolf Follen; er hatte seit Anfang Oktober

[28]) Vgl. Fraenkel l. c., S. 254—255, 257, 283—285. — „Spezialbericht" der Zentral-Untersuchungskommission 83, VII § 6.

[29]) Vgl. Lists Brief an seine Frau vom 23. April 1824. — Vgl. oben im 1. Kapitel Anm. 51 bis 53 wegen des Mainzer „Hauptbericht". — Ein Briefentwurf an Adolf Follen vom 7. Juni 1823 nennt bereits Amerika, London, Paris als künftige Aufenthaltsorte Lists.

[30]) Vgl. „Werke" Bd. III 1, S. 5 und 34; Bd. VIII, S. 284—289; Bd. IX, S. 14. — List gab, aus der Erinnerung, irrtümlich das Jahr 1823 für diese Reise an. Vgl. oben den Bericht der „Zentral-Untersuchungskommission" und „Werke" Bd. II, S. 406, mit ebenda S. 416, 430; Bd. III 2, S. 911; Bd. V, S. 563. — Auch d'Argenson kannte K. Follen.

[31]) S. „Werke" Bd. VI, S. 589 und 653. — Vgl. oben Hauptteil C, 3. Kapitel Anm. 54, wegen Stephenson.

[32]) S. „Wilhelm Snells Leben und Wirken", 1851, S. 22. — Hauptteil E, Anm. 52.

1823 mit Lists in Aarau gewohnt und war bei Lists sogar „in Kost“ gewesen. Der Briefwechsel nahm auf beiden Seiten erbitterte Formen an — „zum Dank für alle Freundschaft, die ich Dir erwiesen habe“ (List) —, endete aber in einem neuen Vertrag über die „Europäischen Blätter“, der Adolf Follen und Eduard Geßner als „Unternehmer“ einsetzte, während List ständiger Mitarbeiter blieb[33]). Wertvoller sind zwei undatierte Briefentwürfe Lists, in denen er den Bruch mit Adolf Follen zunächst aufzuhalten sucht, — damit „zwei Männer, die vom Vaterland um des Vaterlands willen vertrieben, im fremden Lande Freundschaft schlossen, nicht wegen bloßer Worte sich anfeinden und im schlimmsten Fall wie Männer, nicht wie Knaben auseinanderkommen“. List müsse „auf den vertrauten Umgang und Ton, auf welchem wir bisher gelebt, verzichten“, falls solche „der Sache, für die wir leben“, schädlichen Auftritte andauerten. Die gemeinsame Sache ist die gleiche, für die List sich mit Heinrich Karl Hofmann solidarisch erklärt habe[34]).

Anfang Juli 1824 war der Bruch mit Adolf Follen unwiderrufbar geworden. List schreibt zur Erklärung: „Meine politische Lage (als Flüchtling in der Schweiz) gab mich in Deine Hände und ich durfte, um willen des Wohls und der Ruhe meiner Familie, Dir nicht einmal auf Deine ehrenrührigen Angriffe antworten. Aus demselben Grunde halte ich zurück, was ich Dir, Deinem Bruder (Karl Follen) und allen denen, die in diesem Spiel mitgespielt, ... sagen sollte. Es ist jedoch alles getreulich verzeichnet und Du darfst versichert sein, seiner Zeit aufrichtig in Kenntnis gesetzt zu werden, wie mir Deine Handlungsweise vorgekommen ist. Mögen die Europäischen Blätter Dir und Deinem Bruder, dessen leitende Hand ich in der Sache keinen Augenblick verkannt habe, Heil und Segen bringen . . .“ usw. Jetzt verstehe er erst Adolf Follens Urteil, daß bei Karl Follen „alles Berechnung ist“. Offenbar ist er mit einem „Tyrannenmörder“ wie Karl Follen zu keinerlei sachlichem Einverständnis gelangt[35]).

Inzwischen hatte die politische Spannung ihren Höhepunkt erreicht: eben zur Zeit, da List mit Adolf und Karl Follen gänzlich brach, hatten — im August 1824 — Preußen, Österreich und Rußland die Auslieferung der damals noch in Basel tätigen deutschen Universitätslehrer Karl Follen, K. Völker, Wilhelm Wesselhoeft und Wil-

[33]) Über Adolf Follen und Lists Schweizer Umwelt s. Ernst Münch, „Erinnerungen, Lebensbilder und Studien“, 1836, Erster Bd. S. 408—464; Zweiter Bd. S. 58 bis 154, 285, 364. — Die persönlichen, politischen und finanziellen Verhältnisse Eduard Geßners und seine uneigennützigen Dienste, die allen politischen Flüchtlingen aus Deutschland seit 1820 zugute kamen, schildert Felix Staehelin l. c. Adolf Follens unerfreuliches Verhalten zu Eduard Geßner 1833 s. ebenda S. 59—60. — Die „Europäischen Blätter“ brachten Geßner 1824/25 nur Verlust; s. seinen Brief an List vom 28. Februar 1825 in List-Archiv F. XIX, Nr. 14. — Er hatte auch Band II der „Themis“ in Kommission genommen.

[34]) List-Archiv F. XXXIX, Nr. 23 und 24. — „Werke“ Bd. VIII, S. 280—282, 292—293, 295. Die Zuweisung S. 889 ist zu berichtigen.

[35]) Vgl. Menzels anekdotische Berichte l. c., S. 127—223 über List, die Brüder Follen, Ed. Geßner, Troxler, Schott. — „Werke“ Bd. VIII, S. 292—293.

helm Snell bei dem Vorort der Eidgenossenschaft gefordert. Preußen verbot seinen Studenten den Besuch der Demagogen-Universität[36]). Karl Follen entzog sich der drohenden Ausweisung durch seine Flucht nach Nordamerika, wohin wir auch Wesselhoeft sich wenden sahen; W. Snell, der Freund Karl Follens, durfte schließlich in Basel bleiben, und Adolf Follen konnte sich durch eine reiche Heirat rangieren. Wolfgang Menzel fand auf Lists Rat im Cottaschen Verlag eine literarische Tätigkeit. List hielt Menzel für einen „Mann von sehr bedeutendem Genie". Er selber aber kam, unter dem Damoklesschwert solcher Drohungen und da er selber keine feste Tätigkeit in der Schweiz finden konnte, zu dem Entschluß, alles auf eine letzte Karte zu setzen und — dem Zureden seiner Verwandten folgend — der württembergischen Justiz sich auszuliefern. Wie so oft, verkannte er die politische Konstellation und kehrte Ende Juli aus seinem Aarauer Exil zurück nach Stuttgart. Sein Vermögen war inzwischen beschlagnahmt worden. Statt der mehrfach erbetenen Begnadigung fand er am 6. August 1824 die Festungshaft auf dem Hohen-Asperg, wo er ein Zellennachbar seiner burschenschaftlichen Bekannten wurde!

Die Haft mag milde gewesen sein, wie Lists Briefe und Karl Hases — des Burschenschafters und Theologen — Erinnerungen vermuten lassen. Aber sie brachte doch „namenlose Vexationen und Kränkungen ... von seiten untergeordneter Behörden" und, weil „mit angemessener Beschäftigung" verbunden, den politischen Tod, wie der Haß seiner hochgestellten bürokratischen Feinde es gewollt[37]). Nicht das schweizerische Exil mit seinen ihm doch vielfach fremden, ja gegensätzlichen Leidensgenossen, sondern Amerika erst befreite List aus den heimischen Verzwängungen. Dem Beispiel und der Absicht so vieler „Patrioten", Burschenschafter und „Jugendbündler" zumal folgend, ergriff List nun erst die Hand, die seine französischen Gesinnungsverwandten ihm wie Karl Follen geboten hatten, und nahm im Januar 1825 seine Ausweisung aus Deutschland an. Der Justizminister von Maucler hätte List am liebsten „nach Neu-Südwales oder Neu-Holland" abgeschoben! Unter dem Vorwand einer „wissenschaftlichen Reise" ließ die Justizbehörde den großen Deutschen schließlich nach Nordamerika ziehen — aber nur, um ihn daheim als „entwichenen Sträfling" weiter zu diffamieren.

Wegen Adolf Follen mußte List noch auf dem Hohen-Asperg im November 1824 in einer Geldangelegenheit sich an den liberalen Buchhändler Chr. F. Winter in Heidelberg wenden, bei dem er 1823 — als Band I der „Themis" — seine obengenannte Übersetzung der

---

36) Siehe H. Haupt l. c. Bd. XIII, 1932, S. 169. — Max Lenz, „Geschichte der Universität Berlin" l. c. Bd. II 1, S. 176.

37) Vgl. Karl Hase, „Jugenderinnerungen", 1890, S. 143—167. — „Werke" Bd. VIII, S. 21—30; 297—315.

„Geschichte der Jury“ hatte erscheinen lassen. Er habe Adolf Follen — „diesen verrückten Menschen“ — unterstützt, als dieser Demagoge „requiriert“ und wieder auf dem Punkt sich zu flüchten gewesen sei. Eine letzte Berührung mit Follen findet sich in einer Abrechnung, die List nach seiner Heimkehr aus Amerika Follen zurücksandte; daß Adolf Follen hier in der dritten Person angeredet wird, bestätigt, daß irgendwelche Beziehungen mit den früheren „Unbedingten“ nach 1824 nicht bestanden haben[38]).

Karl Follen begegnet uns, als Lists „Freund“, ein letztes Mal in einem Brief La Fayettes an List vom 22. Januar 1825, in dem La Fayette Auskunft über die Aussichten in den Vereinigten Staaten für deutsche Flüchtlinge erteilt, von Karl Follen berichtet und die 1824 erfolgte Verhaftung des Professors Cousin beklagt. Karl Follen war ja Ende 1824 durch La Fayette in den Vereinigten Staaten eingeführt worden und hat dort eine bedeutende Wirksamkeit entfaltet. Jedoch ist er, ungleich List, nicht mehr in die Heimat zurückgekehrt. Noch im Frühjahr 1825 frug man List gelegentlich „nach Follen und nach den Deutschtümlern“[39]). List folgte La Fayettes Brief und erhielt drüben eine Nachricht über die im Mai 1825 erfolgte Verurteilung von Mitgliedern des „Jünglingsbundes“, namentlich seines Freundes Gustav Kolb zu vier Jahren Festungshaft. Auch der Darmstädter Heinrich Karl Hofmann war im August 1824 verhaftet worden; den Reutlinger Freund Dr. Fetzer hatte List auf dem Asperg zum Leidensgenossen gehabt. Auch der Stuttgarter Redakteur Karl Georg Liesching kam in „geheime Haft“. List hatte den Briefschreiber — Prokurator Schott — um Nachrichten über „unsrer armen Freunde Schicksal und Fortkommen“ gebeten. Schott fügte seiner Antwort[40]) die Anekdote bei, der schwäbische Justizminister Maucler habe „zum Behuf der Stockschläge für Inquisite, welche nicht gestehen wollen“, einen Normalstock an alle Oberamtsgerichte abgehen lassen, „damit die Inquisiten die verfassungsmäßige Gleichheit in dem Gesetz genießen und mit einem gleich dicken und gleich langen Stock geschlagen werden“. Wir erinnern uns, daß der württembergische Untersuchungsrichter List 1821 mit dem gleichen Zwangsmittel bedroht hatte! Bis zur Abreise nach Amerika hatte List eine Polizeiwache ins Haus erhalten und nur Joh. Fried. von Cottas Eintreten ihm ermöglicht auszuwandern.

---

[38]) Menzels ungünstiges Urteil über Adolf Follens Eigenschaften und seine Schulden l. c., S. 180—181. — Den Briefwechsel Lists mit A. Follen s. im List-Archiv F. XVI Nr. 43; F. XX Nr. 29, 32—45, 47; F. XXXIX Nr. 23—24. Über Adolf Follens spätere verlegerische Tätigkeit und seinen Konflikt mit ihm berichtet Julius Fröbel: „Ein Lebenslauf“, 1890, Bd. I, S. 75—76 und 101—109. — Mit den Brüdern Snell nahm List dagegen noch 1842 die alten Beziehungen gelegentlich auf; s. „Werke“ Bd. VIII, S. 648.

[39]) Vgl. L. Häußer l. c. Bd. I, S. 112, und unten Hauptteil E. — „Werke“ Bd. II, S. 416—418; Bd. VIII, S. 48.

[40]) Abgedruckt bei Haupt l. c. Bd. XIII, 1932, S. 143—144. — „Werke“ Bd. VIII, S. 330—331.

Nach solchen Proben aus dem Bereich der Demagogenverfolgungen wundern wir uns nicht, wenn List seiner Frau vor ihrem gemeinsamen Aufbruch nach Amerika schrieb: „Der Himmel ist klar und die Frühlingssonne leuchtet uns. Auf! heraus aus dem alten Quark fünfhundertjähriger Verruchtheit in die Neue Welt! So wahr Gott lebt — um dieses Vaterland wie es ist, gebe ich für mich keine Bohne, und wenn ich bedenke, daß ich meine Kinder aus Königl. Württemberg. Hundeführern durch diesen Zug zu freien Menschen mache, so möchte ich dem Maucler für seine herrliche Justiz die Hand küssen —." Kein Kriminalrichter konnte diesen lebensvollen Geist zerbrechen; kaum dessen „Klauen" entronnen, schrieb der Verfolgte nach Hause: „Ich bin wohl und sehe mit heiterem Blick in die Zukunft." Noch einmal aus dem Elsaß ausgewiesen, kannte dieser Freiheitskämpfer doch keinerlei „Furcht vor Pfaffen, Jesuiten und Polizei".

List äußerte zu einem seiner Verfolger: — „vielleicht leisten mir meine Gegner den besten Dienst, indem sie mich zwingen, ein höheres Ziel zu verfolgen[41])". An Wolfgang Menzel schrieb er: „— ich rufe das beneficium der politischen Charaktere an, von der gegenwärtigen Generation an die folgende zu appellieren". Wir dürfen rückschauend keinesfalls beklagen, daß List aus der heimischen Enge vertrieben ein Schicksal lebte, dessen äußere Bewegtheit bei jedem Schritt die Entwicklung seiner Gedanken ausdrückt.

Das Jahr 1824, in dem Lists Geschick sich endgültig entschied, bezeichnet also zugleich den Höhepunkt der allgemeinen „Demagogenverfolgungen", deren Ausläufer — wie wir eben sahen — noch die deutschen Flüchtlinge in der Schweiz erreichten, gleichwie Lists Entlassung aus der Professur im Mai 1819 mit dem Beginn der Verfolgungen übereinkam. So steht List als „Patriot" und „Demagoge" — vor wie nach seinem Exil, das er 1830 beendet — unter der allgemeinen politischen Konstellation des Vormärz.

---

[41]) List-Archiv F. XXXIX, Nr. 43. — „Werke" Bd. VIII, S. 315—329.

List hatte sich auf die Verbannung, die ihm gleich so vielen verlorenen Söhnen seines Vaterlands bevorstand, mit der ihm eigenen „Energie" vorbereitet. „Im Vorgefühl dessen, was mir bevorstünde," — so erzählt er 1846 — „hatte ich jene vier Jahre, die zwischen meinem politischen Fall und meiner Abreise lagen (1821—1825), während welcher Zeit ich im Grunde ohne alle Berufsgeschäfte war, nicht ungenützt verstreichen lassen. Daß mir meine juridischen Kenntnisse mit allem übrigen, was auf lokaler Wirksamkeit beruhte, nichts helfen würden in Amerika, hatte ich zum voraus angenommen, mich aber getäuscht in dieser Annahme zu meinem Vorteil. Auch meine Kenntnisse in den Staatswissenschaften und in der Administration (und sie waren nicht so gering, wie man sie hatte machen wollen) hatte ich für nichts angeschlagen. Also studierte ich emsig die Elemente der Gewerbschemie, der Mechanik, des Bergbaues, der Landwirtschaft und überhaupt aller Gewerbswissenschaften; ich suchte, wo sich mir nur Gelegenheit darbot, das Praktische des Ackerbaues, der einzelnen Fabrikationszweige und des Handels kennenzulernen und mich in den neueren Sprachen zu vervollkommnen. Geschichte und Politik studierte ich zur Unterhaltung. Ja sogar die Medizin ist mir nicht ganz fremd geblieben, weil ich, für den Fall, daß alle andern Stränge brechen würden, den Entschluß gefaßt hatte, mich, nach regelmäßigem Studium der Heilkunst, auf die medizinische Praxis zu verlegen[42]). Daß ich die Verfassung und alle gesellschaftlichen und ökonomischen Verhältnisse von Nordamerika aufs genaueste kennenzulernen getrachtet hatte, versteht sich von selbst. Kurz, es bewährte sich an mir der Satz: man müsse einen Mann von Geistesenergie, aber von körperlichem Phlegma nur in die Not versetzen, um alles, was an ihm und in ihm sei, zur Geltung zu bringen. Überdies hatte ich ein halbes Jahr dazu verwendet, Frankreich und England genau kennzulernen. Mein Schicksal war mir ein Schlüssel, der mir die Türen der bedeutendsten und edelsten Männer der Zeit öffnete und mir die besten Kenntnisse über Nordamerika, zugleich aber auch die besten Empfehlungsbriefe nach jenem Lande verschaffte. So war ich, schon als ich zu Schiffe ging, ein ganz anderer Mann als zur Zeit meines Austritts aus der württembergischen Deputiertenkammer. Das Beste aber, was ich zu Schiffe nahm, war der Vorsatz, mich ganz nach den Sitten, Gebräuchen und Verhältnissen meines neuen Vaterlandes zu richten, und mich für den Anfang keines Geschäftes, womit ich mich und meine Familie würde erhalten können, zu schämen, wie niedrig es

[42]) Vgl. hierzu oben Anm. 14 wegen Wilhelm Wesselhoeft.

auch sei, mit einem Wort, jenem Zuruf zu entsprechen — und es ist der beste Rat, den sie geben können — womit die Amerikaner jeden neuen Ankömmling begrüßen, der für seine künftige Existenz und Prosperität lediglich auf seine eigene Energie angewiesen ist: ‚look about! — help yourself!' Dies ist keine Ironie, sondern die strengste Wahrheit. Denn während sie euch dies zurufen, könnt ihr auch ihrer kräftigsten Beihilfe versichert sein, nachdem sie gesehen haben, daß ihr euch selbst zu helfen wißt. Es würde einen Band füllen, wenn ich sagen wollte, was ich in Nordamerika gedacht, getrieben, gearbeitet, studiert, was ich an Angst und Not ausgestanden und was ich an Früchten erzielt habe[43])."

Lists Empfang in den Vereinigten Staaten, die er nach 40tägiger Seefahrt mit seiner tapferen Frau und vier Kindern am 10. Juni 1825 betrat, ward durch den Marquis La Fayette zur Teilnahme an einer liberalen Freiheitsfeier. Im April 1824 hatte La Fayette die Einladung des Präsidenten Monroe und des Kongresses der Vereinigten Staaten angenommen, im Juli dieses Jahres hatte er seinen Triumphzug angetreten — ein halbes Jahrhundert nach dem Beginn des amerikanischen Unabhängigkeitskrieges, an dem er einstmals teilgenommen. List hatte La Fayette also eben in dem Augenblick kennengelernt, als dieser die amerikanische Einladung in Paris erhielt. Er folgte den wiederholten Aufforderungen seines französischen Gönners noch rechtzeitig genug, da dieser erst Anfang September 1825 den amerikanischen Boden verließ. In den anfänglichen Bedrängnissen des Exils wandte List sich abermals an seinen Gönner mit der Bitte, seine Sache „den Liberalen von Frankreich und insbesondere den Deputierten von der linken Seite zu empfehlen[44])".

Es bestätigt Lists politische Haltung, daß auch General La Fayette dem linken Flügel der konstitutionellen Liberalen angehörte; als Deputierter der äußersten Linken und zumal nach der Julirevolution, die ihn noch einmal an die Spitze der „Nationalgarden" führte, hat La Fayette das Programm verfochten: „un trône populaire au nom de la souverainité nationale, entouré d'institutions républicaines". Ohne einen unzulässigen Vergleich zu ziehen, erinnern wir uns an Lists monarchisch-demokratisches Bekenntnis und an sein positives Verhalten zu den deutschen Fürsten; wenn La Fayette sich zur gemäßigten Monarchie des Jahres 1791 hält, die Doktrinen des Jahres 1793 verwirft,

---

[43]) S. „Werke" Bd. I 1, S. 72—73. — Lists amerikanischer Aufenthalt, der vom 9. Juni 1825 bis 20. November 1830 und vom Oktober 1831 bis zum Sommer 1832 währte, ist hier nicht näher darzustellen; vgl. W. Notz in „Werke" Bd. II, S. 1—61.

[44]) Vgl. „Mémoires, Correspondance et Manuscrits du Général Lafayette", 1838, t. VI, und W. Notz l. c., Aprilheft 1925, S. 200—204. — Für Einzelheiten s. Levasseur, „Lafayette en Amérique", 1829, Bd. II, S. 801 der deutschen Übersetzung. — „Werke" Bd. II, S. 4, 62—65; La Fayettes Abschiedsbrief an List vom 7. September 1825 ebenda S. 98. — Bd. VIII, S. 283—284, 286—287, 293, 337—343, 348, 352—353.

das „Bürgerkönigtum“ des Louis Philippe 1830 inauguriert und noch 1832 das erste Auftauchen einer roten Fahne in Paris ablehnt, so wird auch Lists konstitutionelles Glaubensbekenntnis damit einigermaßen umschrieben. In der Feindschaft gegen Rußland und die „Heilige Allianz“, in der Freude an den nationalen Bewegungen Südeuropas und Latein-Amerikas begegneten sich beide Männer ebenso wie in ihrer Abneigung gegen die nordamerikanische Negersklaverei[45]), die List durch eine „gelinde Leibeigenschaft“ als Übergangsmaßnahme ersetzen wollte — womit er die Grundfrage des Sezessionskriegs zwischen Nord- und Südstaaten konstruktiv vorausnahm!

In Nordamerika — „dieser hohen Schule der Nationalökonomie und des politischen Lebens“ — hat List das Erwachen einer Nation zu ökonomischer Unabhängigkeit als Wirklichkeit erlebt und — als „Amerikanisches System der Politischen Ökonomie“ — ins Bewußtsein erhoben; abermals mit der charakteristischen Wendung, daß er die politische Unabhängigkeitserklärung von 1776 umbiegt in die „declaration of Economical Independence“ von 1827[46]).

Er hatte sein Vaterland verlassen müssen, weil er „an der Spitze der liberalen Partei“ daheim verfolgt und jener Meinungsfreiheit beraubt worden war, die er in den Freistaaten zu erhalten hoffte; dort fand er nun, „erschöpft von Verfolgungen“, dies große Land „where heroes are sages and sages rulers — where, for the first time, a great empire was founded on industry, on equal rights, and on the moral force of the citizens — where the governments are mere committees of people, and conquests made for no other purpose than a participation in freedom, civilization and happiness with the conquered[47])“. Vor seinem Blick erhebt sich schon das künftige Nordamerika, von 150 Millionen Einwohnern erfüllt, mit Millionenstädten wie New York als dem größten Handelsemporium und Philadelphia als der ersten Industriestadt des gesamten Erdballs. Mag England den Suezkanal graben, um seine Baumwolle aus Indien und Ägypten zu beziehen; Lists Glaube an die Zukunft eines freien und industriellen Gemeinwesens gewinnt daraus nur verstärkten Antrieb, das „American System“ als Politik der Zukunft theoretisch zu begründen. Aber auch seine demokratische Gesinnung zieht aus dem Lande eines Washington, La Fayette und Alexander Hamilton neue Kräfte[48]).

---

[45]) S. „Herdflamme“ l. c., S. 337—340 über: „Die nordamerikanische Sklavenfrage.“ — Ähnlich stand List seit 1831 zum Herzog Decazes.

[46]) Vgl. W. Notz in „The American Economic Review“, Vol. XVI, 1926; „Werke“ Bd. II, S. 97—156, 166. — Vorrede zum „Nationalen System“. — Erbgroßherzog von Hessen in „Hessische Beiträge“ l. c., S. 29—38. Über Lists unvollendeten „American Economist“ s. „Mitteilungen“ l. c. Heft 29, 1935, S. 542.

[47]) Siehe Lists „Philadelphia Speech“ von 1827 in „Werke“ Bd. II, S. 157—172, und schon seinen Toast von 1825 ebenda S. 419. — S. auch seinen Vergleich in „Werke“ Bd. III 2, S. 542, zwischen Württemberg und Nordamerika.

[48]) Vgl. Lists Beiträge zum „Readinger Adler“ 1826—1830 in „Werke“ Bd. II, S. 240—292.

„In Frankreich halten Pfafferei und Aristokratismus alles nieder, was sich zugunsten der Vernunft und Volkswohlfahrt regen will.“ — — „Die Schreckensherrschaft in Spanien wütet immer schrecklicher. — Jedes Blatt Papier .... setzt Pfaffen und Höflinge in Schrecken.“ — „Der Kaiser von Österreich hat wie zum Spaß erklärt, daß alle Sklaven, die österreichisches Gebiet oder Schiff beträten, ganz frei sein sollten. ... Ein Irländer meinte: das heiße schwarze Sklaven zu weißen Sklaven machen.“ — Minister Canning will mit liberaler Außenpolitik „den heiligen Allianz-Männern“ die britische Macht fühlbar machen. „Aber die Bourbons, die Jesuiten und Dunkelmacher fangen auch an ihre Kraft zu fühlen —“. — „Aus Frankreich nichts Neues, als daß sich die Pfaffen dort mehren wie Ungeziefer. Besonders schwer liegt die Hand des allerchristlichsten Königs auf den armen Zeitungsdruckern, die sich vermessen, liberale Gesinnungen und vernünftige Gedanken unter das Publikum zu bringen. Eine weise Regierung in der Tat; sie steckt den Blitz in die Tasche, damit sein Schimmer den Leuten die Augen nicht verderbe.“ — Ob sich „die Heiligen“ raufen werden, wenn Englands Staatskunst den Kontinent zum Krieg treibt? „Es möchte aber leicht die Rechnung ohne den Wirt machen. Wenn auch die Weltgeschichte oft einem Puppenspiel gleicht, so hat man doch schon Fälle erlebt, wo die Puppen sich gegen die Marionettenspieler empörten.“

So findet List seine konstitutionellen Kämpfe und Leiden im Freistaat jenseits des Atlantik nachträglich bestätigt; von dort aus, im Schutz republikanischer Institutionen, sieht er mit kritischer Distanz auf jenes zurückgebliebene Europa, wo Großbritannien sich damals aus dem System der „Heiligen Allianz“ loslöste. Freilich, sein Aufenthalt sollte nicht von Dauer sein, und jene demokratischen Überzeugungen, denen er von 1825 bis 1830 sich hingeben durfte, mußten sein Wirken in der alten Heimat auf Schritt und Tritt hemmen[49]).

Wohl kehrte er, wie er den Leipzigern im September 1835 in einer Antwort auf ihr „Ehrengeschenk“ schrieb, aus Nordamerika zurück, um seinen Kindern „eine deutsche Heimat zu erwerben“. Schon 1827 äußerte er zu Joseph von Baader: „Alles, was sich mir hier zeigt, betrachte ich mit Beziehung auf Deutschland[50]).“ Dennoch blieb er bis zu seinem Tode, um W. von Molos treffende Prägung zu wiederholen, „ein Deutscher ohne Deutschland“ — und wenn sein einziger Sohn Oskar 1839 als Offizier der französischen Fremdenlegion sterben mußte, so war auch der Vater — nach einem Wort von Max Lenz — „wirklich sein Leben hindurch ein Fremdenlegionär“ im vormärzlichen Deutschland.

Wir wissen, daß Präsident Jackson nach seinem erfolgreichen Wahlkampf List von 1830 bis 1845 mehrfach im amerikanischen Kon-

[49]) Vgl. Hauptteil C, 1. bis 4. Kapitel. — „The Miners Journal“ vom 15. März 1828 nannte Lists „political sentiments ... purely republican“; s. „Werke“ Bd. II, S. 362.

[50]) S. „Werke“ Bd. III 2, S. 534.

sulatsdienst für Deutschland verwandt hat[51]). So fand er ein positives amtliches Anerkenntnis seiner politischen und ökonomischen Wirksamkeit — auf deutschem Boden durch eine fremde Macht. Andere Fremdländer — Belgien, Frankreich, Ungarn — haben ihn wenigstens moralisch als Sachwalter anerkannt[52]). Mehrfach spielte List mit dem Gedanken einer erzwungenen Rückkehr nach den Vereinigten Staaten; der Verlust seines dortigen Vermögens sowie die Tatsache, daß 1833 eine Zollermäßigung zunächst das „American System" ablöste[53]), mögen ihn zurückgehalten haben, diesen letzten Ausweg zu suchen.

Die Julirevolution, sahen wir, hatte List die Rückkehr nach Europa eröffnet, der Fortbestand des Deutschen Bundes aber ihn als großdeutschen „Demagogen" weiterhin verfemt. Der Sturz jener Reaktion, die ihn 1822 aus Straßburg vertrieben hatte, erschloß ihm nun den Zugang in das Frankreich des „Bürgerkönigtums". Alsbald nach der Julirevolution verließ er seine neue Heimat jenseits des „großen Bachs"[54]). Ganz Europa werde bald in Flammen stehen, meinte er nach seiner Ankunft in Paris[55]).

Ein politischer Parteigänger des Präsidenten Jackson, des Führers der neuen „demokratischen Partei" in den Vereinigten Staaten, hatte er im Dezember 1830 das neue Frankreich mit einem handelspolitischen Sonderauftrage aufgesucht; anschließend nahm er Gelegenheit, eine große Reformdenkschrift in der „Revue Encyclopédique" sowie Beiträge über Eisenbahnreformen in Thiers' liberalem Pariser „Constitutionnel" zu veröffentlichen und dort den Sieg der „Bürgermonarchie" mit Worten zu begrüßen, welche seine tiefe Sympathie für das neue régime ausdrückten. Weiter noch als die englische wirke die Revolution von 1830, die ganze Welt für bürgerliche und religiöse Freiheit zu erneuern. Eine „sainte alliance des peuples", den neuen Gesellschaftsbedürfnissen gemäß, sei die Basis eines neuen europäischen Gleichgewichts und Aufgabe der Dynastie Orléans. „Quelle immense carrière pour les esprits créateurs!" Dampfmaschinen und Eisenbahnen seien die Hebel, mit denen jedes europäische Volk seine Produktivkräfte vervielfältigen könne. Die „manufacturiers" stellte er den „contre-révo-

---

[51]) Die Einzelheiten s. in „Werke" Bd. II, S. 300—334. S. die „Einführung" und vgl. oben Hauptteil C, 3. Kapitel, Anm. 41, 46; ebenda 4. Kapitel zu Anm. 30, 80.

[52]) Für die Auswirkungen und Übersetzungen des „Nationalen Systems" in den genannten Ländern, in Irland, China und Australien vgl. die Bibliographie in „Werke" Bd. IX, sowie unten Hauptteil F, 3. Kapitel; ferner B. A. Saletore, „Der Wert der Listschen Lehren für die Lösung der indischen Frage", in „Hessische Beiträge" l. c. Bd. 15 (1933). Hierzu auch „Werke" Bd. VII, S. 503—508, über Empire-Politik.

[53]) S. „Werke" Bd. II, S. 509.

[54]) Auf die Nachricht von der Revolution sei er herübergekommen, um in Frankreich für Eisenbahnen zu wirken, heißt es auch in einem Pariser Brieffragment; s. List-Archiv F. XXII, Nr. 5. — Vgl. „Werke" Bd. VIII, S. 367—368; Bd. IX, S. 65—67, 123—130.

[55]) Über seine politische Haltung vgl. aber oben Hauptteil C, 1. Kapitel zu Anm. 30, 33.

lutionnaires" entgegen[56]). List war sich hierbei bewußt, daß „die Julius-Regierung ihre bedeutendsten Stützen in der reichen Bourgeoisie" und namentlich bei den Großindustriellen fand[57]). Schon bei seiner Abfahrt von Le Havre 1825 hatte er den Zusammenhang zwischen dem neuen Verkehrsmittel und der Großindustrie bemerkt.

Auch mit Führern der jungen belgischen Unabhängigkeitsbewegung nahm er Fühlung; er besprach mit ihnen schon Ende 1830 den Plan einer Köln—Antwerpener Eisenbahn, durch den Hollands Transitmonopol auf dem Rhein gebrochen werden sollte[58]).

Nachdem seine Pariser Absichten wegen eines französisch-nordamerikanischen Handelsvertrags und der Einfuhr amerikanischer Anthrazitkohle nicht gelungen waren, ist List erst wieder im Herbst 1837 nach Belgien und Frankreich gekommen; in Ostende traf er seinen alten Freund Dr. Kolb wieder. Wir verweisen auf seinen Empfang bei König Leopold I. und Minister Nothomb in Brüssel, bei König Louis Philippe und Minister Thiers in Paris[59]). König Leopold I. empfahl ihn dem „Bürgerkönig" Louis Philippe, der List sehr freundlich aufnahm. Mit seinem „Système Naturel de l'économie Politique", das er im Januar 1838 der „Académie des sciences morales et politiques" als Preisschrift vorlegte[60]), sowie mit seinem Aufsatz „L'économie politique devant le tribunal de l'histoire", im „Constitutionnel" vom September 1839, hat List seine wissenschaftliche Beschäftigung in diesem Kreis vollendet. Gleichwie er den Nordamerikanern mit seinen „Outlines of American Political Economy" von 1827 und mannigfaltigen Ausarbeitungen, den Ungarn mit seinen beiden großen Reformdenkschriften von 1844/45 den literarischen Dank abgestattet hat. Sein Übersetzer Henri Richelot hat dem Schöpfer des „Nationalen Systems" diesen Dienst erwidert. Wir wollen hierauf sowenig wie auf Lists letzten Aufenthalt in Belgien und Paris 1844 eingehen[61]). Lists endgültige Rückkehr nach Deutschland im Mai 1840 und die damalige Krisis in den deutsch-französischen Beziehungen haben keine nähere Berührung mehr gestattet. Falls Thiers, wie es heißt, wirklich eine Anzahl deutscher

---

[56]) Vgl. Lists Urteile über Maschinen, Industrie und Freiheit in den „Outlines" 1827; „Werke" Bd. II, S. 125—126. — S. „Werke" Bd. V, S. 59—111, und Bd. III 2, S. 555—573.

[57]) S. „Werke" Bd. VI, S. 383.

[58]) Vgl. oben Hauptteil C, 2. Kapitel, Anm. 82, 83, wegen Motz und wegen David Hansemann. — Hoeltzel 1935 l. c. S. 15.

[59]) Für Lists Arbeiten über Belgien vgl. „Werke" Bd. III 1, S. 270—285; Bd. III 2, S. 899—904. Die französischen Eisenbahnschriften s. Bd. III 1, S. 286—288; Bd. III 2, S. 555—573 und S. 904—910. — Hoeltzel 1935 l. c. S. 78—80.

[60]) Vgl. die Einzelheiten in „Werke" Bd. IV, S. 1—49 und Kommentar.

[61]) Vgl. „Werke" Bd. VII, S. 169—185, 590—597, und wegen Richelot und List auch Bd. VI, S. 624—625. Wir erwähnten in der „Einführung" ein französisches Angebot vom Jahr 1840 an List. Wie Richelot in seiner französischen Ausgabe des „Nationalen Systems", 2. Aufl. 1857, S. 35 Anmerkung, berichtet, habe Thiers ein solches Angebot an List später abgestritten. Vgl. „Werke" Bd. VIII, S. 385—388, 759 jedoch mit „Die deutsche Sozialdemokratie" l. c. S. 66!

„Demokraten" gegen Geldangebote in Frankreichs Dienste nehmen wollte, dann gewinnt sein Angebot, wie dessen Ablehnung durch List und die spätere Ableugnung durch Thiers, im Zusammenhang der deutsch-französischen Krise von 1840 ein allgemeineres Interesse.

Uns interessiert grundsätzlich die positive Haltung, die List zum konstitutionellen „Bürgerkönigtum" einnahm. König Leopold I. — von Jugend auf „mit englischer Staatsweisheit getränkt, durchdrungen von der Wichtigkeit der Industrie und vertraut mit den Hebeln, wodurch sie aus dem Nichts hervorgehoben wird" — „dieser wahrhafte König der Industrie" ist auch für List das Vorbild eines konstitutionellen Herrschers. Selbstverwaltung, Geschworenengerichte, öffentliches Verfahren und Unabsetzbarkeit der Richter, Pressefreiheit, ein parlamentarisches Ministerium, Kapitalreichtum, Entwicklung aller inneren Hilfsquellen des Landes — „unter allen diesen Gesichtspunkten betrachtet, ist Belgien das begabteste Land der Erde —". Daher werden Lists „Reiseblätter aus Belgien" (1837) zu einem Loblied dieses „zivilisierten, freien, ökonomischen, kunstsinnigen und fleißigen" Volkes. Zumal „eine Regierung, welche die Interessen der arbeitenden Klassen fördert, ... der Anhänglichkeit und Dankbarkeit der großen Majorität im Volk immer gewiß" ist; sie „kann mit Zuversicht auf den Sieg über Oppositionsparteien rechnen, die ... zum großen Teil aus den Mitgliedern der höheren Klassen bestehend, einzig auf die Erinnerung früherer Zustände oder auf Theorien basiert sind". So schwingt die soziale Komponente, welche jeder kapitalistischen Entwicklung des 19. Jahrhunderts seit St. Simon eigen ist, auch in dieser Schilderung mit[62]).

Wenden wir uns nun jener Erweiterung des Listschen Horizonts zu, die er seinem Erlebnis der neuen Hemisphäre verdankt und die sich bei ihm alsbald in systematische Gedankenarbeit umsetzt.

[62]) Vgl. unten Hauptteil F, 2. Kapitel Anm. 55.

Wir haben Lists frühe Konzeption des „Weltstaats" schon im Hauptteil A erwähnt; es war nur folgerecht, wenn er diesen Korrelatbegriff zur pazifistisch-liberalen „Weltwirtschaft" der Vulgärökonomen bildete[63]). Noch im „Nationalen System" schien ihm „die Idee einer Universalkonföderation und des ewigen Friedens durch die Vernunft wie durch die Religion geboten"[64]). Doch sei die Zeit hierfür erst gekommen, wenn alle zivilisierten Nationen gleichmäßig entfaltet und der Gefahr einer „Universaluntertänigkeit" gegenüber der britischen „Suprematiemacht" dadurch entwachsen wären. Seither bekämpfte er alle im „impotenten Kosmopolitismus" ergrauten Theoretiker, ohne des aufgeklärten Ideals einer „Universalunion" mehr zu erwähnen. Seinem naturrechtlichen Beginn getreu, sah also List zunächst einen Endzustand vor Augen, in welchem eine „Universal-Monarchie", eine „Universalrepublik" oder ein Völkerbund neben der Universalökonomie, Weltstaat und Weltmarkt — ähnlich dem Rechts- und Wohlfahrtsstaat im Innern — Korrelatbegriffe waren[65]). Allerdings entsprach diesem Ziel, im Unterschied zur „Nationalwirtschaft", kein echter Erlebnisgehalt; es gehörte jener älteren Schicht seines Denkens an, die wir auch in seiner Vorstellung vom Ewigen Frieden kennenlernten. Erst auf Grund seiner amerikanischen Erfahrungen hat er seit 1841 — zumal in der Periode des „Zollvereinsblatt" (1843—1846) — jenes imperialwirtschaftliche Weltbild gewonnen, dem allein die Realität des Welt-Staatensystems wie des Hochkapitalismus (Sombart) im 19. und 20. Jahrhundert entspricht; gab

[63]) Über Lists spätere Vorschläge eines „Congrès commercial universel" und einer Weltwirtschaftskonferenz (1835, 1837) s. „Werke" Bd. II, S. 326, und Bd. IV, S. 23 bis 24, 404—408, sowie Lenz in „List und Marx" l. c., S. 10 und 57, und dort Zitierte; A. Sommer in „Mitteilungen" l. c. Heft 3, 1926. — Über pan-europäische, panamerikanische und Völkerbunds-Anklänge bei List s. Einleitung zu „Werke" Bd. VII sowie W. Notz in „Mitteilungen" l. c. 1926, S. 25. Vgl. auch Alexander Lips, „Deutschlands National-Ökonomie", 1830, S. 645—647, wegen eines freihändlerischen „europäischen Völkerkongreß". Lips, Professor in Marburg, sagt l. c., S. 614 bereits: „Europa steht am Sterbelager der Colonial-Politik", womit er ein Problem des 20. Jahrhunderts vorwegnimmt; er ist für „Freiheit der Meere", „Weltmünze" und „Völkertribunal". Vgl. über ihn oben Hauptteil A, 3. Kapitel, Anm. 33. — Anfänglich (1818) konstruiert List von seinem Korporationsbegriff her „die gegenwärtig selbständigen Staaten ... als Korporationen in dem Weltstaat". Siehe „Herdflamme" l. c. S. XXV—XXVI, 319—320.

[64]) S. „Werke" Bd. VI, S. 165—166, 561. — Wegen des religiösen Moments in dieser „Tendenz des Weltgeistes" vgl. oben Hauptteil A, 2. Kapitel, Anm. 44. — „Werke" Bd. VIII, S. 526—527.

[65]) Vgl. auch Lenz, „Die deutsche Sozialdemokratie" l. c., S. 82, und unten Hauptteil F, 2. Kapitel zu Anm. 130.

List der Welt doch die früheste Definition des modernen „Imperialismus“ als des „Metropol-Kolonial-Schutzsystem“. Er sah die Staatengesellschaft nach ihrem realistischen Zusammenhang, schon unbefangener als Fichte oder die Romantiker, ohne damit Rankes universalhistorische Weite oder Hegels geschichtsphilosophische Konstruktionskraft zu erreichen[66]). Anderseits konnte Ranke, den List im „Nationalen System“ zitiert, nach 1830 noch von einer „preußischen Nation“ sprechen, ein Ludwig von Gerlach sogar 1867 das „Laster des Patriotismus“ aus dem preußischen Gesichtspunkt angreifen! „Das Genie der Nation“ kommt hingegen für List mit der „Tendenz des Weltgeistes“ überein.

Halten wir fest, daß List diese entscheidende Erweiterung seines Weltbildes dem amerikanischen Exil verdankte, das ihm the making of a nation anschaulich werden ließ. Über seine Pionierarbeit im amerikanischen Eisenbahnbau ist anläßlich der deutschen Vorgänge berichtet worden, für die jene Erfahrungen ihm vorbildlich blieben. Wenn er drüben 27000 acres Ländereien zum Abbau der von ihm entdeckten Steinkohlenflöze kaufen und 1 Million Dollar Kapitalien für die viertälteste Bahngesellschaft in den U.S.A. mobilisieren konnte, ja zwei neue Städte bis auf Straßennamen und Stadtplan projektierte, so ging ein solches Erleben über jeden in Europa denkbaren Maßstab schlechterdings hinaus. Wie übertraf es die kleinstaatlichen Miseren und persönlichen Ressentiments seiner deutschen Heimat! Erst hierdurch gewann er die Vorstellung eines „Nationaltransport-Systems“[67]). „Eisenbahnen waren damals noch in Nordamerika nur vom Hörensagen bekannt“, als er die Steinkohlenlager an der Little Schuylkill entdeckte und durch eine Eisenbahn mit dem Wasserweg nach Philadelphia verband[68]).

Am Horizont zeigt sich List schon die nordamerikanische Imperialmacht des 20. Jahrhunderts mit ihren 150 Millionen Einwohnern und ihren produktiven Kräften, die England überlegen sind; Nordamerika wird die Seeherrschaft der Briten erben, jedoch an seiner Monroe-Doktrin festhalten. „Im natürlichen Lauf der Dinge“ werde „das vereinigte Amerika“ durch die Vereinigten Staaten über Europa emporgehoben werden und „die Seemacht der westlichen Welt die Seemacht von Großbritannien so weit überragen, als ihre Küsten und Ströme die britischen

[66]) S. „Werke“, Bd. VII, S. 35. Eiermann l. c., S. 26—30. — Ewiger Friede und Freihandel gehen Hand in Hand, schreibt List im Entwurf seines „American Economist“, aber sie würden zurückgebliebene Nationen den mächtigeren untertan machen, solange es keine „United States of the whole globe“ gibt. S. „Werke“ Bd. II, S. 31, 101—102; Bd. VIII, S. 365—366. Vgl. auch oben Hauptteil C, 3. Kapitel, Anm. 4.

[67]) Vgl. Lists Schilderung in „Werke“ Bd. VIII, S. 368—371. Oben Anm. 56.

[68]) Vgl. Hauptteil C, 4. Kapitel, Anm. 38, 58; Bd. II, S. 36—41, und III 1, S. 513, der „Werke“. — Wegen List als Unternehmer s. auch Hauptteil F, 2. Kapitel. Eine zeitgenössische Schilderung des Schuylkillkanals und des geplanten „Riegelweg“ enthält die „Reise Sr. Hoheit des Herzogs Bernhard zu Sachsen-Weimar-Eisenach durch Nordamerika in den Jahren 1825 und 1826. Herausgegeben von Heinrich Luden“, 1828, Bd, II, S. 240—245.

an Erstreckung und Größe übertreffen." Die „aufkeimende Geldaristokratie" Englands mit dem „Proletarieraufstand" als Gegenpol ergeben Andeutungen eines weiteren künftigen Widerspruchs. So sieht List sein Adoptivvaterland, ehe noch Al. de Tocqueville die Demokratie in Amerika entdeckte[69]). Die Raumerweiterung, welche der technischen Intensivierung und der Durchflutung mit Menschen, Waren und Kapital im 19. Jahrhundert gemäß ist, wird von List zunächst, im zweimaligen Überqueren des Atlantik, als Erlebnis des europäisch-amerikanischen Doppelraums empfunden. Und gleich wie La Fayette von Nordamerika aus mit Bolivar, dem Befreier des amerikanischen Südens, korrespondierte, so weitete sich Lists Blickfeld in der Richtung auf den lateinamerikanischen Süden der Neuen Welt: Schon in Frankfurt 1820 hatte er ja den Gedanken einer Handelsgesellschaft für Westindien und die La Platalandschaft gefaßt, während Brasilien für seine Auswanderungspläne noch im „Zollvereinsblatt' eine Rolle spielt. Wir lernten seine balkanisch-levantinischen Handelspläne kennen, deren Achse die Donau von Bayern bis zu ihrer Mündung war. Im „Staatslexikon" lesen wir seine — von Wilhelm Schulz fortgeführten — Artikel über Ägypten, Afrika, Arabien, Asien, Australien. Seine Donaupolitik geht hier, wie Moeller van den Bruck mit Recht bemerkt, unmittelbar in eine Schwarzmeer-, Kaukasus- und Indienpolitik über[70]).

Damit umspannte Lists Horizont tatsächlich alle politisch-wirtschaftlich relevanten Teile des Erdballs; Verkünder einer neuen, voll entfalteten Ordnung, nimmt er das Denken in Kontinenten voraus und entwirft den geopolitischen Umriß einer Welt, auf der die großen Wirtschaftsmächte als Weltherrscher im imperialistischen Maßstabe erscheinen. Da er bei allem Technisch-Ökonomischen letztens ein politischer Mensch im aristotelischen Sinne bleibt, so fügt auch seine Konzeption eines „europäisch-asiatischen Eisenbahnsystems" sich völlig dem politischen Denken ein[71]). Der Empire-Weg London—Suezkanal—Rotes Meer—Indien ist ihm eine ebenso vertraute Vorstellung wie die „Bagdadbahn", als Zwischenstück einer Magistrale London—Bayern—Hellespont—Euphrat—Indien. „Durch Ausdehnung der neuen Kommunikationsmittel, namentlich der Eisenbahnen, auf Asien und Afrika sind die Länder am Nil und am Roten Meer, am Euphrat und am Persischen Meerbusen der englischen Küste so nahe zu bringen, als es vor zwanzig Jahren die Länder an der Schelde, am Rhein, an der Weser und Elbe, die Häfen von Bombay und Kalkutta so nahe, als damals Lissabon und

[69]) Vgl. „Werke" Bd. V, S. 217—222, und wegen England Hauptteil F, 2. Kapitel. — „Werke" Bd. VI, S. 417; Bd. VII, S. 482—502, S. 268—283; Bd. IX., S. 124.

[70]) S. „Werke" Bd. V, S. 33—39, 51—56. — Otto Jöhlinger, „Insel-Bücherei" Nr. 260. — Wegen der Dampfschiffahrt auf Donau, Euphrat, Ganges vgl. auch Nebenius, „Der deutsche Zollverein" l. c. 1835, S. 290—294, 319—324.

[71]) Vgl. „Werke" Bd. VII und — wegen der Magistrale Ostende-Bombay — auch Bd. III 2, S. 952—955. Ferner Erbgroßherzog von Hessen, „Friedrich List als Weltpolitiker", in „Hessische Beiträge" l. c. Bd. 12, mit einer Karte der Listschen Verkehrspläne. — „Werke" Bd. III 2, S. 678—680; Bd. IX, S. 209, 219.

Cadix gewesen sind." Die Magistrale „Ostende—Bombay" soll Großbritannien mit Indien verbinden, andere Magistralen — transsibirische für Rußland, transkontinentale für U. S. A. — werden die imperiale Aufschließung vollenden. (Vgl. die Karte Seite 430.)

Die geopolitische Bedeutung des Mittelmeers, Vorderasiens als eines britischen „third empire" sowie der britischen Stationen rund um Afrika sah List ebenso klar, wie die Möglichkeit marokkanischer Feldzüge oder Englands Interessen an Ägypten und der Linie Suez—Port-Said oder an einer „elektrischen Telegraphenlinie" nach Indien. Die Aufteilung der Türkei wünschte er schon im Verfolg seiner Donaupläne, wobei Kleinasien gleich Ägypten an Großbritannien fallen sollte, und von der Zukunft der Vereinigten Staaten entwirft er ein Bild überwältigender Kraftentfaltung. Die Union werde die spanisch-portugiesischen Gebiete Mittelamerikas regenerieren, die britische Seemacht im Laufe des 20. Jahrhunderts weit übertreffen, nach China und Japan „eine Invasion der europäischen Kultur" bewirken. Die chinesischen Industriezweige müßten „in ihrer Wurzel zerstört werden"! Das fordere der britische „Kaliko-Kosmopolitismus". „In Asien ward die Menschheit geboren, in Europa erzogen —". Wie Griechenland einst den Übergang aus Asien nach Europa, habe Neu-England den Übergangspunkt von Europa nach der Neuen Welt gebildet; von dort werde die Kultur im kommenden Jahrhundert „nach Asien zu ihrer Quelle zurückströmen". „Gänzliche Auflösung der asiatischen Nationalitäten" lasse ihre Wiedergeburt nur mit europäischer Hilfe erwarten. Die Kapitalien werden nach dem Osten wandern, „um dort das Vier- und Fünffache zu gewinnen"; Europas Warenüberfluß, „welcher in der jetzt mit Europa im Verkehr stehenden Welt keine Käufer findet, wird in noch unbekannten Gegenden Käufer suchen[72]". Man werde die Eingeborenen zur Arbeit anreizen, damit sie Gegenwerte für den europäischen Warenzustrom herstellen. Den normalmäßigen, voll entfalteten Nationen wohne die Kraft bei, „auf die Kultur minder vorgerückter Nationen zu wirken und mit dem Überschuß ihrer Bevölkerung und ihrer geistigen und materiellen Kapitale Kolonien zu gründen und neue Nationen zu zeugen". Wir dürfen sagen: die internationale Leistung wie das imperialistische Programm des 19. Jahrhunderts sind hier ausgesprochen. So sieht List den Gang des Kapitalexports voraus und zeichnet die Erschließung der vorkapitalistischen Welträume durch die Imperialnationen als notwendige Folge der heimischen Akkumulation. Ohne Sentimentalität spricht er es aus: „nicht die bare Humanität, nicht die bloße Liebe zu den Wissenschaften, nicht die Philosophie und die Philanthropie" werden dies Werk der ökonomischen Welteroberung vollbringen, sondern sie werden erst folgen, „nachdem das Privatinteresse und die physische Notdurft den Weg gebahnt haben." Daß „die Zivilisation, die politische Ausbildung und die Macht der Nationen hauptsächlich durch die ökonomischen Zustände bedingt wird und umgekehrt", — dieser Listsche Grundgedanke gibt ihm auch

[72]) Wegen Hongkong und China vgl. „Werke" Bd. VII, S. 242—249.

den Schlüssel zum Problemkreis des „Welthandels“ und der Kolonien, des Imperialismus und der internationalen Produktionsverhältnisse[73]).

List stellt fest: „nur eine Nation, die alle Arten von Manufakturwaren zu den billigsten Preisen produziert“, könne „den Völkern aller Zonen und aller Kulturstufen“ durch Handel und Schiffahrt sich verbinden. Erst die Vernichtung der einheimischen Manufakturen im Orient habe den Spaniern und Portugiesen, Engländern und Holländern erlaubt, die Rohprodukte der Kolonialgebiete mit europäischer Fabrikatenausfuhr zu bezahlen. „Durch die Maschinen und Erfindungen ist die unvollkommene Manufaktur des Orients zum Besten der europäischen Manufakturkraft vernichtet, ist letztere in den Stand gesetzt worden, den Ländern der heißen Zone große Massen von Fabrikaten zu den wohlfeilsten Preisen zu liefern und ihnen dadurch Motive zur Vermehrung ihrer Arbeits- und Produktionskräfte zu geben[74]).“ Die Vorteile dieses Tausches seien noch gewaltiger Erweiterung fähig; erst rund ein Fünfzigstel des anbaufähigen Kolonialbodens sei ihm gewidmet! List setzt hierbei — seiner harmonistischen Grundhaltung entsprechend — Ausbeutung mit Kulturfortschritt ausdrücklich gleich und bestätigt so den Segen einer Entwicklung, die aus dem „Tauschverkehr zwischen den Agrikulturisten der heißen Zone und den Manufakturisten der gemäßigten Zone“ folgte und „die wohlfeilen Arbeitslöhne“ des Ostens voraussetzte. Denn einem „Lande der heißen Zone“ ist eigene Manufakturkraft „von der Natur“ versagt. Um so notwendiger sei für alle „barbarischen und halbzivilisierten“ Länder das Prinzip der offenen Tür — schon um kein „Weltmanufakturmonopol“ aufkommen zu lassen. Mit dem Grundsatz: „daß wir von denen kaufen, die von uns kaufen[75])“, zieht List bereits die Summe der modernen Handelspolitik.

Der Abfall Latein-Amerikas von Spanien und die erhoffte Auflösung des türkischen Reichs erhalten hierdurch erst ihren imperialwirtschaftlichen Sinn: Hier sind keineswegs nur Breschen in das politische System der „Heiligen Allianz“ geschlagen, sondern auch „eine Masse der produktivsten Länder der Erde ins Freie gefallen, die nun mit Sehnsucht erwarten, daß die zivilisierten Nationen der Erde sie in friedlichem Einverständnis auf den Weg der Rechtssicherheit und Ordnung, der Zivilisation und des Wohlstandes leiten, die nicht mehr verlangen, als daß man ihnen Manufakturwaren zuführe und die Produkte ihrer Zone an Zahlungs Statt entgegennehme[76])“.

---

[73]) S. „Werke“ Bd. VI, S. 288—309.

[74]) S. „Werke“ Bd. VI, S. 52—54, 166—167, 221—225, 286. — Über technische Ausbildung als Mittel, fremde Bergwerksvorkommen auszubeuten, s. „Werke“ Bd. V, S. 506. Wegen Bergbaugesellschaften analog „Werke“ Bd. VI, S. 424; Erbgroßherzog von Hessen l. c. S. 39—42.

[75]) S. „Werke“ Bd. VI, S. 420.

[76]) S. „Werke“ Bd. VI, S. 283—287. — Wie W. Notz in „Werke“ Bd. II, S. 385, feststellt, veröffentlichte List im Readinger „Adler“ fortlaufend Nachrichten über die von Simon Bolivar geleitete Unabhängigkeitsbewegung der südamerikanischen Staaten. Ebenso über die Türkei; ebenda S. 401.

Die „Bourgeoisie" gibt ihre „überschüssige Kraft" an Bevölkerung, Kapital und Unternehmungsgeist den Kolonien ab; „ein ansehnlicher Teil derjenigen, welche sich in der Kolonie bereichert haben", bringt seine dort gesammelten Kapitale in den Schoß der Mutternation zurück. In den Tatsachen dieses Vorganges decken sich Lists und Marx' Weltbild, um hinsichtlich der Bewertung sich zu scheiden; denn dieser bleibt auf der gesellschaftskritischen Denkebene, während List die Wirklichkeit der staatlichen Gestaltung anschaulich begreift. So faßt List die imperialistische Marktausweitung bereits — über Marx hinaus — im Weltbild einiger weniger Imperialmächte zusammen und zieht damit letzte Folgerungen, denen erst die nach-marxistische Kritik des modernen Imperialismus antworten wird. Daß Großbritannien im Sinne von Marx „der Demiurg des bürgerlichen Weltalls" sei, entspricht im Ansatzpunkt dabei Lists Lehre von der englischen „Manufaktursuprematie", gegen deren Weltmonopol er sich wendet. Neben den Vereinigten Staaten wird Großbritannien, mit seinen Dominien und Kolonien, als zweite „Riesenmacht "fortdauern[77]). In dem Wissen um die historischen Kräfte dieser Expansion, wie sie in den Kämpfen der Venetianer, Hanseaten, Spanier usw. seit Jahrhunderten sich gebildet hatte, steht List — ausweislich seines „Natürlichen" und seines „Nationalen Systems" — hinter der Marxschen Kritik in keiner Weise zurück. Er überragt sie durch seine Schau der Nationalkräfte, welche die gesellschaftliche Welt durchfluten und gestalten. Wie er aus den „Nationalwirtschaften"[78]) zu den Imperialnationen aufsteigt, wie er den Begriff der Differentialzölle und des modernen „Metropol-Kolonial-Schutzsystems" entwickelt, wie er die Weltkarte der Großen Mächte und des Weltverkehrsnetzes vorherbestimmt, ist hier nicht zu schildern. Ebensowenig seine Gedanken über Auswanderung, Siedelungs- und Tropenkolonien[79]). Als Leistung eines Deutschen — zumal im Vormärz — aber bleibt eine solche Schau von geradezu fortreißender Genialität; nicht zuletzt in dieser genialen Vorschau, die sich wieder von Rankes Konzeption der „Großen Mächte" schon rein willensmäßig unterscheidet, liegt ein innerer Grund für Lists Heimatlosigkeit als Deutscher und in Deutschland.

Wir erwähnten schon[80]), wie List den deutschen Machtbereich — auf den Spuren eines Prinz Eugen — die Donau abwärts über Ungarn

[77]) Vgl. „Staat und Marxismus, Grundlegung und Kritik der marxistischen Gesellschaftslehre", 2. Aufl. 1923, S. 15—16 und die Analyse der „allgemeinen Weltmarktsphäre" ebenda S. 17—67. — Über List und England s. auch Lenz in „Deutsch-Britische Rundschau" (Wiesbaden), Juliheft und Septemberheft 1932, sowie in „Nationalwirtschaft" (Berlin) 1928, 2. Heft. Fay, „Imperial Economy", 1934, S. 3.

[78]) Vgl. Hauptteil A, 2. Kapitel Anm. 29. — „Werke" Bd. VII, S. 31, 508.

[79]) Vgl. Erwin Wiskemann l. c. 1933 sowie im Kommentar von „Werke" Bd. VII. — Erbgroßherzog von Hessen, „Friedrich List als Weltpolitiker" l. c. S. 17—18, 37—38, 49—62. — Erna Maria Schulz l. c. — „Werke" Bd. VI, S. 406—417; Bd. VII, S. 31, 508.

[80]) Vgl. Hauptteil C, 1. Kapitel Anm. 6 mit ebda. Anm. 17, 26.

hinaus zum Schwarzen Meer erweitern wollte, wie er auf Siedlungskolonien und Ausfuhrförderung dort hinwirkte. Seine Wiener Mission vom Januar 1820 bezeichnet wohl den Beginn aller großdeutschen Pläne für den Donauraum[81]). Wie List späterhin „die Begründung eines mächtigen germanisch-magyarischen östlichen Reiches, einerseits vom Schwarzen, andererseits vom Adriatischen Meer bespült und von deutschem und ungarischem Geist beseelt", sich vorstellte[82]), gedenken wir in anderem Zusammenhange darzustellen. Die deutschen Auswanderer systematisch in jenes weltpolitische „Hinterland" zu lenken und Rußlands gewaltigen Bevölkerungsdruck vom Balkan dadurch fernzuhalten, gehörte zu seinen großen Konzeptionen, denen die Verwirklichung versagt blieb. Im „Nationalen System" finden wir die Variante: Der Deutsche Zollverein möge alle Handels- und Kolonisationsmaßnahmen „in betreff des Nordens und der überseeischen Verhältnisse an Preußen und in betreff der Donau und der orientalischen Verhältnisse an Bayern übertragen"; Preußen möge überdies „jetzt schon mit Kreierung einer deutschen Handelsflagge und mit Grundlegung einer künftigen deutschen Flotte" den Anfang machen sowie Versuche anstellen, „ob und wie in Australien oder in Neuseeland oder auf andern Inseln des fünften Weltteils deutsche Kolonien anzulegen wären". Der Wechsel seiner Konzeptionen drückt nur die Unreife seiner nationalen Umwelt aus; tendentiell waren sie ihr gemäß. Nach seinen letzten Entwürfen sollte England „der österreichischen Monarchie alle Donauländer bis an den Balkan und Griechenland die Reste des alten griechischen Reiches mit Ausnahme von Kleinasien" verschaffen[83]). Lists Konzeption eines „germanisch-magyarischen" Mittelreichs bleibt für alle späteren Mitteleuropa-Pläne auf deutschem Boden richtungweisend; auch hier hat Bismarck, im Rahmen seines „Zweibunds" mit Österreich-Ungarn und Rumänien, einen Listschen Zielgedanken mit geschichtlicher Realität erfüllt, während Friedrich Naumanns Donaupolitik wie andere „Mitteleuropa"-Pläne im Weltkriege zusammenbrachen.

Halten wir fest, daß Friedrich List es war, der 1820 das früheste Programm einer Expansion im Donauraum aufgestellt hat — aus dem Gesichtspunkt des jungen deutschen Bürgertums und mit Wien als dem gegebenen Mittelpunkt eines großdeutschen Bundes oder Reichs! Eben im Augenblick, da Österreich sich erneut befestigt hatte, nahm List jene

[81]) Treitschke, „H. von Gagern" l. c., S. 198, erwähnt, daß Gagern 1840 die Kolonisation der Balkanhalbinsel der Militärkommission des Deutschen Bundes zur Beratung empfohlen habe! Vgl. auch Friedrich Harkorts interessante Denkschrift über Österreichs deutsche Mission an den Donaumündungen, vom Winter 1843/44, bei Berger l. c. S. 307—320. — Eine frühe Stimme aus dem Jahr 1816 über ein österreichisches Donaureich s. bei Karl Hagen l. c., S. 500. — Über die vielfachen deutschen Kolonisationspläne für den unteren Donauraum um 1840 s. E. Wiskemann in „Werke" Bd. VII sowie in „Mitteleuropa, eine deutsche Aufgabe", 1933. — Für analoge Ziele der „Rheinischen Zeitung" unter Höfken s. Philipp Gebhard l. c., S. 42—44.

[82]) Vgl. „Werke" Bd. V, S. 499—500; Bd. VI, S. 421—426. — „Hessische Beiträge" l. c. Bd. 12, S. 17—24.

[83]) S. „Werke" Bd. III 2, S. 953; Bd. V, S. 51 und 56; Bd. VIII, S. 809—810.

kaiserliche Tradition auf, die mit den Reichskriegen wider die Türken einst Serbien, Siebenbürgen, Moldau und Walachei zu unterwerfen suchte. Noch schlummerten die Volksgeister der Kroaten, Slovenen, Serben und Rumänen, denen Goethe, Ranke und die Romantiker alsbald sich zuwandten; wir sahen, wie List um 1820 die Griechenfreundschaft teilte und um 1840 dem erwachenden Ungarn sich verbünden wollte. Darüber zog eine neue Konstellation herauf, in der Rußland seine erobernde Mission am Balkan mit panslavistischen Gedanken stärkte, während Großbritannien vom Mittelmeer aus die Meerengen beherrschen wollte. Im Krimkrieg entlud sich dieser neue Gegensatz, um bis zum letzten Weltkrieg hin den Kampf der großen Mächte immer aufs neue anzustacheln. Wien und Konstantinopel verloren ihr Spiel, das List in Nordamerika schon hellsichtig verfolgte. Damit wurden der mitteleuropäische und Donauraum von Grund aus umgestaltet. Was immer an neuen Kräften und großdeutschen Tendenzen sich in ihm gestalten möge, stets wird Lists Gedanke eines Mittelreichs als früheste Konzeption darin fortleben.

Über „List als Expansionstheoretiker" hat Ludwig Sevin vor dem Kriege berichtet, — aus dem Gesichtspunkt der wirtschaftlich motivierten „Weltpolitik" jener Jahre[84]). Dieser Gesichtspunkt machtpolitischer Expansion jenseits der heimatlichen Grenze ist freilich allen „fortgeschrittenen" Ländern gemeinsam geblieben und war auch im wilhelminischen Deutschland 1890—1918 durchaus anerkannt; da aber unter dem Versailler Vertrag die Wege einer solchen Expansion verschlossen, ja Deutschland selber zum Objekt imperialistischer Ausbeutung geworden war, so lassen Lists einschlägige Äußerungen sich aus einer um so größeren geschichtlichen Distanz betrachten.

Wir wollen die Wege, auf denen List sogar Dänemark und Holland in den Deutschen Bund oder in den Zollverein einbeziehen wollte, hier nicht weiter verfolgen[85]); sie haben ihn schließlich zu der neuen Konzeption seiner deutsch-britischen Allianzdenkschrift von 1846 geführt, deren schroffe Ablehnung durch Sir Robert Peel mit seinem Tod nicht nur zeitlich zusammenfällt[86]). Der Zielgedanke: Ein starkes und mäch-

[84]) Siehe L. Sevin in „Schmollers Jahrbuch" Bd. XXXIII, 4 und XXXIV, 12, 1909 und 1910. — Zum Fragenbereich vgl. auch das Kriegsbuch „Macht und Wirtschaft" l. c., S. 101 ff. und 203—205. — Auf die analogen Tendenzen einer Auswanderungs-, Flotten- und Kolonialpolitik in den gewerblich vorgeschrittenen Rheinlanden und namentlich bei Gustav Mevissen, aber auch bei dem jungen Friedrich Engels sei hier verwiesen.

[85]) Vgl. „Werke" Bd. VI, S. 211, 403—405, 420—421. — Auch Fichte, Niebuhr, Wilhelm von Humboldt sahen die Schweiz und Holland als Teile eines größeren Deutschland; s. F. Meinecke, „Weltbürgertum und Nationalstaat" l. s. S. 215—216 Anm. Mebolds Urteil über Lists „pangermanistische" Träume s. in „Werke" Bd. IX, S. 213. Wegen Schleswig-Holstein s. „Werke" Bd. VII, S. 91—96, 563.

[86]) Vgl. Kommentar und Anhang II in „Werke" Bd. VII, sowie Bd. IX, S. 140—159; Hauptteil C, 2. Kapitel, Anm. 35. — A. Sommer, A. Meusel und L. Sevin l. c. Wegen Frankreich und Rußland oben Hauptteil A, 2. Kapitel Anm. 26; wegen Preußen und Rußland oben Hauptteil C, 2. Kapitel Anm. 22.

tiges German empire als Bundes- und Waffengenosse Größer-Britanniens nimmt Erinnerungen an das versunkene imperium Germanicum nochmals auf und deutet zugleich auf die Erfüllung im Jahr 1870/71 hin: Nationales Industrieinteresse und konstitutionelle Freiheit erscheinen als solides Fundament, Macht und Wohlfahrt als Ergebnis. Gescheitert freilich ist dieser — an liberale Gedanken Kaiser Friedrichs II. erinnernde — Plan einer deutsch-britischen Allianz, gleichwie der ältere Plan einer deutsch-französischen Kontinentalallianz mit ihren Spitzen wider England und Rußland. Ebenso sein Gedanke, Nordamerikas wachsende Weltmacht müsse Großbritannien die Stiftung einer europäischen Abwehrkoalition gebieten. Unrealisierbar blieben alle Träume einer deutschen Siedlung an der unteren Donau oder einer deutschen Durchdringung der vorkapitalistischen Räume in Südamerika[87]. Mit Lists Plänen ging es im Weltmaßstab wie auf dem nationalen Felde: Meist richtig gesehen in der Grundkonzeption und den nationalen wie den imperialen Tendenzen der export-kapitalistischen Welt an sich entsprechend, widersprachen sie den Bedingungen ihrer konkreten Situation. Darum behalten sie doch eine allgemeine Wahrheit, unabhängig von der Besonderheit ihrer Entstehung. Die Schwäche der imperialen Situation Deutschlands, die List sehr wohl empfand, konnte nicht hindern, daß List Nordamerikas Aufstieg zur westlichen Suprematiemacht wie Englands Herrschaft über die Wege Kap—Kairo und Kairo—Kalkutta bereits mit aller Deutlichkeit vorwegnahm[88].

Mit Recht nennt Sevin jene deutschen Träume, „eine Agrikultur-Manufaktur-Handelsnationalität erster Größe zu stiften", „das wohl älteste Programm einer deutschen imperialistischen Politik". Immerhin bleibt einschränkend zu bemerken, daß List die staatliche Selbständigkeit Latein-Amerikas bestehen lassen will und nur die Donau zur Achse eines künftigen ungarisch-deutschen „quasi-imperialen" Machtgewinnes wählt. Ganz Afrika, Vorder- und Mittelasien nebst der Südsee und Kanada solle beispielsweise der britischen Herrschaft unterstehen; Rußland sich im Norden und bis China hin, Frankreich im westlichen Mittelmeergebiet und Innerafrika ausbreiten, die Union ihren Siegeszug von Texas bis zum Pazifik antreten. Kanada und Australien würden freilich — gleich den Vereinigten Staaten — selber zum „Agrar-Gewerbe-Handelsstaat" aufsteigen und daher ebenfalls von Großbritannien abfallen[89]. Die Inseln der heißen Zone und die südamerikanischen Staaten dagegen würden „immer in einer gewissen Abhängigkeit von den Manufaktur-Handelsnationen verbleiben". Mit schlechthin genialer Intuition sieht List schließlich die beiden gewaltigen Weltmächte des 20. Jahrhunderts: die USA. und Rußland. Rußland ist ihm „gleichsam der andere Pol von Nordamerika"; er prophezeit beiden die Eroberung einer

[87]) Wegen des Panamakanals und der Hansestädte s. „Werke" Bd. VII, S. 234 bis 236. Oben Hauptteil C, 3. Kapitel Anm. 28.

[88]) Vgl. „Werke" Bd. VII, S. 271—283. Oben Anm. 71.

[89]) S. „Werke" Bd. VI, S. 289—290.

kontinentalpolitischen Hegemonie. Kanada dürfte den Vereinigten Staaten sich anschließen. In dieser letzten, imperialen Phase schwinden auch seine Beklemmungen wegen einer russischen Diktatur über Mitteleuropa. So heißt es einmal[90]): „Rußland und die Vereinigten Staaten werden also nach hundert Jahren die zwei volkreichsten Reiche der Erde sein. Jedes wird soviel Einwohner haben, als gegenwärtig alle Staaten von Europa zusammengenommen. Sie werden, in ihren Interessen wie in ihren Verfassungen einander entgegengesetzt, jedes in seiner Art ein Riese sein — —". Daß jene letzten Kämpfe um Welthegemonie, die List zwischen Großbritannien und USA. sowie zwischen USA. und Rußland voraussieht, bisher ausgeblieben sind, ändert nichts an der Weite dieser Horizonte. Können auch wir doch nicht voraussehen, ob Indien und China etwa unter die Weltmächte des 21. Jahrhunderts zählen; ob die europäischen „Mutterländer", mit dem Aufhören ihrer im 16. Jahrhundert begonnenen Mission, gleich Spanien oder Portugal in den Schatten treten werden. Wenn List schon 1837 den Bau der sibirischen Eisenbahn voraussieht, wenn er Rußlands Bestimmung proklamiert, „die Kultur nach Asien zurückzutragen" und „ein zivilisiertes asiatisches Staatensystem" zu gründen, so nimmt er auch darin Aufgaben einer späteren Zeit voraus[91]). Die Brücken, welche England über das östliche Mittelmeer, das „Halbweghaus" Ägypten, Suez und Bassora nach dem indischen Kerngebiet seines „asiatisch-ozeanischen Reich" schlagen sollte, sind durch den Weltkrieg 1914/18 schon geschaffen worden; nicht weniger eine politisch-ökonomisch-maritime Vorherrschaft der Vereinigten Staaten „westlich von den Azoren[92])".

Deutschlands Teilnahme an der weltgeschichtlichen Mission des 19. Jahrhunderts bleibt dagegen im Kern kontinentalpolitisch beschränkt, schwerlich werde es jenseits der Meere die „Keime eines neuen Staatslebens" erstehen lassen, kaum je eine „Kolonialmacht" werden. Durch Vermittlung der Hansestädte könne der Deutsche Handelsbund „neue Kolonien anlegen und ... seinen Kolonialverkehr bestreiten". Jedoch erklärt List: „den Deutschen ... wird es nie einfallen, nach einer Suprematie zu streben"; ihr quasi-imperiales Ziel sollte im wesentlichen durch ihre kontinentale Mittellage bestimmt bleiben[93]). Lists Interessen galten daher in seiner letzten Zeit gutenteils den Fragen der Handelsverträge und des Differentialzollsystems. So heißt es anläßlich des Handelsvertrags mit Brasilien 1845: „Um eine Kolonialmacht zu werden, kommt Deutschland zu spät, jedenfalls in Amerika[94])". „Seitdem die südamerikanischen Staaten selbständig sind und nachdem die nord-

[90]) Vgl. William Notz in „Mitteilungen" l. c. 1926, Heft 2, S. 21. — Über List und Rußland vgl. 1. Kapitel Anm. 23 bis 26 des Hauptteils C. — „Werke" Bd. V, S. 501.

[91]) S. „Werke" Bd. V, S. 52—53; Bd. VI, S. 139—150.

[92]) Siehe Lists „Politik der Zukunft" in „Werke" Bd. VII, S. 482—502.

[93]) Vgl. „Das deutsche National-Transport-System", 1841, S. 6, mit „Werke" Bd. VI, S. 402.

[94]) S. Bd. VII der „Werke", besonders den Kommentar hinsichtlich Brasiliens. — „Zollvereinsblatt" 1845, Nr. 42.

amerikanischen ihre Zölle reduziert haben, braucht man keine Kolonien mehr, um Ausfuhrhandel zu treiben" — heißt es ergänzend hinsichtlich Belgiens 1837[95]).

Mittels einer „handgreiflichen Nationalität" wollte List Deutschlands „Einheit und Ansprüchen auf volle Weltbürgerlichkeit" die fehlende Achtung schaffen. Deutschlands bleibende kontinentalpolitische Bestimmung als „Mittelmacht", als „Vermittler zwischen dem Osten und dem Westen des europäischen Kontinents" hat List — über alle wechselnden Konstellationen der jeweiligen Lage hinaus — klarer erfaßt als irgend ein anderer „Nationalökonom" seines Landes[96]). Gleiches gilt für seinen weltpolitischen Gesichtskreis. So fügt sich seine internationale Schau den Grundbegriffen seines Systems ein: Während er mit der „Zonen"-Teilung des Erdballs noch einen merkantil-naturgegebenen Vorrang der Industrie-Exportländer vor den bloßen Rohstoff- und Kolonialgebieten begründen möchte, strukturiert er abschließend schon den internationalen Raum als staatlich-wirtschaftliche Einheit der produktiven Kräfte. Und wenn er zunächst an dem überlieferten Vernunftpostulat eines „Weltstaats", einer „Universalunion" festhält, so wird dem späteren List die Weltmarktebene der „Kaufmannstheorien" zum Kraftfeld der imperialen Mächte, sieht er „eine neue Organisation der Weltmächte" im Werden. Nüchtern stellt er 1842 den Erfahrungssatz voran[97]): „— Zwischen Nationen gibt es keine wahren Freundschaften als die, welche auf wechselseitigen Interessen beruhen." Auch an die Möglichkeit eines „Kriegs-Prohibitivsystem", einer neuen Schiffahrts- und Rohstoffblockade infolge eines imperialistischen Seekriegs hat er bereits gedacht und seinen Weitblick damit gezeigt — im Unterschied zum haltlosen Optimismus aller kosmopolitischen „Kaufmannstheorien"[98]) mit ihrer „Kramladen- und Kontorweisheit".

---

[95]) S. „Werke" Bd. III 1, S. 282. Ebenso Bd. VI, S. 410—411.

[96]) Vgl. „Werke" Bd. VI, S. 409. — Deutschland als „Herz Europas" und Mitte der europäischen Nationen war, wie F. Meinecke hervorhebt, eine von Wilhelm von Humboldt bis Ranke allgemeine Vorstellung.

[97]) S. „Werke" Bd. V, S. 224; Bd. VII, S. 271.

[98]) S. „Werke" Bd. VI, S. 418ff.; Bd. IX, S. 168—170. Bd. VII, S. 320; vgl. Adolph Wagner um 1900 gegen Heinrich Dietzel und das Freihandelsargument, „Macht und Wirtschaft" l. c. sowie die neuere Literatur zum Wirtschaftskrieg und zur Kriegswirtschaft. — Zum Gesamtproblem vgl. die eindringende Analyse bei Julius Paul Köhler, „Staat und Gesellschaft in der deutschen Theorie der auswärtigen Wirtschaftspolitik und des internationalen Handels von Schlettwein bis auf Fr. List und Prince-Smith", 1926 („Beihefte zur V.J.S. für Sozial- und Wirtschaftsgeschichte" VII. Heft).

HAUPTTEIL

E

ALLGEMEINE BEWEGUNGEN IM DEUTSCHEN VORMÄRZ

Kehren wir von solchen Ausblicken, welche uns die Listsche Ökonomie nach ihrer imperialwirtschaftlichen Wirkungsbreite öffnete, zurück auf den nationalen Schauplatz, der seiner Wirksamkeit gesetzt war.

Der „Durchlauchtigste Deutsche Bund" war dieser Schauplatz, auf dem wir List in das volle Licht der Öffentlichkeit treten sahen. Der Mann wie das Werk standen unter der Konstellation des Schicksalsjahrs 1819. Der historische Raum und der Zeitpunkt des Listschen Auftretens enthalten somit notwendig die objektiven Bedingungen seiner persönlichen Wirksamkeit. Wie er diese Umwelt zu formen suchte, wie sie ihn ergriff und umprägte, haben wir geschildert. Indem wesentliche neue Momente — in Amerika und seit der Julirevolution — hinzutraten, blieb jener entscheidende Aufbruch dennoch für seine ganze Lebensbahn bestimmend. Die Hauptteile B bis D bestätigten unsere Bemerkung, daß der Ruf des „Demagogen" List auf seiner politischen Laufbahn bis zu seinem Tod begleitet habe. Wir sahen, daß sein freiwilliger Tod nur die männliche Auflösung eines sachlich unlösbaren Widerspruches zu seiner Umwelt war; daß List diesen Widerspruch — aus subjektiver Anlage heraus — mit aller „Energie" und dem geschärften Bewußtsein einer geschichtlichen Aufgabe durchkämpft hat. Wollen wir die Strukturgegebenheiten des Listschen Daseins ganz begreifen, so müssen wir das Verhältnis, in dem Lists einmaliges Selbsterlebnis zu seiner Zeit und seiner Umwelt steht, nach einigen allgemeinen Momenten näher kennzeichnen. Wir müssen also untersuchen, inwiefern wir die subjektiven Momente seines Wirkens in den objektiven Bedingungen wiederfinden, die es eingrenzen und formen; gleichsam den Kollektivgehalt der Persönlichkeit feststellen. Erst danach sind wir fähig, die Bindungen wie das Fortwirken Lists unter den qualitativ veränderten Lebensbedingungen einer späteren Zeit zu beurteilen.

Wir haben die Umwelt, in der Lists rastloses Wirken spielt, jeweils nach den näheren Schauplätzen geschildert; es bleibt uns eine allgemeine Überschau der Bedingungen, unter denen Lists Zielformeln entstanden sind, soweit sich hier unmittelbare Berührungen mit ihm ergeben. Die Bestimmtheit, mit der verwandte Formeln in die erregte Welt der Jahre 1816 bis 1820 hineingeworfen, an den Höfen und bei den Regierungsgesandten wie im Publikum vorgetragen wurden, läßt ohne weiteres vermuten, daß unser kaum dreißigjähriger „Konsulent" sie aus der Zeit selbst geschöpft hat, der er sie vorhielt. Erinnern wir uns des Prioritätsstreites, den Adam Müller wegen des „Handelsvereins" 1820 gegen List erhob, oder der Postulate eines Arnoldi, eines Nebenius und eines

Benzenberg. Aus einer Fülle zeitgenössischer Kontroversen über Marktfreiheit und Zolleinheit, deren wir im Hauptteil A gedachten, erhob List die Parole „Freiheit und Wohlstand", die Losung eines „merkantilistischen Patriotismus", einer „ökonomischen Unabhängigkeitserklärung". Ausgehend von dem Grunderlebnis jener Jahre, dürfen wir annehmen solche politisch-ökonomischen Momente schon in dessen erstem Keim, schon in den frühesten Rechenschaftsversuchen anzutreffen.

Man hat bislang die ökonomische Ebene, auf der Lists Wirken spielt, und damit ihn selbst allzusehr aus dem historisch-politischen Gesamtzusammenhang des Vormärz herausgehoben, anstatt List in jenes allgemeinere Element hineinzudenken. Seine geschichtliche Einordnung blieb darum noch zu vollziehen — unbeschadet des systematischen Sondergehalts seiner Leistung. Vielleicht spielte hier eine „idealistische" Auffassung mit hinein, die den substantiellen Erdenrest vom „Geiste" der Epoche trennen möchte. Wir wissen uns von solchen Künstlichkeiten frei — hat doch List selber „Nationalgeist" und „Nationalkörper" in eins gesehen, den materiellen Untergrund der Kontroversen — für sich wie für seine Gegner von der „Twistpartei" oder den „Zwischenhändlern" — unbefangen anerkannt und in seiner wissenschaftlichen, gleichwie in der journalistischen Beweisführung hervorgehoben. Seinen Standort in den gesellschaftlichen Bewegungen des Vormärz und gegenüber der Staatswirklichkeit bestimmen, heißt daher dem nationalen Gehalt nicht weniger wie der ökonomischen Zielsetzung des Listschen Lebenswerks gerecht werden. Eben in dieser kollektiven Auffassung werden die Fäden sichtbar werden, welche ihn an die allgemeinen Bewegungen im deutschen Vormärz knüpfen.

Wir fanden die Position, die List auf der Wiener Schlußkonferenz von 1820 einnahm, in den ersten Entwürfen eines Deutschen Bundes sogleich vorgezeichnet. Die allgemeine Geschichte der Epoche zu geben, etwa das Entstehen der „Heiligen Allianz" oder deren Abwandlung im Jahre 1824 zu schildern, würde den Aufgabenkreis überschreiten, der dieser Studie gesetzt ist. Unser Thema fordert uns vielmehr auf, zwischen einer allgemeinen Geschichte des Vormärz und einer Monographie Lists zu vermitteln und beidem nur diejenigen Momente zu entnehmen, die Friedrich List als gesellschaftlichen „Demagogen" und nationalen Politiker im Gesamtzusammenhang seiner Umwelt kennzeichnen. In diesem Bemühen und Bescheiden liegt die Grenze, aber auch der Reiz eines solchen Versuchs[1]).

Die naturrechtliche Grundform sowie das Erlebnis der Nation haben wir als konstitutive Bestandteile des Listschen Denkens schon im Ein-

[1]) Zum Gesamtproblem: Nation, Nationalstaat, Weltbürgertum s. Friedrich Meinecke, „Weltbürgertum und Nationalstaat. Studien zur Genesis des deutschen Nationalstaates", 6. Aufl. 1922, S. 1—92. Surányi-Unger l. c. II. Bd., S. 158 ff.

gang unseres Buches kennengelernt. Eben hierin drückt sich seine Verwandtschaft mit dem geistigen Bemühen einer Zeit aus, in deren Beginn wir etwa Fichtes analoges Verhältnis zum Naturrecht und zum Nationalgedanken rücken dürfen. List hat dem „Naturrechtsphilosophen" keinerlei persönliches Interesse gewidmet, und wir dürfen seine Stellung zu Fichte[2]) dem Fortgang ideengeschichtlicher Untersuchungen überlassen. Fichtes „Geschlossener Handelsstaat" scheint uns zwar dem Erlebnis der napoleonischen Kontinentalsperre gemäß, jedoch eher planwirtschaftlich und im Sinne einer Autarkie zu deuten — jedenfalls Lists allgemeinen Anschauungen und handelspolitischen Folgerungen fremd.

Das Erlebnis des württembergischen Verfassungsstreits und die Lehre von den Korporationen haben wir als Momente, welche List mit seinem Landsmann G. F. W. Hegel sich berühren lassen, im Hauptteil A hervorgehoben[3]). Wir wissen auch, wie List sich über den „hegelischen Jargon" und das philosophische „Rotwälsch" seines Gegners K. H. Brüggemann äußerte. Er blieb allen „sublimen Hegeleien" abgewandt. Die 1843 einsetzende folgenreiche Spaltung der Hegelianer in eine „rechte" und „linke" Gruppe hat ihn nicht mehr berührt[4]). Sein praktischer Verstand ließ ihn von Anfang an[5]) „die Wissenschaft dem Leben" verbinden: „Jetzt ist die Staatsphilosophie praktisch geworden", hatte er 1818 festgestellt. Hegels universaler Standpunkt lag nicht auf der politisch-ökonomischen Ebene des Listschen Denkens; wenn jener begreifen lehrte, „was ist" und warum „es ist, wie es sein muß", so sah der ungestüme List vielmehr: „daß es nicht ist, wie es sein soll". Was Hegel ferner[6]) über Smith, Say, Ricardo äußert, läßt erkennen, daß der schwäbische Philosoph das Wirtschaften der „bürgerlichen Gesellschaft" und ihrem „System der Bedürfnisse" zurechnet. In ihr verwirklicht sich der Mensch als „Privatperson". „In der bürgerlichen Gesellschaft ist jeder sich Zweck, alles andere ist ihm nichts[7])." Freiheit und Eigentum, Arbeitsteilung, Kapital und „Stände" sind Ordnungsprinzipien dieser „Staats-Ökonomie". Aber diese „äußerliche Ordnung" gilt nur „dem äußeren Staat, — Not- und Verstandesstaat". Im System der gesellschaftlichen Bedürfnisse herrscht Notwendigkeit, — Freiheit erst im politischen Gemeinwesen.

Diese Scheidung eines bürgerlichen „Krieg aller gegen alle" mit triebhaften Egoismen von einem sittlich vollkommenen Idealzustand

---

[2]) Vgl. Eiermann l. c., S. 28 Anmerkung. — Zu Kant und Fichte s. auch oben Hauptteil A, 1. Kapitel, Anm. 27.

[3]) Vgl. bereits Einleitung zur „Herdflamme" l. c. S. XXV—XXVII, und „Weltwirtschaftliches Archiv" l. c. 1925.

[4]) Vgl. oben Hauptteil A, 2. Kapitel, Anm. 12 bis 13, 39 und „Werke" Bd. VII, S. 438, 456, 459, 570. — Über „unsere Philanthropen und Naturrechtsphilosophen" s. „Werke" Bd. V, S. 219. — A. Sommer, „F. Lists System" l. c., S. 99—100.

[5]) Vgl. Hauptteil A und F passim.

[6]) In der „Philosophie des Rechts", 1820, §§ 189—208.

[7]) l. c. § 182.

liegt List ebenso ferne wie Fichtes metaphysische Überhöhung des bürgerlichen „Ich“-Bewußtseins. Er ist weder pietistisch verhaftet — urchristlich-orientalische Vorstellungen von der „Erbsünde“, dem Wandern durch die irdische „Wüste“ und dem Loskauf zur Seligkeit im „Paradies“ finden sich nirgends — noch kümmert ihn die sittliche Perfektibilität des „reinen“ Menschentums außerhalb seiner konkret-gesellschaftlichen Existenz. Im gesellschaftlichen Leben kennt er weder eine ideale vorbürgerliche „Urgesellschaft“ noch jenen Unterschied zwischen „naiven“ und „sentimentalen“ Zuständen, der Schillers und Pestalozzis Zeitgenossen noch beschäftigte. Daher bleibt ihm auch Hegels Gedanke fremd, „die Wirklichkeit der sittlichen Idee“ im Staate von dem gesellschaftlichen „System der Bedürfnisse“ abzutrennen und darüber hinaus, wie die sozialistischen Links-Hegelianer, ihre Vereinigung von einer idealen „Zukunftsgesellschaft“ zu erhoffen. Vielmehr sieht List die Harmonie aller wirkenden Kräfte innerhalb des staatlich-gesellschaftlichen Einheitsbezuges als Aufgabe an, deren stufenweise Verwirklichung der Menschheit obliegt. Vom geschichts- und rechtsphilosophischen System Hegels, des letzten großen Naturrechtlers, führt also kein Richtpfad zu Lists Konzeption der „nationalen Produktivkräfte“. Wohl aber haben wir die praktischen Ansätze im Staats- und Gesellschaftsleben zu beachten, welche Lists Stellungnahme vorbereiten. Wir stehen damit am Beginn des Deutschen Bundes.

Schon Justus Möser hatte den Gedanken der deutschen Zolleinheit gehegt und dabei den „Nationalgeist“ wider die „Territorialhoheit“ erhoben; die Reichspublizistik träumte noch am Ende des 18. Jahrhunderts von der „Vereinigung zu einem Handelskörper“, von einer „Fürstenhanse“ des nördlichen Deutschlands. Zwar war es ein Vorteil, daß Grenzzölle innerhalb des alten Reiches nicht bestanden. Aber die Reichsgesetze und noch die Wahlkapitulation des letzten römischen Kaisers hatten Anlaß genug zu klagen, „daß die deutsche Nation und das heilige römische Reich zu Wasser und zu Lande zum Höchsten mit Zöllen beschwert sei“. Den Prohibitiv- und Mautsystemen fortgeschrittener Nachbarn bot sich das Reichsgebiet als offener Markt ohne Grenzdouanen dar; als Churbayern 1764 ein Grenzzollsystem einführte, veranlaßte dies auf dem Regensburger Reichstag 1771 heftige Beschwerden[8]). „Was würde aus Deutschland werden, wenn jedes besondere Reichsland eine eigene Ein-, Aus- und Durchfuhr-Zoll-Anstalt erschüfe?“ hatte ein anonymer Verfasser im Augenblick des Reichszerfalls gefragt[9]). Mit Recht wies er auf die Gefahren hin, welche das Errichten partikularer Grenzzölle namentlich seitens der kleineren Staaten berge.

[8]) Siehe H. Oncken in „Vorgeschichte“ l. c. Bd. I, S. X—XI. — F. N. Zimmer l. c., S. 9—10. — Gustav Fischer l. c., S. 321.

[9]) Frankfurt und Leipzig, 1804.

Bald nach der „Völkerschlacht" von Leipzig hatte der Freiherr vom Stein, dem damals die Organisation der wiedergewonnenen Landschaften oblag, sich zu dem nationalgesinnten Verleger Perthes dahin geäußert: „Eine einzige große Zoll-Linie für das ganze Reich müsse von Holland bis Rußland hin errichtet werden[10])." „Alle Territorialzolleinrichtungen werden aufgehoben und Grenz-, Land- und Seezölle für Rechnung des Reiches errichtet", heißt es entsprechend in seiner Verfassungsdenkschrift vom August 1813; schon im April setzte Stein einen gemeinsamen Grenzzoll für die deutschen Nord- und Ostseehäfen durch. Oesterreich sollte die Kaiserwürde erhalten mit einem Reichsamt des Innern und einem Reichs-Finanzministerium; auch Münz- und Zollwesen sollten gemeinsam sein, ein „Reichstag" für den „Bundesstaat" berufen werden. Die Rheinbundssouveränitäten, wie sie selbst im „Empire Anhalt-Coethien" nachwirkten, zu beseitigen, war Steins wie Lists unitarischer Gedanke; jene Zollgebiete, die Bayern (1807), Württemberg (1810) und Baden (1812) im „Rheinbund" sich geschaffen hatten, galt es in einem erneuerten Reich zu zerschlagen. Anfang März 1814 hatte der Freiherr vom Stein, während des Feldzuges in Frankreich, eine Denkschrift für Rußland und Preußen aufgesetzt, in der er seine Ansicht über das künftige Bundesverhältnis nochmals niederlegte. Die Unkosten des Bundes sollten durch den Ertrag des Rheinoctrois und der Grenzzölle gedeckt werden, die deutschen Binnenzölle also wegfallen; landständische Verfassungen und eine Volksvertretung am Bunde durch Deputierte der Landstände lagen gleichfalls in diesem Plan beschlossen. Mit Recht bemerkt Klaus Thiede[11]): „Dem durch Tradition und Überzeugung dem alten Reiche ergeben gewesenen Freiherrn war durch Erlebnis und durch die Bildungselemente der Zeit Reichsidee und nationalstaatlicher Gedanke zu untrennbar verbundenem Gedankengut erwachsen." Gilt ähnliches nicht auch für List, den Bürgersohn der süddeutschen Reichsstadt? In der Tat, Stein wie List hatten die Vorstellung eines einheitlichen Reichskörpers aus ihrem Erlebnisgehalt mit am tiefsten in sich aufgenommen. Im Hinwegsehen über die außenpolitischen und machtstaatlichen Hemmnisse des großdeutschen Gedankens besteht eine Verwandtschaft zwischen dem rheinischen Reichsritter und dem Schwaben, und wenn Stein aus Preußen vertrieben sich nach Rußland wenden mußte, so fand List in Nordamerika einen Ersatz nach seinem verlorenen Reformkampf. Sie blieben Wegbereiter der deutschen Einheit. „Deutsche Bürgerrechte" sollten Freiheit und Eigentum gegen den „Sultanismus" der „erbärmlichen Despoten" sichern, das „Bürgerglück" begründen; wir sahen, wie List mit seinen „Urrechten" 1817 am gleichen Punkte ansetzt.

---

[10]) Vgl. Klaus Thiede, „Freiherr vom Stein und die deutsche Handelspolitik", in „Weltwirt. Archiv" Juliheft 1931, S. 212—229. — Für Benzenbergs analoge Forderung s. oben Hauptteil A, 3. Kapitel, Anm. 24.

[11]) l. c., S. 228. — Vgl. aber Max Lenz, „Otto von Bismarck und Freiherr Karl vom Stein" in „Kleine Historische Schriften" l. c. Bd. I, S. 409—428.

Im Juli 1814 vereinbarten Hardenberg und Stein noch einen Vorschlag für den künftigen Kongreß, der gleichfalls liberale Grundrechte und die Verkehrseinheit für Zölle, Münzen, Post als Bundessache vorsah. „Alle Binnengrenzzölle abschaffen! Bundesgrenzzölle!“ namentlich an den Küsten des Baltischen Meers und der Nordsee, so gab Freiherr vom Stein wieder die unitarische Parole. Selbst Österreich hatte ja 1814/15 die innere Handelsfreiheit vorgeschlagen.

Nachdem aber der Wiener Kongreß am 14. Oktober 1814 eröffnet war, häuften sich alsbald die Schwierigkeiten; Bayern und Württemberg beharrten auf unbeschränkter Souveränität, und Fürst Metternich, der sie ihnen garantiert hatte, war nun weit entfernt, auch nur Hardenbergs Anschauungen sich zu eigen zu machen. Vergebens warb der Reichsfreiherr noch einmal, auf dem Umwege über den Zaren, für eine kräftigere Bundesverfassung, bei der er Österreich die Kaiserwürde zudachte. Wilhelm von Humboldts Entwürfe ließen die Volksrepräsentation beim Bunde fallen, behielten aber die liberalen Garantien für die Einzelstaaten bei; Metternichs Gegenentwurf verwässerte die verfassungsrechtliche Garantie der Landstände und die liberalen Grundrechte; zweckmäßige Handels- und Verkehrsbestimmungen wurden künftigen Bundesgesetzen vorbehalten. Im Kompromißwege fielen auch noch die Verfassungsgarantie sowie das Bundesgericht gänzlich fort, so daß die Grundakte des Deutschen Bundes vom 8. Juni 1815 nur die uns vertrauten, mageren Artikel XIII und XIX enthielt; die noch im Mai 1815 vorgesehene „Freiheit des Handels und Verkehrs zwischen den deutschen Staaten sowie für die Schiffahrt“ blieb ein frommer Wunsch der „Patrioten“[12]).

Steins ständisch-genossenschaftliche Ansichten führten ihn andere Wege, als sie der junge List seit 1819 ging. Sein Grimm wandte sich gegen eine „demokratische Tendenz“, die er in Deutschland nur bei „Pamphletisten, unbärtigen Jünglingen“ — bei „Advocaten, Schreibern, Halbwissern“ wirksam fand. „Die Greueltat der Ermordung des Herrn von Kotzebue“ erfüllte ihn mit Entsetzen: „Unsere Universitäten ziehen also politische Fanatiker, so wie die Jesuiten ehemals die religiösen —.“ Die Darmstädter Bauernunruhen seien zwar Schuld der verschwenderischen Regierung; aber in dem „Frag- und Antwortbüchlein“ des W. Schulz zeige sich „die ganze Theorie des Jakobinismus[13])“. Daß Wangenheim das elende Geschwätz von Steins Jakobinismus an Hans von Gagern erzählt habe, erfüllte ihn mit gerechtem Zorn; den „Narren“ Jahn, Fries usw. stand er so fern wie den geheimen

[12]) Vgl. u. a. L. Häußer, „Deutsche Geschichte“, Bd. IV, 1863, S. 671—706, und die späteren Darstellungen. Ferner H. Oncken in „Vorgeschichte“ l. c. Franz Schnabel, „Deutschland in den weltgeschichtlichen Wandlungen des letzten Jahrhunderts“, 1925, S. 55—58, 85—86. — Max Lehmann, „Freiherr vom Stein“, Dritter Teil (1808—1831), 1905, S. 175—184, 276, 306—315, 344—351, 393—395, 423, 481—482.

[13]) Über W. Schulz, H. K. Hofmann und Sartorius in Darmstadt s. unten.

Verbindungen, über deren Entdeckung in Gießen und Wetzlar Wilhelm von Humboldt ihm berichtete. Wie er den Artikel XIII der Bundesakte nur auf „Grundeigentum, Geschlechter, Genossenschaften" anwenden wollte, so unterschied er sich von List auch in der Abneigung gegen Taglöhner, Fabrikarbeiter, Fabrikenverleger und Gewerbefreiheit[14]). Der Staat war ihm „kein landwirtschaftlicher und Fabrikenverein"; die unteren Schichten schienen dem Schöpfer unserer städtischen Selbstverwaltung schließlich nur ein heimat- und eigentumloser „Pöbel".

An den deutschen Angelegenheiten nahm er keinen tätigen Anteil mehr. Die Bürokratie der souveränen Territorien blieb Träger jener Reformen, in denen Stein als preußischer Aufbauminister einst vorangegangen und auch für List vorbildlich geworden war: Gewerbefreiheit, städtische Selbstverwaltung usw. Vieles, vor allem der Aufbau von den Gemeinden über die Provinzialkörper zu den Reichsständen, blieb unerfüllt und damit auch jene deutschtümliche Reichsgesinnung, in der Stein mit dem schwäbischen Patrioten übereinkam nach seinem Wort: „Ich kenne nur ein Vaterland, das ist Deutschland."

Es war doch ein Zeichen der Zeit, wenn List 1819 zu Frankfurt a. M. seinen „Verein" schuf und damit das früheste Organ einer materiellen Nationaleinheit, während der Freiherr vom Stein im gleichen Jahr und am gleichen Ort zum Begründer jener „Gesellschaft für Deutschlands ältere Geschichtskunde" wurde, deren Wahlspruch war: „Sanctus patriae amor dat animum." Auch Wangenheim gehörte zu den Förderern, während Friedrich Gentz und der Kaiser jede Teilnahme politisch bedenklich fanden. War Stein doch — auch darin List ähnlich — für Metternich und seine „Zentral-Untersuchungskommission" mitschuldig, „die demagogischen Umtriebe besonders angeregt" zu haben!

Stein riet noch im November 1829 zu tunlichster „Minderung der Sperre des Handels"; politischen Einfluß besaß er nicht mehr. Wohl aber hat er die „fratzenhaften Radikalen" nicht weniger wie die bürokratische „Schreibmaschinerie" und die Demagogen-Inquisition gescholten, den preußisch-hessischen Zollverein 1828 begrüßt und auch — gleich Arndt — die „gefahrdrohende Masse von Proletariern" als politischen „Gärungsstoff" erkannt[15]). Als die 18 nord- und mitteldeutschen Staaten 1828 ihren „negativen" Handelsbund gegen Preußen geschlossen hatten, schrieb der Reichsfreiherr seinem alten Freunde Hans von Gagern entrüstet: „— Dieses Leben in kleinen Staaten verengt den Blick, lähmt den Blick, macht kleinlich und philisterartig[16])."

---

[14]) S. „Freiherr vom Stein. Briefwechsel, Denkschriften und Aufzeichnungen." Bearbeitet von Erich Botzenhart. Fünfter Bd., 1933, S. XI, 537, 540—541, 551, 555, 557—558, 568, 580, 585, 588, 603—606, 608—609, 628.

[15]) S. die „Briefe des Freiherrn vom Stein an den Freiherrn von Gagern", 1833, S. 89, 91, 138, 240, 257, 288, 321, 344, 374.

[16]) Siehe H. von Petersdorff, „Friedrich von Motz" l. c. Zweiter Bd., S. 162.

Noch im Mai 1831 befürwortete er in einem Schreiben an den Statistiker und Wirtschaftshistoriker Gustav von Gülich, „Ausdehnung der Grenzen des Handelsvereins von Preußen usw., mäßige Schutzzölle gegen England und Frankreich[17])".

Wir erkennen, wie eng Lists Agitation 1819/20 sich mit Steins Wünschen berührte; aber auch, wie sehr er damit post festum kam. Wohl möglich, daß Steins Bekanntschaft mit Lists Verleger Johann Friedrich von Cotta, daß Steins Aufenthalt in der württembergischen Hauptstadt Ende Februar 1817 wenigstens mittelbar — über Cotta und Wangenheim — zu List gedrungen sind und ihn beeinflußt haben. Wir haben auf Steinsche Gedanken in Lists Verfassungslehre und Kommunalwissenschaft bereits hingewiesen[18]). Das Scheitern dieser unitarischen Wünsche hatte den Reichsfreiherrn alsbald aus tätiger Mitwirkung im neuen Bund herausgedrängt; für List, den Wortführer des jungen deutschen Mittelstandes, wurde es zur Katastrophe. Vergebens bezog er sich, in seiner Prozeßverteidigung, auf die analoge Gründung der Monumenta Germaniae historica[19]).

Lists eigenes Heimatland Württemberg wie die Präsidialmacht Metternichs hatten solchen Wünschen sich versagt, und Lists großdeutsch-reichsrechtliche Konstruktion war bereits 1816 res iudicata. Vergebens ist er noch 1844 in Wien darauf zurückgekommen. Auch seine Enttäuschung über das Preußen der „Steine und Hardenberge[20])" ist uns leicht verständlich; List teilte sie mit den Burschenschaftern und den süddeutschen Wortführern Preußens aus den Jahren 1813 bis 1817. Denken wir an Steins oder des preußischen Staatsmannes Justus Gruner Erfahrungen in der beginnenden „Restaurations"zeit, an das Schicksal der preußischen „Patrioten", die nun — bis hinauf zu J. A. F. Eichhorn und Hardenberg selber — als „Jakobiner" verschrien wurden. Bereits im Sommer 1813 waren Schleiermacher, der „ein wahres deutsches Kaisertum" erträumte, und Geheimrat Eichhorn zu Rebellen gestempelt, der Berliner Landsturm aufgelöst worden. Der entscheidende Rückschlag am Berliner Hofe erfolgte alsbald nach Belle-Alliance, das Verfassungsversprechen vom 22. Mai 1815 wurde hinweginterpretiert und die Bauernbefreiung zugunsten des Grundadels 1816 rückwärts revidiert. Justizrat Hoffmann und der Gesandte Gruner

---

17) Siehe Thiede l. c., S. 229. — Stein starb 29. Juni 1831.

18) S. Einführung zu „Herdflamme" l. c., S. XXVI—XXVII; vgl. Hauptteil A, 2. Kapitel, Anm. 40, und C, 2. Kapitel, Anm. 1, 3, 4. — Goeser l. c., S. 61; Thiede l. c., S. 217—218; „Werke", Bd. I passim.

19) S. Hauptteil D, 1. Kapitel. — Zur historischen Kritik vgl. Hans Delbrück über Stein in „Erinnerungen, Aufsätze und Reden", 2. Aufl. 1902, S. 97: „Es ist nichts leichter als heute zu erkennen, daß es damals eine brauchbare und genügende Konstruktion für die deutsche Einheit überhaupt nicht gab." — Ähnlich F. Meinecke, „Weltbürgertum und Nationalstaat" l. c., S. 217.

20) S. „Werke" Bd. VII, S. 23, 80—82.

wurden durch Hardenberg verleugnet und der Mainzer „Zentral-Untersuchungskommission" des Deutschen Bundes ausgeliefert[21]). Mit Wilhelm von Humboldts und seiner Freunde Rücktritt im Dezember 1819 hatte die Reaktion zunächst gesiegt; erst 1824 bahnte sich ein Umschwung an, entfernte England sich von der „Heiligen Allianz" und trat Preußen wieder in ein engeres Verhältnis zu Rußland, aus der Metternichschen Vormundschaft heraus.

Lists Schicksal, wir wissen es, ist in eben diesen Jahren entschieden worden. Vergleichen wir seine Position mit derjenigen Ernst Moritz Arndts, so wird uns — trotz des vergleichbaren Schicksals beider Männer 1819 bis 1821 — ihre Unterschiedlichkeit und die Besonderheit des Listschen Blickpunktes deutlich. Auch E. M. Arndt hatte ja im Freiheitsjahr 1814 „über künftige ständische Verfassungen in Deutschland" sich vernehmen lassen und u. a. Abschaffung aller hemmenden Plackereien verlangt, „welche die Deutschen der einen Landschaft von den Deutschen der anderen Landschaft entfernt und entfremdet und das Bruderband des Volkes aufgelöst und zerrissen haben". Aber der Schwerpunkt lag doch, bei Arndt sowenig wie bei dem Freiherrn vom Stein, keinesfalls in einem „Agrar-Gewerbe-Handelsstaat" Listscher Prägung[22])! Der Rügensche Patriot — Sohn eines freigelassenen „Leibeigenen" — hatte die „Idee des protestantisch-christlichen Staates" kräftig genug erfaßt, an Steins Seite den Freiheitskampf in Rußland, Deutschland und Frankreich erlebt und Fichtes Schriften auf sich wirken lassen. Während er aber in Fichtes „geschlossenem Handelsstaat" nur „idealistisch wundersame Ansichten von dem Handel und Verkehr der Völker" fand, gehörte Arndts Neigung durchaus dem ihm von Kindheit an vertrauten Landbau. Keineswegs zählte er zu den „Liberalen des Tages", welche sagen: „Lasset nur frei, hemmet nur keine Kräfte!" Sein Interesse galt der inneren Kolonisation in den norddeutschen Gebieten des agrarischen Großkapitals, den erblichen „Bauernlehen", wie er sie nannte, um „allmählich ein Gegengewicht und ein Gegenmittel gegen die allgemein drohende Pöbelei zu erschaffen"[23]). Ein staatlich gebundenes Bauerntum erschien ihm der notwendige Träger eines kräftigen „Mittelstandes", ohne den die Staaten zugrunde gehen. Zugleich wandte er sich gegen die liberale Überschätzung „der allgemeinen Fabrikation der Dinge", rein „nach blind fortschießenden und blind wirkenden Kräften und Massen, welchen gar kein politischer Zügel angelegt wird". Mit Worten, die eher an Adam Müller als an List anklingen, drückte er seine Furcht vor dem „Pauperismus", vor dem „Privatpöbel" aus, um diese analogen Zeitausdrücke für das

[21]) Für Steins und Eichhorns Gesichtspunkte in den Befreiungsjahren 1813 bis 1814 vgl. (J. A. F. Eichhorn) „Die Central-Verwaltung der Verbündeten unter dem Freiherrn vom Stein. Deutschland 1814." — Über Justus Gruners Verfolgung s. Wilhelm Dorow, „Erlebtes aus den Jahren 1813—1820", 1843.

[22]) Vgl. Ritthaler in „Vorgeschichte" l. c. Bd. I, S. 297—299.

[23]) Siehe E. M. Arndts „Sämtliche Werke", Bd. I, 1892, S. 243—289, 311.

entstehende Proletariat hier anzuwenden. „Daß bei Fabriken, daß in den großen Städten und Hauptstädten eine Menge elender, unruhiger, hungriger Menschen, daß diese gefährliche Brut, die Pöbel heißen muß, da entsteht, läßt sich nicht wenden. Das sind die unvermeidlichen Krebsschäden und Auswüchse der wachsenden Bildung und Verfeinerung des Menschengeschlechts, welche selbst ein Fichte auf einem Königstuhl nicht würde wegschaffen können." Bei fortschreitender Zerstückelung des bäuerlichen Besitzes würde „in einigen Menschenaltern auch der Landpöbel vollendet dastehen: ein hungriges, unruhiges, sittenloses Gesindel. Wann wir auf solche Weise den gedoppelten und verdoppelten Pöbel fertig haben werden, wird von einem Rechtsstaate kaum noch die Rede sein können: China wird fertig sein, Despotismus und Knechtschaft an den beiden Spitzen der Gesellschaft —". — „Seht euch einmal um, ihr Posaunenbläser einer tollen Freiheit, seht euch einmal um nach dem Pöbel von Paris, Manchester, Birmingham und England." Müsse nicht König Louis Philippe täglich vor einzelnen Scharen solcher reißender Wölfe zittern? Und Irland?

Die letzten Worte sind 1840 geschrieben, unter dem damals allgemeinen Eindruck der wachsenden „Sozialen Frage". Aber schon zwischen 1815 und 1820 formulierte Arndt seine Besorgnis wegen dieser sozialen Umwälzung, vor der er Adel, Bauern und die Monarchie selbst bewahren möchte. „Es gibt gewisse natürliche Verhältnisse in der Verwaltung und Einrichtung der Erde und des Staates und unter den verschiedenen Klassen der Staatsgesellschaft, welche nimmer hätten gestört und gebrochen werden sollen, und für deren Erhaltung und Wiederbelebung der Staat sorgen muß, wenn er selbst sicher und lebendig bleiben will. Wir wollen die Fertigkeit und Geschicklichkeit der Menschen immer loben, welche durch künstliche Geräte und Maschinen einem Menschenarm die Kraft von hundert Armen und einer Hand die Verrichtung von fünfzig Händen geben können; aber wir sagen es geradezu: lieber wollen wir keine einzige Maschine als die Gefahr, daß dieses Maschinenwesen uns die ganze gesunde Ansicht vom Staate und die alle Tugend, Kraft und Redlichkeit erhaltenden einfachen und natürlichen Klassen und Geschäfte der Gesellschaft zerrütte. Wenn alle Handwerker Fabrikanten werden, wenn der Ackerbau selbst endlich wie eine Fabrik angesehen und betrieben wird, kurz wenn das Einfältige, Stetige und Feste aus den menschlichen Einrichtungen weicht, dann steht es schlecht um das Glück und die Herrlichkeit unseres Geschlechts. Wenn wir dahin kämen, daß Axt, Säge und Senkblei von selbst Häuser zerschnitten und aufrichteten, daß der Pflug und die Sense von selbst den Acker pflügten und aberneteten, wenn wir endlich auf Dampfmaschinen über Berg und Tal fahren und auf Luftbällen in die Schlacht reiten könnten, kurz wenn wir neben unseren künstlichen Maschinen, die alle Arbeit für uns täten, nur so hinzuschlendern brauchten — dann würden wir ein so entartetes, nichtiges und elendiges Geschlecht werden, daß die Geschichte ihre Bücher auf ewig von uns schließen würde."

Lists Industrieglaube und seine Einsicht in den technischen Prozeß ergeben eine wesentliche Differenz von Arndt; übrigens sehen wir, wie das ländliche Proletariat — als Hauptmasse in überwiegenden Agrarländern — auch hier das Hauptaugenmerk auf sich zog. Utopie und Wirklichkeit mischten sich in jener Frühzeit. Die Klassengegensätze waren, im Übergang aus der fürstlichen Staatswirtschaft zur liberalen „Volkswirtschaft", noch nicht im nationalen Maßstab ausgebildet. Die Schicht des oberen Bürgertums, der schon das preußische Allgemeine Landrecht eine besondere Rechstsstruktur beigelegt hatte, erwachte und ward sich ihres Gewichts bewußt. Dem „Nationaltheater" und der „Nationalliteratur" der bürgerlichen Klassiker schlossen sich „Nationalstaat" und „Nationalwirtschaft" als neue Ziele an: List forderte beide als unbeauftragter Vertreter jener noch unorganisierten Schicht von „Manufakturisten" und der „produzierenden Stände" überhaupt. Darin begegnete er sich nun mit einer jungen Generation, die — aus dem Eigenerlebnis der Knechtschaft und Befreiung — die literarisch-künstlerischen Leistungen der „Dichter und Denker" auf staatlichem Gebiete zu erneuern strebte. Angehörige der feudalen wie der bürgerlichen Schicht in sich vereinigend, erfüllte diese Jugend sich mit religiösem Geiste, der ihr aus den Höhen einer idealistischen Philosophie zuströmte, um alsbald auch pietistisch-orthodoxe und römisch-päpstliche Gefilde zu befruchten. List stand, wir sagten es bereits, aller staatswissenschaftlichen „Romantik" ebenso fern, wie einem kirchlich gebundenen Autoritätsglauben. Der bekannte Verfassungsfreund und „denkgläubige" Aufklärer Geheimer Kirchenrat Paulus in Heidelberg bleibt wohl der einzige Theologe, zu dem er eine — überdies politische — Beziehung angeknüpft hat. Lists Streben nach einem „Parlament", nach einem „preußischen Premier" galt keiner Restauration vergangener Lebensformen, sondern sollte dem deutschen Bürgertum im reformierten „Agrar-Gewerbe-Handelsstaat" seinen politischen Führungsanteil sichern; in der Nationalversammlung von 1848 und endgültig mit Bismarcks allgemeinem Wahlrecht fand es den nationalen Rahmen. Dennoch bieten schon jene „erhabenen Regionen der deutschen Burschenschaft" eine Anknüpfung, die uns erlaubt, auch jene überhöhte Phantasiewelt akademischer Burschenfreiheit den realen Interessen ihrer Umwelt zu verbinden. Wir meinen das Wartburgfest vom 18. Oktober 1817.

Aus dem heroischen Zeitalter unserer bürgerlichen Philosophie geboren, akademischen Führern wie Fichte und Schleiermacher in Berlin, Arndt in Bonn, Oken, Fries, Luden in Jena verpflichtet, entstand die deutsche Burschenschaft als Ausdruck einer Selbstverständigung über die nationalen Aufgaben nach dem Gewinn staatlicher Unabhängigkeit. Die sog. Urburschenschaft bestimmte sich selbst als eine „Vereinigung, gegründet auf das Verhältnis der deutschen Jugend zur werdenden Einheit des deutschen Volkes". Zu den „Freiheitskriegen" von ihrem Monarchen aufgerufen, hatte die akademische Jugend alle bislang trennenden Schranken der Konfession, des studierenden Adels mit seinen Hofmeistern, der „landsmannschaftlichen" Stammesangehörigkeit, der „Orden" und eines rohen „Pennalismus" zu sprengen unternommen. „Der deutsche Studentenstaat repräsentierte gleichsam in sich selbst die Kulturnation[24])."

Neue Gedanken in den überlieferten Aufgabenkreis der Hochschule einzuführen, hatte ja List selber — im Jahre der Wartburgfeier 1817 — beigetragen, indem er den Plan einer „Staatswirtschaftlichen Fakultät" für Tübingen begründete[25]). „Durch eine politische Fakultät" sollte „der Studierende eine philosophische Anschauung von dem ganzen Gebäude des Staates" erhalten, zu den Aufgaben einer „Nationalwirtschaft" und zum Begriff des „Staatsmannes" erhoben werden. Die Gesetzgebung „auf reine Grundsätze der Vernunft" zu bauen, den Widerspruch zwischen Feudalismus und Volksregierung aufzuheben, eine wissenschaftliche Staatslehre mit den Finanz- und Polizeidisziplinen zu verbinden, sei Aufgabe der politischen Fakultät im neuen Verfassungsstaat. „Bald werden geniale Köpfe in der Ständeversammlung auftreten" und den alten „Schlendrian" bekämpfen! Die Regierung aber müsse allen Kredit verlieren und das Volk unruhig werden, wenn ihre Behörde nicht an Einsicht der Volksvertretung überlegen bleibe. Auch um die wissenschaftlich denkenden Reformer innerhalb der Verwaltung davor zu schützen, „als unbedachte Neuerer oder Phantasten zurückgewiesen zu werden", sei eine akademische Ausbildung notwendig[26]).

So vertiefte List sofort, als Anreger der „Staatswirtschaftlichen Fakultät" zu Tübingen, jene Vereinigung von Wissenschaft und Politik,

[24]) Siehe Fraenkel in „Quellen und Darstellungen" l. c., S. 303, und vgl. Franz Schnabel, „Deutsche Geschichte" l. c. Bd. II, S. 234—272.

[25]) S. oben Hauptteil C, 1. Kapitel, zu Adam Müller, und „Herdflamme" l. c., S. XXI—XXII, 265—284.

[26]) List berief sich ausdrücklich auf Schlözer, der in seiner „Staatslehre" (1793) eine solche Fakultät gefordert habe; s. „Herdflamme" l. c., S. XXII, 289.

in der deutsche Hochschullehrer den Anstoß der „Freiheitskriege" fortzuleiten suchten — von Fichtes „Reden an die deutsche Nation" bis zu den Professoren in der „Paulskirche". Hatte Thibaut nicht 1814 von Heidelberg aus das Postulat der deutschen Rechtseinheit erhoben? Wenn sein Verlangen, dem „Volksgeist" freie Bahn in der Gesetzgebung zu öffnen, am Widerspruch des Romanisten Savigny scheitern mußte, so erkennen wir hierin die Unreife der öffentlichen Zustände, welche eine Rechtseinheit im nationalen Maßstab ebensowenig wie die von List erstrebte Markteinheit gestattete[27]).

Der Naturphilosoph Oken aus Jena, der uns bereits begegnete, schuf 1822 die „Gesellschaft deutscher Naturforscher und Ärzte"; auch dorthin leitet, außer der persönlichen Bekanntschaft und der allgemeinen nationalen Tendenz, eine sachliche Verbundenheit. Indem List die Theorie empirisch unterbaut, aber auch alle Empirie einer systematischen Gliederung einordnet, arbeitet er[28]) innerhalb der allgemeinen Forschungsweise des beginnenden 19. Jahrhunderts. Man denke etwa an seine Theorie der „Produktivkraft" als Grundlage jedes entfalteten „Wirtschaftskörpers" und vergleiche das medizinisch-naturwissenschaftliche Fortschreiten von der naturphilosophischen „Lebenskraft" bis zum genetischen „Gesetz der Erhaltung der Kraft", wie der Heilbronner Robert Mayer es gefunden hat. Wenn List sich ferner um 1825 Hahnemanns Homöopathie zuwandte, deren Anhänger auf ihrem Gebiet einen Kampf gegen die „Schule" führten, so mag ihn hierzu eine Wahlverwandtschaft mit dieser neuen Lehre von den Kräften und der Konstitution des menschlichen Körpers getrieben haben. In Nordamerika, wo deutsche Anhänger um 1835 bei Philadelphia die erste homöopathische Heilanstalt errichteten, sollte Lists Stiefsohn Karl Neidhard ein wirksamer Vertreter des neuen Heilverfahrens werden[29]). Dabei bleibt List auf seinem eigenen Felde den „organischen" Analogien ebenso ferne wie allen „atomistischen" oder „mechanistischen" Arbeitsmethoden.

Was ihn beschäftigt, ist jene Verknüpfung ideeller mit materiellen Interessen, der seine Lehre den „staatsgesellschaftlichen" Ausdruck gibt. Mit solchem Ineinssetzen überschreitet sie notwendig, gleich den anderen hier genannten Bewegungen, den überlieferten akademischen Bereich. Es bezeichnet den hochstrebenden Geist und symbolhaften Gehalt der Jugendbewegung auf den deutschen Hochschulen um 1817, daß auch sie

[27]) Über Lists Verhältnis zum römischen und napoleonischen Zentralismus im Rechtswesen vgl. das im Hauptteil A Gesagte. — Die „Germanisten" verkörpern im Vormärz, gegenüber den „Romanisten", das fortschrittliche Element; s. Georg Beselers „Volksrecht und Juristenrecht" 1843. Kessler, „Über Staatsorganisation" 1819.

[28]) Vgl. unten Hauptteil F, 3. Kapitel, Anm. 18—22.

[29]) Vgl. oben Hauptteil A, 1. Kapitel, Anm. 28, und wegen List und Wilhelm Wesselhoeft oben Hauptteil D, 2. Kapitel, Anm. 13. List über Hahnemanns 60. Doktorjubiläum s. in „Werke" Bd. IX, S. 165—166. — Bemerkenswerterweise war Eugen Dühring, der neben dem jüngeren Carey als erster wieder Lists Bedeutung würdigte, ein Vorkämpfer auch für den mißhandelten und von seinen Fachgenossen zurückgewiesenen Robert Mayer.

eine Einheit staatlich-rechtlicher Form mit dem gesellschaftlichen Inhalt — des „Nationalkörpers" mit dem „Nationalgeist" nach Lists Ausdruck — ersehnte. Die konstitutionelle Monarchie blieb das Wunschziel auch der meisten Mitglieder der deutschen Burschenschaft[30]). Sie hatte mit ihrer jugendlichen, gleichsam vor-bürgerlichen „Allgemeinheit" die Selbstbestimmung in Gesetz, Verwaltung und Gericht herbeizuführen unternommen. Arm wie reich, Adlige wie Bauernsöhne sollten unter der „akademischen Freiheit" einander gleich gelten. In dieser akademischen Vorform einer demokratischen, überkorporativen „Konstitution" fand man eine revolutionäre Tendenz, die ihre Wortführer vor die Richter des unterdrückenden Polizeistaats brachte. Waren solche Ideale doch nicht einmal im Schoße der „akademischen Bürgerschaft" realisierbar! Schon 1824 und endgültig infolge der Julirevolution ist die Form jenes „Studentenstaats" zerbrochen, von dem Arndt 1815 sprach[31]).

Die Anfänge der Bewegung waren freilich kaum weniger vielgestaltig als ihre späteren Verzweigungen. Unter dem Erlebnis der französischen Revolution erhob sich, wohl am frühesten in Jena 1791, das Verlangen nach studentischer „Freiheit und Gleichheit". Schon 1794 wandte Fichte sich dagegen, Juden und Ausländer von der Gemeinschaft auszuschließen. Preußen drohte den Studenten 1798 „körperliche Züchtigungen" an und das territoriale Prinzip der „Landsmannschaften" erhielt sich bis in die Rheinbundzeit hinein. Doch brachte der Niederbruch von 1806/07 einen neuen Anstoß, der auch die bisher katholischen Universitäten erfaßte. „Christlich-germanische" Tendenzen, wie die Berliner Tafelrunde Adam Müllers und Heinrich von Kleists sie gepflegt hatte, Turnen, Schwimmen und Singen als völkisches Brauchtum fanden Anklang; im rheinbündischen Südwesten erwachten patriotische Gesinnungen, deren Fürsprecher in Gießen etwa die Brüder Welcker wurden, während die Professoren Arens und Crome als Gegner und Denunzianten der „schwarzen Landesverräter" dort das Universitätsinteresse wahrten[32]). Preußen rief „auch die wohlhabenden und gebildeten Klassen der Bevölkerung" zum freiwilligen Kriegsdienst auf; damit fielen die Vorrechte wie auch die bisherige Prügelstrafe im Heer, Landwehr und Freikorps setzten sich in Marsch.

Die süddeutschen Territorien, deren Söhne nicht mehr zum Kampf gegen den Feind gekommen waren, nahmen das Erlebnis nicht weniger auf; hier hatte der unmittelbare Einfluß Frankreichs einer „jakobinischen" Richtung vorgearbeitet. Preußens Übertritt zur Politik der „Heiligen Allianz" bewirkte eine Radikalisierung, die auf dem klein-

[30]) Siehe Fraenkel l. c., S. 303—325.

[31]) Zur Charakteristik der Burschenschaft vgl. Heinrich Leo, „Meine Jugendzeit", 1880, S. 143—213, und Hermann Haupt, „Karl Follen und die Gießener Schwarzen (1815—19)", 1907.

[32]) Siehe Karl Follen, „Beiträge zur Geschichte der teutschen Sammtschulen seit dem Freiheitskriege 1813", 1818, S. 32—46. Der „Volksgeist" habe sich in der „christlich-teutschen Burschenschaft" wider den Gießener Ungeist erhoben; „Nichtburschen" hätten die „teutschen Christen" beim Universitäts-Senat denunziert.

staatlichen Boden rasch alle Stadien — vom romantisch-frommen „Geist sittlicher Freiheit und Gleichheit" bis zur republikanischen Demokratie des „Contrat social" — durchlief. Die Brüder Follen spiegeln diese Entwicklung am klarsten wider. Von der Agrarkrisis 1817 befördert, erwartete der „unbedingte" Flügel eine baldige Revolution. Mit Karl Follen bricht diese Bewegung keineswegs ab; von der Julirevolution bis zum „tollen Jahr" wird sie uns kräftig genug begegnen, bis dann die Restauration von 1850 alle gesellschafts-revolutionären akademischen Tendenzen des Vormärz niederdrückt und der „akademische Bürger" mit seinen mannigfachen „Korporationen" in die Einheit des neuen Reiches einzieht.

Als der deutschen Burschenschaft um 1818 ihr Einheitstraum sich zu erfüllen schien, da regte auf anderem Felde, wie wir wissen, das preußische Zollgesetz in Furcht und Hoffen den Einheitswunsch der bürgerlichen Kreise überall auf. Eine gemeinsame Grundhaltung mit List wird deshalb an diesem Punkt nicht wundernehmen. So lesen wir in dem Tagebuch des Gießener „Schwarzen" Karl Christian Sartorius[33]): „Deutschland muß eins sein, nicht durch 30 kleine oder größere Regierungen getrennt; dem Volke steht allein das Recht zu, durch seine Vertreter Gesetze zu geben." An Karl Jung — den späteren Professor und Bekannten Lists in Basel — schrieb Sartorius über „des Volkes rechtliche Allmacht" und die Notwendigkeit, den Bürger und Bauer nach „seiner Art und Eigentümlichkeit" recht kennenzulernen. Ausbildung „für ein wahrhaft staatsbürgerliches Leben" auf Grund menschlicher Urrechte und Abtun aller Privilegien sei Aufgabe des studentischen „Gemeinwesens". Selbst in der Abneigung gegen das Judentum berührten die Anhänger dieses studentischen „Freistaats" sich mit List. Nicht aber in ihren Versuchen, vom Schwarzwald über den Odenwald bis Thüringen hin die Bauern zum offenen Aufstand wider Steuern und Feudalabgaben aufzuwiegeln! Politische „Wandervögel", wie W. Schulz sagt, zogen durch das Land. Solche Bewegungen, wie sie in standesherrlichen Gebieten 1819 sich erhoben und ähnlich nach 1830 zwischen Main und Vogelsberg sich wiederholen sollten, hatten mit Lists Bemühen nichts gemein. Wir sahen, warum das Bürgertum mit seinen Eingaben und höfischen Deputationen andere Wege einschlug, und Lists späteres Zerwürfnis mit den Brüdern Follen unterstreicht nur die sachliche Differenz. Schon „eine rein republikanische Verfassung in aristo-demokratischer Form" ging ja über Lists Grundposition hinaus.

Freilich „von unten her" wirkte jene kleinbürgerlich-bäuerliche Agitation so gut wie Lists „Handels- und Gewerbsverein". War es nicht eine „verfassungswidrige Aufreizung des Volks", wie der Gerichts-

[33]) S. „Beiträge zur Geschichte der Gießener Urburschenschaft", ed. Hermann Haupt und Hs. Schneider, S. 17, 33—34.

hof 1821 über Lists „Reutlinger Petition" urteilte[34]), wenn rhein-mainische „Patrioten" im Sommer 1817 die jungen Burschenschafter zu einem „Adressensturm" wegen Einführung landständischer Verfassungen mobilisierten? Sartorius schreibt hierüber[35]): „Von uns (der liberalen Partei) ging damals die Forderung an den Bundestag, das Versprechen zu erfüllen. Wir hatten die Bittschrift aufgesetzt; wir schickten sie in alle Gaue Deutschlands mit Briefen an Männer, die als Patrioten bekannt waren, damit sie sich der Sammlung von Unterschriften unterziehen möchten." Es bedarf keines Hinweises, wie sehr Lists Agitation von 1819/20 diesem populären Vorgehen ähnelt; schon im württembergischen Verfassungskampf hatte er ja die „öffentliche Meinung" aufgerufen. Wenn er Heinrich Hofmann als seinen „Vertrauten" bezeichnete und die Zentral-Untersuchungskommission seine „Verbindung mit den Darmstädter Freunden" ausdrücklich hervorhob, so wird — neben dem persönlichen — der sachliche Zusammenhang hier vollends deutlich: Wir dürfen annehmen, daß die deutsche Verfassungsagitation um 1817/18 Lists nationale Handelsagitation wesentlich angeregt und gefördert hat. Die politische Absicht, aus dem „Deutschen Handels- und Gewerbsverein" von 1819 den Keim einer deutschen Verfassung zu entwickeln, einen „Bund der Deutschen" zu begründen, lag ja ganz im Gesichtskreis jener „Patrioten". Sie alle — Sartorius, Hofmann, W. Schulz, Weidig — waren zumal in Hessen untereinander befreundet. So hatte der hessische Minister du Thil insoweit recht, wenn er bemerkte[36]): List und die anderen Chefs des „Vereins" würden in Wien beschuldigt, mit den „Schwarzen" oder „Unbedingten" in einem engeren Verkehr und Gedankenaustausch gestanden zu haben. Lists Vorgehen fiel tatsächlich gerade „in die Periode, in welcher die Schwarzbündner und andere ihr Wesen am freiesten trieben —". Dieser Einwand mußte einem Darmstädter Staatsmann ja am ehesten auffallen! Bestehen bleibt freilich, daß List von den „Schwarzen" oder anderen Teilen der „Urburschenschaft" keinen unmittelbar-persönlichen Anstoß empfangen hat. Seine oft wiederholte Ablehnung burschenschaftlich-jugendlicher Extravaganzen, aber auch sein Treffen mit H. K. Hofmann im Frühjahr 1819 und seine lebenslange Freundschaft mit führenden ehemaligen Burschenschaftern dienen dazu, sein Verhalten zu diesen Kreisen näher zu bestimmen. Auch W. Snell, Karl Jung, Kolb, Liesching treten aus Lists Bekanntschaft als Förderer urburschenschaftlicher Gedanken auf.

Das Jahr des Wartburgfestes ist das gleiche, in dem List als Tübinger Professor seine Verfassungswünsche für seine akademischen Hörer systematisch darzustellen unternimmt. In dieser nicht nur zeitlichen Verbundenheit unterliegt er, gleich der Urburschenschaft und deren

---

[34]) S. oben Hauptteil D, 1. Kapitel, Anm. 20.

[35]) l. c., S. 19. — Vgl. Ilse l. c., S. 40ff., 97—98, 107ff.

[36]) S. oben Hauptteil A, 3. Kapitel, Anm. 56, und B, 2. Kapitel zu Anm. 24; Hauptteil D, 1. Kapitel, Anm. 29, 38 bis 43, 53.

Gönnern auf dem Katheder, dem seit 1817 sich verstärkenden Selbstbehauptungswillen der im Deutschen Bunde neuverfaßten obrigkeitlichen Gewalt. Das Fortschreiten vom Fürstenstaat zum Bundesstaat erweist sich als unmöglich. Alle Bewegungen nehmen hier, am Beginn des deutschen Vormärz, ihren Ausgang, um alsbald voneinander abweichende Richtungen einzuschlagen.

So erscheint es nicht erstaunlich, wenn wir in den burschenschaftlichen Programmen Gedanken ausgesprochen finden, die auch Lists Wirksamkeit befruchtet haben. Der Jenenser Historiker Heinrich Luden, den List als Adressaten seiner „Denkschrift an den König" nennt und auch sonst schätzte[37]), hat auf die Urburschenschaft einen vielfach maßgebenden Einfluß gehabt[38]). Ähnlich, aber schärfer als List 1818 und 1819 in Württemberg, wurde Luden wegen seiner Kollegs über wissenschaftliche Politik auf Betreiben von Kamptz beim Bundestag 1823 angeklagt; von der Zentral-Untersuchungskommission auf Grund seiner Kolleghefte eingehend verhört, wurde er schließlich nur verwarnt und ihm die Vorlesung über „Politik" verboten. Seine „Nemesis", die Goethes Mißfallen erregte, erschien 1814 bis 1818. Schlimmer erging es seinem Jenenser Kollegen Oken, der 1819 — gleichwie List in Tübingen — entlassen und dessen „catilinarische" Zeitschrift „Isis" bald darauf verboten wurde, wie Goethe dies gewünscht hatte. Oken wie Luden erschienen einem Gentz als die eigentlich verantwortlichen Anstifter der Jugend[39]). Luden stand schon dem preußenfreundlichen sog. Hoffmannschen Bund von 1815 nahe und hatte die Gründung der Jenenser Burschenschaft damals mitbeeinflußt; auch Karl Sand zählte zu seinen Hörern. Nun befand sich Luden im sachlichen Gegensatz zu den Anschauungen des radikalen Flügels, der sich alsbald — in Jena wie in Gießen — durch Karl Follen leiten ließ; sein Ideal vielmehr war „die republikanische konstitutionelle Monarchie", gegründet auf einen Staatsvertrag, wie er auch Lists schwäbischen Verfassungsplänen zugrunde lag. Er wollte als Gelehrter für die deutsche Einheit kämpfen[40]). Auch Luden galt „der Staat als Offenbarung der Vernunft", ein „Bundesstaat" als gesamtdeutsches Ziel; in Einzelheiten wie dem Verwerfen des volksfremden römischen Rechts stimmten seine Ansichten mit List gleichfalls überein. Besonders bemerkenswert, daß er aus dem Nationalerlebnis schon vom November 1813 ab dieselbe materielle Forderung herleitete: Binnen-Zollfreiheit und Freizügigkeit

---

[37]) S. oben Hauptteil D, 2. Kapitel, Anm. 23, 26.

[38]) Siehe Ehrenteich, „Heinrich Luden und sein Einfluß auf die Burschenschaft", in „Quellen und Darstellungen zur Geschichte der deutschen Burschenschaft" Bd. IV.

[39]) Siehe L. Salomon l. c. Bd. III, S. 171—178, 199. — Wegen List, Luden und Oken vgl. oben Hauptteil D, 2. Kapitel. — Goethes amtliches Urteil über Ludens freche und geschmacklose Schreibweise s. bei Ecker l. c., S. 82—85; s. bei Luden, „Rückblick in mein Leben", 1847, S. 113—123, Goethes Worte über Freiheit, Volk, Vaterland. — Fries forderte 1816 den „festvereinigten Bundesstaat".

[40]) Siehe Ehrenteich l. c., S. 56, 61—62, 69, 91—96.

innerhalb des Bundes! Freilich stellte er infolge seines Prozesses mit dem deutsch-russischen Staatsrat von Kotzebue die „Nemesis“ 1818 ein, während Friedrich Lists wirtschaftspolitische Gedanken erst seit 1819 den lokalen Rahmen überschreiten. Aber diese materiellen Einheitspostulate waren ja keinesfalls das Privileg sozusagen einiger Ideologen; wie sie in den Unterschriften des „Handels- und Gewerbsstandes“ 1816 bis 1819 sich manifestierten, so in der allgemeinen Publizistik zwischen den Freiheitskriegen und den Karlsbader Zensurbeschlüssen[41]). Außer früheren Zeugnissen sei noch das Weimarer „Oppositions-Blatt“ angeführt, das 1817 Schutz für den deutschen Gewerbefleiß verlangte, namentlich gegen England, und Hinwegräumen aller inneren Verkehrsschranken; ferner die „Deutschen Blätter“ in Leipzig mit ihrem schon 1814 erhobenen Ruf: „Ein Kaiser, Ein Reich, ein Rat, ein Arm, ein Recht im Welthandel!“

Von besonderem Interesse ist es, das ungedruckte Programm der Burschenschaft vom Winter 1817/18 auf seinen materiellen Gehalt hin mit List zu vergleichen[42]). Luden hat diese Jenenser Verteidigungsschrift, auf die auch andere burschenschaftliche Kreise einwirkten, offenbar nach der staatsrechtlichen und volkswirtschaftlichen Seite mitgeformt, so daß wir hier vielleicht einen mittelbaren Einfluß urburschenschaftlicher Gedanken auf Lists späteres, aus ähnlichem Erleben geformtes Programm vermuten dürfen. „Die Grundsätze und Beschlüsse des 18. Oktobers“ sind Ende 1817 niedergeschrieben worden. Die Gefährdung ihrer späteren Laufbahn hatte die Studenten zurückgehalten, jene Grundsätze zu veröffentlichen; wir bewegen uns hier ja auf dem Vorfeld des bürgerlichen Lebens. Immerhin fand sogar die Zentral-Untersuchungskommission nichts eigentlich Tadelnswertes an diesen Grundsätzen, deren Formulierung eine geübte Hand verrate. Das Vorwort betont den politischen Gehalt der Wartburgfeier und verweist auf das Kriegserlebnis der jungen Generation. Man habe ihr von Deutschlands Einheit und der Größe ihres Volkes gesprochen, „von der Gleichheit des Grafen und Pflügers“, — „von Freiheit und Vaterland“. Unverhohlen lege sie nun ihr nationales Glaubensbekenntnis ab. Die vaterländische Einheit steht den „Grundsätzen“ voran. Jeder Einzelstaat sei ein Teil Deutschlands; weder Nord- und Süddeutsche noch die beiden Konfessionen könnten das gemeinsame, wehrhafte Vaterland trennen. An materiellen Forderungen folgt hieraus: „Wie die deutschen Staaten im Kriege zu allgemeiner Sicherheit zusammenstehen sollen, so müssen sie auch im Frieden zur allgemeinen Förderung des deutschen Volkstums in einem Sinne handeln. Es muß der freieste Verkehr zwischen ihnen stattfinden, und hier muß nicht unterdrückt werden, was dort

[41]) S. oben Hauptteil A, 3. Kapitel, und Hauptteil B, 1. Kapitel. — Wegen der Rheinlande vgl. Hauptteil C, 2. Kapitel. Auch A. Bergengrün, „David Hansemann“ l. c., S. 96 muß feststellen, daß „der reale Untergrund des nationalen Idealismus vor allem das Verlangen nach Wirtschaftseinheit war“.

[42]) Vgl. Ehrenteich l. c., S. 113—129.

entstanden ist, hier nicht befeindet, was dort begünstigt wurde. Der Nachdruck deutscher Werke in deutschen Ländern ist eine schwere Ungerechtigkeit. — Das Verbot oder die Erschwerung des Auswanderns von einem deutschen Lande ins andere, Mauten, Zölle und Handelssperren zwischen deutschen Ländern, Verschiedenheiten in Maß, Gewicht, Münze (ihrem Gehalt nach und ihrer Bestimmung): alle diese Dinge schaden der Ehre Deutschlands bei den Fremden, sind in sich selbst verderblich für den Geist unseres Volks, quälen den einzelnen und bringen ihn zu Verlust und Schaden." In diesem Paragraphen finden wir mithin den XIX. Artikel der Bundesakte, ja das Programm von Lists „Verein" mit dem „Organ", im Winter 1817/18 ausgesprochen, soweit die innere Markteinheit in Frage steht.

Der Deutsche Bund, heißt es weiterhin, sei in Ehren zu halten, weil er „die Sehnsucht nach Kaiser und Reich nährt" und jeder Deutsche das geschriebene Recht dem ungeschriebenen der deutschen Einheit anzunähern verpflichtet sei. Wenn — wohl auf Ludens Wunsch — das preußische Schwarz-Weiß die künftige National-Kriegsflagge geben soll, so hätte List mit solcher Ausrichtung auf Preußen freilich kaum übereingestimmt. Wohl aber mit den Wünschen für Ministerverantwortlichkeit und Gleichheit vor dem Gesetz. „Freiheit der Person" wie „Sicherheit des Eigentums" kennzeichnen den Liberalismus der „Grundsätze", in deren Mittelpunkt das Verfassungsversprechen des Artikel XIII der Bundesakte steht; im Listschen Sinn der „Kammer der Gemeinen" wird eine freigewählte Vertretung des gesamten Volks gefordert. Die Kriegsteilnehmerschaft stehe höher als der Zufall der Geburt, aus der Wehrhaftigkeit folge das Bürgerrecht. Leibeigenschaft aber sei „ein Greuel vor Gott und jedem guten Menschen; an ihrer Stelle müsse materielle Existenzsicherheit gewährt werden, denn: „Der Mensch ist nur frei, wenn er auch Mittel hat, sich selbst nach eigenen Zwecken zu bestimmen!" Petitionsrecht, Pressefreiheit, öffentliche Gerichtspflege nach „einem allgemeinen deutschen Gesetzbuch" sowie Selbstverwaltung der Gemeinden beschließen dies Programm der Urburschenschaft, in dem wir des jungen List Verfassungspläne beinahe wörtlich wiederfinden.

In den anschließenden, obschon nicht vollzogenen „Beschlüssen" wird jede „geheime Gesellschaft" abgelehnt, der Wahlspruch „Blücher und Weimar" verkündet und alles gelobt, was Deutschlands Rettung durch „gesetzmäßige Einheit und Freiheit" fördern könne — einschließlich lebendiger Teilnahme für die „untersten Klassen der Gesellschaft". Es bezeichnet die Werbekraft dieser jugendlich bewegten Frühzeit nationalen Bürgertums, daß die Verwirklichung von Einheit und Freiheit — die Versöhnung von Potsdam und Weimar, wie man jetzt sagte — noch ein Jahrhundert später (1917) als Aufgabe gesehen werden konnte.

Die Mannigfaltigkeit der Anstöße, welche Revolutions- und Freiheitskriege vermittelten, wird mit am frühesten in jenen „Deutschen Gesellschaften" sichtbar, die nach 1813 „— die deutsche Nationalwürde, ... Haß gegen fremde Unterjochung und Vertrauen zu uns selbst" im deutschen Bürgertum erwecken sollten. Der preußische „Tugendbund", Arndt, Jahn und Theodor Körners Vater stehen an ihren Anfängen[43]). Arndts Beschützer, der Freiherr vom Stein, wird noch im „Bunde der Geächteten" als Urheber der Statuten dieses radikalsozialen Geheimbundes eingangs aufgeführt! So wirkte das Vertrauen der „Patrioten" auf Preußens deutsche Mission hinüber in die Anfänge der sozialistisch-republikanischen Handwerker- und Literatenbünde nach der Julirevolution[44])! Und Jakob Venedey, der 1834 zu den Mitbegründern der „Geächteten" gehörte, werden wir als Lists guten Bekannten in Paris alsbald wiederfinden. Einen „Bund der Deutschen" zu schaffen, hielt List im Jahr 1819 die Zeit gekommen; gegen Napoleons „Tyrannei" wandten sich seit 1816 seine wirtschaftlichen Frühgedanken[45]). Aus gleichem Boden erwachsen, lassen Urburschenschaft, „Deutsche Gesellschaften" und Lists „Verein" auch materielle Einheitswünsche reifen. Wenn List um 1820 eine deutsche Nationalflagge befürwortet, weil sie „unserem Vaterlande allein die politische Weihe in den Augen des Auslandes" gebe[46]), so ist hier wie dort das gleiche Gefühl lebendig. Schon der Plan einer „Deutschen Gesellschaft" vom August 1814, den Wilhelm Snell aus Idstein — der Burschenschafter und spätere Freund Lists im Exil — als erster faßte, war Ausdruck eines solchen „Gemeingeistes". Für Snell, der gleich List und sovielen „Patrioten" Akademiker war, bedeutete dieser Bund „nur ein Mittel, um dem Volke mehr Festigkeit und Einheit zu geben". — „Da aber jetzt noch fast allein der Mittelstand so weit gediehen ist, daß er für eine Idee reif ist, so geht unsre Absicht vornehmlich dahin, alle Edeln des Mittelstandes zum Streben für das Volk zu vereinigen und mit seinen Armen das Volk unsichtbar zu umfassen und so zu Einem zu umschlingen." Die Girondisten, nicht die Männer der Bergpartei sind sein Vor-

[43]) Siehe Friedrich Meinecke, „Die Deutschen Gesellschaften und der Hoffmannsche Bund", 1891.

[44]) Vgl. F. Meinecke l. c., S. 61 Anm. 2, und Ilse l. c. passim; H. Haupt l. c. Bd. XIII, 1932, S. 182; K. Kersten, „1848 (Die deutsche Revolution)", 1933, S. 115 bis 121. — Über Fichte und die Lassalleaner vgl. „Die deutsche Sozialdemokratie" l. c., S. 170—171. — Wegen Venedey s. unten Hauptteil F, 1. Kapitel, Anm. 47 bis 49.

[45]) Vgl. oben Hauptteil A, 2. Kapitel, Anm. 22.

[46]) S. „Organ" 1820, S. 260—263.

bild; „Tyrannen- und Franzosenhaß“ ein Ziel, das auch dem jungen List nicht fernlag.

Doch fehlt es nicht an Unterschieden. Snell stand dem radikalen Kreis der Gießener „Schwarzen“ mit ihren christlich-germanischen Prinzipien nahe. Evangelische Geistliche, Beamte und Richter machten einen Teil seiner Freunde aus, während Gewerbetreibende, geschweige Handwerker und Arbeiter kaum oder gar nicht beteiligt waren. In Frankreich sah er den fruchtbaren Nährboden für einen deutschen Radikalismus, den er in die ehemaligen Rheinbundstaaten überpflanzen wollte. Damit grenzt Snell an die späteren südwestdeutschen Radikalen wie Karl Follen selbst, dessen Förderer der Gießener Privatdozent Friedrich Gottlieb Welcker und dessen Bruder Carl Theodor, der Gießener Burschenschafter, waren. Von hier führt eine Entwicklungslinie zu den westdeutschen Frühsozialisten nach der Julirevolution: W. Schulz, Georg Büchner, Pfarrer Weidig aus Hessen; Grün, M. Heß, Engels und Marx aus den Rheinlanden. Aus Gießen kamen schließlich als Studenten Wilhelm Liebknecht, August Becker und jener Schapper, der als Führer des Londoner „Kommunistenbund“ 1847 vor und neben Karl Marx tätig war[47]). Gleich dem Kölner August Bebel trugen sie alle den sozialrevolutionären Gedanken in die Schichten der kleinen Bauern, Handwerksgesellen und Arbeiter; eben mit dieser Ausrichtung auf die „Proletarier“ schlagen sie ihre eigenen Wege ein[48]).

Wir sahen, daß Snells Plan die Keimzelle des sog. Hoffmannschen Bundes wurde[49]). Dieser Bund war in loser Fühlung mit Justus Gruner, Gneisenau und Hardenberg selbst durch den Justizrat Karl Hoffmann aus Rödelheim begründet worden; sein Ziel war: „Einheit Deutschlands unter Preußen“ — die später sog. kleindeutsche Lösung[50]). Unter dem Eindruck des Wiedererscheinens Napoleons und des preußischen Verfassungsversprechens gegründet, gewann der Hoffmannsche Bund keine weitere Wirksamkeit; vielmehr führte der preußisch-österreichische Dualismus nach Belle-Alliance zur Wiener Bundesakte vom Juni 1815 und zur „Heiligen Allianz“ beider Mächte mit dem Zaren. Schon im Oktober desselben Jahres ward daher der Bund — auf Betreiben Justus Gruners und im Einvernehmen mit dem Staatskanzler Hardenberg — zu Frankfurt a. M. aufgelöst. Die Brüder Snell, der Verleger Chr. F. Winter in Heidelberg, F. G. Welcker in Gießen, Heinrich Karl Hofmann in Darmstadt, die Brüder Follen,

[47]) Vgl. „Die deutsche Sozialdemokratie“ l. c., S. 51—52, 72, 87ff., 153ff., und hierzu Lenz, „Woher stammt das Wort: Proletarier aller Länder, vereinigt euch“, in „Conrads Jahrbüchern“ l. c. — Weidigs Mutter war eine geb. Liebknecht. W. Schulz war mit Sartorius verwandt und Freund Georg Büchners. — Carl Welcker war ein Jugendfreund des Pfarrers Weidig.

[48]) Vgl. unten Hauptteil F, 2. Kapitel, über List und den Sozialismus.

[49]) Siehe Hermann Haupt, „Quellen und Darstellungen zur Geschichte der deutschen Burschenschaft“ Bd. XIII, 1932, S. 133—208.

[50]) Siehe F. Meinecke l. c. 1891, S. 49, 59—61. — Haupt l. c. 1912, S. 392—404; 1932 l. c., S. 146—163. — Heinrich Leo l. c., S. 169—171.

die Professoren Luden und Fries in Jena werden unter den Mitgliedern oder Mitwissern des Bundes aufgeführt — die Mehrzahl spätere Bekannte unseres List. Von den Sozialrevolutionären der 1830er Jahre dürfte der hessische Pfarrer Weidig durch diesen frühesten Gesinnungsbund mit angeregt worden sein. Da aber Preußen im „volkstümlichen Geiste zu handeln" aufhörte, ward „die Vereinigung des deutschen Volkes unter einer konstitutionellen, freien und volkstümlichen Verfassung" hinfällig. Deckte dies Bundesziel sich mit Lists eigenen Wünschen, so auch im Streben zwischen „Aristokratendespotismus und Pöbelherrschaft" die bürgerlich-konstitutionelle Mitte einzuhalten, „Bildung des Sinns für bürgerliche Freiheit" zu erreichen.

Wilhelm Snell blieb bis 1818 Advokat und Kriminalrichter im Nassauischen und für die studentische Erneuerungsbewegung aufs eifrigste bemüht[51]). Nach dem Scheitern des Hoffmannschen Bundes trat er als liberaler Abgeordneter im Wiesbadener Landtag auf. Der Freiherr vom Stein verwandte sich noch für ihn, aber im Winter 1819/20 ereilte auch ihn das Verhängnis. In Tübingen mit Kolb, in Straßburg mit Görres und Karl Follen zusammentreffend, begleitete er diesen nach Chur und wurde Professor der Rechte in Basel, wohin er den aus Berlin vertriebenen Theologen de Wette nachzog[52]). Nach der Julirevolution wurde er dort durch denselben Polizei-Direktor Wieland verfolgt, der schon 1823 List in Haft gesetzt hatte. Als Lehrer des „Naturrechts" an den Verfassungsstreitigkeiten mehrerer Kantone teilnehmend, sah er sich — gewiß zu Unrecht — sogar kommunistischer Ideen beschuldigt. Als Lists Freund hatte W. Snell — neben G. S. Liesching und Karl Follen — dessen Beziehung zu La Fayette gefördert. Auch der Bruder Ludwig Snell zählte zu Lists Baseler Bekannten; er wollte ebenfalls nach Amerika auswandern, ist aber dann in der Schweiz geblieben[53]). Jedenfalls bleibt festzustellen, daß wir List — im Unterschied zu seinem Bruch mit den radikalen Brüdern Follen — seinem gesinnungsverwandten Freunde W. Snell durchweg freundschaftlich verbunden finden. Damit ist die sachliche Verbundenheit seines Programms mit der „Urburschenschaft" wie mit den „Deutschen Gesellschaften" auch von der persönlichen Seite her erhärtet.

Lists mehrgenannter „Vertrauter" von 1819, H. K. Hofmann, war schon als zwanzigjähriger Heidelberger Burschenschafter unter den Mitgliedern des Hoffmannschen Bundes. Das Ansinnen, „alles von Preußen Ausgehende öffentlich zu loben", hatte ihn freilich — wie er 1821 aussagte — entrüstet; wir sahen, wie er 1817 für landständische Verfassungen in ganz Deutschland warb, und wissen ferner, daß er da-

[51]) Siehe H. Haupt l. c. 1932, S. 174—197.

[52]) Vgl. oben Hauptteil D, 2. Kapitel, Anm. 8, 13, 18, 36.

[53]) Vgl. „Wilhelm Snells Leben und Wirken" 1851, S. 26, und H. Haupt l. c. 1932, S. 137—138.

mals — gleich List — keinerlei Hoffnung mehr auf Preußen setzte[54]). Auch daß er 1818 mit Karl Follen Gemeindeversammlungen in Hessen-Darmstadt abhielt, um die Einführung einer Konstitution zu fördern, rückt ihn in Lists Nähe, wenn wir an die „Bürgerschafts-Deputierten" oder an die kommunale Wahlagitation in Waldsee und in Reutlingen denken. Hofmanns Programm von 1820[55]) lautete: „Deutschland, vereinigt unter einem obersten Herrscher, König oder Kaiser, wird durch einen freien Handelsverkehr größere innere Macht erlangen und dann auch jedem Feinde die Spitze bieten können. Von der Idee der Republik in Deutschland muß man als unausführbar abstehen." Noch 1831 hat Hofmann geäußert, daß gänzliche Aufhebung aller Zölle und Mauten nur auf Grund staatsrechtlicher Einheit möglich sei. Wir finden also dies Postulat der wirtschaftlichen Einheit fast gleichzeitig bei List und Hofmann wieder! Daß letzterer mit der Vorgeschichte des liberalen Parteiwesens in Süddeutschland auch sonst verknüpft war, ersehen wir aus seiner Tätigkeit in den „Philhellenenvereinen", deren Darmstädter Zweig er 1822 bei Gustav Kolb in Stuttgart vertrat, wo Prokurator Schott als Hauptleiter fungierte; Wilhelm Snell hat sich in Basel für die gleiche Sache eingesetzt, und List hat noch 1826, wie Notz mitteilt, aus Nordamerika das Philhellenenwerk unterstützt. Liesching vom „Deutschen Beobachter", Kirchenrat Paulus, der Verleger Winter, Uhland und Rotteck sind hier abermals zu nennen. So gliedert auch List sich dieser Frühgeschichte des süddeutschen Liberalismus ein[56]).

Im August 1821 besuchte Hofmann in Basel W. Snell sowie Karl Follen; durch diese gemeinsamen Bekannten wird List, der 1822 nach Basel kam, auf seinen Darmstädter Gesinnungsgenossen erneut hingewiesen sein; wir sahen jedenfalls, wie Adolf Follen im September 1823 sich für List bei Hofmann um ein Revisionsgesuch verwandte. Wie dieser „Vertrauen und Freundschaft" für den verfolgten List empfand[57]), so ähnelt er ihm auch in der Abwehr radikalisierender Konsequenzen. Wohl kannte auch er die Brüder Follen und hatte sogar den jungen Sand beherbergt — in jenen aufgeregten Frühjahrswochen 1819, als List von Tübingen aus ihn in Darmstadt aufsuchte; im folgenden Frühjahr wurde er darum verhaftet. Aber dem Radikalismus Karl Follens hielt er sich doch fern und riet, im Oktober 1822, zur Auflösung des Geheimbundes[58]). Trotzdem wurde er, gleich List, wegen

[54]) Siehe Hermann Haupt, „H. K. Hofmann, ein süddeutscher Vorkämpfer des deutschen Einheitsgedankens", in „Quellen und Darstellungen zur Geschichte der deutschen Burschenschaft", Bd. III, 1912.

[55]) Siehe Fraenkel l. c., S. 267, 269, 321—323.

[56]) Vgl. H. Haupt l. c. Bd. XIII, 1932, S. 166. — Über die anfangs als revolutionär verfolgten „Griechenvereine" s. Ilse l. c., S. 153, 170, 175ff., 185. — Max Lenz, „Geschichte der Universität Berlin" l. c. Bd. II 1, S. 184. Auch Stein unterstützte jahrelang die „Griechenvereine"; s. Max Lehmann l. c., S. 485.

[57]) S. oben Hauptteil D, 1. Kapitel, Anm. 38 bis 40.

[58]) Siehe Fraenkel l. c., S. 296. — Ilse l. c., S. 132. H. Haupt l. c. Bd. III, 1912, S. 312, 327ff.; l. c. Bd. XIII, 1932, S. 184 bis 185.

solcher „demagogischer Verbindung" hart verfolgt; auf preußisches Betreiben 1824 abermals verhaftet, kam er nach Cöpenick, wo schon Arnold Ruge und andere Mitwisser des „Jünglingsbundes" saßen. Hessen-Darmstadt war den Karlsbader Beschlüssen sofort beigetreten, und Hofmann konnte, trotz seiner gemäßigten Gesinnung, nichts mehr ausrichten. Nach der Julirevolution galt er als „kleindeutsch" und begegnet uns 1834 nochmals als Mitarbeiter am „Staatslexikon"; 1845 ist dieser List vielfach verwandte Mann gestorben. Der Schweizer Liberale E. Münch nennt ihn 1828 „einen der Freunde von edelster Sorte aus dem unvergeßlichen Zeitraum der älteren Burschenschaft[59])".

Ein Schwanken zwischen Legalität und Illegalität, wie es Lists oder H. K. Hofmanns Schicksale subjektiv kennzeichnet, schien uns bereits charakteristisch für jenen Widerspruch, den die „Restauration" einleitet. Stein, Humboldt, Arndt entgingen ihm sowenig wie die Freunde der „Urburschenschaft" oder der „Deutschen Gesellschaften". Die Julirevolution und schließlich Friedrich Wilhelms IV. Regierungsantritt sollten jenen Zwiespalt noch vertiefen, indem sie die „soziale Pointe" beifügten und die konstitutionellen Wünsche der kleinbürgerlichen Schichten radikalisierten. Indem die feudal-monarchischen Gewalten sich behaupteten, bereitete sich der revolutionäre Ausbruch von 1848 vor.

So bleibt Lists Generation von einer positiven Auflösung des Konfliktes ausgeschlossen; je bewegter und verzichtloser sie sind, desto weniger gelingt es ihnen als ordnungliebende Bürger ihr Leben zu beschließen. Ein so gemäßigter „Altrechtler" wie Ludwig Uhland fand sich enttäuscht, von der württembergischen Kammer nicht weniger wie später in der „Paulskirche". Uhland nahm am „Philhellenischen Verein" teil und wußte sich mit Albert Schott durch „Gleichheit der politischen Absichten und Bestrebungen" verbunden; nach 1848 zog er sich aus der Politik zurück[60]). Blieb dem Dichter persönliche Verfolgung erspart, so wurden die schwäbischen Demokraten, denen wir List vielfach verbunden fanden, um so tiefer verstrickt. Erinnern wir an Gustav Kolb, der diese Wendung zur Illegalität besonders schroff erfuhr. Als Steuerkommissar in Stuttgart 1824 verhaftet, teilte er Lists Festungsgefängnis auf dem Hohen-Asperg, weil er „Mitglied einer hochverräterischen Verbindung" gewesen war; 1826 begnadigt, sah er sich alsbald im Cottaschen Verlag angestellt und konnte nun, bis zu seinem Tode 1865, durch die „Allgemeine Zeitung" den großdeutsch-nationalen Gedanken seiner Jugend dienen.

---

[59]) S. Ernst Münch, „Erinnerungen, Lebensbilder und Studien", Zweiter Bd. 1837, S. 364—365. — Münch war als Mitbegründer der Urburschenschaft Karl Follen und dessen Darmstädter Kreis befreundet. Vgl. oben Hauptteil D, 2. Kapitel, Anm. 33.

[60]) S. „Ludwig Uhlands Leben", 1874, S. 101—102, 186, 347, und oben Hauptteil C, 4. Kapitel Anm. 85.

Auch W. H. Bensen aus Erlangen hatte zu den „Unbedingten" um Karl Follen engen Anschluß gefunden, als Schulmann wie als Abgeordneter zur „Paulskirche" aber gemäßigt liberale Ansichten vertreten. Bereits im August 1819 bestritt er, daß „tolle jakobinische Ideen" das Volk glücklich machen könnten. Bemerkenswert ist seine heftige Abneigung gegen das „immerdar reizende Aftergewächs des Proletariats", das sich ihm in seine christlich-idealistische Anschauung nicht einfügte: Kirche und Staat waren ihm „die beiden größten Institute der göttlichen Ordnung auf Erden"[61]). Diese moderne „Krebskrankheit" sei aus französischen Keimen entstanden; er analysiert die französische Literatur sowie die stufenweise Entwicklung des proletarischen Selbstbewußtseins, die Trennung der frühen Sozialisten und Kommunisten von den „radikalen Demokraten". Die Geschichte der Kommunisten knüpfe sich an „finstere Verschwörungen" und Aufstände; sie seien „ein Polizei-Gespenst geworden", . . . „wie man weiland überall Demagogen witterte". Unter die Heilmittel zählt er ausdrücklich auch Lists „Nationales System"[62]).

So findet der Gedanke, aus dem Erlebnis napoleonisch-revolutionärer Herrschaft und aus dem staatlich-gesellschaftlichen Umbau Deutschlands, den Weg ins 19. Jahrhundert, um sich alsbald zu zerteilen: als Widerspiel und Antrieb den Gang der geschichtlichen Differenzierung zu begleiten. Gemeinsame Umsturzpläne, wie sie die Revolutions- und Gewitterfurcht eines Friedrich Gentz vermutete, bestanden freilich niemals; ein Zusammengehen der deutschen Jugend mit Polen und Italienern, Franzosen oder Spaniern, wie es Karl Follen etwa seit 1820 sich ausmalte, lag außerhalb des Möglichen. Freilich rührten die Aufstände in Spanien, Piemont, Neapel, Griechenland mancherlei Hoffnungen auf und beschäftigten die Kabinette der „Heiligen Allianz"; das System der Großen Mächte zu erschüttern vermochten sie nicht. Den Machtmitteln des „Polizeistaats" mit seinen Spitzeln und Spionen waren die radikalen Elemente der volkstümlichen Bewegung nicht gewachsen; wir sahen, wie Lists Exilgenossen, verfemt und zerstreut, in der Schweiz oder jenseits des Meeres eine ungewisse Zukunft suchen mußten[63]).

Jene tendentielle Verwandtschaft der Schicksale, welche aus gemeinsamen Anfängen folgt, findet sich auch bei Joseph Görres. Gewiß wollen wir die Ereignisse, welche den älteren Rheinländer im Herbst 1819 wie den jüngeren Schwaben im Frühjahr 1822 über die Grenze trieben, nicht pressen, denn weder im Beweggrund noch nach ihrer Entwicklung stimmen beide Männer überein; trotzdem läßt eine Gleichartigkeit des Verfahrens, das hier zwei der besten Deutschen traf, sich nicht verkennen. Wie Görres' drohende Verhaftung und Aus-

[61]) Siehe Bensen, „Die Proletarier. Eine historische Denkschrift", 1847, S. 18, 404ff., 429, 493—495.

[62]) l. c., S. 477. — Vgl. „Die deutsche Sozialdemokratie" l. c., S. 52 Anm. 1.

[63]) S. oben Hauptteil D, 2. Kapitel.

wanderung für Preußen, bildete für Württemberg Lists Verurteilung und Flucht ein wesentliches Moment der politischen „Restauration"; dem entsprach das Aufsehen, welches beide Fälle in Deutschland und darüber hinaus erregten. Beide „Patrioten" hatten sich als eine literarische Macht erhoben, ohne doch Umstürzler sein zu wollen; geborene Journalisten von stürmischem Temperament waren der Herausgeber des „Rheinischen Merkur" so gut wie unser List. Der eine wie der andere bespitzelt, sahen sie ihre Schriften während des Drucks denunziert und beschlagnahmt. Ihre Monarchen versagten sich den Bitten um ein reguläres Gerichtsverfahren, und reaktionäre Minister beharrten wider sie auf einem anfechtbaren Rechtsstandpunkt; Eingaben ihrer Heimatstädte wie Bitten ihrer Frauen wurden ungnädig abgewiesen. Gleich Fürst Metternich und anderen Feinden waren auch manche Freunde ihnen gemeinsam: Victor Cousin und Wangenheim, Börne und Ludwig Uhland nahmen Anteil. Bei Winter in Heidelberg wollte Görres 1820 eine dritte Auflage seiner inkriminierten Schrift „Teutschland und die Revolution" erscheinen lassen; ebendort veröffentlichte List 1823 das erste Bändchen seiner „Themis". In Straßburg, Basel und Aarau suchten die Flüchtlinge eine prekäre, durch Ausweisung bedrohte Freistatt. Doch fand List schon zu Straßburg „an dem mittelalterlichen Gewäsch des Koblenzer Jesaias" keine Freude; der protestantische Schwabe blieb ein Feind römischer „Möncherei" — mochte sie nun Adam Müller oder Görres zum Anwalt haben. Beide gerieten in die Nähe der entflohenen Radikalen[64]). Karl Follen wie Wilhelm Snell kamen 1820 nach Straßburg, wo Görres sich aufhielt, und begegnen uns 1823/24 wieder in der Schweiz als Lists Bekannte. Dort wurde Karl Follen durch Görres, hier Adolf Follen durch List in die häusliche Gemeinschaft aufgenommen, ohne daß dies nähere Verhältnis von Bestand blieb. Der Rheinländer fand seinen Gastfreund ganz gescheidt, „aber den Kopf voll jetziger raren Curiositäten und gesteiften republikanischen Ideen[65])".

Damit sind die gemeinsamen Merkmale erschöpft. Wir dürfen sie immerhin als typisch für eine Konstellation ansprechen, in deren Ablauf Görres zum politischen Katholizismus und List zum nationalen Liberalismus vorstießen. Jener fand seit 1827 in München, was dem Schwaben versagt bleiben mußte: König und Kirche boten ihm eine neue Heimat.

Wie mannigfach der Einbruch neuer Energien sich abwandelte, dafür sprach schon die Geschichte der Urburschenschaft; neben Heinrich Heine, dem Dichter des „Weberliedes", und Karl Follen, dem Mitverfasser des revolutionären „Großen Liedes" der „Unbedingten", gehörte ihr Altersgenosse Hoffmann von Fallersleben zur Urburschenschaft, der freiheitliebende und alsbald gemaßregelte Dichter

[64]) S. oben Hauptteil D, 1. Kapitel, Anm. 35, 56. — „Werke" Bd. VIII, S. 43, 213, 351. — K. A. von Müller, „Görres in Straßburg" l. c., S. 86—138.

[65]) Siehe Görres, „Gesammelte Briefe" l. c. Bd. I, S. 135, 150. — K. A. von Müller l. c., S. 139—183.

des „Deutschlandlieds“ von 1841. Fritz Reuters Schicksal ist bekannt genug, und von den revolutionären Studenten um 1848/49 sei nur Carl Schurz aus Bonn genannt; als Demokrat gelangte er in den Vereinigten Staaten zu hohen Ehren, während sein sozialistischer Altersgenosse W. Liebknecht die deutschen Demokraten der „Arbeiter-Bildungsvereine“ zum Marxismus überleiten sollte. Auf der Grenzscheide zwischen Legalität und Illegalität wird auch die „Sozial-Demokratie“ verharren; jedoch vollziehen die Partei- und Gewerkschaftskämpfe der zweiten Jahrhunderthälfte sich unter anderen Bedingungen als die Bewegungen im Vormärz.

Eben aus der Unreife aller staatlich-gesellschaftlichen Verhältnisse folgte jenes Überquellen und Ineinanderfließen aller Ideen, welche die zweite Hälfte des Jahrhunderts formen sollten. War nicht auch Hengstenberg, der Erwecker evangelisch-kirchlicher Orthodoxie, einst Bonner Burschenschafter gewesen; hatte er nicht an der Universität Basel 1823/24 mit den dortigen Radikalen aus dem Kreis der „Unbedingten“ verkehrt und sogar de Wette, den aus Berlin vertriebenen Vorkämpfer wissenschaftlicher Theologie, gelobt, dessen Nachfolger er schon 1826 wurde[66]? So verwirklichte sich, was in der Zeit des allgemeinen Aufbruchs angelegt war, Aktion wie Reaktion gewannen dauerhaft unterschiedene Formen; indem das geistige Ringen um Einheit und Freiheit aber machtpolitische Gestalt annahm und die zurückgebliebenen Nationen sich im Kampf vollendeten, schwand jene sozusagen keimhaft-naive Ursprünglichkeit, die List wie seine Zeitgenossen sich über ihre Wirklichkeit hinaus erheben ließ. Nationalstaat und moderner Imperialismus, Naturwissenschaft und Wirtschaftstechnik traten das Erbe des deutschen Vormärz an.

[66]) Vgl. oben Hauptteil D, 1. Kapitel, Anm. 16; 2. Kapitel zu Anm. 13. — Max Lenz, „Geschichte der Universität Berlin“ l. c. Bd. II 1, S. 327—332. — Wegen der burschenschaftlichen „Kränzchen“ s. auch Karl Klüpfel, „Die deutschen Einheitsbestrebungen in ihrem geschichtlichen Zusammenhang“ 1853, S. 403.

Wenn gemäßigte „Liberale“, gleich W. Snell oder Dr. Schott, mit den Follenschen „Jünglings“- und „Männerbünden“ in Konnex gerieten, so ist dies Verfließen der Strömungen nicht weniger kennzeichnend wie seine räumliche Begrenztheit auf das vormals rheinbündlerische und linksrheinische Deutschland. Hier, im Kerngebiet des „Heiligen römischen Reichs“, hatten die sog. Ideen von 1789 alle staatlichen Formen mitsamt dem neuen gesellschaftlichen Zustand bilden helfen; der Rückschlag, der alle „jakobinischen“ oder napoleonischen Errungenschaften traf, wurde den Freunden landständischer Verfassungen — von Weimar bis Karlsruhe und Stuttgart hin — schmerzhaft bewußt. Reichspatriotische Überlieferungen, wie sie noch auf den jungen List einwirkten, sowie romantische Gefühle mochten mitklingen; zielweisend erhob sich über dem Deutschen Bund die „Idee des Einen und Freien Deutschland“, deren burschenschaftliche Vorkämpfer den bürgerlich-aufgeklärten neuen „Patrioten“ sich verbanden. Weniger gefestigt, im Vergleich mit den Großmächten Preußen oder Österreich, waren die jungen Rheinbund-Souveränitäten; leichter gelangten schweizerische und französische, nach 1830 auch belgische Einflüsse über den Rhein oder in die preußischen Rheinlande. Wir erinnern uns des „Trias“-Gedankens, der schon im „Fürstenbund“ von 1784 eine Art Vorgänger hatte. Toleranz und Aufklärung waren mit der „Restauration“ der Staatsgewalten keinesfalls erstorben; liberalgesinnte Männer zählte auch die hohe Bürokratie, wie Nebenius in Baden und vollends in Preußen. Dennoch war der Kampf unvermeidbar: Humanität und Nationalbewußtsein, Territorialhoheit und Drang zur Markteinheit, herrschende Schichten und Erwerbsbürgertum mußten in ihm sich auseinandersetzen[67]).

Im Kriegsjahr 1813 war der 17jährige Karl Follen, Sohn des dortigen Universitätsamtmanns, Student zu Gießen; mit anderen Freiwilligen in Frankreich nicht mehr an den Feind gekommen, spürte er daheim um so schmerzlicher den Druck der kleinstaatlichen Obrigkeit. Im Gießener „Ehrenspiegel“ von 1816 fand die deutsch-christliche Grundhaltung ihren Niederschlag; das Wartburgfest und die Jenaer Privatdozentur wurden weitere Etappen. Seit 1819 sah Follen in Deutschland nur mehr „Unterdrückung der Geistesfreiheit, Handelssperren und Mauten im Innern, Steuerdruck, stehende Heere, Kabinettsjustiz und willkürliche Maßregeln aller Art“. Des Volkes „rechtliche Allmacht und Alleinmacht“ ließ ihn „die Menschheit im Volke“ suchen

[67]) Vgl. F. Meinecke, „Weltbürgertum und Nationalstaat“ l. c., S. 93—277. — Max Lenz, „Geschichte der Universität Berlin“ l. c. Bd. II 1, S. 34—185, 511—514.

und das Ideal im „Freistaat“ finden: „Jeder Bürger ist Haupt des Staates, denn der gerechte Staat ist wie die vollkommene Kugel, wo es kein Oben noch Unten gibt, weil jeder Punkt Spitze sein kann und ist.“ Einheitsschule und Kircheneinheit gehören hinzu. Wie anders hatte Adam Müller an dem Bild der Kugel den vollkommenen Stände-Staat demonstriert!

Daß Follens Radikalismus in den Kreisen der Urburschenschaft, ja der ihm anhängenden „Unbedingten“ keinen nachhaltigen Beistand fand, geht aus unserer bisherigen Darstellung hervor; dennoch bleibt er gerade in den Punkten, die über Luden oder Hofmann hinausführen, bemerkenswert, weil Follen in ihnen jene formalen Konsequenzen vorwegnimmt, die noch in den demokratischen Teilen der sozialistischen Parteiprogramme von Eisenach, Gotha und Erfurt (1891) wiederkehren werden[68]). Entwickelt hat er sie in jenem geheimen „Männer-“ und „Jünglingsbund“, den er aus seinem Schweizer Exil 1821/23 plante und dem er in Süd- und Mitteldeutschland etwa 100 Studenten als Mitwisser gewann. Darunter Männer wie Karl Hase, W. Hauff, Professor Troxler, Arnold Ruge, Heinrich von Gagern und andere, deren Namen uns in dieser bewegten Zeit begegneten[69]). Ein Mitglied des Vorparlaments und des Fünfziger-Ausschuß von 1848, Dr. med. Pagenstecher, der Follens Bewunderer war, sagt von ihm, er sei „kein italienischer Carbonari oder französischer Kommunist“ gewesen; in der Tat hatten Rousseau, Fichte, Fries seinen Geist geformt. In seiner Ausgangsposition betont er die uns schon geläufigen Vorstellungen: Das Christentum müsse „die belebende Seele aller Staatsverfassungen“ sein, Juden seien ihrer Religion halber auszuschließen, jeder Fähige zu allen Ämtern zuzulassen, die Verfassung zu vereinbaren. Den Staat gründet er, ähnlich dem jungen List, auf den Einzelnen, die Familie, die Gemeinde, den Gau, das Reich. Ministerverantwortlichkeit, öffentliche Rechtspflege und Rechnungsablage, Gleichheit vor dem Gesetz und Preßfreiheit kennen wir schon aus der „Reutlinger Petition“ vom Dezember 1820. Aber Volkssouveränität und Widerstandsrecht gegen vertragsbrüchige Regierungen sind Postulate, die Follen über den Liberalismus hinaus- und zu dem Satz führen: Der Krieg Einzelner gegen Einzelne, also die direkte Aktion, sei sittlich erlaubt und notwendig. Der deutsche Einheits- und Freistaat fordere den „Fürstenmord“ und „Umsturz der bestehenden Verfassungen“! Eben hierauf zielten ja Sands, des jungen Theologen, Attentat in Mannheim 1819 sowie der Wiesbadener Mordversuch des Gießener Apothekers

---

[68]) Vgl. „Die deutsche Sozialdemokratie“ l. c., S. 152—240.

[69]) Vgl. „The Works of Charles Follen, with a Memoir of his life“, Vol. I, Boston 1842. — H. Haupt l. c. 1907. — Ilse l. c., S. 40 ff., 126—132, 151—163. — R. Pregizer, „Die politischen Ideen des Karl Follen“, Tübinger Diss. 1912. — Alexander Pagenstecher, „Als Student und Burschenschafter in Heidelberg von 1816 bis 1819“ in „Voigtländers Quellenbücher“ Bd. 56, I, S. 36—37, 49, 54—55, 83, 87—88. — Heinrich Leo l. c., S. 171—192, 214—230. — Oben Anm. 32.

Loening. Darüber war es zu jenen Verfolgungen gekommen, denen auch Follens Konspirationsversuche nichts mehr entgegensetzen konnten.

Aus dem Schweizer Exil war er Ende 1824 nach Nordamerika geflohen, wohin List im Frühjahr 1825 nachfolgte[70]). Drüben hat Karl Follen offenbar „die Sache der Menschlichkeit“ nach den Grundsätzen von 1793 weiterhin verfochten; von La Fayette als Lektor an die Harvard-Universität empfohlen, stritt er nach 1830 für die Neger-Emanzipation und war zuletzt freireligiöser Prediger. Sein „unbedingter“ Freiheitssinn konnte keinerlei Schranken anerkennen und führte ihn, am Beginn des deutschen Vormärz, zu einer demokratischen Putsch- oder Terrortheorie, wie sie analog in den Anfängen der „Sozial-Demokratie“ um 1870 wieder auftaucht. Im „Großen Lied“, das er mit seinem Bruder Adolf Follen verfaßte, und anderwärts gab er seiner Überzeugung dichterischen Ausdruck:

„Nieder mit den Thronen, Kronen, Fronen, Drohnen und Baronen! Sturm!“ Der Refrain jedes Verses lautet: „Volk ins Gewehr!“

Das „Große Lied“ soll 1819 in rd. 6000 Stück an die verschiedensten Orte Deutschlands versandt worden sein[71]). Die Gießener „Schwarzen“ mit ihren Freunden brachten gleichzeitig eine anonyme Schrift unter das Volk, deren frühsozialistisch-demokratische Tendenz noch schärfer als die Follenschen Abstraktionen eine Grenzscheide bezeichnet. Es ist das „Frag- und Antwortbüchlein über Allerlei, was im deutschen Vaterland besonders Not tut. Für den deutschen Bürgers- und Bauersmann.“ Erschienen „Deutschland 1819“, hat es zum Verfasser den Darmstädter Gardeleutnant Wilhelm Schulz. Er stand den „Schwarzen“ nebst H. K. Hofmann nahe; 1819 hatte er auch Dr. Schott und Lists Schwager, den Redakteur Seybold in Stuttgart, kennengelernt. Seine christlich-urburschenschaftliche Begeisterung erinnert etwas an einen tätigen Teilnehmer des Wartburgfestes, den Berliner Gardeoffizier Hans Rudolph von Plehwe, der nach Sands Tat als einer der gefährlichsten Schwärmer verhaftet und nach Posen versetzt wurde, wo er es noch bis zum Hauptmann brachte[72]). Schulz' schwärmerische Schreibweise ist vom realistischen Schwung der Listschen Denkschriften denkbar verschieden; sie paßt dagegen zu den Unruhen jenes bewegten Sommers, in denen die Bauern des Odenwaldes gegen den vereinten Druck der jüdischen Händler, der standesherrlichen Feudallasten und der staatlichen Steuern aufstehen wollten. Schulz wendet sich gegen „hochadlige und hochnasige Herren“, die das Gold und Silber der Bürger und Bauern auf ihren Röcken tragen, sowie gegen die schwer bezahlten Beamten. Volksvertreter sollen gegen „unnötige Steuern und Abgaben“ wirken, — „aber ohne Unterschied,

[70]) S. oben Hauptteil D, 2. Kapitel, Anm. 29, 35, 36, 39.

[71]) Siehe Hermann Haupt 1907 l. c., S. 133.

[72]) Siehe Max Lenz l. c. Bd. II 1, S. 37, 48—49, 61.

ob einer reich oder arm, vornehm oder gering ist", gewählt werden. „Preßfreiheit und Redefreiheit", „Turnübungen" der Jugend, proportionale Vermögenslasten und freier Schulbesuch gehören zu dieser volkstümlichen Agitation. „Einzelne Reiche und Vornehme" leben üppig auf Volkskosten, „während Juden, Wucherer und Schmarotzer sich ihre Beutel gefüllt haben". Wendungen, die uns mehrfach an Lists Reutlinger Beschwerdeschrift erinnern, während die Frage „Wie ist's mit Handel und Wandel?" wieder an die Klagen der Kaufmannschaft anklingt. Da müsse „immer viel Zoll und Maut bezahlt werden, wenn etwas aus einem Ländlein ins andere soll, und drei Stunden von hier gilt wieder anderes Geld und wird mit anderem Maße gemessen". Deutschland müsse „eins und einig sein"!

Wegen ähnlicher Beschwerden war List, daheim wie am Bunde, als revolutionärer „Demagoge" verfolgt und verfemt worden. Der Unterschied liegt freilich darin, daß er an die Spitze der Stuttgarter Kammeropposition treten und gleichzeitig beim Bunde auf Erfüllung des Artikels XIX drängen wollte, während Schulz wie Follen in illegalen Formen „Umsturz der bestehenden Verfassungen" predigten. Die Mainzer Zentral-Untersuchungskommission sah im „Frag- und Antwortbüchlein" einen wichtigen, ja den einzigen Beweis konkreter Umsturzpläne. Allerdings dachte Schulz selber mehr an Liebe und Frieden, die er mit religiös gefärbter Naivität empfand. Wenn nur jeder Deutsche „recht gut und brav" wäre, mit seinesgleichen sich bespräche und einig würde, „dann gehts schon" (!) — „so nach und nach kann es schon werden". Er kennt Privilegierte, Bürger und Bauern, aber noch keine Arbeiter. Das hessische Militärgericht sprach den Verfasser frei, der 1821 seinen Abschied als Offizier nahm.

Nach der Julirevolution gehörte Schulz unter die Wortführer der sozialen Demokraten, ohne doch ausgesprochener Sozialist zu sein[73]). Im Anschluß an das Hambacher Fest, Anfang Juni 1832, ließ er in Darmstadt eine Schrift „Deutschlands Einheit durch Nationalrepräsentation" erscheinen. Jetzt kennt er bereits die Soziale Frage: „Die Not und die Sklaverei der Arbeiter" sei in England und Frankreich, aber auch in einem Teil von Deutschland „zu einem fast unerträglichen Grade gestiegen" und gefährde die öffentliche Ordnung. An Stelle sinkender Löhne und ungleicher Vermögensverteilung seien Gesellschaftsverträge mit Gewinnanteil der Arbeiter erwünscht, „weil dann jedem einzelnen Arbeiter nach dem Maße der wirklich gelieferten Arbeit vergolten wird". Die „Not der arbeitenden Klassen" ohne gewaltsame Umkehr zu beseitigen, schlägt er einen „konstitutionellen Föderativstaat" vor, lehnt aber Owen und den St. Simonismus ab. Gegen die „Überschwemmung mit britischen Waren" sei eine „temporäre Nationalmaut" angebracht; doch erwartet er — wie viele süddeutsche Liberale um 1832 — nichts

[73]) Vgl. seine Artikel „Communismus", „Fourier" im „Staatslexikon", 2. Auflage. Auch für die früher erwähnten Artikel „Demagog" und „Geheime Gesellschaften" galt er den Herausgebern offenbar als Fachmann; s. oben Hauptteil D, 1. Kapitel, Anm 1.

von einem preußisch-deutschen Zollverein: Politische Vereinigung der deutschen Volksstämme müsse einem allgemeinen Handelsverein vorausgehen. So steht Schulz etwa zwischen Rotteck und List; mehrmals nennt er Heinrich Karl Hofmann, und auch Gustav Kolb war er befreundet[74]). Daß er Lists früher genannte Artikel im „Staatslexikon" über Asien usw. mitbearbeitet hat, kann auf eine Verbindung beider Männer deuten oder eine einfache Anordnung der Redaktion gewesen sein. Durch ein hessisches Militärgericht alsbald verurteilt, floh Schulz 1834 aus dem Gefängnis und ließ sich in der Schweiz nieder; 1848 wurde er zur Frankfurter Nationalversammlung gewählt. Sein Buch „Die Bewegungen der Produktion" wird um 1844 von Marx mehrfach zitiert; 1855 schrieb er eine „Militärpolitik" und 1859 noch über „Die Rettung der Gesellschaft aus den Gefahren der Militärherrschaft" — eine historisch-statistische Darlegung mit Exkursen über „militärische Jugenderziehung", in der die liberalen Ansichten über „Volksheere" und „Konskription" fortentwickelt werden. Das Buch ist dem Freiherrn von Bunsen gewidmet, der inzwischen von seinem Londoner Posten zurückgetreten war. Auch hier lehnt er „kommunistische und sozialistische Lehren" als „Heilmittel" ab; rückschauend gesteht er, „daß wir im Jahr 1848 allzumal Toren gewesen sind". Sein „Deutsches Not- und Hilfsbüchlein für vorsichtig liberale Esser und Trinker" (1844) ist ebenso ironisch wie seine Verteidigung der hessischen Inquisitionsopfer Weidig und Georg Büchner gründlich.

Die potentielle Mannigfaltigkeit des vormärzlichen Einheitsstrebens zeigt sich mithin auch bei jenen Radikalen wirksam, die nach angemessenen Rechtsverhältnissen „zur Förderung und Sicherstellung der materiellen Interessen" suchen. „Nationalgeist" und „deutsche Gesamtmacht" bleibt auch ihr Ziel. Wenn aber Wilhelm Snell sich an „alle Edlen des Mittelstandes" wenden wollte und Kirchenrat Paulus 1814 von den „Niedern" sprach, wenn Karl Follen 1819 schon das „Volk ins Gewehr" rief, so wird dieser im Freiheitskampf gewonnene Antrieb durch die Julirevolution in noch breitere Schichten getragen werden und das Problem der „Proletärs" aufwerfen[75]). Der Deutsche Bund wie auch die Klein- und Mittelstaaten erwiesen sich zumeist unfähig, dem Anruf anders als durch verstärkte Unterdrückungsmaßnahmen zu antworten; erst im Bunde mit der preußischen Vormacht verwirklichte das Einheitsstreben sich im nationalen Maßstab. Unser Thema läßt diese staatlichen Gewalten weniger nach ihrer geschichtlichen Eigenleistung denn als Gegenspieler der populären Bewegungen erscheinen; um so stärker müssen wir ihr Dasein wie die in ihnen mitwirkenden rechtsstaatlichen

[74]) Vgl. Schulz l. c. 1832, S. 95—96; 65 Anm., 80 Anm. und 297 Anm. Vgl. unten Hauptteil F, 2. Kapitel, Anm. 15. — S. „Deutsche Sozialdemokratie" l. c., S. 48ff., 100ff., 160ff.

[75]) Über Lists Stellung hierzu s. unten Hauptteil F, 2. Kapitel, Anm. 28ff.

und wirtschaftsliberalen Gedanken uns bewußt halten[76]). Anderseits besteht zu Recht, daß alle volkstümlichen Wünsche nach nationaler Markteinheit „von unten" sich erheben und in dem politischen Verlangen nach „Einheit und Freiheit" seit 1813 mitenthalten sind. Unter dieser Konstellation bleiben, wie der Versuch von 1848/49 erweisen wird, auch der sich entfaltende Widerspruch des freihändlerischen Agrar- und Handelskapitals zum Industrie- und Binnenmarktinteresse sowie die Soziale Frage einbeschlossen; eben hierdurch gewinnen sie den nationalen Maßstab. War doch „Freiheit und Wohlstand", vor wie nach 1830, Lists eigene Parole.

In seiner Wiener Denkschrift vom 15. Februar 1820 hatte List bereits auf mögliche „Gärungen im Innern der Staaten" hingewiesen, auch von einem „Wohlstandskrieg" gesprochen, um dem „Vereins"-Anliegen stärkeren Nachdruck zu verleihen[77]). Um so mißfälliger nur hatten die in Wien versammelten Staatsmänner das „rein revolutionäre" Treiben dieses „exaltierten Vereins" und die „revolutionäre Sprache" seines Konsulenten wahrgenommen. Wenn kleinstaatliche Minister wie Berstett den Nutzen hervorhoben, den handelspolitische Maßregeln des Bundes für die „chimärischen" Hoffnungen im Volke haben könnten, so mag das Gefühl ihrer eigenen Schwäche mitgesprochen haben; nur Kleinstaaten wie Hessen-Darmstadt, Weimar u. a. hatten ja den „Verein" rechtlich anerkannt[78]). Hier, etwa im hessischen Odenwald, war es ja im Gefolge der allgemeinen Agrarkrise schon 1819 zu bäuerlichen Unruhen gekommen, und hier, wo die radikalen Strömungen am stärksten waren, flammte nach der Julirevolution der Aufstand an mehr als einer Stelle auf, während in Österreich und Preußen namentlich die Ruhe ungestört blieb. Erst 1848 sollte die revolutionäre Welle im ersten Anlauf das Gesamtgebiet des Bundes überfluten.

Im Heimatland der „Unbedingten" hatten niedrige Agrarpreise und hohe Schulden, zusätzliche Lasten in den standesherrlichen „Souveränitätslanden" sowie das Elend der Hausspinnerei und -weberei, auch die bis 1848 vielgenannten Jagdmißbräuche das bäuerliche Element bedrückt. Ferner wirkte der preußisch-Darmstädter Zollverein von 1826 ungünstig auf das benachbarte Kurhessen. So konnten im September 1830 die Zollämter zu Hanau gestürmt werden und das „Schwarze Corps" unruhiger Bauern zwischen Büdingen und Schotten auftreten. „Schon zeigten sich unter dem städtischen Proletariat kommunistische Tendenzen —."[79]) Sogleich schlossen Regierung und Liberale sich zusammen gegen den „Pöbelaufstand" aus der „Hefe des Volkes". Einige Steuerreformen erfolgten und bis 1848 hielt du Thils Verwaltung das Land in fester Hand. Jedoch brachten das „Hambacher Fest" und die

[76]) Für Preußen vgl. oben Hauptteil B, 2. Kapitel, und C, 2. Kapitel passim.

[77]) S. oben Hauptteil B, 2. Kapitel, Anm. 33.

[78]) S. oben Hauptteil B, 1. Kapitel, Anm. 23; 2. Kapitel, Anm. 10.

[79]) Siehe Chr. Crößmann, „Die Unruhen in Oberhessen im Herbst 1830", 1929, S. 73. — Die Regierung sprach vom „Auswurf der Menschheit".

retrograden Bundestagsbeschlüsse von 1832, vielleicht auch das Inkrafttreten des Deutschen Zollvereins und weiterhin der Frankfurter Wachesturm 1833 neue Unruhe; während draußen das „Junge Deutschland" und das „Junge Europa" sich bildeten, trugen Georg Büchner und Pfarrer Weidig noch einmal die Widerstandsgedanken der „Schwarzbündner" in das Volk. Weidig schrieb den „Leuchter und Beleuchter für Hessen", Büchner seinen „Hessischen Landboten", der eine durchaus sozialistisch-demokratische Tendenz zeigt. Freilich ohne Erfolg, da die Bauern den Umsturzplänen unzugänglich blieben; Weidig endete alsbald im Kerker, während der junge geniale Dichter bei Nacht und Nebel aus Gießen und später aus Darmstadt sich nach Straßburg flüchtete. Von dort schrieb er im Juni 1835: „Ich habe in der neuen Zeit gelernt, daß nur das notwendige Bedürfnis der großen Masse Umänderungen herbeiführen kann, daß alles Bewegen und Schreiben einzelner vergebliches Torenwerk ist. Sie schreiben, man liest sie nicht; sie schreien, man hört sie nicht; sie handeln, man hilft ihnen nicht." Zu Gutzkow, von dem die neue Bezeichnung des bisher sog. „Pauperismus" als Sozialer Frage stammt, äußerte der Dichter des „Danton" sich noch schärfer: „Das Verhältnis zwischen Armen und Reichen ist das einzige revolutionäre Element in der Welt; der Hunger allein kann die Freiheitsgöttin, und nur ein Moses, der uns die sieben ägyptischen Plagen auf den Hals schickte, könnte ein Messias werden. Mästen Sie den Bauern, und die Revolution bekommt die Apoplexie. Ein Huhn im Topfe jedes Bauern macht den gallischen Hahn verenden." Wenn Büchner die Bauern und Handwerker durch die Fürsten und Schranzen, deren Reich vom Teufel sei, geschunden findet, so klingen Wilhelm Schulz' Anklagen aus dem „Frag- und Antwortbüchlein" vom Sommer 1819 darin deutlich wider[80]).

Dieser südwestdeutsche Radikalismus mündet in die allgemeine Bewegung der deutschen Revolution. Anfang März 1848 kommt es wieder zu Bauernunruhen in den standesherrlichen Gebieten von Riedesel und Erbach. „Bürgercomités", „Demokratische Vereine" und „Arbeiterbildungsvereine", Handwerker- und Arbeiterorganisationen zeigen an, daß die Soziale Frage jetzt weitere Schichten ergriffen hat. Ein Freund Weitlings und Büchners war etwa der Pfarrersohn und Gießener Student der Theologie August Becker, der um 1844 in der Schweiz mit Weitling kommunistische Gedanken verkündet hatte. In Gießen redigierte er den „Jüngsten Tag" und förderte die oberhessische Bauernbewegung; bis Ende 1853 setzte er seinen Kampf fort und wanderte dann nach Nordamerika aus, wo er Deutsch-Katholik und Spiritist geworden sein soll. So teilte er das Schicksal eines Karl Follen, Wilhelm Wesselhoeft, Sartorius.

[80]) Über Büchners Verhalten zur „Gießener Winkelpolitik" und im Exil s. „Nachgelassene Schriften von Georg Büchner", 1850, S. 1—47, 243—258. — Oben Anm. 47. Ein Dr. Büchner aus Hessen war Korrespondent des „Zollvereinsblatt"; s. „Werke" Bd. VII, S. 29.

Wir brechen ab. Denn wir würden hier jene Konstellation des Vormärz verlassen, unter der Lists Wirken stand. Die Berührung mit den radikalen Tendenzen um 1819 bis 1825 — so entscheidend sie für Lists Leben war — wurde nach 1830 abgelöst durch sein Wirken für die materiellen Nationalinteressen; damit schied er sich von jenen Bewegungen, welche im Parteienkampf seit 1848 auseinandertreten und in die innere Problematik der „neuen Aera" um 1860 überleiten. Es ist kein Zufall, daß gerade die „reinen" und „sozialen" Demokraten Lists Erziehungspläne ablehnten und zum Freihandel hielten. Der politische Sieg blieb ihnen abermals versagt; die überlieferten Gewalten wurden des Ansturms mächtig und erst in ihrem Machtkampf wurde die Staatswirklichkeit umgestaltet, erhielt das Problem der „Einheit und Freiheit" auf neuer Stufe seine Auflösung. Wir wollen nunmehr im letzten Hauptteil untersuchen, wie Lists Persönlichkeit und Werk nach ihrer geschichtlichen Besonderheit und ihrem allgemeinen Gehalt sich abschließend uns darstellen.

HAUPTTEIL

F

DER MANN UND DAS WERK

ERSTES KAPITEL

Lists Persönlichkeit und ihre Umwelt

Wir haben das Thema, die Durchführung und wesentliche allgemeine Momente des Listschen Lebenswerks betrachtet. Fassen wir unseren Gegenstand noch einmal im Spiegel der Listschen Subjektivität, um hieran die Bindung wie das Fortwirken seiner objektiven Leistung zu ermessen.

Ein solcher ursprünglicher Geist war nur schöpferischen Menschen innerlich verwandt. Welche Fülle geschichtlicher Gestalten zieht im Gesichtsfeld Lists von 1816 bis 1846 an uns vorüber! Aber welche Fülle auch von Mißverstehen, Übelwollen, Intriguen, Spionage, Verfolgungen und tödlichem Haß! Manche seiner Personal-Akten scheinen im Original nachträglich vernichtet worden zu sein. Der Denunziant seiner „Reutlinger Petition" von 1821[1]) konnte noch im März 1846 — kurz vor Lists Tod — aus dem württembergischen Hofdispositionsfonds eine Zuwendung erhalten, und die Gesinnung mancher Gegner — Gustav Harkort in Leipzig, Justizminister von Maucler in Stuttgart — scheint sich in deren Familien durch Generationen erhalten zu haben[2]).

List — mit der Vertrauensfreudigkeit und Offenheit, die genialen Menschen sooft eigen, und dank der gleich gefährlichen Neigung, „winzige Charaktere mit der Geißel des Witzes zu züchtigen" — erlag nur allzuleicht den Machinationen kleinerer Geister. „Und doch weiß ich längst, daß das Gesicht nur eine Kulisse ist: beweglich und veränderlich, die, wenn man sie wegnimmt, häufig nicht den schönsten Grund zeigt[3])." „Die Natur hat mir ein Herz gegeben, das für das Schöne und Gute und Edle empfänglich ist, für Freude und Schmerz, für sanfte Empfindung, aber auch für aufbrausende Leidenschaft, wo meine gute Absicht, meine Ehre, meine Menschenwürde verkannt wird" — so schildert Schillers junger Landsmann sich selber schon der Braut. „Mangel an sogenannter Politesse" sei sein Hauptfehler; er könne weder schmeicheln noch gegen die eigene Überzeugung sprechen.

[1]) Vgl. oben Hauptteil D, 1. Kapitel, Anm. 11. — „Werke" Bd. VIII, S. 807.

[2]) Vgl. von der Leyen 1931 l. c. über Bergers Harkort-Biographie und Max Höltzel, „Friedrich List als Politiker", Reutlingen 1931, S. 3—5. — „Werke" Bd. III 2, S. 735—736.

[3]) Siehe Lists Selbstkritik in „Werke" Bd. VIII, S. 118—121.

Kein Wunder, wenn List in seinem ungarischen Gutachten an Metternich noch 1845 klagte: „So habe ich .... die alte Beobachtung bestätigt gefunden, daß in kleinen Staaten alle Politik rein persönlich wird und daß in solchen Ländern persönliche Abneigung, aus politischen Gründen erwachsen, selten früher aufhört, als mit dem Tode des verhaßten Individuums." An solcher nachwirkenden Abneigung hielten seine lokalen Gegner in Württemberg ja nicht weniger fest als der österreichische Staatskanzler selber! List wußte freilich um die Gehässigkeiten der „Lokalpolitik" aus eigenster Anschauung: „Was man in größeren Staaten schätzt, bringt oft die Leute in kleineren um", bemerkte er schon 1822 seiner Frau. „Es ist ein ganz eigenes Gefühl, wenn man aus dem Lande der Philister, die uns verfolgen, weil wir nicht auch Philister sind, in ein großes Reich eintritt, in dem alles großartig ist[4])" — so empfindet er beim Übertritt aus der Heimat, wo die Justiz ihn „Karren ziehen lassen" wollte, ins benachbarte Frankreich. Es blieb ein Teil seines Unglücks, daß er — der „Reichsstädter" — immer wieder der ehemaligen Rheinbundwelt sich verhaften mußte, von Stuttgart (1819) über Leipzig (1833) bis Augsburg (1841). Die gesamtdeutschen Pläne der „Vereins"-zeit hatten ja gleichfalls scheitern müssen, weil sie wohl bei Mittel- und Kleinstaaten, nicht aber in Österreich oder in Preußen den nötigen Rückhalt gefunden hatten.

Lists Tätigkeit im „Handels- und Gewerbsverein" und namentlich seine Wiener Mission 1820 — praktisch gesehen erfolglos, wie sie waren — gaben noch nach Jahren einen Anlaß für persönliche Angriffe. Wir erblicken heute jenes Auftreten in der Öffentlichkeit unter dem Aspekt eines ersten Kampfes für die deutsche Markt- und Nationaleinheit; dennoch dürfen wir das subjektive Moment innerhalb des allgemeinen Geschehens nicht vernachlässigen. Selten nur erstrahlt eine bedeutende Persönlichkeit in jenem fleckenlosen Licht, das spätere Bewunderer und ein posthumer Erfolg ihrer Ideen über sie ergießen; um in Lists Nähe zu bleiben, erinnern wir nur an Adam Müller oder auch Karl Marx[5]). Wo viel Licht, ist auch viel Schatten: diese volkstümliche Beobachtung gilt nicht zuletzt für alle Versuche, das Bild ihres „Helden" im Rahmen bürgerlicher Normaltugenden zu fassen. Aus der Neuheit des Gedankens folgt überdies, daß sein Träger den Anstoß zugleich gibt und leiden muß; der Zusammenstoß schlägt Funken — und so erfährt der prometheische Trotz das prometheische Schicksal.

Wir lernten nicht nur des Schwaben zukunftsträchtigen Sinn kennen, der ihn in einen objektiv notwendigen Widerspruch zum gesamten „Milieu" setzte; wir sahen auch sein subjektives Mühen, sich eine Po-

---

[4]) S. „Werke" Bd. VIII, S. 207, 211; auch 498.

[5]) Vgl. oben Hauptteil C, 1. Kapitel, wegen Adam Müller, und ferner Lenz, „Staat und Marxismus", l. c. I. Kapitel, wegen Karl Marx.

sition zu schaffen als Unternehmer oder Syndikus, Geld zu verdienen und seine offenen oder versteckten Widersacher gegeneinander auszuspielen. Anschaulich zeigen seine Tagebücher z. B. List inmitten der Leipziger Intriguen[6]): „So muß ich denn noch in meinen alten Tagen Verstellung lernen ... .. Ich muß nun die guten Leute mit lauter Wahrheit betrügen —." Die Gegner freilich haben ihn überlistet, und wenn sie seiner Fehlschläge sich freuen mochten, auch an den Ecken und Kanten seines oft überraschen, maßlosen Wesens sich gestoßen. Dies gilt schon für die kleineren Gefährten seiner Jugendkämpfe: Kaufleute wie Elch-Kaufbeuren, Miller-Immenstadt, Bauerreis und Schnell aus Nürnberg[7]). Schon in einem Brief vom 12. Oktober 1820 an Bauerreis[8]) mußte List sich gegen Beschuldigungen und Schwätzereien des ihm feindlich gesonnenen Schnell verwahren. Während Lists Abrechnung kleinlich behandelt werde, sei er dem „Verein" in Wahrheit finanziell uneigennützig entgegengekommen. Ein „Vereins"-Rundschreiben „an den Handels- und Fabrikantenstand" vom 25. Mai 1820 hatte Lists unermüdliche und finanziell uneigennützige Konsulententätigkeit hervorgehoben; nach der Auflösung des „Vereins" aber wollte der Vorwurf nicht verstummen. Gegen die oben[9]) erwähnte Darstellung im Brockhausschen Lexikon von 1827 sandte List, am 1. November 1828, aus Reading eine Erwiderung an Ernst Weber und Arnoldi, die er mit der Überschrift versah: „Dem Verdienste seine Krone — nur keine Krone von Dornen." Emminghaus[10]) berichtet hierzu: „Arnoldi, neuerdings durch Lists Eisenbahn-Ideen sehr entschieden für ihn eingenommen, aber auch durchdrungen von der Überzeugung, daß es Ehrensache sei, Lists Verdienst um den Handelsverein nicht verdunkeln zu lassen, betrieb den Abdruck jener Berichtigung" — anscheinend erfolglos[11]).

Als List im Vorwort zum „Nationalen System" 1841 sein eigenes Verdienst um den „Verein" hervorgehoben hatte, beschwerte sich J. M. Elch-Kaufbeuren brieflich über Lists Anspruch, „die Idee der Handels-Freiheit im Innern und nach Außen" als erster proklamiert zu haben. Elch hätte sich bescheiden im Hintergrund gehalten, obgleich er selber noch vor Lists Ankunft in Frankfurt den gleichen Gedanken an Schnell weitergegeben habe. Wir sahen eingangs unserer Monographie, warum der Gedanke nationaler Markteinheit seit 1815 aufkam

[6]) S. „Werke" Bd. III 2, S. 742—747.

[7]) Vgl. oben Hauptteil B, 1. Kapitel. — „Werke" Bd. I 1, S. 27—29, 64—81. — Schnell wurde im Herbst 1821 wegen „niederträchtigen Betragens" aus dem „Verein" ausgeschlossen.

[8]) S. List-Archiv F. VII, Nr. 50; F. XIV, Nr. 1. — Vgl. Ernst Weber über Schnell bei Olshausen l. c., S. 301—302.

[9]) S. Hauptteil B, 2. Kapitel, Anm. 16.

[10]) l. c., S. 139, 158. — Vgl. Olshausen l. c., S. 300, 341—342.

[11]) Arnoldi hatte schon im Februar 1828 Lists Verbannung nach Amerika aufrichtig beklagt; s. seinen Brief an Ernst Weber in „Werke" Bd. I 1, S. 63. — Vgl. oben Hauptteil B, 1. Kapitel, Anm. 19, 21.

und wie er mit freihändlerischen Interessen sich verband; wir könnten jenen Prioritätsanspruch daher auf sich beruhen lassen[12]). Jedoch hat List im letzten Lebensjahr noch Anlaß gefunden, die Herabwürdigung seiner „Vereins"-Tätigkeit abzuwehren[13]). Mit Elch gemeinsam hatte Franz Miller aus Immenstadt — vordem bankerotter Leinenhändler, der als geadelter württembergischer Obersteuerrat starb — das Verdienst am Gedanken deutscher Handelseinheit List absprechen wollen; jener Artikel im „Brockhaus" sowie weitere anonyme Angriffe in der Frankfurter „Oberpostamts-Zeitung" stammten offenbar von ihm. Gegen diese „ebenso schamlose als lügenhafte und verleumderische, aller inneren Glaubwürdigkeit ermangelnde . . . Schmachartikel" — „des kleinen schlauen dicken Männchens" Miller setzte List sich noch einmal im „Zollvereinsblatt" zur Wehr: Jener habe ihn seit dem Darmstädter Kongreß verdächtigt, um den „Verdacht der Demagogie" bei den Regierenden von sich selbst abzulenken — zumal nachdem List anscheinend in Nordamerika verschollen war. Mit Heftigkeit wirft List dem Gegner „Lüge, Verrat, gemeinen Eigennutz und alle nur erdenklichen käsekrämerlichen Niederträchtigkeiten" vor; er habe Miller, der vorher in Immenstadt „einen schmachvollen Bankerott gemacht", seinerzeit auf Elchs Verwendung hin als Gehilfen angenommen, dieser jedoch sich solchen Vertrauens alsbald unwürdig bezeigt.

So suchte List sich gegen einen „literarischen Meuchelmord" zur Wehr zu setzen; ein noch folgenreicherer Prioritätsstreit aus dem gleichen Jahr 1846 wird uns noch beschäftigen. Selbst eine derartige Abwehr konnte das Netz eifersüchtigen Ressentiments nicht zerreißen[14]).

Bauerreis, der ehemalige „Vereins"-Kassierer, führte noch durch Jahrzehnte einen hoffnungslosen Kampf um Vorschüsse, die er in Angelegenheiten des „Vereins" geleistet hatte; wir sehen, wie dornenvoll der Weg eines Wirtschafts-Syndikus anfänglich war! So blieb seine Stimmung gegen List, den ehemaligen „Konsulenten", unverändert. Bauerreis veröffentlichte sogar nach Lists Tode, im Februar 1847, „Etwas aus der Geschichte des sogenannten Deutschen Handels- und Gewerbsvereins von 1819", nebst einem Anhang aus dem „Frankfurter Journal" vom Januar 1847 über den deutschen Zollverein und Dr. F. List. Darin wurde Lists angeblicher Anspruch, unter die Begründer des Zollvereins zu gehören, bestritten und dies Verdienst wiederum dem ebengenannten Franz Miller-Immenstadt erteilt. List habe 1819 nur „einträgliche Geldspekulationen" bezweckt und darum den württembergischen Staatsdienst mit der „Vereins"-Tätigkeit vertauscht! Er

---

12) Vgl. Lists Selbstdarstellung der „Vereins"-Tätigkeit und ihrer Folgen für die Zolleinheit in „Werke" Bd. VI, S. 7—12, 132—135.

13) S. „Werke" Bd. I 1, S. 67—81.

14) Vgl. H. F. W. Bauerreis, „Kurzgefaßte Geschichte des Deutschen Handels- und Gewerbsvereins vom Jahr 1819", 1838. — J. M. Elch, „Zur Grundgeschichte des Zollvereins" in „Allgemeines Organ für Handel und Gewerbe", Köln, 29. September 1846. — Siehe Olshausen l. c., S. 183—186; „Werke" Bd. VI, S. 498—499.

habe ein Jahresgehalt von 3000 Gulden erhalten und außerdem in Wien sowie für seine anderen Reisen 6000 Gulden liquidiert, auf Kosten der leitenden „Vereins"-Mitglieder, die von seiner sprunghaften Tätigkeit enttäuscht und für ihre Auslagen niemals entschädigt worden seien. Daher sei die beabsichtigte Versorgung der Listschen Hinterbliebenen ein unverständliches Beginnen, gegen das Bauerreis sich energisch wenden müsse[15]).

Öffentlichen oder versteckten, beruflichen und kollegialen Anfeindungen, noch über den Tod „des verhaßten Individuums" hinaus, sei ein privates Zeugnis von Freundeshand entgegengehalten. Als Mittler in „Vereins"fragen schrieb Ernst Weber Ende Oktober 1820 — kurz vor Lists Katastrophe — über seinen „teuersten Freund"[16]): „Ohne diesen Mann können, dürfen und wollen wir nichts tun. Seinen tiefen Blick und Scharfsinn, seine gediegenen und gründlichen Kenntnisse und Einsichten in die Staatswirtschaft, von der der Handel ein Zweig ist, die reichen und unerschöpflichen Ressourcen seines Geistes ersetzt uns niemand. Auch ich wünsche zwar..., daß sich sein Freiheitssinn...... weniger warm und glühend aussprechen möge, obschon ich ihm nicht zur Last legen kann, daß er nicht auf seiner Hut wäre, sich da zu mäßigen, wo es nötig ist. Auch ich billige nicht, wie ich oft genug geäußert habe, daß er neben der Hauptsache zugleich oft auf andere, nicht unmittelbar zum Zweck führende Pläne und in der Ferne stehende Aussichten verfällt. Allein ein so reicher Geist kann nicht mit dem gewöhnlichen Maßstabe gemessen werden; solche Nebenausflüsse sind ihm zuweilen nötig, um die Fülle seiner Ideen abzuleiten. Ich habe bemerkt, daß er, wenn man diese ruhig ausströmen läßt, dann bald genug von selbst zur Hauptsache zurückkehrt und nun mit doppelter Gediegenheit vollendet, was er früher entworfen hat. Inzwischen ist es gut und nötig, ihn von Zeit zu Zeit daran zu erinnern, was er auch, wenn man nur klugerweise die erste Hitze verrauchen läßt, immer gut aufnimmt. Auch kann es gar nichts schaden, wenn man zugleich auf solche Perspektiven hinweist, nur muß jedesmal dabei bemerkt werden, daß es bloß geschehe, um in der Ferne zu zeigen, wieviel Großes und Gutes auch für die spätere Zeit aus diesem Verein hervorgehen werde, um nicht den Vorwurf von Planmacherei auf uns zu laden. Dies beobachtet aber unser Professor meistenteils selbst.... Besäße übrigens unser Professor diesen reich begabten Geist nicht — würden wir wohl dann dahin gekommen sein, wo wir jetzt schon stehen?... Wer von uns allen hätte die verblendete

[15]) Gustav von Struves „Deutscher Zuschauer" in Mannheim, Nr. 3 vom 16. Januar 1847, verbreitete den vom 30. Dezember 1846 datierten Aufruf; unter den Unterzeichnern seien hervorgehoben: Freiherr von Cotta, die Bankiers Federer-Stuttgart und Louis von Haber-Karlsruhe, Dr. Wolfgang Menzel sowie vom Süddeutschen Fabrikantenverein Deffner, Dörtenbach, Ostertag, endlich Lists alter Freund Dr. A. Schott. — Olshausen l. c., S. 67—70, bringt genaue Nachweise über Lists sehr bescheidene „Vereins"-Bezüge.

[16]) Siehe Olshausen l. c., S. 325. — Vgl. oben Hauptteil B, 3. Kapitel, Anm. 14.

Eitelkeit, sich mit ihm messen zu wollen? Also ohne ihn keinen Schritt!"

Am Anfang wie am Ende des Listschen Lebensweges steht die Feindschaft jener „Schule", jener „Schulmeisterköpfe", denen List eine offene, aber in seinem Werk sachlich verwurzelte Abneigung entgegenbrachte. Hatte er selbst doch keine sog. Hochschulreife erlangt und schon als subalterner „Schreiber" durch eigene Gedanken angestoßen. Allzu sichtbar verwarf der entlassene Professor den „Sektengeist der Nationalökonomen, der alles zugrunde gehen läßt, nur um das System zu retten"; deutlich empfand er, daß eine Synthese von Staatswissenschaft und Staatskunst dort unmöglich sei: „Mir ist noch kein einziger Nationalökonom vorgekommen, der zugleich ein bedeutender Politiker und Staatsmann gewesen wäre[17])." Es gäbe „Ökonomen, die nur eine Munizipalwirtschaft, andere, die nur eine Provinzialwirtschaft, und wieder andere, die eine ganze Nationalwirtschaft zu übersehen vermögen[18])".

In Tübingen, sahen wir, trat der Rechnungsrat List in den Kreis einer Hochschule, die den unbequemen Außenseiter wieder auszuschalten sich alsbald bemühte. Fühlte er sich ja selber „mehr als wissenschaftlicher Praktiker, denn als schulgerechter Gelehrter". Senatskollegen denunzierten den jungen Kollegen beim Ministerium wegen seiner volkstümlichen Wahlreden. Die Staatswirtschaftliche Fakultät, deren geistiger Anreger List gewesen war, verbot ihm 1819 die „Betätigung im Ausland", „da solche Tätigkeit einem württembergischen Professor nicht gezieme" — ein Argument, das zu seinem Ausscheiden aus der Professur führte. Wie hätten ihm, dem mittleren Beamten ohne richtiges Studium und ohne Doktorwürde, seine Kollegen freundlich gesinnt sein können? Ein Rechnungsrat als Ordinarius „mit Sitz und Stimme in der Fakultät und im Senat"! Daß List mit gleichen Geld- und Naturalbezügen, wie der Dekan Professor Fulda sie erhielt (878 Gulden jährlich), durch den Minister von Wangenheim berufen wurde, mag seine Stellung nicht verbessert haben; jedenfalls erscheint Fulda schon im April 1818 als Wortführer seiner Fakultät gegen den Eindringling beim König Wilhelm I.[19]). Der Tübinger Staatsrechtler Robert von Mohl hat in seinen „Lebenserinnerungen"[20]) List ein wenig freundliches Denkmal gesetzt, dessen Treue allerdings zweifelhaft wird, wenn wir seine Kritik an Lists angeblich nicht zustande gekommenen Vorlesungen mit dem Tübinger Vorlesungskatalog, dem Senatsbericht und namentlich Lists

---

[17]) S. List-Archiv F. XXXIX, Nr. 110. — Vgl. Bismarcks analoge Urteile!

[18]) Vgl. „Werke" Bd. I 2, S. 598—599; Bd. III 1, S. 355, sowie Lists Polemiken in „Werke" Bd. VI, Anhang zum „Nationalen System", und Bd. VII, S. 411—438.

[19]) Siehe M. Hoeltzel, l. c. 1931, S. 31—32, oben „Einführung" und „Werke" Bd. VIII, S. 113—118, 124—128. — Fulda suchte die Physiokratie mit Adam Smith zu vereinigen; er gehört unter die frühen Vertreter der akademischen „Schule" in Deutschland.

[20]) Bd. II, 1908.

Vorlesungsmanuskripten vergleichen[21]). Enthalten Mohls Erinnerungen doch mancherlei akademisches Gemisch aus Klatsch und Selbstgefälligkeit.

Robert von Mohl — Lists Landsmann und seit 1824 Professor der Staatswissenschaften in Tübingen, 1846 im Konflikt mit der Regierung ausgeschieden — konnte lange Zeit mit List zu keinem persönlichen Einverständnis kommen; noch als er Lists „Nationales System" in Cottas „Allgemeiner Zeitung" anzeigte, bat er Georg von Cotta, dieser möge seinen Namen nicht an List mitteilen[22]). „Ich mag mit ihm persönlich nichts zu tun haben. Übrigens ist meine innigste Überzeugung, daß das Buch vortrefflich ist. Ich hätte es ihm lange nicht zugetraut." Er wurde im Jahr 1848 Reichsjustizminister.

Anders sein Bruder, der Stuttgarter Obersteuerrat und spätere Parlamentarier Moritz Mohl[23]). Gleich List für eine großdeutsche Wirtschaftseinigung gestimmt, fand er Deutschlands Heil nur „in der Verbindung mit Österreich", nicht im „Schlepptau der englischen, belgischen etc. Interessen". — „Daß die preußischen Geschäftsmänner unwissend, daß sie schlecht und verkauft sind", darüber kam diesem schroffen Schwaben „kein Schatte von Zweifel". Daß seine wie Lists Aufsätze „in Berlin den Personen, welche daselbst seither die Träger der auswärtigen Einflüsse waren, unangenehm sind", schien ihm um 1842 unvermeidlich. So waren ihm Lists Beiträge unter dem Pseudonym „Justus Möser" ganz „aus dem Herzen geschrieben[24]). Als das „Nationale System" 1841 erschienen war, schien es ihm ein „Herzensbedürfnis" und „im Interesse der öffentlichen Sache Pflicht ..., mit meinen schwachen Kräften das Meinige beizutragen, um Lists seltenen Verdiensten um Deutschland Anerkennung zu verschaffen". Zum Erscheinen der ersten Bogen des „Zollvereinsblatt" schrieb er, im Oktober 1842, an Georg von Cotta: „Ich habe sie mit dem gespanntesten Interesse gelesen, finde sie, wie alles, was ich von List las, ganz vortrefflich und wünsche List und der deutschen Sache aus innigstem Herzen Glück dazu. Ich bin auch überzeugt, daß sie eine große Verbreitung und großen Beifall in dem beteiligten und unbeteiligten Publikum finden werden —."[25]) Wegen des Anschlusses von Österreich, Hannovers und der Hansestädte an den Deutschen Zollverein beseelte der gleiche Optimismus ihn wie List; allerdings sollte der eigenwillige Schwabe als Außenseiter das Schicksal seines großen Landsmannes List teilen. Noch im März 1846 nannte er ihn brieflich „den ersten Mann in Deutschland[26])".

Die Vorstellung, daß List ein Leben lang wohlbestalltes Mitglied einer deutschen Kleinstadt-Universität gewesen wäre, bleibt freilich

---

[21]) S. „Werke" Bd. I 1, S. 15—17, 308—316, 353—434; Bd. VIII, S. 121—122, 776, und oben Hauptteil A, 1. Kapitel zu Anm. 9, 10, 45.

[22]) S. „Briefe an Cotta 1833—1863" (III. Bd.) l. c., S. 109.

[23]) S. ebenda S. 106—123 und „Werke" Bd. VIII passim.

[24]) In der „Allgemeinen Zeitung"; vgl. Kapitel 3 dieses Hauptteils, Anm. 21.

[25]) Zum Schicksal des Listschen „Zollvereinsblatt" vgl. Einleitung in „Werke" Bd. VII sowie unten Anm. 84 zu Dr. Toegel.

[26]) S. „Werke" Bd. VIII, S. 740—742, 932.

unvollziehbar. Er war nun einmal kein „deutscher Professor nach dem Herzen Gottes", wie er das nennt. Freilich ein „Nationalökonom und Finanzmann"; dies durfte er sein „Fach" nennen, theoretisch wie praktisch. Aber „Stubengelehrte, welche Handel und Gewerbe nur aus Büchern kennen", waren ihm schon zur „Vereins"-Zeit verhaßt — weil jene Klasse von Leuten, „gewohnt durch die Brille einer falschen Theorie zu beobachten, die Gegenstände immer in falschem Lichte sieht". Die Theoretiker der „Schule" und „flinke Schreibfedern" im Solde des gewinnreichen Importhandels mit britischen Fabrikaten pflanzten das Panier ihrer Prinzipien, sagt er, „auf die Trümmer der versunkenen deutschen Nationalindustrie". Solche „mit unverdauten Büchersystemen behafteten" Gegner kämpften für den „Zwischenhandel" schon gegen Lists „Verein", der doch „keine spitzfindige gelehrte Erfindung" war, sondern Ausdruck eines neuen nationalwirtschaftlichen Prinzips.

Diese Feindschaft zwischen der „Schule" und dem Außenseiter blieb bestehen. „Über die Notwendigkeit gelehrter Gevatterschaften" hat er noch 1845 sich entsprechend ausgelassen[27]). Sogar sein Tod steht unter dem Schatten eines literarischen Konflikts mit der Fachgelehrsamkeit und ist hierdurch beschleunigt worden. Professor Friedrich Schmitthenner, Ordinarius an der hessischen Landesuniversität zu Gießen, ließ List im Winter 1845/46 durch die Frankfurter „Oberpostamts-Zeitung" und die Darmstädter Staatszeitung anonym angreifen: List habe das Schutzzollpostulat und damit den Hauptgedanken seines „Nationalen Systems" aus § 483 des Schmitthennerschen V. Buches über den Staat von 1839 abgeschrieben! Als „Plagiator" und trivialer Scharlatan (!) sollte List vor ganz Deutschland „gezüchtigt" werden. Dieser Schuß aus dem Hinterhalt — von einem an sich nicht verdienstlosen, aber sich offenbar überschätzenden Gießener Fachgelehrten gelenkt — hat List schwer verwundet. Mit einem „öffentlichen Kriminalprozeß" wollte er seinem „verkappten Ankläger" erwidern. Wir verdanken diesem „diplomatischen Dolchstoß", wie List sagt, den Schmitthenner für die „deutschen Fachgelehrten" führen ließ, daß List seinen letzten großen Aufsatz über „Die Politisch-ökonomische Nationaleinheit der Deutschen" abbrach, um dem Professor Schmitthenner zu antworten, und Deutschland damit den Abschluß seines literarischen Testaments schuldig blieb. Der Versuch, List „moralisch zu vernichten", nahm jenen „wundervollen und göttergleichen Paragraphen 483 des mir — Gott weiß es — unbekannten, obschon sehr berühmten Schmitthennerschen Staatsrechts" nur zum Vorwand[28]). Vordem hatte Georg

[27]) Vgl. auch List über den akademischen „Unfug gegenseitiger Gefälligkeitskritiken" in „Werke" Bd. IX, S. 167; über „literarische Gevatterschaften" ebenda S. 249—251.

[28]) Im einzelnen vgl. Hans Henkel, „Friedrich Jakob Schmitthenner", Gießener Dissertation 1929, S. 13—15. — Lenz in „Schmollers Jahrbuch" 1924, S. 16—21. — Der Redakteur der „Oberpostamts-Zeitung" galt übrigens als literarischer Agent der Wiener Hofburg! Vgl. oben zu Anm. 13 wegen Miller.

Büchner, der geniale Dichter und hessische Agitator, vor den Verfolgungen eines Gießener Universitätskanzlers in die Schweiz flüchten müssen, um dort als Emigrant seine letzten Werke in Freiheit schaffen zu können. In seinem etwas verkrampften „Öffentlichen Kriminalprozeß“ gegen Professor Schmitthenners Plagiatbeschuldigung[29]) verteidigte sich List gegen den sachlich komischen (A. Sommer) Vorwurf. Er hoffe dem oberhessischen Kollegen „begreiflich machen zu können, daß, wenn man die bedeutenden Leute von Nordamerika, Frankreich, Berlin und Wien kennt, man gewissermaßen entschuldigt ist, wenn man das unverschuldete Unglück gehabt hat, die großen Männer Gießens (mit Ausnahme Liebigs und den habe ich die Ehre zu kennen) nicht kennengelernt zu haben.... Vorstehendes mag Herrn Schmitthenner wundern, denn was geht über die Größe eines großen Professors in einer kleinen Stadt — nein, was geht über die große Meinung, die ein so großer Bewohner einer so kleinen Stadt von sich selbst hat?“

Die historische Richtung in der deutschen Nationalökonomie konnte einen Zugang zur Listschen Gedankenwelt an sich unschwer gewinnen. Der junge Wilhelm Roscher hatte einst Lists „Nationales System“ mit der Gründlichkeit und Schärfe angezeigt, die einem angehenden Fachgelehrten gegenüber einem bedeutenden Außenseiter wohl anstanden; eine Übernahme oder Erweiterung Listscher Gedankengänge läßt sich bei diesem altphilologisch geschulten Haupt unserer „historischen Schule“ jedoch weder voraussetzen noch folgern. Auch Knies und Bruno Hildebrand nahmen zu dem genialen Außenseiter eine überwiegend kritisierende Haltung ein. Eher wäre Lists späterer Nachfolger in der Tübinger Fakultät Schüz hier zu nennen, der sich freilich von seinem entlassenen Vorgänger List vorsichtig distanzierte[30]). Seine „Grundsätze der Nationalökonomie“ (Tübingen 1843) lassen, ebenso wie sein Aufsatz über „Das politische Moment in der Volkswirtschaft“ (1844), ihn als einen immerhin erwähnenswerten Werkfortsetzer Lists erkennen. Im Aufbau der Staatsgesellschaft auf der Familie und den „Korporationen“ argumentiert Schüz wie seine größeren Landsleute Hegel und List; jedoch verwirft er die überlieferte Annahme eines Sozialvertrags, von der Lists Staatslehre noch ausging[31]). Daß „die Nationalökonomie ... die Volkswirtschaft nur als im Staate sich entwickelnd denken darf“, beweist er unter ausdrücklicher Bezugnahme auf List: „Eine Nationalökonomie, die den Staat aus ihrer Betrachtung ausschaltet“, die gleichsam außerhalb der „politischen Atmosphäre“ bleibe, werde der Wirklichkeit nicht gerecht und müsse einer theoreti-

[29]) S. „Werke“, Bd. VI, S. 472—479, 625—626; Bd. VIII, S. 778—783.

[30]) Siehe Bernhard Bonn, „Christoph Wolfgang Karl von Schüz als politischer Ökonom“, Gießener Dissertation 1928. — Vgl. „Werke“ Bd. VI, S. 628—629. — Bruno Hildebrands Haltung und Verfahrensweise rückt ihn relativ nahe an List; vgl. unten 2. Kapitel zu Anm. 83 und 120.

[31]) S. oben Hauptteil A, 1. Kapitel, Anm. 11, 19, 24, 25, 47.

schen Verschrumpfung anheimfallen. Diese Fragestellung steht, aus dem aristotelischen Denken des protestantischen Naturrechts, den Begründern einer eigentümlich deutschen Nationalökonomie ja zumeist am Anfang; wir erinnern an Systematiker wie Lorenz Stein, Theodor von Bernhardi, Rodbertus, Adolph Wagner, in zweiter Linie an Roscher und seine Gesinnungsverwandten. Auf die Nation als „unsterbliches Wesen“ baut Schüz, wie List, die Wirtschaft und gelangt von hier aus gleichfalls zum Postulat industrieller Erziehungszölle; auch seine Produktivitäts- und Stufenlehren richtet er gegen die rein-gesellschaftliche Marktlehre einer „privaten Erwerbswirtschaft“[32]). Jedoch hat List die geistigen Fähigkeiten des Tübinger Professors nicht hoch eingeschätzt, dessen literarische Unfruchtbarkeit dies frühe Urteil bestätigte.

Friedrich Schmitthenner, dessen anonyme Plagiatbeschuldigung wir soeben kennenlernten, stand List gleichfalls näher, als dieser Gießener Gelehrte in seinem lokalen Geltungstrieb wahrhaben wollte. Seine Herkunft von Montesquieu und Schelling, sein Gesetz vom Zusammenwirken aller „Produktiven Kräfte“[33]), sein Eintreten — freilich lange nach List! — für Schutzzölle gehören hierher. Ebenso sein Glaube an „Urrechte“, Konstitution, Korporationen, „Nationalwirtschaft“. Für „Vaterland und Menschheit“ begeisterte sich auch Schmitthenner. Bemerkenswert sein deutscher „Sozialismus“, der ein „ständisches System“ einschließt und den Staat zum Wächter über das „Gleichgewicht der Kräfte“ setzen will. Schmitthenners „ethische“ Richtung und historische Schulung rücken ihn aber näher an einen Roscher und auch Schmoller; während List, wie wir wissen, naturrechtliche Vorstellungen mit lebendiger Anschauung verband, blieb der „Schul“gelehrte bei geschichtlichen Quellenstudien und Formalwissen stehen[34]).

Unter den gleichzeitigen Wirtschaftshistorikern und Agrarwissenschaftlern — wie Georg Hanssen, den List schätzte und benutzte — steht der Deutschrusse Theodor von Bernhardi mit in erster Reihe. Es bleibt bezeichnend für Lists literarisches Verhängnis, daß sogar dieser ihm grundsätzlich nahe Schriftsteller bei List nur „eine wahnsinnig gewordene Wissenschaft“ finden wollte[35]).

[32]) Vgl. Bonn l. c., S. 5—7, 11, 21, 26, 40—43. — Vgl. aber Lenz, „List und Marx“, l. c., S. 17, für eine Differenz von Schüz zu List, betr. Wert und Produktivkraft. Wegen Roscher ebenda S. 6 und 8.

[33]) Siehe H. Henkel l. c., S. 19, 27—29, 103—104. — Vgl. „Werke“ Bd. VI, S. 626—627.

[34]) Vgl. H. Henkel l. c., S. 108—116; ebenda Schmitthenners Wahlspruch: „vires unitae agunt“.

[35]) Für Lists Verhältnis zur „Schule“ und Forschung vgl. im übrigen Eheberg l. c., A. Sommer in „Mitteilungen“ l. c. Heft 29, S. 569—575, und „Werke“ Bd. IV, S. 91—93; „Werke“ Bd. V bis VII passim. — L. Häußer l. c. Bd. I („Friedrich Lists Leben. Aus seinem Nachlasse“) und Lenz, „List und Marx“ l. c., S. 6—8 sowie in „Schmollers Jahrbuch“ 1924, S. 21—24.

Sein Freund Heinrich Laube urteilte mit stärkerem Recht: List habe durch die unerschöpflichen Hilfsmittel seines Geistes, durch die Wucht seines Talentes eine Welt bewegt. „Nie hab' ich einen Mann gesehen, der in höherem Grade anregend gewirkt hätte als List, nie einen Menschen gesehen, der im eigentlichsten Sinne des Wortes so schöpferisch gewesen wäre als List." — „Die erfinderische Fruchtbarkeit dieses Mannes war außerordentlich, er befruchtete auch auf Gebieten, die er von sich wies[36]." Auch Friedrich Bodenstedt ist der explosiven Unmittelbarkeit, die Lists Umgang auszeichnete, gerecht geworden[37]. Wenn Levin Schücking einmal seinen Freund List „trotz allen liberalen Kämpfertums" eine konservative Natur nennt, „lebendiger von dem nationalen Einheitsgedanken als von dem Freiheitsgedanken durchglüht", so drückt er damit zugleich eine Diskrepanz aus, die List von seiner demokratischen Umwelt, die subjektiven und die objektiven Gegebenheiten seines Daseins trennt. „List war eine verkörperte Initiative", sagt Schückings Nachruf[38].

Als er in Paris an seinem „Nationalen System" schrieb, klagte er schon zu Heinrich Laube: „. . . ich möchte heim, und daheim geht's doch gar so träg aus der Stelle, und es ist kein anderer Anknüpfungspunkt auszufinden als ein literarischer, und wenn man an diesem sich hineinschwenken will in den Mittelpunkt Deutschlands, so fällt man unter die Zöpfe, welche unter Wissenschaft nichts verstehen als von Station zu Station regelmäßig Eingelerntes". Die deutschen Hochschulen haben seine Abneigung ihm redlich vergolten. Jene „conspiration du silence", über die Karl Marx sich beschwerte, hat List nicht zum wenigsten getroffen. Daß er „populär und dabei gründlich" schrieb, haben bald vergessene „Pedanten in Deutschland" ihm nur schwer verzeihen können[39]. Als er 1838 in Paris saß und keine Heimat für die Seinen wußte, schrieb er seinem Verleger Georg von Cotta: „— ich bin aber nun einmal so ein deutsches Schaf, daß es mir in Deutschland um so besser gefällt, je mehr ich dort malträtiert werde[40]."

Eine ähnliche Äußerung aus dem Winter 1839/40 zu seinen Freunden Heine, Venedey und Laube lautet: „Wenn ich mit meinem ersten Bande fertig bin, so komme ich nach Deutschland, predige dort eine politische Nationalökonomie, wie sie mir eine zwanzigjährige Erfahrung

---

[36]) Siehe H. Laube, „Erinnerungen 1810—1840" (Ges. Werke 40. Bd.), 1909. — „Die Grenzboten", 1846, Bd. IV, S. 437—441; wieder abgedruckt in der Augsburger „Allgemeinen Zeitung", 1846, Beilage Nr. 355. — Laube war seit 1832 ein tätiger Mitarbeiter der „Allgemeinen Zeitung"; vgl. unten und „Briefe an Cotta 1833—1863" (III. Bd.), 1934, S. 325—353. S. auch sein Urteil in „Werke" Band IX, S. 210, über den „fruchttreibenden Kern dieser Schwabennatur".

[37]) Vgl. Bodenstedt in „Deutsches Museum", 1853, Bd. I, S. 360—365. Ein weiterer Abdruck in „Werke" Bd. IX, S. 196—203.

[38]) Vgl. „Werke" Bd. IX, S. 214—221. — Unten 2. Kapitel, Anm. 95.

[39]) Vgl. etwa „Werke" Bd. V, S. 543.

[40]) S. „Werke" Bd. VIII, S. 508.

als allein praktisch gelehrt hat, und ärgere mich mit den deutschen Gelehrten." So ist es in der Tat geschehen[41]).

Moeller van den Bruck schreibt hierzu in einem Brief nach 1918: „In Deutschland haben die Außenseiter ein Jahrhundert lang unter der Teilnahmslosigkeit oder der Dummheit der Akademiker gelitten, von Friedrich List an. Und ich verspüre, seit ich dies weiß, sehr stark so etwas wie eine innerste Verpflichtung, wo immer ich kann, die Methode des Verschweigens zu stören[42])."

Lists Stil hebt sich, in seiner anschaulich-genialen Schreibweise, in der Tat von der üblichen „Professoral-Form" seiner deutschen Fachkollegen ab; eine Untersuchung, die zugleich ein Beitrag zur Geschichte des politischen Gedankenausdrucks wäre, bleibt zu wünschen. Dazu der tages- und zeitpolitische Einschlag seines literarischen Wirkens: „Our business is with the people. We will speak to the people the language of the people, and the people will understand us, and we will have a verdict of the people[43])". In den Briefen und Entwürfen seiner letzten Jahre spiegelt sich sein „sanguinisches Temperament", vom „Fabrikantenstil" bis zum „Nationalsatiriker" — gleichwie in seiner Handschrift — mit unmittelbarster Eindringlichkeit. Sogar einen politisch-satirischen Roman hat er entworfen.

Jedenfalls dürfen wir List unter die Bahnbrecher des deutschen Journalismus im Vormärz zählen. Damit rückt er in die Nähe solcher Männer wie Friedrich Gentz einerseits, Heine und Börne anderseits. Es ist interessant zu beobachten, wie List mit dem sozusagen linken Flügel der deutschen Romantik in persönlichen Beziehungen stand, während sein Umgang mit dem großen Staatsschriftsteller Gentz schon 1821 in offene Feindschaft umschlug.

Über „Romantik" und „Sentimentalität" im allgemeinen, als Übergang von natürlichen zu künstlischen Zuständen, hat List mit durchaus unromantischer „Ironie" geurteilt. „Ihnen ist das furchenpflügende Ochsengespann ein viel schönerer Anblick als der länderpflügende Dampf-

---

[41]) S. „List und Marx" l. c., S. 5.

[42]) Zitiert bei Andreas Hohlfeld, „Unsere geschichtliche Verantwortung", 1933, S. 23. — Vgl. 1. Kapitel des Hauptteil A, Anm. 5, das über den „unbekannten List" Gesagte. — Ferner Oswald Spengler, „Jahre der Entscheidung, Erster Teil, Deutschland und die weltgeschichtliche Entwicklung", 1933, S. 8.

[43]) S. „Werke" Bd. II, S. 161. — Vgl. etwa ebenda S. 284 über „Freuden eines Zeitungsschreibers": „Denkt euch nun noch das Rittel-ratteln der Buchstaben, das Knarren und Seufzen der Pressen, das Tik-tak der Ballen, das Wispern, Lispeln, Pfeifen der Arbeiter. Inmitten von allem diesem sollen wir dichten und Prosa schreiben, lachen und weinen machen, witzig, boshaft, religiös, sarkastisch, patriotisch, hochtrabend und gemein schreiben, alles hintereinander her" usw. im „Readinger Adler", den er 1826—1830 redigierte. — Vgl. List über Stilfragen in „Werke" Bd. VI, S. 34—36; Bd. VIII, S. 778—799.

wagen, und je weiter sie in der Kultur zurückgehen, desto edler erscheinen ihnen die Zustände[44]."

Ludwig Börne und Heinrich Heine, deren Federn die deutsche vormärzliche Journalistik entscheidende Anregungen verdankt, waren wie Heinrich Laube und List selber für den Verlag Cotta tätig. Gleichmäßig hatten sie — bei aller Verschiedenheit ihrer politischen Haltung — unter der Zensur des Bundes wie der deutschen Einzelstaaten zu leiden. Mit Heinrich Heine war List in Paris 1831 wie zwischen 1837 und 1840 viel zusammen. Heine besuchte ihn dort als einziger Deutscher neben Venedey und H. Laube; doch war Clara Wieck, die Verlobte des genialen Romantikers Robert Schumann, gleichfalls ein häufiger Gast und wohnte bei Lists, die sich freundschaftlich ihrer annahmen — an Clara und Robert Schumanns Hochzeitsfeier in Leipzig nahmen Lists als Freunde teil, und die Schreckenskunde von Lists Tod 1846 traf die Töchter Emilie und Elise, als beide in Wien ihre Jugendfreundin Clara Schumann aufsuchten[45]. Emilie List erzählte später dem Biographen ihres Vaters L. Häußer über Lists Aufenthalt in Paris 1837 bis 1840: „— mit Deutschen ging er dort sehr wenig um; außer Heine und Venedey besinne ich mich auf gar keine Deutsche, die unser Haus besucht hätten[46]", Wir haben Heine eben genannt; er war keinesfalls ein „jakobinischer" Radikaler, obschon er 1844 als Mitarbeiter der „Deutsch-Französischen Jahrbücher" mit Marx und Arnold Ruge uns begegnet. Jakob Venedey aus Köln war ein früherer Bonner Burschenschafter, gleich Wolfgang Menzel oder Heine, und im September 1832 aus dem Gefängnis entflohen; er kam nach dem April 1833 in Paris an[47].

Als demokratischer Emissär nach dem „Hambacher Fest" verhaftet, war er 1832 nach Straßburg geflohen, 1833 Freimaurer geworden und hatte in Paris die kurzlebige „association patriotique allemande" sowie 1834 den „Bund der Geächteten" mitbegründet; 1836 war er — wie List 1837 — Korrespondent der „Allgemeinen Zeitung" geworden und hatte gleichfalls eine Preisfrage der „Académie des sciences morales et politiques", über Abschaffung der Sklaverei, erfolglos (1837 und 1839) bearbeitet. Er verkehrte in Paris mit den deutschen Frühsozialisten,

---

[44]) S. Vorwort zum „Nationalen System" in „Werke" Bd. VI, S. 12—13, 228, und A. Sommer im „Weltwirtschaftlichen Archiv" l. c., S. 366—367. — Wegen Gentz und Adam Müller s. oben Hauptteil C, 1. Kapitel, Anm. 44 bis 50.

[45]) Vgl. List über „die herrliche Klara Wieck" in „Werke" Bd. IX, S. 166. — Über Lists bedeutende Tochter Emilie, die Freundin von Clara Wieck-Schumann, vgl. Eugenie Schumann, „Erinnerungen", 1925, S. 290—291. Berthold Litzmann, „Clara Schumann, Ein Künstlerleben. Nach Tagebüchern und Briefen." 3 Bde. 1902 bis 1908; namentlichl. Bd. S. 74 Robert Schumann über Emilie List 1834.

[46]) Vgl. „Werke" Bd. IV, S. 147. — Auch Gustav Mevissen und seine Kölner Freunde lebten vor 1844 in engem Verkehr mit Moses Heß, Marx und anderen Radikalen; s. oben Hauptteil C, 2. Kapitel, zur „Rheinischen Zeitung". — „Werke" Bd. IX, S. 254.

[47]) Siehe Wiltberger l. c., S. 24; oben Hauptteil A, 1. Kapitel zu Anm. 48, 49; Hauptteil E, Anm. 44.

mit Börne, Heine, Herwegh, Dingelstedt[48]). Diese gemeinsamen mehrfachen Beziehungen zu List führten dennoch zu keiner sachlichen Gemeinsamkeit, wohl infolge des sozialen Radikalismus, dem Venedey sich hingab. Jener zählte ursprünglich zu den sozialen Radikalen; sowenig wie List gehörte er einer philosophischen Schule an. Vom Jahr 1842 ab wurde er noch gemäßigter; so schrieb er aus Paris an Arnold Ruge, den bekannten jungdeutschen Schriftsteller und Freund der Linkshegelianer, dessen Leipziger Literaturzeitung List gelegentlich einer Polemik benutzen wollte: „Die gesetzliche Opposition ist die einzige, die den Deutschen zusagt, sie ist die schönste, die tapferste, die durchgreifendste, diejenige, die stets sicher trifft und nicht wie die Emeute vor dem Ziele liegen bleibt und nicht wie die Revolution über dasselbe hinausschießt.“ Venedey entwickelte sich eher „von einem Revolutionär zu einem Mann des Gesetzes“; wenn er Arnold Ruge sagen konnte: sein Ziel sei „Einheit Deutschlands durch ein Unterhaus beim Bundestage“, so stand er damit schließlich ganz auf Listschem Boden.

Ein literarischer Geheimbericht aus dem Vormärz[49]) meldet in diesem Zusammenhang über die deutsche Flüchtlingskolonie an der Seine: „Der Zufluß der deutschen liberalen — Hegelschen — Schriftsteller nach Paris ist erstaunlich und wir haben jetzt einen „deutschen Nationalverein“, in dem folgende Namen figurieren: Weill, Venedey, Heine, Herwegh, Auerbach, Bernstein, Marx ... Ruge —. Freiligrath, Fallersleben, Dr. List ... sind hier erwartet.“ Wir wissen, daß List nur vorübergehend, im August 1844 wegen seiner handelspolitischen Absichten, noch einmal nach Paris gekommen ist[50]). In diesem Kreis bleibt List für die vormärzliche Zensur somit zeitlebens eingeordnet — obschon er doch allen „sublimen Hegeleien“, allen „hegelschen Phrasen“ der philosophischen Linken aufrichtig feind war.

Heine stand ähnlich List als Korrespondent der „Allgemeinen Zeitung“ mit Cotta und Dr. Kolb in brieflichem Verkehr[51]). Über ein Pariser Zusammensein mit Heine und List hat uns Ludwig Börne ein paar drastische Zeilen überliefert[52]).

Der junge Börne hatte die Herausgeber der freisinnigen „Neckarzeitung“, List und dessen Schwager Fritz Seybold, schon in Stuttgart

[48]) Vgl. Wilhelm Koppen, „Jakob Venedey“, Frankfurter Dissertation 1921, der aber List nicht erwähnt.

[49]) Siehe Karl Glossy l. c., S. 213, aus Paris vom 20. Dezember 1844.

[50]) Über List und den Frühsozialisten Weill vgl. „Werke“ Bd. VII, S. 25; Bd. VIII, S. 692, 790—791. — S. ferner „List und Marx“ l. c., S. 26, und oben Hauptteil D, 2. Kapitel, Anm. 61.

[51]) Börnes und Heines Briefe an Cotta s. in „Briefe an Cotta“ l. c. Bd. II, S. 32—41, 300—312. Heinrich Heines Briefwechsel, ed. F. Hirth, 1917, Bd. II, enthält Lists Namen nicht. — „Werke“ Bd. VIII, S. 911. — Heines Urteile über „Die romantische Schule“ (1836) gelten in unserem Zusammenhang Varnhagen, Laube, Cousin, Görres, Uhland und A. W. von Schlegel. Eine Anekdote über letzteren gibt List in „Werke“ Bd. I 1, S. 445.

[52]) Siehe Houben, „Gespräche mit Heine“, 1926, S. 195—196.

kennengelernt und oft in ihrer Familie besucht. Er nannte sie damals „gute ehrliche Leute, aber nicht viel mehr[53])“. Börne hatte zu den „Miszellen“ der demokratischen „Neckarzeitung“ gegen ein Monatshonorar von 50 Gulden beigetragen, das offenbar List dem geldbedürftigen Schützling Cottas zugesagt hatte. Börne war vom November 1820 bis 1822 in Stuttgart, mithin während der Listschen Katastrophe; er erzählte sie seiner Freundin am 21. April 1822, nach Lists Flucht. Börne selber stand schon seit 1818 auf Metternichs schwarzer Liste. Seine Frankfurter „Wage“ und seine „Zeitschwingen“ erlagen der Zensur. Daß Börne in seinem Prozeß für ihn etwas getan, berichtete List seiner Frau am 18. April 1822; Börne nahm auch Empfehlungsschreiben aus Straßburg „an die ersten Männer in Paris“ mit[54]). Wie mit Heine, blieb List auch mit Börne während dessen Pariser Lebenszeit in Verbindung. An Georg von Cotta empfahl er 1837 die Literaten des „Jungen Deutschland“, bei denen doch „Zukunft“ liege.

Von den Schriftstellern des sog. „Jungen Deutschland“ trennte List freilich seine ökonomisch-praktische Tendenz. Laubes Freund Karl Gutzkow spricht sich, in einem Brief an Georg von Cotta vom November 1833, in dieser Hinsicht lehrreich aus[55]). Jetzt werde „der Lauf der Ereignisse nur durch den Kampf der reagierenden Legitimität mit dem Status quo“ bestimmt. Das literarische Interesse nehme zu, auch infolge der schriftstellernden Aristokraten und der populären „Pfennig-Literatur“ mit ihren populären Magazinen — „die kaufende Pfennig- und Hellerdemokratie“ —, denen Gutzkow abgeneigt ist. Hier sei zwar „der Punkt, wo sich die inzwischen gereifte und von unten herauf gebildete Bürgerklasse mit einer Literatur versöhnen kann, welche nur auf dem Wege allgemeiner Anerkennung zu einer Sache der Nation wird“. In dieser volkstümlichen Sphäre werde der Lorbeer niemals welk. Anderseits sei der „Pfennigdemokratismus“ das im Augenblick — d. h. nach der Julirevolution! — gefährlichste Übel: „Wenn die Schneider und Handschuhmacher sich schämen, daß sie nicht wissen, wo der Pfeffer wächst, wie die Baumwolle gewonnen wird, und ein Wagen ohne Pferde mit Dampf getrieben werden kann“, so sei dies brav. „Allein die zahllosen Unternehmungen dieser Art bringen vielleicht selbst den gebildeten Mann auf die Sucht, sich unterrichten zu wollen, und damit könnte viel verlorengehen, z. B. der Sinn für die freien Erfindungen der Phantasie, die Kauflust, welche sich durch Pfennige verschleudert, die Achtung vor dem Schriftsteller, der in dieser Literatur nur als schnellfertiger Übersetzer etwas gelten könnte.“

Gutzkows Roman „Wally die Zweiflerin“ — wegen „Gotteslästerung und Darstellung unzüchtiger Gegenstände“ verfolgt — sollte

---

[53]) Brief vom 10. Februar 1822 in Börnes „Werke“, ed. Geiger, Bd. IX, S. 333. Zu Börnes Urteilsweise vgl. dort die „Einleitung“ des Herausgebers S. 32.

[54]) S. „Werke“ Bd. VIII, S. 209, 228, 488, 495.

[55]) S. „Briefe an Cotta 1833—1863“ (III. Bd.) l. c., S. 358—361. — Vgl. oben Hauptteil C, 3. Kapitel, Anm. 47, 52.

alsbald jene allgemeine Treibjagd gegen die „Jeune Allemagne“ herbeiführen, die Wolfgang Menzels Denunziation eröffnete; der Deutsche Bundestag verbot am 14. November 1835 im voraus auch alle künftigen Schriften dieser Richtung und Gutzkow mußte Anfang Februar 1836 eine vierwöchenige Gefängnisstrafe antreten. Die literarische Differenz zu Lists „Encyclopädismus“ und dessen praktischer Tendenz tritt darin zutage. Die Verfolgungen, denen wir List damals in Leipzig ausgesetzt sahen, waren anderer Art — obgleich eine politische Opposition dort wie hier getroffen werden sollte. Wir lernten seine vielseitigen Publikationspläne aus jenen Jahren, unmittelbar nach der Julirevolution, schon kennen[56]) und erinnern uns, daß er mit einem anderen Wortführer des „Jungen Deutschland“, Heinrich Laube, in Leipzig eine Art von „Jahres-Konversationslexikon“ plante. Ihre gemeinsame Absicht schilderte Laube dahin[57]): „Mögen wir auch noch so viel mit bloßer Kompilation zu tun haben, der Lebenskern unseres Vorhabens ist jenes encyklopädische Fundament, daß das fliegende Jahr mit all seinen Bestrebungen und Äußerungen festgehalten wird, daß man allenfalls nichts zu lesen brauche, als unser Jahres-Lexikon, um alles zu wissen, was in Erfindung, Entdeckung, Wissenschaft, Geschichte etc. geschehen sei. Es muß ein genaues und wo möglich geistreiches Repetitorium der letzten Welt sein; es muß den jetzigen Konversationslexikis die Zukunft nehmen.“ Es solle „die reine Mitte zwischen Geschichtsbuch und Journal“ halten. Zur Mitarbeit möchte Laube „die Teilnahme der ganzen jungen Generation“ für dies neue „Nationalunternehmen“ aufrufen, während List namentlich den Historiker Luden gewinnen wollte, der uns als sein Gesinnungsgenosse schon begegnet ist[58]).

Dieser Versuch, den Verlag Cotta zugleich für „die mäßigeren und wichtigeren Produkte der sogenannten jeune Allemagne“ zu gewinnen, scheiterte freilich. Laube konnte 1839 nach Paris gehen und fand dort „durch Heine und List eingeführt, überreiche Quellen und Hilfsmittel“. Abermals wandte er sich 1840 an Georg von Cotta, diesmal mit einem Vorschlag für die „Allgemeine Zeitung“, den er „oft und bis ins Detail mit Heine und List durchgesprochen“ hatte. Es handelte sich darum, nach französischem Vorbild den deutschen Zeitungen „regelmäßige Referate, alles Wichtige der entstehenden Literatur betreffend“, beizugeben. Es sei in Wahrheit unverzeihlich, daß die „Allgemeine Zeitung“ — das deutsche „Hauptorgan“ im journalistischen Vormärz — „gar keine Notiz vom literarischen Geistesleben ihres Landes“ nehme. Georg von Cotta stimmte „damit ganz überein, daß es zu den unerläßlichen Aufgaben jenes Blattes gehört, von Zeit zu Zeit Referate über die literarische Geistesbewegung in Deutschland mit derselben Unparteilichkeit, Gründlichkeit und Vollständigkeit zu geben, welche ihr bei Schilderung

[56]) S. oben Hauptteil C, 3. Kapitel, Anm. 44 bis 47.

[57]) S. Brief vom 8. Juli 1834 an Georg von Cotta in „Briefe an Cotta 1833 bis 1863“ (III. Bd.), S. 339—341.

[58]) Vgl. oben Hauptteil D, 2. Kapitel, und Hauptteil E, Anm. 37, 38.

des politischen Lebens zur Norm dient". Der Vorschlag wurde in abgeänderter Form verwirklicht[59]).

Uns interessieren einmal die engen persönlichen Verbindungen, in denen List während seines zweiten Exils in Paris lebte: Heine, Börne, Venedey und Laube gehören jeder zur politischen Opposition, auf deren Seite seine deutschen Erfahrungen List abermals gedrängt hatten. Jene öffentliche Meinung, für die List als Herausgeber unermüdet kämpfte[60]), hatte im Gefolge der Julirevolution auch innerhalb des Deutschen Bundes an sachlichem Gewicht gewonnen. Wir finden List hier nicht allein als den ersten journalistischen Vorkämpfer aller „handgreiflichen Nationalinteressen" tätig; auch eine volkstümliche Verbreitung literarischer Einsichten hat er — in jenem Plan von 1840 — gemeinsam mit Heinrich Laube ausgesonnen, und wir dürfen daher sagen, daß die Einrichtung literarischer Beilagen zur deutschen Tagespresse mit auf ihn zurückführt. Hier wie anderswo sind seine Anregungen erst späterhin verwirklicht worden, nachdem die Revolution von 1848 den ökonomischen wie den populärwissenschaftlichen und literarischen Ansprüchen des deutschen Bürgertums einen neuen, trotz weiterer Bedrückung entscheidenden Auftrieb gegeben hatte[61]).

Bemerkenswert bleibt im gleichen Zusammenhang Lists Anteil an dem Entstehen einer deutschen illustrierten Presse, deren Anfang J. J. Webers wöchentliches „Pfennig-Magazin" von 1833 schuf. Sowohl nach seiner Verbindung mit J. J. Weber und Wigand — beide waren fortschrittlich gesinnt — wie mit der Übernahme englischer Holzschnitte rückt Lists volkstümliches „National-Magazin" daher als zweitältestes Unternehmen dieser Art in unmittelbare Nachbarschaft der „Pfennig-Magazine". Enthält der einzige Jahrgang 1834 doch über 300 Holzschnitte[62]): „so schön, wie man sie in Deutschland noch nie gesehen hat", sagt das Vorwort. Erst 1843 errang J. J. Webers Leipziger „Illustrierte Zeitung" einen dauernden Erfolg in diesem Zweig der deutschen Publizistik[63]).

[59]) S. „Briefe an Cotta 1833—1863" (III. Bd.), S. 345—349. — „Werke" Bd. VIII, S. 410, 412—426.

[60]) Vgl. „Württembergisches Archiv", „Volksfreund" und „Neckarzeitung" oben im Hauptteil A; „Organ" im Hauptteil B; „Themis" und „Europäische Blätter" und „Readinger Adler" im Hauptteil D; „Staatslexikon", „National-Magazin" und „Eisenbahnjournal" im Hauptteil C und schließlich das „Zollvereinsblatt" (1843 bis 1846); „Werke" Bd. VII, S. XI—XII, 4—6, 14—30.

[61]) Einen literarischen Konflikt, den Lists ehemaliger liberaler Freund Wolfgang Menzel, den er jetzt „den obersten Richter der Literatur" nennt, 1833 veranlaßt hatte, s. in „Werke" Bd. VIII, S. 397—398, 529.

[62]) S. „Werke" Bd. V, S. 4—7, 18—21. — Vgl. Gutzkows Kritik und oben Hauptteil C, 3. Kapitel, zu Leipzig. Die „Pfennig-Magazine" waren eine amerikanisch-englische Erfindung. Vgl. „Werke" Bd. VIII, S. 403—407, 413—423.

[63]) Siehe L. Salomon l. c. Bd. III, S. 528—534. — Über die Pfennigmagazine vgl. auch Robert Blums absprechendes Urteil 1834 bei Hans Blum l. c., S. 84. — Wegen Lists Plan einer illustrierten „Geschichte des deutschen Volkes" 1833 s. oben Hauptteil C, 4. Kap., Anm. 47 zu Rotteck, dessen „Annalen" 1832 verboten waren.

Lists journalistische Tätigkeit gewann seither noch an Intensität; von 1835 bis 1844 hat er allein rund 300 Artikel für die „Augsburger Allgemeine Zeitung" geschrieben[64])! Seine Gesamtleistung ist schwer festzustellen, da seine Artikel großenteils anonym erschienen und viele im Papierkorb seines Freundes Dr. Kolb bei der „Allgemeinen" — wie vordem bei seinem Schwager F. Seybold von der „Neckar-Zeitung" — verschwunden sind[65]).

Die methodische Einheit des Listschen Schaffens erweist sich in der Art, wie er seine Feder führte: im württembergischen Verfassungsstreit wie im „Organ", für die Eisenbahnen wie im Gedankenkreis seines „Nationalen Systems" oder schließlich im „Zollvereinsblatt" — stets stritt er für Fortschritt und Bewegung. Bezeichnend auch, daß er 1834 mit sächsischen Fabrikanten ein illustriertes Journal für Fabrikarbeiter erörterte: „Man will dadurch künftigen Luddistenauftritten in Deutschland vorbeugen." Die Auflage könne auf 50—100000 Stück gesteigert werden, wobei die Fabrikanten für ihre Arbeiter subskribieren wollten. Ein Gedanke, der damals nicht verwertet, aber später seitens seiner Interessenten ausgiebig verwirklicht worden ist. Auch für andere Unternehmen rechnete List damals mit solchen Auflageziffern, mit literarischer Produktionsweise im großen. Auch wollte er besondere „Anzeigeblätter" in Frankfurt und Hamburg für die „Allgemeine Zeitung" schaffen, um das wachsende Interesse an Technik und Industrie für einen Ausbau des Insertionsgeschäftes zu nutzen[66]). Nicht weniger regte er den Wirtschaftsteil der Tagespresse auszubauen an — diejenige Sparte, „welche den Zensor am wenigsten zu fürchten hat", wie Georg von Cotta anmerkte[67]). Wie sooft freilich verdrängte ein Plan den anderen: die Herausgabe des „Zollvereinsblatts" ließ für den Wirtschaftsteil der „Allgemeinen Zeitung" keine neue redaktionelle Bindung zu. Dazu kam schließlich das schwere Zerwürfnis mit dem Cottaschen Verlag.

Hätte er im deutschen Vormärz bereits einen organisierten Beruf von Journalisten und Redakteuren vorgefunden, so wäre List, der selber ein rundes Dutzend Zeitungen und Zeitschriften begründet und mehr noch geplant hat, unter seinen Berufsgenossen vielleicht eine führende Persönlichkeit geworden. Anderseits gebrach es ihm, trotz seines sturmbewegten Lebens, keinesfalls an gestaltendem Darstellungsvermögen; seine Jugendwerke über Staats- und Verwaltungsrecht wie seine Prozeß-

---

[64]) S. Heft 6 der „Mitteilungen" l. c.

[65]) Über List und Cottas Augsburger „Allgemeine Zeitung" s. „Werke" Bd. V, S. 13—17, und L. Schücking l. c. — „Werke" Bd. VII, S. 28, 676. — Wegen der „Rheinischen Zeitung" s. oben 2. Kapitel im Hauptteil C. — Für Lists Freund und Leidensgenossen Dr. Kolb s. Hauptteil D, 1. Kapitel, Anm. 33, 46, 48, 55; über List und den Verlag Cotta s. „Werke" Bd. VII, S. 26—27, und VIII.

[66]) S. „Werke" Bd. VIII, S. 414, 495, 508—510. — Vergleichsweise sei mitgeteilt, daß die Auflage der „Allgemeinen Zeitung" 1853 rd. 7800 Stück betrug, der Frankfurter „Oberpostamts-Zeitung" 4000 Stück. Das „Zollvereinsblatt" hatte gegen 1000 Abonnenten. Vgl. auch die „Volksblätter" und „Preßvereine"!

[67]) S. ebenda S. 731—733.

verteidigung offenbaren eine überraschende Fähigkeit zum logischen Ableiten und systematischen Darlegen. In seiner Art sich auszugeben, neue Gedanken sorglos zu verstreuen, Geschriebenes und Gedrucktes früherer Jahre zu vergessen, ist er allerdings völlig unprofessoral; daß seine, vielfach anonym oder pseudonym erschienenen und zum Teil ungedruckt gebliebenen Schriften zehn starke Bände füllen würden, war sogar für Kenner des Listschen Lebenswerkes überraschend[68]).

Niemals konnte er mehr daran denken, als entlassener Professor in die akademische Laufbahn wieder einzutreten, und daß er auf Verwendung im territorialen Staatsdienst hoffte, zeigt nur seine Unbekanntschaft mit den Tendenzen dieser vormärzlichen Staatenwelt. Es gab weder Wirtschaftsverbände, die ihn übernehmen konnten, noch bürgerliche Parteien, die ihm eine Möglichkeit legaler Opposition geboten hätten, und seine Gegenspieler waren im Besitz sämtlicher Machtpositionen des öffentlichen Wesens. Um so schärfer mußte seine sachlich geniale und persönlich rücksichtslose Arbeitsweise ihn von seiner deutschen Umwelt, über die er sich erhob, abscheiden.

Mit dem Verlag J. G. Cotta Nfg. in Stuttgart verbanden ihn als freien Schriftsteller seit 1817 persönliche wie sachliche Beziehungen. Johann Friedrich Frhr. von Cotta, dem Verleger, Politiker und Freund des jungen List, sind wir wiederholt begegnet. Mit dem Jugendfreund Gustav Kolb wie mit Cottas Augsburger „Allgemeiner Zeitung", deren Hauptredakteur Kolb seit 1837 war, einte ihn seine nationale und großdeutsche Gesinnung. Georg Frhr. von Cotta, der Ende 1832 das literarische Erbe seines Vaters übernommen hatte, betonte noch 1858, die „A. A. Z." sei „ein großdeutsches Blatt", und dies allein schon mußte List seit 1841 an den Augsburger Redaktionskreis fesseln[69]). Im Vorwort zum „Nationalen System" hatte List u. a. geschrieben: „Zu gleicher Dankbezeugung" wie gegenüber Dr. Kolb „verpflichtet fühle ich mich gegen den Freiherrn von Cotta, der mit so rühmlichem Eifer überall in die Fußstapfen seines um die industriellen Fortschritte wie um die Literatur des deutschen Vaterlandes so hoch verdienten Vaters tritt." — „Der gegenwärtige Besitzer der berühmtesten Buchhandlung der Welt" habe ihm „mehr Beistand geleistet ... als irgend jemand in Deutschland —". Georg von Cotta erwiderte solche Gesinnung, als er 1852 in einem Brief an W. H. Riehl sagte: „Ich werde die Freude mit ins Grab nehmen, zu Lists Nationalökonomie, wie zu Ihrer ‚bürgerlichen Gesellschaft', einen wenn auch sehr leisen, doch geistig (nicht merkantil) buchhändlerischen Anstoß gegeben zu haben.

[68]) Die Gewohnheit eines Pseudonyms scheint List in Nordamerika gelernt zu haben; s. „Werke" Bd. III 2, S. 540.

[69]) S. „Briefe an Cotta 1833—1863" (III. Bd.) 1934 S. 138, 148—182, 599. — „Werke" Bd. V, S. 14—15; Bd. VI, S. 22, 504; Bd. VIII, S. 408—410.

In der Tat, ich bin stolz darauf, wie auf die erste Vorrede zu Lists Nat. Oekonomie, wo dieses ausgesprochen ist[70]).“

Wir erwähnten, daß List Anfang 1846 sich von seinem verdienstvollen Verleger Georg Cotta trennte[71]). Während List mit den liberalen Verlegern Winter in Heidelberg, Geßner in Zürich, Wigand und J. J. Weber in Leipzig, wegen seiner Zeitschriften-Unternehmen nicht in endgültige Konflikte geriet, war sein Verhältnis zu der Cottaschen Verlegerdynastie schließlich so getrübt, daß er sein „Zollvereinsblatt‘ noch 1846 herausnahm und sogar die Herausnahme des „Nationalen Systems“ aus dem Verlag erwog. Ein literarischer Geheimbericht[72]) meldet hierzu: „Mit dem Staatsökonomen und großen Gastronomen (!) List hatte sich Cotta ganz überworfen, da er ein grober Kerl sei. Er habe ihm aber für seine Reise nach London 100 Louisdor gegeben und ihm noch einmal so viel versprochen, wenn er gute Artikel schreibe. Es sei aber noch sehr die Frage, ob er auf die der „Allgemeinen Zeitung“ eingesendeten noch mehr folgen lassen werde. Ein Diner könne ihn wochenlang beschäftigen und alles vergessen machen.“

Hiermit deckt sich teilweise Robert Mohls Ansicht: „Er war geistreich, lebendig, vielseitig unterrichtet, dadurch ein unterhaltender Gesellschafter, aber er war auch fieberhaft unruhig, sehr indiskret und hatte höchst widerwärtige Gewohnheiten beim Essen, so daß ein Sitz in seiner Nähe zu vermeiden war. (Er selbst erzählte: man habe ihm in Ungarn gesagt, er rede wie ein Gott, schreibe wie ein Mensch und fresse wie ein Schwein —.)“

Fügen wie hier das Urteil eines Ausländers ein, der List auf dem Kongreß der deutschen Landwirte in Stuttgart 1842 sprechen hörte; es ist übrigens der einzige Russe, der mit ihm in persönlichen Kontakt gekommen ist[73]). A. Maslow schreibt aus der Erinnerung: — es „erhob sich von seinem Platz ein mittelgroßer, untersetzter Mensch, mit einer rundlichen schwäbischen Physiognomie und erwarb die Aufmerksamkeit der ganzen Versammlung durch seine energische Sprache“. Lists „Nationales System“, aus dem der Redakteur anschließend einige Paragraphen abdruckte, sei „von gesundem Menschenverstand erfüllt“ und fuße „nicht nur auf den richtigen theoretischen Grundlagen der Wissenschaft, sondern auch auf ihrer praktischen Anwendbarkeit für das Leben der Nationen“.

[70]) Vgl. Lists Vorrede in „Werke“ Bd. VI, S. 22—23; Bd. VIII passim. — Im Jahr 1850 erschienen Lists Gesammelte Schriften bei Cotta, herausgegeben in zwei Teilen von Ludwig Häußer. Siehe unten 2. Kapitel, Anm. 110.

[71]) Über diesen Bruch vgl. die Geschichte des „Zollvereinsblatt“ in Einleitung zu „Werke“ Bd. VII. — Über Georg von Cotta s. „Briefe an Cotta. Vom Vormärz bis Bismarck 1833—1863“, l. c., S. VIII ff.

[72]) Siehe Karl Glossy l. c., aus Frankfurt a. M. vom 12. Juli 1846. — Vgl. „Werke“ Bd. VIII passim.

[73]) Vgl. A. Maslow, Redakteur des „Journal der Landwirtschaft“, 1856, Nr. 10; übersetzt durch Nils von Ungern-Sternberg. — Vgl. auch „Werke“ Bd. VI, S. 639; wegen Richelot ebenda S. 623—625. — Lenz in „Mitteilungen“ l. c. Heft 10, S. 324. — Für Graf Cancrin s. „Werke“ Bd. VII, S. 29.

Der Russe bezog sich hierbei auf Richelot, dessen französische Übersetzung des Listschen Hauptwerkes (1851) wir erwähnten[74]. Der Franzose hatte List, der ohne andere Titel als seinen Patriotismus und sein Talent eine öffentliche Macht für Deutschland geworden sei, als den geistigen Vater des Zollvereins wie der deutschen Eisenbahnen gerühmt; es sei sein Verdienst, wenn „Zollverein" und „Nationalität" jenseits des Rheins immer mehr gleichgesetzt würden. So fand List — ähnlich wie in Nordamerika und Ungarn — bei seinen Lebzeiten draußen stärkere Anerkennung als in seinem Vaterland!

Eine geniale Natur wie Friedrich List geht nun einmal vielfach eigene Wege und entspricht weder dem wohltemperierten Durchschnitt noch der idealen Fleckenlosigkeit landläufigen Gepräges; sie reizt eben durch ihre Genialität das Mittelmäßige zum Widerspruch. Wir dürfen schon glauben, daß er „nie nach nutzlosem Reichtum, wohl aber nach ökonomischer Unabhängigkeit strebte[75]". Ohne Zweifel war jenes Streben nach „Wohlstand" und „Reichtum", das List allen „Kapitalisten" zugestand, seinem eigenen Wesen nicht entgegen, ohne aber sein Handeln irgendwo maßgeblich zu bestimmen. „Doch war mein Sinn mehr dem Vaterland als dem Gelderwerb zugewandt", sagte er 1840 von seiner amerikanischen Tätigkeit; er opferte drüben Chancen und Vermögen, um seinem Heimatland dienen zu können. Den vielfachen Versuchen, hier für sich und die Seinen eine feste bürgerliche Position zu schaffen, wird jener Aufruf zugunsten seiner Hinterbliebenen gerecht, den wir eingangs dieses Hauptteils nannten und der hierzu sagt: „Um die unabhängige Stellung zu behaupten, in der allein er die Rechte des deutschen Handels und Gewerbes unbestochen und unbevormundet auf die großartige und umfassende Weise vertreten konnte, wie er es getan hat, mußte er auf Erwerbsquellen verzichten, die ihm vielleicht gegen geringere Leistungen ein reichliches Auskommen würden gesichert haben. Um der Nation zu dienen, entsagte er jedem anderen Dienste. Um die nationale Industrie im großen zu verteidigen, entsagte er jeder Privatindustrie. Dabei schmolz sein Vermögen zusammen, und er hat den Seinigen nichts hinterlassen, als seinen Namen[76]."

Ein Bedürfnis nach posthumer Heldenverehrung, wie es auch den Manen unseres List alsbald zugute kam, verträgt sich gewöhnlich, recht oder schlecht, mit mangelnder Distanz zu Lebzeiten des verehrten Mitbürgers; das Allgemeine im Besonderen seiner subjektiv-zufälligen Gestalt zu fassen, fordert in der Regel einen kongenialen Blick oder einen stärkeren geschichtlichen Abstand.

Auch wer Lists „Meisterhand" würdigte, geriet dennoch mit seinen Anliegen leicht in Konflikt. So jener früher[77] genannte Staatsprokurator

---

74) S. oben Hauptteil D, 2. Kapitel, Anm. 56, 61; auch Hauptteil A, 2. Kapitel, Anm. 25.

75) S. „Werke" Bd. III 2, S. 789, und Bd. VIII, S. 516.

76) Vgl. Lists Abschiedszeilen an seinen Freund Dr. Kolb in „Werke" Bd. VIII, S. 832. — Oben Anm. 15.

77) S. Hauptteil C, 4. Kapitel, zu Anm. 50.

Knyn in Mainz, der ihm 1844 geschrieben hatte: „— hört man nicht bei allen Hauptfragen, welche unser schönes deutsches Vaterland interessieren, vor allem den Dr. Friedrich List nennen, ist er nicht schon längst in der literarischen, kommerziellen und industriellen Welt eine Autorität und Zelebrität geworden[78]) —." Die sich überstürzenden Pläne seines reichen Geistes, ihre Vermischung mit subjektiven, oft auch materiellen Anliegen, seine vielfachen Versuche selber als Unternehmer und Techniker zu reussieren, sein grenzenloser Optimismus wie die Schärfe seines kritischen Urteils — konnten sie anders als die objektiven Hemmnisse seines Wirkens noch erhöhen? Die schwäbische Derbheit, mit der er sein „nationalökonomisches Stiergefecht" zu führen pflegte, machte den „Urgrobian" — wie Wolfgang Menzel ihn nennt — begreiflicherweise äußerst unbeliebt[79]). Er wußte schließlich wohl, „daß man durch Kraftäußerung, welcher Art sie sei, insbesondere durch Unterstützung des Neueren und Besseren sich immer die meisten Feinde macht"; ... „da die Mittelmäßigen überall die Mehrzahl bilden, und die gesamte Mittelmäßigkeit dabei interessiert ist, dem Ausgezeichneten niemals den Vortritt zu gestatten. Ein Mittelmäßiger, ein keinen Anstoß Gebender, ein die notdürftigsten öffentlichen Pflichten leidlich Erfüllender, ein jedermann Gefälliger, ein allen soviel wie möglich Schmeichelnder oder doch zu Gehör Redender zu sein und zu bleiben ist also in diesem Zustand die höchste Weisheit der Emporstrebenden; auf Befähigung in jeder Beziehung und auf großartige Dienste, die man dem Ganzen geleistet hat oder leisten könnte, kommt im ganzen blutwenig an[80])."

Wenn er zwar als Liberaler, aber weder als Vulgär-Liberaler noch als linker Demokrat zu gelten hat, so konnte er nicht einmal mit den politischen Verfechtern des entschiedenen Liberalismus im Vormärz vollkommen übereinstimmen; wir sahen dies bestätigt in seinem Verhältnis zu den Volksmännern Welcker und Rotteck, noch mehr in seinem Konflikt mit den Gebrüdern Follen. Seitens der romantisch-retrograden Richtung eines Adam Müller erfuhr er eine politisch folgenreiche Ablehnung. Allen konservativen Kräften mußte er, aus seiner geschichtlichen Situation heraus, als Wortführer bürgerlicher Erwerbs- und Marktinteressen gleichfalls des „Demagogentums" verdächtig scheinen. Von den „Schul"-Lehrern der liberalen Volkswirtschaft, wie dem „Eklektiker, Sammler und Systematisierer" K. H. Rau, konnte er, der rücksichtslose Polemiker, keinerlei Zustimmung erwarten[81]), und weder die rheinischen Liberalen (Brüder Camphausen) noch die Vertreter der jungen Handelsjournalistik (Höfken oder gar Brügge-

[78]) S. „Werke" Bd. III 2, S. 1002.

[79]) Vgl. „Werke" Bd. VIII, S. 734, 925.

[80]) S. „Werke" Bd. VII, S. 156—157. — Vgl. zum allgemeinen Gehalt dieser Zeitkritik Karl Jaspers, „Die geistige Situation der Zeit", 5. Aufl. 1933, S. 40 bis 43.

[81]) Vgl. „Werke" Bd. VI, S. 23—31, 433—487; Bd. VII, S. 28—29.

mann) schlossen sich seinen Argumenten vorbehaltlos an. Der Hamburger Syndikus und Handelspolitiker Karl Sieveking urteilte 1843, als er List und Dr. Kolb in Augsburg kennenlernte: „List ist unter treuherziger Maske ein schlauer Schwabe, dessen gewandter Feder man einen zunehmenden Einfluß vorhersagen kann, wie er ihn schon bei Errichtung der württembergischen Verfassung, bei der Einleitung des Zollvereins und des Eisenbahnnetzes geltend gemacht[82]." Den radikalen „jungdeutschen" und linkshegelschen Ideologen im Vormärz mußte Lists nationalpolitische Harmonielehre vollends unannehmbar scheinen; wir lernten Karl Marx' Polemik gegen die „listige" Nationalökonomie schon kennen.

Da List, seinen Schicksalen gemäß, keinerlei Schüler ausgebildet hat und überhaupt nicht „bloß ... für die Studierstube" schreiben wollte, so trat sein Name um so leichter mit seinem Tod in zeitweise Vergessenheit zurück; die Ereignisse von 1848 und das weitere Vordringen des Freihandels in Deutschland trugen dazu wohl das meiste bei. Eigentlich wider seine Absicht hatte er mit seinem Hauptwerk kein „neues Handelssystem" geschaffen, sondern eben doch ein „Buchsystem", das niemals ganz vergessen werden sollte[83]). Soweit wir sehen, war der vormalige Göttinger Privatdozent Dr. Theodor Toegel — Lists Mitarbeiter und seit Januar 1847 Nachfolger in der Herausgabe des „Zollvereinsblatt" — der einzige, den er unmittelbar herangezogen und geschult hat; da wir über Toegels literarische Leistungen — er war seit 1844 Mitarbeiter und von 1846 ab Mitredakteur der Augsburger „Allgemeinen Zeitung" — nichts Bemerkenswertes erfahren, so bleibt uns nur dies Fehlen einer persönlichen Einflußnahme Lists festzustellen. Gustav Kolb urteilte über seinen Mitarbeiter in einem Brief an Georg von Cotta vom 25. Februar 1846: „Toegel ist gut zum ordinären Excerpisten, willig, gutmütig, wenn es sein muß auch fleißig; aber ohne Geist und ohne Kenntnisse, ohne alles Sprachtalent. Er sieht die deutschen Zeitungen durch, macht kurze trockene Auszüge — darüber hinaus reicht sein Vermögen nicht." Die Annahme liegt nahe, daß List in Augsburg Dr. Toegel seinem „geistreichen und gelehrten Freunde" Kolb empfohlen habe; der Brief ist noch zu Lists Lebzeiten geschrieben und zeigt, wie wenig ergiebig die Leistungen dieses Mitarbeiters waren. Toegel, der vordem über Hannovers Anschluß an den Zollverein und verwandte Themata gearbeitet hatte, mag für den großdeutschen Gedankenkreis der „Allgemeinen Zeitung" — des führenden Blatts im deutschen Vormärz — geeignet erschienen sein; wir werden ihm, im Zusammenhang des „Allgemeinen deutschen Vereins zum Schutze der vaterländischen Arbeit" von 1848, noch begegnen. Lists Wunsch, „alle jungen Talente Deutschlands" unter der Fahne des Nationalen Systems zu vereinigen, erfüllte sich nicht. So erfuhr er die notwendige Einsamkeit

[82]) Vgl. aber ein abweichendes Urteil nach „Werke" Bd. VIII, S. 690.

[83]) Vgl. „Werke" Bd. VII, S. 413.

einer überreichen, unter der Fülle eigener Gedanken sich verzehrenden Persönlichkeit[84]).

Daß er keinen akademischen Lehrstuhl in Deutschland erstrebt habe, betont List selber. Es läßt sich keinerlei Konstellation ausdenken, unter der einem Friedrich List — sowenig wie einem Adam Müller, einem Rodbertus oder Karl Marx — ein akademisches Katheder in Deutschland hätte angeboten werden können[85])! Die erneute Demagogenverfolgung nach der Julirevolution hätte solche Pläne überdies ausgeschlossen; vom Sommer 1832 bis zum Herbst 1839 stand das öffentliche Leben in Deutschland unter dem Zeichen einer zunehmenden Reaktion[86]). Was List, falls er den Kampf nicht allzu rasch aufgegeben, als Politiker unter den Professoren in der „Paulskirche" hätte bedeuten können, sei hier nicht mehr erörtert[87]).

---

[84]) Für Toegel s. „Briefe an Cotta 1833—1863" (III. Bd.) l. c., S. 149. — Vgl. „Werke" Bd. VII, S. 16—17, 36, 584—585. — „List und Marx" l. c., S. 5, 41, sowie den „Anhang" zu diesem Hauptteil. Oben Anm. 60.

[85]) Vgl. Vorrede zum „Nationalen System". — Seine Wahl zum ersten Präsidenten des „Lafayette-College" in Easton, Pa., lehnte List 1828 wegen anderer Vorhaben ab, obschon er sich selber mehrfach nach einer Stelle als „Lehrer der Nationalökonomie" in den Vereinigten Staaten umgesehen hatte; vgl. „Werke" Bd. II, S. 361—364.

[86]) Bundestagsbeschlüsse vom Sommer 1832. Demagogenverfolgungen in Preußen. Klerikales Regime in Bayern. Wiener Schlußprotokoll 1834. Hannoverscher Verfassungsbruch.

[87]) Vgl. oben Hauptteil C, 4. Kapitel, Anm. 95, und den „Anhang" zu diesem Hauptteil. — Für Lists, des amtlosen „Staatsökonomen", singuläre Stellung im vormärzlichen Deutschland vgl. 2. Kapitel dieses Hauptteils zu Anm. 97—100, sowie die sehr bezeichnende Schilderung in der Augsburger „Allgemeinen Zeitung" Nr. 140 vom 20. Mai 1845.

Lists Verhältnis zur Staatsgewalt ist damit schon umrissen. Selber kleinstädtischer Herkunft und aus der mittleren „Schreiber"-Laufbahn hervorgegangen, mußte er den höheren Verwaltungsmännern noch bedenklicher erscheinen als seinen Kollegen von der Hochschule, die seine Originalität sich als „Plagiat" oder „Arroganz" erklären wollten[88]. Die volkstümliche Bewegung, als deren Anwalt und freier Schriftsteller er den Territorialgewalten sich entgegenwarf, mußte ihn in persönliche Konflikte mit der „Bürokratie" des Vormärz bringen. Lief sein Gedanke, „den Staatsdienst mit dem Bürgertum... zu verschmelzen", nicht dem Ursprung der deutschen Territorialbeamtenschaft zuwider[89]? Wir wollen hiermit kein Werturteil verbinden. Wahrscheinlich — falls dieser Gedankengang erlaubt ist — wäre List als Parlamentarier, Journalist und erster deutscher Syndikus, der er ja war, unter späteren Konstellationen rasch zu Einfluß und Einkommen gelangt — aber unter fester Bindung an die Belange einer oder mehrerer mächtiger Interessentengruppen. Die akademische Laufbahn und das Wirtschaftsministerium wären ihm — mangels eines geordneten Studiums und nachgewiesener Examenskenntnisse — auf dem normalen Wege eines „mittleren" Verwaltungssekretärs unerreichbare Hochziele geblieben. Als freier Schriftsteller oder Abgeordneter hätte er sich den entfalteten Produktionsverhältnissen der Konzerne und Parteien sogar als Außenseiter kaum entziehen können.

Hochschule und Bürokratie des deutschen Vormärz waren sich in der Ablehnung des Außenseiters jedenfalls einig. Sein alter Widersacher, der Minister Freiherr von Maucler, begegnet uns immer wieder hinter den Kulissen. Erhalten[90] ist uns namentlich ein Bericht seines Sohnes, des Gesandten Julius von Maucler an den Vater aus München, vom 13. Juni 1843. Wir führen zur Charakteristik dieser Verhältnisse an, daß List sich offenbar dem Sohne seines alten Widersachers mit Anerbieten, Klagen, Wünschen in bayerisch-württembergischen Eisenbahnfragen genähert hatte, die ihm als Erpressungsversuche ausgelegt wurden; er habe sogar angedeutet: „daß derjenige ihn haben würde, der ihn bezahle". Der Gesandte rät zwar, „es mit Herrn Dr. List nicht zu verderben, der als Nationalökonom nun einmal doch einen nicht unbedeutenden Ruf genießt", aber er hat „an den zwei Unterredungen, mit welchen mich Herr Dr. List beehrte, vollkommen genug"

[88]) Vgl. damit seine schöne Selbstkritik in „Werke" Bd. VI, S. 21—22.

[89]) Vgl. „Werke" Bd. V, S. 484—486.

[90]) Vgl. „Werke" Bd. VII, S. 21, und Hoeltzel l. c. 1931, S. 5—14. — Auch „Werke" Bd. III 2, S. 949—951.

und kann „die Bemerkung nicht unterdrücken: daß mir Herr Dr. List den Eindruck eines Intriganten von der allergewöhnlichsten Sorte gemacht hat, dessen Tendenz wohl einzig und allein dahin gerichtet ist: einer deutschen Regierung nach der anderen durch Vorspiegelungen und Drohungen eine Summe Geldes abzulocken". Wir werden sogleich sehen, daß preußische Staatsmänner noch 1846, kurz vor Lists freiwilligem Tod, das gleiche Urteil hatten. Maucler fährt dann fort:

„Ich halte ihn überdies für äußerst unvorsichtig, für sehr unzuverlässig, für überaus anmaßend und für einen Mann von den allerunangenehmsten Formen; diese Eigenschaften dürften zu einer Stellung, wie er sie wünscht, nämlich als Agent unserer Regierung bei Unterhandlungen mit dem Auslande, nicht besonders empfehlen. Er will denjenigen, den er zu überzeugen sucht, gar nie zu Worte kommen lassen und verwirft Alles, was ein Anderer sagt, geradezu als falsche Ansicht, ohne irgendeinen Beweis dafür zu geben; seine Worte, mit denen er durchaus nicht ökonomisch zu Werke geht, unterbricht der große Nationalökonom häufig durch ein äußerst widriges, gezwungenes und selbstgefällig schallendes Gelächter; um die versteckten Motive seiner Handlungsweise einem anderen bemerklich zu machen, ruft er alle Augenblicke aus: ‚Bemerken Sie nun wohl, warum?' und dabei erhält der Andere dann jedes Mal einen derben Rippenstoß, ohne etwas Näheres zu erfahren."

König Wilhelm I. von Württemberg bezeigte seine vollkommene Zufriedenheit „über die verständige und angemessene Weise, wie er den Dr. List in den mit ihm gehaltenen Unterredungen behandelt und dessen zudringliche Anmutung abgewiesen habe —". Er sei gewillt, „weder auf die Anträge des Dr. List, welche ganz den Charakter der Intrige in sich tragen und vollkommen geeignet wären, die Verhältnisse mit Bayern zu stören, je einzugehen noch von dessen albernen Drohungen eine Notiz zu nehmen —". Der Gesandte von Maucler nahm in einer weiteren Unterredung Gelegenheit sich „den zudringlichen, überlästigen Schwätzer und intriganten Agitator auf glimpfliche Manier vom Halse zu schaffen".

Wenn List sich „nur auf den Standpunkt des Vermittlers" und „des Unparteiischen" stellen wollte, so lag die Unkonvenienz solchen Verhaltens in der Sache selber: auch ohne sein subjektives Streben, in einen staatlichen Lebenshafen zu gelangen, hätte er ja dies Ziel niemals auf direktem Weg erreicht. Er war schließlich, sagte er 1846 dem Minister von Abel, müde, „sich in Deutschland als Projektenmacher verspotten zu lassen", aber unfähig, sich „moralische und materielle Anerkennung zu verschaffen". Mochte er seine Kräfte verzehren und gesundheitlich abnehmen fühlen — um so aussichtsloser nur wurde sein Ringen mit den feudalen und bürokratischen Gewalten. Da seine stürmisch-sanguinische Natur überdies in der Mittelwahl sich oft genug vergriff, so bleibt es begreiflich genug, wenn weder Württemberg noch Bayern auf seine Anerbieten eingingen[91]). Es war schon so: für eine im Kern geniale

[91]) S. oben Hauptteil C, 4. Kapitel.

Natur gab es keine zuständige Stelle innerhalb der staatstragenden Schicht und seine Persönlichkeit blieb dort im Schatten seiner Personal-Akten. Jene harmonische Enthaltnng aller produktiven Kräfte, auf die sein System hinwies, ward ihm nirgends gegönnt. Im Rückblick auf „Vereins"zeit und Prozeß kam er, anläßlich der Leipziger Intriguen, zur Erkenntnis: „Wer sich in öffentlichen Dingen so ausgesprochen hat, wie ich es früher in zwei verschiedenen Stellungen getan habe, der darf sich darauf verlassen, daß man ihn in einem großartigen Stil verleumdete und herabwürdigte, und meine Gegner hatten um so leichteres Spiel, als ich im ganzen über 12 Jahre aus meinem Vaterland abwesend war[92])." An diesem „großartigen Stil" haben Klatsch, Unverständnis und Ressentiment seiner Mitbürger es nicht fehlen lassen. Er blieb, wie er 1843 seinem Freunde Arnold Duckwitz in Bremen schrieb, „öffentlicher Rat bei Sr. Erlaucht dem deutschen Michel[93])".

Daß Lists Agitation auch einem Bürokraten auf die Nerven gehen konnte, ist freilich kaum verwunderlich; abgesehen von seinen mangelhaften gesellschaftlichen Formen war er ja von Haus aus ein geborener Feind aller „Kastenvorurteile" und des Schreiberwesens mit seinem „Schlendrian", — eine Abneigung, die der reichsstädtische Kleinbürger mit dem Freiherrn vom Stein und Bismarck teilte. Wir sahen, wie sein Kampf mit den deutschen Territorialgewalten ihn in einen Gegensatz zur Bürokratie bringen mußte, der ihn als Außenseiter isolierte. „Der streng bürokratischen Ordnung ist es eigentümlich, daß sie zwar in den untergeordneten Sphären Geschäftstüchtigkeit, Regelmäßigkeit, Stetigkeit und Ehrenhaftigkeit produziert, daß sie aber, allzu streng durchgeführt, der Auswahl vorzüglich tüchtiger Vorstände von ganzen Departements sowenig günstig ist als die allzu streng durchgeführte Anciennität im Militär dem Heranziehen großer Feldherrntalente. In der Staatsführung wie in der Heerführung sind überall bedeutende Köpfe ein ziemlich seltener Artikel; nicht immer finden sie sich bei denen, die durch glückliche Umstände, Pünktlichkeit, Fleiß, Gewandtheit, spezielle Kenntnisse oder durch persönliche Begünstigung und durch das Talent, sich angenehm zu machen, von der untersten Stufe bis in die Nähe der höchsten sich emporgeschwungen haben —[94])". So sind Lists amtliche Gegner, zumal in den deutschen Kleinstaaten, zumeist der Vergessenheit anheimgefallen, während seine „amtlose" Persönlichkeit das Jahrhundert überlebt hat. An den Amts- und Geschäftskonventionen, mit denen die Mittelmäßigkeit sich schützend zu umgeben pflegt, zerbrach schließlich sein élan vital — seine Lebenskraft[95]).

---

[92]) S. „Werke" Bd. VIII, S. 440.

[93]) S. „Werke" Bd. VIII, S. 669.

[94]) S. „Werke" Bd. III 1, S. 397. — Vgl. seine überscharfen Angriffe auf das „halborientalische" Unkraut der Bürokratie in seiner „Allianzdenkschrift" 1846 in „Werke" Bd. VII, S. 269—270, 286, 295.

[95]) Über Bürokratie und Adel als „die beiden herrschenden Elemente in Österreich" vgl. etwa „Werke" Bd. III 1, S. 491. Da in Ungarn der Adel auf seiten der volkstüm-

Die repräsentative Haltung des Offiziers oder Beamten fehlt List, dem Anwalt des aufsteigenden selbständigen Bürgertums. Eine Feudalisierung, wie sie so viele Bankiers und Entrepreneurs erstrebten, hätte seinem bürgerlichen Selbstbewußtsein widersprochen. Eher stößt er Standesherren und Minister kräftig vor den Kopf, wie Levin Schücking z. B. erzählt. Noch in seiner letzten Lebenszeit notiert er Stichworte wie „Separatintriguen der Staatsbeamten — Neid auf die Industriellen — Hochmut — Herrschsucht“[96]). Ihm mangelt die amtliche Gelassenheit des Staatsvertreters, aber auch die freiwillige Bedientenhaftigkeit des geborenen Untertanen. Seine Ironie stößt nicht nur „Universitäts-Hofräte“ vor den Kopf. Seine Rechtstitel sind das Talent und das Interesse, seine Persönlichkeit und seine Lehre. Er handelt zeitlebens „ohne von irgend jemand als von dem Bewußtsein dessen, was ich leisten und zustande bringen könnte, autorisiert zu sein[97])“. Aber er kann auch 1845 dem österreichischen Präsidenten Frhrn. von Kübeck schreiben: „Geistern höheren Ranges habe ich mich von jeher willig untergeordnet[98]).“ „Es ist nichts furchtbarer, als die mit Gewalt bekleidete Mittelmäßigkeit und Beschränktheit gegen das Talent, wenn es selbständig auftreten will“, so zieht er in den letzten Lebensjahren die Summe seiner persönlichen Erfahrung mit „gelehrten Pedanten und eingebildeten Bürokraten[99])“.

Die Differenz des nur allgemeinen „nationalen“ Elements zur konkreten vormärzlichen Staatlichkeit empfindet er genau: „Die Nation ist fortgeschrittener in der Erkenntnis. Die Bürokratie ist nicht einmal in der Theorie nachgekommen, geschweige in der Praxis.“ Bei unkonstitutionellen Staaten herrsche die Bürokratie vor, bei konstitutionellen die Stimme der nationalen Interessen[100]). Dieser Gegensatz blieb sachlich unauflösbar. Hatte List nicht in Amerika ein freies, unbürokratisches Gemeinwesen kennengelernt und selber das unbekümmerte Gebaren eines Amerikaners angenommen? Bürokratie, Geistlichkeit und Adel hatten sich schon in der württembergischen Kammer 1821 zum Sturz des selbstherrlichen Mannes zusammengefunden[101]), der Untersuchungsrichter ihm amtlich Stockprügel, die 1809 im Kriminalprozeß an Stelle der Tortur getreten waren, angedroht[102]): ihm, dem „Mann

lichen Bewegung stand, so konnte List mit ihm eine Strecke zusammengehen; s. oben Hauptteil C, 1. Kapitel. — In den Vereinigten Staaten fehlte eine Bürokratie, ebenso in England; während List, z. B. wegen der Enteignungsgesetze, eine publizistische Polemik im Frankreich der Julirevolution führen durfte; s. oben Hauptteil D, 2. Kapitel. — Im vormärzlichen Deutschland gab es für ihn keinen Kampf mit gleichen Waffen!

96) S. List-Archiv F. XXXIX, Blatt 110.

97) S. „Werke“ Bd. III 2, S. 756.

98) Ebenda S. 1017.

99) S. „Werke“ Bd. VIII, S. 740. — Vgl. hiezu Karl Jaspers l. c., S. 41.

100) S. „Häußer-Codex“ 371, 25, Blatt 95 und 99.

101) Siehe L. Häußer l. c. Bd. I, S. 111.

102) S. ebenda S. 116 und oben Hauptteil D, 1. Kapitel. — Körperliche Züchtigung kannte u. a. auch das altpreußische Strafrecht; zum politischen Geheimprozeß vgl. oben Hauptteil E und das 2. Kapitel dieses Hauptteils, Anm. 14 bis 16, 21.

von Geist und Schöpferkraft", wie ihn der Freund Ernst Weber nennt[103]).

Ohne die persönliche Ausdrucksform sachlicher Widersprüche zu überschätzen, seien hier einige Urteile preußischer leitender Beamter über List angefügt. Der Kampf, den List im „Zollvereinsblatt' gegen die freihändlerische Neigung der preußischen Vereinsmacht führte, bildet den sachlichen Untergrund solcher Urteile über den „Feuergeist", wie List von Freunden wohl genannt wurde[104]). Preußens Position in Handelsangelegenheiten war jetzt stärker als 1819; List, über den die Entwicklung gleichsam hinweggegangen war, sah sich — außerhalb der Zollvereins-Kongresse und der Verhandlungen über Handelsverträge — abermals in eine politisch-journalistische Außenstellung verwiesen. Die preußischen Bürokraten hatten das gewaltige Werk des Zollvereins vorbereitet — nicht um politische Wünsche zu erfüllen, sondern eher in dem Gedanken, die Aktivität des Publikums auf wirtschaftliche Aufgaben abzulenken. Für List dagegen — wir wissen es — verknüpften alle Handels- sich aufs engste mit den politischen und auch Verfassungs-Fragen.

Generalsteuerdirektor L. Kühne, den List im „Zollvereinsblatt" seit 1843 als den Inspirator der freihändlerischen preußischen Handelspolitik mehrfach angriff, hielt besonders wenig von seinem „erklärten Feind", dessen „tollem Treiben" er amtlich zwar kein Wort erwidert habe; mündlich soll er über die „Absurdität und Schlechtigkeit" des Schwaben und dessen „eigens erfundene Theorie" eines hohlen Merkantilismus sich deutlicher erklärt haben[105]). Treitschke sagt, daß Lists Anstellung in Preußen noch 1846 an Kühnes Einspruch gescheitert sei: der sachliche Gegensatz zwischen den süddeutschen Schutzzoll-Interessen der Textil- und Eisenindustriellen, für die List focht, einerseits und den agrarischen bzw. Handelsinteressen des preußischen Hauptgebiets war nicht überbrückbar; späterhin sollte das Freihandelsinteresse die Oberhand im Zollverein gewinnen, bis endlich unter Bismarck 1877 eine dem „Nationalen System" gemäßere Konstellation heraufzog. Kühne hatte sich namentlich gegen die von List geforderten Differentialzölle ausgesprochen[106]).

[103]) „Mein trefflicher, nur Geistesfunken sprühender Freund", nennt ihn Weber 1829; s. „Werke" Bd. III 2, S. 688.

[104]) Siehe Olshausen l. c., S. 192. — „Werke" Bd. VII, S. 553, 558, 571. — Bezeichnend sind des gesinnungsverwandten Mevissen, der ebenfalls für Erziehungszölle arbeitete, gleichzeitige Urteile über „die leidige Sucht des Vielregierens in Deutschland und den Krebsschaden Preußens, eine komplizierte Bürokratie, die über lauter Akten nicht zur Einsicht, nicht zu Gedanken kommt"; s. Joseph Hansen l. c. Erster Bd., S. 387.

[105]) Siehe Thiedig l. c., S. 27—32. — Kühne schrieb schon über den Zollverein in Rankes „Historisch-Politischer Zeitschrift".

[106]) Vgl. L. Kühne, „Der Deutsche Zollverein während der Jahre 1834—1845", nebst einem Anhang über „Differentialzölle", 2. Aufl. 1846. Zur Charakteristik Kühnes vgl. H. von Petersdorff, „Friedrich von Motz" l. c. Zweiter Bd., S. 20—21. — S. oben Hauptteil C, 2. Kapitel, Anm. 40. Vgl. auch A. Bergengrün l. c., S. 296—303.

Die tragische Verwirrung des Listschen Todes hängt bekanntlich mit der Ablehnung seiner deutsch-britischen Allianzpläne vom Sommer 1846 eng zusammen. Wir wollen auf diesen politisch-militärischen Bündnisgedanken, durch den er Preußen-Deutschland in das imperiale Weltbild einzufügen suchte, hier nicht eingehen[107]). Preußens Londoner Gesandter Freiherr von Bunsen hatte List freundlich empfangen und ihn unterstützt, trotz einer abmahnenden Instruktion seines Kabinettes. Er nannte ihn, in einem Bericht an König Friedrich Wilhelm IV., einen unbestreitbar „ausgezeichneten und für einen Deutschen an Welterfahrung und Anschauung reichen Mann —". In allem zeige er „große Kraft, bedeutendes Talent, patriotische Gesinnung". Bunsen hielt ihn „weder für einen feilen Menschen noch für einen Feind oder Verräter des Deutschen Zollvereins", für keinen „fripon révolutionnaire", sondern für einen ehrlichen und keineswegs listigen Deutschen und Schwaben. „Er hat nie daran gedacht, dem von der ultramontanen Partei in München und gewissen österreichischen Staatsmännern und Diplomaten zur Sprengung jenes großen Vereins fast offenkundig gemachten Bunde beizutreten ..." Die englischen Minister — Sir Robert Peel und Lord Palmerston — hätten List in London mit großer Achtung und Artigkeit behandelt. Bunsen schlug vor, List — der au fond ein guter Preuße sei — entweder als Generalinspektor der Eisenbahnen und Fabriken des Zollvereins, oder als Leiter der Innenkolonisation für Posen in preußische Dienste zu ziehen. Es sei wichtig, einen solchen Mann nicht „der Volksbewegung zu überlassen[108])".

In Berlin stand List hingegen, wie Bunsen erfuhr, nach amtlichen Berichten im Verdacht, „im Solde Österreichs an der Sprengung des Zollvereins zu arbeiten". Nur L. von Rönne, der Präsident des neuen preußischen Handelsamts, nahm sich als Schutzzöllner seit 1844 der Listschen Argumente an; während Kühne die „Spinnereibeschützer" ablehnte, hörte Rönne 1845 gutachtlich „die Notabeln der Industrie", „die sog. Industriellen". Hier war also ein bescheidener Ansatz zu dem von List und Mevissen gewünschten „industriellen Parlament". Aber gegen den Generalsteuerdirektor Kühne konnten L. von Rönne und wohl auch Freiherr Heinrich von Bülow, der Schwiegersohn Wilhelm von Humboldts, zu Lists Lebzeiten nicht ankommen. Friedrich Wilhelm IV. soll Kühne einmal das Finanzministerium angeboten und dabei verlangt haben, daß Kühne sich vorher mit List wegen der künftigen preußischen Handelspolitik verständige! Von einem wirksamen Eintreten des Königs für List ist aber nichts bekanntgeworden. Vergebens huldigte List gelegentlich „dem erleuchteten Geist Friedrich Wilhelms IV.", legte er Ende Juli 1846 dem König dar: „Preußen habe die hohe Bestimmung, durch Reaction gegen die statio-

[107]) Siehe L. Sevin, 1909, l. c., S. 336—339, und „Werke" Bd. VII. — Vgl. „Werke" Bd. III 2, S. 846—847. Oben Hauptteil C, 2. Kapitel, Anm. 35.

[108]) S. „Werke" Bd. VII, Anhang II. Für Lists dankbares Urteil über Bunsen s. Bd. IX, S. 218.

nären und retrograden Tendenzen altersschwacher Mächte dem Vaterlande" die Wahl zwischen Revolution oder neuer Unterwerfung zu ersparen. „Nur durch Preußen könne das deutsche Vaterland zur Wiedergeburt gelangen." Die unmittelbare Antwort auf dies Gesuch war — trotz Bunsens Empfehlung — eine einfache Empfangsbestätigung. Eine Anregung des Königs, zur Rücksprache nach Berlin zu kommen, erreichte List zwar, doch ging er, durch das Scheitern seines Allianzplans tief verwundet, nicht mehr darauf ein[109]). Noch ehe Preußen „eine parlamentarische Regierung" erhalten, hatte List — zu früh — den Kampf aufgegeben. Ein Vierteljahr nach Lists Tod mußte der König den Vereinigten Preußischen Landtag berufen! Der preußischen Handelspolitik wie dem preußischen Eisenbahnwesen war er ein Anreger, doch kein Gestalter geworden. Es blieb in der Tat für ihn verhängnisvoll, daß er bei seinem Berliner Besuch 1835 wohl dem liberalgesinnten Adjutanten des Kronprinzen, dem Oberst Adolf von Willisen, nicht aber dem künftigen König selbst bekannt geworden war, der namentlich den Eisenbahnbau begünstigte und Lists genialem Wesen vielleicht ein intuitives Verständnis entgegengebracht hätte.

Daß man List mehrfach für einige tausend Taler käuflich glaubte, ist für die Einschätzung seiner persönlichen Motive nur als Grenzfall der Kritik erwähnenswert und erinnert an Bauerreis' verwandte Vorwürfe beim „Handelsverein". Der preußische Außenminister Freiherr von Canitz schrieb 1846 zu Bunsens Bericht über List sogar mit unverhohlener Verachtung: „Verkaufen wird er seine Überzeugung wohl nicht, aber sie jedem leihen, der gut bezahlt. Man gebe ihm Geld, und zwar viel, so wird es ihm ziemlich gleichgültig sein, ob er Eisenbahnen oder Kolonien in Österreich oder Preußen zu verwalten habe[110])."

Der Hohn war billig. Hatte List doch seine Professur einst der Sache willen aufgeopfert und niemals seither in Deutschland von irgendwelcher Seite ein Gehalt oder eine Pension erhalten. War es zu verwundern, wenn er für sich und seine Familie Sicherungen erstrebte, wie sie jedem unteren, mittleren und oberen Beamten selbstverständlich waren? Aber daß er als „Revolutionär", als „Jakobiner", als „Republikaner", als „ein an fremde Mächte Verkaufter" verleumdet und behandelt wurde, das hat den „Unermüdlichen" — wie man ihn schalt! — in die Übersteigerung seiner letzten Lebenskraft und in den Tod getrieben[111]). „Ich, der ich mein ganzes Leben damit zugebracht habe, für die Stärkung und Vervollkommnung und künftige Unantastbarkeit Deutschlands zu wirken?" Aber Gott habe die Mittelmäßigen erschaffen, um die Leute, die etwas leisten können, „zu treten, zu schlagen, zu betrügen, zu berauben, zu

---

[109]) Vgl. Heinrich von Treitschke, „Deutsche Geschichte", Bd. V, Beilage 32, und auch L. Häußer l. c. Bd. I, S. 387. — „Werke" Bd. VII, S. 20—23; oben Hauptteil C, 2. Kapitel, Anm. 35. — „Werke" Bd. III 1, S. 379; Bd. VIII, S. 823—824, 828 bis 830.

[110]) Siehe L. Sevin l. c. 1909, S. 338, und E. Wiskemann in „Mitteilungen" l. c. Nr. 10 (1930).

[111]) Vgl. Lists Aufzeichnung aus dem Jahr 1846 in „Werke" Bd. VIII, S. 87.

verleumden, zu entehren, um ihre schlafende Energie zu wecken und sie anzutreiben, außerordentliche Dinge zu Stande zu bringen".

Unflätiger noch drückte sich der preußische Gesandte General von Rochow in Stuttgart aus, wenn er zu Cotta über das „Zollvereinsblatt" sagte: „Das Benehmen und Geschrei des List sind allerdings viehischer Natur[112]."

Wir wollen solchen überreichlich feudalen Äußerungen kein übergroßes Gewicht beilegen; zumal ästhetische Maßstäbe den deutschen Menschen ja weder typisch prägen noch persönlich verpflichten. Auch die Distanz des „Edelmanns" zum „Bürger" wirkte ja noch lange in unserer hochkapitalistischen Gesellschaft fort. Durch den agrarkapitalistischen Hintergrund behielten diese Ideologien einer besonderen „Standesehre" eine gewisse Bedeutung im modernen Staats- und Wirtschaftsapparat, der durch solche feudale Beimischungen eher konserviert ward — man denke an die analoge Funktion der akademischen Ehren- und „Standes"-Ideologien. Sobald das Bürgertum seine „liberalen" Grundrechte in Staat und Wirtschaft durchgesetzt hatte, nahm es jene frühkapitalistischen Schichten in sich auf, wandelte sie um und ließ ihre Besonderheiten — soweit sie seinem Interesse unschädlich — bestehen. Auch List hat ja, wie wir sahen, den grundbesitzenden Adel niemals bekämpft, ihn vielmehr auf nationale und wirtschaftliche Ziele auszurichten versucht. England, das diese Amalgamierung bereits vollzogen hatte, war ihm auch hierin Vorbild. Für seine deutsche Heimat stieß List naturgemäß auf größere Schwierigkeiten, wie z. B. seine Polemik gegen den Freiherrn von Bülow-Cummerow im „Zollvereinsblatt" zeigt[113]. Hier belegte der Landadel noch den größten Teil des Staatsapparates für sich. Daß List dem mittleren Bürgertum angehört, bezeichnet im deutschen Vormärz einen breiten Abstand von der feudalen Schicht, deren Einfluß und Ansprüche seit Napoleons Sturz und zunehmend mit der „Reaktion" von 1816/19 wuchsen. Gentz, Adam Müller, Varnhagen sprechen sich hierüber in ihren amtlichen Verhältnissen aus. Den kleinstaatlichen Diplomaten auf dem Darmstädter Kongreß 1820 etwa galten die Wirtschaftsvertreter — „Professor List und Konsorten" — als bloße „Techniker" oder „Fabrikantenminister". Bei den preußischen Provinzialständen vom Jahr 1823 hatte der Adel den Vorsitz und 278 Stimmen, die Städte 182, die Landgemeinden 124 Stimmen nur. Lists liberale Gesinnung und sein Eintreten für das Industriekapital entfernten ihn für seine Zeit von allen persönlichen oder amtlichen

---

[112]) Vgl. die Herausgeber in Einleitung zu „Werke" Bd. II 1, S. 25: „...... seine eigentlichen, hemmenden und vertreibenden Verfolger blieben die Schranzen aus Scheelsucht, die Schreiber aus Bürokratie und die bloßen Geschäftemacher aus Erwerbsgier." S. „Werke" Bd. VIII, S. 664—666.

[113]) S. „Werke" Bd. VII, S. 103—137 und Kommentar. — Über D. Hansemanns Verhältnis zu diesem pommerschen Verfassungsfreund s. A. Bergengrün l. c., S. 330—332. — Über Bülow-Cummerows Bankpläne vgl. die Kritik bei H. v. Poschinger, „Bankwesen und Bankpolitik in Preußen", Erster Band, 1878, S. 241—254, 263—266.

Bündnissen mit den adligen Nutznießern der Tradition, wie sie Gentz und Adam Müller eingingen. Je fremder er der vorherrschenden Schicht nach Herkunft und gesellschaftlicher Rücksichtnahme, um so schärfer ließ List die „Katheder- und Kanzleiphilister" sein bürgerliches Selbstbewußtsein und die Schärfe seines Intellektes spüren. „Derb" sei er nur überall da, „wo Inferiorität im Bunde mit ungemessener Anmaßlichkeit sich ihm gegenüberstelle", sagte er 1846 über sich selbst[114]).

„Wirklich wohne ich in der Straße der Märtyrer (Nr. 43 Rue des Martyrs)", schrieb er aus Paris 1838 an Georg von Cotta, als er — aus Leipzig verstoßen — dort den Plan seines „Nationalen Systems" entwarf[115]). Acht Jahre später sollte die letzte Fahrt den Rastlosen nach Kufstein führen, um dort zu enden. In Abwehr amtlicher und professoraler Intriguen hatte er 1842 einem Freund geschrieben, sein Ehrgeiz gehe keineswegs auf äußere Anerkennung. „Ich wünsche im Dienst der deutschen Nation zu leben und zu sterben[116])." Lists Schicksal hat dies Wort bestätigt.

---

[114]) Man denke auch an Goethes repräsentatives Verhalten zum Adel, wie es E. M. Arndt, Heinrich Luden, die „Jungdeutschen" und Karl Marx schildern. — Über Lists verschollenen Goethe-Schiller-Aufsatz, den er 1824 an Victor Cousin gegeben hatte, vgl. oben Hauptteil D, 1. Kapitel. Es wäre interessant gewesen, ihn mit Wolfgang Menzels oder Marx' Urteilen über den Olympier zu vergleichen. — „Werke" Bd. VI, S. 479; Bd. VIII, S. 891. — Für Adel und Bürgertum im Vormärz vgl. auch G. Freytags „Bilder aus der deutschen Vergangenheit" und die „Memoiren des K. H. Ritters von Lang", 1842.

[115]) S. „Werke" Bd. VI, S. 648. Auch H. Heine wohnte dort.

[116]) S. „Werke" Bd. VIII, S. 650. — Vgl. den Abdruck zeitgenössischer Urteile in „Werke" Bd. IX, S. 187 bis 229; Verzeichnis der Nachrufe ebenda S. 253—254, 258—262.

ZWEITES KAPITEL

Grundlegung der Politischen Ökonomie

Lists Kämpfe während seiner „Demagogenzeit“ — falls wir die Jahre 1819 bis 1825 unter diesem Schlagwort herausheben dürfen — zeigten den subjektiven Höhepunkt des politischen Gesamtkonflikts mit seiner Umwelt an; sein Verhältnis zu den allgemeinen politischen Bewegungen im Vormärz läßt auch die objektiven Bedingungen des Konflikts heraustreten. Denn der Konflikt, in dem Lists Totalität befangen ist, er hat, abgesehen von jenen persönlichen Motiven des Charakters und der Leidenschaft, einen durchaus sachlichen Grund: kreist er doch um die großen Gegenstände Nation, Staat und Gesellschaft. Die grundsätzlichen Differenzen drücken sich auch im persönlichen Verhalten aus: Karl Follen etwa und die Wesselhoefts müssen in Amerika bleiben, die Brüder Snell und Adolf Follen verwurzeln in der Schweiz, Börne wie Heine wählen Paris zur Heimat. Friedrich List will nach Deutschland zurückkehren, um seinen Kindern „eine deutsche Heimat zu erwerben“. „Mir gehts mit meinem Vaterlande“, schreibt er 1828 einmal, „wie den Müttern mit ihren krüppelhaften Kindern; sie lieben sie um so stärker, je krüppelhafter sie sind. Im Hintergrunde aller meiner Pläne liegt Deutschland, die Rückkehr nach Deutschland —[1]).“ Wir wollen diese Differenz des Verhaltens zum Ansatzpunkte nehmen, um Lists Wirksamkeit — ihre Bindung an seine Umwelt wie ihr Fortwirken über sie hinaus abschließend zu beurteilen.

Von seiner Rückkehr aus Amerika ab hat List sich den ausgesprochen politischen Bewegungen ferngehalten, wie er in seiner ungarischen Denkschrift 1845 dem Fürsten Metternich schrieb; wenigstens in dem Sinne, daß er seine zoll- und verkehrspolitische Tätigkeit außerhalb der staatsrechtlichen Opposition hielt. Mit dieser Einschränkung sei wiederholt, daß sein Wirken in Frankreich und Belgien wie in Deutschland und Ungarn mittelbar auch fernerhin jenem Ideal der Einheit und Freiheit, von „Freiheit und Wohlstand“ gilt, das schon seine Tätigkeit im „Verein“ leitet. Daß List — gleich seinem Gönner La Fayette — nach 1825 in

[1]) S. „Werke“ Bd. II, S. 41. — Oben Hauptteil D, 2. Kapitel, Anm. 50 und Hauptteil C, 1. Kapitel zu Anm. 36 und 38. — „Werke“ Bd. VIII, S. 355.

Reading Freimaurer geworden ist, wie M. Hoeltzel aus einem Briefe an Robert Mohl mitteilt[2]), muß für seine Wirksamkeit und deren humanitäre Färbung angemerkt werden; offenbar hat es seine Aufnahme bei seinen Gesinnungsverwandten in Frankreich und Nordamerika gefördert[3]).

List war in der Readinger Freimaurerloge von 1794 am 7. März 1827 „mastermason" geworden und ließ sich später suspendieren, so daß er 1829 über eine „Anti-Freimaurer-Staatskonvention" in Harrisburg, Pa., im „Readinger Adler" schreiben konnte: „Da wir nicht (mehr ?) zu dem Freimaurer-Orden gehören und auch noch nicht hinlänglich Ursache fanden, an der Sache der Anti-Freimaurer tätigen Anteil zu nehmen, so können wir nicht sagen, was weiters aus dieser Konvention entspringen möchte" als eine vermehrte Agitation aller „Amtsjäger von Profession oder sonst Kandidaten für die öffentliche Gunst", welche sich der von Freimaurern besetzten Staatsämter bemächtigen wollen. „Sollten wir je Ursache finden, zu glauben, daß dieser Orden nur um den zehnten Teil so gefährlich sei, als er von den Anti-Freimaurern dargestellt wird, oder daß die Glieder desselben, recht oder unrecht, einander zum Nachteil anderer Bürger unterstützten, so würden wir nicht ermangeln, unseren Teil zum Sturz desselben beizutragen. Doch hegen wir zu hohe Achtung für die Rechtschaffenheit mancher bereits abgeschiedenen sowohl als auch noch lebenden Mitglieder dieses Ordens, um für jetzt glauben zu können, daß sie sich einen Tag in einer Gesellschaft verweilt haben würden, die sich solche Dinge hätte zuschulden kommen lassen." Es ließe sich ohne Schwierigkeit erweisen, daß so manche von Lists Gesinnungsverwandten Freimaurer gewesen sind: La Fayette ebenso wie Henry Clay, Madison und der spätere Präsident Jackson.

Die Grenze gegenüber den radikaleren und jüngeren „Demagogen" der Restaurationszeit wie gegenüber den „reinen" oder „sozialen" Demokraten liegt — wir wiederholen es — in seinem niemals erschütterten Glauben an die Möglichkeit und Nützlichkeit konstitutioneller Monarchien[4]). Er bleibt der liberale Anwalt des jungen deutschen Großbürgertums[5]); in der monarchischen „Spitze" seiner Republiken wird jenes „conservative" Element seines schwäbisch „demokratischen" Denkens sichtbar, an das er einen Metternich glauben lassen möchte. Um so weniger kann er, als Politiker wie als Nationalökonom, den „Socialisten" und „Communisten" näher treten, er bekämpft sie viel-

---

[2]) Siehe Max Hoeltzel in „Das Neue Freimaurertum", Dresden 1929, Heft 4. — Vgl. „Werke" Bd. II, S. 77, wo sich gleich nach seiner Ankunft die Notiz „Freimaurer in New York" findet.

[3]) Siehe William Notz l. c. Aprilheft 1925, S. 230. — „Werke" Bd. II, S. 290, 474—475.

[4]) Ebenso sagt A. Meusel l. c., S. 6: — „an der monarchisch-konstitutionellen Überzeugung Lists kann niemand zweifeln, er hat an ihr sein Leben lang festgehalten und sie mit unzweideutigen Aussprüchen belegt".

[5]) Siehe A. Meusel ebenda S. 8.

mehr und wird von Marx als Anwalt der „Bourgeoisie" abgewertet[6]). Den Dekabristen in Rußland, den Chartisten in England, den aufständischen Hellenen, Polen, Wallonen, Carlisten und Carbonari folgen die Putsche der Seidenweber von Lyon, die wandernden radikalen Handwerksgesellen und das Aufbegehren der verelendeten Leineweber in Schlesien; alle werden sie mit Waffengewalt bekämpft und jeder soziale Umsturzversuch unterdrückt. Die Aufstände und Reaktionen in Spanien und Portugal, Piemont und Neapel, in Griechenland und im spanischen Amerika geben den weltpolitischen, — die Kongresse von Aachen, Troppau, Laibach und Verona (1818—1822), die Revolution von 1830, der junge „Sozialismus" und die erneute deutsche Reaktion seit 1832 den europäischen Hintergrund dieser innerdeutschen Vorgänge, aus denen Lists Persönlichkeit und Werk nicht abgelöst werden können.

Steht er doch — der 1819 erst dreißigjährige, freilich schon verheiratete und nicht vermögenslose Mann — dem Lebensalter nach einer jungen Generation nahe, die aus den Erlebnissen des Kriegs heraus den Herrschafts- und Traditionsanspruch der beamteten oder privilegierten, überkommenen Herrschaftsschicht bestreitet. Die Denkschrift, mit der Karl Augusts von Weimar Gesandter am Bundestag 1819 für die bedrohte akademische Freiheit eintrat, läßt den Empfindungen einer aus dem Felde zurückgekehrten Studentenschaft Gerechtigkeit widerfahren. Die junge Generation findet sich unterdrückt. Wie es einer objektiv revolutionären Situation entspricht, geben Turner und Studenten, aber auch junge Beamte, Adlige, Theologen und selbst Offiziere sich dem neuen Lebensgefühl, dem Bewußtwerden einer veränderten Zeitlage hin, drückt sich eine neue Schau des Lebensbildes in einer erneuten Tracht und Haltung eines engeren Kreises aus. Eine Schar von Frontkämpfern konstituiert sich in der „Burschenschaft", das Fronterlebnis drängt einige unter ihnen in den „Bund der Jungen". Die Repression, der sie erliegen, geht generationsmäßig von der älteren Schicht aus. Jedoch trifft die Alterserscheinung hier sowenig wie sonst in den Kern der Widersprüche; der ältere Schleiermacher etwa steht im Gegensatz zum jungen Hengstenberg. Daß die Hochschulen den Vortrupp stellen, entspricht dem intellektuellen und theoretischen Bedürfnis einer „gebildeten" und mit Weltanschauungen gesättigten Selbstverständigung der Naturphilosophen, Hegelianer usw. Der Geist der Aufklärung und klassischen Philosophie ergriff die Träger der freiheitlichen und vaterländischen Bewegung; in der Klasse der Gebildeten sahen auch die Reaktionäre von 1819 ihre eigentlichen Gegner[7]). Wenn etwa

[6]) Siehe Lenz, „List und Marx" l. c., S. VI, 10—40, und Meusel l. c. — Auch in seinem Verhältnis zur sozialen Frage und zum Sozialismus berührt List sich eng mit Gustav Mevissen; vgl. Joseph Hansen l. c. Erster Bd., S. 172—188, 343—360.

[7]) Siehe Max Lenz, „Geschichte der Universität Berlin" l. c. Bd. II 1, S. 117 und 120.

Heinrich Heine und Hoffmann v. Fallersleben, Julius Stahl, Heinrich Leo und Hengstenberg, Wolfgang Menzel und die Brüder Follen mit Karl Sand in der „Urburschenschaft" gemeinsam auftreten, so zeigt sich hierin, daß die Gedanken wie die Interessen dieser jungen Generation noch ungeschieden beieinander wohnen. Erst der Druck, dem sie durch staatliche Behörden und akademische Verfolgung ausgesetzt sind, treibt — wie in Gießen — die Extreme hervor. Die Vorgeschichte der späteren sozialistischen Bewegung in Deutschland enthält, von 1830 und namentlich 1840 bis 1848, ähnliche Momente[8]). List ist jenen Extremen zeitweise wohl nahe, gehört ihnen aber nicht zu; wir lernten seine frühzeitige Abneigung gegen jugendliche Experimente kennen. Aber wir verstehen aus diesem Gesichtspunkt auch seinen Haß wider den „Schreiber"- und „Bürokraten"-Apparat, seine Abneigung gegen die „gelehrte Camaraderie" der deutschen Universitäten (1841) mit ihrer „Notwendigkeit gelehrter Gevatterschaften" (1845). Wie verhalten sich nun die von ihm formulierten Interessen inhaltlich zu den allgemeinen Forderungen nach „Einheit und Freiheit", deren Ursprung wir berührten? Lists Vorgehen bei seinen „Vereins"- und Wahlkampagnen wird dadurch bezeichnet, daß er aus der bürgerlichen Gesellschaft und deren Bedürfnissen heraus volkstümliche Wünsche und Forderungen an die herrschenden Gewalten formt, eine Bewegung „von unten her" auslöst mit dem Ziel, die Staatswirklichkeit zu verändern. Dies erscheint uns[9]) als nicht ungewöhnlich; damals ist es eine mit vielerlei Bedenklichkeit ertragene Neuerung: — wobei man doch nur an die „Gebildeten aller Stände" denkt, d. h. an das obere und mittlere Bürgertum aller Berufe, soweit es etwa nach den Zensuswahlrechten zur Teilnahme am Staatsleben berufen würde. Die Zentral-Untersuchungskommission hatte alle „von unten" aufsteigenden Einheits- und Freiheitswünsche zum Gegenstand ihres Hauptberichts gemacht[10]). Aus dem mittleren Bürgertum, dem List und seine Leidensgenossen noch angehören, geht die populäre Bewegung nach 1830 in die Handwerkerkreise über. Erst seither erlaubten die deutschen Verhältnisse daran zu denken, „den Blitz des Gedankens" unmittelbar „in den naiven Volksboden" einschlagen zu lassen, wie Marx seit 1843 plante. Eben dadurch wurden neue Verfolgungen ausgelöst, und die „Kommunisten"-Bewegung erschien schon 1848 als beachtenswerter Gegner. Der Staatsapparat nahm der Listschen Opposition bereits 1821 den Schutz der Legalität und Immunität, — wie wir Entsprechendes noch in den Sozialistenverfolgungen um 1878 erleben.

Wenn List gegen seine politische Verurteilung, die wegen Verächtlichmachung der Staatseinrichtungen und Staatsdiener erfolgt war, an einen „Staatsgerichtshof" appellieren will, so mutet auch dies uns aus

[8]) Vgl. „Die deutsche Sozialdemokratie", l. c., S. 50ff. — Oben Hauptteil E Anm. 44, 47, 48.

[9]) Vgl. Carl Schmitt, „Staat, Bewegung, Volk", 1934.

[10]) Vgl. Hauptteil D, 1. Kapitel Anm. 56.

den politischen Prozessen einer späteren Zeit vertraut an. Daß List bis zuletzt mit den Zensurbehörden im Streit liegen muß, scheint uns nur deshalb ungewohnt, weil die spätere Zensur- und Verbotspolitik teilweise anderer Formen sich bedient. Die Verfassungskämpfe in Süddeutschland, die Wünsche nach „landständischer" Repräsentation am Deutschen Bunde (Artikel XIII) und in Preußen (Verfassungsversprechen vom 22. Mai 1815) sind freilich unentfalteter, — der Staatsapparat, den sie vorfinden, ist ein anderer als in den Jahren nach der Paulskirche. Die Niederwerfung der revolutionären Gewalten in Europa, die sich durch Napoleon I. konsolidiert hatten, gibt dem „Einheits- und Freiheits"-verlangen im vormärzlichen Deutschland nach 1813 seinen entscheidenden Ansatzpunkt; die Diskrepanz zwischen Staat und Nation, in der Deutschland seit 1848 lebt, ist eine andere. Mit einem Wort: die Formen des öffentlichen Lebens, in denen List sich bewegen muß, entsprechen dem politischen Selbstbewußtsein des ausgehenden absolutistischen Territorialstaats; die Widersprüche, die dort ans Licht drängen, drücken — soweit List beteiligt ist — den geringeren Reifegrad des vormärzlichen Bürgertums und der mit ihm sympathisierenden Schichten aus[11]. „Man glaubte mit Local-Politik mich tot zu machen, ich aber habe mich von Anfang an auf den nationalen Standpunkt gestellt, und an diesem glaube ich wird die Local-Politik scheitern." So bezeichnet List selber die Spannweite einer Tätigkeit, die um den Doppelpol: National- und Territorialstaat kreiste[12].

Den persönlichen Gehalt jener Kämpfe unserer volkswirtschaftlichen Frühzeit bezeichnet ferner, daß List in ihnen zwar politisch scheitert, sozial aber als bürgerlicher Außenseiter im Rahmen seiner Umwelt bleibt, — im Unterschied etwa zu Marx, der aus dem intellektuellen Bürgertum ausscheidet und in den Lebenskreis des „Proletariats" hinübertritt. Im Rahmen seiner Zeit bleiben Lists Erwartungen utopisch, kann er trotz seines „praktisch interessierten Verstandes" sie nicht realisieren. Er sieht die Wirklichkeiten von morgen, und darum eignet ihm eben jene Unmittelbarkeit und Echtheit, die mit zunehmender Realisierung des Endziels sich zu ideologischer Umhüllung wandelt. Die Ehrlichkeit des Propheten, aber in der Schau eines materiell erfüllten Weltbilds! Immerhin darf er, trotz Zensur und Verfolgungen, doch einen Hauptteil seiner Gedanken in Deutschland selber aussprechen[13]. Erst unter dem Druck der Julirevolution sind die „Demagogenverfolgungen" vom Gefängnis zu — freilich nicht vollzogenen — Todesurteilen und dauernder Einschließung vorgegangen; wir sehen ab von dem Einzelfall Karl Sand, der als politischer Mord aus einer erregten Nachkriegszeit heraus zu begreifen ist. Immerhin wird z. B. in den Kasseler Urteils-

---

[11]) Vgl. „List und Marx" l. c., S. V—VI, 86—88.

[12]) Territorialstaat im Sinne Gustav Schmollers. — S. „Werke" Bd. III 2, S. 790.

[13]) Vgl. „Themis" l. c. Bd. II, S. 95, und oben Hauptteil D, 1. Kapitel Anm. 18, 19, 22.

gründen[14]) auf das Vierteilen als Strafe für Hochverrat Bezug genommen. Von 1833 bis 1838 wurden in 23 Bundesstaaten über 1800 politische Untersuchungen im geheimen Verfahren durchgeführt. Todesfälle, Erblindung, Irresein waren aktenmäßig nachgewiesene Begleiterscheinungen. Mehrfach wird von Folterungen glaubhaft berichtet[15]). In Hessen-Darmstadt galt noch eine Gerichtsordnung von 1726; man sieht, welche Aktualität der liberale Kampf für Geschworenengerichte und öffentliches Verfahren hatte! Jahrelanges Aussetzen der Verhöre und Mißhandlungen wurden durch die zuständigen Stellen gedeckt; nur in Baden war seit 1831 jedes Prügeln, selbst in Zuchthäusern, verboten. Namentlich der Tod des Pfarrers Weidig im Darmstädter Gefängnis, den die Medizinische Fakultät zu Zürich auf Mißhandlung zurückführte, wurde durch das „hochpreisliche Hofgericht zu Gießen“ gedeckt, das nicht einmal den zugestandenen Säuferwahnsinn des Untersuchungsrichters als belastend gelten lassen wollte. Das Kammergericht zu Berlin verurteilt 1836 mehrere Burschenschafter — darunter Lists späteren Gegner Brüggemann — zum Tode „durchs Rad von oben“. Abbitte vor dem Bild des Königs und lebenslängliches Gefängnis finden wir in Bayern 1833. Daß die Todesurteile den jungen Burschenschaftern ohne Beifügung der Urteilsgründe eröffnet wurden, wirft auf das heimliche Gerichtsverfahren der Kamptz und Dambach ein bezeichnendes Licht! Neben Fritz Reuter, dem Mecklenburger, verurteilte das Kammergericht z. B. Gustav Böninger 1836 zum Verlust der Nationalkokarde, zur Vermögenskonfiskation, zum Tode durchs Beil und in die Kosten des Verfahrens; der König wandelte den Tod in 30jährige Festungsstrafe um. Von 192 Studenten wurden in Berlin 39 zum Tode verurteilt und in der genannten Art „begnadigt“[16]). Diese Schärfe der juristischen Verfolgung spiegelt die Verschärfung der politisch-sozialen Gegensätze wider.

Die Konflikte zwischen Staatswirklichkeit und Nationalgesinnung werden freilich, innerhalb der intellektuell führenden Schichten, schon mit den „Freiheitskriegen“ unmittelbar und allgemein. Eben jene populären Mittel der „Adressen“ an den Bundestag, der „Petitionen“ und der „öffentlichen Meinung“ überhaupt, deren List sich so mannigfach bedient, kennzeichnen auch das Erwachen des politischen Bewußtseins. Wir fanden List während seines Schweizer Exils mit radikalen Politikern wie den Follen und Wilhelm Snell, mit Heinrich Karl Hofmann und anderen „Volksmännern“ verbunden. Den Ausdruck „Demagoge“ aber würde List auch subjektiv beleidigend empfunden haben; er ge-

---

[14]) S. Ilse l. c., S. 227. — „Schlußbericht“ der Bundes-Zentralbehörde.

[15]) Vgl. Wilhelm Schulz und Carl Welcker, „Geheime Inquisition, Censur und Kabinetsjustiz im verderblichen Bunde“, Karlsruhe 1845. — (W. Schulz) „Der Tod des Pfarrers Dr. Friedrich Ludwig Weidig“, Zürich und Winterthur 1843. — W. Schulz, „Briefwechsel eines Staatsgefangenen und seiner Befreierin“, 2 Bde., Mannheim 1846. — „Ein wichtiges Zeugnis von Karl Zeuner in Nordamerika über die Nichtswürdigkeit des heimlichen deutschen Gerichts, mitgeteilt von W. Schulz“, Belle-Vue bei Konstanz 1846. — Vgl. oben Hauptteil E Anm. 73 bis 74.

[16]) S. Ring in „Xenia Bonnensia“, 1929, S. 161. — In Bayern 7 Todesurteile.

braucht ihn neben Bezeichnungen wie „Verräter“ oder „Mietlinge“[17]. Er habe „nie die konstitutionelle Linie überschritten, nie mich in das, was man in Deutschland demagogische Umtriebe nennt, eingelassen“, sondern stets konstitutionell und freigesinnt gehandelt — beteuert List 1827[18]. Wohl aber nennt er sich, wie wir eingangs sahen, „Demokrat“. Betrachten wir noch einmal den sachlichen Gehalt jener „Einheits- und Freiheits“-wünsche in ihrer Verwandtschaft mit Lists Agitation für „Einheit und Wohlstand“ und fragen wir uns, worin ihre gemeinsame Zeitgebundenheit sich von späteren Ausprägungen unterscheidet.

Es liegt auf der Hand, daß diese Wünsche um Verfassung und Verwaltung und Justizfragen kreisen; Presse-, Vereins- und Versammlungsfreiheit, Zensurfreiheit und öffentliche Gerichtsverfahren im besonderen betreffen. List selber hat diese Forderungen als politisch unerläßliche Grundlage der nationalen Rechts- und Wirtschaftseinheit angesehen; freilich auch gelegentlich erkennen müssen[19]: „Überall herrscht noch Mangel an politischer Aufklärung zu Freiheitsideen unter dem Volk; es kann sich die Möglichkeit noch nicht vorstellen, daß es frei werden könnte.“ Die nationalen wie die liberalen Gedanken keimten erst in den oberen und mittleren Schichten des zum Selbstbewußtsein erwachenden deutschen Bürgertums. Eben darum ward er als „Demagoge“ verfolgt; wir haben die geschichtliche Stufenfolge der zunächst politischen, später auch sozialen Opposition von den „Demagogen“ über die „sozialen Demokraten“ zu den „Sozialisten“ und den „Kommunisten“ im Hauptteil E schon dargelegt. Auf der ersten Stufe gleichsam stehen jene „Volksfreunde“ aus dem gebildeten Bürgertum und Adel, deren entscheidenden Antriebe vor der Julirevolution von 1830 wirksam werden. Gegen ihre „revolutionären Umtriebe und demagogischen Verbindungen“ richtete sich die Einsetzung der „Zentral-Untersuchungskommission“ im Herbst 1819. Ihre Einrichtung entspricht analogen Institutionen im Reichsmaßstab der späteren Zeit („Sozialisten-Gesetz“; „Staatsgerichtshof“). Der badische Minister von Blittersdorff erstattete der Frankfurter Bundesversammlung den abschließenden Bericht und betonte[20] nochmals den leitenden Gesichtspunkt: daß alle Versuche eines „Umsturzes“ der Bundesverfassung — „sei es nun, um eine Einheit Deutschlands herbeizuführen oder sonstige (!) revolutionäre Ideen zu verwirklichen“ — zugleich gegen die Sicherheit und die vom Bunde garantierte Souveränität der deutschen Einzelstaaten gerichtet seien. Wir sahen zu Beginn dieses Buches, daß der gleiche Gesichtspunkt durch Metternich und seinen Gehilfen wider die Einheitspläne des Listschen Handelsvereins geltend gemacht wurde. Die „industrielle Revolution“ erschien ihren Gegnern notwendig als politische Gefahrenquelle. Nicht

[17]) So am 8. Januar 1829; s. W. Notz, l. c. Aprilheft 1925, S. 212, und „Werke“ Bd. II, S. 407.

[18]) S. „Werke“ Bd. VIII, S. 349.

[19]) S. „Werke“ Bd. VIII, S. 36, aus Baden 1825.

[20]) Siehe Ilse l. c., S. 213, und Hauptteil D, 1. Kapitel Anm. 56.

umsonst gab der weimarische Bevollmächtigte in Wien 1820 der Befürchtung Ausdruck, daß ein Versagen des wirtschaftlichen „Nationalbundes" die Bewegungen und Umtriebe, die bis jetzt nur den denkenden Teil des Volkes erregten, verstärken müsse; sie würden „die Teilnahme des bedrängten arbeitenden Teiles" finden! Dahin etwa zielte die Entwicklung; schon 1848 wurde diese Hauptfrage neu gestellt. Eine Auflösung des Konflikts brachte erst die „kleindeutsche" Lösung Bismarcks: die österreichisch-preußische Spannung währte bis 1866, und noch um 1868 sind die „Trias"-Gedanken keineswegs ganz erstorben. Die volle Einheit der staatlichen und ökonomischen Struktur kam erst als das Ergebnis eines neuen Krieges, der — wie 1815 — ein Erlebnis der gesamten Nation wurde. Der Zollverein von 1867 und sein Parlament gingen — wie List ersehnt hatte — 1871 in einen „Bundesstaat" mit einem „Bundesrat" und einer „deutschen Kammer der Gemeinen" über. Während List die nationale Einheit durch die Markteinheit erzwingen wollte, setzte Bismarck die Politik vor die Ökonomie. „Bismarck ist die Voraussetzung. Aber List hat bereits die Schlußfolge gezogen." Er war — Volkswirt und Politiker in eins — ein „Kampfdenker"[21]). Trotz aller Verschiedenheit dürfen wir hier an seinen Landsmann Paul Pfizer denken, der „die Freiheit" aus der „Kraft der Einigkeit" erwachsen lassen wollte — freilich den südwestdeutschen Liberalismus schon nach der Julirevolution auf eine „Vereinigung zwischen Deutschland und Preußen" hingewiesen hatte.

Lists Pläne hatten also in ihrem Kern die Zukunft für sich. Freilich: Bismarcks Kompromißlösung zog eine Grenze, über die das deutsche Bürgertum bis 1918 nicht hinauskam. Der nachdrängenden „arbeitenden Klasse" gegenüber wäre auch List im gleichen Maße in eine Abwehrstellung gedrängt worden, wie seine Vorhersagen einer harmonischen Gemeinschaft zwischen Arbeit und Kapital sich nicht bestätigten. Im wesentlichen, sehen wir, bleibt diese Position für ihn noch latent. Begreiflicherweise bezieht er sie überhaupt erst nach der Julirevolution; auch dann bedeutet sie nur eine sekundäre Sicherung seiner unerschütterten Hauptstellung.

---

[21]) Siehe Moeller van den Bruck, „Der politische Mensch" l. c., S. 91—92, 96—97. — P. A. Pfizer, „Briefwechsel zweier Deutschen", 1831. Derselbe, „Gedanken über das Ziel und die Aufgabe des Deutschen Liberalismus", 1832. — Zur Demagogenverfolgung nach 1830 und besonders zum Hochverrat „durch bloße Theorien" s. noch C. von Kaltenborn, „Geschichte der deutschen Bundesverhältnisse und Einheitsbestrebungen von 1806 bis 1856", Erster Bd. 1857, S. 347, 408—409, 443. Vgl. oben Hauptteil D, 1. Kapitel zu Anm. 20. — Für „die herumziehenden Schriftsteller, Journalisten und Candidaten", wie Venedey und Mebold, vgl. „Die Verhandlungen der Bundesversammlung — — ihrem wesentlichen Inhalte nach mitgeteilt aus den Protocollen des Bundes", 2 Bde. 1846, 1848.

Aus dem lebendig ergriffenen Widerspruch zu seiner Umwelt erfaßt List seine Position, bildet er — in steter Bezogenheit auf das Erlebnis dieses Widerspruchs — seine Theorie der „materiellen Nationalinteressen", sein Postulat einer „Politischen oder National-Ökonomie". Indem er das klassische Gegensatzpaar der „Schule": Individuum und Menschheit, durch Einfügung des Nationalitäts-Begriffes zur entscheidenden Dreigliedrigkeit seines eigenen Nationalen Systems erweitert, nimmt er das Zentralproblem seiner deutschen Umwelt in seine Anschauung hinein. Der Konflikt, in den er sich damit stellt, und dessen einzelne Phasen wir betrachtet haben, ergreift Lists Totalität und wird notwendig erst durch seinen Tod 1846 aufgehoben. Die unendliche Fruchtbarkeit dieses Streites zeigt der Verlauf unserer Geschichte über Lists Tod hinaus: die Kämpfe von 1847 bis 1850 ebenso wie Bismarcks Umgestaltung der Staatswirklichkeit seit dem „Konflikt" sind aus der gleichen Fragestellung heraus begreifbar: Wie sich der Einzelstaat zur Nation und zur internationalen Wirklichkeit verhalte. Einst hatte Hegel den Aufbau der Staatsgesellschaft in dialektischer Dreigliederung begriffen. Wir sind den gleichen Begriffen der Familie, der Korporation, der Regierung in der Systematik des jungen List begegnet. Während aber List — ähnlich Hegel — diese Aufgliederung im Staatsbegriff zusammenfaßt und die Einheit des Nationalkörpers im internationalen Raume postuliert, ergreift ein anderer Denker die Elemente des Widerspruchs innerhalb der Hegelschen Staatsgesellschaft und baut aus ihnen seine Kampflehre der kapitalistischen Klassengesellschaft und des Klassenstaats. Es ist Karl Marx, dessen entscheidende Konzeption erst unter das innerpolitische Krisenjahr 1843 fällt, als er — Sohn eines preußisch-aufgeklärten jüdischen Anwalts, Rabbinerenkel und Verlobter einer Freiin von Westphalen — die heimatlichen Rheinlande verläßt.[22])

Wir werden das sachliche Verhältnis beider Männer zu bestimmen haben; zunächst sei auf den Unterschied ihrer persönlichen Haltung hingewiesen: der sanguinische Schwabe, sehr deutsch im Untergrund seines Fühlens, stark im Handeln und in seinem Selbstbewußtsein den erwachenden Zeitgeist spiegelnd: die nationale Gesellschaft in Richtung auf ihren Staat ungestüm vorwärtstreibend. „Wie ich nie eine neue Wahrheit entdecke ohne den Wunsch sie einzuführen" — so kennzeichnet List sich selbst in einer Privatnotiz[23]). Des jüngeren Marx revolutionäres Wollen

[22]) Vgl. Lenz, „Staat und Marxismus", 1. Kapitel, und „Die deutsche Sozialdemokratie" l. c., 3. Kapitel.

[23]) S. „Werke" Bd. III 2, S. 784.

dagegen in philosophischer Reflexion geschmiedet, zum Unterbau der nationalen Gesellschaft hinabsteigend, um von dort aus Staat und Gesellschaft radikal „aufzuheben“. Politische Ökonomen sie beide, deren Denken an der „Nation“ dort, an der „Klasse“ hier zentriert ist. So stellen beide — jeder an seinem geschichtlichen Ort — in der Position und in der Negation das sie beherrschende Wechselverhältnis zwischen Staat und Gesellschaft dar. Der Kampf wird im Bismarckschen Reich fortgehen und immer stärker dessen Fundament erschüttern, bis endlich jene inter-nationale Konstellation, deren Aufziehen Friedrich List hellsichtig voraussah, im imperialen Maßstabe die „Weltwirtschaft“ erfüllt und sprengt. Aus Weltkrieg und Revolution erstehen neue Horizonte, und mit dem 19. Jahrhundert versinken — gleich ihrer marxistischen Antithese — auch jene liberalen Staats- und Gesellschaftslehren, von denen Lists Konzeption der konstitutionellen Volks-, National- und Imperialwirtschaft sich tragen ließ.

Aus dem durchaus echten Erlebnis der Nation heraus, dem er sein persönliches Schicksal opfert, gestaltet er diese Systematik seiner Politischen Ökonomie. Im Mittelpunkt, sahen wir, steht die „Nationalindustrie“, als das für sein Jahrhundert entscheidende Element jeglicher „normalen Nationalwirtschaft“. In unseren Tagen, sagt er noch 1846, beruhe „auf der Fabrikation der Reichtum und auf dem Reichtum die Macht[24])“. Indem er die Bildung neuer Nationen auf amerikanischem Boden (Vereinigte Staaten, Latein-Amerika) ebenso wie später in Belgien oder in Ungarn selber erlebt, kann er auch dort den „merkantilischen Patriotismus“ als wahren Ausdruck und Erfordernis der Zeit verkünden. Was bei List noch echt empfunden und geschaut ist, würde in der späteren vollentfalteten „bürgerlichen Gesellschaft“ diese Glaubwürdigkeit einbüßen; sie erwächst unmittelbar aus Lists geschichtlicher Situation: nur „das Aufkommen eines freien, industriellen und reichen Bürgertums“ im gesetzlichen Wege — so heißt es am Schluß der Vorrede zum „Nationalen System“ — kann die zivilisierten Länder vor äußerer Unterwerfung oder „innerlichen Konvulsionen“ schützen. Wesentlich bleibt hierfür das Bündnis des großen Erwerbsbürgertums mit der großen Landwirtschaft und deren Interesse am Binnenmarkt, wie List es so vielfach formuliert hat[25]). Landwirtschaft, Industrie und Handel blieben ihm die „Grundelemente der Staatsgesellschaft“[26]).

Für Lists systematisches Werk ist die Auseinandersetzung mit dem Sozialismus schon darum nicht entscheidend gewesen, weil sein früheres Erscheinen die kapitalistische Umwelt noch mit einem echten Optimismus zu ergreifen fähig war. Ist List selber doch handwerklicher Abkunft, nicht Intellektueller von Haus aus wie Marx. So steht seine Arbeit am

[24]) S. „Werke“ Bd. VII, S. 32, 79, 575. — Vgl. „Die gegenwärtige Lage der Industrie“ (1843) in „Werke“ Bd. V, S. 253—276.

[25]) S. oben Hauptteil A, 2. Kapitel Anm. 14 bis 18, und diesen Hauptteil, 1. Kapitel Anm. 95.

[26]) Vgl. „Werke“ Bd. VII, S. 104.

Ausbau hochkapitalistischer Produktionsverhältnisse der marxistischen Sozialkritik wohl fremd, jedoch in keinem bewußt angelegten Widerspruch entgegen. Hierdurch grenzt sich seine Positive Theorie der „bürgerlichen Gesellschaft“ auch von späteren apologetischen Leistungen ab, wie sie in Böhm-Bawerks Marxkritik und „positiver Theorie“ des Kapitals uns vorliegen.

Wir haben Lists abwehrende Haltung gegenüber der beginnenden Sozialkritik — namentlich Fouriers — im grundsätzlichen an anderem Orte dargelegt und beschränken uns an dieser Stelle darauf, die Wichtigkeit des sozialkritischen Problemkreises auch für List festzustellen. Worin er sich im Ausgangspunkt mit Marx berührt, wurde schon gesagt. Jede Untersuchung dieses Problemkreises muß unseres Erachtens an Hegels und Lists Begriffe vom Staat und der „bürgerlichen Gesellschaft“ anknüpfen, um dann zur „Nation“ mit ihrer nationalwirtschaftlichen „Zielformel“ aufzusteigen[27]). Wir wiederholen: List wie Marx geben eine „Politische Ökonomie“; jener bejaht die „bürgerliche Gesellschaft“, Marx verneint sie. Beide kennen — wie Schlözer und Hegel — die Unterscheidung des „politischen Staats“ von der „bürgerlichen Gesellschaft“; beide trennen die „Bürokratie“ von den „Korporationen“. Von diesem gemeinsamen Ausgang her scheiden sich ihre Wege: Dort zur „Nation“, hier zur „Klasse“. Während Lists „Nationales System“ durchaus der bürgerlichen Freiheit, der Aufklärung und Zivilisation huldigt, verfemt das Marxsche „Kapital“ diese Altäre und setzt die Revolution an Stelle des Listschen Glaubens an „das Gleichgewicht oder die Harmonie der produktiven Kräfte[28])“.

Im Ansatzpunkt trennt List sich hier nicht weniger von Hegel. Wenn der Philosoph das „Übermaß des Reichtums“ innerhalb der bürgerlichen Gesellschaft untersucht und die Entstehung des industriellen „Pöbel“ am Beispiel Großbritanniens darlegt, so könnte List ihm weder hierin folgen, noch würde er, aus der „Erzeugung des Pöbels“, mit Hegel die Notwendigkeit der Markterweiterung ableiten. Hegels Satz: „Durch diese ihre Dialektik wird die bürgerliche Gesellschaft über sich hinausgetrieben“, leitet nicht zu Lists Gesetz der wachsenden Bevölkerungskapazität im Industriestaat über, wie es im einmaligen Bevölkerungswachstum des 19. Jahrhunderts (1789—1914) sich bestätigt hat, sondern zur marxistischen Analyse des modernen Imperialismus[29]).

Allerdings kennt List, neben dem „Pauperismus“ des Vormärz, seit 1830 den Begriff und die Wirklichkeit eines „Proletariats“. Aber indem er es auf seine tatsächlichen Grenzen zurückführt, kann er im

---

[27]) S. „Herdflamme“ l. c., S. 429, 593—625, 673—683, und Marx-Engels-Gesamtausgabe l. c., S. LXXX—LXXXIII sowie oben betr. Hegel und den Problemkreis List-Marx. — Ferner die eindringende Analyse bei Hugo Fischer, „Karl Marx und sein Verhältnis zu Staat und Wirtschaft“, 1932.

[28]) S. „Werke“ Bd. VI, S. 196.

[29]) Vgl. oben Hauptteil A, 1. Kapitel Anm. 29 zu Hegel, und Hauptteil D, 2. Kapitel Anm. 77, sowie Hegels „Rechtsphilosophie“ §§ 244—248 und hierzu oben Hauptteil E Anm. 3 bis 7, 75.

guten Glauben eine Hebung des vormärzlichen Proletariats auf die bürgerliche Wohlstandsstufe fordern. Er erwartet dieses Emporheben, wie wir sahen, vom Produktionsprozeß. Sein Argument ist zwar dem Harmonieglauben verwandt, mit dem die deutschen „Manchesterleute" seit 1847 arbeiten; doch stehen diese ihrer „sogenannten Arbeiterfrage", die sie im Unterschied zu List auf die Marktebene verlegen, bereits in akuter Abwehr gegenüber[30]). Die Freihandelspartei unterbaut ihren parlamentarischen Herrschaftsanspruch durchweg mit universalen, reingesellschaftlichen Doktrinen; List erfaßt die Aufgaben der konstitutionellen Monarchie und der „Sozialen Politik" — wie Julius Fröbel sie 1847 zuerst für Deutschland formulierte — unter seinen politisch-ökonomischen Gesichtspunkt.

Lists Hauptaufgabe war, sich einmal mit den „retrograden" Vorstufen in Kirche und Monarchie, Adel und Kleinbürgertum auseinanderzusetzen sowie die widerstreitenden Bedürfnisse des deutschen Handelskapitals dem jüngeren „Manufakturstand" gegenüber auszugleichen. Seine Gegenspieler waren die „Kaufmannstheorie" der „Zwischenhändler" sowie jene reaktionären Elemente, denen nach der geschichtlichen Fügung freilich der deutsche Staatsapparat gutenteils gehörte; die „arbeitenden Klassen" sieht List noch im Gefolge des aufsteigenden Bürgertums. So weltoffen List war, blieb er doch den unentfalteten Produktionsverhältnissen seiner Heimat verhaftet. Mit der „industrie" des Grafen St. Simon, mit dem Positivismus eines Comte teilt er nur die allgemeine Richtung gegen das feudale und metaphysische Zeitalter. England wird ihm — als die Weltmacht seiner Zeit — zum Vorbild eines allseitig entfalteten Gemeinwesens; „England ist eine Welt für sich allein", so beginnt die geniale Einleitungsskizze seines „Zollvereinsblatt" 1843.

Anders bei Marx, der den politischen Gegensatz 1843 auf die tiefere Stufe des „Proletariats" — in dessen Widerspruch zum Staatsapparat und zum Bürgertum — verlegt. List kann aus seinem sozialharmonischen Lebensgefühl nicht erkennen, daß dies Bürgertum dereinst ähnliche Repressionen gegen das proletarische Selbstbewußtsein üben wird. Er scheidet sich von jenen radikalen Demokraten, „Unbedingten" und Republikanern, die — wie Karl Follen — bereits innerhalb der „reinen" Demokratie stehen und aus deren Geheimbünden seit 1832 die radikalsozialen und frühsozialistischen Anfänge der deutschen Arbeiterklasse erwachsen sind: der Pariser „Preßverein", der „Bund der Geächteten" usw. An den politischen Maßregelungen, die dem „Hambacher Fest" 1832 folgten, hat List keinen erkennbaren Anteil genommen; den Putschisten vom Frankfurter Wachesturm 1833, den linken Republikanern stand er so ferne wie den Attentaten Sands oder Loenings 1819. Der Badener Joh. G. A. Wirth, der am „Hambacher Fest" führend beteiligt war, schrieb im Februar 1832: „Soll dem Elend Europas

[30]) Im April 1847 gründet Prince-Smith seinen „Freihandelsverein". Für List und Prince-Smith vgl. Georg Mayer, „Die Freihandelslehre in Deutschland", 1927; unten 3. Kapitel dieses Hauptteils Anm. 12, 19, 20.

ein Ziel gesetzt werden, so muß, mit Hilfe eines demokratisch-organisierten Polens, ein deutsches Reich mit demokratischer Verfassung gegründet, und durch ein Bündnis des französischen, deutschen und polnischen Volkes eine europäische Staatsgesellschaft vorbereitet werden.“ Diese Zielformel des „Jungen Deutschland“ und des „Jungen Europa“ (Mazzini) hat mit List nichts gemeinsam[31]). Für die Aufstände der „Carbonari“ 1820 in Neapel und 1821 in Piemont hatte er noch den jungen Kolb als Korrespondenten der „Neckarzeitung“ interessieren wollen; an dem „Jungen Europa“ nach der Julirevolution finden wir ihn völlig unbeteiligt. Die kleinbürgerlichen Patrioten vom Hambacher Schloß, die Gesinnungsgenossen des hessischen Pfarrers Weidig treten nicht mehr in seinen Gesichtskreis, der vielmehr die realen Fragen der Kapitalakkumulation im Eisenbahnbau, den Zollverein oder den Handelsvertrag mit Belgien umfaßt. Darin gleicht er eher einem Geschäftsmann wie Gustav Mevissen, während die radikalen „Demagogen“ nach 1830 in den Handwerkerkreisen einen starken Anhang finden. Kleinbürger füllen jetzt die Listen der Bundes-Untersuchungskommission, wandern ab zu Weitlings „Handwerkerkommunismus“. Intellektuelle verbinden sich ihnen nur mehr um den Preis der Deklassierung. Während die radikalen Ideen um 1840 in die „Masse“ eindringen, distanzieren sich die Führer des erwerbenden Großbürgertums[32]). Für „Bassermannsche Gestalten“ bleibt hier kein Raum; dem linken Flügel der Nationalversammlung stehen Lists Gesinnungsgenossen ebenso fern wie den „Sturmpetitionen“ und Aufständen von 1848/49.

Mit Recht kann List 1834 an Georg von Cotta schreiben: Er habe seit seinem Prozeß in keiner Weise sich um württembergische Verfassungsfragen mehr gekümmert und wisse, daß die Republik keine für Europa mögliche Staatsform sei. „Bewegungen aber zu unterstützen, die gegen das Eigentum gerichtet sind, oder sie auch nur zu wünschen, wäre unsinnig von einem, der sich Eigentum erworben hat und dessen Tendenz dahin geht, durch eigene Unternehmungen noch ferner zu prosperieren[33]).“ „Wie anders läßt sich ein ganzer Stand von selbständigen und aufgeklärten Bürgern bilden als durch das Aufkommen der Industrie, durch die Entfesselung des Ackerbaus und durch einen großartigen internationalen Handel“ — faßt List etwa 1842 die allgemeine Tendenz einer groß-bürgerlichen Entwicklung. „Da liegt die künftige Einheit und Größe Deutschlands, nirgendwo sonst —“. Endziel bleibt ihm „die Erziehung der Völker zur Industrie und zur gesetzlichen Freiheit[34])“.

[31]) Vgl. oben Hauptteil C, 1. Kapitel, zu List und Metternich. — Oben Anm. 21 zu Paul Pfizer, der solchen Wünschen ausdrücklich widersprach.

[32]) Vgl. auch Gustav Freytag, „Karl Mathy“, 1870, S. 50—285. — Für David Hansemanns soziale Einstellung vgl. A. Bergengrün l. c. S. 54—72; wegen Mevissen s. unten zu Anm. 102, 123. Auch oben Hauptteil C, 2. Kapitel zu Anm. 90, 95, 98 wegen der „Rheinischen Zeitung“.

[33]) S. „Werke“ Bd. VIII, S. 420, 618.

[34]) S. „Werke“ Bd. IX, S. 99.

Gerade weil List kapitalistische, d. h. rechenhafte und ration a begründete Interessen geltend macht, hat er allen radikalen „Umtrieben" fernbleiben müssen. Was sollten ihm oder seinen „Vereins"genossen heimliche Erkennungszeichen, Geheimschriften, die Turn- und Waffenübungen mit ihrem „Tod dem Verräter!" und ähnlichen Anklängen an die „Carbonari"! Geheime Gesellschaften oder okkulte Mystik, wie sie in der katholischen Spätromantik und schon beim Entstehen der „Heiligen Allianz" eine Rolle spielte, konnten ihm nichts bedeuten; wenn er in Amerika Freimaurer geworden ist, so blieb er damit doch im Bereich bürgerlich-liberaler Anschauungen „aufklärerischer" Herkunft.

Der formale Widerspruch drückt, so sahen wir im Hauptteil E, zugleich einen materiellen Inhalt aus. Die Zeiten, in denen das von List ersehnte Parlament „als Büro für die technische Umgestaltung in den staatlichen Behördenapparat" funktionierte, wie Carl Schmitt dies ausdrückt, waren noch weit entfernt; die Zielrichtung auf einen reibungslosen Umsatz gesellschaftlicher Anliegen (Bedürfnisse, Interessen) in staatliches Handeln aber wird gerade in Lists Konflikten mit dem Staatsapparat außerordentlich klar. Der „Verein" war zwar am Bunde nicht genehmigt, doch auch nicht verboten worden; seine „Adressen" und „Petitionen" scheuten das Licht der Öffentlichkeit nicht, sie suchten es vielmehr mit aller Inbrunst eines noch naiven Glaubens an die Heilkraft freiheitlicher Einrichtungen. Als dieser Glaube ihnen zerschlagen ward, fliehen diese vormärzlichen Bürger nicht ins Dunkel heimlicher Verschwörungen — sowenig wie das deutsche Bürgertum, dem ja der sog. Rechtsboden auch immer heilig blieb, nach der mißlungenen Revolution von 1848. Vielmehr gewinnen sie neue, angemessenere Formen —, wofür Lists Übergang zur Eisenbahnwerbung und zur Propagierung der „Industriegesellschaften" vielleicht das früheste Beispiel bietet. Die Politiker von 1848 wie Gustav Mevissen, Ludolf Camphausen, David Hansemann, Karl Mathy: sie alle helfen am Ausbau des modernen Produktionsapparats[35]). Lists Wunsch erfüllt sich somit: daß die Politische Ökonomie „aus den Studierstuben der Gelehrten, von den Kathedern der Professoren, aus den Kabinetten der hohen Staatsbeamten in die Kontore der Fabrikanten, der Großhändler, der Schiffsreeder, der Kapitalisten und Bankiers, in die Büros aller öffentlichen Beamten und Sachwalter, in die Wohnungen der Gutsbesitzer, vorzüglich aber in die Kammern der Landstände herabsteigen" möge zu den „Gebildeten der Nation". Eben diese Kreise des gebildeten und des besitzenden Bürgertums ergriffen nun die Zügel; in ihrem Gefolge ging der alte und der sog. neue Mittelstand. List nennt diese Kreise — Unternehmer, höhere Angestellte, „Rentner", „Kapitalisten", „geistige Produzenten" und Beamte — „vollwichtige Staatsbürger"; sie sind ihm

[35]) Ähnlich List sagt Mevissen z. B. 1838: „Die Industrie ist die Mitte der modernen Lebensbestimmungen." — Vgl. David Hansemann 1825 über „Aufklärung", Freiheit, technischen Fortschritt und Reichtum bei A. Bergengrün l. c. S. 48.

folgerecht zugleich Träger aller politischen Bildung. Arbeiter und andere Unterschichten bleiben somit als aktive Träger der Bewegung ausgeschlossen. Das Aktivbürgerrecht auch in den Korporationen hängt an Besitz und geistiger Ausbildung; Arbeiter, Zwergbauern und Kleinhandwerker sind „Staatsbürger" nur im weiteren Sinne! Davon waren schon die „Grundrechte" und Kants Aufklärungs-Philosophie ausgegangen. Freilich setzt List neben „ökonomischer Selbständigkeit" auch „moralische und politische Bildung", überhaupt „geistige Selbständigkeit" zur Bedingung der Führerschaft. Aber dies Geistige erwächst doch „hauptsächlich aus der ökonomischen Selbständigkeit", und „daß die Mehrzahl der Bürger beider teilhaftig wird, ist zum großen Teil eine Folge der Verfassung der Nahrungsstände". Indem List das Erwerbsbürgertum in den Rang einer staatstragenden Schicht zu erheben trachtete, nahm seine Tatkraft eine historische Tatsache voraus[36]). Rotteck hatte 1819 schon erklärt: „Bürgschaft für die Teilnahme am allgemeinen Wohl gibt nur das Vermögen der Stimmenden und zumal der Grundbesitz." Diese vormärzlichen Liberalen sind von einem Idealismus im luftleeren Raum weit entfernt. Auch die französischen Charten von 1814 und 1830 kennen ja einen hohen Zensus. Noch die deutschen und preußischen Verfassungsentwürfe von 1848/50 knüpfen das Wahlrecht an die ökonomische „Selbständigkeit". Hansemann nennt „Sittlichkeit und Besitz ... die stärksten Grundlagen der Freiheit".

Wenden wir die letzte Bemerkung ins Allgemeine, so tritt die Verwandtschaft idealistischer und ökonomischer Betrachtungsweisen noch deutlicher hervor. Der idealistische Kampf für die „materiellen Nationalinteressen" kann, solange er noch nicht zur bloßen Ideologie entartet ist, diese Verwandtschaft sogar offen aussprechen! Wie List seit 1819 staatsphilosophische Forderungen mit materiellem Inhalt füllte, haben wir schon im Hauptteil A gesehen. Die freiheitsrechtlichen Grundforderungen, aus denen die bürgerlichen Wirtschaftsanliegen folgten, werden im Fortgang der Jahrzehnte zu Konsequenzen aus der inzwischen erlangten Wirtschaftsreife. Dies veränderte logisch-historische Verhältnis wird von List 1843 dahin für Deutschland formuliert[37]): „Verteidigung nach außen, Sicherheit im Innern sind allerdings große Nationalzwecke, von nicht geringerer Bedeutung ist aber der materielle Wohlstand der Nation. Nächst dem geistigen Wohlstand ist er ein Hauptträger ihrer Macht, die beste Garantie ihrer inneren Ruhe. Bei dem gegenwärtigen Stand der Weltangelegenheiten ist jedoch der materielle Wohlstand der Nationen in letzter Instanz bedingt durch ihre ökonomische Organisation und Gesetzgebung." Obschon List hiermit die Grenzscheide zur

[36]) Vgl. L. Sevin l. c. 1909, S. 315. — „Werke" Bd. V, S. 424, 449. — Auch David Hansemann betonte 1833 wie 1840: „Freiheit ist nicht Gleichheit der Rechte", die Besitzenden müßten sich mit Adel und Königtum verbinden; er plante eine Adelsreform für die preußische I. Kammer. Siehe A. Bergengrün l. c. S. 270—275 und vergl. Lists Ansichten über Monarchie, Adel, Juden oben Hauptteil A, 2. Kapitel.

[37]) S. „Werke" Bd. VIII, S. 927. Vgl. „List und Marx" l. c. S. 53—54.

ökonomisch-technischen Betrachtungsweise nicht überschreitet, führt seine innergesellschaftliche Betrachtungsweise ihn doch bis hart an diese Grenze. So etwa hinsichtlich Großbritanniens und Nordamerikas: „Denn die Freiheiten von Großbritannien sind die Früchte der Industrie und des Reichtums[38]).“ Den Gegnern der „Fabrikkraft“ ruft er 1843 zu: Die Zukunft einer Nation beruhe auf ihrer Macht und ihre Macht auf ihrem Reichtum und der Reichtum „auf einer harmonischen Entwicklung der produktiven Kräfte, also in unsern Tagen ganz vorzüglich auf der Fabrikation[39])“.

Hier ist die Argumentation also technisch-wirtschaftlich im Ansatzpunkt, bei angenommener innergesellschaftlicher Harmonie. Man habe gesagt, heißt es ähnlich 1835, die Nordamerikaner würden in Wissenschaften und Künsten nie die Höhe von Europa erreichen, weil sie „keinen reichen Klerus, keine große Aristokratie und keine Höfe besäßen. Aber man habe nicht bedacht, daß die Industrie das festeste und sicherste Fundament der Wissenschaften und Künste bildet.“ Jene „Wechselwirkung“ zwischen materiellen und ideellen Produktivkräften, welche wir im Hauptteil A berührten, kennzeichnet folgerecht auch das Verhältnis von „Macht und Reichtum“ zu „Kunst, Wissenschaft und Literatur“ — diese fruchtbare Wechselwirkung zwischen „Macht“ und „Oekonomie“, die er als erster seinen Landsleuten zeigte[40]). Nur in Deutschland sei „die Entwicklung der materiellen Produktivkräfte“ der „höheren Geistesbildung“ nachgefolgt; daher „die Vorliebe der Deutschen für philosophische Systeme und kosmopolitische Träume“! Stand List selber doch im Brennpunkt dieser „Wechselwirkung“, in der sein eigenes Lebenswerk sich konzentrierte; die zeitpolitische Ausrichtung, wie sie im Untertitel seines „Nationalen Systems“ sich ausspricht, zeugt ebenso dafür wie sein „Zollvereinsblatt‘, dessen praktischen Zielen er die literarische Fortsetzung seines Hauptwerkes opferte[41]).

Jene entscheidungsschweren Jahre vor 1847/48 finden List somit in einer kennzeichnenden Haltung zwischen den gesellschaftlichen Fronten: im steten Angreifen begriffen gegen alle feudalen, reaktionären und separatistischen Elemente innerhalb einer deutschen Macht- und Markteinheit, deren entscheidende Daten die Begründung des Zollvereins von 1833 und der unitarische Versuch von 1848 waren. Wenn er, in einer

---

[38]) S. „Werke“ Bd. IV, S. 474.

[39]) S. „Werke“ Bd. VII, S. 380.

[40]) Vgl. „Amerikanisches Magazin“ (1835) in „Werke“ Bd. II, S. 344—345. — Für analoge Gedankengänge jener Zeit im französischen Industrialismus vgl. „Werke“ Bd. IV, S. 66—67. — S. Bd. VI, S. 49, 82, 102—103, 129.

[41]) Daß er den Absatz von „Ölgemälden und Glasmalereien nach dem Auslande“ fördern wollte, um der Kunst in Bayern einen neuen Aufschwung zu bereiten, sei als Einzelzug erwähnt; s. „Werke“ Bd. III 2, S. 941, und Bd. VII, S. 7. Auch hier nahm er den Aufschwung des späteren internationalen Kunsthandels infolge der Eisenbahnen hellsichtig voraus. — Über Besitz und Bildung als „bürgerliche“ Staatserfordernisse vgl. noch Reinhard Höhn, „Der bürgerliche Rechtsstaat und die neue Front“ l. c., S. 54—56.

vermittelnden Haltung, die sozialpolitische Eingrenzung des kapitalistischen Fortschrittsglaubens als notwendig erkennt, so finden wir doch kein ausgearbeitetes, der Zukunft vorgreifendes Programm dafür, wie eine wachsende Industriearbeiterschaft durch staatliche Sondermaßnahmen mit ihrem gesellschaftlichen Lose zu versöhnen wäre. Hierzu bedurfte es entweder einer an Hegel geschulten Auffassung, welche den Staat als Wirklichkeit der sittlichen Idee begreift, oder des Anschlusses an ein konkretes Staatswesen mit Überlieferungen, wie Bismarck sie seit 1877 neu belebte. Den proletarisch-kommunistischen Bewegungen, die nach 1840 in Westdeutschland aufkamen, stand List mit Notwendigkeit abwehrend gegenüber; ihr literarischer Ausdruck leitete von Moses Heß zu Marx und von der „Rheinischen Zeitung" zur „Neuen Rheinischen Zeitung" des Jahres 1848 über — der Totalitätsanspruch ihrer anti-kapitalistischen und staatsfeindlichen Lehren setzte die Negation gerade dort an, wo List eine geschichtliche wie systematische Synthese aller nationalen, staatlichen und gesellschaftlichen Kräfte proklamierte.

Im Unterschied zu allen chiliastischen oder revolutionären Erwartungen des frühen Sozialismus können wir List mit seinen eigenen Worten als politischen Reformer ansprechen; sagt er doch 1842 von sich: „Der vernünftige Politiker beschränkt seine Blicke auf das jetzt und im Lauf des nächsten Jahrhunderts Erreichbare, und dieses haben wir im Auge, nichts anderes[42])." Eben darum bleibt er, so sahen wir, dem konstitutionellen, rechtsstaatlich-sozialen Ideal von 1791 zugetan, während die Kommunisten des Vormärz bereits an die radikale Demokratie von 1793 ihr Verlangen nach materieller Gleichheit knüpften. Hierbei läßt er bemerkenswerterweise dahingestellt, ob die St. Simonisten und Fourieristen — mit bedeutenden, ja genialen Talenten an ihrer Spitze! — ihre „utopischen" Systeme einmal verwirklichen werden? „Es mag sein, daß die Tendenz des Weltgeistes auf Erwirklichung von Zuständen gerichtet ist, wie diese Sekten sie träumen oder ahnen; jedenfalls aber glaube ich, daß er sich eine lange Reihe von Jahrhunderten dazu nehmen wird, sie zu ermöglichen." Der „besonderen Aufgabe" jedes und damit auch des 19. Jahrhunderts scheine es jedenfalls nicht gemäß, „die Menschheit in Fouriersche Phalansteren zu zerbröckeln" — anstatt die Macht- und Selbständigkeit der Nationen zu entwickeln[43]). „Nur in dem Boden des allgemeinen Wohlstandes wurzelt der Nationalgeist, treibt er schöne Blüten und reiche Früchte; nur aus der Einheit der materiellen Interessen erwächst die geistige und nur aus beiden die Nationalkraft" — mit solchen kulturpolitischen Zielformeln[44]) steht List schon diesseits der klassisch-idealistischen Geschichtsphilosophie; während er die Nation als Aufgabe seines Jahrhunderts setzt, berührt

[42]) S. „Werke" Bd. V, S. 475, und vgl. Bd. VII, S. 379—382.

[43]) Vgl. „List und Marx" l. c. S. 28—29, und „Werke" Bd. VI, S. 365—366. — List kannte und förderte namentlich Michel Chevalier; vgl. auch „Werke" Bd. IX, S. 223, 256—257. Chevalier war bis 1832 St. Simonist.

[44]) S. oben und „Werke" Bd. VI, S. 418, auch S. 521—522 und 566.

er sich mit der ökonomischen Geschichtsphilosophie insofern, als er die materiellen Interessen das „Fundament" — gleichsam den Unterbau — der „Geistesbildung" sein läßt.

List ist somit weder „reiner" noch „sozialer" Demokrat, geschweige „utopischer" oder „wahrer" Sozialist im Sinne des europäischen Vormärz. Der „reinen" Demokratie steht er notwendigerweise so ferne wie der ihr zugeordneten „reinen" Ökonomie. Zur republikanischen Linken und vollends zu den deutschen Kommunisten, wie sie 1847/48 sich parteimäßig formierten, führen keine Brücken. Über die „radikalen Weltreformpläne" von „verrückt gewordenen" Schneidergesellen wie Wilhelm Weitling und eine etwaige „Kommunistenverschwörung" hat er 1843 sich ironisch ausgelassen und dem „die Zeit der Erwachsenen, der Unterrichteten, der Denkenden, der ruhig Prüfenden, der freimütigen Wortführer der öffentlichen Rechte, des vernünftigen und gemessenen Fortschritts" als Spiegelbild vorgehalten[45]). Auf List, den jugendstarken „Vorkämpfer" für „ökonomische Existenz und weltliche Prosperität", trifft in diesem Zusammenhang das Wort einigermaßen zu: „On est toujours le réactionnaire de quelqu'un". War er nicht selber einst von den Schweizern nur geduldet, ja gelegentlich ausgewiesen worden?

Seine Haltung zum „Proletariat" wird vielmehr gekennzeichnet durch sein Gesetz der wachsenden Bevölkerungskapazität bei kapitalintensiver Wirtschaftsweise. Wenn er seit 1819 die Vermehrung des Industriekapitals mit der „Prosperität unter unseren niederen Klassen" gleichsetzt, wenn er die Zollwünsche der Textil- und Eisenfabrikanten zu den seinen macht, in der gesellschaftlichen Aneignung des Sozialprodukts keinerlei Widerspruch entdeckt, so drückt dies alles seine Entferntheit von einer grundsätzlichen Kritik des kapitalistischen Produktionsprozesses aus. Gibt er doch eine Positive Theorie der hochkapitalistischen Wirtschaft, — mit Fabrikschutz, Auswanderungsfreiheit und Dezentralisation der Industrie als sozialen Hilfsmitteln. Seine Zielformel bleibt stets „das Gleichgewicht oder die Harmonie der produktiven Kräfte", im nationalen wie im Maßstab der „internationalen Arbeitsteilung"[46]). Lists Jugendfreund, der Advokat Eduard Schübler[47]) in Schwäbisch-Hall, hat im Anschluß an ihn 1843 ausdrücklich den Aufbau einer „positiven Volkswirtschaftslehre" gefordert, „welche die Lehrsätze der freiwirtschaftlichen Klassiker und ihrer sozialistischen Kritiker" auf organische Weise verbinde. List hat ihm darin zugestimmt und selber, wie wir sahen, „die Wohlfahrt der arbeitenden Klassen" innerhalb seines „organisch-nationalen" Systems mannigfach zu sichern

[45]) S. „Werke" Bd. VII, S. 322—323. — Weitling war 1843 wegen seines „Evangelium eines armen Sünders" in Zürich gefangengesetzt und dann ausgewiesen worden. Vgl. auch „Werke" Bd. VII, S. 33—34, 571—572, 647.

[46]) S. „Das deutsche National-Transport-System", 1841, S. 6, 10.

[47]) Vgl. Schübler, „Der organische Staat", 1847, wo er „Nachbarschaften" empfiehlt; derselbe, „Gewerbefreiheit und Gewerbeordnung in Deutschland", 1860, bes. S. IV wegen List. Vgl. „Werke" Bd. VII, S. 19, Anm. 63.

versucht; Befürchtungen freilich, wie sie Friedrich Engels hinsichtlich der „britischen Heere von Proletariern" darlegte, als übersteigert und für deutsche Verhältnisse unanwendbar abgelehnt. Der „Normalzustand" sei durch Englands „übertriebene Zahl von Manufakturisten" überschritten; das Verhältnis der Landwirtschaft zu Gewerbe und Handel war in England um 1841 wie 2:3, gegenüber 2:1 in Deutschland[48]). Aus der Bevölkerungszunahme und der geringen ländlichen Bevölkerungskapazität folgt die Industrialisierung. „Es sind daher nicht die Fabriken, welche die Armen, sondern die Armen, welche die Fabriken ins Leben rufen[49])." „Staatsquacksalber fürchten infolge der Fabriken Proletarier und Revolution", heißt es in Lists Notizen aus seiner letzten Zeit. Er glaubt nicht an das „kommunistische Schreckgespenst"; „die Ansicht des großen Schneiders Weitling" schrecke nur deutsche Stubengelehrte. Aber List sieht „das Dilemma: innere Revolution und äußere Wehrlosigkeit[50])". Stets blieb List überzeugt, daß eine Entwürdigung der arbeitenden Klassen sich strafe durch Verarmung und Verkrüppelung der Nation, ihrer physischen Kraft wie ihrer Geisteskräfte. Das britische Imperium könne nur untergehen, falls „England fortfährt, einen großen Teil seiner eigenen Bevölkerung zu bestialisieren" (!) und Ostindien „schlechter zu regieren als der Pascha von Ägypten seine Fellachen[51])".

Englands Gesamtentwicklung seit 1815 bleibt für List wie viele seiner Zeitgenossen das klassische Beispiel solcher Analysen; sie war ihm „von jeher Muster und Vorbild[52])". Schon Adam Müller fand ja in Großbritannien das politische Gegenbild des „wahren Staates", freilich auch einer überbetonten Herrschaft des mobilen Kapitals. List stellte Großbritanniens Tendenz zur politisch-ökonomischen „Gewerbs-Eroberung", ja zum „Weltgewerbsmonopol" auch in seiner Adam Smith-Kritik voran. England war ihm eines derjenigen Länder, „die wir am meisten achten und zu welchen wir am meisten Zuneigung hegen, weil es unser Lehrmeister in der Politik wie in allen nützlichen Kenntnissen, Wissenschaften und Künsten ist[53])". In Großbritannien hatte das Industriekapital, von der Wahlrechtsreform 1832 bis zur Zollreform 1846, schon seinen Kampf um die Mitherrschaft im Staat gewonnen. Seit Cromwell (1664) hatte das britische Nationalkapital bis 1840 sich um das 28fache vermehrt; mit Hilfe seiner technischen „Rieseninstrumente" hatte es seine gewerbliche Produktion seit 1770 um das Viel-

---

[48]) S. unten und „Werke" Bd. VII, S. 655. — Vgl. auch Gerhard Albrecht in „Zeitschrift für die gesamten Staatswissenschaften", 1927, S. 19—23.

[49]) S. „Werke" Bd. IX, S. 109—111.

[50]) S. List-Archiv F. XXXIX, Blatt 110.

[51]) S. „Werke" Bd. VI, S. 439.

[52]) Vgl. „Werke" Bd. III 1, S. 483; Bd. VI, S. 369ff.

[53]) S. „Werke" Bd. VI, S. 439—440. — Daß er in technisch-ökonomischen Einzelheiten z. B. des Eisenbahnbaus seine amerikanischen Erfahrungen vorzieht, widerstreitet natürlich nicht seinem Leitbegriff der britischen Suprematiemacht. Vgl. Lenz in „Deutsch-Britische Rundschau" (Wiesbaden), Juliheft und Septemberheft 1932.

hundertfache gesteigert. Hingegen verurteilt List „das über alle Beschreibung große Elend" der niederen Volksklassen in Irland, das er auf die Landrente der englischen Großgrundbesitzer mitsamt dem Pachtsystem zurückführt; die Kleinpacht erlaube dem Landbebauer kein „Surplusprodukt"[54]). Infolge dieser „Güterzersplitterung" sei dort jeder Einwohner ein Eigentümer, jeder Eigentümer ein Bettler. In grellem Gegensatz zur Arbeitslosigkeit — dieser „Ursache aller Unruhen und Verbrechen" — stehe die Prosperität der größeren Gutsbesitzer und Pächter, der Fabrikanten usw.[55]). „Mangel und Not sind zehnmal gefährlichere Aufruhrstifter als die Deklamationen der Tribune und der Presse": Damit knüpft List die Soziale Frage wiederum an sein Postulat des nationalen Industriestaats[56]). Denn „es gibt weit größere Übel als einen Stand von Proletariern: leere Schatzkammern — National-Unmacht — National-Knechtschaft — Nationaltod[57])". Lists Kritik der britisch-irischen Sozialzustände erinnert in ihrer Schärfe inhaltlich an die Frühsozialisten. Für Deutschland hat er, nach den tragischen Folgen seiner „Reutlinger Petition", seit 1830 das heiße Eisen der Feudal- und Steuerlasten, der Kinderarbeit, Arbeitslöhne und -zeiten nicht mehr angerührt. Um so mehr sieht er die seit 1840 vielbehandelte „Soziale Frage" unter dem wirtschaftlichen Gesichtspunkt; auch den Gedanken einer internationalen Sozialpolitik hat er, wohl als erster, 1839 schon gefaßt.

Das frühe Erlebnis des „American System" hat List in dieser Überzeugung nur bestärkt, daß eine Ausbildung zum „Agrar-Gewerbe-Handelsstaat" auch im richtig verstandenen Interesse der arbeitenden Klassen liege. Eine relative Übervölkerung wie in England sei dort niemals zu fürchten: „A country, the vacant land of which is sufficient to nourish from 200 to 300 millions of heads, will neither have half-starved labourers nor low wages; and high wages will with us ever be counterbalanced by moderate prices of victuals, by superfluity of natural means, by the effects of freedom and the absence of heavy taxes[58])." Wir sehen Lists Gesetz der Bevölkerungskapazität aus unmittelbarer Anschauung erwachsen! Wenn das Handelsinteresse in Deutschland wie den Vereinigten Staaten für niedrige Brotpreise und für niedrigen Nominallohn focht, so berühren Lists Polemiken gegen ein solches pseudosoziales Argument sich mit **Marx'** Brüsseler „Freihandelsrede" vom

---

[54]) S. „Werke" Bd. III 1, S. 289—290, 368.

[55]) Vgl. auch Lists Urteil über das Elend der arbeitenden Klasse in Frankreich (1839) und Staatsfinanzen, „die eine kleine Schar überreicher Privater noch fetter machen" (1843), mit dem Lob des belgischen Industriesystems; s. „Werke" Bd. III 1, S. 286—287, 399 und oben Hauptteil D, 2. Kapitel zu Anm. 62.

[56]) Über ländliche Siedelung von Industriearbeitern als krisenmildernden Umstand s. „Werke" Bd. III 1, S. 353.

[57]) S. „Werke" Bd. VI, S. 38. — Hiergegen wandte sich **Moses Heß**; s. oben Hauptteil C, 2. Kapitel Anm. 96 bis 98. — Für die Vorwegnahme des Gedankens an ein Internationales Arbeitsamt s. „Herdflamme" l. c. S. 429.

[58]) S. „Werke" Bd. II, S. 205.

Jahr 1847 — um freilich im Endziel desto schärfer sich zu scheiden: Während Marx von 1842 bis 1847 im revolutionären Sinne für einen Welt-Freihandel stimmt, der alle Klassengegensätze weitertreiben soll, kämpft List zeitlebens gegen den Freihandel und für das „Nationale System“. Rückblickend bleibt festzustellen, daß die Geschichte hier auf Lists Bahnen vorangegangen ist, hingegen von einer revolutionierenden Funktion des Welt-Freihandels nichts zu melden weiß — weder für das britische Proletariat noch für die anderen Industriegebiete[59]). „Die Macht und Unabhängigkeit der Nation beruht auf der Industrie“, darin faßt List seine Mission zusammen; ihr dient seine „Kräftetheorie“, welche die „reine Kontortheorie des Kaufmanns“ für das 19. Jahrhundert ablösen soll. Bewußt knüpft er an die Stadtwirtschaft als geschichtliches Vorbild an: „Die Macht der Städte beruhte auf der Stoffveredelung.“ — „An die Stelle der Stadtmauern sind die Nationalgrenzen getreten.“ Aber als Politischer Ökonomist kennt List auch die inneren Grenzen jeder Nationalwirtschaft im Industrie-Exportstaat: „Jede Industrie im Staate, die der Staat selbst nicht lenkt, ist der Beginn des Untergangs dieses Staates selbst[60]).“

Lists Wirken fehlt also jene „soziale Pointe“, welche die Zeitkritik der Frühsozialisten seit 1843 kennzeichnet; im besten Glauben, so sahen wir, verficht er den Fortschritt noch 1846 zugleich „im Namen der arbeitslosen, hungernden deutschen Brüder[61])!“ Wir haben seinen Abstand von den „romantischen“, in diesem Punkt weitsichtigen Befürchtungen erkannt. Daß die Arbeitsteilung „Kennzeichen der Sklaverei“ sei, wie Adam Müller in den „Staatsanzeigen“ ausführt[62]), ist für List kein zureichender Grund wider unser „Jahrhundert der Rechenmeister“, — wider den homo capitalisticus und das Maschinenzeitalter. Ein Aufbruch zur Markteinheit, zur Technik, zum Weltmeer — so könnte man den Listschen Anstoß fassen[63]).

Man denke auch an Lists bezeichnende Umdichtung: „Auf der Spindelspitze die Welt jetzt steht —“, oder an seinen Vorschlag des mechanischen Webstuhls, um dem Elend der schlesischen Weber abzuhelfen, vom Juli 1846. Sein Glaube an den technischen Fortschritt, an die Maschine ist für sein System weniger zentral, aber ebenso ausgeprägt wie bei Karl Marx[64]). Schon bei seiner Abfahrt aus Le Havre zur Neuen

[59]) Vgl. Philipp Gebhard l. c., S. 27—28. — Auch Lists „Freund“ Dr. Bowring nahm am Brüsseler Freihandelskongreß 1847 teil.

[60]) S. „Werke“ Bd. IX, S. 168—171, 176.

[61]) Vgl. „Herdflamme“ l. c., S. XXXIX—XL und XLI—XLII und das „Zollvereinsblatt“ 1846, Nr. 47. — Auch den „Anhang“ zu diesem Hauptteil.

[62]) S. „Staatsanzeigen“ Bd. III, S. 49. — Vgl. die „Ludditen“ und „Chartisten“ im zeitgenössischen England.

[63]) Vgl. etwa „Werke“ Bd. III 1, S. 42—44 über Arbeitsteilung und Markterweiterung. — S. Lenz, „List und Marx“ l. c., S. 58 und 78.

[64]) S. die Beispiele aus dem „Zollvereinsblatt“ in der Einleitung zu „Werke“ Bd. VII, S. 19. Über technologische Geschichtsdeutung s. G. von Below, „Die deut-

Welt, als er „Restauration“ und „Romantik“ den Rücken kehrt, schreibt er 1825 in sein Tagebuch: „Es lebe der Dampf! Er wird dem 19. Jahrhundert allein das sein, was dem 15. Jahrhundert alle seine Erfindungen und Entdeckungen zusammengenommen gewesen sind.“ Die Dampfkraft, heißt es später einmal, werde die Riesen wecken, welche in den deutschen Bergen schlafen — Kohle und Erz. Wenn er aus der völkerverbindenden Kraft des Dampfes folgerte, sie werde auch „die stehenden Armeen zu ihren Vätern den Feudalherren versammeln“, so haben wir dazu uns bereits kritisch geäußert. Anderseits gliedert er „die technische Dogmatik“, die „Priester der Technik“ mit ihrem technischen „Exklusivgeist“ seinem System bewußt ein und unter; die Technik müsse sich herablassen, „eine Magd der Ökonomie zu sein[65])“!

Indem der technische Fortschritt für die Entfaltung aller materiellen Produktivkräfte wirksam wird, gewinnen das „Maschinenkapital“ und namentlich die Herstellung von Produktionsmitteln, erfolgt der Übergang vom einfachen Tauschhandel zur fabrikmäßigen Reproduktion im großen[66]). Lists theoretische Stellungnahme zum „Anwachsen der Gewerbskapitale im Maschinenzeitalter“, im Gegensatz zur „Vormaschinenzeit“, haben wir an anderer Stelle dargelegt. Ausdrücklich und mit Recht verwirft er die klassische „Ersparnistheorie“. Das tendentielle Fallen der Profitrate ist ihm ebenso geläufig wie die fortschreitende Entkapitalisierung der Kleingewerbe nebst der „Haus- und Lokalfabrikation“. Als Künder der „Manufakturnation“ wird er notwendig — über die Agitation hinaus — zum Theoretiker des sog. Hochkapitalismus mit dessen „Kapitalanhäufung in den Händen einer beschränkten Anzahl von Kapitalisten“, wobei er die „materiellproduktiven“, zunehmend monopolisierten „Instrumentalkräfte“ als „materielles Agrar-, Manufaktur- und Handelskapital“ vom „Naturfonds“ wie vom „geistigen Kapital“ unterscheidet.

Von hier aus postuliert er die Pflicht der „Gutsbesitzer, Pächter und Fabrikanten“, ihre „Privatinteressen“ zugunsten gleichmäßiger und zureichender Reallöhne sowie sozialpolitischer Arbeits- und Steuermaßnahmen selber einzugrenzen. Jedoch erkennt er an, daß Fragen der Macht „Rücksichten auf die Humanität“ ausschließen können; die britischen Kapitalisten etwa, „in deren Hand die Gesetzgebung ist“,

---

sche Geschichtschreibung“ l. c., S. 163, und auch Marx' Vergleich: Revolutionen seien „die Lokomotiven der Geschichte“. — Ein Hinweis auf Verkehrsflugzeuge 1828 schon in „Werke“ Bd. II, S. 288. — Über Dampfkraft und Wasserkraft s. „Werke“ Bd. III 1, S. 351—353.

[65]) S. oben Hauptteil C, 1. Kapitel, zu „Outlines“ in „Werke“ Bd. II, S. 131; ebenda 2. Kapitel Anm. 48, 54. — Wegen Lists Bemühen um polytechnische Schulen vgl. etwa „Werke“ Bd. II, S. 170—171, 432—433. — Über „bloße Techniker“ vgl. „Werke“ Bd. III 1, S. 295; Bd. III 2, S. 469, 953; s. auch III 1, S. 378, 387, 392, 413, 441, und III 2, S. 553—554.

[66]) Vgl. „List und Marx“ l. c., S. 16—25. — „Herdflamme“ l. c., S. 425—429, 557, 577, 601—625. — „Werke“ Bd. IV, S. 382—384, 388—392; Bd. VI, S. 189, 254, 327, 427, 436, 439, 521; wegen Textilmaschinenbau Bd. VII, S. 169—170, 330—331.

mißbrauchen ihre Macht, um das britische „Proletariat“ durch „falsche und selbstsüchtige Politik“ zu „bestialisieren“! List glaubt, „—daß früher oder später die Einsicht von einer radikalen Reform der ökonomischen Zustände und der Entschluß dazu bei allen Parteien zur Reife kommen werde“; sonst würde „in dem Bau der englischen Handels- und Industrieherrschaft die alte Geschichte vom babylonischen Turm sich wiederholen[67])“.

Die Befürchtungen, welche Englands „Riesenfabrikproduktion“ mit dem „Fabrikelend“ ihres „Proletarierstand“ bei List weckt, gelten ausschließlich für diese „Suprematienation“; für nachstrebende Nationen, die gleich Deutschland noch unterhalb des vollentfalteten „Agrar-Gewerbe-Handelsstaates“ stehen, wäre solche Furcht offenbar unangebracht. War das Verhältnis zwischen Manufakturisten und Agrikulturisten in Deutschland doch erst wie 1:2[68]). Der Übergang von „Handarbeit“ zur „Maschinenspinnerei und -Weberei“ könne die „Arbeiternot“ in Schlesien beheben. Ja, er ahnt bereits, daß „eine neue bewegende Kraft“ auch dem Kleingewerbe dienstbar werden könnte[69]). Wo immer eine Chance technischen Fortschritts sichtbar wird, da will List eingreifen: Anthrazitkohle und Zuckerrübenfabrikation beschäftigen ihn zeitweise ebenso sehr wie Verkehrsfragen. Kaum fühlt er sich körperlich hergestellt, so bricht seine praktische „Energie“ hervor: „Ich kann dann nicht lesen, wie ich früher getan, dazu habe ich keine Geduld, ich muß denken, arbeiten und handeln[70]).“ Eine „Polytechnische Bibliothek“ gehört ebenso unter seine „Buchhändlerideen“, wie Zentralverbände der Techniker und der deutschen Industriellen unter die Organisationspläne seiner Spätzeit[71]).

Jene „durch die entfesselten Wissenschaften verursachte Revolutionierung aller Gewerbszweige“, die sog. Industrielle Revolution, mit ihrer Konzentrationstendenz als Folge „der neuen Erfindungen und Maschinen“, hat er geradezu klassisch geschildert (1846). Deutlich sieht er die neue Tendenz zur „Monopolisierung“ in der Industrie. Sie fußt auf dem großen Kapital und der Maschinenkraft; „die Konkurrenz besteht nicht mehr zwischen Hand und Hand, sondern zwischen Kapital und Kapital, zwischen Maschine und Maschine“. Wie List die Entfaltung der gewerblichen und Transportverhältnisse mit dem Wandel der Theorien verbindet, wie er „die geistige Blindheit“ der abstrakten Freihandelsdoktrin gegenüber der „großen Gewerbsrevolution“ geißelt und den Einfluß der napoleonischen Kriege zutreffend geltend macht, erhebt ihn

[67]) Vgl. auch „Werke“ Bd. VI, S. 107 Anmerkung; Bd. VII, S. 384—410. — Oben zu Anm. 51.

[68]) Vgl. Hauptteil A, 2. Kapitel Anm. 29, wegen der idealtypischen „Nationalwirtschaft“. — S. „Werke“ Bd. VII, S. 380. — Oben Anm. 48.

[69]) S. „Werke“ Bd. V, S. 388; Bd. VI, S. 169; „Herdflamme“ l. c., S. 429.

[70]) Vgl. etwa „Werke“ Bd. VIII, S. 512, 621.

[71]) Vgl. „Werke“ Bd. VII, S. 464—482 und, wegen des geplanten „Büro deutscher Handels- und Gewerbsstatistik“, auch Bd. VIII, S. 662.

weit über alle späteren rein-literarischen und sog. dogmengeschichtlichen Leistungen im Fach[72]).

Wie unmöglich eine Rücknahme notwendiger technischer Entwicklungsstufen gewesen wäre, belegt schon ein Schreiben an seinen Freund Ernst Weber, Gera, das vor dem April 1819 verfaßt sein muß[73]): der unbekannte Schreiber verlangt, daß der „Handelsverein“ beim Bundestag das Verbot oder eine prohibitive Besteuerung aller industriellen Maschinen fordere, um der sonst unvermeidbaren Arbeitslosigkeit zu steuern! Also eine Rückkehr in die von List so genannte „Vormaschinenzeit“[74]). Konstitution und Maschine sollte nun einmal ein Leitwort des 19. Jahrhunderts werden. List hat deshalb die englischen „Maschinenphilosophen“ keineswegs unter dem Gesichtspunkt der Technik bekämpft, wohl aber sie der „nationalwirtschaftlichen“ Struktur seines Weltbilds eingeordnet. Er hat sie politisch-zweckhaft gewertet. Aus der „Staatsvernunft“, so sahen wir, leitet er die Realisierung der vollkommenen Gesellschaft im Agrar-Gewerbe-Handelsstaat ab. Das Abgleiten aus dieser „aufgeklärten“ Grundidee zur spätkapitalistischen Setzung einer besonderen „Wirtschaftsvernunft“ liegt freilich schon in der Transferierung der Aufgabe auf die wirtschaftliche Ebene, die List vornahm, mitbeschlossen. Daraus folgt — im Fortschritt der Produktionsverhältnisse — der Verlust des Listschen Weltbildes und sein Umschlag in die ideologische Rechtfertigung eines nicht mehr politisch gemeinten, sondern privatwirtschaftlich intendierten Machtanspruchs. Die „Grundrechte“, von denen wir List ausgehen sahen, enthielten schon alle bürgerlichen Dogmen des technischen „Fortschritt“, ökonomischer „Freiheit“ und staatlicher Abstinenz aus dem „Kreislauf“ der Erwerbsgesellschaft in sich; eben dadurch mußten sie über das Listsche Weltbild weit hinausführen. Aus dieser nachträglichen verflachenden Situation rechtfertigt sich zutiefst die wissenschaftliche Wiederherstellung und rückschauende Klärung des Listschen Lebenswerks.

Wir wollen hierbei nicht verkennen, wie sehr Lists Wirkung eben auf seiner aktivistischen Haltung beruht, wie sehr er auch seine wissenschaftlichen Energien und allgemeinen Erkenntnisse auf unmittelbare Wirkung abgestellt hat. Sein Ideal einer „unabhängigen, freien, unternehmenden, gebildeten, gewerbefleißigen und wohlhabenden Nation“ ist gleichsam nur das Spiegelbild seiner eigenen Persönlichkeit, ihrer „Energie“ und ursprünglichen Lebenskraft. Die Entstehungsgeschichte seiner Hauptwerke gibt dafür anschauliche Belege. Die unerhörte Intensität seines Erlebens bezeichnet einen Abstand von allem „rein“ betrachtenden Verhalten. Im Sinne Sombarts gehört er durchaus zur „verstehenden“ Nationalökonomie; hierin liegt eine Verwandtschaft mit

[72]) Vgl. seinen Aufsatz aus dem unerhört fruchtbaren Jahr 1843 in „Werke“ Bd. VII, S. 360—378, mit Kommentar ebenda S. 653—655; Bd. IX, S. 185.

[73]) Im List-Archiv F. XLIII.

[74]) Vgl. den Leitartikel der „Kölnischen Zeitung“, 1818, wider „das englische Maschinenwesen“ bei L. Salomon, l. c. Bd. III, S. 67.

den Romantikern wie mit der älteren „Staatswirtschaft“, im Gegensatz zur „klassischen“ Methodik[75]). Alle Einzeläußerungen sind bei ihm auf einen letzten Ansatzpunkt bezogen, den wir in seinem schicksalhaften Widerspruch zur Umwelt fanden. Nichts ist daher gleichgültig, nichts absichtslos in seinem Werk; in der äußeren Zersplitterung zeigt sich gerade die innere Einheit. Indem er schlechterdings alles in sich und um sich aktiviert, erleidet er einen notwendigen Verlust: Der philosophische Untergrund, in den ein Hegelianer wie Marx seine Opposition zur Umwelt theoretisch verankert, ist bei List wesentlich flacher; auch ein Unternehmer vom Format Mevissens hat noch zu außerwirtschaftlichen Lebensgebieten stärkere Fühlung. Freilich war Lists Unruhe objektiv gerechtfertigt; seine Lage blieb bis zuletzt fragwürdig.

List hatte seinen Platz auf seiten der „populären“ Bewegungen gewählt. Die entscheidende Note, die er den Bewegungen „von unten her“ verleiht und die seine historische Bedeutung ausmacht, liegt aber in dem Betonen der wirtschaftlichen Bedürfnisse und Interessen — der „handgreiflichen Nationalinteressen“, wie er sagt; „Freiheit und Industrie“ waren ihm „unzertrennliche Gefährten[75a])“. Schon sein Antrag in der württembergischen Kammer vom 13. Dezember 1819 zeigt, wie er seine Abgeordneten-Laufbahn genommen hätte: als Vorsitzender des vielleicht ältesten parlamentarischen „Ausschusses für Handel und Gewerbe“ wollte er dort seine „Vereins“-Tätigkeit zugunsten der „Nationalindustrie“ legalisieren[76]). Noch der Titel, den sein „Zollvereinsblatt“ ursprünglich tragen sollte, zeigt die Richtung seines Strebens an: es sollte ein „deutsches Zentral-Magazin“ sein „zur Förderung sämtlicher materiellen Interessen Deutschlands und insbesondere zur Entwicklung des nationalen Systems der politischen Ökonomie[77])“.

Wir sahen in unserer Arbeit, wie Lists systematische Leistungen auf dem Feld der Politischen Ökonomie aus Anlage und Umwelt keimen, in ihrem Wachstum freilich durch den vielfachen Widerstand gehemmt werden, den Lists überstarke Lebenskraft bei allen Mächten des Beharrens aufregt. Seine Staats- und Gesellschaftslehre ließ bereits das Prinzip seiner Politischen Ökonomie: „Freiheit, Nationaleinheit“ erkennen. List setzt die „Nationalproduktion“, mithin nicht den Markt, sondern den Produktionsprozeß, an den Beginn seines Systems; dadurch hebt er es prinzipiell ab von allen bürgerlichen Marktlehren einer „kosmo-

[75]) Vgl. Werner Sombart im „Berliner Tageblatt“ vom 26. August 1934. — Julius Paul Köhler l. c. S. 149—155 betont den „voluntaristisch (romantisch-imperialistischen)“ Ausgangspunkt der Listschen Ökonomie.

[75a]) Vgl. „Werke“ Bd. VI, S. 63—64, 151—158.

[76]) Vgl. „Werke“ Bd. I 2, S. 673—675, und oben Hauptteil A, 3. Kapitel zu Anm. 4, 36, 53.

[77]) S. List-Archiv F. XLIII und Einleitung zu „Werke“ Bd. VII; Bd. VIII, S. 644—647, 654—656. — Das „Zollvereinsblatt“ sollte ein „Nationalblatt“ werden; „Werke“ Bd. IX, S. 118.

politischen“ Tauschgesellschaft. Sowenig wie das „Laissez faire“ kennt er den schrankenlosen Individualismus des „Glück der größten Zahl“ im Sinne eines Jer. Bentham. Der private Erwerbs- und angebliche Tauschtrieb (Adam Smith) bleibt ihm stets einbeschlossen in den nationalen Produktionsprozeß. Die „Glückseligkeit der Individuen“ wird nur „auf dem Wege der Konföderation“ verwirklicht. Die Nationalökonomie bleibt, auch als „Lehre von den Naturgesetzen“ der Produktion usw., bei List im Bereich der „Staatswissenschaften“.

Sein System, das die Struktur aller Produktionsverhältnisse theoretisch wertet und der „Politischen Ökonomie“ einbezieht, beruht nachhaltig auf jener vernunftrechtlichen Konzeption der bürgerlichen und Staatsgesellschaft; es knüpfte nicht umsonst an die „Staatsklugheitslehren“ der protestantischen Aufklärung an[78]). Staatstheorie und Staatspraxis standen ja am Anfang seiner öffentlichen Laufbahn. „Die engen Beziehungen zwischen der Politischen Ökonomie und der Jurisprudenz“ betont er auch im Prospekt seines 1827 geplanten Werks „The American Economist“ sowie in seinem Bewerbungsschreiben an die Jenaer Juristenfakultät vom Juli 1840[79]).

Die fruchtbare Verbindung sei nochmals hervorgehoben, in der List die vorgegebenen Widersprüche zwischen „Politik“ und „Kosmopolitik“, zwischen Nation und Menschheit, zwischen positivem und idealem Rechtsgesetz zu vereinen sucht. Mit der „Menschheit“ im Sinne des 18. Jahrhunderts will er das „Vaterland“ im Sinne des 19. versöhnen. „Die allgemeine Bildung und den Weltbürgersinn der Nation“ betont er, wenn er Deutschland „zum Vereinigungspunkte des ganzen europäischen Kontinents sich erheben“ sieht. „Et la patrie et l'humanité“ — auch in diesem Kennwort seines Systems kehrt ein Postulat seiner Jugend wieder: Die programmatische Vereinbarkeit des jüngeren nationalen Ziels mit dem älteren humanen Ideal. Hier wird der Übergang vom Weltbürgertum zum Nationalstaat, den Friedrich Meinecke dargestellt hat, mit besonderer Eindringlichkeit vollzogen. Eben deswegen lohnt es sich, an diesem Schnittpunkt aller späteren Lehren von der „Nationalwirtschaft“ und „Weltwirtschaft“ zu verweilen.

Die vernunftrechtlich-aufgeklärte Einheits- und Freiheitsforderung jedes Volks- und Weltbürgers ist in Lists Jugendschriften vorgebildet und geht von dort in seine nationalökonomische Wirksamkeit über; noch im „Système naturel“, im „Nationalen System“ und im „Zollvereinsblatt“ (1837 bis 1846) bildet seine Staats- und Gesellschaftsdoktrin

---

[78]) S. oben Hauptteil A, 1. Kapitel, und vgl. auch Georg Lenz, „Protestantismus und allgemeine Staatslehre“, 1924. — Als erster Deutscher beschrieb J. A. Schlettwein, der aufgeklärte Physiokrat, 1770 die „Politische Ökonomie“; sie war ihm „Grundfeste der Staaten“.

[79]) Siehe William Notz im „Weltwirtschaftlichen Archiv“ 1925, S. 249; „Werke“ Bd. II, S. 27. — Einführung in „Herdflamme“ l. c. sowie die in Hauptteil A genannten Aufsätze „Friedrich List und der Liberalismus“ in „Schmollers Jahrbuch“ 1924, „Die Politische Ökonomie und Friedrich List“ im „Weltwirtschaftlichen Archiv“, Aprilheft 1925. — „Werke“ Bd. III 1, S. 30.

gleichsam das Gefäß, mittels dessen er die ökonomische Wirklichkeit strukturiert. Die Fruchtbarkeit jedes „Nationalen Systems", der „Fortschritt in Wohlstand und Bildung" hängen davon ab, „ob die öffentlichen Institutionen und Gesetze ..... Sicherheit der Person und des Eigentums, Freiheit und Recht ..... produzieren". Die Manufakturkraft im besonderen „ist zugleich Mutter und Tochter der Wissenschaft und der Künste, der Literatur, der Aufklärung, der öffentlichen Freiheit, der Macht und der Unabhängigkeit einer Nation". — „Die Geschichte kennt kein reiches, kein handel- und gewerbtreibendes Volk, das nicht auch ein freies gewesen wäre[80])." So enthält Lists Politische Ökonomie alle Momente, welche ein selbständiges Gemeinwesen ausmachen, wobei die wechselseitigen Beziehungen zwischen Macht und Wirtschaft sich auf jeder „Stufe" dem freiheitlich-harmonischen Endziel der „Entwicklung" annähern. Anf dem Wege zum Endziel aber steht das „Vaterland" nun vor der „Menschheit". List spricht es in einem Aphorismus selber aus: „Die vollkommene Nation — nicht die vollkommene Menschheit ist die Aufgabe, die von der gegenwärtigen Zeit zu lösen".

Freilich konnte auch Lists Grundanschauung wohl die überkommenen vernunftrechtlichen Begriffe fortentwickeln und mit neuem ökonomischem Inhalt füllen, nicht aber die Schranken ihres Jahrhunderts überspringen. Die „von unten her" drängenden Kräfte im Begriff der Politischen Ökonomie aufzufangen und die „Nationalwirtschaft" als bürgerliche Gesellschaft im Verfassungsstaat zu setzen, bleibt sein grundlegendes Verdienst; niemals könnte man ihn einen „Sozialökonomen" oder „Soziologen" im nachmärzlichen Sinne nennen. Dennoch ging seine staatswissenschaftliche (politisch-ökonomisch-historisch-rechtliche) Gesamtschau der Wirklichkeit alsbald verloren. Lorenz Stein wie Robert von Mohl, dem er in den letzten Lebensjahren näherstand, vollzogen nach seinem Tode alsbald jene Trennung, die mit den „reinen" ökonomischen „Beziehungslehren" der späteren „Schule" wie mit der marxistischen Konzeption des Klassenkampfes zum endgültigen Bruch führen sollte[81]). List selber, um ein Beispiel zu nennen, konnte mit dem „Korporations"-Begriff, der als Mittelpfeiler seiner „Nationalwirtschaft" gedacht war, später wenig beginnen und ging, sahen wir, dazu über, das genossenschaftliche Prinzip in die aufkommenden „Aktiengesellschaften" des Verkehrs und in die „Industriegesellschaften" zu verlegen. So suchte die neue Gesellschaft, außerhalb des Staatsapparats mit seiner „öffentlich-rechtlichen Selbstverwaltung", überall ihre eigenen Wege. Dennoch wurde, gegenüber allen revolutionären oder reaktionären Neigungen, der von List erstrebte Kompromiß zwischen Macht und Freiheit eine geschichtliche Wirklichkeit, die alle Kräfte im Innern wie nach außen

[80]) Vgl. „Werke" Bd. IV, S. 268, 486, 588, mit Bd. VI, S. 34—38, 153, 180. — Bd. IX, S. 176.

[81]) S. „Aufriß" l. c. — Huber in „Zs. für die ges. Staatswissenschaft", Bd. 95, 1934, S. 1—27. — Höhn, „Rechtsgemeinschaft und Volksgemeinschaft" 1935, S. 35—40.

wecken und noch im Weltkrieg 1914 eine unerhörte Kraft entfalten sollte.

Wir betonten eingangs Hauptteil A, daß es nicht Aufgabe dieses Buches sei, Lists Lehren systematisch zu entwickeln. Warum sein Kampf gegen die „Schule“ der französisch-britischen Klassiker, wie wir eingangs sagten, weithin ohne theoretische Nachfolge blieb, liegt dennoch einer tieferen Erkenntnis offen.

List selber ließ die Wertlehre, diesen inneren Kreis aller Tausch- und Markttheorien, neben seinem eigenen Ansatzpunkt der Produktivkräfte im Produktionsprozeß bestehen; nicht aus persönlicher Unzulänglichkeit, wie seine Feinde von der „Schule“ oder Marx und Friedrich Engels meinten, sondern einer sachlichen Notwendigkeit gehorchend. Denn stellt der Markt nicht das Zentrum jeder wirklichen Warenbewegung dar, deren Vor- und Abbild jene Theorien des Zirkulationsprozesses sind? Wollte List die Tauschwerttheorien durch ihre eigene Konsequenz überwinden, d. h. Ricardos klassisches Arbeitskostengesetz zum Exploitationsgesetz der „Ware Arbeit“ fortbilden, so hätte er ins sozialistische Fahrwasser geraten und nicht nur die feudal-absolutistischen Vorformen der modernen Gesellschaft, sondern diese selbst angreifen müssen! Wenn er statt dessen nur starke sozialpolitische Korrekturen anbrachte und seiner neuen „Wissenschaft der produktiven Kräfte“ im übrigen die bescheidene Rolle etwa des positiven Rechts gegenüber dem „Vernunftrecht“ der allgemeinen Marktgesetze zuschrieb[82]), so blieb er damit nur seinem geschichtlich-systematischen Standort treu. „Die Wissenschaft der Tauschwerte“ theoretisch auszulöschen wäre einer Kampfansage an die ihr zugrunde liegenden Tatsachen gleichzukommen, auf deren Boden er doch selber stand. In seiner imperialen Spätzeit hat List (1845) die Aufspaltung der Wirtschaftswissenschaft in zwei — „eine poetische und eine praktische“: kosmopolitische Theorie und politische Praxis — schärfer eingegrenzt. „Die Herren Theoretiker bitten sich das Vorrecht aus, Welt- und Menschenverhältnisse sich zu denken, wie sie nicht sind, und doch wollen sie Folgerungen für das praktische Leben und Maximen für ganze Nationen daraus ableiten.“ Ob „die Schule ihre Poesie bei Ehren erhalte“ oder das nutzlose Zeug beiseitewerfen müsse, sei „den Verteidigern der handgreiflichen Nationalinteressen“ unwichtig; „wir selbst haben ihr sogar unter dem richtigeren Titel der kosmopolitischen Ökonomie in unserem System ein theoretisches Plätzchen eingeräumt“. Neben der „reinen“ aber sei die praktische, angewandte Nationalökonomie grundsätzlich so unentbehrlich wie das positive Recht neben dem „Naturrecht“[83]).

[82]) Vgl. „Werke“ Bd. V, S. 119, 392; Bd. VI, S. 177—186.

[83]) S. „Werke“ Bd. VI, S. 469—471; Bd. VII, S. 456—461. — Wegen J. B. Say vgl. oben Hauptteil A, 3. Kapitel Anm. 60, und zum Grundsätzlichen den „Aufriß“ l. c. — Auch W. Roscher blieb bekanntlich — und stärker noch als List — der „klassischen“ Theorie verhaftet.

So konnte die neue Theorie wohl zu einer erweiterten und vertieften Anschauung der modernen „Nationalwirtschaft" gelangen, nicht aber die Nachfolge und Alleinherrschaft gewinnen; als „Schutz der nationalen Arbeit" mußte sie jener praktischen Zielsetzung verhaftet bleiben, die Lists Werk auch in seinem Fortwirken neben und gegen die Schulform der liberalen Markttheorien stellt. Erst mittels einer Aufhebung des tatsächlichen Zustandes würde auch die schulgemäße Lehrmeinung verschwinden und die Entfaltung aller nationalen Produktivkräfte zum unmittelbar wirksamen „Vernunftgesetz" des Handelns werden.

Hieraus erklärt sich etwa, daß spätere Agrar- oder Handelspolitiker, die für ihre Sondergebiete sich mit Fug auf List berufen dürften, daneben Anhänger z. B. der „Grenznutzen"-Schule bleiben können; während deutsche Theoretiker der „Schule" vielfach in ihrer Wirtschaftspolitik auf Listschen Bahnen wandeln dürfen, indem sie an dem überkommenen akademischen Zwiespalt zwischen „ehernem Naturgesetz" und positivem Rechtsgesetz festhalten.

Dennoch enthält Lists Werk, innerhalb der ihm gezogenen Schranken, wie nicht mehr hervorgehoben werden braucht, eine volle theoretische Anschauung: „ein vollständiges System und seine Konsequenzen", wie er 1844 sagt[84]).

Aus seinem Wunschbild staatlich geeinter großer Wirtschaftskörper folgt sogleich — schon zur „Vereins"-Zeit — seine Konzeption vom Vorrang des Binnenmarkts. Nationalwirtschaft und Binnenmarkt bedingen sich und schaffen die Grundlage jeder nach außen kräftigen und verteidigungsfähigen „National-Existenz". Gerade die Erweiterung des Listschen Horizonts in Nordamerika[85]) lehrt ihn das Übergewicht der Binnenwirtschaft. So sagt er in den „Outlines" 1827[86]): „By securing the interior market to our national industry, the manufacturing power is secured against all events, fluctuation of prices, and against all changes in the political and economical conditions of other nations." — — „By securing the home market to home manufactures, not only the manufacturing power for the supply of our own wants is for all times secured against foreign changes and events, but an ascendancy is thereby given to our manufacturing powers in competition with others, who do not enjoy this advantage in their own country." Er vergleicht diesen Schutz der inländischen Konjunktur dem fortifikatorischen Grenzschutz, und von den belgischen Gewerben urteilt er 1837, daß „diejenige Industrie ..., die auf den inneren Hilfsquellen und dem inneren Bedarf basiert ..., zehnmal wichtiger ist als die durch den blühendsten Außenhandel hervorgerufene[87])". „Ein Ausfuhrhandel, der nicht auf die breite Basis der vollständigen Entwicklung aller innern Hilfsquellen sich gründet, ist ein Haus auf Sand gebaut, das jeder politische Sturm über den Haufen

[84]) S. „Werke" Bd. VIII, S. 734.

[85]) Vgl. oben Hauptteil D, 2. Kapitel Anm. 46 bis 48.

[86]) S. „Werke" Bd. II, S. 135.

[87]) S. „Werke" Bd. III 1, S. 281—283.

wirft.“ In seinen Hauptschriften wie noch im „Zollvereinsblatt“ bemerkt er stets aufs neue, „daß der inländische Markt auch für den Landwirt der beste ist[88])“. Denn „aller menschliche Verkehr ist eigentlich Tausch. Geld ist bloß Tauscherleichterungsmittel. Der Gewerbsmann und Fabrikant tauscht seine Fabrikate gegen die Produkte des Landwirts und umgekehrt. Der Handel ist bloß Mittler zwischen beiden“. Je billiger der Transport, desto gewinnreicher ist der Fabrikaten-Produktentausch für beide Teile, während dem vermittelnden Händler „nur eine Provision von ihren Gewinnsten“ zufällt[89]). Damit werden Handel und Handelspolitik, gleich dem Kapitalhandel, auf eine subsidiäre Funktion innerhalb der „Nationalwirtschaft“ beschränkt. In dieser „Wechselwirkung“ zwischen dem ländlichen Unternehmer und dem jüngeren „Manufakturisten“ liegt somit die nationale „Konföderation der produktiven Kräfte“ für List beschlossen. Auch hier sucht er den wirtschaftlichen Fortschritt mit dem Interesse der breiten Massen zu verbinden: — nichts sei „dem Wohlbefinden der arbeitenden Klassen so förderlich als möglichst stete Preise der notwendigsten Lebensbedürfnisse, nichts so schädlich als bedeutende Fluktuationen derselben, von einem Jahre zum andern.“ Hingegen werde „jene großartige innere Konkurrenz eintreten, die allein geeignet ist, die produktiven Kräfte einer Nation zu wecken und zu entwickeln.“ Allen Erwerbszweigen wie „allen deutschen Gegenden und Völkerstämmen“ werde sie zugute kommen[90]).

Deutschland, schreibt er 1844 einem ostpreußischen Rittergutsbesitzer, „kann noch Millionen Manufakturarbeiter beschäftigen, ohne seine Industrie zu hoch zu spannen, denn mit der Vermehrung der Industrie und der Nachfrage nach landwirtschaftlichen Produkten steigt die Konsumation an industriellen Produkten unter den Landwirten“. Die englische Agrikulturbevölkerung konsumiere sicherlich dreimal mehr Industrieprodukte als die deutsche[91]). Wie er die Industriearbeiter durch ländliche Nebensiedelung stützen wollte, so ventilierte er den Gedanken, „einen Teil der armen Agrikulturarbeiter vom Innern Deutschlands nach den Küstenländern zu verpflanzen, indem man ihnen Gelegenheit verschaffte, dort in der Nähe großer Güter einen kleinen Grundbesitz zu erwerben“. Sehen wir von dem Sonderbereich der sog. inneren Kolonisation ab, den Freiherr von Bunsen noch 1846 für List angeregt hatte, wobei List „Posen germanisieren“ wollte[92]), so erhellt, wie untrennbar das Gesetz der Bevölkerungskapazität und die Konzeption vom Vorrang des Binnenmarkts bei List zusammenhängen. Beide basieren auf der Annahme eines tendentiellen Wachstums nicht so sehr der Profitrate[93]) als des technischen Fortschritts und der privat-

[88]) S. „Werke“ Bd. III 1, S. 395.
[89]) S. „Werke“ Bd. III 2, S. 596; vgl. auch Bd. IV, S. 332—354.
[90]) S. „Werke“ Bd. III 2, S. 601; Bd. VI, S. 187—198, 280—309.
[91]) S. „Werke“ Bd. VIII, S. 729—730.
[92]) S. oben 1. Kapitel Anm. 108.
[93]) S. oben zu Anm. 66 und „List und Marx“ l. c., S. 20—21.

kapitalistischen Produktionsweise; hierdurch steigt der „Gewerbsprofit" absolut schneller als die Grundrente und zugleich erhöht sich die Konsumkraft einer wachsenden Bevölkerung. Deutschlands Bevölkerungszunahme bestätigt im großen Lists Voraussicht: von rd. 24 Millionen Menschen zu Beginn des 19. Jahrhunderts auf rd. 60 Millionen um 1900, wobei fast der gesamte Zuwachs in den gewerblich-kommerziellen Sektor strömte — dadurch freilich das ländlich-städtische Idealverhältnis von 1:1 überflutend.

Wie im nationalen, sah List diese immanente Wachstumstendenz der Produktionsverhältnisse auch im internationalen Maßstab; er schätzte die Entwicklungsfähigkeit des Austausches zwischen Kolonialprodukten und europäischen Manufakturwaren praktisch unbegrenzt ein — tatsächlich stieg der Welthandel im 19. Jahrhundert „um das Zehn- und Zwanzigfache"[94]). Als Theoretiker des Hochkapitalismus bewährt List demnach jenes Gefühl für kommende Dinge, das gleichzeitig seinen Gegensatz zur Umwelt seiner Tage begründet; erst mit der Erfüllung seines Weltbilds konnte das Opfer seines Lebens als objektiv sinnvoll sich rechtfertigen.

Um ein letztes zeitgenössisches Urteil anzuführen, können wir Lists Haltung mit den Sätzen umschreiben, die Levin Schücking dem genialen Realisten und kosmopolitischen Staatswirt — im ganzen zutreffend — widmet[95]). Schücking, der ebenfalls zum Kreis der „Allgemeinen Zeitung" zählte, sagt von List: „Der Kern und letzte Gedanke all' seines Mühens und Strebens für das ‚nationale System der Politischen Ökonomie' aber war die Leitung des deutschen Volkes zur Einheit und Freiheit auf einem anderen, praktischeren Wege als die sämtlichen bisher eingeschlagenen. Und dieser Gedanke war ein von Haus aus echt transatlantischer, er hatte ihn von jenseits des Meeres, aus der Verbannung in Amerika mitgebracht, und mit einem englischen Sprüchwort drückte er ihn am liebsten aus." „Das Sprüchwort heißt: An empty bag cannot stand upright. Wir drücken es mit ‚Gut gibt Mut' aus. List exemplifizierte schon an den Bauernkriegen, daß die wachsende Wohlhabenheit der Landbevölkerung im 16. Jahrhundert den Bauer, der so lange das drückende Joch geduldig getragen, zur Erhebung und zum heroischen Kampfe für seine Emancipation gebracht. Er wollte den Nationalwohlstand gehoben, durch eine weise Schutzpolitik vermehrt sehen; mit der deutschen Armut sah er die deutsche Duckmäuserei, das deutsche Angstphilistertum, das deutsche Wolkenkuckucksheim schwinden, und so war seine Parole ‚Durch Wohlstand zur Freiheit', sicher dabei, daß die so errungene Freiheit eine auf sichere feste Basen gegründete sein würde, denn das Kapital läßt nicht mit sich scherzen und ist von zäher Widerstandskraft."

---

[94]) Vgl. unten 3. Kapitel Anm. 8.

[95]) Siehe L. Schücking, „Lebenserinnerungen" 1885, Bd. II, S. 16—21. — Vgl. auch 1. Kapitel dieses Hauptteils, Anm. 38.

Die subjektive Unbefangenheit der Listschen Schau bestätigt uns hier ein Augenzeuge seiner letzten Augsburger Jahre. Als Sozialismus und soziale Frage im Wendejahr 1843, wie wir anderweit ausgeführt haben, die deutsche Theorie des Kommunismus keimen lassen, gibt List sein „Zollvereinsblatt“ heraus. Während er hier den Übergang aus der „Nationalwirtschaft“ zur imperialistischen Schau im Weltmaßstabe findet und bis an die äußersten Grenzen des künftigen Hochkapitalismus (Sombart) vorstößt, vollzieht Marx in Paris die „Selbstverständigung“ über den inneren Widerspruch dieser kapitalistischen Gesellschaft. Die Produktionsverhältnisse im Vormärz erlauben beiden antagonistischen Denkern auf dem Gebiet der Politischen Ökonomie eine literarisch betrachtende, von Tagesinteressen relativ freie Form der Anschauung; beider erzwungene Entferntheit vom Mittelpunkt der herrschenden Mächte drückt diesen Sachverhalt auch objektiv aus. Ihre Differenz tritt freilich in Lists Bemühen, seine Theorie in die unmittelbare deutsche Staatswirklichkeit zu versetzen, gleichzeitig deutlich genug zutage! Im vollen Widerspruch zu Marx wollte List, wie er Ende 1843 es bescheiden ausdrückt, „einiges dazu beitragen, daß die Deutschen zu einer Nation würden[96])“.

Zu solchem Bestreben fand er sich seit der „Vereins“-Zeit von allen Seiten aufgefordert. Seit seinem „Nationalen System“ galt er vollends als „Wortführer“ der Industrie. Die finanzielle Unterstützung, die namentlich der württembergische Fabrikantenverein dem „Zollvereinsblatt“ schenkte, war Ausdruck einer wohlverstandenen Interessengemeinschaft, wobei die Textilgewerbe noch ihren überlieferten Vorrang behaupten[97]). Angesichts der Hemmnisse, die unentwickelte Verkehrsbedingungen der Publizistik boten, hat List — der unbesoldete Privatmann — eine unerhörte Energie in den Dienst seiner Zielformel gestellt. Seine Auslagen übersteigen bei weitem seine literarischen Einnahmen und die gelegentlichen Zuwendungen[98]). Wir ermessen seine Leistung voll, wenn wir bedenken, daß er mit unzureichender und oft unwilliger Beihilfe ein Büro einrichtete, in dem alle materiellen Wünsche der Nation behandelt werden sollten[99]). Der Zustand seines Nachlasses zeigt, wie er mit primitivsten Mitteln die Fülle der Literatur- und Schreibarbeiten selbst erledigen, jede Eingabe dutzendmal abschreiben lassen mußte; von einer Bürotechnik im Sinne moderner Wirtschaftsführung findet sich keinerlei Spur. Oft beginnt er kurz nach Mitternacht seinen Arbeitstag; die Kinder müssen ihm als Kopisten helfen. Falls er sich gesund fühlt, arbeitet er bis zu fünfzehn Stunden täglich. Subjektiv erhebt sich seine Initiative immer aufs neue über die wirtschaftliche Enge seiner

---

[96]) S. „Werke“ Bd. VI, S. 653.

[97]) Vgl. oben und „Werke“ Bd. VII, S. 9—11. — Bd. VIII, S. 602, 666, 692, 710, 801; Bd. IX, S. 104—115. — Über List im Kreise der pennsylvanischen Schutzzöllner s. „Werke“ Bd. II passim; über Fabrikantenvereine Bd. VII, S. 12—13.

[98]) Vgl. „Werke“ Bd. VII, S. 422—426. — „Anhang“ zu diesem Hauptteil Anm. 2.

[99]) Vgl. etwa, aus den letzten Lebensjahren, „Werke“ Bd. VI, S. 655.

Zeit, deren Schranken sein vorausschauender Geist überfliegen möchte. Indem er selber als Unternehmer oder Direktor gewaltiger Verkehrsanlagen sich im Staat anbietet, bestätigt er, wie fließend noch die Grenzen zwischen Wirtschaft, Wissenschaft und Publizistik waren; das Fehlen einer rationell versteiften Arbeitsteilung ist ja den Produktionsverhältnissen jeder kapitalistischen Frühzeit eigen. Von einer ideologischen Verhüllung seiner Ziele durfte er sich um so eher fernhalten. Gerade weil er den politischen Gehalt seiner Industrialisierungs- und Verkehrspläne erkannte, konnte er sie im Namen der Nation aufstellen; indem er sie sogleich mit dem Verlangen nach Flotte, Kolonien, Konsulaten, Rechtseinheit verbindet, wird er schließlich zum anerkannten „Wortführer" aller vorwärtsstrebenden Interessen im vormärzlichen Deutschland[100]). „Die Idee von Independenz und Macht entsteht mit dem Begriff der Nation"; Prosperität, Reichtum und Macht gehören dazu, doch „Macht ist wichtiger als Reichtum[101])".

Eine glücklichere Natur als List, Gustav Mevissen, konnte am Vorabend der Revolution von 1848, im ersten und zweiten Vereinigten Landtag, mit seinen Gesinnungsgenossen aus dem rheinischen Großbürgertum den gleichen Gedanken praktisch verfechten; auch sie gingen davon aus, daß „die nationale Selbständigkeit von nationaler Macht, nationale Macht aber von allseitiger Entfaltung der geistigen und materiellen Kräfte der Nation abhängig sei", daß die letzteren aber nur durch den Schutz des heimischen Gewerbfleißes entwickelt werden könnten[102]). Die bürokratischen Hemmnisse der „Industrial Revolution", vor denen List kurz vorher — im November 1846 — den Ausweg in den Tod gewählt hatte, traten bei jenen Anfängen eines preußischen Parlamentarismus 1847/48 ebenfalls zutage. In der Frage: Freihandel oder Schutzzoll spalteten sich die städtisch-liberalen Interessen, während die ostelbischen Deputierten für ihre landwirtschaftlichen Gebiete Ein- und Ausfuhrfreiheit forderten. Politisch blieb ein Einvernehmen mit dem Träger der Krone unerreichbar, und erst die alsbald von Frankreich übergreifende Revolution von 1848 schien einen Bund der widerstreitenden Gewalten — der Krone mit dem Bürgertum — zu erzwingen. Den Rückstand aber, der Preußen-Deutschland von seinen westlichen Nachbarn trennte, vermochte sie nicht aufzuheben; weder die nationale Einheit noch auch ein „Schutz der nationalen Arbeit" wurden erreicht. So blieb die Problematik, an der List gescheitert war, bestehen. Erst eine spätere Zeit konnte, nachdem sie von 1860 bis 1875 durch den vollen Freihandel hindurchgegangen war, den Gedanken eines List oder Mevissen gerecht werden.

---

[100]) Vgl. „List und Marx" l. c., S. 64—65. — „Werke" Bd. VIII, S. 768—771.

[101]) S. „Werke" Bd. VI, S. 99—100, 329—336. — Hauptteil C, 4. Kap., Anm. 90.

[102]) Siehe Joseph Hansen, „Gustav von Mevissen" l. c. Erster Bd., S. 439—486.

Als Begründer einer Theorie der „Nationalwirtschaft" behauptet List zugleich einen Platz in der Entfaltung historischen Denkens — wo immer das gemeinsame Grunderlebnis in Geschichte, Sprache, Recht und Wirtschaft systematisch-kritisch ausgewertet wurde. Lists Sprache variiert den Nationalbegriff in allen denkbaren Verbindungen: „National"-Geist, -Körper, -Kraft, -Willen, -Kleinigkeitsgeist, -Zwecke, -Angelegenheit, -Fortschritt, -Existenz, -Integrität, -Eifersucht, -Macht, -Territorium, -Krieg, -Verteidigung, -Sicherheit, -Wohlstand, -Gewinste, -Bereicherung, -Verkehr, -Kapital, -Selbständigkeit, -Erniedrigung, -Unternehmung, -Manufaktur, -Industrie. Aufgabe jeder „Politik der Zukunft" ist ihm: „— Vermittelst der Nationalproduktivkräfte . . . . . . Nationalexistenz, Nationalunabhängigkeit, Nationalprosperität, Nationalstärke, Nationalkultur und Nationalzukunft zu produzieren." Im Jahr 1823 spricht er sogar vom „Gebrauch des gesamten Nationalverstandes"[103]). Im Jahr 1841 setzt er etwa Hollands Mangel an „Nationalköpfen" gleich dem Einfluß von „Provinzial- und Kontorköpfen" mit ihrem „Pfefferkrämergeist". Gewiß gehört er unter die großen Darsteller des Nationalbewußtseins: Zur Genesis wie zur Analyse hat er unermüdet beigetragen, Geschichte wie Statistik zu Rate gezogen. Den systematischen Gehalt des Nationalbegriffes hat er — auf der ökonomischen Ebene — als erster ausgeschöpft und damit für die Theorie überkompensiert, was ihm an Quellenforschung etwa abgeht. Indem er die „Geschichte" der „Philosophie" verband, fand er in den gesellschaftlichen Vernunftlehren des 18. Jahrhunderts einen konstruktiven Halt für das Nationalerlebnis seiner eigenen Jugend. Er blieb der Ansicht: „Ein tüchtiges System müsse durchaus eine tüchtige historische Grundlage haben!" Damit stellt er sein Werk neben die analogen Leistungen unserer geschichtlichen Rechtsschule, neben die „ältere" historische Schule der Nationalökonomie eines Roscher, neben verwandte Leistungen der Sprachwissenschaft oder der historischen Geographie. Unbefangen verbindet List endlich „Philosophie" und „Geschichte" der „Politik", die Theorie der Praxis; das Handeln erwächst ihm aus dem Erkennen, und sein Erkennen tendiert stets unmittelbar zum Handeln[104]). Dadurch unterscheidet er sich — nicht zum Vorteil seiner systematischen Leistung — von einem Hegel oder einem Ranke,

[103]) Vgl. „Werke" Bd. I 2, S. 777, und namentlich das „Nationale System"; „Werke" Bd. VI, S. 362. In Bd. V finden sich allein 66 Wortverbindungen mit „National"!

[104]) S. „Werke" Bd. VI, S. 40—41. — Unten 3. Kapitel zu Anm. 21 bis 22.

dessen Grundanschauung der „Großen Mächte“ auf dem Anerkenntnis der 1815 gestalteten Konstellation beruhte, und der sich mithin bescheiden durfte, zu sagen, wie es eigentlich gewesen[105]).

Wir haben Rankes Differenz zu List schon anläßlich des preußischen Zollvereins behandelt[106]). Rankes Aufsatz „Über die Trennung und die Einheit von Deutschland“ (1832) stellt diese Differenz für „die allgemeinen Theorien und die ihnen entsprechenden Bewegungen des Jahrhunderts“ sehr deutlich heraus; alle „schwärmerischen Erwartungen“ weist er ab. — Am Schluß deutet Ranke auf den werdenden deutschen Zollverein hin, der eine „freie Bewegung der materiellen Kräfte“ und eine für die „Nationalexistenz“ erwünschte „natürliche Gesamtopposition gegen das Ausland“ bilden möge. Indem er jeden volkstümlichen Versuch, der „von unten her die Welt einrichten und reformieren möchte“, verwirft, warnt er noch einmal vor einem gefühlsmäßig-schwärmerischen Nationalbewußtsein: „Auch könnte es nichts nützen, die Fahne einer eingebildeten Deutschheit aufzustecken. Wer will jemals in den Begriff oder in Worte fassen was deutsch sei? Wer will ihn beim Namen nennen, den Genius unserer Jahrhunderte, der vergangenen und der künftigen? Es würde nur ein anderes Phantom werden, das uns nach andern falschen Wegen verführte.“

Wesentlich für Rankes Stellung zu den „mittleren Ständen“ ist auch, was er in seinem gleichzeitigen Fragment „Die Theorie und die öffentliche Meinung in der Politik“ ausführt. Er trifft sich hier mit Metternichs Ansicht von der „Mittelklasse“, während Lists mehrfach gekennzeichnete Haltung in und nach der Julirevolution einen grundsätzlichen Unterschied enthüllt, der in seiner soziologisch-naturrechtlichen auf unmittelbare Wirksamkeit zielenden Denkweise liegt. Moeller van den Bruck[107]) kennzeichnet (1918) Lists dynamisches Wesen in dem Stilvergleich: „List dachte futuristisch, während Bismarck historisch dachte. List war selber der erste Futurist.“ List war „eine Vorwegnahme der Zukunft“.

Lists Tendenz war, so sahen wir, von „aufgeklärten“ Vorstellungen genährt und insofern der rein betrachtenden Anschauung Rankes fern, gleichwie seine „nationalwirtschaftliche“ Zielformel von Strukturmomenten ausging, die einer Betrachtung der „Großen Mächte“ nicht eigentümlich waren. Wie er denn (1842) „alles Kriegs- und Schlachtgetümmel, alle Hof- und Staatsintrigen über Bord werfen“ und mehr kulturgeschichtlich „die Entwicklung der materiellen Kräfte und der politischen Institutionen zur Richtschnur nehmen“ wollte[108]). Seine Einschätzung des Krieges war noch zur Eisenbahnzeit vulgär-liberal,

[105]) Vgl. etwa Lists deutsch-englischen Allianzplan, in „Werke“ Bd. VII, S. 267 bis 296, mit Rankes „Großen Mächten“.

[106]) S. Hauptteil C, 2. Kapitel Anm. 29. — „Werke“ Bd. VI, S. 339.

[107]) S. „Der politische Mensch“, ed. Hans Schwarz 1933, „Drittes Kapitel. Vorbereiter der Zukunft“, S. 89—97.

[108]) S. „Werke“ Bd. VIII, S. 631.

und das Verhältnis des Staates zur „Nation“ konnte er nicht voll erfassen; wenn er „der ins Ökonomische übersetzte Ranke“ genannt worden, so deutet dies auf Leistungen und Ansprüche im Listschen Blickfeld, die außerhalb des Rankeschen Kreises liegen[109]).

Viel eher berührt sich List mit den politischen Professoren und Historikern des werdenden Deutschland: etwa mit Heinrich Luden oder mit seinem Heidelberger Biographen Ludwig Häusser. Die Berührung erfolgt hier freilich in den national-liberalen, nicht in den kleindeutschen Zielen. Häusser war seit 1841 Mitarbeiter der „Allgemeinen Zeitung“ und von tieferen Einsichten als sein Freiburger Kollege Rotteck. Nach der Julirevolution, sahen wir, trug List sich selbst mit didaktisch-historischen Plänen im Stile Rottecks[110]).

Lists tragende Systemgedanken treten erst zutage, wenn wir sie aus ihrer unmittelbaren Zeitbezogenheit herauslösen und auf die Konstellation ihrer Erfüllung ausrichten; dann erst zeigen sie sich nach ihrem theoretischen Gehalt[111]). Im Grunderlebnis der Nation richtet List, so sahen wir, die bürgerliche Gesellschaft auf den Staat aus: der Staat ist ihm nicht nur das denknotwendige Gefäß jeder Politischen Ökonomie, sondern auch der geschichtliche Träger jedes nationalen Daseins. Damit sprengt List den Rahmen der überlieferten Territorialstaatlichkeit und verknüpft „Staat“ mit „Nation“ zum Idealtypus des allseitig entfalteten „Nationalstaats“, als des Trägers einer normaltypischen „Nationalwirtschaft“. In dieser Leistung nimmt er einen Hauptteil unseres 19. Jahrhunderts voraus, verbindet er seine Prophetie dem Werden jener großen Reiche (Deutschland, Italien, Japan, Vereinigte Staaten), das dem ausgehenden 19. Jahrhundert sein weltpolitisches und weltwirtschaftliches Gesicht gegeben hat. Die „völlige Nullifizierung der Nationalität und der Staatsgewalt“ — worauf die Vulgärökonomie der „Schule“ den „Individualismus und Materialismus“ ihrer erwerbsbürgerlichen Freiheitsrechte gründete — ist durch List endgültig beseitigt worden. Erst der Abschluß dieser Epoche nationaler Geistes- und Staatenbildung erlaubt uns, die Grenzen des Listschen Werks auch in seinem systematischen Kernstück wahrzunehmen: Die Verschmelzung von „Staat“ und „Nation“ als revolutionäre Tat im Sinne seines Jahrhunderts zu würdigen und die Möglichkeit einer abermaligen Neubestimmung beider zu erwägen. Das Volkstum, wie wir mit Herder und

---

109) Vgl. „Hessische Beiträge“ l. c. Bd. 12, S. 9, 63—66.

110) Vgl. G. von Below, „Die deutsche Geschichtschreibung“ l. c., S. 38—63. — Erich Marcks, „Ludwig Häusser und die politische Geschichtschreibung in Heidelberg“, 1903. — Max Lenz, „Die Bedeutung der deutschen Geschichtschreibung seit den Befreiungskriegen für die nationale Erziehung“ in „Kleine Historische Schriften“ II. Bd., 1920, S. 275—295. — Oben 1. Kapitel Anm. 70.

111) Vgl. auch Hermann Christern in „Deutsche Literaturzeitung“ 1928, S. 1921: „— List vermochte aus dieser geschichtlichen Konstellation (seiner Umwelt) ein allgemeines Gesetz abzulesen: ohne blasse Abstraktionen, vielmehr gefüllt mit dem Blute der Zeit hob List die Kämpfe um die wirtschaftliche Befreiung Deutschlands auf eine begriffliche Ebene.“ — Derselbe ebda. 1928, S. 1571—1573.

mit den Zeitgenossen der Romantik sagen, deckt sich als sprachliche Einheit ihm keineswegs mit dem Staat, „Volksgeist" nicht mit dem Staatsbewußtsein, die Rasse nicht mit dem Geschichtsvolk. Auch was List „Nationalität" nennt und fast unterschiedlos mit „Nation" gleichsetzt, war ohne völkischen Inhalt gedacht. Wir müssen daher Lists Entferntheit von allen späteren, eigentlich völkischen Anschauungen feststellen.

Nirgends, so bemerkten wir schon im Hauptteil A, kennt er den Begriff der Rasse; er hält wenig von bloßen „Rassenvettern". Wollte er doch die Deutsch-Ungarn magyarisieren lassen. Er ironisierte jene deutschen „Gemütsmenschen", die für die Engländer als „gute liebe Stammesvettern" schwärmen: „Unsere Brust hebt sich bei dem Gedanken, daß ihre Voreltern mit den unsrigen vom Kaukasus gekommen sind und mit ihnen zusammen deutsche Eicheln gespeist und deutsche Bären gejagt haben[112])." So sagt er beispielsweise einmal: „Es sind blanke Illusionen, wenn man bei den innerhalb der Unionsstaaten wohnenden Deutschen die deutsche Sprache glaubt erhalten oder doch mit der Zeit ganz deutsche Staaten bilden zu können—. Es liegt in dem Geist jeder Nationalität, am meisten aber in der von Nordamerika, sich in Sprache, Literatur, Administration und Gesetzgebung zu assimilieren, und es ist gut, daß es so ist. Wie viele Deutsche gegenwärtig in Nordamerika leben, doch lebt sicherlich kein einziger dort, dessen Urenkel nicht die englische Sprache der deutschen weit vorzöge." Auch „jene Heftigkeit, mit welcher Ungarn nach dem Gebrauch der Nationalsprache strebte", hat seinen Beifall nicht[113]). Von Rasse spricht er mehr im Sinne von „human race" oder „the whole human family", im Gegensatz zu „nations"[114]); auch hofft er etwa, der ungarische Landtag möge „ja nicht, aus übertriebener Liebe zur Nationalitätsabsonderung ... die Hauptzwecke, Zivilisation und Bereicherung, materiellen und geistigen Fortschritt", aus dem Auge verlieren[115]). Nur „oberflächliche Köpfe" schöben die ungarischen Mißstände auf den „asiatischen Charakter der regierenden Magyaren". — „Der asiatische Geist des regierenden Volkes" enthalte zwar manche goldenen Eigenschaften, wie auch „die ihnen beigemischte Legierung minder edler Metalle". Bei fehlerhaften Institutionen eines Landes aber wirken „Nationaltugenden" und „Nationaluntugenden" kaum unterscheidbar aufeinander.

Wollten wir den Verfasser des „Nationalen Systems" einen Nationalisten im modernen Sinne nennen, so dürften wir jenes humane weltbürgerliche Element seines Wesens doch keinesfalls übersehen! „Et la patrie et l'humanité" war ja Lists Wahlspruch — „die den Charakter meines Systems bezeichnende Devise".[116]) Als „Weltbürger" freut er

112) S. „Werke" Bd. V, S. 225; vgl. Bd. VII, S. 260—262.

113) S. „Werke" Bd. II, S. 47; Bd. III 2, S. 490; Bd. VI, S. 423.

114) S. „Werke" Bd. II, S. 56, 104, 131.

115) S. „Werke" Bd. III 1, S. 400, 487—488; Bd. V, S. 505—507. Bedenken betr. „eine reine und unvermischte germanische Eisenbahn" s. Bd. III 1, S. 420.

116) „Werke" Bd. VI, S. 19. Vgl. oben zu Anm. 79.

sich, wenn etwa Mehmed Ali europäische Zivilisation um 1837 in Ägypten einführt, und es scheint ihm sogar, „als gelte dem menschlichen Geschlechte dasselbe Naturgesetz, nach welchem die Pflanzen durch Versetzung in einen anderen Boden und die Früchte durch Impfung sich veredeln. Für diese Wirkung der Rassenkreuzung können drei große Völker als Beispiele angeführt werden: aus der älteren Geschichte die Griechen, aus der mittleren die Engländer, aus der neueren die Nordamerikaner". Manche wilden und barbarischen Völker folgten diesem Gesetz in ihrer Vermischung mit fremden Völkerstämmen, während geschlossene Oligarchien leicht entarteten. Europäische Kolonisation werde dereinst „die Rassenkreuzung und damit eine Wiedergeburt der asiatischen Nationen" bewirken, und sogar Großbritannien könne, durch eine anglo-indische Mischklasse gebildeter Eingeborenen, im Laufe der Zeit seiner ostindischen Regierungssorgen überhoben werden[117])! Im „Nationalen System" führt List die Parallele mit den „Urpflanzen" und „verkümmerten Urrassen" so weit, daß er dies angebliche „Naturgesetz" der Rassenkreuzung sogar „bis auf die Vermischung der Weißen mit den Schwarzen" erstreckt! Unleugbar habe „die Vermischung zweier ganz verschiedener Rassen fast ohne Ausnahme eine kräftige und schöne Nachkommenschaft" in den späteren Generationen zur Folge — wofür er noch die schottischen Lowlander, die Russo-Tataren, den persisch-kaukasischen Adel, die Paraguayaner und die Kreolneger als geschichtliche Beispiele zitiert. Wenn er die dörfliche Inzucht in der „verkrüppelten Landwirtschaft" von europäischen Zwergbauern gegen „die Energie und Wohlgestalt des amerikanischen Volkes" in den Vereinigten Staaten absetzt, so seien hierfür der Verkehr und Handel im Manufakturstaat ausschlaggebend; wenn er auch auf die mittelalterlichen Stadtbevölkerungen hinweist, so erkennen wir commercium und connubium im römischen Sinne als sein Vorbild, in dem „Rasseveredelung einer ganzen Nation" durch „Pflanzung einer Manufakturkraft" ausgelöst wird[118]).

Mit dieser Anwendung seines Leitgedankens bleibt er durchaus im Rahmen seines Jahrhunderts, dessen Kennzeichen ein unerhörter Siegeszug der europäischen Kolonisatoren und das Einpflanzen ihrer „Zivilisation" in fremdes Volkstum werden sollte. Jedoch hat List im letzten Lebensjahr, anläßlich seines deutsch-englischen Allianzplans, seine Ansichten gewandelt. Jetzt wirft er den südamerikanischen Staaten ihre „eigentümliche Schwäche der Vermischung mit niedrigern und barbarischen Rassen" vor und sagt: „Es ist noch nicht lange her, daß man in politischer Beziehung von einer deutschen, von einer romanischen

[117]) S. „Werke" Bd. V, S. 35, 55—56. — Vgl. aber Hauptteil D, 2. Kapitel zu Anm. 71, 72, 91, 92.

[118]) S. „Werke" Bd. VI, S. 247—248. — Abweichend urteilt List über die südamerikanischen Mischrassen im „Zollvereinsblatt" 1846, S. 437. — Gegen „Rassenkreuzung" wandte sich gelegentlich ein vormärzlicher Außenseiter K. F. Vollgraff; s. Adolf Günther in „Schmollers Jahrbuch" 1935, 1. Heft, S. 59—82. Lists Stellung zum Judentum s. oben Hauptteil A, 2. Kapitel Anm. 28. Weiteres bleibe der Geschichte der Anthropologie und Rassenfrage im deutschen Vormärz vorbehalten.

und von einer slawischen Rasse spricht; allein diese Unterscheidung scheint großen Einfluß auf die praktische Politik der Zukunft üben zu sollen. An der Spitze der drei Rassen stehen England, Frankreich und Rußland." Es sei kaum einem Zweifel unterworfen, „daß die germanische Rasse durch ihre Natur und ihren Charakter von der Vorsehung vorzugsweise zur Lösung der großen Aufgabe bestimmt ist, die Weltangelegenheiten zu leiten, wilde und barbarische Länder zu zivilisieren und die noch unbewohnten zu bevölkern —[119])." Wir gehen wohl nicht fehl, wenn wir diese Abwandlung vom dogmatisch-humanitären Standpunkt zu einer politisch bestimmten Ansicht der Rassenfrage mit dem Reifen der imperialen Weltanschauung seit 1843 bei List zusammenhalten. Auch mit dieser Wendung bleibt er auf der Höhe seiner Aufgabe. Erst aus der kontinentalen Revolution von 1848 erhob sich ein ausschließlicher Kult der jungen Volkstümer (Prager Slawenkongreß usw.), der das geschichtlich Gewordene — den Kaiserstaat Österreich-Ungarn wie das Zarenreich — schließlich zersprengen sollte und dem großdeutschen Gedanken neuen Auftrieb gab.

Wir bemerken ferner Lists Abstand von allen rein-historischen, unsystematischen Arbeiten im Bereich der Politischen Ökonomie, wie sie späterhin sein schwäbischer Landsmann Gustav Schmoller für die sog. jüngere historische Schule verdienstvoll leitete[120]). Schärfer tritt Lists Gegnerschaft zu allen rein-kapitalistischen „vulgär-ökonomischen" Abarten der liberal-gesellschaftlichen Lehre vom sog. homo oeconomicus zutage: Mit den bloßen „Maschinen-Philosophen" der britischen „Bourgeoisie", im Gefolge von „Kosmopoliten" wie Bentham, hat er so wenig gemein wie mit den verfeinerten, psychologischen oder mathematischen Rechtfertigungslehren des Kapitalprofits und Unternehmergewinns unter den fortgeschrittenen internationalen Produktionsverhältnissen des Hochkapitalismus. Er vertritt das — wie er einmal 1843 schreibt — „organisch-nationale System der Politischen Ökonomie", das sich sowohl vom Merkantilismus wie von Adam Smith unterscheide; es nehme die Nation in ihrer Totalität zum Vorwurf[121]).

Einer relativen Vereinsamung, der Einmaligkeit seines Standorts entsprechend, ist List darum trotz aller späteren Popularität niemals

[119]) S. „Werke" Bd. VII, S. 270, 275. — Wegen der Welthegemonie der drei germanischen Großmächte vor 1914 vgl. die Darlegungen bei Lenz, „Macht und Wirtschaft" l. c. — Die Zahl der „Weißen" außerhalb Europas wuchs von rd. 5 Millionen 1785 auf rd. 130 Millionen um 1900.

[120]) Vgl. Gustav Schmoller, „Was ist uns Friedrich List?", 1889; derselbe, „Friedrich List als praktischer Volkswirt", 1909. — Schmoller hat bei dem obengenannten Professor Schüz in Tübingen Kolleg gehört. — Zur Kritik der jüngeren historischen Schule vgl. auch Justus Remer, „Die geistigen Grundlagen der historischen Schule der Volkswirtschaftslehre", 1935.

[121]) S. „Werke" Bd. VI, S. 514—515 und List-Archiv F. XXVI, Nr. 16. — Vgl. oben Hauptteil C, 1. Kapitel, zu Adam Müller und schon Hauptteil A, 1. Kapitel Anm. 28.

entgangen. War es doch symptomatisch, daß ein wissenschaftlicher Außenseiter — Eugen Dühring — im Moment der nationalpolitischen Einigung Deutschlands eine erste systematische Würdigung des „Nationalen Systems" vollbrachte[122]). Indem Dühring selber das „Nationalitätsprinzip" in den Mittelpunkt einer rechtlich-gesellschaftlichen Ordnung rückt, knüpft er an List an, ohne doch dessen Systematik der „bürgerlichen Gesellschaft" mitzuübernehmen. Im übrigen ist hier ein weiteres Moment gegeben, das zur Unterscheidung des Listschen Werkes dient: Alle nach der Juli-Revolution konzipierten Lehrgebäude sind sich ihres Widerspruchs zur sozialistischen (kommunistischen) Kritik der „bürgerlichen" Wirtschaftsgesellschaft bereits mehr oder minder bewußt, sind aus dieser ihrer Abwehrstellung mit zu begreifen. Dies gilt für die „historische Schule" und für die übrigen „Sozialpolitiker" wie für den nationalen Sozialisten Eugen Dühring, und — angesichts der früheren „kapitalistischen" Entfaltung jener Länder — für die „Maschinen-Philosophen", bei John Stuart Mill ebenso wie im Umkreis eines Bastiat. Friedrich List unterscheidet sich hierin durch seine primär unbefangene, noch vorkritische Haltung gegenüber der politisch-internationalen Lehre des Sozialismus. Jene stehen — gleichwie Rodbertus oder Julius Fröbel — dem Sozialismus in bewußter Abwehr gegenüber und schöpfen hieraus ihre „staatssozialistischen" oder „sozialpolitischen" Postulate. Lists Haltung ist — verstärkt durch seine amerikanische Erfahrung — demgegenüber noch ungebrochen; die Antithese des „Klassenbewußtseins" zum „Nationalbewußtsein" ist ihm noch nicht geläufig: wer für die Industrie spricht, spricht auch für die Nation! Er sieht alle Verteilungsprobleme noch als Funktionen eines in sich harmonisierbaren Produktionsprozesses; so kann er jegliche Ausbeutung mit starken Worten ablehnen, ohne sich durch das Schuldbewußtsein der von Gutzkow so genannten „sozialen Frage" zu belasten. Er hat weder einen Streik noch eine sonstige Eigenbewegung der „arbeitenden Klassen" erlebt, deren abgesondertes Dasein im Industriestaat er nicht leugnet. So bleibt er der manchesterlichen Heuchelei enthoben, von einer „sogenannten sozialen Frage" zu sprechen oder seine „Nationalwirtschaft" auf eine bewußte Leugnung beobachteter Klassengegensätze zu gründen. Die französischen und englischen Arbeiterunruhen seit 1839 wie den Aufstand der schlesischen Handweber 1844 hat er doch wesentlich unter dem Gesetz der industriellen Bevölkerungskapazität und der Erziehungszölle beurteilt. Sehr viel problematischer sehen z. B. Friedrich Harkort 1843/44 sowie Mevissen seit 1841 die Arbeiterfrage und den Kommunismus. Ein Vergleich zwischen List und dem Hegelianer Lassalle würde das Gesagte erhellen[123]). Heinrich von Thünen hat

[122]) Siehe Dühring, „Die wissenschaftliche Bedeutung Friedrich Lists", 1867. — Gerhard Albrecht, „Eugen Dühring", 1927, S. 80—96. — Lenz, „List und Marx" l. c., S. 3—9. Vgl. dagegen Lists Ablehnung durch das „Manchestertum" und die „Grenznutzenschule".

[123]) Vgl. hiezu „List und Marx" l. c., S. 45—89; H. E. Jansen l. c., S. 73—84 wegen F. Harkort und oben Hauptteil C, 2. Kapitel Anm. 77.

das Problem schon 1826 — vor Marx! — in der „Trennung des Arbeiters von seinem Erzeugnis" gesehen; Rodbertus hat 1837 „die Forderungen der arbeitenden Klasse" formuliert. In ihrer Schätzung des technischen Fortschritts treffen beide sich für den „rationellen Landbau" im Sinne Thaers mit List und Marx. Vom „System der Staatsleitung" bei Rodbertus aber führt der Weg nicht hierher, sondern zum nationalen Staatssozialismus eines Lassalle und eines Adolph Wagner. Man denke auch an Bismarcks unerfüllten Satz: Der Staatssozialismus werde „sich durchpauken".

Die Abwandlung des gesellschaftlichen Bewußtseins im Fortgang des staatlich-wirtschaftlichen Seins läßt sich an Eugen Dühring, dem antisemitisch-sozialistischen Gegner des Marxismus, ebenso erweisen wie an einem anderen Außenseiter des kaiserlichen Reichs: Constantin Frantz (1817—1891).

Frantz fordert, ähnlich List, eine „Metapolitik" als deutsche „Politik der Zukunft"; er betont 1870 die Rolle der Macht in der Geschichte und setzt die Produktivkräfte vor die „Tauschwerttheorie". In Rußland und den Vereinigten Staaten findet er die „Riesenmächte" der kommenden Zeit; zwischen ihnen möge Deutschland einen handelspolitischen „mitteleuropäischen Bund" schaffen, der von der Düna und dem Schwarzen Meer bis Triest, Antwerpen und Kopenhagen reichen soll. So lobt er schon 1850 List, der „inmitten eines wüsten ökonomischen Kosmopolitismus zuerst nachdrücklich die Forderung der Nationalität erhoben und ... neben vielem Falschen und Flachen doch auch originelle Gedanken entwickelt" habe. List sei einer der wenigen deutschen Volkswirtschaftler, die originelle Ideen entwickelt haben, heißt es im handelspolitischen Wendejahr 1878; gleich Dühring betont auch Frantz Lists Verwandtschaft mit dem amerikanischen Schutzzöllner Carey, dem „nordamerikanischen List". Auch wünscht er 1858 ein deutsch-britisches Bündnis, ähnlich List 1846[124]).

Jedoch geht Frantz in seinen Reaktionen wesentlich weiter. Wenn er feststellt, daß die Gesetze durch die Besitzenden gemacht würden und vom Arbeitsmarkt als „Sklavenmarkt" spricht, so führt ihn dies zu einem kleinbürgerlichen Sozialismus; Lists „Kaufmannstheorie" wird ihm zur „Judentheorie", der Menschheitsgedanke zur Herrschaft anonymer Gewalten: Judentum, katholische Kirche, Militarismus, Imperialismus. Seine Rußlandfeindschaft, als Komplement imperialdeutscher Mitteleuropapläne, bedingt Freundschaft für die Polen; Preußen solle ihnen Posen überlassen und dafür, als Vorkämpfer einer „abendländischen" Christengemeinschaft, gemeinsam mit Österreich-Ungarn seinem Drang nach Osten folgen. Pläne, die Frantz im bewußten Widerspruch

124) Vgl. Constantin Frantz, „Das Größere Deutschland", 1935, und mündliche Mitteilungen des Herausgebers Professor Eugen Stamm. — E. Stamm, „Constantin Frantz 1857—1866. Ein Wort zur deutschen Frage", 1930, S. 10, 47—51, 66.

zu Bismarck konzipiert und die — falls wir sie an der Wirklichkeit prüfen wollten — ihren historischen Niederschlag erst im Weltkrieg 1914/18 gefunden haben.

Wir wissen, wie ferne List allen irrationalen Tendenzen ist, deren Vorläufer in diesem Falle Schellings „Philosophie der Offenbarung" war. Träger aller Wachstumskräfte ist ihm der Nationalstaat nebst seiner Nationalwirtschaft. Anderseits bleibt zu sagen: Als Künder des jungen deutschen „Nationalbewußtsein"[125]) bleibt Friedrich List allen Richtungen und Schulen des deutschen Denkens innerlich verbunden, welche von der gleichen Annahme ausgehen; stärker noch jenen, die im Unterschied zur „Schule" nicht den Markt, sondern den nationalen Produktionsprozeß zum Ansatz wählen. Wenn wir Lists Persönlichkeit und Werk von seiner Umwelt mit kritischer Besonnenheit absetzen mußten, so übersehen wir also nicht, daß alle historischen, neu-romantischen wie auch alle Spielarten eines nationalen Sozialismus sich, mit verschiedener Stärke, auf ihn beziehen dürfen — von Eugen Dühring bis auf Othmar Spann, von Roscher und Knies bis zu den Theoretikern der nationalen „Produktivkraft" daheim wie bei allen „nachstrebenden" Völkern, die sich eine eigene „Manufakturkraft" schaffen[126]).

Die gesellschaftlichen Bedürfnisse, deren Anwalt er ward, waren im Deutschland des Vormärz noch neuartig, ungesichert und lokal gebunden; sie betrafen notwendig eine Fülle von Streitfragen zwischen der Gesellschaft und dem öffentlichen Wesen: den Maut- und Steuerdruck, die kostspielige Verwaltung oder ähnliche Beschwerden[127]). Um solcher Beschwerden willen hatte List seinen verhängnisvollen Petitionsentwurf in den Weihnachtstagen 1820 geformt. Wir brauchen uns nur ähnliche Gedankengänge spätkapitalistischer „Spitzenverbände" oder Parteien vor Augen zu halten, um den Abstand dieser hochkapitalistischen Staats- und Wirtschaftsformen von der Zeit vor hundert Jahren zu vergegenwärtigen. Wie anders wurden solche Anträge zur Reichsreform und „Rationalisierung" der Verwaltung nunmehr aufgenommen. Von einer Nebenregierung des mobilen Kapitals war jene Zeit noch weit entfernt! Die Verfolgungen, die List als Syndikus und Abgeordneter erlitt, drücken zugleich die relative politische Schwäche seiner Klassenlage aus. Noch galt die alte Wahrheit, wie Treitschke sie nennt, „daß der Interessent niemals sachverständig ist". Eine amtliche Zuziehung von privaten Interessenten als „Sachverständigen" wurde ja auf der Wiener Konferenz 1820 a limine abgelehnt[128]). Erst drei Jahrzehnte nach Lists Tode

[125]) S. „Werke" Bd. VII, S. 322.

[126]) Vgl. hier von Gottl-Ottlilienfelds Definition der „Gestaltung menschlichen Zusammenlebens im Geiste dauernden Einklangs von Bedarf und Deckung" mit Lists Prinzip „harmonischer" Entwicklung der produktiven Kräfte.

[127]) S. Hauptteil A, 3. Kapitel, und Hauptteil D, 1. Kapitel Anm. 11.

[128]) Siehe Aegidi, „Aus der Vorzeit" l. c., S. 39 und 45; oben Hauptteil B, 2. Kapitel Anm. 59, 63, 65.

ward sein „nationaldeutsches Handelssystem" geschaffen, und erst im Jahre 1880 verwirklichte Bismarck „die Gemeinschaft des deutschen Wirtschaftsgebietes und der deutschen Wirtschaftsinteressen" in einem (preußischen) Volkswirtschaftsrat. Institutionen wie diplomatische Methoden haben sich dem wirtschaftlichen Strukturwandel im Kaiserreich noch ganz anders angepaßt: Aus den „Leuten" oder „Individuen", die man 1820 als „schreiende" und wehklagende Fabrikanten abtat, wurden die „Prominenten" der Wirtschaft. Freilich hatte sich damit auch Lists Schau der „Politischen Ökonomie" verloren: neben einer reinen „Wirtschaftsvernunft", die mit der „Privatökonomie" kurzerhand gleichgesetzt wurde, stand wieder unverbunden eine positive, namentlich handels- und sozialpolitische Staatspraxis. Die behauptete Abhängigkeit jeder vernünftigen Staatsführung von den „Naturgesetzen" privater Wirtschaftsführung ließ keinen Raum mehr für Lists „Politische Ökonomie". Was blieb, war ein ideologisches Spiegelbild spätkapitalistischer Tendenzen[129]). Darüber verflogen auch die Wunschbilder eines erneuerten „Römischen Reichs" und „korporativer" Ordnungen, wie der reichsstädtische Handwerkersohn sie einst gehegt hatte.

Die materiellen Einheitswünsche wurden wegen des Wechsel- und Handelsrechtes schon im Deutschen Bund nach 1848, zum entscheidenden Teil vom Norddeutschen Bund und im neuen Reich befriedigt, ohne daß Fürsten, Adel, Bürokraten darum ihren Machtanteil und ihren Einfluß eingebüßt hätten. Lists stets erneutes Mühen, den herrschenden Schichten sich einzugliedern und innerhalb des Zollvereins, der Staatsbahnen oder sonst amtlich anerkannte Wirksamkeit zu finden, hatten jene Schichten an ihrem Teil vereiteln helfen. Friedrich Wilhelms IV. Monarchie hatte sich ihm 1846 noch versagt, kein deutscher Staat sich dem „Ruf der vaterländischen Industrie" eröffnet. Nun erst — dreißig Jahre nach seinem Tode — wurde List zum literarischen Kronzeugen einer politisch-wirtschaftlichen Neugestaltung, die mit der vollen Zolleinheit und dem Kolonialerwerb bis 1890, mit der Marine und der vollen Rechtseinheit um die Jahrhundertwende ihren Abschluß fand.

Die imperialwirtschaftlichen Umrisse dieser kapitalistischen Spätzeit hatte List wohl als erster in Deutschland überhaupt gesehen. Die klassisch-kosmopolitischen Vorstellungen des „Weltstaats", des „ewigen Friedens" — die seither zur ideologischen Rechtfertigung der markterobernden Gewalten dienen müssen — werden von List anfänglich noch als überlieferte Wunschbilder objektiv gewertet und subjektiv geglaubt. Um so interessanter, daß List in seiner Spätzeit (1842 bis 1846) diese „kosmopolitische" Hülle völlig abstreift zugunsten einer realistischen Bejahung der imperialwirtschaftlichen Weltstruktur im Hochkapitalismus, wie sie ihm namentlich an den Vereinigten Staaten deutlich wurde. Welteinheit und offene Tür heißen ihm jetzt „ein der Natur der Dinge

---

[129]) Zur Kritik vgl. „Aufriß" l. c. und auch Reinhard Höhn, „Der bürgerliche Rechtsstaat und die neue Front", 1929. — Ernst Jünger, „Der Arbeiter. Herrschaft und Gestalt", 1932.

widersprechendes Ziel". Das „wahre handgreifliche Weltbürgertum" fordere „Geltung zur See"[130]). An die Stelle des alten Endziels treten große „Nationaleinheiten" und das „Differentialzollsystem". Differentialzölle und „bedingte Meistbegünstigung" seien „Grundbedingung der Herstellung des direkten Handels".

List zeichnet diese neue Verbindung zwischen Imperialismus und Markteroberung aus dem allgemeinen wie aus dem deutschen Gesichtspunkt, ohne freilich auf den inneren Ablauf dieses erweiterten Akkumulationsprozesses einzugehen. Er kennt bereits, sahen wir, die „Riesenfabrikproduktion" als eine Folge der „Dampf- und Maschinenkraft", ebenso die Kapitalausfuhr, bleibt aber bei einem Tausch von Industrieprodukten gegen überseeische Rohstoffe und Nahrungsmittel als dem Normalfall stehen. Er nannte (1846) seine neue Schau des modernen Imperialismus „die Wissenschaft der Zukunft"[131]).

Auch hier ergeben sich interessante Berührungen mit der sozialistischen Kritik der „bürgerlichen Gesellschaft" und ihrer imperialistischen Eroberungstendenzen. Jene spätere Kritik ist ebenso realistisch wie Lists positive Theorie des von ihm so genannten Metropol-Kolonial-Schutzsystems. Aber jene ist wieder aus dem inneren Prozeß der Kapitalakkumulation heraus gesehen und darum wohl politisch ausgerichtet, jedoch im Ansatz international und rein gesellschaftskritisch eingestellt. Ihr Gegenstand bleibt, wie bei List, die politisch-ökonomische Wirklichkeit der Großen Mächte, der Imperien als der Träger jeder modernen Weltwirtschaft; die Vereinigten Staaten, Großbritannien und Frankreich, denen schon Lists Aufmerksamkeit galt, stehen abermals im Zentrum des Blickfeldes. Warum aber jene sozialistische Analyse — trotz oder wegen ihrer gesellschaftskritischen Schärfe — die geschichtlichen Konstellationen und den Zusammenhalt der Großen Mächte unscharf sehen oder unterschätzen mußte, ist hier nicht zu erörtern. Genug, daß Lists Art diese Zusammenhänge zu erfassen noch heute unser Weltbild aufzuhellen vermag.[132]) Er leitet die politisch-ökonomische Betrachtungsweise aus ihren romantischen Anfängen[133]) zu einer volleren Anschauung des Weltgeschehens und der in ihm wirkenden imperialistisch-geopolitischen Kräfte.

---

[130]) Vgl. oben Hauptteil A, 1. Kapitel Anm. 46, und D, 2. Kapitel Anm. 63 bis 66. — „Werke" Bd. VII, S. 59—60, 91—96, 654.

[131]) Vgl. „Werke" Bd. VII, S. 501, 531—552, 608—637, 669—671.

[132]) Vgl. Lenz in „Schaffen und Schauen" (Kattowitz), Novemberheft 1931, und im übrigen Artur Sommer, „F. Lists System" l. c., S. 207—235, sowie die „Internationale Wirtschaftslehre" in Lenz, „Aufriß" l. c., S. 97—106. Die grundsätzliche Kritik in „Staat und Marxismus" l. c., S. 17—28.

[133]) Für Adam Müllers Lehre vom „Weltmarkt" und „Weltcredit", „Weltmacht" und „Weltherrschaft" s. Julius Paul Köhler l. c., S. 126—136.

DRITTES KAPITEL

Strukturwandel und bleibender Gehalt

Bemerken wir zum Abschluß, daß erst Lists Übergang zum Interessenkampf im nationalen Maßstabe und der imperialwirtschaftliche Horizont sein Fortleben gesichert haben. Als Anwalt kleinbäuerlicher, handwerklicher und kleingewerblicher Schichten seiner Heimat wäre er kaum mehr als ein schwäbischer „Demokrat" geworden. Diese Schichten bleiben ja irgendwie in ihrer Lokalität befangen, gemäß ihrer beschränkteren Marktweite und ihrem Ausschluß von größeren Sonder- oder Monopolprofiten. Ihr nationales Fühlen bleibt, da sie internationaler Marktabreden und bevorzugter Absatzlagen im „Agrar-Manufaktur-Handelsstaat" entbehren, insoweit ungebrochen und stellt noch im Bismarckschen Reich den Schutz innerhalb eines „geschlossenen" Markts voran. List hingegen verband sich — zumal seit 1830 — den aufstrebenden großbürgerlichen Schichten der rheinischen Maschinen-, der süddeutschen Textilindustrie und trat damit in Gegensatz zum Exportinteresse der norddeutschen Großlandwirtschaft wie zu den freihändlerischen Meß- und Handelsplätzen. Dadurch gewann er sogleich ein Verhältnis zu den internationalen Angelegenheiten: Die Kongresse und Handelsverträge des jungen Zollvereins, der Gegensatz zwischen Spinnern und Webern, die Produktion von Produktionsmitteln, um den Vorsprung der westlichen Industrievölker für Deutschland einzuholen — überall erhält sein Denken jenen expansiven Zug, der ihn von abstrakten Systematikern und gelehrten „Stubenhockern" unterscheidet. Schon 1826 bis 1829 entdeckte er ja Kohlenläger und schuf das erste Bahnunternehmen in Pennsylvanien. Damit nahm er jene Intensivierung des kapitalistischen Produktions- und Verkehrsprozesses voraus, die in Deutschland Gustav Mevissen und dessen Freunde erst 1845 bis 1849 an der Ruhr begannen.

Wenn List in den Vereinigten Staaten keinerlei politische Hemmnisse erlitt und vielmehr freiere Bahn fand als im alten Europa, so war dies ein Verdienst der bürgerlich-republikanischen Zustände drüben. In Deutschland brachte erst das Jahr 1848 den Rechtsstaat wie die materielle Einheit zum Entscheid. Als König Friedrich Wilhelm IV. in der

Nacht vom 17. zum 18. März 1848 eine Volksvertretung am Bunde, Bundesheer, Bundesflagge, Freizügigkeit sowie den Fortfall aller Zollschranken innerhalb Deutschlands proklamierte, um sich an die Spitze der Nationalbewegung zu stellen, übernahm er zugleich Lists nationalpolitisches wie nationalwirtschaftliches Programm. Und Itzstein, Venedey, Schott, die im Fünfziger-Ausschuß für die „Paulskirche" den Katalog der „Grundrechte" aufstellten, übernahmen damit Lists „Urrechte", die wir als gemeinsames Glaubensbekenntnis der bürgerlichen Opposition im deutschen Vormärz ansehen dürfen[1]).

Die ganze Fruchtbarkeit der Listschen Zielformel „Reichtum und Macht" zeigte sich vollends, als das deutsche Bürgertum die Revolution 1849 verloren geben und sich mit einer „oktroyierten" Verfassung in Preußen als fast einzigem Gewinn begnügen mußte. Nun setzte es die Vorschläge zur deutschen Markteinheit, die in den Akten des „Reichshandelsministeriums" und des „Volkswirtschaftlichen Ausschusses" der „Paulskirche" begraben werden mußten, von sich aus in die Tat um. Wie stark Listsche Gedanken in jene volkswirtschaftlichen Einigungspläne der Jahre 1848/49 hineingriffen, zeigen beispielsweise die Eingaben des „Allgemeinen deutschen Vereins zum Schutze der vaterländischen Arbeit", der im August 1848 begründet worden war; wir bringen deshalb ihren Wortlaut im „Anhang" dieses Hauptteils. Der Niederbruch des französischen Sozialismus mit seiner „Organisation der Arbeit" und seinen „Nationalwerkstätten", der Marx endgültig in das Londoner Exil trieb, legte den Weg frei. Das individualistische Erwerbsprinzip, mit ihm freilich auch die Freihandelsdoktrin siegten im wirtschaftlichen Kraftfeld; gleich der exportierenden Großlandwirtschaft konnten nunmehr Industrie und Handel die Produktion für den Markt durchführen und die Reproduktion des Geldkapitals auf erweiterter Stufe fördern —, die Hilfskräfte der Maschine, der anonymen Kapitalgesellschaft und der bankmäßigen Finanzierung voll in Gang bringen. Der Beitritt des nordwestdeutschen „Steuervereins" mit Hannover, Braunschweig und Oldenburg zum Deutschen Zollverein trug 1853 hierzu bei[2]).

Wieder setzten sich die rheinischen Unternehmer an die Spitze. Schon List hatte ja, in den Eisen- und Textilanliegen, mit ihnen persönliche Beziehungen geknüpft. Wir finden etwa den Oberbergrat Böcking in Saarbrücken, den Geographen und Redakteur Karl Andree von der „Kölnischen Zeitung" auch unter Mevissens Bekannten, ebenso den Bankier Moriz von Haber in Karlsruhe[3]). Seit dem Jahr 1852 beginnt in Westdeutschland ein wirtschaftlicher Aufschwung, den namentlich Gustav Mevissen in der Versicherung sowie im Bankwesen („Schaaffhausenscher Bankverein" 1848, Darmstädter „Bank für Handel und Industrie" 1853) fördert; indem er zur bankmäßigen Industriefinanzierung

---

[1]) Vgl. oben Hauptteil A, 1. Kapitel Anm. 48; Hauptteil C, 4. Kapitel Anm. 95.

[2]) Vgl. „Werke" Bd. VII, S. 583—586.

[3]) Vgl. Einleitung zu „Werke" Bd. VII; Bd. VIII, S. 672—673, 687—688, 698 bis 699. — Unten „Anhang" Anm. 3.

und zum Ausbau des Eisenbahntransports die Verbindung zwischen Eisen und Kohle sowie den Maschinenbau in Aktienform hinzufügt, wird er damit zum Vollstrecker auch des Listschen Testamentes; selbst mit der Heranziehung des Geburtsadels beim Aufbau des „Agrar-Gewerbe-Handelsstaats" berührt er sich mit dem großen Schwaben[4]). Vom „Schutz für die nationale Arbeit" hatte List noch 1846 in seinem „Zollvereinsblatt" gesprochen; Steinkohle und Eisen waren für ihn „die beiden großen Elemente jeder industriellen Produktion". So war es nur folgerecht, wenn das „Zollvereinsblatt" — unter Lists Schüler und Nachfolger Dr. Theodor Toegel — vom 1. Juli 1849 ab sich „Vereinsblatt für deutsche Arbeit" nannte und im Selbstverlag jenes „Allgemeinen deutschen Vereins zum Schutze vaterländischer Arbeit" forterschien[5]).

Kaum weniger verbinden die Einwände, welche von Regierungsseite kamen, Mevissen mit List. Seit dem Beginn seiner Laufbahn hatte ja der große Schwabe die Vorwürfe bekämpfen müssen, er strebe nach Monopolen, Aktienspekulation und Zettelgeld; die gleichen staatswirtschaftlichen Bedenken führte Preußens Bürokratie gegen Mevissen ins Feld, ohne daß sie allerdings den Fortgang zum vollentfalteten Akkumulationsprozeß nach 1849 hindern konnte; auch ihre Abneigung gegen anonyme Aktiengesellschaften mußte sie jetzt fallen lassen. Die Kräfte der Privatwirtschaft eroberten den Markt- und Produktionsprozeß in vollem Ausmaß. Es sollte noch Jahrzehnte währen, bis Lists harmonisierende Grundsätze, die Mevissen ja teilte, ein Wiederaufleben der wirtschaftlichen Staatstätigkeit gestatteten; Wilhelm von Kardorff stützte 1875 seine Polemik wider den deutschen Freihandel auf List und dessen Zielverwandten Henry Charles Carey[6]).

Indem der sog. Neu-Merkantilismus seit 1875 in seiner Mittelwahl bei List anknüpfen konnte, gab er der endlich errungenen Macht- und Markteinheit nunmehr ihren vollen „nationalwirtschaftlichen" Ausdruck: „Schutz der nationalen Arbeit" wurde aus einem Postulat zur Wirklichkeit. Im Jahrhundert der Nationalstaaten mit ihren, auch im internationalen Maßstab vollentfalteten materiellen Produktivkräften erhielten Lists Pionierarbeit und sein Bewußtmachen künftiger Gestaltungen eine objektive Bestätigung, die uns mit dem subjektiven Vergessen

---

[4]) Vgl. Joseph Hansen l. c. Erster Bd., S. 383—387, 581—689, mit Hauptteil A, 2. Kapitel, wegen des Adels und mit Lenz, „List und Marx" l. c., S. 17—24, 41, 74—77; Lists Denkschrift wegen des Adels vom Winter 1819/20 ebda. im Anhang S. 89—96. Wegen des Adels und wegen der „Riesenfabrikproduktion" s. auch Einleitung zu „Werke" Bd. VII. — Für Hansemann vgl. oben 2. Kapitel Anm. 35, 36.

[5]) S. den „Anhang" dieses Hauptteils; „List und Marx" l. c., S. 41.

[6]) Vgl. „List und Marx" l. c., S. 5, und oben 2. Kapitel dieses Hauptteils Anm. 122 zu Careys Schüler Eugen Dühring. — Über List und den älteren Mathew Carey s. W. Notz in „Werke" Bd. II, S. 411—415. — Vgl. auch Siegfried von Kardorff, „Wilhelm von Kardorff", 1935. Während Kardorff in der Agrarzollfrage über List hinausging, verwirklichte er gleichzeitig dessen Plan eines „Centralverband Deutscher Industrieller". — Surányi-Unger l. c., S. 215—240.

seiner Lehren aussöhnt. Entgegen allen rein-gesellschaftlichen Arbeitshypothesen war er sich bewußt (1844), daß man „in der gegenwärtigen Weltverfassung ... nichts ist, wenn man nicht eine große Nation ist“[7]). Der Übergang zum Industrie-Exportstaat aber setzte, mittels steigender Kartell- und Monopolgewinne, jene imperialen Kräfte frei, die seit 1890 etwa das Antlitz der Welt an ihrem Teil veränderten und die demokratische Gleichung einer „freien“ Wirtschaft im „freien“ Staat aufhoben; damit geriet Lists Grundsatz, das Agrar- und Industrieinteresse zu harmonisieren, alsbald ebenso in Gefahr wie der von ihm geforderte staatsrechtliche Kräfteausgleich innerhalb der „konstitutionellen Monarchie“. Die wachsende Masse der Arbeiter und Angestellten wandte sich großenteils jenen Lehren zu, die einen List so gut wie Bismarck — die „Nationalwirtschaft“ wie den Nationalstaat mit seinem Wirtschaftsrecht — ablehnten und bekämpften. Weder Lists Gesetz der wachsenden Bevölkerungskapazität noch Bismarcks späteres Eintreten für Staatssozialismus und Sozialreform konnten die Entfremdung hemmen; indem die inneren wie die internationalen Widersprüche sich verschärften, ward das Kräftegleichgewicht endlich gesprengt: Kriege und Revolutionen beschlossen ein Jahrhundert, das aus den Kämpfen und Erschütterungen der französischen Revolution geboren worden war.

Deutschlands Übergang zur „reinen“ Demokratie hat erst nach dem Zusammenbruch 1918 sich vollzogen. Er liegt, ebenso wie die Abschwächung des landwirtschaftlichen Produktionssektors im Industrie-Exportstaat, außerhalb und jenseits der Listschen Zielformel. Ebenso fern bleiben dem Listschen Weltbild alle Strukturveränderungen unserer Gegenwart seit 1918 wie die internationale Verflechtung des vereinigten Bank- und Industriekapitals oder die Ablösung der Demokratie durch den Faschismus in Griechenland und Spanien, Italien und Polen — in Ländern, deren demokratische Aufstandversuche List ein Jahrhundert vordem beispielgebend fand! Seine Stufenlehre setzt die Fortdauer kapitalistischer Marktexpansion im Weltmaßstab voraus, mit dem vernunftrechtlich gedachten Endziel eines Gesamtausgleichs aller produktiven Kräfte. Um das Jahr 1840 darf er sich ausrechnen, daß „die Kolonialproduktion, und demnach auch die Nachfrage nach europäischen Manufakturprodukten, um das Zehn- und Zwanzigfache“ steigerungsfähig sei[8])! So ist es nur folgerecht, wenn „Nationalmanufakturkraft“ und „Handelspolitik“ im Mittelpunkt seines Systems stehen; die Kapitalaus- und -einfuhr sieht er zwar richtig, ohne doch ihre spätere Verselbständigung mittels des Finanzkapitals vorwegnehmen zu können[9]). Der Umschlag imperialer Welteroberung in das Zeitalter der sog. Gegenkolonisation und struktureller Marktverengerung wäre List fremd; ein Recht „unterdrückter Völker“ in Afrika oder Asien ihren Kolonisatoren

---

[7]) S. „Werke“ Bd. VI, S. 447—448.

[8]) S. „Werke“ Bd. V, S. 195—196. — Der Welthandel wuchs von etwa 6 Milliarden Rmk. um 1800 auf etwa 90 Milliarden gegen 1900.

[9]) Vgl. etwa „Werke“ Bd. VII, S. 6—7 und 67, 75.

gegenüber würde der Tendenz seines Weltbilds vollends widersprechen. Auch seine letzte imperiale Schau kannte weder einen Klassenkampf noch den Kampf farbiger Rassen gegen Europäer; wohl aber begrüßte er die Befreiung der Balkanstaaten und Latein-Amerikas von dem Joch rückschrittlicher Mächte: der Türkei und Spaniens. Nur der Staatenkrieg im nationalen Maßstab entspricht seinem Weltbild; Glaubenskriege und Missionsgedanken gehören für ihn schon einer überwundenen Vergangenheit an[10]).

Dieser Strukturwandel des Listschen Blickfeldes hat Lists theoretische Position in ihrer Einmaligkeit von unserer Gegenwart abgerückt. Seine Position wurde daher, z. B. in den Kämpfen um Freihandel und Erhaltungszölle seit 1877, unscharf gesehen und entstellt; sein Name wurde zum Schutzschild widerstreitender Interessen, und sein Eintreten für das Arbeiterinteresse geriet in völlige Vergessenheit[11]). Lists Tochter Emilie hat immerhin „um das Jahr 1877" dem Fürsten Bismarck die Neuauflage des „Nationalen Systems" — 30 Jahre nach Lists Tod — überreichen lassen, und ihre Familie vermutete, daß der Fürst das Buch gelesen und beim Umbau seiner Handelspolitik verwertet habe. Gustav Mevissen, den wir als Lists Gesinnungsverwandten so vielfach kennenlernten und der 1848 unter Duckwitz Unterstaatssekretär im Reichshandelsministerium gewesen war, hat den Umschwung 1877/1879 mit Worten, die durchaus an List gemahnen, begrüßt; neben mäßigen Schutzzöllen verlangte er eine staatliche Verkehrs- und Industrie-Initiative[12]). Dem Freunde Friedrich Bodenstedt erschien List „— in allen Bestrebungen und Werken, die zu Deutschlands Einigung und Größe geführt, der bedeutendste Vorgänger Bismarcks".

Gegenstand dieses Buches war, wie wir eingangs hervorhoben, nicht die systematische Rangordnung einzelner Begriffe — z. B. des Erziehungszolls, der Nation, der Imperialwirtschaft — innerhalb seines Systems, sondern dessen geschichtliche Situation[13]). Wir betrachteten Persönlichkeit und Umwelt als die geschichtlichen Komponenten jeder syste-

[10]) Zur Frage der „unterdrückten Völker" im Kolonialzeitalter vgl. auch Lists scharfe Kritik am englischen Opiumkrieg in „Werke" Bd. VII, S. 242—249. Vgl. oben Hauptteil D, 2. Kap., Anm. 98, und in diesem Hauptteil den Schluß des 2. Kapitels.

[11]) Vgl. auch A. Sommer in „Schmollers Jahrbuch" 1926, S. 2, und meinen Vortrag im „Archiv des deutschen Landwirtschaftsrats" 1926, S. 49—55. — Christern in „Deutsche Literaturzeitung" 1928, Heft 39, S. 1924—1926.

[12]) Vgl. Jos. Hansen l. c. Zweiter Band, S. 612—636, „Werke" Bd. IX, S. 203, und oben wegen W. von Kardorff. Über den Einfluß Listscher Gedanken auf die Zollreform von 1877/1879 s. ferner die englische Ausgabe des „Nationalen Systems", London und New York 1904, S. V; Ernst Babel l. c., S. 106; von Eisenhart-Rothe über Mevissen l. c.; „List und Marx" l. c., S. 5, 75—88.

[13]) Vgl. J. Shield Nicholson in der englischen Ausgabe des „Nationalen Systems" l. c., S. XVII über List und Adam Smith als Imperialisten. Ferner die französische Ausgabe durch Henri Richelot, 2. Aufl. Paris 1857, S. XII—XIII; ebenda S. 1—21 bemerkt Richelot u. a., das Schutzzollpostulat sei durch Bastiat als „Kom-

matischen Leistung[14]). Das faustische Umdenken und Erobernwollen der Wirklichkeit, ein wesentliches Moment seines „bürgerlichen" Jahrhunderts, erfüllt den Mann und das Werk. „Landesverbesserungen" ist ein Wort, mit dem er seine Botschaft „des materiellen Nationalfortschritts" bezeichnen möchte[15]). Aktiengesellschaften zur Entfaltung ganzer Länder, wie Ungarn oder Bayern, kennzeichnen diesen universalen Drang[16]). Die außerordentliche und mit Recht betonte Dynamik seines anschaulichen Denkens läßt Lists Problemstellung auch unter qualitativ verwandelten Verhältnissen stets aufs neue fruchtbar werden. Sie ordnet ihn einer Reihe deutscher Denker ein, die aus dem gleichen Erlebnis der Nation und ihrer Geschichte heraus das überkommene Begriffsgebilde der Staatsgesellschaft umprägen — von den Reichspatrioten und den Philosophen über die Romantiker und die Historiker des 19. Jahrhunderts bis zur Krisis dieser Ordnung hin, an der Lists Gedanken ihre Fruchtbarkeit erneut erweisen mögen. Daß aus dem gemeinsamen Quellboden andere Strömungen über Kant zur „reinen" Demokratie, über Hegel zum Marxismus führten, sei als bekannt erwähnt. Lists Systematik bleibt weder von Kant noch von Hegel aus zentral auslösbar — so stark auch ihrer aller Vorfahren auf die „klassische" Schicht dieser Denker einwirken — von Luther über Leibniz' „vis activa" etwa zu Schellings „natura naturans" und Lists „Produktivkraft". Auch ist List kein Geschichtsphilosoph im Hegelschen Sinne, noch weniger Naturphilosoph im Sinne Schellings oder des Freiherrn von Wangenheim[17]).

Die Politische Ökonomie ist ihm durchaus eine „Erfahrungswissenschaft", eine Angelegenheit der Empirie. Er nennt sie 1839: „une science ... uniquement fondée ..., comme la médecine, sur l'observation et l'expérience[18])". Individual-psychologische oder mathematische Methoden, wie die „reine" Ökonomie sie seit Menger und Boehm-Bawerk übernahm, um die „Naturgesetze" ihrer Schule durch solche Anleihen bei fremden Wissenschaften abzustützen, bleiben List fremd. Während die österreichische „Grenznutzen"-Schule damit ihre These: „Am Kapitalprofit klebt kein Makel" zu erhärten suchte, hatte bereits der Nachfolger des Smith-Interpreten Chr. J. Kraus, Professor Karl

munismus" verschrien worden, und betont „la tendence aux grandes agglomerations politiques" im Europa seiner Zeit. S. „Werke" Bd. VI, S. 465—471; Bd. IX, S. 121. — A. Sommer, „F. Lists System" l. c., S. 1—12. Auch meinen Vortrag „Friedrich List zum Gedächtnis" in „Deutsche Welt" („Verein für das Deutschtum im Ausland") 1925, Heft 6/7. Über Lists Nachwirken in Ägypten, Australien, China, Indien, Irland, Nordamerika, Rußland (Graf Witte) soll hier nicht gehandelt werden. S. oben Hauptteil A, 1. Kapitel Anm. 5; Hauptteil D, 2. Kapitel Anm. 52. „List und Marx" l. c. S. 4—8. — Wegen John Bowring s. „Werke" Bd. VI, S. 615.

14) Über das Verhältnis, in dem historisches und systematisches Denken stehen, s. „Aufriß" l. c., S. V, 1—62.

15) S. „Werke" Bd. III 1, S. 403—404, 498.

16) S. „Werke" Bd. III 1, S. 498—527; Bd. VII, Einleitung S. 6—7.

17) Vgl. oben Hauptteil A, 2. Kapitel Anm. 56, 57.

18) S. „Werke" Bd. V, S. 111, 218, 459.

Heinrich Hagen in Königsberg um 1842/44 mathematische Formeln eingeführt, um seine naturgesetzlich-freihändlerische Dogmatik einer rein atomistisch-individualistischen, staatsfreien Tauschgesellschaft zu erweisen[19]). Im „Zollvereinsblatt" 1844/45 wendet sich List mehrfach gegen Hagen ebenso wie gegen dessen Schüler und Freund Prince-Smith, den Wortführer der deutschen sog. Manchester-Schule[20]). „Die Summe dessen, was jeder auf dem Wege der Verfolgung seiner Sonderinteressen erlangt, ist diesen Herren das Nationalvermögen und von diesem Gesichtspunkte aus betrachten sie die Nationalökonomie und urteilen über unsere deutschen Interessen." Es seien bloße „Rechenmeister", die nur statisch dächten — wie man auch heute sagen würde — und das Wort „Kapital als ... eine bleibende und bestimmte Größe, ein totes Instrument" handhabten. Nach Prince-Smith „könnte man in Bayern keine Eisenbahnen anlegen, ohne das dazu erforderliche Kapital der Bierfabrikation zu entziehen". Mit Recht setzt List seine „Theorie der produktiven Kräfte" gegen jene „alte Weisheit, daß das Geld sich unter den Ländern nach einem allgemeinen statischen Gesetz verteile". Die Summe der produktiven Kräfte bestimme vielmehr den realisierbaren Anspruch „an dem allgemeinen Tauschmittel".

Seine realistische Methode hat er, unter dem Pseudonym Justus Möser, selber dahin gekennzeichnet[21]): „Im Geiste des berühmten Mannes, dessen Namen wir adoptieren, steigen wir auf vom Besondern zum Allgemeinen, von der Wahrnehmung zum Prinzip, von der Praxis zur Theorie; hüten wir uns, allererst Theorien zu erträumen und dann die Natur der Dinge danach zu modeln." Die Einheit seiner Systematik und Methodik, durch so viele Zwischenfälle des Lebens sie getrübt erscheint, wird hier ausgesprochen; sie unterscheidet sein Denken vom sog. Historismus kaum weniger wie von den Fiktionen und Axiomen der ihm feindlichen Vulgär-Ökonomie. Als „Justus Möser der Jüngere, Doktor der unexakten Wissenschaft", schildert er sich selbst: „daß er, ungleich seinen nationalökonomischen Kollegen, die halb oder ganz trockene Dinge noch fernerweit auszutrocknen pflegen, dergleichen Stoff gerne mit einigem Humor und Witz befeuchtet. Er meint, der deutsche Michel werde es ohnehin nie zu einem Lustspiel bringen, und so wollte er doch versuchen, ob nicht in seine Trauerspiele einiger Spaß hineinzubringen sei. Dies nennt er die unexakte Wissenschaft und sich selber einen Doktor der unexakten Wissenschaften[22])". Für ihn gilt in hohem Grade ein Wort von Max Lenz: „Es gibt kein Denken ohne Mitarbeit der Phantasie."

---

19) Vgl. A. Volp, „Die Staats- und Wirtschaftslehre Karl Heinrich Hagens. Ein Beitrag zur Ideengeschichte und Methodologie des deutschen ökonomischen Liberalismus", in „Hessische Beiträge" l. c. Bd. 9, 1933, S. 29—53.

20) Vgl. „Werke" Bd. VII, S. 343—356, 456—457, 650—652; Bd. IX, S. 121.

21) S. „Werke" Bd. III 1, S. 303.

22) S. „Werke" Bd. III 1, S. 431—432. — Vgl. auch Edgar Salin, „Hochkapitalismus", im „Weltwirt. Archiv" 1927.

Gleich den ebengenannten Richtungen bleibt List schließlich dem protestantischen Geist verpflichtet: Die Selbstverantwortlichkeit des einzelnen im Rahmen des Staats wie der Gesellschaft ist ihm so selbstverständlich wie die Unabhängigkeit der Nation von allen fremden Einflüssen. Mehrfach bedauert er, daß Karl V. kein protestantisches Kaisertum geschaffen habe! Auch seine reichsstädtische Anhänglichkeit an den Habsburger Träger der ehemaligen Kaiserwürde, wie sie in seinem Verhalten zu Österreich hervortrat, ist weder „romantisch" noch gar kirchlich gefärbt. Bemerkenswert nur, daß hier ein Protestant zum Träger solcher großdeutscher Gedanken wird; wir sahen freilich eingangs unserer Arbeit, wie das protestantische Staatsdenken der alten Reichs-„Publizisten" bei List aufgelockert und in den nationalen Erlebnisgehalt seiner Jugend einbezogen wird. So bleibt er dem „aufgeklärten" Vernunftrecht nur in einem allgemeineren Sinne verhaftet[23]). Die Indolenz, den Aberglauben und die mangelnde Eigenkraft der „pfaffengerittenen" Länder stellt er etwa — ähnlich Adam Smith — in Gegensatz zu dem rational-fortschrittlichen, tätigen Wesen autonomer Völker. Von dem Wiederaufleben kirchlicher universaler Machtansprüche weiß er noch nichts; Volk und Nation sind für ihn die Gefäße der Kultur und Menschlichkeit. Diese Qualitäten müssen wir hinzudenken, um dem wirtschaftlichen Inhalt seines Staatsbegriffs gerecht zu bleiben[24]).

Gewiß, List selber hat den monarchisch-konstitutionellen Sondergehalt seiner Politischen Ökonomie auf schweizerischem und nordamerikanischem Boden abgestreift, ohne daß der ökonomische Gehalt seiner Zielformel darunter litt; die Republik drüben, die überlieferten Gewalten diesseits des Atlantik, einschließlich der Julimonarchie, nahm er als Realvoraussetzungen seines Denkens hin. Er hielt diejenige Regierungsform für die beste, welche „dem Geist und den Verhältnissen" einer Nation jeweils gemäß sei[25]). Hüten wir uns jedoch, jenen Sinn für die historisch-politischen Bedingungen Listscher Ökonomie in uns zu betäuben, der dem Schöpfer dieser Ökonomie in hohem Grade eigen war. Wohl erhebt er subjektiv sich über seine Umwelt, deren künftige Strukturen er oft prophetischen Blicks voraussieht. Objektiv bleibt seine Lehre doch ein Ausdruck der im Staatenkreis nach 1815 empordrängenden Kräfte. Wir würden sein Bild verzerren, wenn wir es schemenhaft in eine fremde Gegenwart hineinstellten, den Mann wie das Werk aus ihrer Konstellation herauslösen wollten. Die Ideen sind Abbilder wie

[23]) Über die süddeutschen Sympathien für Österreich im Vormärz vgl. etwa Georg von Cotta an Alexander von Humboldt, März 1849, in „Briefe an Cotta 1833—1863" (III. Bd.) l. c., S. 40, und A. Bergengrün l. c. S. 285.

[24]) Vgl. oben Hauptteil A, 2. Kapitel Anm. 41 bis 49, über die kirchliche Reaktion und politische Restauration; auch des Schwaben D. F. Strauß „Leben Jesu" 1835!

[25]) Die Gleichgültigkeit des erwerbswirtschaftlichen Bürgertums gegen die Staatsformen betont Reinhard Höhn, „Der bürgerliche Rechtsstaat und die neue Front" l. c., S. 24.

Vorbilder ihrer Wirklichkeit — darin scheidet List sich von der Ideenlehre eines Ranke —, und jeder Produktionsordnung gebührt die ihr gemäße Theorie — ein Postulat, das List 1827 für die amerikanische Position dahin formuliert: „Jede Nation hat ihre besondere Ökonomie." Mögen Lists Wunschbilder seiner eigenen Zeit vorauseilen; die Geltung seiner Theorie in ihrem geschichtlichen Raum und ihre tendentielle Richtigkeit bleibt eben darum unangefochten, solange wir sie aus unserer eigenen Rückschau wissenschaftlich „richtig" werten. Die denknotwendige Einheit historischer und systematischer, staatlichrechtlicher und national-gesellschaftlicher Begriffsmomente im theoretischen Bemühen um jede „richtige" Schau der Wirklichkeit bewußt gemacht zu haben, bleibt hierfür Lists unverlierbares Verdienst[26]). Diese Einheit unter anderen Konstellationen anschaulich und fruchtbar zu gestalten — unter der nicht nur größenmäßig, sondern qualitativ veränderten Problematik unseres eigenen Standorts — ist etwas anderes und mehr. Wenn ein Friedrich List erkennen konnte: jedes Volk habe seine eigene Politische Ökonomie[27]), so etwa hundert Jahre später Moeller van den Bruck, daß jedes Volk seinen eigenen Sozialismus habe.

Das Allgemeine erscheint nur im Besonderen: eben darum gehört Friedrich List einer „aufgehobenen" Stufe der Geschichte an. Jedes Besondere enthält das Allgemeine: deshalb bleibt — als ewige Aufgabe stets neu gegeben — Lists einmalige Erscheinung ein notwendiger Bestandteil unserer, ihm in vielem entgegengesetzten Gegenwart. Er hat auch ihr Waffen bereitet; lernen wir sie führen.

---

[26]) Vgl. zum theoretischen Problemkreis Artur Sommer, „F. Lists System" l. c., sowie allgemein den „Aufriß der Politischen Ökonomie", 1927; s. auch oben S. III—V den Schluß des Vorworts.

[27]) Wörtlich: „Every nation has its particular Political Economy", in den „Outlines". Vgl. A. Sommer in „Mitteilungen" l. c. 1926, Heft 3, S. 84; Lenz, „List und Marx" l. c., S. 56, und W. Notz in „Werke" Bd. II, S. 56, 124. — Lists Antithese lautet: „Individual economy is not political economy" und „Political economy is not cosmopolitical economy". — Vgl. auch das „Système Naturel" („Werke" Bd. IV) über „Économie individuelle et sociale ou cosmopolite" und „Économie nationale et politique"; oben Hauptteil A, 3. Kapitel, Anm. 60. — „Die Manen", Beilage zum „Gewissen", November 1924.

ANHANG ZU HAUPTTEIL F

Der „Allgemeine deutsche Verein zum Schutze der vaterländischen Arbeit" von 1848

Im Verlauf dieser Monographie stellten wir die Frage, welche Rolle wohl Friedrich List durch jene Ereignisse zugefallen wäre, die wenige Monate nur nach seinem Tod — mit der Berufung des ersten Vereinigten Landtags nach Berlin — einsetzten. Indem wir die politischen und gesellschaftlichen Bewegungen des deutschen Vormärz bis zur Revolution von 1848 und darüber hinaus verfolgten, wurde ihre geschichtliche Kontinuität anschaubar. Wir nannten bereits den „Allgemeinen deutschen Verein zum Schutze der vaterländischen Arbeit". Dieser Verein verwirklichte einen Listschen Gedanken: Als gesamtdeutscher Zentralverband wurde er im August 1848 vorläufig und am 9. November endgültig zu Frankfurt a. M., am Sitz des jungen Nationalparlaments, begründet. Mitglieder seines ersten „Ständigen Ausschusses" waren u. a. Felix Prinz zu Hohenlohe-Oehringen als Präsident, Dr. Steinbeis, Dr. Theodor Toegel, A. A. Alexander. Von ihnen begegnet uns Prinz Felix Hohenlohe als Förderer und Ehrenpräsident der Darmstädter „Bank für Handel und Industrie" seit 1853; Gustav Mevissen war der geschäftsführende Präsident der neuen Großbank. Dr. Toegel aber ist uns bekannt als Lists Redaktionssekretär und Mitarbeiter am „Zollvereinsblatt", dessen Herausgeber er seit 1847 wurde[1]). Das „Zollvereinsblatt" nannte sich schon vom 1. Juli 1849 ab „Vereinsblatt für deutsche Arbeit" und erschien im Selbstverlag des neuen Vereins. Toegel hatte 1848 das Programm des Reichshandelsministers Duckwitz begrüßt, den wir als Lists Freund und Mitkämpfer kennenlernten; ebenso 1849 die großdeutschen Pläne des Österreichers von Bruck. Mithin gehörte Dr. Toegel dem Verein als Ausschußmitglied wie als Redakteur an.

Von den Mitgliedern des neuen Vereins seien hier genannt: Lists rheinischer Bekannter Oberbergrat Böcking, Graf Solms-Laubach und Degenkolb; ferner Fürst Fürstenberg, Diergardt aus Viersen, Henschel-Kassel, Lueg-Gutehoffnungshütte, Buderus-Wetzlar, Busch-Rathenow[2]). Die Verbindung zwischen Aristokratie und Erwerbsbürgertum entsprach einem Listschen Leitgedanken. Neben Unternehmern sollten dem Verein auch Arbeiter angehören; jedem Deutschen stand der Beitritt satzungsgemäß offen. Zu den landwirtschaftlichen Fachverbänden suchte Graf Solms-Laubach eine Verbindung herzustellen — auch dies lag auf der Listschen Denkebene. Einen ersten Aufruf des Vereins unterzeichneten auch Cotta und die Gebr. Stumm. Als Schutzzöllner traten in Frankfurt hervor Moritz Mohl, Dr. J. C. Glaser und von Rönne aus Berlin, der Fabrikant Eisenstuck aus Sachsen.

---

[1]) Vgl. oben Hauptteil F, 1. Kapitel Anm. 84, und Einleitung zu „Werke" Bd. VII; „List und Marx" l. c., S. 41. — Joseph Hansen l. c. Erster Bd., S. 593—594, 650—651.

[2]) Zu den Erstgenannten vgl. „Werke" Bd. VII passim. — Bergrat Georg Friedrich Buderus aus Laubach war schon Korrespondent des „Vereins" von 1819 gewesen; vgl. oben Hauptteil B, 1. Kapitel. Er organisierte 1845 das „Ehrengeschenk" rheinischer Eisenindustrieller für List, s. „Werke" Bd. VII, S. 13. — Ludwig Mathy l. c. S. 456—457, 466—468.

Bankier Louis von Haber-Karlsruhe, ein Konkurrent des Hauses Rothschild, wandte sich besonders heftig gegen einen freihändlerischen Tarifentwurf der norddeutschen „Zwischenhändler". Diese hatten sich, unter Lists Widersacher Prince-Smith, am 24. Oktober 1848 als „Deutscher Verein für Handelsfreiheit" organisiert; Duckwitz als Reichshandelsminister sowie ein „Verein für deutsche Zolleinigung" vertraten dagegen eine mittlere Linie. Der Kampf ging, wie zu Lists Zeiten, auch um die Fragen des Differentialzollsystems und einer deutschen Schiffahrtsakte. Der freihändlerische Tarifentwurf vom 27. November, derjenige des Toegelschen Vereins sowie die Vorarbeiten des Reichshandelsministeriums mündeten in die allgemeinen Debatten, welche die kommerzielle auf die politische „Einheit des Vaterlandes" gründen wollten.

Der Verein verfolgte „die Einführung eines Reichszolltarifes" als Hauptziel. Seine Lokal- und Bezirksgruppen — Eingaben aus Langenbielau und Schmalkalden haben sich erhalten — sowie die vorgesehenen Tagungsorte — Wien, Berlin, Frankfurt a. M. usw. — schlossen Österreich mit ein. Im Dezember 1851 überreichte der Verein dem Präsidium des inzwischen wiederhergestellten Deutschen Bundes den Abdruck einer Ansprache, die Prinz Felix Hohenlohe „an die Freunde und Förderer der deutschen Industrie" gehalten hatte[3]); sie beschäftigte sich mit der Kündigung des Zollvereins durch Preußen und mit dem preußisch-hannoverschen Vertrag vom 7. September 1851. Der Verfasser begrüßte zwar die künftige Erweiterung des Deutschen Zollvereins nach Norden hin, für die List und Toegel im „Zollvereinsblatt" eingetreten waren, erblickte aber im Einbeziehen der Küstenstaaten eine Verstärkung des freihändlerischen Elements im Zollverein. Als Gegengewicht empfahl Prinz Hohenlohe die Aufnahme Österreichs und schilderte deren Vorteile: Die Bildung eines großen mitteleuropäischen Zollgebiets, das alle Vorteile des Freihandels- und Schutzsystems in sich vereinige; es werde in Europa den größten Wirtschaftsraum umfassen und nach außen eine Macht darstellen, der sogar England sich beugen müßte. Hier klingt Lists deutschbritischer „Allianzplan" an.

Überhaupt berührt uns eigentümlich, durch diesen Verein und sein Organ Grundsätze aussprechen zu hören, als deren früheste Künder einst Lists „Verein" und sein „Organ" von 1819/20 aufgetreten waren[4])! So führt eine Linie von den „ökonomischen Gesellschaften" des ausgehenden 18. Jahrhunderts, über Lists organisatorische Versuche im Vormärz, zu den Zentralverbänden der Interessenten nach 1850. War List nicht auch Urheber jener Konzeption eines handelsgeeinten Mitteleuropa, jenes 70-Millionenblocks, von dem man seit der Krisis des Zollvereins 1851 sprach, bis Österreich-Ungarn durch den Krieg von 1866 ausschied?

Freilich, zur Wirklichkeit gelangten Reichszolltarif und mitteleuropäischer Zollverein auch im Sturmjahr 1848/49 nicht. Waren das „Reichshandelsministerium" und ein Teil des „Volkswirtschaftlichen Ausschuß" zollfreundlich gesinnt, so hielt die Mehrheit der „Nationalversammlung" sich zum Freihandel; diese Doktrin sollte fast drei Jahrzehnte die deutsche Öffentlichkeit beherrschen.

Noch in einem letzten Punkt nahm der 1848 gegründete Verein vormärzliche Gedanken auf: Die Verknüpfung des Schutzzolls als „Versöhnungsprinzip" mit der sog. Sozialen Frage war schon durch List, Böcking, Mevissen hergestellt worden. Den „Solidarschutzzoll" mit staatlicher Sozialreform zu verbinden, ist erst dem Fürsten Bismarck gelungen, nachdem er 1877/79 mit seinen freihändlerischen Verbündeten

---

[3]) S. Bundesarchiv, Frankfurt am Main; Reichsministerium des Handels, Fasz. Nr. 26. — Über Prinz Felix Hohenlohe, Mevissen, den Bankier Moriz von Haber, den schutzzöllnerisch-großdeutschen Verein und über die „Darmstädter Bank" vgl. Bismarcks Berichte 1853 aus Frankfurt a. M. in „Bismarck und der Bundestag", 1906, S. 92—97, 136—137.

[4]) Vgl. die Organisation des „Vereins" oben in Hauptteil B, 1. Kapitel, und schon den dort erwähnten Plan eines württembergischen „Verein für Beförderung der vaterländischen Nationalökonomie" vom Jahr 1816. „Werke" Bd. I 2, S. 911—914. — Wegen der „Fabrikantenvereine" und L. v. Haber s. „Werke" Bd. VII, S. 8—13.

gebrochen hatte; unter einer abgewandelten Konstellation wurde erreicht, was frühere Generationen gedankenmäßig vorbereitet hatten[5]).

Über das weitere Schicksal des Vereins ist bisher wenig bekannt. Dr. Toegel scheint die großdeutsche „schwarz-gelbe" Plattform seit 1852 verlassen zu haben, um ein Befürworter der preußisch-kleindeutschen Lösung zu werden. Vielleicht hat Bismarck, der als Bundestagsgesandter damals die süddeutschen Publizisten zu beeinflussen wußte, auch ihn hierfür gewonnen; ein solcher Übertritt ins preußische Lager wäre ja List selbst, anläßlich seiner Besprechungen mit Bunsen 1846, nicht undenkbar erschienen[6]). Die nachfolgenden Auszüge aus Akten des „Reichshandelsministeriums" gehören einer von mir angeregten Arbeit über das Fortwirken Listscher Gedanken in der Revolution von 1848[7]); sie zeigen das deutsche Erwerbsbürgertum im Begriff, eine Brücke zu schlagen von den unreifen Verhältnissen im Vormärz zu den gereiften Produktionsbedingungen der vollen Nationaleinheit.

Freilich, nicht jene „Mehrheit unter den Industriellen und Geldmännern", die Österreich unterstützte, ward der Brückenbauer. „Wie der Arzt an einem Kranken, der gut bezahlt, so hängen die Capitalisten an Österreich", sagt Bismarck in seiner Denkschrift vom März 1858, die an Motz' programmatische Ausführungen vom Juni 1829 anklingt[8]). Anders als einst Metternich wollte Fürst Schwarzenberg, nach Preußens diplomatischer Niederlage 1850, durch eine aktive Zollpolitik den Kaiserstaat mit Süddeutschland verbinden und, wie Bismarck annahm, dann die Handelsangelegenheiten auf Grund des alten Artikels XIX an den Bund ziehen. Die großdeutschen Liberalen rechneten hierbei auf Englands Freundschaft. Bismarck aber nahm den Freihandel als Waffe; der Toegelsche „Verein" war schon vor 1854 eingegangen. Bismarcks Leitsätze waren Lists Anschauungen inhaltlich entgegengesetzt: — „es gibt nichts Deutscheres, als gerade die Entwicklung richtig verstandener preußischer Partikularinteressen." — „England kann uns weder unsere industrielle, noch eine maritime Entwicklung in Handel und Flotte gönnen." So hat er die kleindeutsche Einheit der Nation wie sein außenpolitisches System geschaffen; in den „Bindemitteln" freilich — „Kammern und Presse", Zollparlament und Propaganda — die „deutschmateriellen Fragen" ebenso behandelt, wie List im Vormärz als erster unternommen hatte. Solcher Spannungen bedurfte es, das Verlangen nach deutscher Macht- und Markteinheit zu erfüllen[9]).

---

[5]) Für Mevissen vgl. hierzu Joseph Hansen l. c. Erster Bd., S. 812—818; wegen Böcking s. „Werke" Bd. VII, S. 11—12. — Das „Vereinsblatt für deutsche Arbeit" zitiert der Herausgeber des „Bremer Handelsblatt" 1851/53, Dr. Karl Andree; vgl. Hauptteil C, 2. Kapitel Anm. 91.

[6]) S. oben Hauptteil F, 1. Kapitel, und Einleitung zu „Werke" Bd. VII, S. 36. Wegen Bismarcks Bemühen um Rau in Erlangen, ein gewerbestatistisches Institut in Frankfurt am Main u. a. m. vgl. Poschinger, „Preußen im Bundestag" Bd. I, 1882. Derselbe „Bismarck und der Bundestag", 1906, S. 84—87, 134—150.

[7]) Adolf Finger, „Die Schutzzollfrage im Jahre 1848". (Ungedruckte Gießener Dissertation.) — Weitere Hinweise gibt Christian Hildebrand, „Der Einbruch des Wirtschaftsgeistes in das deutsche Nationalbewußtsein zwischen 1815 und 1871", durch Arnold Bergsträßer angeregte Heidelberger Dissertation.

[8]) Vgl. oben Hauptteil C, 2. Kapital zu Anm. 30—33.

[9]) Vgl. „Preußen im Bundestag 1851 bis 1859", Bd. I, III, IV l. c. — Wilhelm Oechelhäuser, „Erinnerungen aus den Jahren 1848 bis 1850", 1892, S. 14—42. — Max Lenz, „Geschichte Bismarcks", 1902, S. 58—61, 69—70, 128—130, 154—155, 210, 295—297, 356—357.

Aus den Akten des Reichshandelsministeriums

(Bundesarchiv, Frankfurt a. Main; Reichsministerium des Handels, Fasz. Nr. 26: Zollwesen im Allgemeinen.)

(1.) Schreiben des Allgemeinen Vereins zum Schutze usw. an den Reichshandelsminister.

Frankfurt am Main, 18. November 1848.

Euer Excellenz! Der „Allgemeine deutsche Verein zum Schutze vaterländischer Arbeit“ hat sich in der Generalversammlung vom 9. dieses Monats definitiv constituiert und zur weiteren Vertretung seiner Angelegenheiten einen ständigen Ausschuß hier hinterlassen; derselbe erachtet es für Pflicht, Euer Excellenz hiervon ganz ergebenst Anzeige zu machen, und beehrt sich zugleich, ein Exemplar seiner Satzungen nebst einer kurzen Mitteilung seiner Grundsätze und Leistungen beizulegen.

Mit Ehrerbietung und vollkommenster Hochachtung

Der allgemeine Verein zum Schutze vaterländischer Arbeit.

Der Präsident Felix Pr. zu Hohenlohe.

(2.) Entwurf der Antwort des RHM (Reichsministerium des Handels) auf obiges Schreiben des Allgemeinen deutschen Vereins usw. v. 21. Nov. 1848, ausgefertigt 21. Nov. 1848.

Ew. Durchlaucht bekenne ich mit verbindlichem Dank den Empfang Ihrer gefälligen Anzeige vom 18. d. M. über die am hiesigen Orte erfolgte Constituierung eines allgemeinen deutschen Vereins zum Schutze der vaterländischen Arbeit, sowie der dieser Anzeige beigefügt gewesenen Satzungen des Vereins und der Mitteilungen über seine Grundsätze und Leistungen. Eine Beurteilung der Letzteren steht mir nicht zu, es hat aber alles, was zum wahren Wohle des Vaterlandes im Allgemeinen, wie zur Aufhülfe und kräftigen Unterstützung der vaterländischen Handel- und Gewerbthätigkeit im Besonderen gereichen kann, stets auf meine vollen Sympathien zu rechnen.

(3.) Satzungen des Allgemeinen deutschen Vereins zum Schutze der vaterländischen Arbeit, vereinbart zu Frankfurt am Main den 9. November 1848.

§ 1. Der Verein hat sich gebildet, um alle diejenigen Maßnahmen zu treffen, welche zum Schutze der vaterländischen Arbeit und der dabei Betheiligten dienen mögen.

§ 2. Mitglied des Vereines kann jeder Deutsche werden, der es für nothwendig hält, diesem Ziele nachzustreben, was er mit seiner Beitrittserklärung anerkennt.

§ 3. Durch den Eintritt wird jedes Mitglied verpflichtet, sich zur Deckung der Kosten des Vereins zu regelmäßigen Beiträgen einzuzeichnen. Die Größe derselben hat jeder Einzeichnende, zeichne er für ein geschlossenes Geschäft oder für einen Verein, beim Eintritte selbst zu bestimmen und dabei zum Maßstab zu nehmen: daß jede beschäftigte Hand, die er im Verein vertreten will, mit einem Kreuzer monatlich in Berechnung zu ziehen ist und eine Einzeichnung unter einem Thaler monatlich nicht stattfinden kann. Größere Beiträge in einzelnen oder wiederkehrenden Gaben sind, namentlich in Anbetracht, daß der angeführte Maßstab den Ertragsverhältnissen nicht vollkommen entsprechend und darum eine weitere Ausgleichung nothwendig ist, nicht ausgeschlossen, es kann aber mehr als eine Stimme für den Einzeichner dadurch nicht gewonnen werden. Die gezeichneten regelmäßigen Beiträge müssen wenigstens ein halbes Jahr lang vom Tage der Zeichnung an entrichtet werden. Im Uebrigen läuft die Zahlungsverbindlichkeit jedenfalls zwei Monate lang nach geschehener Kündigung fort, wogegen der Austritt beliebig erfolgen kann.

§ 4. Der Verein wählt in seinen Generalversammlungen zur Leitung der Geschäfte und als ausübendes Organ einen ständigen Ausschuß von fünf Mitgliedern und aus diesen eins zu seinem Präsidenten und dann ein zweites zu dessen Stellvertreter.

Die Dauer der Wirksamkeit des Ausschusses ist auf ein halbes Jahr festgesetzt.

Der Ausschuß ist bevollmächtigt, wenn und wo er es für nothwendig erachtet, weitere Mitglieder mit Stimmberechtigung zu seinen Geschäften zuzuziehen. Ebenso sorgt er für die Geschäftsordnung.

Die Mitglieder des Ausschusses werden für die ihnen aus ihrer Mission erwachsenden Kosten entschädigt und zwar für Reisekosten und andere Auslagen, welche nicht den Unterhalt am Aufenthaltsorte betreffen, durch einfachen Ersatz des Ausgegebenen, für letzteren aber nach Maßgabe der dem Verein wirklich gewidmeten Zeit mit einer Diät, deren Betrag die Generalversammlung bestimmt. Es kann auf diese Vergütungen nicht verzichtet werden, weil es nicht in der Absicht der Gesellschaft liegen kann, andere als verantwortliche Organe zu haben.

§ 5. Der Ausschuß hat auf die weitere Ausbildung des Vereins in Lokal- und Bezirksvereine fortwährend hinzuwirken und für die Herstellung und Unterhaltung einer lebendigen Verbindung mit und unter denselben Sorge zu tragen.

§ 6. Der Verein hält jährlich wenigstens zwei allgemeine Versammlungen, in welchen die neue Wahl des Ausschusses und des Präsidenten Statt findet, wobei aber die abtretenden Mitglieder wieder gewählt werden können.

Außerdem ist der Ausschuß ermächtigt, wenn die Zwecke des Vereins es erfordern, eine außerordentliche allgemeine Versammlung auszuschreiben. Ob diese Versammlung in Wien, Berlin, Frankfurt, Leipzig, Elberfeld, Augsburg oder was sonst für einem Orte Statt finden soll, wird von dem Ausschusse nach Maaßgabe der Verhältnisse zu bestimmen sein.

Zum Sitze des Ausschusses ist vorläufig Frankfurt a. M. bestimmt und es ist, wenn derselbe verlegt werden müßte, den sämmtlichen Mitgliedern sofort Anzeige zu erstatten.

§ 7. Die allgemeine Versammlung faßt über die im Interesse des Vereins zu treffenden Maaßregeln und Wahlen durch absolute Stimmenmehrheit der Anwesenden ihre Beschlüsse, bei Stimmengleichheit entscheidet die Stimme des Vorsitzenden. Zu Abänderung der Satzungen ist eine Majorität von zwei Dritteilen der Stimmen der Anwesenden erforderlich.

§ 8. Der Ausschuß hat die Zwecke des Vereins nach allen Richtungen zu erstreben und für den richtigen Eingang und die wirtschaftliche und zweckmäßige Verwendung der Vereinseinkünfte zu sorgen.

In den regelmäßigen Generalversammlungen hat er hierüber, sowie über seine Wirksamkeit überhaupt Rechenschaft zu geben, in der Zwischenzeit aber mit den Mitgliedern nach Bedarf schriftlich oder mündlich sich zu benehmen.

Er hat an einem öffentlich bekanntzumachenden Wochentage regelmäßige Sitzungen zu halten, zu welchen alle an Ort und Stelle anwesenden Vereinsmitglieder Zutritt haben.

(4.) Mitteilungen über die Grundsätze und Leistungen des Allgemeinen deutschen Vereins zum Schutze vaterländischer Arbeit.

Frankfurt, den 16. November 1848.

I. OBERSTER GRUNDSATZ: Schutz der vaterländischen Arbeit.

Der Staat gewährt Schutz der Person, dem Eigentume, der Kirche, der geistigen und körperlichen Freiheit jeder Art nach Maaß der die Staatsexistenz selbst bedingenden Grenzen der Freiheit; — so auch der Arbeit.

Das Prinzip „Schutz der Arbeit" ist der spekulative Ausdruck jener Idee, die sich im Jahre 1848 bereits in allen guten und schlechten Formen mit aller Gewalt Geltung verschafft hat; teils bewußt, teils unbewußt wurde sie als einer der mächtigsten Hebel der sozialen Bewegung gebraucht; einseitig benutzt und gedeutet diente sie bisher ebenso oft als Kriegsgeschrei einzelner Stände (Schutz des Arbeiters), wie als Hülferuf anderer (Schutz des Handwerkers, der Industrie usw.); nur das Bewußtsein ihrer Allgemeinheit, nur die Erkenntnis ihrer Bedeutung als großer nationaler Grundsatz wird diese schon zu so großer Gefahr ausgebeutete Idee zu einer wirklich wohltätigen und moralischen erheben; ihre politische Handhabung bedarf lediglich einer glücklichen Abstraktion, um in ihr zugleich einen leitenden praktischen Grundsatz und ein Versöhnungsmoment für die soziale Frage der Gegenwart zu finden.

Alle, auch die verschiedensten Klassen von Arbeitern, können und werden sich unter dem versöhnlichen Dache dieses großen Wortes schaaren, sobald sie sehen, daß es unzweideutige Anerkennung findet bei ihren bisherigen vermeintlichen Gegnern, und daß ihm als einem Lebensprinzipe der sozialen Politik sofort werktätige Anwendung werden soll. — Hiezu aber bedarf die gärende und fast chaotisch bewegte Masse eines schleunigen und kräftigen Wahrzeichens, denn die jetzige Zeit verwirft jede Zusage, die ohne den Charakter der Tatsache erscheint. — Millionen von Arbeitgebern und Arbeitnehmern jeder Art harren der Erscheinung, der Winter droht, wehe uns, wenn der Weihnachtsbaum für die deutsche Arbeit abermals nichts bringen sollte! — Erschöpft sind die Kräfte der Arbeitgeber, welche den ersten Sturm fast allein auszuhalten hatten; eine zweite Bewegung der Massen zieht sie unwiderstehlich mit in den Strudel; sie haben sich bereits zum großen Teile für Gesetz und Ordnung verblutet und den Meisten dürfte es nun wie an Kraft so auch an Mut fehlen, um ein zweites Mal mit ihrem Körper die Flamme zu löschen.

Der „allgemeine deutsche Verein zum Schutze vaterländischer Arbeit" hat sich nun jenes großen nationalen Grundsatzes bemächtiget, sein Ziel ist, ihm ohne Verzug die ausgebreitetste Anerkennung und Geltung zu verschaffen, ihn als das Versöhnungsprinzip aller arbeitenden Klassen zu benutzen und eben deshalb ihm die möglichst rasche Anwendung von Seiten der gesetzgebenden und verwaltenden Gewalten des Reiches zu sichern, ihn ins Gebiet der Tatsachen zu ziehen, — ehe es zu spät ist.

II. ABGELEITETER SATZ: Bemessung des Schutzes nach Maaß der verwendeten Arbeitskräfte.

Aus dem obersten Grundsatze ergibt sich gleichsam von selbst der Uebergangspunkt, wodurch seiner Anwendung praktischer Boden gewonnen werden soll; der Grundsatz selbst wieder in engerer Bedeutung verstanden und angewendet knüpft dieses Band; Schutz der Arbeit in diesem Sinne gibt die praktische Regel, daß der Ausgangspunkt für Bemessung des Schutzes der Arbeit in der Bemessung der aufgewendeten Arbeitskräfte zu finden sei.

Hierauf hauptsächlich beruht sodann der versöhnende Charakter des Grundsatzes, denn es wird auf diesem Wege allen Kategorien von Arbeitenden ein neutraler, für alle gleicher Boden gewonnen; mit dem Verständnisse des Grundsatzes und der moralischen Kraft seiner Anwendungsregel müssen dann die einseitigen und eigennützigen Postulate und die gegenseitigen Anfeindungen der verschiedenen Arbeiterklassen von selbst wegfallen, womit sie sich bis in die jüngste Zeit so oft ohne allen Grund bekämpft haben.

III. NÄCHSTE ANWENDUNG durch Bearbeitung eines Zolltarifes auf Grundlage obigen Grundsatzes und entsprechender fester Regeln.

Der Verein hält die Zolleinigung Deutschlands und die Einführung eines Reichszolltarifes unter Zugrundelegung des obersten Grundsatzes „Schutz der vaterländischen Arbeit" für den allerdringlichsten Gegenstand; deshalb hat er sich die sachkundige Vorbereitung dieser Arbeit und deren möglichste Geltendmachung bei den competenten Gewalten zur allerersten Aufgabe gemacht.

Er ist mit der Vertretung dieser Angelegenheiten am Sitze der Zentralgewalt um so eifriger beschäftigt, als es täglich wünschenswerter erscheinen muß, solche Entschlüsse und Tatsachen ins Leben treten zu sehen, aus denen die Arbeiter insbesondere noch vor Eintritt des strengen Winters zu ersehen vermögen, daß auch für sie noch im Jahre 1848 die Stunde geschlagen habe.

Eine im Anfange dieses Monates berufene Generalversammlung des Vereines wurde von zahlreichen Industriellen und sonstigen Vertretern und Freunden der arbeitenden Klassen aus fast allen Gauen Deutschlands besucht; die schleunige Ausarbeitung eines jenen Grundsätzen entsprechenden Zolltarifes wurde beschlossen und die Arbeit durch gemeinsames Zusammenwirken sofort in den meisten und wichtigsten Punkten erledigt.

In der Hauptsache gründet diese Arbeit auf den unten folgenden leitenden Sätzen; deren einstimmige Annahme durch alle Anwesende und Mitwirkende gibt die Gewähr einer wirksamen und praktischen Anwendbarkeit des an die Spitze gestellten obersten Grundsatzes des Vereines, zugleich aber Zeugnis dafür, daß bei gutem Willen, Einsicht und Unterdrückung eigennütziger Einzelbestrebungen die endliche Einführung vernünftiger Prinzipien auch bei einem Zolltarife möglich ist, ohne daß deshalb die möglichste Beachtung bestehender Verkehrs- und Finanzverhältnisse ausgeschlossen zu sein braucht.

In letzter Beziehung wurde für jetzt dem Charakter einer Uebergangsperiode, in welcher wir uns befinden, so genügende Rechnung getragen, daß die zunächst ermittelten Zollsätze für die wichtigsten Fabrikate gleichwohl noch immer in einem nach dem Urteile aller Sachverständigen an sich durchaus ungenügendem Maaße festgesetzt wurden; um so entschiedener darf deshalb die Hoffnung ausgesprochen werden, daß diesmal, wo das Volk selbst zu Rate sitzt, die Stimme der Sachverständigen und derjenigen insbesondere, die mit ihrer ganzen Existenz der deutschen Arbeit angehören, ein williges Gehör finden werde.

Übersicht der leitenden Sätze.

1. „Schutz der vaterländischen Arbeit";
2. „Bemessung des Schutzes nach Maaß der verwendeten Arbeitskräfte";
3. Besondere Sätze in Beziehung auf Zolltarif:
   a) Schutz und Hebung der vaterländischen Industrie (nutzbringender Arbeit);
   b) Zollsatzbemessung unter Zugrundelegung des Warenwertes nach dem Gewichte;
   c) Gradation der Tarifsätze nach Maaß der verwendeten Arbeitskräfte;
   d) Entscheidende Rücksicht auf überwiegende Arbeiterzahl und Arbeitsverdienst im Falle konkurrierender Schutzbedürfnisse;
   e) Differentialzölle (und Handelsverträge) zur Hebung des überseeischen Eigenhandels;
   f) freier Eingang und Ausgang von Urstoffen in der Regel;
   g) Rückzölle als Vergütung des in der fertigen Ware steckenden Eingangszolles, mit besonderer Rücksicht auf die ärmeren oder gedrückteren Arbeiter und Gewerbe.

IV. GEGENWÄRTIGE STELLUNG DES VEREINES.

Hunderttausende von gewerbtreibenden Fabrikanten und Arbeitern jeder Art sind in unzähligen Vereinen zusammengetreten und haben mehr oder weniger bereits die Bestrebungen und Grundsätze des „allgemeinen deutschen Vereines zum Schutze vaterländischer Arbeit" als die ihrigen anerkannt. Sehr viele haben sich demselben schon aufs innigste angeschlossen, und es werden wenige Wochen vergehen, so wird er als das Zentralorgan aller ähnlichen Vereine des Vaterlandes dastehen. — Die erfreulichste Erscheinung ist die eifrige Mitwirkung und der Beitritt zahlreicher Notabilitäten der Landwirtschaft; deren Erfahrungen und Kenntnisse ergänzen sich gegenseitig mit jenen der Industriellen und auch in dieser Beziehung bieten die bisherigen einstimmigen Beschlüsse besonderer Arbeitsektionen des Vereines schon die unwidersprechlichsten Beweise der wirklich praktischen und allen Arbeitskräften der Nation mit gleicher Hingebung zugewendeten Tätigkeit und Rücksichtnahme seiner Mitglieder.

Die nächsten Aufgaben des Vereines sind Vollendung des Tarifentwurfes und Zusammenstellung der hierüber in den Sektionen besprochenen Motive, Verbreitung seines Grundsatzes und möglichste Erweiterung seiner Wirksamkeit zum Besten nationaler Arbeit, weshalb ein ständiger Ausschuß von der Generalversammlung gewählt und hinterlassen wurde; sobald die zunächst begonnenen Arbeiten vollendet sein werden und Zeit und Gelegenheit die Vertretung anderer irgend in das weite Gebiet seiner Tätigkeit einschlägigen Gegenstände gestatten, wird der Ausschuß die nötigen Einleitungen treffen, um auch hierin zu beweisen, daß es für ihn, sowie für den ganzen Verein nur ein einziges großes Ziel gibt, nämlich die Verwirklichung seines obersten Grundsatzes:

„Schutz der vaterländischen Arbeit". —

Die Satzungen des Vereines sind in ganz Deutschland nach allen Richtungen verbreitet; mögen vorstehende Mitteilungen dazu mitwirken, daß die Ueberzeugung von der wahrhaft nationalen Richtung und der für alle Klassen von Arbeitern gedeihlichen Tätigkeit desselben rasch zunehme und der zahlreichste Beitritt Einzelner sowohl als ganzer Vereine auch hier den Wahlspruch bestätige: Einigkeit macht stark!

(Bundesarchiv, Frankfurt a. Main; Reichsministerium des Handels, Fasz. Nr. 29: Zolltarif im Allgemeinen.)

(5.) Schreiben des Nationalvereins zu Stuttgart an das Reichsministerium des Handels. 4. Dez. 1848.

An das Reichsministerium des Handels.

Mit gespannter Erwartung sieht das deutsche Volk durch seine Vertreter das Verfassungswerk entstehen und politische Einrichtungen und Gesetze bestimmen, die Deutschland frei im Innern und stark als Nation nach Außen machen sollen. Mit edlem Selbstgefühl fordert die Nation ihre Glieder zum Bau eines starken Ganzen zurück und reißt von den Grenzen in politischer Beziehung fremden Einfluß, um als selbständiges Reich in der europäischen Staatenfamilie denjenigen Rang einzunehmen, den unser Vaterland vermöge seiner Größe, seiner Lage und seiner intellektuellen Kräfte zu behaupten ein Recht und die Pflicht hat.

Die Macht einer Nation bestimmt sich aber nicht blos nach ihrer Größe, sondern vor allem nach ihrer materiellen Kraft, nach ihrem Nationalreichtum. — Die freiesten Institutionen werden nicht segenbringend, der Einfluß nach Außen wird zu Nichte, wenn in unserem Deutschland neben einer freien Verfassung nicht zugleich die Grundpfeiler zu nationalem Wohlstand, zum Reichtum der Nation geschaffen werden.

Durch was wird aber eine Nation reich und mächtig? Nicht durch Gold- und Silberminen, nicht durch fremde Eroberung, nur durch sich selbst, durch ihre Arbeit.

Deutschland als Nation ging unter, weil es in Staaten und Staatchen getrennt, keine freie Entwicklung im Innern hatte, weil es unmächtig nach Außen nicht nur fremden Einfluß zulassen mußte, sondern aus seinem Mark fremde Arbeit zu nähren hatte. Die Industrie und Gewerbe verkümmerten, weil ihnen der heimische Markt nicht gehörte und weil ein unglückliches politisches Handelssystem einer Entwicklung nach Außen entgegenarbeitete.

Wenn es also in politischer Hinsicht anders in unserem Vaterlande werden soll, so muß es auch in gewerblicher und kommerzieller Beziehung anders werden. Wir müssen auch darin als Nation auftreten, abwehrend nach Außen, frei nach Innen. Wir müssen sie selbständig machen, wir müssen sie schützen gegen fremde Uebermacht.

Wenn die Arbeit geschützt wird, so sind es nicht einzelne Kasten, privilegierte Stände, so sind es nicht einzelne Provinzen, — nein es ist die Gesamtheit der Nation, die in gegenseitiger, beständiger innerer Wechselwirkung sich zum Wohlstande emporarbeitet.

Es ist eine Torheit, wenn man behauptet, ackerbauende und industrielle Interessen stehen einander gegenüber, — nein, im Gegenteil, ein Faktor der Nationaltätigkeit belebt und stärkt den andern. Es ist vom nationalen Standpunkt betrachtet eine Unrichtigkeit, wenn man sagt, eine vorzüglich ackerbautreibende Provinz könne auf die Länge durch kräftigen Schutz der Industrie in einer anderen Provinz benachteiligt werden, im Gegenteil der beste Abnehmer der Bodenprodukte einer Provinz ist die industrielle Bevölkerung einer anderen und der sicherste Abnehmer ist und bleibt immer die eigene Nation.

Wir hören mit innigem Bedauern, wie sehr die nordöstlichen Provinzen Preußens von der Krise der letzten Jahre in ihrem Ausfuhrhandel nach England bedroht wurden. Wo liegt aber der Grund?! Teils in der neuen Handelspolitik Englands, teils und hauptsächlich in dem traurigen Zustande der Industrie Deutschlands, die, kräftig entwickelt und unterstützt und gehörig mit jenen Provinzen verbunden, ihre sicherste und regelmäßigste Abnehmerin wäre, die ihren Handel nicht durch wandelbare Zölle des Auslandes unsicher, nicht durch freie Einfuhr aus der ganzen Welt, wie England jetzt, unlohnend machen würde. — „Schützt die Arbeit und ihr werdet mehr Menschen ernähren, und sie besser ernähren können, ihr werdet das dreifache von dem consumieren, was jetzt die Menschen kümmerlich nährt.“—

An diesen Ausspruch unseres großen Landsmannes Friedrich List uns anschließend, beschwören wir ein hohes Reichsministerium, es möge die Stimmen der zum Verein zum Schutze deutscher Arbeit verbundenen Männer hören, die die einzige Grundlage für einen Bestand der politisch zu schaffenden Institutionen, für Kräftigung unserer Nationalität in dem Schutze der Arbeit, in der Aufstellung eines kräftigen Zollschutzsystems suchen, das geeignet ist, die übermächtige fremde Industrie abzuhalten, uns mit ihren Waren zu überschwemmen.

Wir wollen keine Treibhauspflanzen, wir haben aber auch keine solche besondere Weltanschauung, daß wir behaupten, eine Nation müsse nicht in materieller, wie in politischer Beziehung zuerst Nation sein und werden; wir bilden uns nicht ein, daß es den Deutschen beschieden sei, auf anderem Wege reich und mächtig zu werden als alle anderen großen Nationen mit keiner einzigen Ausnahme. Auch wir sind entschiedene Freihandelsmänner im Sinne der Engländer, d. h. wir wollen, daß die Schranken fallen, aber erst dann, wenn wir erstarkt und selbständig sind.

Wir wollen in politischer und materieller Beziehung eine selbständige Nation werden und nicht dulden, daß das Ausland unsere Einheit zerreiße, unseren Wohlstand und Nahrungsquellen untergrabe. Deshalb sollten alle Männer unseres Vaterlandes zusammenhalten in dem Notruf mit uns:

> Schutz der Arbeit für die Nation und durch die Nation, Verrat an ihr ist die falsche Freiheit.

Indem wir also auch unsererseits den von den zum Schutze deutscher Arbeit zusammengetretenen Männern ausgearbeiteten Tarif auf das Dringendste empfehlen, verharren wir mit größter Ehrerbietung

eines hohen Reichsministeriums des Handels

der aus dem Vereine deutschgesinnter Preußen entstandene Nationalverein.

Stuttgart, 4. Dez. 1848.

W. Th. Sehring, Vorsitzender;
Dr. Widenmann (Redakteur der Süddeutschen politischen Zeitung), Schriftführer.[10])

---

[10]) Wegen Widenmann s. „Werke“ Bd. VII, S. 15, 616—617; Bd. IX, S. 196. Widenmann kannte List aus Augsburg, wo er Redakteur des Cottaschen „Ausland“ war.

(6.) Aus der Einleitung zu dem vom Verein vorgeschlagenen Reichszolltarif.

„Gleichwie mit ihrer politischen, so steht eine Nation auch mit ihrer gewerblichen und kommerziellen Existenz jederzeit in einer besonderen Phase ihrer Entwicklung. Nur wer sich diesem Standpunkte anschließt und aus dessen Wesen die Grundsätze der allgemeinen und besonderen Verfassung und Gesetzgebung herleitet, vermag zu treffen, was dem Bedürfnis der Nation entspricht."

Der Zolltarif „darf nicht aus idealer Anschauung der Handels- und Gewerbeverhältnisse hervorgegangen sein, sondern muß auf dem realen Boden der deutschen Wirklichkeit fußen."

„Die natürlichen Quellen unseres Nationalreichtums werden demgemäß nicht in dem Grade wie in England ausgebeutet, die einzelnen großen Gewerbszweige stehen nicht in dem Verhältnisse zueinander, das zum allseitigen raschen Aufschwung nötig wäre, neben der Landwirtschaft und der Urproduktion fehlt der volle Höhepunkt in der Entfaltung der Gewerbe."

„Mit der Zolleinigung wird nun zwar in dem großen nationalen Gebiet die rechte Basis einer erfolgreicheren Entwicklung auch der materiellen Volkskraft gewonnen und der Umschlag der staatlichen Tendenzen, die in Deutschland bisher regierten, sichert nun auch davor, daß die Leitung der wirtschaftlichen Nationalzustände nicht wieder in die Hände einer Bürokratie kommt, die uns zu oft nach einem anderen Maßstabe maß als nach der Volkswohlfahrt; aber trotz der besten Aussicht auf zweckmäßige Institutionen und volkstümliche Leitung ist der Abstand damit nicht auch schon gehoben, in dem wir in gewerblicher und kommerzieller Hinsicht gegen die hervorragendsten Völker stehen."

„Zwar bestreiten unsere Gegner von der Handelsfreiheit, daß durch Schutz der nationalen Arbeit das Ziel höchster Entfaltung der materiellen Volkskraft erreicht werden könne; sie sehen in einem Zollsatze, der das Produkt fremder Arbeit besteuert, um den heimischen Markt zu sichern, eine Prämie der Saumseligkeit und des Mangels an Eifer. Um sie zu widerlegen, brauchen wir ihnen nicht aufs Neue vorzudemonstrieren, daß die große innere Konkurrenz schon dazu zwingt sich alle Betriebsvervollkommnungen in menschlicher Geschicklichkeit und technischen Vorteilen anzueignen und daß der Schutzzoll nur das ungleiche Verhältnis zwischen dem sich Entwickelnden und dem Entwickelten periodisch auszugleichen dient."

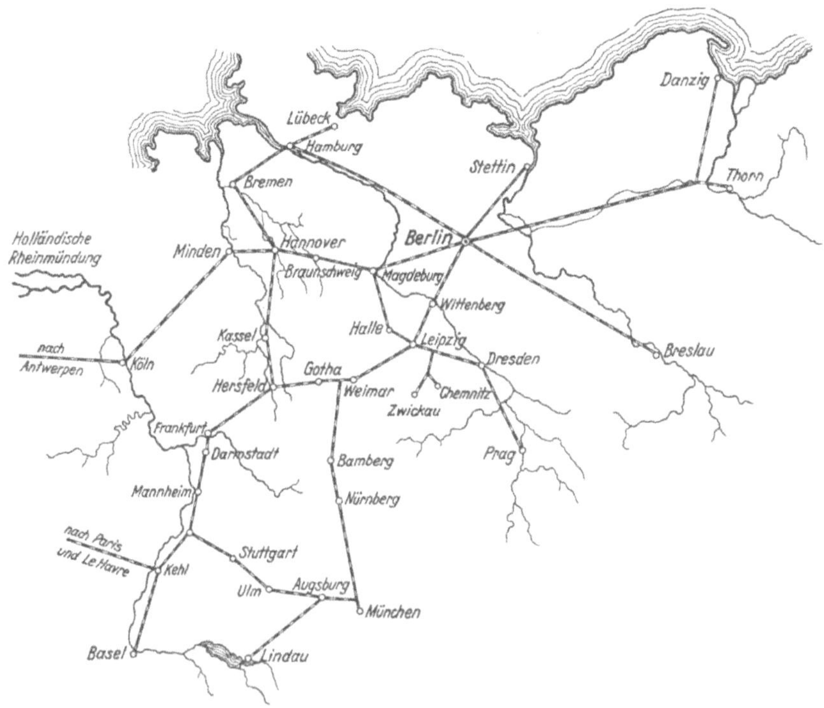

Lists deutsches Eisenbahn-System 1833.

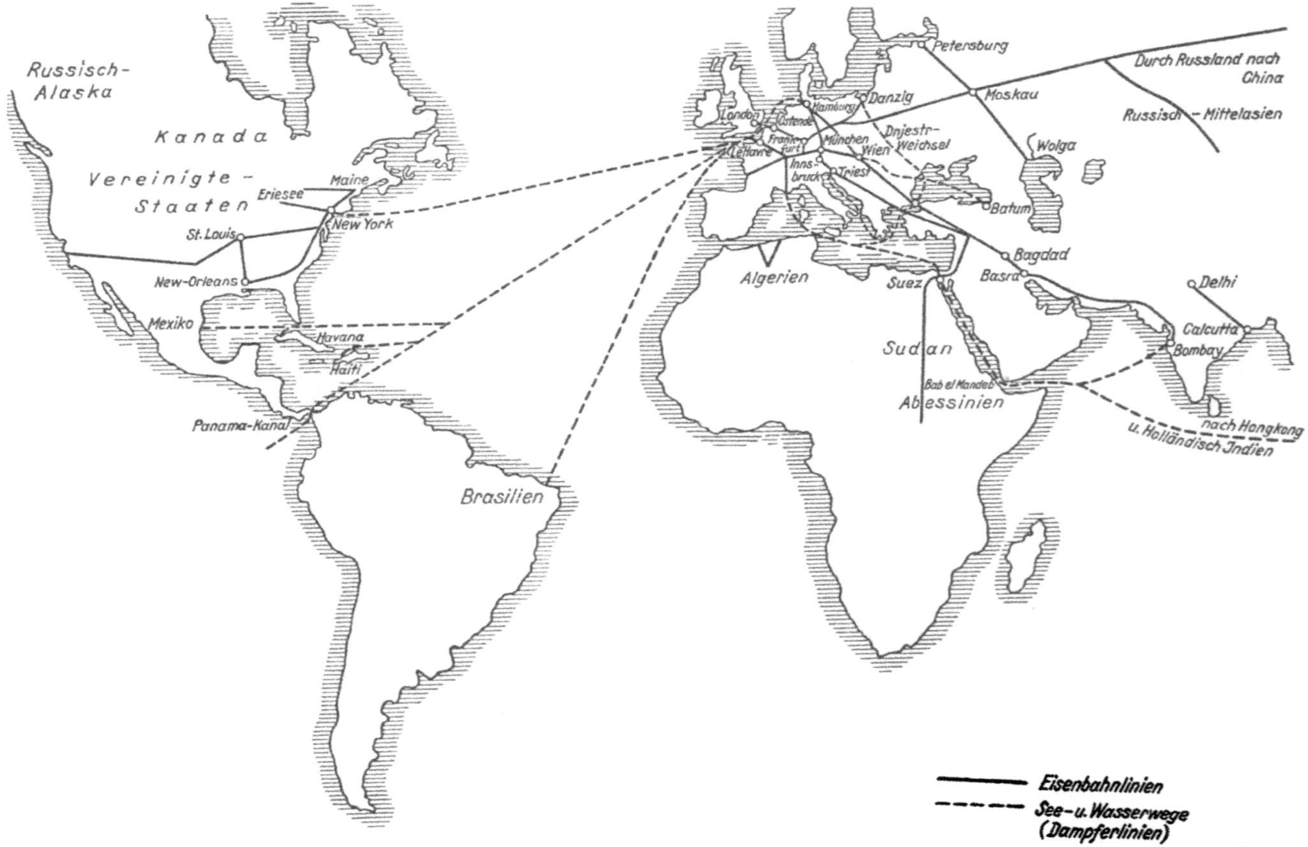

Lists Weltverkehrspläne 1820—1844.

Häufigere Abkürzungen

„Werke" = „Friedrich List. Schriften, Reden, Briefe." Im Auftrag der Friedrich-List-Gesellschaft e. V. herausgegeben von Erwin von Beckerath, Karl Goeser (†), Friedrich Lenz, William Notz (†), Edgar Salin, Artur Sommer. Band I—X, 1927 bis 1936.

L. Häusser = „Friedrich Lists gesammelte Schriften", herausgegeben von Ludwig Häusser. Teil I und II, 1850.

„Herdflamme" = „Friedrich Lists kleinere Schriften zur Staatswissenschaft und politischen Ökonomie", herausgegeben von Friedrich Lenz. — „Die Herdflamme", Band 10, 1926.

List-Archiv = List-Archiv der Stadt Reutlingen (Württemberg). F. = Faszikel I bis XLV.

Häusser-Codex = Häusser-Codex der Universitätsbibliothek Heidelberg.

„Organ" = „Organ für den deutschen Handels- und Fabrikantenstand" (späterer Titel: „Organ deutscher Kaufleute, Fabrikbesitzer, Staatswirte und Finanzmänner"), herausgegeben von Friedrich List. Juni 1819 bis Juni 1821.

„Themis" = „Themis, eine Sammlung von staatswissenschaftlichen Abhandlungen, Uebersetzungen und in die Politik einschlagenden Rechtsfällen", herausgegeben von Friedrich List. Erstes und Zweites Bändchen, 1823.

„Staats-Lexikon" = „Staatslexikon oder Enzyclopädie der Staatswissenschaften", herausgegeben von Karl von Rotteck und Carl Welcker. 15 Bände, 1834 bis 1843 (2. Auflage 1845 bis 1848).

„Mitteilungen" = „Mitteilungen der Friedrich-List-Gesellschaft e. V.", 1926 bis 1935.

„Vorgeschichte" = „Vorgeschichte und Begründung des Deutschen Zollvereins. 1815—1834", herausgegeben von Hermann Oncken und F. E. M. Saemisch. Band I—III, 1934. Bearbeitet von W. von Eisenhart-Rothe und A. Ritthaler.

Aegidi, „Aus der Vorzeit" = L. K. Aegidi, „Aus der Vorzeit des Zollvereins, Beitrag zur deutschen Geschichte", Hamburg 1865.

Olshausen = Hans-Peter Olshausen, „Friedrich List und der Deutsche Handels- und Gewerbsverein". — „List-Studien", Heft 6, 1935.

„Hessische Beiträge" = „Hessische Beiträge zur Staats- und Wirtschaftskunde", herausgegeben von Friedrich Lenz. Band 1—17, 1929 bis 1936.

„Aufriß" = Friedrich Lenz, „Aufriß der Politischen Ökonomie", 1927.

„Agrarlehre" = Friedrich Lenz, „Agrarlehre und Agrarpolitik der deutschen Romantik", 1912.

„List und Marx" = Friedrich Lenz, „Friedrich List, die ‚Vulgärökonomie' und Karl Marx", 1930.

„Staat und Marxismus" — Friedrich Lenz, „Staat und Marxismus. Grundlegung und Kritik der marxistischen Gesellschaftslehre", 2. Aufl. 1923.

„Die deutsche Sozialdemokratie“ = Friedrich Lenz, „Die deutsche Sozialdemokratie. Staat und Marxismus, 2. Teil“, 1924.

L. Salomon = L. Salomon, „Geschichte des deutschen Zeitungswesens“, Band III, 1906.

L. Sevin = Ludwig Sevin, „Die Entwicklung der kolonial- und weltpolitischen Ideen Dr. Lists bis zum Plan einer englischen Allianz 1846“. — „Die Listschen Ideen einer deutsch-englischen Allianz in ihrem Ergebnis für Deutschland.“ — „Schmollers Jahrbuch“ Bd. XXXIII 4 und Bd. XXXIV 12, 1909 und 1910.

A. Sommer, „F. Lists System“ = Artur Sommer, „Friedrich Lists System der Politischen Ökonomie“. — „List-Studien“, Heft 1, 1927.

Suchel = Adolf Suchel, „Hessen-Darmstadt und der Darmstädter Handelskongreß von 1820—1823“, 1922.

Treitschke, „Preußische Jahrbücher“ = Heinrich von Treitschke, „Die Anfänge des deutschen Zollvereins“, in „Preußische Jahrbücher“ 1872.

Nachtrag zu Hauptteil E, Anm. 35—36:

Wegen H. K. Hofmann, W. Schulz und ihrer „Deutschen Gesellschaft“ in Darmstadt vgl. „Archiv für hessische Geschichte und Altertumskunde“ 1920, S. 51—79, 287—321.

ZEITTAFEL

Die Daten für Lists Leben und Wirken sind durch einen Stern (*) bezeichnet

1763. Achenwalls „Staatsklugheitslehre“.
1769 bis 1789. „Industrial Revolution“ (Dampfmaschine).
1776. Adam Smith „Wealth of nations“.
1776. Unabhängigkeitserklärung der Vereinigten Staaten.
*1789, 6. August. Friedrich List in Reutlingen geboren.
1789. Französische Revolution.
1790. Konstitutionelle Monarchie in Frankreich.
1792. Französische Republik.
1793 bis 1805. Reichskriege gegen Frankreich.
1795 bis 1806. Baseler Friede für Norddeutschland.
1798. Augsburger „Allgemeine Zeitung“ durch Cotta begründet.
*1802. Reutlingen fällt an Württemberg.
1806. Graf Sodens „Nationalökonomie“.
1806. Reichsauflösung und „Rheinischer Bund“.
1806. Württemberg absolutistisches Königreich.
1806. Niederlage Preußens bei Jena.
*1806 bis 1811. List wird mittlerer Beamter.
1807 bis 1812. Bayern, Württemberg und Baden errichten Grenzzölle.
1807 ff. Stein und Hardenberg reformieren Preußen.
1809 bis 1848. Metternich leitet die österreichische Politik.
*1811 bis 1813. List in Tübingen (von Wangenheim).
1811 bis 1825. Befreiung Latein-Amerikas.
1813 bis 1815. Besiegung Napoleons.
1813. Freiherr vom Stein für „Reichszölle“.
1814. Ebenso Benzenberg.
1814. Pariser Friede.
1814. Französische „Charte“ (Zensus-Wahlrecht).
1814/17. Joseph von Baader für Chaussee-Pferdebahnen.
1814 ff. Britische Konkurrenz. Agitation für deutsche Retorsionszölle, gegen die Meß- und Handelsplätze.
1815. „Deutsche Bundesakte“. Preußische Verfassungszusage.
1815. „Heilige Allianz“.
1816. Adam Müller und Ernst Weber für deutschen Fabrikantenverein.
1816. Görres' „Rheinischer Merkur“ verboten.
*1816. Wilhelm I. König von Württemberg.
1816 bis 1817. Landwirtschaftliche Krisis. Auswanderung. Agrarreaktion in Preußen.
1816 bis 1817. „Dampfwagen“-Bau in Berlin versucht.
*1816 bis 1817. Lists „Württembergisches Archiv“.
*1816 bis 1820. List im Verfassungskampf.
*1817 bis 1819. List Professor in Tübingen.
*1817. Vorübergehend Preßfreiheit in Württemberg.
1817. Urburschenschaft. Wartburgfest.
1818. Preußisches Zollgesetz.
1818. Nebenius' Zolldenkschrift (veröffentlicht 1833).
1818. Erster Seedampfer von New York nach Liverpool.
1818 bis 1822. Kongresse von Troppau, Aachen, Laibach, Verona.
1819. Kotzebue ermordet. „Karlsbader Beschlüsse“. Reaktion in Preußen.
1819. Badischer und bayerischer Landtag eröffnet.
*1819. Württembergisches Verfassungskompromiß.
*1819. List wird Konsulent des „Vereins“.
*1819 bis 1820. Agitation des „Vereins“ für Bundeszölle. „Organ“. Mitteleuropa-, Westindien- und La Plata-Pläne.

1820. Wiener „Schlußakte“ des Deutschen Bundes. „Monarchisches Prinzip.“
1820. Hegels „Rechtsphilosophie“.
1820. Württembergischer Landtag.
*1820. List in Wien. Bruch mit Adam Müller und Gentz; Metternich.
*1820. List für Darmstadt tätig.
*1820. List wird Abgeordneter.
1820 bis 1823. Süddeutscher Zollvereinsversuch in Darmstadt gescheitert.
1820. Aufstände in Griechenland, Spanien, Italien.
*1821 bis 1822. Politischer Prozeß und Flucht. Ende des „Vereins“.
1823. „Monroe-Doktrin“.
*1823 bis 1824. Schweizer Exil.
*1824. List in Paris und London. Karl Follen.
1824 ff. Herrschaft der Reaktion auch in Württemberg.
*1824 bis 1825. Festungsgefängnis und Auswanderung.
1825. Nordamerikanische Unabhängigkeitsfeiern.
1825. Friedrich Harkort für Eisenbahnbau.
*1825. List mit La Fayette in Nordamerika.
1825 bis 1830. Motz preußischer Finanzminister.
1827. Hauptbericht der Mainzer „Zentral-Untersuchungskommission“.
*1827. Lists „Outlines“ („The American System“).
*1827 ff. „Mitteilungen aus Nordamerika“ für Eisenbahnen vor Kanalbauten.
*1827 bis 1829. Lists Kohlen- und Eisenbahnunternehmen in Nordamerika.
1827 bis 1832. Pferde-Eisenbahn Linz—Budweis.
1828. Bayerisch-württembergischer Zollverein.
1828. Preußisch-hessischer Zollverein.
1828 bis 1831. „Negativer“ mitteldeutscher Handelsverein.
1829. Zollvereinsprogramm der Motzschen Denkschrift.
1829. 1150 Meilen preußischer Kunststraßen (1816: 522).
1829. Stephensons neue Lokomotive.
1830. Französische Julirevolution.
1830. Unruhen in Braunschweig, Kurhessen, Sachsen.
1830. Eisenbahn Manchester—Liverpool eröffnet.
1830. Maaßen preußischer Finanzminister.
*1830. Bürgerrecht und Konsulat der Vereinigten Staaten zwecks Rückkehr nach Europa (Präsident Jackson).
1831. Polen unterworfen. Belgien anerkannt.
*1831. List in Paris und Deutschland, zurück nach Nordamerika.
1832. Britische Wahlreform.
1832. Hambacher Fest.
*1832 bis 1833. List bereitet in Hamburg das „Staatslexikon“ vor.
1832 bis 1837. Neue „Demagogen“-Verfolgung in Deutschland. Französischer Frühsozialismus.
1833. Deutscher Zollverein begründet.
*1833 bis 1839. Entwurf und Bau der Leipzig—Dresdener Eisenbahn.
*1833 bis 1837. Lists Eisenbahnpläne für Preußen, Hamburg, Braunschweig, Baden gescheitert.
*1834. Lists „Nationalmagazin“.
*1834 bis 1843. Das „Staatslexikon“ erscheint (Rotteck-Welcker).
1835. Eisenbahn Nürnberg—Fürth eröffnet.
1835. Baden und Nassau treten dem Zollverein bei.
*1835 bis 1837. Lists „Eisenbahnjournal und Nationalmagazin“.
1836. Frankfurt a. M. tritt dem Zollverein bei.
*1837. List in Belgien und Paris, schreibt sein „Système naturel“.
*1837 bis 1846. List Korrespondent der Augsburger „Allgemeinen Zeitung“.
1838. Deutsche Münzkonvention.
1838. Erste Eisenbahnen in Preußen; Eisenbahngesetz.
*1838. Lists Schrift „Das deutsche National-Transportsystem“.
1838, 1841. Deutscher Lokomotivbau beginnt.
1840. Friedrich Wilhelm IV. König von Preußen.
1840. Eisenbahn München—Augsburg eröffnet.
*1840. List wieder in Deutschland, Thüringer Eisenbahnen.
*1841. Das „Nationale System“ bei Cotta erschienen (2. Auflage 1842).
*1841. List soll Chefredakteur der „Rheinischen Zeitung“ werden.
*1841. List in Württemberg rehabilitiert.
1841 bis 1843. „Rheinische Zeitung“.

*1842 bis 1845. Neue Mitteleuropa- und Donaupläne; Brasilien.

1843. Preußisches Zensurgesetz.

1843. Marx wird Kommunist.

1843 bis 1846. „Fabrikantenvereine" in Süddeutschland und Rheinpreußen planen „Allgemeinen deutschen Industrieverein". — Zollvereinskongresse, Zollverlangen und Soziale Frage.

*1843 bis 1846. Das „Zollvereinsblatt". Plan eines deutschen Schiffahrtsbundes mit Flagge und Kolonien.

1844. Deutscher Roheisenzoll.

1844. Schlesische Weber-Unruhen.

*1844. List in Paris und Belgien.

*1844 bis 1845. Desgl. in Wien (Metternich) und Ungarn (Kossuth).

*1845. Angriff Professor Schmitthenners gegen List.

1845. Mevissens Denkschrift für Schutzzölle.

1845/1847. Soziale Unruhen. Kartoffelkrankheit.

1846. Deutsche Garnzölle erhöht.

*1846. Trennung von Cotta.

*1846. List erlebt in London den Sieg des Freihandels. Der deutsch-britische Bündnisplan scheitert (Robert Peel), desgl. eine Anstellung in Preußen.

*1846. 30. November. Lists Tod in Kufstein.

*1847. Posthume Angriffe und Ehrungen.

1847. Erster Vereinigter Landtag in Preußen.

1847. „Verein deutscher Eisenbahnverwaltungen".

1847. Prince-Smiths „Freihandelsverein".

1847/1848. „Kommunistisches Manifest".

1848. Deutsche Revolution.

1848. Preußische Verfassung. Ministerium Camphausen-Hansemann.

1848. Der Schaaffhausensche Bankverein als Aktiengesellschaft saniert (Hansemann-Mevissen).

*1848. Lists politische Bekannte in der „Paulskirche" (Schott, Fetzer, Uhland, Venedey usw.). Reichshandelsministerium (Duckwitz, Mevissen, von Roenne).

1848 bis 1851. „Allgemeiner deutscher Verein zum Schutz der vaterländischen Arbeit", für Reichszölle und mitteleuropäische Handelseinheit.

1849. Das „Rumpfparlament" in Stuttgart aufgelöst. — „Reichsverfassungs-Kampagne".

*1849. Das „Zollvereinsblatt" wird Organ des „Allgemeinen deutschen Vereins".

1850. 662 Meilen Eisenbahn in Deutschland (1843: 150).

*1850. Häussers List-Edition.

1851 bis 1853. Österreich versucht dem Zollverein beizutreten.

1853. Hannover tritt dem Zollverein bei.

1853 ff. Industrieller Aufschwung. Aktienbanken. Krisis.

1860 bis 1875. Übergang zum vollen Freihandel.

1866. Annexionen. Norddeutscher Bund.

1867. Allgemeines Wahlrecht. Zollparlament und Zollbundesrat.

1867. Lübeck tritt dem Zollverein bei.

*1867. Eugen Dühring über List.

1871. Reichsgründung.

1873. „Reichs-Eisenbahnamt". — Krisis.

*1875. Wilhelm von Kardorff für Zölle (Carey-List).

1876 bis 1879. Bismarck geht zum Schutzzoll über.

*1877. Neuauflagen des „Nationalen Systems".

*1877. „Centralverband Deutscher Industrieller" plant List-Edition.

1878 bis 1890. Sozialistengesetz.

1879. Verstaatlichung der „Rheinischen Eisenbahngesellschaft" (Mevissen).

*1879. „List-Verein" in Augsburg.

1880/82. Preußischer „Volkswirtschaftsrat".

1881 ff. Bismarcksche Sozialreform.

1881 bis 1883. Hamburg und Bremen in das Reichszollgebiet einbezogen.

*1883. Neuausgabe des „Nationalen Systems" (Eheberg).

1925. „Friedrich List-Gesellschaft".

NAMENVERZEICHNIS

Nur die im Text gesperrten Eigennamen sind aufgenommen
Vgl. zur Ergänzung das Gesamtregister in „Werke" Bd. X

Vom gleichen Verfasser

Aufriß der Politischen Ökonomie.
Berlin und Stuttgart 1927. X + 124 Seiten.

Agrarlehre und Agrarpolitik der deutschen Romantik.
Berlin 1912. VIII + 191 Seiten.

Friedrich Lists kleinere Schriften. Zur Staatswissenschaft und Politischen Ökonomie. („Die Herdflamme" 10. Band.)
Jena 1926. L + 696 Seiten.

Friedrich List. Die politisch-ökonomische Nationaleinheit der Deutschen. (Band VII der Edition der Friedrich-List-Gesellschaft, herausgegeben mit Erwin Wiskemann.)
Berlin 1931. XV + 686 Seiten.

Friedrich List, die ‚Vulgärökonomie' und Karl Marx.
Jena 1930. VII + 98 Seiten.

Staat und Marxismus. Grundlegung und Kritik der marxistischen Gesellschaftslehre.
2. Auflage, Berlin und Stuttgart 1922. (Japanische Übersetzung, Tokyo 1932.) VII + 193 Seiten. (Vergriffen.)

Die deutsche Sozialdemokratie. (Staat und Marxismus. Zweiter Teil.)
Berlin und Stuttgart 1924. VIII + 283 Seiten.

Die Voraussetzungen des modernen Krieges. (Macht und Wirtschaft. Erster Teil.)
München und Stuttgart 1916. XIII + 235 Seiten.

Ist Deutschlands Krieg ein Wirtschaftskrieg? Über die ökonomischen Grundlagen des deutsch-britischen Konflikts.
Berlin 1915. VIII + 119 Seiten. (Vergriffen.)

Die deutschen Vergeltungsmaßnahmen im Wirtschaftskrieg. Nebst einer Gesamtbilanz des Wirtschaftskrieges 1914 bis 1918. (Bonner Staatswiss. Unters., Heft 9, mit Eberhard Schmidt.)
Bonn 1924. VII + 369 Seiten.

Die Geschichte des Bankhauses Gebrüder Schickler. 1712 bis 1912.
Berlin 1912. XXIV + 449 Seiten. (Vergriffen.)

Denkschrift betreffend die Schaffung eines Wirtschaftsarchivs und die Unterstützung privatwirtschaftlicher Forschungen.
Berlin 1912. 31 Seiten. (Vergriffen.)

Das technische Bildungsproblem in Rücksicht auf Staat und Wirtschaft.
Braunschweiger Hochschulschrift 1913. 22 Seiten.

Das Institut für Wirtschaftswissenschaft zu Braunschweig.
Braunschweig 1918. 20 Seiten.

Beiträge zur Universitätsstatistik.
Halle 1912. VII + 35 Seiten.

„Hessische Beiträge zur Staats- und Wirtschaftskunde."
Herausgegeben von Professor Friedrich Lenz.
Band 1 bis 17. Leipzig 1929 bis 1936.

www.ingramcontent.com/pod-product-compliance
Lightning Source LLC
LaVergne TN
LVHW080746300926
849162LV00008BA/1763
* 9 7 8 3 4 8 6 7 6 8 6 6 4 *